Münsterische Beiträge zur Rechtswissenschaft –
Neue Folge

herausgegeben von

Prof. Dr. Michael Heghmanns
Prof. Dr. Ingo Saenger
Prof. Dr. Fabian Wittreck

Band 61

Georg Mertens

Die Verfassungsentwicklung des Freistaates Mecklenburg-Schwerin in der Zwischenkriegszeit

Von der Ständeordnung in die moderne Staatlichkeit

Nomos

Erstgutachter:	Prof. Dr. Fabian Wittreck
Zweitgutachter:	Prof. Dr. Hinnerk Wißmann
Dekan:	Prof. Dr. Matthias Casper
Tag der mündlichen Prüfung:	4. Mai 2021

Die Deutsche Nationalbibliothek verzeichnet diese Publikation in der Deutschen Nationalbibliografie; detaillierte bibliografische Daten sind im Internet über http://dnb.d-nb.de abrufbar.

Zugl.: Münster (Westf.), Univ., Diss. der Rechtswissenschaftlichen Fakultät, 2021

ISBN 978-3-8487-7238-4 (Print)
ISBN 978-3-7489-1249-1 (ePDF)

Onlineversion
Nomos eLibrary

D 6

1. Auflage 2021

Meiner Familie

Vorwort

Die vorliegende Arbeit wurde im Sommersemester 2021 von der Rechtswissenschaftlichen Fakultät der Westfälischen Wilhelms-Universität Münster als Dissertation angenommen.

Für die Druckfassung wurde der Untertitel geringfügig angepasst. Die Arbeit ist im Wesentlichen im Mai 2020 – 100 Jahre nach der Verfassung des Freistaates Mecklenburg-Schwerin vom 17. Mai 1920 – fertiggestellt worden und berücksichtigt die bis dahin erschienene Literatur.

Mein erster Dank gebührt meinem geschätzten Doktorvater, Herrn Professor Dr. Fabian Wittreck. Dessen über alle Maße bereichernde Fürsorge, dessen Rat und der Austausch während der Anfertigung dieser Arbeit und der Tätigkeit an seinem Lehrstuhl, sowohl im akademischen Gespräch als auch im persönlichen Umgang, haben diese lehrreiche Zeit stets bereichert und der Erstellung dieser Arbeit zum Erfolg verholfen.

Herrn Professor Dr. Hinnerk Wißmann danke ich für die rasche Erstellung des Zweitgutachtens sowie für die Anregung, die zu einer geringfügigen Anpassung des Untertitels geführt hat.

Für die Aufnahme in diese Schriftenreihe „Münsterische Beiträge zur Rechtswissenschaft - Neue Folge“ bin ich zudem den Herren Professoren Dr. Michael Heghmanns und Dr. Ingo Saenger sowie meinem Doktorvater sehr zu Dank verpflichtet.

Die Konrad-Adenauer-Stiftung unterstützte sowohl mein Studium als auch die anschließende Anfertigung dieser Dissertation mit Stipendien. Dafür bin ich der Stiftung ausgesprochen dankbar.

Ferner möchte ich dem Freundeskreis Rechtswissenschaft, dem Verein zur Förderung der juristischen Ausbildung an der Universität Münster, für die Gewährung eines großzügigen Druckkostenzuschusses danken.

Vor allem schulde ich meinen herzlichsten Dank meiner Familie. Meine Eltern haben mir das Studium ermöglicht und gefördert. Meine Eltern sowie mein Bruder haben mich – neben meinen Freunden – während des Studiums und der Entstehung dieser Arbeit stets unterstützt und begleitet. Meinen speziellen Dank möchte ich dabei auch meinem Vater für die aufopfernde Übernahme des Lektorats aussprechen. Ohne die gesamte Unterstützung wäre diese Arbeit nicht vollendet worden. Meiner Familie sei diese Dissertation gewidmet.

Düsseldorf, im Juli 2021 G.M.

Inhaltsverzeichnis

Abkürzungsverzeichnis

a.A.	andere(r) Ansicht
Abs.	Absatz
a.F.	alte Fassung
AmtsO	Amtsordnung v. 20. Mai 1920
AöR	Archiv des öffentlichen Rechts
Art.	Artikel
Aufl.	Auflage
Aufwands-entschädigungsG	Gesetz betreffend Aufwandsentschädigung für die Mitglieder des verfassunggebenden Landtages für Mecklenburg-Schwerin vom 27. Februar 1919
Bay. Verf.	Verfassungsurkunde des Freistaates Bayern v. 14. August 1919
Bd.	Band
BGBl.	Bundes-Gesetzblatt des Norddeutschen Bundes
bzw.	beziehungsweise
BVerfGE	Entscheidungen des Bundesverfassungsgerichts
DDR	Deutsche Demokratische Republik
dems.	demselben
dens.	denselben
ders.	derselbe
DGO	Die Deutsche Gemeindeordnung v. 30. Januar 1935
d.h.	das heißt
dies.	dieselbe(n)
DJZ	Deutsche Juristen-Zeitung
DÖV	Die öffentliche Verwaltung
DomGO	Revidierte Gemeinde-Ordnung für die Domanial-Ortschaften v. 29. Juni 1869
ebda.	ebenda
EG	Gesetz über Einführung der Mecklenburg-Schwerinschen Verfassung mit Übergangsbestimmungen v. 17. Mai 1920
eKirchStG	Gesetz über das Steuerrecht der evangelisch-lutherischen Kirche v. 15. Dezember 1921

eKirchVerf.	Verfassung für die evangelisch-lutherische Kirche von Mecklenburg-Schwerin v. 12. Mai 1921
ErmächtigungsG	Gesetz zur Behebung der Not von Volk und Reich v. 24. März 1933 [Ermächtigungsgesetz]
f.	folgende
ff.	folgende
Fn.	Fußnote
Gbl.	Gesetzblatt
GG	Grundgesetz
GGK	Grundgesetz-Kommentar
GleichschaltungsG	Vorläufiges Gesetz zur Gleichschaltung der Länder mit dem Reich v. 31. März 1933
GO	Geschäftsordnung für den Landtag von Mecklenburg-Schwerin v. 4. Juni 1924
GO 1933	Geschäftsordnung für den Landtag von Mecklenburg-Schwerin v. 1. Februar 1933
GVBl.	Gesetz- und Verordnungsblatt
GVOBl. M-V	Gesetz- und Verordnungsblatt für Mecklenburg-Vorpommern
HaushaltsO	Gesetz vom 1. Februar 1923 über die Staatshaushaltsordnung
h.M.	herrschende(n) Meinung
HdbStKirchR	Handbuch des Staatskirchenrechts des Bundesrepublik Deutschland
Hrsg.	Herausgeber
Hs.	Halbsatz
i.S.d.	im Sinne des
i.V.m.	in Verbindung mit
JbRegG	Jahrbuch für Regionalgeschichte
JöR	Jahrbuch des öffentlichen Rechts
LandGO	Landgemeindeordnung v. 20. Mai 1920
LGGEV	Landesgrundgesetzlicher Erbvergleich
lit.	littera
LWahlG	Landtagswahlgesetz für Mecklenburg-Schwerin v. 30. April 1920
LWahlO	Landtagswahlordnung v. 8. Mai 1920
Meck.-Schw. Verf.	Verfassung des Freistaates Mecklenburg-Schwerin v. 17. Mai 1920

m.w.N.	mit weiteren Nachweisen
N.F.	neue Folge
n.F.	neue Fassung
N.N.	nomen nescio
Nr.	Nummer
NVwZ	Neue Zeitschrift für Verwaltungsrecht
Oldb. Verf.	Verfassung für den Freistaat Oldenburg v. 17. Juni 1919
RGBl.	Reichs-Gesetzblatt/Reichsgesetzblatt
Rbl.	Regierungsblatt
RGZ	Entscheidungen des Reichsgerichts in Zivilsachen
Rn.	Randnummer
RVerf.	Verfassung des Deutschen Reichs vom 16. April 1871
S.	Seite
sog.	sogenannte(r)
Sp.	Spalte
StädteO	Gesetz vom 18. Juli 1919, betreffend Städteordnung
u.a.	und andere(n)
u.Ä.	und Ähnlich(es)
v.	vom/von
Verf. Danzig	Verfassung der Freien und Hansestadt Danzig v. 15./27. November 1920
Verf. Meck.	Verfassung des Landes Mecklenburg v. 16. Januar 1947
VG	Gesetz über die Verwaltungsgerichtsbarkeit v. 3. März 1922
vgl.	vergleiche
VolksG	Gesetz über den Volksentscheid und das Volksbegehren v. 21. Mai 1920
VVDStRL	Veröffentlichungen der Vereinigung Deutscher Staatsrechtslehrer
VVLTag	Verhandlungen des [verfassunggebenden] Mecklenburg-Schwerinschen Landtags
VVNV	Verhandlungen der verfassunggebenden deutschen Nationalversammlung
WahlVO	Verordnung über die Wahlen zum verfassunggebenden Landtag in Mecklenburg-Schwerin v. 7. Dezember 1918
WRV	Weimarer Reichsverfassung
Zif.	Ziffer

ZNR	Zeitschrift für Neuere Rechtsgeschichte

A. Einleitung

Die verfassungsgeschichtliche Forschung der Nachkriegszeit widmete sich zunächst vornehmlich der Weimarer Reichsverfassung und versuchte, das Scheitern der ersten deutschen Demokratie mit ihren vermeintlichen Konstruktionsfehlern zu erklären[1]. Erst in jüngerer Zeit beschäftigt sich die rechtsgeschichtliche Forschung auch mit den gliedstaatlichen Verfassungen während der Weimarer Republik[2]. Hierfür lassen sich insbesondere zwei Gründe anführen. Zum einen sind die Normtexte der verschiedenen Verfassungen erst circa siebzig Jahre nach dem Ende der Weimarer Republik als Gesamtwerk zugänglich gemacht worden[3]. Diese Edition der verschiedenen Normtexte eröffnet einen einfachen Zugang und ermöglicht es, Gemeinsamkeiten und Vergleichsperspektiven der verschiedenen Verfassungen herauszuarbeiten und fungiert somit als Forschungsanstoß[4]. So bildet diese Sammlung auch den Anstoß für dieses Dissertationsvorhaben. Zum anderen setzte die Weimarer Reichsverfassung den Landesverfassungen wesentlich engere Grenzen, als dies das Bonner Grundgesetz getan hat[5]. Die Vermutung, dass angesichts dieses engen Rahmens in den Verfassungsurkunden der Länder kaum interessantes Anschauungsmaterial zu finden sei, hat sich vergleichsweise lange gehalten und wird erst von der jüngeren Forschung kritisch hinterfragt.

---

1 *C. Gusy*, Das Demokratiekonzept der Weimarer Reichsverfassung, in: Jura 1995, S. 226 (233); *G. Roellecke*, Konstruktionsfehler der Weimarer Reichsverfassung, in: Der Staat 35 (1996), S. 599 ff.; *S. Danz*, Besprechung von F. Wittreck (Hrsg.), Weimarer Landesverfassungen, in: Zeitschrift der Savigny-Stiftung für Rechtsgeschichte, Germanistische Abteilung 122 (2005), S. 892 (894).

2 *F. Wittreck*, Zur Einleitung: Verfassungsentwicklung zwischen Novemberrevolution und Gleichschaltung, in: ders. (Hrsg.), Weimarer Landesverfassungen, 2004, S. 1 (1); *R. Grawert*, Besprechung von F. Wittreck (Hrsg.), Weimarer Landesverfassungen, in: Der Staat 44 (2005), S. 311 (311).

3 *Danz*, Buchbesprechung (Fn. 1), S. 893; *P. Collin*, Besprechung von F. Wittreck (Hrsg.), Weimarer Landesverfassungen, in: DÖV 2006, S. 131 (131).

4 *Wittreck*, Einleitung (Fn. 2), S. 28; *Danz*, Buchbesprechung (Fn. 1), S. 894.

5 Die beschränkte Verfassungsautonomie betonen *H. Schneider*, Die Reichsverfassung vom 11. August 1911, in: J. Isensee/P. Kirchhof (Hrsg.), Handbuch des Staatsrechts der Bundesrepublik Deutschland, Bd. I, 3. Aufl. 2003, § 5 Rn. 24 sowie *Wittreck*, Einleitung (Fn. 2), S. 3.

Einerseits vermag kein Bundesstaat ohne die Bausteine der Länder auszukommen[6]. Nur nach der Erforschung auch der einzelnen Elemente eines föderativen Staates ist eine Gesamtbewertung möglich[7], da den Ländern bzw. deren Verfassungsrecht eine wichtige Ergänzungsfunktion zukommt[8]. Andererseits bestanden neben den strikten Homogenitätsvorgaben, speziell im Bereich der Grundrechte[9], auch weite Gestaltungsspielräume des Landesverfassunggebers[10]. Im Bereich des Staatsorganisationsrechts überließ die Reichsverfassung den Ländern weitgehend Freiräume[11], sodass diese eigens eröffneten Regelungsmöglichkeiten der einzelnen Gliedstaaten als ein erstes lohnenswertes Forschungsfeld erscheinen. Hier ist zu untersuchen, ob und inwieweit in Mecklenburg-Schwerin die Chance der eigenen Akzentuierung[12] genutzt worden ist.

Insofern ist es sinnvoll und notwendig, dem Landesverfassungsrecht in der Weimarer Republik die entsprechende Beachtung zu schenken. In diesem ohnehin spannenden Forschungsfeld stellt aus verschiedenen Gründen das Landesverfassungsrecht von Mecklenburg-Schwerin ein besonders reizvolles Forschungsobjekt dar.

In keinem anderen deutschen Land wirft der revolutionäre Umbruch 1918 vergleichbare Probleme auf wie in Mecklenburg[13]. Der Wandel

---

6 *C. Pestalozza*, Die Bedeutung gliedstaatlichen Verfassungsrechts in der Gegenwart, in: NVwZ 1987, S. 744 (744).

7 *Wittreck*, Einleitung (Fn. 2), S. 29.

8 Den Ansatz von *Hans Nawiasky* erläutert *B. Grzeszick*, Der Gedanke des Föderalismus in der Staats- und Verfassungslehre vom Westfälischen Frieden bis zur Weimarer Republik, in: I. Härtel (Hrsg.), Handbuch Föderalismus, Bd. I, 2012, § 2 Rn. 94 f.

9 Zeitgenössisch *K. Elleser*, Die Verfassungs-Autonomie der deutschen Länder und ihre reichsrechtlichen Beschränkungen, 1928, S. 44; die Bindungswirkung der Reichsgrundrechte für den Landesgesetzgeber betont *H. Dreier*, Die Zwischenkriegszeit, in: D. Merten/H.-J. Papier (Hrsg.), Handbuch der Grundrechte in Deutschland und Europa, Bd. I, 2004, § 4 Rn. 39; für die schwächere Stellung der Gliedstaaten *Grzeszick*, Gedanke (Fn. 8), § 2 Rn. 86 ff.

10 Die Freiräume betonen *C. Gusy*, Die Weimarer Reichsverfassung, 1997, S. 227; *K. Stern*, Das Staatsrecht der Bundesrepublik Deutschland, Bd. V, 2000, § 129 S. 578 f.; *J. Menzel*, Landesverfassungsrecht, 2002, S. 30; *Wittreck*, Einleitung (Fn. 2), S. 5.

11 *Menzel*, Landesverfassungsrecht (Fn. 10), S. 31; *Wittreck*, Einleitung (Fn. 2), S. 5.

12 Die grundsätzliche Möglichkeit unterstreicht *M. Dombert*, Landesverfassungen und Landesverfassungsgerichte in ihrer Bedeutung für den Föderalismus, in: I. Härtel (Hrsg.), Handbuch Föderalismus, Bd. II, 2012, § 27 Rn. 4.

13 *M. Hamann*, Das Staatliche Werden Mecklenburgs, 1962, S. 167 ff.; näher *H. Koch*, Der Sturz der Monarchie in Mecklenburg-Schwerin durch die Novemberrevolution 1918, in: Wissenschaftliche Zeitschrift der Wilhelm-Pieck-Universität

vom letztlich vormodernen und selbst bei wilheminischen Zeitgenossen als hoffnungslos veraltet geltenden Ständestaat ohne neuzeitliche geschriebene Verfassungsurkunde[14] zur parlamentarischen Demokratie wurde zunächst auch hier revolutionsartig vollzogen, weshalb kaum Rückanknüpfungen an die Ordnung vor 1918 zu finden sein werden[15]. Bei der Analyse dieses revolutionären Übergangs zur Weimarer Landesverfassung von Mecklenburg-Schwerin[16] wird von zentraler Bedeutung sein, dass die Verfassunggeber sich nicht mit der „Übernahme" bzw. Modernisierung eines funktionierenden Staatswesens begnügen konnten, sondern vor die Aufgabe gestellt waren, teils noch mittelalterliche Zustände abzuwickeln und mit dem Aufbau moderner Staatsstrukturen eigentlich erst zu beginnen[17]. Wie weit diese Sonderrolle Einflüsse auf das Staatsrecht des Landes hatte, gilt es hier aufzuzeigen. Auch – aber nicht ausschließlich – unter diesem Gesichtspunkt soll die Untersuchung zeigen, inwieweit die Verfassung ungewöhnliche und teils zukunftsweise Normen enthielt. Zur Abrundung der Gesamtuntersuchung sollen ebenfalls das Ende der Eigenständigkeit durch Gleichschaltung und Zusammenlegung zum Staat Mecklenburg sowie ein potentielles Verfassungserbe Gegenstand der Arbeit sein.

Eine ausführliche Gesamtdarstellung der Landesverfassung von Mecklenburg-Schwerin aus der Zwischenkriegszeit fehlt[18]. Insbesondere mangelt es an jeglichem Kommentar zum Landesverfassungsrecht. Dies dürfte zum einen an der geringen Größe des relativ kleinen und agrarisch geprägten Landes gelegen haben, sodass sich die staatsrechtliche Lehre und Literatur vornehmlich mit einflussreicheren Ländern befasste. Zum anderen besaß Mecklenburg-Schwerin nur eine Landesuniversität, wodurch die

---

Rostock 32 (1983), S. 19 ff.; *T. Klein*, Sonstige Länder, in: K. Jeserich/H. Pohl/G.-C. von Unruh (Hrsg.), Deutsche Verwaltungsgeschichte, Bd. IV, 1985, S. 603 (613).

14 Vgl. zum Zustand vor der Novemberrevolution *H. Sachsse*, Die landständische Verfassung Mecklenburgs, 1907, S. 24 ff.; *H. Koch*, Landständische Verfassung, Landesverwaltung und Großgrundbesitzer in Mecklenburg-Schwerin vor der Novemberrevolution 1918/19, in: Wissenschaftliche Zeitschrift der Wilhelm-Pieck-Universität Rostock 36 (1987), S. 54 (54 ff.).

15 *Hamann*, Werden (Fn. 13), S. 169.

16 Verfassung des Freistaates Mecklenburg-Schwerin v. 17. Mai 1920 (Rbl. für Mecklenburg-Schwerin 1920 Nr. 92 v. 10.6.1920, S. 653); im Folgenden abgekürzt als Meck.-Schw. Verf.

17 Die Sonderrolle der mecklenburgischen Staaten betont *M. Wenzel*, Die neuen mecklenburgischen Verfassungen, in: JöR 10 (1921), S. 321 (321).

18 Lediglich rudimentär wurde diese zeitgenössisch dargestellt, vgl. *Wenzel*, Verfassungen (Fn. 17), S. 321 ff.

Reichweite logisch begrenzter war, als dies in anderen Ländern mit entsprechenden Traditionsuniversitäten der Fall war. Insbesondere auch mangels geschriebener (moderner) Verfassungsurkunde vor der Novemberrevolution hat sich hier keine selbstbewusste Landesverfassungsrechtslehre herausgebildet. Daneben entfaltete sich trotz der Einrichtung eines Landesverfassungsgerichts nur eine sehr eingeschränkte staatsrechtliche Judikatur, welche insofern die Deutung des Landesverfassungsrechts weiterentwickeln konnte und ein entsprechendes Echo in der Staatsrechtslehre provoziert hätte. Mit der Vereinigung der beiden mecklenburgischen Länder, der Gleichschaltung und der Auflösung der Länder während der nationalsozialistischen Diktatur ist dann endgültig der Anreiz für eine Analyse des Landesverfassungsrechts entfallen. Ob bei einer längeren Geltungsdauer sich eine angemessene Beschäftigung mit dem Landesverfassungsrecht entwickelt hätte, kann nur vermutet werden. Während der zweiten Diktatur beschäftigte sich die ostdeutsche (geisteswissenschaftliche) Literatur mit Einzelaspekten des Freistaates, wobei diese Ausführungen stets unter dem Duktus der ideologischen Kritik an der mangelnden Konsequenz der Novemberrevolution standen[19], sodass diese nur begrenzten Wert für eine objektive Analyse des Landesverfassungsrechts besitzt. Eine Dissertation[20] beschäftigt sich mit dem Regierungssystem von Mecklenburg-Schwerin während der Zwischenkriegszeit. Auch wenn diese Arbeit wertvolle Darstellungen – insbesondere in Bezug auf die Parlamentsarbeit und Regierungswirklichkeit – liefert, benötigt man eine Gesamtdarstellung zur angemessenen Würdigung der Regelungsleistung des Normgebers nach der Novemberrevolution. Insofern bedarf es dringend, hundert Jahre nach Verkündung der Landesverfassung von Mecklenburg-Schwerin, einer umfassenden Untersuchung. Diesem Mangel soll die vorliegende Arbeit Abhilfe schaffen.

---

19 Siehe beispielsweise *Koch*, Sturz (Fn. 13), S. 20.

20 *C. Freitag*, Das parlamentarische Regierungssystem in Mecklenburg-Schwerin, 2010.

B. Historische Entwicklung des Verfassungsrechts von Mecklenburg-Schwerin

Die Geschichte des Landes Mecklenburg-Schwerin ist vielfältig und abwechslungsreich, wobei insbesondere eine Konstante die Entwicklung des Landes geprägt hat. In diesem Territorium stechen die Mitwirkung der Landstände und die Union der Landstände der mecklenburgischen Staaten an der staatsrechtlichen und historischen Entwicklung der Länder hervor[21]. Die Machtfülle der Landstände hat bewirkt, dass sich bis zur Novemberrevolution 1918 die mittelalterlichen Zustände in Mecklenburg-Schwerin kaum verändert und damit unter anderem dem modernen und teils demokratischen Zeitgeist widersetzt haben[22]. Zudem hat dies die vollständige Abnabelung der beiden mecklenburgischen Staaten voneinander verhindert[23], sodass eine eigenstände Herrschaftsmacht der jeweiligen Staaten nicht entstehen konnte. Eine dezidierte Darstellung der Geschichte des Landes soll und kann jedoch die vorliegende Arbeit nicht liefern. Neben einem groben Überblick sollen hier nur die für die Umwälzung durch die Verfassung von 1920 notwendigen Teile der Entwicklung des Landes dargestellt werden. Auch in territorialer Hinsicht soll die Ausgangslage in den mecklenburgischen Kernlanden und dem Ständestaat Mecklenburg-Schwerin in angemessenem Umfang beleuchtet werden.

I. Historischer Kontext

Für ein Verständnis der verfassungsrechtlichen Lage im Umbruch zwischen Ständestaat und Demokratie müssen neben der eigentlichen Entwicklung auch die territorialen Veränderungen umrissen werden. Nur da-

---

21 Vgl. *Sachsse*, Verfassung (Fn. 14), S. 8 ff.; *Koch*, Verfassung (Fn. 14), S. 54; *H. bei der Wieden*, Kurzer Abriss der mecklenburgischen Verfassungsgeschichte, 1994, S. 6; *M. Busch*, Machtstreben – Standesbewusstsein – Streitlust. Landesherrschaft und Stände in Mecklenburg von 1755 bis 1806, 2013, S. 25.

22 Die Stände bewirkten beispielsweise die Aufhebung des demokratischen Staatsgrundgesetzes vom 10. Oktober 1849 lt. *K. Haff*, Vom Ständestaat zum Freistaat Mecklenburg-Schwerin, 1919, S. 4.

23 Angedeutet durch *Sachsse*, Verfassung (Fn. 14), S. 14.

durch werden die Machtpositionen deutlich, die das Staatsrecht bestimmt und konserviert haben.

1. Territorium

Das Fundament der Herrschaftslinie der mecklenburgischen Fürsten bildete der Obotritenfürst Niklot, der im Zuge der Christianisierung im Jahr 1160 fiel und dessen Sohn Pribislav den Großteil des Landes daraufhin erhielt[24]. 1229 erfolgte die erste Hauptlandesteilung, wodurch die Herrschaften Mecklenburg, Werle (später Wenden genannt), Rostock und Parchim-Richtenberg entstanden, wobei die letzten beiden Herrschaften durch Aussterben der Linien nicht von langer Dauer waren[25]. An Bedeutung gewannen die mecklenburgischen Fürsten seit 1348, als Karl IV. aus dem Hause Luxemburg die Fürsten Albrecht und Johann zu Herzögen von Mecklenburg erhob[26]. Damit wurden diese zu reichsunmittelbaren Fürsten mit reichsunmittelbaren Territorien[27]. Schon 1352 erfolgte, hervorgerufen durch einen Erbfall, die erneute Teilung des Herzogtums Mecklenburg unter Albrecht und Johann[28]. Die relative Dezimierung des Territoriums wurde jedoch durch den Hinzugewinn der Grafschaft Schwerin in diesem Zeitraum teilweise ausgeglichen, wodurch die Herzogtümer Mecklenburg-Schwerin und Mecklenburg-Stargard entstanden, wobei Ersteres noch die Herrschaft Rostock durch Verzicht Dänemarks auf die Lehenshoheit hinzugewann[29].

---

24 *Sachsse*, Verfassung (Fn. 14), S. 7 f.; *H. bei der Wieden*, Mecklenburg, in: T. Klein (Hrsg.), Grundriß zur deutschen Verwaltungsgeschichte 1815-1945: Reihe B: Mitteldeutschland, Bd. 13, 1976, S. 12.

25 *O. Büsing*, Das Staatsrecht der Großherzogtümer Mecklenburg-Schwerin und Mecklenburg-Strelitz, in: H. Marquardsen (Hrsg.), Handbuch des Öffentlichen Rechts der Gegenwart in Monographien, III. Bd II. Halbbd 1. Abtheilung, 1884, S. 6 (6); *Sachsse*, Verfassung (Fn. 14), S. 8; *U. Heck*, Die Geschichte des Landtags in Mecklenburg, 1997, S. 12.

26 *Sachsse*, Verfassung (Fn. 14), S. 8; *O. Vitense*, Geschichte von Mecklenburg, 1920, S. 113.

27 *bei der Wieden*, Abriss (Fn. 21), S. 5 f.

28 *Hamann*, Werden (Fn. 13), S. 14; zur Teilbarkeit der Landesherrschaft als fürstliches Vermögensrecht siehe die knappe Erklärung von *Sachsse*, Verfassung (Fn. 14), S. 13; *H. Krause*, System der landständischen Verfassung Mecklenburgs in der zweiten Hälfte des 16. Jahrhunderts, 1927, S. 4 f.

29 *Sachsse*, Verfassung (Fn. 14), S. 8; *Hamann*, Werden (Fn. 13), S. 14; siehe auch *Büsing*, Staatsrecht (Fn. 25), S. 6 mit weiteren territorialen Veränderungen; zum

Eine weitere große Landesteilung fand im Jahr 1621 statt, bei welcher die Herzogtümer Schwerin und Güstrow entstanden[30]. Die Güstrower Linie starb jedoch schon 1695 aus, infolgedessen erbitterte Erbstreitigkeiten entbrannten, die erst im Hamburger Vergleich 1701 beigelegt werden konnten[31]. Im Zuge dessen entstanden durch die letzte Landesteilung Mecklenburg-Schwerin und Mecklenburg-Strelitz, indem Friedrich Wilhelm, Stammhalter des Schweriner Zweigs, die Herzogtümer Schwerin und Güstrow zugeschlagen wurden[32]. Adolf Friedrich II. wurden die Herzogtümer Stargard mit Mirow und Nemerow sowie das Fürstentum Ratzeburg zugesprochen[33]. Um weiteren Landesteilungen vorzubeugen, wurde die Primogenitur, das Erstgeburtsrecht, für die Landesherrschaftsfolge festgesetzt[34]. Dadurch verhinderte man die Entstehung von Staaten mit zu vernachlässigendem Umfang und Bedeutung. So blieben die Herzogtümer Mecklenburg-Schwerin und Mecklenburg-Strelitz grundlegend bestehen[35]. Ab 1815 wurden diese zu Großherzogtümern erhoben, wobei das Großherzogtum Mecklenburg-Schwerin ein Gebiet von ungefähr 13.000 qkm umfasste und nur circa 600.000 Einwohner beheimatete[36].

Das Großherzogtum Mecklenburg-Schwerin bestand aus den Gebieten des Herzogtums Schwerin und Güstrow, dem Rostocker Distrikt, dem Fürstentum Schwerin und der Herrschaft Wismar[37]. Das Land umfasste folglich den mecklenburgischen sowie den wendischen Kreis; das Groß-

---

genauen Hintergrund und Verlauf der Entstehung siehe *Vitense*, Geschichte (Fn. 26), S. 114 f.

30 *Sachsse*, Verfassung (Fn. 14), S. 17 f.

31 *bei der Wieden*, Mecklenburg (Fn. 24), S. 13.

32 *Büsing*, Staatsrecht (Fn. 25), S. 7; die Namensgebung richtete sich nach den jeweiligen Residenzen, siehe *H. Krause*, Art. Mecklenburg, in: A. Erler/E. Kaufmann/D. Werkmüller (Hrsg.), Handwörterbuch zur deutschen Rechtsgeschichte, Bd. III, 1. Aufl. 1984, Sp. 405 (406). Hier wurde bewusst die Vorauflage verwendet, da diese sich der Entwicklung Mecklenburgs ausführlicher widmet.

33 *Büsing*, Staatsrecht (Fn. 25), S. 7; *bei der Wieden*, Mecklenburg (Fn. 24), S. 13.

34 *Sachsse*, Verfassung (Fn. 14), S. 19; *Vitense*, Geschichte (Fn. 26), S. 243; *bei der Wieden*, Abriss (Fn. 21), S. 7.

35 Siehe auch *G. Brückner*, Die mecklenburgische Verfassungsfrage seit 1913, in: JöR 9 (1920), S. 218 (219 ff.); *bei der Wieden*, Abriss (Fn. 21), S. 7.

36 *Büsing*, Staatsrecht (Fn. 25), S. 7; *E. Schlesinger*, Staats- und Verwaltungsrecht des Großherzogtums Mecklenburg-Schwerin, 1908, S. 7; *H. Koch*, Novemberrevolution und revolutionäre Nachkriegskrise in Mecklenburg-Schwerin 1917-1923, 1987, S. 3.

37 *Schlesinger*, Staats- und Verwaltungsrecht (Fn. 36), S. 7 f.

herzogtum Mecklenburg-Strelitz wurde durch den stargardischen Kreis gebildet[38].

Bereits anhand dieser mannigfachen territorialen Veränderungen und teils Wirrungen innerhalb einer geringen Zeitspanne erkennt man, dass die mecklenburgischen Staaten nie gänzlich zur Ruhe kamen. Im Gegenteil, die Geschichte der Territorien war von einem dauernden Umbruch gekennzeichnet. Trotzdem blieb eine enge Verknüpfung der beiden Staaten stets bestehen, auch bei noch zu behandelnden gegenteiligen Bestrebungen.

2. Entwicklung des Staatsrechts

Für die verfassungsrechtliche Bewertung ist ein Verständnis der Entwicklung des ständischen Systems notwendig, damit die einzigartige Ausgangslage[39] für die Entstehung der ersten parlamentarischen Demokratie in Mecklenburg-Schwerin deutlich wird.

Der Ständestaat entstand, indem den Landständen gewisse Territorien mit entsprechenden Privilegien und Pflichten vom Landesherrn übertragen wurden, welche sich insbesondere nach den entsprechenden Verleihungsakten oder dem Lehnrecht richteten[40]. Daraus ergab sich, dass der Landesherr grundsätzlich wegen der Übertragung von Hoheitsrechten keine unmittelbaren Dienste und Abgaben von den Einwohnern des ständischen Territoriums verlangen konnte[41]. Folglich wurde so eine weitgehende rechtliche Unabhängigkeit des ständischen Gebiets geschaffen[42]. Die Finanzierung der Hofhaltung und Regierung bzw. der landesherrlichen Beamten musste der Landesherr hingegen durch die eigenen Einnahmen, insbesondere den aus dem Domanium generierten Einkünften bewerkstelligen, wobei die Einkünfte, die sog. Beden, aus dem ständischen Gebiet

---

38 *Schlesinger*, Staats- und Verwaltungsrecht (Fn. 36), S. 8.

39 Die Sonderrolle der mecklenburgischen Staaten betont *Wenzel*, Verfassungen (Fn. 17), S. 321.

40 *Sachsse*, Verfassung (Fn. 14), S. 9 f.; die Landstände waren ihrerseits an ihr eigenes Standesrecht gebunden, was jedoch im Rahmen dieser Arbeit wenig Relevanz besitzt; siehe auch *O. Auge*, Art. Lehnrecht, Lehnswesen, in: A. Cordes/P. Haferkamp u.a. (Hrsg.), Handwörterbuch zur deutschen Rechtsgeschichte, Bd. III, 2. Aufl. 2016, Sp. 717 (717 ff.).

41 *Sachsse*, Verfassung (Fn. 14), S. 9; *Krause*, System (Fn. 28), S. 5.

42 Angedeutet von *Sachsse*, Verfassung (Fn. 14), S. 9.

nur im geringem Umfang zu Buche schlugen[43]. In dieser finanziellen Abhängigkeit des Landesherrn von den Grundherren lag der Kern der Beständigkeit des ständischen Systems in Mecklenburg-Schwerin[44]. Durch Geldnot war der Landesherr immer wieder gezwungen, die Mitwirkung an der Finanzierung durch die Stände gegen Zusicherung von zunächst einzelnen Privilegien zu erkaufen[45]. Bei den Verhandlungen über den „Ausverkauf von Hoheitsrechten" standen die Stände zunächst jeweils einzeln dem Landesherrn gegenüber[46]. Jedoch versammelten diese sich, insbesondere aus konkreten Anlässen und bei steigendem Geldbedarf des Landesherrn mit einhergehender Bitte um Schuldenübernahme, was darin gipfelte, dass sie rein faktisch schon als politische Einheit wahrgenommen werden konnten[47]. Zwar bestand noch kein ständiges Organ, jedoch zeigte der Anstieg der Zusammenkünfte, dass die Entwicklung zu einer regelmäßig tagenden Versammlung zur einheitlichen Kommunikation und Entscheidungsfindung mit den Landesherren und untereinander unvermeidlich war. Der Beginn der Versammlung zu ständischen Landtagen liegt in der letzten Hälfte des 15. Jahrhunderts[48].

Die Union der Landstände von 1523 gilt als die eigentliche Wiege des Landesverfassungsrechts, da dieses durch den Zusammenschluss und das dauerhafte Organ, den Landtag, konkretere Formen annahm[49]. Dabei schlossen sich aus Angst vor einer Landesteilung, die letzten Teilungsbestrebungen lagen nicht einmal zehn Jahre zurück, die Prälaten, Mannen und Städte von Mecklenburg, Wenden, Stargard und Rostock zur gemeinsamen und gemeinschaftlichen Verteidigung der Privilegien, Rechte und

43 *Sachsse*, Verfassung (Fn. 14), S. 10; *Vitense*, Geschichte (Fn. 26), S. 144 f.

44 Angedeutet von *Sachsse*, Verfassung (Fn. 14), S. 9 f.; *Vitense*, Geschichte (Fn. 26), S. 286; deutlicher bei *Hamann*, Werden (Fn. 13), S. 40 f.

45 Den daraus resultierenden Schaden für den Landesherrn und dessen Überlebensfähigkeit unterstreicht *Sachsse*, Verfassung (Fn. 14), S. 10; die Übertragbarkeit von Hoheitsrechten nach privatrechtlichen Grundsätzen betont *Krause*, System (Fn. 28), S. 5.

46 *Sachsse*, Verfassung (Fn. 14), S. 10.

47 Zu den unterschiedlichen Zusammenkünften je nach Relevanz für bzw. Betroffenheit der ständischen Mitglieder siehe überblicksartig *Sachsse*, Verfassung (Fn. 14), S. 10 ff.

48 *Heck*, Geschichte (Fn. 25), S. 15.

49 *Sachsse*, Verfassung (Fn. 14), S. 12/14; als Ausbildung der tragenden Pfeiler des Verfassungsrechts bezeichnen dies auch *Vitense*, Geschichte (Fn. 26), S. 143 f.; *Krause*, System (Fn. 28), S. 1.

Gewohnheiten zusammen[50]. Durch die einheitliche landständische Korporation wurde bei Landesteilungsplänen die Union der Stände als effektiver Hinderungsgrund gegen eine vollständige Loslösung geltend gemacht[51]. Diese Union wurde auch 1555 unter Zusicherung und Erweiterung der Privilegien, insbesondere des Steuerbewilligungsrechts, gegen vollständige Schuldentilgung erneuert[52]. Dadurch wurde den Ständen bei steigendem Ausgabenniveau des Herrschers ein schneidiges Schwert zur Verteidigung ihrer Privilegien in die Hand gegeben[53]. Ferner wurde ein Schuldentilgungsausschuss gebildet, was den direkten Zugriff des Landesherrn auf die bewilligten Gelder ausschloss[54].

Diese Konstellation allein verdeutlicht die immense Machtfülle der vereinigten Stände. Auch bei weiteren Landesteilungen konnte die Union der Landstände eine Totalteilung verhindern[55]. Nachdem 1701 die Herzogtümer Mecklenburg-Schwerin und Mecklenburg-Strelitz entstanden, wurde zusätzlich im Hamburger Vergleich eine unzertrennliche Union der Stargarder und mecklenburgischen Stände mit Zusicherung des Bestands bisheriger Privilegien und Organe festgeschrieben[56]. Erneut wurde eine absolute Loslösung von Strelitz betrieben, wogegen sich die Stände, insbesondere die Ritterschaft, wehrten[57]. Dieser Streit[58] mündete im Abschluss des Landesgrundgesetzlichen Erbvergleichs vom 18. April 1755[59], welcher die Basis für das Staatsrecht bis zur Novemberrevolution bildete[60]. Dabei wur-

50 *Sachsse*, Verfassung (Fn. 14), S. 13 f.; *Heck*, Geschichte (Fn. 25), S. 15 ff.; *bei der Wieden*, Abriss (Fn. 21), S. 6.

51 *Büsing*, Staatsrecht (Fn. 25), S. 6; *Sachsse*, Verfassung (Fn. 14), S. 14.

52 *Sachsse*, Verfassung (Fn. 14), S. 15; *Vitense*, Geschichte (Fn. 26), S. 227.

53 Siehe auch *Vitense*, Geschichte (Fn. 26), S. 226 f.

54 *Sachsse*, Verfassung (Fn. 14), S. 15.

55 Überblicksartig in *Sachsse*, Verfassung (Fn. 14), S. 15 ff.

56 Dieser Vergleich löste sowohl die Erbstreitigkeiten als auch einen Streit mit den Landständen über Finanzfragen; dazu näher in *Sachsse*, Verfassung (Fn. 14), S. 19 f.

57 *Sachsse*, Verfassung (Fn. 14), S. 21; *Vitense*, Geschichte (Fn. 26), S. 270 ff.

58 Detaillierter in *Sachsse*, Verfassung (Fn. 14), S. 20 f.; *Vitense*, Geschichte (Fn. 26), S. 252 ff.

59 Normtext des Landesgrundgesetzlichen Erbvergleichs (im Folgenden als LGGEV abgekürzt) abgedruckt in M. Manke/E. Münch (Hrsg.), Verfassung und Lebenswirklichkeit. Der Landesgrundgesetzliche Erbvergleich von 1755 in seiner Zeit, 2006, S. 413 ff.

60 *Sachsse*, Verfassung (Fn. 14), S. 22; *H. Koch*, Die staatsrechtlichen Veränderungen in Mecklenburg-Schwerin durch die Novemberrevolution 1918 und die Verwaltung des Landes während der Weimarer Republik, JbRegG 15/II. (1988), S. 219 (219); *A. John*, Die Entwicklung der beiden mecklenburgischen Staaten im Span-

de jedoch hauptsächlich die bestehende Rechtslage des Hamburger Vergleichs von 1701 unter Anerkennung der Union der Landstände bestätigt, wobei jetzt ausdrücklich das Propositionsrecht, das Recht, den Ständen selbstständige Vorlagen für beide Landesherren von Mecklenburg-Schwerin und Mecklenburg-Strelitz zu unterbreiten, anerkannt wurde[61]. In der Folgezeit wurden Versuche unternommen, absolutistische Herrschaftsformen zu etablieren und somit eine Einreihung in die Entwicklung der anderen Staaten zu erwirken, was jedoch scheiterte[62]. Die Stände konnten somit stets die Fesseln um die Hände des Landesherrn enger zurren oder zumindest halten und somit dessen Bestrebungen durchkreuzen. Die liberalen Strömungen erfassten auch Mecklenburg-Schwerin im März 1848, weshalb das Volk unter teils gewaltsamen Ausschreitungen die Umgestaltung der Landesverfassung und Abschaffung des ständischen Systems verlangte[63]. Aus taktischen Erwägungen, in der Hoffnung des Erhalts der Monarchie, beugte sich der Schweriner Großherzog dem Volkswillen und rief demokratische Wahlen zu einer verfassunggebenden Versammlung aus[64]. Das erarbeitete Staatsgrundgesetz in Form der parlamentarischen Monarchie vom 10. Oktober 1849[65] wurde von den Ständen und Teilen des großherzoglichen Hauses, insbesondere dem Großherzog von Mecklenburg-Strelitz, bekämpft[66]. Das angerufene Schiedsgericht erklärte das Staatsgrundgesetz sodann im Freienwalder Schiedsspruch für rechtswidrig und hob es wieder auf[67]. Das konstitutionelle Grundgesetz verstieß danach

nungsfeld von Landesgrundgesetzlichem Erbvergleich und Bundes- bzw. Reichsverfassung vom Norddeutschen Bund bis zur Weimarer Republik, 1997, S. 17; *K. Inachin*, Durchbruch zur demokratischen Moderne. Die Landtage in Mecklenburg-Schwerin, Mecklenburg-Strelitz und Pommern während der Weimarer Republik, 2004, S. 15.

61 *Büsing*, Staatsrecht (Fn. 25), S. 8; den Charakter einer Festschreibung alten (Gewohnheits-)Rechts und Anknüpfung daran betont *Vitense*, Geschichte (Fn. 26), S. 279; dies bedeutete kein Gesetzesinitiativrecht im Sinn der Gesetzgebungsmacht, die allein dem Landesherrn zustand, vgl. *Sachsse*, Verfassung (Fn. 14), S. 49.

62 *Heck*, Geschichte (Fn. 25), S. 27.

63 *Vitense*, Geschichte (Fn. 26), S. 447 ff.

64 Siehe dazu näher *Vitense*, Geschichte (Fn. 26), S. 452 f.

65 Zu den unterschiedlichen Strömungen und Vorlagen siehe *Vitense*, Geschichte (Fn. 26), S. 463 f.

66 *Heck*, Geschichte (Fn. 25), S. 55.

67 *Sachsse*, Verfassung (Fn. 14), S. 65 ff.; *Haff*, Ständestaat (Fn. 22), S. 4; *Vitense*, Geschichte (Fn. 26), S. 465 ff.; *Heck*, Geschichte (Fn. 25), S. 55; *bei der Wieden*, Abriss (Fn. 21), S. 10 f.

gegen die Mitwirkungsbefugnis der Stände[68]. Ein Sprung in die Moderne zu diesem (frühen) Zeitpunkt wurde hier verpasst. Während man sich 1815 aus staatsrechtlicher Sicht noch in einem zeitgemäßen Zustand befand[69], änderten sich diese Begebenheiten bis zur Novemberrevolution nicht, womit man den Anschluss an moderne Verfassungsentwicklungen verpasste[70]. Durch den Erhalt der vorrevolutionären Zustände verblieben die mecklenburgischen Staaten ohne Mitwirkungsbefugnisse des gesamten Volkes im verfassungsrechtlichen Mittelalter[71]. Der Beitritt zum Norddeutschen Bund bzw. zum Deutschen Reich bedeutete zwar eine Kompetenzverschiebung zur Reichsebene in einigen Bereichen, jedoch bewirkte dies nicht, wie teilweise behauptet, eine *de facto* Abschaffung des Ständestaates[72]. Lediglich einige Regelungen wurden wirkungslos[73]. Insbesondere wirtschaftliche Grundfreiheiten wurden durch den Norddeutschen Bund bzw. die Reichsverfassung eingeführt[74]. Dies tangierte zwar den Landesgrundgesetzlichen Erbvergleich, der, wie bereits ausgeführt, vornehmlich finanzrechtlich angelegt war[75]. Der Kern der Systematik des Ständestaates blieb jedoch bestehen, sodass der Landesgrundgesetzliche Erbvergleich die grundlegende Basis bis zum Ende des ersten Weltkriegs darstellte[76]. Zwar kamen Reformbemühungen bzw. der Reformwillen der Bevölkerung auch während der Folgezeit wieder aufs Tapet, jedoch scheiterten auch diese

68 *M. Reißfelder*, Verfassungsautonomie und Verfassungshomogenität der deutschen Einzelstaaten in den Verfassungssystemen seit 1815, 1959, S. 64.

69 *bei der Wieden*, Abriss (Fn. 21), S. 8.

70 Als aus damaliger Sicht rückständig bezeichnet dies *bei der Wieden*, Abriss (Fn. 21), S. 14; *Koch*, Veränderungen (Fn. 60), S. 219.

71 Schon zeitgenössisch wurde Mecklenburg-Schwerin als Prototyp eines mittelalterlichen Ständestaats bezeichnet: vgl. *Vitense*, Geschichte (Fn. 26), S. 504; so auch die damalige Charakterisierung von *Moritz Wiggers* von 1861, abgedruckt in *Heck*, Geschichte (Fn. 25), S. 56 f.

72 So wird es zumindest von *V. Höffner* behauptet, vgl. *dens.*, Die Großherzogtümer Mecklenburg-Schwerin und Mecklenburg-Strelitz im Prozeß der Herstellung der nationalen Einheit in Deutschland 1858-1871, 1991, S. 240. Diese Ansicht wird jedoch im Wesentlichen mit der Trennung von Verwaltung und Justiz durch das Gerichtsverfassungsgesetz begründet, was zwar einen bedeutenden Schritt darstellte, jedoch würdigt *Höffner* andere Bereiche nicht genügend.

73 *Sachsse*, Verfassung (Fn. 14), S. 22.

74 *John*, Entwicklung (Fn. 60), S. 28/95 ff./256 ff.

75 *John*, Entwicklung (Fn. 60), S. 29.

76 *bei der Wieden*, Abriss (Fn. 21), S. 10 ff.; *John*, Entwicklung (Fn. 60), S. 27; das Bestehenbleiben der ständischen Ordnung trotz Eingliederung ins Reich betont *A. John* auch in ihrem Resümee, siehe dazu *John*, Entwicklung (Fn. 60), S. 261 f.

am Widerstand der Stände bzw. insbesondere der Ritterschaft[77]. Diese sahen durch eine neue Verfassung ihre erkämpften Privilegien und ihre Machtstellung schwinden[78]. Reformversuche über den Umweg der Interaktion des Deutschen Reichs scheiterten jedoch auch auf dieser Ebene, sodass ein Eingriff des Reichs in die Angelegenheiten von Mecklenburg-Schwerin ausblieb, da der Bundesrat einen echten Verfassungskonflikt zwischen Reichs- und Landesverfassung (noch) nicht als gegeben ansah[79] und sich auch andere Länder vor der Regelung von landesrechtlichen Einzelfragen durch das Reich fürchteten[80]. Somit wurde ein Eingriff in die Rechtsetzungsautonomie der mecklenburgischen Staaten abgewendet. Insbesondere lehnte die Ritterschaft ein allgemeines Wahlrecht ohne Einschränkungen in Form eines Zensuswahlrechts ab, sodass es zu keiner Einigung kommen konnte[81].

Insgesamt führten die jeweiligen Partikularinteressen zwischen den beiden Landesherren, der Landschaft und der Ritterschaft zu unüberwindbaren Hürden für die Erzielung eines Konsenses über eine Verfassungsreform zu einer zeitgemäßen und realisierbaren Form, sodass die staatsrechtlichen Verhältnisse sich von der gesamtdeutschen Entwicklung abgekoppelt zu haben schienen. Auch wenn das politische, territoriale und wirtschaftliche Gewicht der mecklenburgischen Staaten als Nichtigkeit[82] im historischen Geschehen empfunden werden können, so führte dieser Sonderweg, den das überdauernde ständische System Mecklenburg bereitet hatte, zu einer eigenständen Bedeutung im gesamtdeutschen Kontext[83]. Insofern fiel das Land schon in der wilhelminischen Zeit im Kanon der

---

77 *A. Langfeld*, Mein Leben. Erinnerungen des mecklenburg-schwerinschen Staatsministers i. R. D. Dr. Adolf Langfeld, 1930, S. 251 f.; siehe nähere Darstellung zur Verfassungsdebatte seit dem Eintritt in den Norddeutschen Bund bei *Vitense*, Geschichte (Fn. 26), S. 506 ff.; zu verschiedenen Reformversuchen seitens der Regierung Anfang des 20. Jhd. siehe *Vitense*, Geschichte (Fn. 26), S. 537 ff.

78 Exemplarisch zum Scheitern von Reformversuchen Anfang des 20. Jhd. aufgrund von Eigeninteressen siehe *Vitense*, Geschichte (Fn. 26), S. 537 ff.

79 *Vitense*, Geschichte (Fn. 26), S. 522 ff.

80 *John*, Entwicklung (Fn. 60), S. 264.

81 *Vitense*, Geschichte (Fn. 26), S. 541 f.

82 Zumindest sticht Mecklenburg-Schwerin weder territorial noch bevölkerungsmäßig hervor, siehe *E. R. Huber*, Deutsche Verfassungsgeschichte seit 1789, Bd. VI, 3. Aufl. 1981, S. 824.

83 Dies wird auch an der immer wieder aufflammenden Debatte über die Frage des mecklenburgischen Staatsrechts deutlich, siehe dazu *Vitense*, Geschichte (Fn. 26), S. 503 ff.; *Heck*, Geschichte (Fn. 25), S. 60 ff.

Bundesstaaten auf, sodass die Umwälzungen nach dem ersten Weltkrieg noch deutlicher hervorstechen mussten.

II. Der Ständestaat als Relikt vor der Novemberrevolution

Zunächst muss die staatsrechtliche Ausgangslage im notwendigen Umfang beleuchtet werden. Nur durch das Verständnis von Vorläufern können spezielle Regelungen und auch deren Hintergründe begriffen und analysiert werden[84]. Dies gilt umso mehr, als der neue Verfassungstext explizit im Hinblick auf die alten ständischen Grundlagen formuliert wurde[85]. Dabei soll jedoch keine umfassende und detaillierte Analyse der Vorkriegsverhältnisse entstehen. Lediglich soll ein Grundverständnis der staatsrechtlichen Ausgangslage vor der Novemberrevolution geschaffen werden, sodass der Hintergrund der ersten modernen Verfassung von Mecklenburg-Schwerin im notwendigen Umfang deutlich wird.

In einem Ständestaat, wie in Mecklenburg-Schwerin, existierten im Kontrast zum absolutistischen System neben dem Landesherrn die Stände als relevante Subjekte öffentlicher Gewalt[86]. Dabei wurden diesen aus dem Hoheitsgebiet eigene Grundherrschaften übertragen, ohne aus dem Staatgebiet auszuscheiden[87]. Auf diesem Gebiet erhielten die Stände gewisse staatsrechtliche Befugnisse und Privilegien, wobei dennoch ausschließliche Rechte des Landesherrn bestanden und zu beachten waren[88]. Folglich waren die Landstände sowohl Herrscher über Grund und Boden inklusive der jeweiligen Hintersassen als auch Vertretung von selbigen gegenüber dem Landesherrn[89]. Daraus ergab sich, dass über gewisse Materien aus-

---

84 Speziell auf das Parlamentsrecht bezogen *U. Schliesky*, Parlamentsfunktionen, in: M. Morlok/ders./D. Wiefelspütz (Hrsg.), Parlamentsrecht, 2016, § 5 Rn. 1.

85 *Inachin*, Durchbruch (Fn. 60), S. 22.

86 *Krause*, System (Fn. 28), S. 6 f.; *Busch*, Machtstreben (Fn. 21), S. 54.

87 *Vitense*, Geschichte (Fn. 26), S. 142.

88 *Vitense*, Geschichte (Fn. 26), S. 142.

89 *Sachsse*, Verfassung (Fn. 14), S. 24, 45; *Koch*, Verfassung (Fn. 14), S. 54; *John*, Entwicklung (Fn. 60), S. 17; wobei die Vertretung mehr ein persönliches Recht der Bürgermeister darstellte, siehe dazu *Vitense*, Geschichte (Fn. 26), S. 281 f.; eine Vertretung der nichtbesitzenden Bevölkerung existierte jedenfalls nicht, wobei die Bewohner der Städte eine gewisse Vertretung durch die Magistrate hatten, siehe *Busch*, Machtstreben (Fn. 21), S. 121 ff.; jedenfalls kann nicht von einer echten Repräsentation im modernen Sinn gesprochen werden, siehe dazu *M. Morlok*, Volksvertretung als Grundaufgabe, in: ders./Schliesky/Wiefelspütz, Parlamentsrecht (Fn. 84), § 3 Rn. 75 ff.

schließlich der Landesherr, auf anderen Gebieten ausschließlich die Stände bestimmen durften, und bei wieder anderen Komplexen bedurfte es des Zusammenwirkens von Landesherrn und Ständen[90]. Folglich existierte insgesamt eine Dualität der Herrschaft im Ständestaat allgemein und somit auch in Mecklenburg-Schwerin[91]. Daher lag die Herrschaftsmacht beim Landesherrn, der jedoch in der Ausübung durch die Befugnisse der Stände beschränkt war[92]. Somit war laut *Schlesinger* dem Ständestaat die Idee eines Staates als eigenes Handlungssubjekt im Sinne einer juristischen Person nicht immanent[93], was noch einer näheren Untersuchung unterzogen wird.

Die Stände gliederten sich in Ritterschaft und Landschaft bzw. Städte auf, nachdem der Prälatenstand schon 1550 verschwunden war[94]. Die Hintersassen bzw. Einwohner existierten lediglich als Herrschaftsobjekt, wobei die relevanten Rechtssubjekte der Territorialherr und die Stände waren[95]. Die Stände verfügten über hoheitliche Befugnisse und erhielten den Status als Körperschaften des öffentlichen Rechts[96]. Daneben war ihnen das Recht gegeben, eigene Angelegenheiten selbst zu regeln[97]. Wie bereits dargelegt, bestand eine (grundsätzlich) unlösbare Verbindung von Mecklenburg-Schwerin und Mecklenburg-Strelitz durch die Union der Stände als Vertretung der Ritter- und Landschaft beider Länder. Die Stände waren ihrerseits geographisch und organisatorisch jeweils in Kreise, nämlich den mecklenburgischen, den wendischen und den stargardischen Kreis, unterteilt[98]. Bei der Analyse der staatsrechtlichen Strukturen, insbesondere auf dem verwaltungsrechtlichen Gebiet, muss von den einzelnen Ständen ausgegangen werden, da sich die jeweiligen Verhältnisse aufgrund der gene-

---

90 *Krause*, System (Fn. 28), S. 1 ff.; *Koch*, Verfassung (Fn. 14), S. 54; *John*, Entwicklung (Fn. 60), S. 18 f.

91 *Heck*, Geschichte (Fn. 25), S. 12, 30; siehe dazu *Krause*, System (Fn. 28), S. 4 ff.

92 *Schlesinger*, Staats- und Verwaltungsrecht (Fn. 36), S. 28.

93 So *Schlesinger*, Staats- und Verwaltungsrecht (Fn. 36), S. 212 f.; der diese Ansicht relativiert, da die Reinheit des ständischen Systems unter dem Modernisierungsdruck gelitten habe. Jedoch betont *Schlesinger* die grundsätzliche Aufrechterhaltung desselben.

94 *Sachsse*, Verfassung (Fn. 14), S. 14 f./24; *Krause*, System (Fn. 28), S. 7; *Koch*, Verfassung (Fn. 14), S. 5.

95 *Haff*, Ständestaat (Fn. 22), S. 2 f.; *Krause*, System (Fn. 28), S. 3; als verfassungsrechtlich nicht existent bezeichnet *Koch*, Verfassung (Fn. 14), S. 56 die Einwohner.

96 *Koch*, Veränderungen (Fn. 60), S. 222.

97 *Koch*, Verfassung (Fn. 14), S. 55.

98 *Sachsse*, Verfassung (Fn. 14), S. 27; *Vitense*, Geschichte (Fn. 26), S. 282.

rellen Eigenverantwortlichkeit erheblich unterschieden, sodass eine strikte Einteilung in die Länder Mecklenburg-Schwerin und Mecklenburg-Strelitz ein verzerrtes Bild in weiten Teilen schaffen würde[99]. Daher sollen sich die folgenden Ausführungen zur Landschaft und zur Ritterschaft auf beide mecklenburgischen Staaten beziehen, um dem Spezifikum des ständischen Systems Rechnung zu tragen.

Auch die Eingliederung von Mecklenburg-Schwerin in das Deutsche Reich 1871 mit der Gesamtverfassung[100] änderte an diesem grundlegenden System des Ständestaates wenig, da das Reich explizit von unterschiedlichen Staatssystemen der Gliedstaaten ausging und nur auf Reichseben eine Volksvertretung zwingend vorgesehen war[101].

Dies zeigt, dass der Ständestaat als einzigartige Ausgangslage vor der Novemberrevolution ein Kuriosum der Geschichte darstellte[102]. Aufgrund dieser Sonderrolle des Großherzogtums drängen sich grundsätzliche verfassungsrechtliche Fragen auf. Bisher wurde zur Vereinfachung und im Hinblick auf die Verständlichkeit stets von Staat und Verfassung von Mecklenburg-Schwerin gesprochen. Es stellt sich jedoch das Problem, ob diese Terminologie den Anforderungen aus heutiger Sicht standhält.

1. Staatsqualität des Großherzogtums Mecklenburg-Schwerin

Moritz Wiggers konstatierte 1861: „Mecklenburg ist kein Staat im modernen Sinne des Wortes, [...] sondern ein aus dem Mittelalter her konservierter Patrimonialstaat[103], der in verschiedene Patrimonialherrschaften

---

99 *Koch*, Veränderungen (Fn. 60), S. 220; so auch *John*, Entwicklung (Fn. 60), S. 18 f.

100 Verfassung des Deutschen Reichs vom 16. April 1871 (RGbl. 1871 Nr. 16 v. 20.4.1871, S. 63); im Folgenden als RVerf. abgekürzt.

101 *Koch*, Verfassung (Fn. 14), S. 59.

102 Die Sonderrolle der mecklenburgischen Staaten betont *Wenzel*, Verfassungen (Fn. 17), S. 321.

103 Unter dem Begriff versteht man einen Staat, bei dem die Territorialgewalt im Eigentum des Herrschers steht und sich dementsprechend auch in der Übertragbarkeit verhält. Dieser Begriff ist möglicherweise seit der Aufklärung als Gegenpol zum Pathos der Aufklärer zu verstehen, siehe dazu näher m.w.N. *D. Willoweit*, Art. Patrimonialstaat, in: Erler/Kaufmann/Werkmüller, Handwörterbuch III (Fn. 32), Sp. 1549 ff.

zerfällt"[104]. Diese Charakterisierung des Ständestaates, augenscheinlich zunächst einleuchtend, bedarf jedoch einer näheren Betrachtung. Der Staatsbegriff stammt vom lateinischen Wort „*status*", was Zustand bedeutet[105]. Von der reinen Semantik ausgehend, bedarf dieser Begriff einer näheren Einordnung und Einengung, damit die Terminologie nicht zu einer bloße Worthülse verschwimmt[106]. An einer allgemeingültigen und beständigen Festlegung des Staatsbegriffs fehlt es jedoch[107], da das jeweilige Staatsverständnis nur temporär zu fassen und aus dem Blickwinkel der jeweiligen Epoche zu deuten ist[108]. Somit muss dieser Begriff näher beleuchtet werden. *Isensee* bezeichnete den modernen Staat als „Zweckschöpfung der Vernunft"[109]. Dabei stellt sich sodann die Frage nach den konstitutiven Elementen eines modernen Staates. Für das heutige Völkerrecht hat sich bei der Frage nach der Staatsqualität – trotz der zum Teil mangelhaften Stichfestigkeit[110] – die Konzeption von *Georg Jellinek* durchgesetzt[111]. Danach ist der Staat im rechtlichen Sinn „die mit ursprünglicher Herrschermacht ausgerüstete Körperschaft eines seßhaften Volkes"[112]. Daraus abgeleitet sind die konstitutiven Elemente das Staatsgebiet, das Staatsvolk und die Staatsgewalt[113], die jeweils Schnittmengen aufweisen und sich gegenseitig bedingen, weshalb eine isolierte Betrachtung nur ein hypothetischer

104 So das Urteil *Moritz Wiggers*, einer der Repräsentanten der liberalen Befürworter, aus dem Jahr 1861 über den Zustand der Verfassung, abgedruckt in *Heck*, Geschichte (Fn. 25), S. 57.

105 *K.-M. Reineck*, Allgemeine Staatslehre und Deutsches Staatsrecht, 15. Aufl. 2007, S. 11 Rn. 1.

106 Die Abstraktheit betonen auch *B. Schöbener/M. Knauff*, Allgemeine Staatslehre, 3. Aufl. 2016, § 2 Rn. 1.

107 *H. Mohnhaupt*, Konstitution, Status, Leges fundamentales von der Antike bis zur Aufklärung, in: ders./D. Grimm (Hrsg.), Verfassung, 2. Aufl. 2002, S. 1 (2).

108 *Schöbener/Knauff*, Staatslehre (Fn. 106), § 1 Rn. 9.

109 *J. Isensee*, Staat und Verfassung, in: ders./P. Kirchhof (Hrsg.), Handbuch des Staatsrechts der Bundesrepublik Deutschland, Bd. II, 3. Aufl. 2004, § 15 Rn. 79.

110 Dazu knapp *Schöbener/Knauff*, Staatslehre (Fn. 106), § 3 Rn. 22; die Statik der Elemente bezeichnet hingegen *Isensee* als Stärken, siehe *dens.*, Staat (Fn. 109), § 15 Rn. 50.

111 *Isensee*, Staat (Fn. 109), § 15 Rn. 50; *R. Grawert*, Staatsvolk und Staatsangehörigkeit, in: Isensee/Kirchhof, Handbuch II (Fn. 109), § 16 Rn. 4 f.; *Reineck*, Staatslehre (Fn. 105), S. 11 Rn. 1.

112 *G. Jellinek*, Allgemeine Staatslehre, 3. Aufl. 1914 (7. Nachdruck 1960), S. 433; *Schöbener/Knauff*, Staatslehre (Fn. 106), § 3 Rn. 10; siehe zu den verschiedenen Annäherungsversuchen an den Staatsbegriff knapp *dies.*, ebda., § 3 Rn. 7 ff.

113 *H. Kelsen*, Allgemeine Staatslehre, 1925, § 18 S. 96; *Grawert*, Staatsvolk (Fn. 111), § 16 Rn. 4; *Reineck*, Staatslehre (Fn. 105), S. 11 Rn. 1.

Akt sein kann[114], sodass auch in der folgenden Erörterung bezüglich des Großherzogtums eine klare Trennung nicht konsequent eingehalten werden kann.

a) Drei-Elemente-Lehre

Daher stellt sich die Frage nach dem Vorliegen der Merkmale für eine moderne Staatlichkeit im aufgezeigten Verständnis nach *Georg Jellinek* für das Großherzogtum Mecklenburg-Schwerin.

aa) Staatsgebiet

Das Staatsgebiet als konstitutives Element der Staatlichkeit war eine neuere Errungenschaft der Rechtswissenschaft[115]. Das Staatsgebiet ist ein definierter Bereich der Erdoberfläche, welcher das Territorium als ausschließlichen Herrschaftsbereich bildet[116]. Das Großherzogtum Mecklenburg-Schwerin wurde aus dem mecklenburgischen und den wendischen Kreis gebildet[117]. Somit besaß es einen klar abgegrenzten räumlichen Bereich[118], sodass zumindest von einem Territorium gesprochen werden konnte. Jedoch bedarf der Begriff des Staatsgebietes einer weiteren Konkretisierung. Das Gebiet ist notwendiger Umstand der Rechtssubjektqualität eines Staates[119]. Als Konsequenz der Sesshaftigkeit der Mitglieder folgt die Sesshaftigkeit des Staates an sich[120]. Nur durch die räumliche Ausdehnung und die daraus folgende Ausschließlichkeit kann der Staat seine Tätigkeiten entfalten und Aufgaben wahrnehmen[121]. Dies könnte bei Mecklenburg-Schwerin aufgrund der Eingliederung in das Deutsche Reich (und zuvor in den Norddeutschen Bund) und der damit verbundenen

114 *Jellinek*, Staatslehre (Fn. 112), S. 426 f.; *H. Nawiasky* geht sogar so weit, lediglich dem Element der Staatsgewalt entscheidende Bedeutung zuzumessen, vgl. dessen Konzeption *dens.*, Der Bundesstaat als Rechtsbegriff, 1920, S. 8 ff.

115 *Jellinek*, Staatslehre (Fn. 112), S. 395.

116 *Reineck*, Staatslehre (Fn. 105), S. 30 Rn. 26.

117 *Schlesinger*, Staats- und Verwaltungsrecht (Fn. 36), S. 8.

118 Siehe zur näheren Konkretisierung *Schlesinger*, Staats- und Verwaltungsrecht (Fn. 36), S. 7 f.

119 *Jellinek*, Staatslehre (Fn. 112), S. 395 ff.

120 *Jellinek*, Staatslehre (Fn. 112), S. 395.

121 *Jellinek*, Staatslehre (Fn. 112), S. 396.

Eindämmung der Ausschließlichkeit zweifelhaft sein. Jedoch steht ein solcher Gliedstaat im Verband des beherrschenden Ganzen, sodass dies nur einen scheinbaren Widerspruch darstellt[122]. Durch die fixierte räumliche Ausdehnung des Staates sind die Personen der Herrschaft unterworfen, und fremden Mächten ist es grundsätzlich verwehrt, ohne ausdrückliche Genehmigung Herrschaft auszuüben[123]. Diese geographischen Grenzen markieren somit zugleich den Geltungsbereich der Rechtsordnung[124]. Zwar existierten Gesetze, unter anderem der Landesgrundgesetzliche Erbvergleich, die aufgrund der Union der Landstände sowohl das Großherzogtum Mecklenburg-Schwerin als auch das Großherzogtum Mecklenburg-Strelitz betrafen, jedoch mussten zu einer entsprechenden Rechtssetzung oder Rechtsänderung jeweils alle relevanten Staatsrechtssubjekte zustimmen oder zumindest angehört werden, sofern keine Rechte der Stände tangiert wurden[125]. Auch bedurfte es nur der Zustimmung der jeweiligen, das Territorium des entsprechenden Großherzogtums umfassenden Kreise, wenn die Geltung auf ein Großherzogtum beschränkt sein sollte[126]. Somit lässt dieser Gesichtspunkt aufgrund der klar definierten Abgrenzung das Element des Staatsgebietes nicht entfallen. Das Verhältnis zwischen Staat und Gebiet im Sinne des Völkerrechts ist personenrechtlicher und nicht dinglicher Natur[127]. Dieses Territorium ist zudem grundsätzlich unteilbar, so wie der Staat an sich auch[128]. Teilbarkeit kann nur aufgrund der privatrechtlichen Staatsauffassung möglich sein, dass die Herrschaft ein „Aggregat verschiedenartiger dinglicher und persönlicher Rechte“ ist[129]. Diesem Verständnis von Staatlichkeit liegt die Vermischung von Eigentum und Herrschaft zugrunde, sodass das Eine reflexartig aus dem Anderen folgt[130]. Gerade dieses mittelalterliche Staatsverständnis bildete jedoch das Fundament des ständischen Systems im Großherzogtum Mecklenburg-

122 Allgemein auf bundesstaatliche Gefüge bezogen, siehe *Jellinek*, Staatslehre (Fn. 112), S. 397.

123 *Jellinek*, Staatslehre (Fn. 112), S. 394 f., 398; *A. Randelzhofer*, Staatsgewalt und Souveränität, in: Isensee/Kirchhof, Handbuch II (Fn. 109), § 17 Rn. 28.

124 *K. Stern*, Das Staatsrecht der Bundesrepublik Deutschland, Bd. I, 2. Aufl. 1984, § 7 S. 234 f.

125 *Schlesinger*, Staats- und Verwaltungsrecht (Fn. 36), S. 133; *John*, Entwicklung (Fn. 60), S. 17.

126 *Schlesinger*, Staats- und Verwaltungsrecht (Fn. 36), S. 103 f., 106, 109.

127 *Jellinek*, Staatslehre (Fn. 112), S. 404.

128 *Jellinek*, Staatslehre (Fn. 112), S. 402.

129 *Jellinek*, Staatslehre (Fn. 112), S. 402.

130 *Jellinek*, Staatslehre (Fn. 112), S. 404.

Schwerin[131]. Hoheitsrechte waren mit dem Eigentum an Grund und Boden verknüpft und wurden ebenso übertragen[132]. Eine ausdifferenzierte Unterscheidung von Privatrecht und öffentlichem Recht vermisste man ebenfalls[133]. Das Verständnis des dinglichen Charakters von Hoheitsrechten und des daraus abgeleitet mangelnden personenrechtlichen Verhältnisses von Gebiet und Staat widerspricht somit *Jellineks* Auffassung von der subjektiven Qualität des Staatsgebietes[134], sodass das Großherzogtum Mecklenburg-Schwerin dieser Anforderung nicht genügte. Folglich mangelte es an einem Staatsgebiet im aufgezeigten Verständnis.

bb) Staatsvolk

Einen weiteren notwendigen Bestandteil bildet das Staatsvolk als Gesamtheit der zum Staate gehörigen Menschen[135]. Das Staatsvolk wird als „sesshafter, auf Dauer angelegter Personenverband"[136] charakterisiert. Im Deutschen Reich, wie zuvor im Norddeutschen Bund, vermittelte die Zugehörigkeit zu einem (Bundes-)Land die Staatsangehörigkeit zum Einheitsstaat[137]. Es bestand ein bündisches Bundesstaatsmodell, in dem der Einheitsstaat personell und territorial auf den Gliedern basierte[138]. Dies bedeutete jedoch nicht automatisch, dass die Bewohner des Großherzogtums Mecklenburg-Schwerin ein Staatsvolk von Mecklenburg-Schwerin im völkerrechtlichen Sinn bildeten. Das Staatsvolk in diesem Sinn muss zweifache Rechtsqualität besitzen, um dem Begriff zu entsprechen[139]. Es ist Herrschaftsobjekt des Staates, und gleichzeitig muss das Volk Subjektqualität besitzen[140]. Aufgrund der Herrschaftsgewalt des Staates ist das Volk zunächst Herrschaftsobjekt, somit Pflichtsubjekt bzw. Adressat der Staats-

131 Die öffentliche Gewalt als einen Komplex von persönlichen Befugnissen betont *Schlesinger*, Staats- und Verwaltungsrecht (Fn. 36), S. 212; die Zersplitterung des Landes als Hindernis für moderne Staatlichkeit stellt auch *Stern* heraus, siehe *ders.*, Staatsrecht V (Fn. 10), § 125 S. 95.

132 *Schlesinger*, Staats- und Verwaltungsrecht (Fn. 36), S. 83 f., 168 f., 171.

133 Die Vermischung von beiden Rechtsgebieten im Ständestaat Mecklenburg-Schwerin betont *Schlesinger*, Staats- und Verwaltungsrecht (Fn. 36), S. 29.

134 *Jellinek*, Staatslehre (Fn. 112), S. 404 ff.

135 *Jellinek*, Staatslehre (Fn. 112), S. 406.

136 *Schöbener/Knauff*, Staatslehre (Fn. 106), § 3 Rn. 19.

137 *Grawert*, Staatsvolk (Fn. 111), § 16 Rn. 47.

138 *Grawert*, Staatsvolk (Fn. 111), § 16 Rn. 47.

139 *Jellinek*, Staatslehre (Fn. 112), S. 406.

140 *Jellinek*, Staatslehre (Fn. 112), S. 406.

gewalt[141]. Dieser Gedanke zum ersten Element des Staatsvolks ist auch schon vor *Jellinek* der Staatslehre nicht unbekannt gewesen, ohne jedoch die Verknüpfung zum Volk als Subjekt hergestellt zu haben[142]. Bezüglich der Subjektqualität geht nicht zugleich das demokratische Verständnis von Volkssouveränität einher, welches auf dem Gedanken des Selbstbestimmungsrechts fußt[143]. Dies bestand unzweifelhaft im ständischen System im Großherzogtum Mecklenburg-Schwerin nicht. Dieses Merkmal versteift sich nicht *per se* auf die Demokratie mit der Kreationskraft des Volkes[144]. Die Subjektqualität schafft allerdings erst die Verbindung zu einer Einheit im Sinne des Volksbegriffs, sodass diese Personen Mitglieder des Staates sind; andernfalls liegt lediglich eine Masse von Menschen vor[145]. Durch die beiden notwendigen Eigenschaften des Staatsvolkes wird der Staat zum herrschaftlichen und genossenschaftlichen Verband[146]. Sodann stellt sich die Frage, wann dem Volk diese Qualität als Subjekt zukommt. Notwendig ist die staatliche Anerkennung der Stellung des Individuums, das mit öffentlichen Rechten ausgestattet ist und somit Ansprüche gegen die Staatsgewalt hat[147]. Jedoch hatte der Landesgrundgesetzliche Erbvergleich als rechtliche Basis der Herrschaftstätigkeit lediglich Wirkung im Innenverhältnis zwischen den Ständen und der Landesherrschaft[148]. Die Bewohner an sich stellten lediglich ein Herrschaftsobjekt dar und konnten nicht selbstständig in von der Verfassung vorgegebenen Weise an öffentlichen Angelegenheiten teilnehmen[149]. Daneben geht die Anerkennung von subjektiven öffentlichen Rechten Hand in Hand mit der Entwicklung moderner Staatlichkeit und der Differenzierung zwischen Privatrecht und öffentlichem Recht[150]. Solch eine klare Differenzierung zwischen den Rechts-

141 *Jellinek*, Staatslehre (Fn. 112), S. 408.

142 *Jellinek*, Staatslehre (Fn. 112), S. 406 f., 425.

143 *Grawert*, Staatsvolk (Fn. 111), § 16 Rn. 5 f.

144 *Grawert*, Staatsvolk (Fn. 111), § 16 Rn. 5; zur Begriffsentwicklung siehe die knappe Schilderung *dens.*, ebda., § 16 Rn. 8 f.

145 *Jellinek*, Staatslehre (Fn. 112), S. 407 f.

146 *Jellinek*, Staatslehre (Fn. 112), S. 408.

147 *Jellinek*, Staatslehre (Fn. 112), S. 408 f.; siehe näher zur Entstehungsgeschichte des Gedankens des subjektiven öffentlichen Rechts *ders.*, ebda., S. 410 ff.

148 *Sachsse*, Verfassung (Fn. 14), S. 50; *Krause*, System (Fn. 28), S. 66 ff.

149 Siehe *Schlesinger*, Staats- und Verwaltungsrecht (Fn. 36), S. 32; *Haff*, Ständestaat (Fn. 22), S. 2 f.; *Krause*, System (Fn. 28), S. 3; *Koch*, Verfassung (Fn. 14), S. 56; dies ist ein wichtiger Unterschied zu den konstitutionellen Staaten, die durch eine gewählte Vertretungskörperschaft die Einwohner zu Bürgern erhoben, *E. R. Huber*, Deutsche Verfassungsgeschichte seit 1789, Bd. I, 2. Auf. 1967, S. 316 f.

150 *Jellinek*, Staatslehre (Fn. 112), S. 409 f.

gebieten war dem ständischen System in Mecklenburg-Schwerin jedoch fremd[151]. Zwar bröckelte diese Gemengelage logisch vor dem Hintergrund der reichsrechtlichen Eingliederung und Entwicklung[152], jedoch bestand noch keine klare Trennung aufgrund der Beständigkeit der althergebrachten (Rechts-)Strukturen[153]. So wurden zwar zivil- und strafgerichtliche Verfahren den staatlichen Gerichten übertragen[154]. Die gesamte Verwaltungstätigkeit oblag jedoch den Ständen, wobei der Landesherr lediglich die Oberaufsicht innehatte und vor den Zivilkammern der Gerichte entsprechende Zwangsmaßnahmen erstreiten musste[155]. Somit konnte es keine klaren öffentlich-rechtlichen Ansprüche geben und infolgedessen auch keine Anerkennung des gesamten Volkes in seiner Subjektqualität[156]. Ohne diese subjektive Qualität mangelte es jedoch an dem verbindenden Moment, sodass es an einer Volksgemeinschaft fehlte, die den Staat bildete[157]. Nur eine gemeinschaftliche Beherrschung schafft keine innere Einheit[158]. Somit bestand in Mecklenburg-Schwerin mangels Subjektqualität aller Gebietsbewohner lediglich eine Vielheit von Menschen unter gemeinsamer Herrschaft. Folglich mangelte es auch an einem Staatsvolk[159].

---

151 Diese fehlte in Mecklenburg-Schwerin jedoch, siehe *Schlesinger*, Staats- und Verwaltungsrecht (Fn. 36), S. 29; insgesamt auf ständische Staatssysteme bezogen, siehe *Grimm*, Ursprung (Fn. 243), § 1 Rn. 3 f.

152 Zwar galt das BGB auch zu Beginn des 20. Jahrhunderts in Mecklenburg-Schwerin, jedoch existierten beispielsweise Sonderregeln für das herzogliche Haus bzw. dessen Mitglieder, vgl. *Schlesinger*, Staats- und Verwaltungsrecht (Fn. 36), S. 23 ff. mit weiteren Einzelheiten; es wurden in Mecklenburg-Schwerin durch die Eingliederung in das Reich auch staatliche Gerichte eingeführt, sodass die Patrimonialgerichtsbarkeit in der Bedeutungslosigkeit verschwand, vgl. *Sachsse*, Verfassung (Fn. 14), S. 46; *Schlesinger*, Staats- und Verwaltungsrecht (Fn. 36), S. 277.

153 *Schlesinger*, Staats- und Verwaltungsrecht (Fn. 36), S. 29.

154 *Sachsse*, Verfassung (Fn. 14), S. 46.

155 *Sachsse*, Verfassung (Fn. 14), S. 46 f.

156 Siehe *Jellinek*, Staatslehre (Fn. 112), S. 408 ff., 418 f. mit weiteren Einzelheiten.

157 Allgemein auf Staaten bezogen, siehe *Jellinek*, Staatslehre (Fn. 112), S. 407.

158 *Jellinek*, Staatslehre (Fn. 112), S. 407.

159 Dies folgt dabei auch aus der gegenseitigen Abhängigkeit der Elemente der Staatlichkeit, vgl. *Jellinek*, Staatslehre (Fn. 112), S. 426 f.

cc) Staatsgewalt

Das letzte Element bildet die Staatsgewalt. Ihr kommt herausragende Bedeutung für die Beurteilung der Staatlichkeit zu[160]. Erst diese schafft auf einem Territorium mit einer Zahl von Personen einen Staat[161]. Konstituierend für die Staatsgewalt ist, dass es sich um eine herrschende Gewalt handeln muss[162]. Sie ist dadurch charakterisiert, dass sie die Befehle aus eigener Macht erzwingen kann und somit nicht an die freiwillige Befolgung der Mitglieder gebunden ist[163]. Bei nichtstaatlicher Herrschergewalt ist das weitreichendste Mittel die Ausstoßung aus dem Verband, sofern der Staat dies nicht untersagt[164]. Bei Herrschermacht kann sich das Individuum nicht entziehen, sondern lediglich einer anderen Herrschermacht durch Ausbürgerung und gleichzeitiger Einbürgerung unterwerfen[165]. Die Staatszugehörigkeit im Deutschen Reich wurde durch die Zugehörigkeit zum Land vermittelt[166]. Der Verlust der Landeszugehörigkeit wurde gemäß § 15 Staatsangehörigkeitsgesetz[167] wirksam, falls der Erwerb der Staatsangehörigkeit in einem anderen Bundesstaat nachgewiesen wurde. Bei Herrschergewalt entledigt man sich nicht durch den Austritt der noch andauernden Pflichten[168]. Im Bundesstaat durfte eine Ausbürgerung aus dem einzelnen Land ohne Einbürgerung in einem anderen Bundesstaat nur gestattet werden, wenn gewisse Pflichten, insbesondere die Wehrpflicht gemäß § 15 Staatsangehörigkeitsgesetz, abgeleistet worden waren[169]. Dies spricht generell für das Vorliegen von echter Herrschaftsgewalt in den

---

160 *Kelsen*, Staatslehre (Fn. 113), § 19 S. 96.

161 *Schöbener/Knauff*, Staatslehre (Fn. 106), § 3 Rn. 23.

162 *Jellinek*, Staatslehre (Fn. 112), S. 427; die Schwächen der Konzeption von *Jellinek* versucht *Kelsen* aufzuzeigen, vgl. *dens.*, Staatslehre (Fn. 113), § 19 S. 98 ff. In der Konsequenz spricht *Kelsen* mangels Souveränität jedem Gliedstaat den Staatscharakter ab und bezeichnet die Verwirrung als „Tummelplatz kniffliger Rabulistik", sodass kein divergierendes Ergebnis vorliegen könne. Aufgrund der weitreichenden Anerkennung von *Jellineks* Ansichten, sollen die unterschiedlichen Konzeptionen hier keinen Raum beanspruchen.

163 *Jellinek*, Staatslehre (Fn. 112), S. 427 f.; *Schöbener/Knauff*, Staatslehre (Fn. 106), § 3 Rn. 24.

164 *Jellinek*, Staatslehre (Fn. 112), S. 429.

165 *Jellinek*, Staatslehre (Fn. 112), S. 429 f.

166 *Schlesinger*, Staats- und Verwaltungsrecht (Fn. 36), S. 8 f.

167 Gesetz über die Erwerbung und den Verlust der Bundes- und Staatsangehörigkeit (BGBl. des Norddeutschen Bundes Nr. 20 v. 1.6.1870, S. 355).

168 *Jellinek*, Staatslehre (Fn. 112), S. 430.

169 Die Wichtigkeit des Fortbestehens einer solchen Pflicht für das Vorliegen echter Herrschergewalt betont *Jellinek*, Staatslehre (Fn. 112), S. 430.

Staaten des Norddeutschen Bundes bzw. des Deutschen Reichs. Jedoch handelte es sich hierbei lediglich um ein Gesetz des Bundesstaates, sodass dies keine umfassende Überzeugungskraft bezüglich der Herrschaftsgewalt des Großherzogtums vermitteln kann. Falls Herrschermacht bei einem dem Staat[170] eingegliederten Verband besteht, so ist diese lediglich eine abgeleitete und keine ursprüngliche Herrschaftsgewalt[171]. Die ursprüngliche Herrschaftsmacht ist jedoch essentiell für das Vorliegen der Staatsgewalt[172]. Ursprüngliche Herrschaftsmacht besteht hingegen nicht, wenn Herrschaft aus der Sphäre des Staates in den nichtstaatlichen Verband hinübergeglitten ist[173]. Das war insbesondere auch im Mittelalter gegeben, wenn Feudalherren als weltlicher Verband die Herrschaft als eigene Macht verstanden und diese nicht als vom Staate geliehene ansahen oder zusätzliche Herrschergewalt hinzutrat[174]. Dies galt auch dann, wenn die Herrschermacht ursprünglich vom Staate herrührte und somit eigentlich nur übertragen worden war[175]. Im Großherzogtum Mecklenburg-Schwerin waren die herrschaftlichen Privilegien und Rechte vom Landesherrn an die Stände verliehen worden[176]. Diese Rechte bewirkten keine tatsächliche Entäußerung der Macht, sondern nur eine vertragliche Schranke der Ausübung für die Landesherrschaft[177]. Dies spricht für das Vorliegen der Staatsgewalt in den Händen des Landesherrn. Ein scheinbares Problem stellte noch die Geltung des Landesgrundgesetzlichen Erbvergleichs als

170 An der Staatsqualität des Norddeutschen Bundes und des Deutschen Reichs lässt *Grzeszick* in *ders.*, Gedanke (Fn. 8), § 2 Rn. 72/75 keinen Zweifel. Jedoch bezieht er das auch auf die Länder des Reichs. Die Staatsqualität des Deutschen Kaiserreichs und der Länder hebt auch *Stern* hervor, siehe *dens.*, Staatsrecht V (Fn. 10), § 128 S. 353. Laut *P. Laband*, Das Staatsrecht des Deutschen Reichs, Bd. 1, 5. Aufl. 1911, § 7 S. 58 f., bestand eine „Mediatisierung der Staaten". Dieser hebt auch die höchste Gewalt des Reichs hervor, vgl. *dens.*, ebda., § 9 S. 94.

171 *Jellinek*, Staatslehre (Fn. 112), S. 430.

172 *Jellinek*, Staatslehre (Fn. 112), S. 430; *Reineck*, Staatslehre (Fn. 105), S. 37 Rn. 37.

173 *Jellinek*, Staatslehre (Fn. 112), S. 431.

174 *Jellinek*, Staatslehre ((Fn. 112), S. 431; die Teilung, zumindest aber die Beschränkung, der Herrschaftsmacht durch die Landstände betonen *Schöbener/Knauff*, Staatslehre (Fn. 106), § 2 Rn. 57.

175 *Jellinek*, Staatslehre (Fn. 112), S. 431.

176 *Sachsse*, Verfassung (Fn. 14), S. 50; die Verknüpfung von Rechten mit dem ständischen Eigentum, die regelmäßig klassische Hoheitsrechte darstellten, betont *S. Schnelle*, Art. Mecklenburg, in: C. v. Rotteck/C. Welcker (Hrsg.), Das Staats-Lexikon, Bd. 8, 1847, S. 742 (756).

177 Siehe zur erfolgreichen Verhinderung einer Revision der landständischen Verfassung *Sachsse*, Verfassung (Fn. 14), S. 62 f.; *Schlesinger*, Staats- und Verwaltungsrecht (Fn. 36), S. 28.

rechtliche Basis der Ausübung der hoheitlichen Gewalt dar. Dieser entfaltete auch im Großherzogtum Mecklenburg-Strelitz, dem Stargardischen Kreis, Wirkungskraft[178]. Jedoch bedurfte es, sollte ein Gesetz nur für das Großherzogtum Mecklenburg-Schwerin erlassen werden, nur der (eventuellen) Mitwirkung der Stände des mecklenburgischen und des wendischen Kreises[179]. Sollte ein Gesetz in beiden Großherzogtümern gelten, so bedurfte es der Übereinkunft der beiden Großherzöge bezüglich der Propositionen[180], sodass dies kein eindeutiges Indiz für das Fehlen einer echten Staatsgewalt darstellte. Die beiden Großherzogtümer waren zwar rechtlich unabhängig[181]. Die Union der Landstände wirkte hier als Bindeglied, sodass zumindest faktisch keine vollstände Unabhängigkeit bestand[182]. Im Großherzogtum Mecklenburg-Schwerin stammte die Herrschaftsmacht über Grund und Boden sowie die Bewohner aus der Grundherrschaft, dem Eigentum am Grund und Boden[183]. Die Herrschaftsrechte der Stände beruhten auf patrimonialer Grundlage[184]. Zwar löste sich dieses Konzept in den Städten vom Grundeigentum der städtischen Bewohner, jedoch ergab sich daraus kein Unterschied im Verhältnis der gesamten Stadt zum Landesherrn; das obrigkeitliche Recht und die ständischen Rechte blieben weiterhin bei der Stadt und erwuchsen nach zeitgenössischem Verständnis aus der Stellung der Magistrate[185]. Insgesamt hingen die Hoheitsrechte konzeptionell am Eigentum des grundherrlichen Gebietes, sodass diese weitgehend privatrechtlich behandelt wurden und nicht einseitig vom Landesherrn wieder aufgehoben werden konnten[186]. Ein selbständiges Herrschaftsrecht des Individuums oder nichtstaatlichen Verbands als un-

---

178 Vgl. *Schlesinger*, Staats- und Verwaltungsrecht (Fn. 36), S. 8, 106.

179 *Schlesinger*, Staats- und Verwaltungsrecht (Fn. 36), S. 103 f., 106, 109; die Zuständigkeit der „Teillandtage“ stellt *H. Gmelin* heraus, siehe *ders.*, Das Staatsrecht der Einzelstaaten, in: G. Anschütz/R. Thoma (Hrsg.), Handbuch des deutschen Staatsrechts, 1930, Bd. I, S. 80 (86).

180 *Schlesinger*, Staats- und Verwaltungsrecht (Fn. 36), S. 101 f.

181 *Schlesinger*, Staats- und Verwaltungsrecht (Fn. 36), S. 189.

182 Vgl. *Schlesinger*, Staats- und Verwaltungsrecht (Fn. 36), S. 189 f., der die Unabhängigkeit betont, wobei er jedoch die Parallelen in der Verwaltung und die gemeinsamen Behörden nennt, ohne allerdings eine Einschränkung der Unabhängigkeit daraus ziehen zu wollen.

183 *Sachsse*, Verfassung (Fn. 14), S. 45.

184 *Sachsse*, Verfassung (Fn. 14), S. 45; *W. Klein*, Die Domänenfrage im deutschen Verfassungsrecht des 19. Jahrhunderts, 2007, S. 44.

185 Zum Ursprung und Wandel des Verständnisses der Obrigkeitsrechte innerhalb der Landschaft vgl. *Sachsse*, Verfassung (Fn. 14), S. 45 f.

186 *Sachsse*, Verfassung (Fn. 14), S. 47, 50; *Schlesinger*, Staats- und Verwaltungsrecht (Fn. 36), S. 29 ff.

überwindbare Schranke der staatlichen Herrschaftsmacht widerspricht dabei dem Konzept eines modernen Staates[187]. Herrschermacht eines modernen Staates zeichnet sich, insbesondere aus dem Blickwinkel der geschichtlichen Entwicklung, dadurch aus, dass diese über alle Herrschergewalt durch Gesetz bestimmt[188]. Herrschaftsmacht findet hingegen lediglich in dem rechtlich garantierten Freiheitsbereich des Individuums seine Grenze, jedoch nicht als unüberwindbare Schranke[189]. Die Stände traten jedoch neben die Rechte des Landesherrn mit mindestens ähnlichen Kompetenzen[190]. Zwar bewirkten die Befugnisse keine Entäußerung der Hoheitsrechte, jedoch stellte ein Verstoß gegen diese einen Hinderungsgrund für die Herrschaft dar, sodass diese Akte aufgehoben werden mussten[191]. Die erfolglosen Versuche der Veränderung durch den Landesherrn untermauern diese, insbesondere faktisch unüberwindbare Schranke[192]. Durch die Vermischung von Eigentum und Staatsgewalt im Großherzogtum bestand es rein faktisch aus einem Konglomerat an Besitztümern[193]. Auch hatte der Landesherr keine direkte Beziehung zu den Bewohnern der übrigen ständischen Gebiete, da Adressaten der Gesetze die Stände waren[194], was sich jedoch im Laufe der Geschichte – insbesondere im Hinblick auf die Festsetzung von Steuern – wandelte[195]. Somit lässt sich feststellen, dass sich das Großherzogtum im Hinblick auf das Vorliegen einer einheitlichen Staatsgewalt in einem eingeschränkten Modernisierungsprozess befand, jedoch eine ursprüngliche und höchste Staatsgewalt nicht vorlag[196].

---

187 *Jellinek*, Staatslehre (Fn. 112), S. 431.

188 *Jellinek*, Staatslehre (Fn. 112), S. 431.

189 *Jellinek*, Staatslehre (Fn. 112), S. 431.

190 *Schlesinger*, Staats- und Verwaltungsrecht (Fn. 36), S. 30; *Haff*, Ständestaat (Fn. 22), S. 2; die ständische Ordnung als Schranke der Staatsgewalt betont auch *Grimm*, Ursprung (Fn. 243), § 1 Rn. 6.

191 *Schlesinger*, Staats- und Verwaltungsrecht (Fn. 36), S. 30.

192 Siehe *Sachsse*, Verfassung (Fn. 14), S. 61 ff.

193 *Schlesinger*, Staats- und Verwaltungsrecht (Fn. 36), S. 29; den Gegensatz zwischen moderner Staatsgewalt und patrimonialem Wesen der Landeshoheit betont *G. Anschütz* in *ders.*, Rückblick auf ältere Entwicklungsstufen der Staatsbildung, in: ders./Thoma, Handbuch I (Fn. 179), S. 17 (25).

194 *Schlesinger*, Staats- und Verwaltungsrecht (Fn. 36), S. 32.

195 *Schlesinger*, Staats- und Verwaltungsrecht (Fn. 36), S. 35.

196 Der Bestand von ständischen Privilegien als Hinderungsgrund für die originäre Staatsgewalt und moderne Staatlichkeit von deutschen Territorien betont auch *Stern*, siehe *ders.*, Staatsrecht V (Fn. 10), § 125 S. 100 f.

Eng verknüpft ist das Element der Staatsgewalt mit dem der Souveränität[197]. Das Verhältnis ist zwar nicht unumstritten[198], jedoch erübrigt sich die theoretische Diskussion um das Verhältnis, sofern diese im Großherzogtum Mecklenburg-Schwerin nicht bestanden hat. Diese wird als höchste Gewalt im Inneren und Unabhängigkeit von anderen Staaten bezeichnet[199]. Die innere Souveränität darf jedoch nicht in dem Sinn als unumschränkte Gewalt so verstanden werden, dass diese Gewalt im Inneren nicht an eine Rechtsordnung gebunden ist, unabhängig von der Ausgestaltung, und sich nicht selbst gänzlich abschaffen kann[200]. Diese Souveränität beinhaltet die ausschließliche Fähigkeit zur rechtlichen Selbstbestimmung und Bindung, sodass keine fremde Macht die Staatsgewalt an der Änderung der eigenen Rechtsordnung hindern kann[201]. Dies bedeutet, dass der souveräne Staat im Zweifel gegenüber anderen Machtträgern ein Letztentscheidungsrecht hat und dieses auch effektiv um- und durchsetzen kann[202]. Dieses Verständnis von höchster Gewalt im Landesinneren verträgt sich jedoch nicht mit einem System, in welchem Grundherren und Kommunen mit staatlicher Macht ausgerüstet sind, die nach privatrechtlichen Grundsätzen behandelt werden und der direkten Verfügung des Staates entzogen sind[203]. Dann treten diese Rechtssubjekte als selbstständige öffentlich-rechtliche Persönlichkeiten dem Staat gegenüber[204]. Die Verfassungskonflikte haben gezeigt, dass die Landstände eine tatsächliche wie auch rechtliche Beschränkung der Entscheidungsfreiheit des Landesherrn und des Landes an sich darstellten[205]. Diese Mitwirkungsrechte und die

197 *Reineck*, Staatslehre (Fn. 105), S. 37 Rn. 38; *Randelzhofer*, Staatsgewalt (Fn. 123), § 17 Rn. 21.

198 Teilweise werden Staatsgewalt und Souveränität als deckungsgleich, teilweise die Souveränität als Eigenschaft der Staatsgewalt angesehen, vgl. *Schöbener/Knauff*, Staatslehre (Fn. 106), § 3 Rn. 27; teilweise wird nach innerer und äußerer Souveränität als konstitutives Element der Staatlichkeit differenziert, vgl. *Reineck*, Staatslehre (Fn. 105), S. 37 f. Rn. 39 f.; *A. v. Freytagh-Loringhoven* betont die Staatlichkeit der Länder im Bismarckreich trotz fehlender Souveränität, ohne dabei jedoch auf Mecklenburg-Schwerin speziell einzugehen, vgl. *dens.*, Die Weimarer Verfassung in Lehre und Wirklichkeit, 1924, S. 36.

199 *Randelzhofer*, Staatsgewalt (Fn. 123), § 17 Rn. 23.

200 *Jellinek*, Staatslehre (Fn. 112), S. 477.

201 *Jellinek*, Staatslehre (Fn. 112), S. 481 f./495; *Schöbener/Knauff*, Staatslehre (Fn. 106), § 3 Rn. 30.

202 Ähnlich *Isensee*, Staat (Fn. 109), § 15 Rn. 89.

203 *Jellinek*, Staatslehre (Fn. 112), S. 446.

204 *Jellinek*, Staatslehre (Fn. 112), S. 446; *Reineck*, Staatslehre (Fn. 105), S. 37 Rn. 39.

205 Dies zeigen der gescheiterte Versuch der Einführung eines Staatsgrundgesetzes 1849 und die verschiedenen Verfassungsreformversuche von Seiten der Landes-

korrespondierende Beschränkung der Landesherrschaft rührte aber gemäß §§ 191 ff. LGGEV aus dem grundgesetzlichen Rechtsdokument her, sodass dies allein kein eindeutiges Indiz darstellte. Neben der allgemeinen Beschränkung des Landesherrn waren die einfachen Bewohner außerhalb des Gebietes der Landesherrschaft in diesem System der direkten Einflussnahme durch den Landesherrn entzogen[206]. In solch einem System bestand keine lediglich durch die Verfassung beschränkte höchste Gewalt im Inneren. Im Großherzogtum Mecklenburg-Schwerin besaßen die Landstände öffentlich-rechtliche Befugnisse, welche an die Grundherrschaft gebunden waren und dabei privatrechtlich behandelt wurden[207]. Diese Herrschaftsrechte und Privilegien konnten nicht mehr einseitig durch den Landesherrn vernichtet werden, sodass ein eigener Rechtskreis der Landstände gegeben war[208]. Ferner hatte der Landesherr keine direkte Macht über die Herrschaftsobjekte im Gebiet der Ritterschaft und der Landschaft inne[209]. Die Stände waren zusammen mit dem Landesherrn Träger der öffentlichen Gewalt[210], sodass von höchster Gewalt des Landesherrn bzw. des Landes im Inneren nicht gesprochen werden konnte. Die Souveränität nach Außen bedeutet, dass ein Staat unabhängig von anderen Staaten im Rahmen des Völkerrechts frei agieren kann[211]. Das Großherzogtum Mecklenburg-Schwerin war ein Glied des Deutschen Reichs, und die wichtigsten Angelegenheiten bezüglich der anderen Gliedstaaten waren reichsrechtlich geregelt[212]. Allerdings konnte das Großherzogtum Beziehungen zum Reichsausland selbstständig unterhalten[213]. Dennoch besitzt ein Teil

---

herrschaft, siehe *Sachsse*, Verfassung (Fn. 14), S. 65 ff.; *Schlesinger*, Staats- und Verwaltungsrecht (Fn. 36), S. 41 ff.; *John*, Entwicklung (Fn. 60), S. 160 ff.

206 *Jellinek*, Staatslehre (Fn. 112), S. 447.

207 *Krause*, System (Fn. 28), S. 66.

208 Siehe *Krause*, System (Fn. 28), S. 65 f., der die Eigenständigkeit und das faktische Eigenleben des Rechtskreises der Stände betont. Dieser Bewertung steht auch nicht das Manutenenzrecht des Landesherrn entgegen, was im Verlauf der Arbeit noch knapp gezeigt wird; siehe dazu auch Fn. 532.

209 *Krause*, System (Fn. 28), S. 5, 191.

210 *Krause*, System (Fn. 28), S. 193; siehe *Schlesinger*, Staats- und Verwaltungsrecht (Fn. 36), S. 172, der die Staatsgewalt als uneinheitlich bezeichnet; siehe auch *John*, Entwicklung (Fn. 60), S. 18, der die Eigenständigkeit der ständischen Verwaltung betont; allgemein auf ständische Systeme bezogen siehe *Reineck*, Staatslehre (Fn. 105), S. 37 Rn. 39; das Gleichgewicht von Ständen und Landesherrschaft betont auch *Busch*, Machtstreben (Fn. 21), S. 85.

211 *Isensee*, Staat (Fn. 109), § 15 Rn. 53; *Schöbener/Knauff*, Staatslehre (Fn. 106), § 3 Rn. 35.

212 *Schlesinger*, Staats- und Verwaltungsrecht (Fn. 36), S. 191 f.

213 *Schlesinger*, Staats- und Verwaltungsrecht (Fn. 36), S. 192.

eines Bundesstaates nur beschränkte äußere Souveränität[214]. Somit war auch die äußere Souveränität Mecklenburg-Schwerins nicht vollumfänglich gegeben.

Das ständische System insgesamt widersprach diesem umfassenden Verständnis von Souveränität[215]. Somit mangelt es an einer souveränen Staatsgewalt im Großherzogtum Mecklenburg-Schwerin.

b) Staatscharakter als historische Erscheinung

Insgesamt scheitert eine Qualifizierung als moderner Staat im Sinne des Völkerrechts insbesondere an der fehlenden klaren Differenzierung zwischen öffentlichem Recht und Privatrecht[216]. Das ständische System, das sich, wenn auch bröckelnd in Mecklenburg-Schwerin, mitsamt den Ständen als Herrschaftsfaktor und den übrigen Einwohnern als Objekt der Machtausübung gehalten hatte, verträgt sich mit einem neuzeitlichen Staatsverständnis nicht[217]. Somit kann das Urteil *Wiggers* grundsätzlich nicht entkräftet werden.

Nach dieser Erkenntnis muss man sich fragen, ob sich aufgrund der historischen Realität eine Klassifizierung als Staat gänzlich verbietet. Der Staat ist aufgrund der wechselseitigen Beziehungen zur Realität nicht als Konstante zu sehen, sondern unterliegt einem steten Wandel im Kontext der Entwicklungsgeschichte[218]. Vielmehr verkörpert der Staat im weiteren

---

214 Siehe allgemein auf Gliedstaaten bezogen *Randelzhofer*, Staatsgewalt (Fn. 123), § 17 Rn. 25.

215 Im Ergebnis übereinstimmend *Schlesinger*, Staats- und Verwaltungsrecht (Fn. 36), S. 212, der jedoch nicht den Versuch einer Herleitung oder Begründung liefert; siehe *Jellinek*, Staatslehre (Fn. 112), S. 453, der den Gedanken von *Jean Bodin* in seiner Negativdefinition aufgreift. Ebenso wurde die Aufhebung der ständischen Verfassungen als Konsequenz des Souveränitätsbegriffs nach der Lehre der Fürstensouveränität gesehen, siehe *Jellinek*, Staatslehre (Fn. 112), S. 468 m.w.N.

216 Siehe *Klein*, Domänenfrage (Fn. 184), S. 33 f., der die Frage nach der Herausbildung der Rechtspersönlichkeit des Staates mit der Trennung von Privatrecht und öffentlichem Recht verknüpft.

217 Auch zeitgenössisch wurde der Dualismus zwischen Ständen und Fürst als Hindernis bei dem Entstehen von Staatsrecht gesehen, zur Rezension von *Wilhelm Eduard Albrecht* vgl. *Klein*, Domänenfrage (Fn. 184), S. 29.

218 Insofern waren die Gemeinwesen der Antike und des Mittelalters lediglich keine Staaten im modernen Sinne, siehe auch *Schöbener/Knauff*, Staatslehre (Fn. 106), § 2 Rn. 3.

Sinn ein Herrschaftskonstrukt, das sich vom Idealtypus eines modernen Staates unterscheidet[219]. Geradezu vermessen wäre es, den Staatsbegriff in seiner historischen Dimension nur auf diese umgrenzten begriffsstiftenden Merkmale *Jellineks* zu verengen[220]. Eine eindimensionale Betrachtungsweise von historischen Begebenheiten würde zur Verkennung der historischen Realität führen. Daher kann ein Gebilde nach einem klassischen Staatsbegriff als Staat qualifiziert werden, wenn eine Herrschaftsordnung auf einem bestimmten Gebiet besteht, der sich die Menschen unterworfen haben[221]. Treffend kann man solch ein Gebilde auch als Herrschaftsverband bezeichnen[222]. Dieser Staat im weiteren Sinn unterscheidet sich folglich vom Staat im engeren Sinn, dem modernen und neuzeitlichen Staat[223]. Im Großherzogtum Mecklenburg-Schwerin bestand in Form des Landesgrundgesetzlichen Erbvergleichs eine grundlegende rechtliche Basis für die Organisation desselben[224]. Ferner bestanden klare Gebietsgrenzen[225]. Auch existierten klare Regelungen zur Zugehörigkeit zum Großherzogtum bzw. der mecklenburg-schwerinschen Staatsbürgerschaft[226]. Somit genügte das Großherzogtum Mecklenburg-Schwerin diesen rudimentären Anforderungen an ein Gebilde, welches sich als Staat im weiteren Sinn qualifizieren ließ.

Dieses Ergebnis wird auch von der allgemeinen historischen Entwicklung gestützt. Im Prozess der Entstehung des neuzeitlichen Staates kommt dem Wandel zum Territorialstaat immense Bedeutung zu[227]. So ist dies an verschiedenen in Mecklenburg-Schwerin auch vorzufinden Erscheinungen zu erkennen. Zunächst ist dabei die Grenzziehung zu nennen, welche

---

219 Der Begriff des Staates kann somit als Sammelbegriff für ältere Gemeinwesen mit überörtlicher Relevanz dienen, siehe *E. Kern*, Moderner Staat und Staatsbegriff, 1949, S. 21.

220 Das Spannungsverhältnis zwischen Dynamik und Statik des Staatsbegriffs betonen *Isensee*, Staat (Fn. 109), § 15 Rn. 46; ähnlich *J. Ipsen*, Staatsrecht I, 31. Aufl. 2019, § 1 Rn. 4.

221 Dies gilt zumindest nach der Theorie vom Staat als Herrschaftsverhältnis, siehe *Schöbener/Knauff*, Staatslehre (Fn. 106), § 2 Rn. 4.

222 *Schöbener/Knauff*, Staatslehre (Fn. 106), § 2 Rn. 4; *Isensee* kritisiert diesen Begriff jedoch als unbestimmt, siehe *dens.*, Staat (Fn. 109), § 15 Rn. 62.

223 *Kern*, Staat (Fn. 219), S. 21; *Schöbener/Knauff*, Staatslehre (Fn. 106), § 2 Rn. 6.

224 Siehe *John*, Entwicklung (Fn. 60), S. 17 f., der u.a. das Gesetzgebungsrecht treffend zusammenfasst.

225 Siehe *Schlesinger*, Staats- und Verwaltungsrecht (Fn. 36), S. 7 f.

226 Siehe *Büsing*, Staatsrecht (Fn. 25), S. 8 ff.

227 *Schöbener/Knauff*, Staatslehre (Fn. 106), § 2 Rn. 79.

insbesondere durch die Primogenitur gesichert wurde[228]. Das Gebiet in Mecklenburg-Schwerin war festgelegt und eine weitere Teilung durch die Primogenitur ausgeschlossen[229]. Ferner bedarf es für die Entwicklung zur modernen Staatlichkeit des Aufbaus einer eigenständigen Verwaltung mit entsprechendem Beamtentum und dem Ausbau der Gesetzgebung als Mittel der Staatslenkung[230]. Der Landesherr hatte umfassende Gesetzgebungsbefugnisse, die lediglich durch die Mitwirkung der Stände beschränkt waren[231]. Ferner bestand ein Verwaltungsaufbau, der im Laufe der geschichtlichen Entwicklung noch ausgebaut wurde[232]. Allerdings war die Lokalverwaltung im ständischen Gebiet von diesen maßgeblich geschaffen und weitestgehend von der Landesherrschaft unabhängig [233]. Auch gab es ein Beamtentum, wobei die handelnden Personen jedoch nicht als Organ des Staates fungierten, sondern landesherrliche oder ständische Beamte waren und entsprechende öffentliche Gewalt ausübten[234]. Der Staat als juristische Person war noch unbekannt, da dies von der personalen Beziehung zwischen Landesherrn und Untertanen überlagert wurde[235]. Dies zeigt sich auch in der Wortwahl des Landesgrundgesetzlichen Erbvergleichs. Eine juristische Person bedurfte von der Privatperson klar abgegrenzter Organe[236]. § 1 LGGEV benennt jedoch expliziert nur „Regierende Herzoge zu Mecklenburg“ [sic] und deren Nachfahren, sodass auch begrifflich schon keine Unterscheidung vorgenommen wurde. Der Terminus ist Indiz für das Verständnis von der Stellung des Landesherrn[237]. Dies stützt die Erkenntnis von der mangelnden Rechtspersönlichkeit des Großherzogtums.

---

228 *D. Willoweit/S. Schlinker*, Deutsche Verfassungsgeschichte, 8. Aufl. 2019, § 17 Rn. 1; *Schöbener/Knauff*, Staatslehre (Fn. 106), § 2 Rn. 80 ff.

229 *Büsing*, Staatsrecht (Fn. 25), S. 10; *Schlesinger*, Staats- und Verwaltungsrecht (Fn. 36), S. 16.

230 *Schöbener/Knauff*, Staatslehre (Fn. 106), § 2 Rn. 88 ff., 95 ff.

231 Siehe *John*, Entwicklung (Fn. 60), S. 18 mit Benennung der Zuständigkeitsregelung.

232 Siehe beispielsweise *Büsing*, Staatsrecht (Fn. 25), S. 21; *Schlesinger*, Staats- und Verwaltungsrecht (Fn. 36), S. 141 ff.

233 *Schlesinger*, Staats- und Verwaltungsrecht (Fn. 36), S. 167 ff.

234 *Schlesinger*, Staats- und Verwaltungsrecht (Fn. 36), S. 172.

235 Speziell auf das Großherzogtum Mecklenburg-Schwerin bezogen *Schlesinger*, Staats- und Verwaltungsrecht (Fn. 36), S. 212; allgemein für ständische Systeme siehe *Willoweit/Schlinker*, Verfassungsgeschichte (Fn. 228), § 17 Rn. 1; *Schöbener/Knauff*, Staatslehre (Fn. 106), § 2 Rn. 86.

236 Siehe *Klein*, Domänenfrage (Fn. 184), S. 39, 50.

237 Siehe allgemein zur Stellung der Fürsten in den deutschen Gliedstaaten im 19. Jahrhundert *Klein*, Domänenfrage (Fn. 184), S. 41.

Somit lässt sich festhalten, dass aufgrund der noch bestehenden mittelalterlichen Prägung zwar kein moderner Staat existierte, jedoch ein Staat im weiteren Sinn, sodass im Folgenden vom Großherzogtum Mecklenburg-Schwerin als Staat gesprochen werden soll[238]. Andere Termini würden mehr Verwirrung stiften, als dass sie Klarheit über den Zustand des Gebildes herstellen würden[239]. So wurde und wird auch in der staatsrechtlichen Literatur regelmäßig ein solches System als „ständischer Patrimonialstaat"[240] bezeichnet.

2. Verfassungsqualität des Landesgrundgesetzlichen Erbvergleichs

Nachdem die grobe Entwicklung des Rechts im (Groß-)Herzogtum Mecklenburg-Schwerin bzw. den mecklenburgischen Staaten nachgezeichnet worden ist, stellt sich die Frage nach der Rechtsqualität des Landesgrundgesetzlichen Erbvergleichs, der die staatsrechtliche Basis bis zur Novemberrevolution beinhaltete. Bildete der Erbvergleich nur ein einfaches Vergleichs- bzw. Vertragswerk oder ging dieser darüber hinaus, indem er eine grundlegende Basis im Sinne einer Verfassung darstellte? Dabei geht es im Kern nach *Thomas Paine* um die Frage nach der Rechtmäßigkeit von Macht und Herrschaftsmachtausübung; denn *„government without a constitution, is power without a right"*[241]. Eine Verfassung strukturiert den Staat sowie die Gesellschaft[242].

a) Verfassungsqualität nach neuzeitlichem Verständnis

Dabei drängt sich zunächst die Frage auf, ob der Landesgrundgesetzliche Erbvergleich einem modernen bzw. noch heute gültigen Verfassungsverständnis entsprach. Solch eine Verfassung stellt eine Agenda mit komple-

---

238 Den Staatscharakter von mittelalterlichen Gemeinwesen sieht *G. v. Below* sogar als evident an, vgl. *dens.*, Territorium und Stadt, 2. Aufl. 1923, S. 162. Dieser setzt sich jedoch nicht mit den einzelnen Merkmalen der Staatlichkeit auseinander.

239 In diese Richtung tendiert auch *Isensee*, der einen geschichtlichen und unspezifischen Staatsbegriff für ältere Gemeinwesen präferiert, siehe *dens.*, Staat (Fn. 109), § 15 Rn. 62.

240 Siehe *Anschütz*, Rückblick (Fn. 193), S. 25.

241 *Thomas Paine*, abgedruckt in *H. Dreier*, Gilt das Grundgesetz ewig?, 2009, S. 16.

242 *P. Häberle*, Verfassungstheorie ohne Naturrecht, in: AöR 99 (1974), S. 437 (443).

xen Kodifikationen zur Ausformung der grundlegenden staatsrechtlichen Verhältnisse und Ausübung von Herrschaftsmacht dar[243]. Somit legalisiert und limitiert sie gleichzeitig das Machtkonstrukt[244]. Sie ist universal, umfassend und herrschaftsbegründend[245]. Der Verfassungsbegriff begnügte sich in der Zeit des aufflammenden Konstitutionalismus nicht mehr mit der defensiven Rolle eines deskriptiven Moments durch die Beschreibung der Gesamtumstände, sondern er wandelte sich zu einem präskriptiven Ansatz[246]. Aus diesen Gedanken lässt sich der Verfassungsbegriff mit typisierenden Eigenschaften belegen[247].

aa) Verfassungsurkunde

Dazu muss zunächst eine schriftlich fixierte Verfassungsurkunde existieren[248], die das Konglomerat an Staatsverträgen und grundlegenden Gesetzen, die *„leges fundamentales"*, ersetzt bzw. eventuell inkorporiert[249], sodass ein „Kollektivsingular" entsteht, welcher das Herrschaftssystem grundlegend regelt[250]. Diese Urkunde muss die formellen und materiellen Gesichtspunkte der Machtausübung regeln[251]. Dabei geht es um den unbedingten Willen zur Schaffung eines systematisch geschlossenen und rationalisierenden Rechtskonstrukts zur Normierung von politischer Herrschaft[252]. Somit hat eine Verfassungsurkunde einen umfassenden Geltungsanspruch und bildet das Fundament für jegliche staatliche Tätigkeit.

---

243 *D. Grimm*, Ursprung und Wandel der Verfassung, in: Isensee/Kirchhof, Handbuch I (Fn. 5), § 1 Rn. 1 f.; *H. Dreier*, Art. Verfassung, in: H. J. Sandkühler (Hrsg.), Enzyklopädie Philosophie, Bd. 3, 2010, S. 2867 (2867).

244 *Dreier*, Verfassung (Fn. 243), S. 2868.

245 *Dreier*, Verfassung (Fn. 243), S. 2868.

246 *Grimm*, Ursprung (Fn. 243), § 1 Rn. 2; *Dreier*, Grundgesetz (Fn. 241), S. 16 f.

247 *Dreier*, Verfassung (Fn. 243), S. 2867 f.

248 Statt aller siehe *Isensee*, Staat (Fn. 109), § 15 Rn. 167; *Dreier*, Verfassung (Fn. 243), S. 2867.

249 *Dreier*, Grundgesetz (Fn. 241), S. 17.

250 *H. Hofmann*, Zur Entstehung, Entwicklung und Krise des Verfassungsbegriffs, in: A. Blankenagel/I. Pernice/H. Schulze-Fielitz (Hrsg.), Verfassung im Diskurs der Welt. Liber Amicorum für Peter Häberle zum siebzigsten Geburtstag, 2004, S. 157 (158).

251 *Dreier*, Verfassung (Fn. 243), S. 2869.

252 *Dreier*, Verfassung (Fn. 243), S. 2869; ähnlich schon *C. Schmitt*, Verfassungslehre, 1928, S. 7.

Im Erbvergleich, der zwar im Wesentlichen Finanzfragen klärte, wurden die Grundsätze der Teilhabe der Stände an der Machtausübung festgelegt[253]. Dieser regelte umfassend die Verhältnisse der Stände und der Landesherrschaft[254]. Er griff die Regelungen des Hamburger Vergleichs von 1701 auf, hob diesen dabei gleichzeitig auf und ergänzte diese Regeln durch weitere Normen[255], vgl. § 518 LGGEV. Gemäß § 3 LGGEV wurden insbesondere die „Reversalen“ [sic] aus den Jahren 1572 und 1621 in Form von „Beylagen“[256] [sic] dem Landesgrundgesetzlichen Erbvergleich angehängt und alle „Beylagen“ [sic] sollten gemäß § 515 LGGEV Wirksamkeit entfalten[257]. Damit wurden diese bestehenden Verbriefungen von Rechten und Privilegien inkorporiert. Solch eine Inkorporation lässt jedoch die Urkundeneinheit nicht entfallen, was durch Art. 140 GG evident ist. Alle Regelungsgehalte, welche im Landesgrundgesetzlichen Erbvergleich ausdrücklich anders normiert waren, sollten gemäß § 3 LGGEV keine Geltung mehr entfalten. Somit wurde grundsätzlich ein Regelungskomplex geschaffen, sodass kein bloßes Nebeneinander von unterschiedlichen Herrschaftsverträgen existierte und dadurch prinzipiell die Urkundeneinheit gewahrt wurde[258]. Allerdings bestimmte § 3 LGGEV weiter, dass dem Landesgrundgesetzlichen Erbvergleich nicht widersprechende „Reversalen“ [sic] damit nicht aufgehoben wurden, die daraus erwachsenden Rechte weiterhin bestehen blieben und diese als „Landes-Grund-Gesetze“ fortgalten. Ferner sollten die Privilegien der Stadt Rostock gemäß § 519 LGGEV

253 *Heck*, Geschichte (Fn. 25), S. 29 f.; *John*, Entwicklung (Fn. 60), S. 29.

254 *Schlesinger*, Staats- und Verwaltungsrecht (Fn. 36), S. 40 f.; *John*, Entwicklung (Fn. 60), S. 29.

255 *Büsing*, Staatsrecht (Fn. 25), S. 8; den Charakter einer Festschreibung alten (Gewohnheits-)Rechts und Anknüpfung daran betont *Vitense*, Geschichte (Fn. 26), S. 279; dies bedeutete kein Gesetzesinitiativrecht im Sinn der Gesetzgebungsmacht, die allein dem Landesherrn zustand, vgl. *Sachsse*, Verfassung (Fn. 14), S. 49.

256 Die Reversalen [sic] sind abgedruckt in Manke/Münch, Verfassung (Fn. 59), S. 499 ff.

257 Dabei handelt es sich gemäß § 515 LGGEV um „deren Beylagen vom Nummer I. biß IX. nebst dem Signo O. bestehenden Vergleich“ [sic], welche dem Landesgrundgesetzlichen Erbvergleichs angehängt wurden. Dazu zählen neben den Reversalien von 1572 und 1621 u.a. die Verbriefung der Union der Landstände aus dem Jahr 1523.

258 In diese Richtung, allerdings nicht speziell auf die Großherzogtümer Mecklenburgs bezogen, tendiert auch *E.-W. Böckenförde*, Geschichtliche Entwicklung und Bedeutungswandel der Verfassung, in: A. Buschmann/F.-L. Knemeyer/G. Otte/W. Schubert (Hrsg.), Festschrift für Rudolf Gmür zum 70. Geburtstag 28. Juli 1983, 1983, S. 7 (8 f.).

nicht berührt werden. Damit wären weitere Regelungen *de jure* in Kraft geblieben, sodass scheinbar – zumindest strenggenommen – keine einzelne und einheitliche Verfassungsurkunde im neuzeitlichen Verständnis geschaffen worden wäre. Allerdings geht es bei diesem Erfordernis darum, in einem Dokument ein grundlegendes Regelungswerk zur Ausübung der Herrschaftsmacht zu schaffen[259]. Der Landesgrundgesetzliche Erbvergleich sollte jedoch gerade die rechtliche Basis für das Staatsrecht bzw. die Ausübung von Macht bilden[260], was sich auch in der aufgezeigten staatsrechtlichen Entwicklung niedergeschlagen hat. Auch terminologisch unterschied der Landesgrundgesetzliche Erbvergleich zwischen „Fundamental- und Erb-Vertrag“[261] und „Landes-Grund-Gesetzen“[262], wodurch der umfassende Geltungsanspruch deutlich wurde. Ferner betonte § 518 LGGEV den umfassenden Charakter des Regelungswerks. Auch scheinen die Streitigkeiten, welche als Verfassungsstreitigkeiten in den Quellen tituliert wurden, auf Basis des Landesgrundgesetzlichen Erbvergleichs geführt worden zu sein[263]. Folglich genügte der Landesgrundgesetzliche Erbvergleich dem Grundgedanken, der sich hinter dem Erfordernis verbarg[264]. Somit handelte es sich zumindest *de facto* um ein Urkundendokument, welches das grundlegende Herrschaftssystem normierte.

bb) Vorrang

Eine Verfassung als *lex fundamentalis* muss ferner aus dem gewöhnlichen Gesetzgebungszyklus absentiert und auf ein Podest gehoben sein, sodass sie normativen Vorrang genießt und den Grundsatz *lex posterior derogat*

---

259 *Dreier*, Verfassung (Fn. 243), S. 2869.

260 Vgl. *Heck*, Geschichte (Fn. 25), S. 29 f., der dies als „Staatsgrundgesetz“ tituliert.

261 § 4 LGGEV; damit war nur der Landesgrundgesetzliche Erbvergleich selbst gemeint.

262 § 3 LGGEV.

263 Vgl. *Schlesinger*, Staats- und Verwaltungsrecht (Fn. 36), S. 45; *Heck*, Geschichte (Fn. 25), S. 30; so mussten nach dem Freienwalder Schiedsspruch die Landtagsausschreibungen nach dem Landesgrundgesetzlichen Erbvergleich erfolgen, siehe *ders.*, Geschichte (Fn. 25), S. 55.

264 Auch *Grimm* betont, dass die Idee eines Gesamtplans für einen Staat kein völlig neuer Aspekt in der Verfassungsentwicklung nach den amerikanischen und französischen Revolutionen gewesen ist, siehe *ders.*, Ursprung (Fn. 243), § 1 Rn. 30.

legi priori außer Kraft setzt[265]. Sie beinhaltet Normen höherer Gattung[266] und bildet die höchste innerstaatliche Rechtsquelle[267]. Dies erklärt sich logischerweise aus dem Anspruch der grundlegenden Regelung des Herrschaftssystems[268]. Nur so kann eine Verfassung ihre vornehmliche Aufgabe erfüllen[269]. Somit geht es um die Selbstbindung des Souveräns und der gesamten Gesetzgebung durch dieses Verfassungsdokument[270]. Eine Verfassung ist ein „Gesetz der Gesetze"[271]. Daraus folgt, dass nach herrschendem deutschen Staatsrechtsverständnis ein Verstoß gegen solch ein Dokument die Nichtigkeit nach sich ziehen muss[272].

Der Landesgrundgesetzliche Erbvergleich bildete die Basis für alle Gesetze und die Grundlage für Rechtsstreitigkeiten bzw. Klagen[273]. § 2 LGGEV stellte heraus, dass die Landesherrschaft die Rechte der Stände achten werde. Daraus lässt sich die Selbstbindung des Landesherrn zur Achtung der zugesicherten Privilegien bzw. Rechte der Stände erkennen[274]. Erst der Landesgrundgesetzliche Erbvergleich hat das landesherrliche Gesetz-

265 *Hofmann*, Entstehung (Fn. 250), S. 160.

266 *Dreier*, Grundgesetz (Fn. 241), S. 19.

267 Dies ist das wichtigste Wesensmerkmal moderner Verfassungen, da nur so der Normtext dem Anspruch als Grundordnung für den gesamten Verfassungsstaat gerecht wird, siehe *Dreier*, Verfassung (Fn. 243), S. 2870.

268 Ähnlich *Hofmann*, Entstehung (Fn. 250), S. 160; *Grimm*, Ursprung (Fn. 243), § 1 Rn. 28, 45.

269 *Grimm*, Ursprung (Fn. 243), § 1 Rn. 28.

270 Dies wird auch prägnant als „Gesetz für den Gesetzgeber" bezeichnet, siehe *Dreier*, Grundgesetz (Fn. 241), S. 24 ff. m.w.N.

271 *Schmitt*, Verfassungslehre (Fn. 252), S. 12.

272 *Dreier*, Verfassung (Fn. 243), S. 2871; die bloße Feststellung der Unvereinbarkeit ohne Nichtigkeitserklärung durch das Bundesverfassungsgericht ist eine „Erfindung", die mit Rücksicht auf andere bedeutende Verfassungsgüter – beispielsweise den Schutz überragender Güter des Gemeinwohls oder das Gewaltenteilungsprinzip – entstanden ist, vgl. *C. Hillgruber/C. Goos*, Verfassungsprozessrecht, 4. Aufl. 2015, § 6 Rn. 538 ff.

273 *John*, Entwicklung (Fn. 60), S. 29; auch verschiedene Verfassungsentwürfe scheiterten an der fehlenden Zustimmung des Landtags zur Änderung des Landesgrundgesetzlichen Erbvergleichs, welche notwendige Voraussetzung der Aufhebung desselben war, siehe beispielsweise *Schlesinger*, Staats- und Verwaltungsrecht (Fn. 36), S. 130.

274 Diese Herrschaftsverträge enthielten typischerweise Herrschaftsbegrenzung und Abwehrrechte der Privilegierten gegenüber der Herrschaftsgewalt, siehe generell zu den Herrschaftsverträgen *Böckenförde*, Entwicklung (Fn. 258), S. 8; *Sachsse* betont dabei, dass dies jedoch keinerlei Entäußerung der Herrschaftsgewalt bedeutete, sondern lediglich die Stände ihre Macht vom Landesherrn ableiten, siehe *dens.*, Verfassung (Fn. 14), S. 50.

gebungsrecht durch die §§ 191 ff. LGGEV in eine feste formale Gestalt gegossen[275]. Diese Selbstbindung bestand jedoch lediglich im Verhältnis zu den Ständen als den einzigen relevanten Rechtssubjekten und entfaltete keine Außenwirkung allen Einwohnern gegenüber[276]. Ein Verstoß gegen den Landesgrundgesetzlichen Erbvergleich, insbesondere ein Verstoß gegen die Mitwirkungsrechte der Stände, führte zur Rechtswidrigkeit des Aktes[277]. Somit stand der Landesgrundgesetzliche Erbvergleich zumindest anscheinend auf einer übergeordneten Stufe in der Normenhierarchie[278]. Dies machte auch § 3 LGGEV deutlich, indem alle „Landes-Grund-Gesetze", welche Themen betrafen, die im Landesgrundgesetzlichen Erbvergleich anders festgelegt wurden, keine Geltung mehr haben sollten. Jedoch stößt der Anspruch auf Geltungsvorrang auf Probleme. Nichtigkeit nach deutschem (staatsrechtlichen) Verständnis bedeutet, dass der Akt *ipso iure*[279] und *ex tunc* keinerlei Rechtswirkung entfaltet[280]. Es tritt ein Zustand ein, als wäre die Norm nie existent gewesen, und andere durch diese aufgehobenen Normen leben (grundsätzlich) wieder auf[281]. Jedoch war ein Gesetz, das der Großherzog unter Verstoß gegen den Landesgrundgesetzlichen Erbvergleich erlassen hatte, lediglich rechtswidrig und aufhebbar[282]. Somit bedurfte es der ausdrücklichen Rücknahme durch den Landesherrn[283]. Dieser war nämlich alleiniger Gesetzgeber, sodass den Ständen lediglich ein Zustimmungsrecht bei den garantierten

275 *Schlesinger*, Staats- und Verwaltungsrecht (Fn. 36), S. 132.

276 *Sachsse*, Verfassung (Fn. 14), S. 50; *Schlesinger*, Staats- und Verwaltungsrecht (Fn. 36), S. 139.

277 Vgl. schon die Hinweise zum Freienwalder Schiedsspruch; siehe auch *Sachsse*, Verfassung (Fn. 14), S. 51, der den Vertragsverstoß als Klagegrund hervorhebt.

278 So führte der Verstoß gegen das ständische Zustimmungsrecht im Rahmen des Freienwalder Schiedsspruch zur Aufhebung, siehe *Sachsse*, Verfassung (Fn. 14), S. 65 ff.; *Haff*, Ständestaat (Fn. 22), S. 4; *Vitense*, Geschichte (Fn. 26), S. 465 ff.; *Koch*, Verfassung (Fn. 14), S. 57; *Heck*, Geschichte (Fn. 25), S. 55; *bei der Wieden*, Abriss (Fn. 21), S. 10 f.

279 A.A. *C. Pestalozza*, Verfassungsprozessrecht, 3. Aufl. 1991, § 20 Rn. 15 f., der lediglich die Ungültigkeit aus der Verfassung herzuleiten vermag.

280 BVerfGE 1, 14 (37); 8, 51 (71); *J. Ipsen*, Rechtsfolgen der Verfassungswidrigkeit von Norm und Einzelakt, 1980, S. 147 ff.; *Hillgruber/Goos*, Verfassungsprozessrecht (Fn. 272), § 6 Rn. 531a, 548.

281 Zum Wiederaufleben aufgehobenen Rechts vgl. BVerfGE 102, 197 (208); *Hillgruber/Goos*, Verfassungsprozessrecht (Fn. 272), § 6 Rn. 531a.

282 Es bestand ein sog. Manutenenzrecht, siehe *Schlesinger*, Staats- und Verwaltungsrecht (Fn. 36), S. 43 f.; siehe auch Fn. 532.

283 *Schlesinger*, Staats- und Verwaltungsrecht (Fn. 36), S. 43 f.

Themen zustand[284]. Ein Verstoß gegen diese Zusage, konnte aufgrund des alleinigen Gesetzgebungsrechts der Landesherrschaft keine *eo ipso* Vernichtung im Außenverhältnis nach sich ziehen, sondern führte zur Aufhebbarkeit bzw. mangelnden Rechtsbeständigkeit[285]. Bei Aufhebung von Normen, die gegen den Landesgrundgesetzlichen Erbvergleich verstießen, lebte das vormalige Recht wieder auf[286]. Ferner mussten die Stände gegen diesen Akt vorgehen[287]. Unterblieb dies, so wurde der Fehler durch Untätigkeit „geheilt"[288], was logischerweise nur bei Vernichtbarkeit bzw. Aufhebbarkeit – im Gegensatz zur Nichtigkeit – möglich gewesen wäre. Der Freienwalder Schiedsspruch deutet allerdings auf ein umfassenderes Verständnis hin. Dort wurden das Staatsgrundgesetz vom 10. Oktober 1849 und die Aufhebung der landständischen Verfassung als „nichtig" und „für rechtsbeständig nicht anzusehn" [sic] erklärt[289]. Allerdings mussten nach damaligem Verständnis auch nichtige Normen noch vom Landesherrn zurückgenommen werden[290], sodass dies keine andere Bewertung des Landesgrundgesetzlichen Erbvergleichs zulässt. Der Vorrang wurde vom Landesgrundgesetzlichen Erbvergleich nur bedingt erfüllt. Rein normativ wirkte er nur zwischen den relevanten Rechtssubjekten, was im ständischen System auch logisch war[291]. Darüber hinaus wirkten Gesetze

284 *Schlesinger*, Staats- und Verwaltungsrecht (Fn. 36), S. 131 f.

285 *Schlesinger*, Staats- und Verwaltungsrecht (Fn. 36), S. 135, 139; der Vertragscharakter an sich stellte nicht das Problem dar, weil auch in der Zeit des Konstitutionalismus, eine Verfassung als „Verfassungsvertrag" nach teilweise vertretener Meinung tituliert wurde, um so einen politischen Kompromiss deutlich zu machen, vgl. *Böckenförde*, Entwicklung (Fn. 258), S. 11; selbst der Volkssouveränität liegt das Gedankenkonstrukt eines Vertrags zugrunde, *ders.*, ebda., S. 14; die bloße Feststellung der Verfassungswidrigkeit wird heutzutage nur aufgrund von höherrangigen Gründen vorgenommen, vgl. *Hillgruber/Groos*, Verfassungsprozessrecht (Fn. 272), Rn. 531, 538 ff. m.w.N., sodass der Grundgedanke der Nichtigkeit auch dahinter zu sehen ist.

286 So mussten nach dem Freienwalder Schiedspruch das Staatsgrundgesetz aufgehoben und ein Landtag nach den Regeln des Landesgrundgesetzlichen Erbvergleichs einberufen werden, siehe *Heck*, Geschichte (Fn. 25), S. 30.

287 *Schlesinger*, Staats- und Verwaltungsrecht (Fn. 36), S. 135, 139.

288 *Schlesinger*, Staats- und Verwaltungsrecht (Fn. 36), S. 33; Schweigen konnte nach naturrechtlichem Verständnis auch einen Vertragsschluss begründen, vgl. *D. Grimm*, Konstitution, Gesetz(e) von der Aufklärung bis zur Gegenwart, in: Mohnhaupt/ders., Verfassung (Fn. 107), S. 100 (110).

289 Vgl. Freienwalder Schiedsspruch 1850, abgedruckt bei H. Sachsse (Hrsg.), Mecklenburgische Urkunden und Daten, 1900, S. 703 f.

290 *Sachsse*, Verfassung (Fn. 14), S. 52 f.

291 *Schlesinger*, Staats- und Verwaltungsrecht (Fn. 36), S. 134.

wie die Übereinkunft zur Vertragsänderung anstatt (zustimmungsbedürftige) hoheitliche Normgebung[292]. Zwar hatte der Landesgrundgesetzliche Erbvergleich den Anspruch, als Basis für die Regelung der Machtausübung bzw. Selbstbindung und -beschränkung des Souveräns zu fungieren und tat dies auch faktisch. Auch spricht die Titulierung als „Fundamental- und Erb-Vertrag“ gemäß § 4 LGGEV für einen besonderen Rang des Landesgrundgesetzlichen Erbvergleichs[293]. Jedoch konnte dieser aufgrund des alleinigen Gesetzgebungsrechts des Landesherrn ohne Nichtigkeitsfolge bei Verstößen nicht als Normgefüge höherer Art und höchste innerstaatliche Rechtsquelle nach modernem Staatsrechtsverständnis dienen[294]. Die Vorrangfunktion wurde somit unzureichend erfüllt.

cc) Verfassunggebende Gewalt

Die Art der Verfassunggebung unterscheidet sich ferner bei neuzeitlichen Verfassungen von den historischen Vorgängern, indem die moderne Verfassung einen Gründungsakt benennt und nicht lediglich am Ende eines Evolutionsprozesses steht[295]. Der Abschluss des Landesgrundgesetzlichen Erbvergleichs lässt sich auf einen singulären Punkt datieren, zu welchem die beteiligten Protagonisten die Regelungen festgelegt haben[296]. Dabei wurden zwar hauptsächlich die Regelungen des Hamburger Vergleichs von 1701 übernommen und entsprechend ergänzt[297], jedoch haben auch moderne Verfassungen regelmäßig historische Vorbilder oder übernehmen schlicht Normen, ohne dass ernsthaft an der Qualifikation als Verfassung gezweifelt wird[298]. Allerdings gehen die Anforderungen an die

---

292 *Schlesinger*, Staats- und Verwaltungsrecht (Fn. 36), S. 134.

293 Die Indizwirkung für eine materiellen Verfassungsqualität des (abweichenden) Begriffs „Fundamental-Verfassung“ betont auch *Mohnhaupt*, Konstitution (Fn. 107), S. 61.

294 Den fehlenden Vorrang des Staatsrechts bei patrimonial geprägten Fürstentümern betont auch *Klein*, Domänenfrage (Fn. 184), S. 44. Dessen Aussage muss bezüglich Mecklenburg-Schwerin jedoch aufgrund der aufgezeigten Rechtswirklichkeit und Praxis relativiert werden.

295 *Dreier*, Verfassung (Fn. 243), S. 2869.

296 *Heck*, Geschichte (Fn. 25), S. 29.

297 *Büsing*, Staatsrecht (Fn. 25), S. 8; den Charakter einer Festschreibung alten (Gewohnheits-)Rechts und Anknüpfung daran betont *Vitense*, Geschichte (Fn. 26), S. 279.

298 Evident wird dies durch Art. 140 GG; an der Verfassungsqualität des GG lässt *Dreier* insgesamt keinen Zweifel, siehe *Dreier*, Verfassung (Fn. 243), S. 2872.

moderne Verfassunggebung immens darüber hinaus. Das moderne Verständnis des Konstrukts der verfassunggebenden Gewalt geht maßgeblich auf *Joseph Sieyes* zurück[299]. Im modernen Verfassungsverständnis erwächst die Legitimität der Grundordnung nach den Idealen der Aufklärung aus dem Selbstbestimmungsrecht des Individuums, welches sich selbst die neue staatliche Ordnung diktiert[300]. Leitidee bei der Konzeption von *Sieyes* ist, dass sich das Volk als verfassunggebende Gewalt (*pouvoir constituant*) in einem Gründungsakt eine Ordnung gibt, die die anderen Verfassungsorgane als limitierenden Faktor (*pouvoirs constitués*) schafft, welche durch diesen Gründungsakt legitimiert werden[301]. Dabei ist das Volk nur insofern bei der Rechtssetzung frei im Sinne von *Sieyes*, als es nicht mehr an den Monarchen und die Stände gebunden ist[302]. Somit geht es um die Destruktion der Bindung an die Stände und ständische Ordnung und nicht um reine Willkür ohne einen Idealtypus des Staatssystems mit demokratiekonstituierenden Merkmalen[303]. Folglich handelt es sich dabei um eine Selbstermächtigung des Volkes[304], welches sich jedoch gleichzeitigt dadurch selbst in ein Korsett zwängt. Somit geht es bei dieser Konzeption vornehmlich zunächst um das Prinzip der Volkssouveränität[305]. Der Landesgrundgesetzliche Erbvergleich wurde jedoch durch die Landesherrschaft und die Stände ausgehandelt und beschlossen[306]. Das Volk war staatsrechtlich nicht existent[307]. Logischerweise fand deswegen auch keine nachgelagerte Legitimation in Form eines Referendums statt[308]. Die verfassunggebende Gewalt lag qua Landesrecht bei der Landesherrschaft unter Beachtung der Mitwirkung der Stände, sodass eine Verfassungsvereinba-

299 Statt aller siehe *Hofmann*, Entstehung (Fn. 250), S. 163 f.; *Dreier*, Grundgesetz (Fn. 241), S. 19.

300 *Dreier*, Grundgesetz (Fn. 241), S. 18 f.

301 *Dreier*, Grundgesetz (Fn. 241), S. 20 m.w.N.

302 *Hofmann*, Entstehung (Fn. 250), S. 164.

303 *Hofmann*, Entstehung (Fn. 250), S. 164.

304 Ähnlich *Dreier*, Grundgesetz (Fn. 241), S. 19.

305 *Dreier*, Verfassung (Fn. 243), S. 2869.

306 *John*, Entwicklung (Fn. 60), S. 29.

307 *Haff*, Ständestaat (Fn. 22), S. 2 f.; *Krause*, System (Fn. 28), S. 3; so auch *Koch*, Verfassung (Fn. 14), S. 56.

308 Dies entspräche dem Konventsmodell; eine vorgelagerte Beteiligung durch Wahl einer verfassunggebenden Versammlung (Nationalversammlungsmodell) fand selbstverständlich auch nicht statt; zu den beiden Modellen als Grundformen der Ausübung der Souveränität durch das Volk siehe *Dreier*, Verfassung (Fn. 243), S. 2869.

rung hier nötig geworden war[309]. Der *pouvoir constituant* lag im Sinne eines Verfassungsvertrags auf zwei Säulen, nämlich als Übereinkunft von Herrschaft und Volk, wobei jedoch nur die Stände gemeint waren[310]. In gewisser Weise war der Erbvergleich von den mit Herrschaftsbefugnissen ausgestatteten Rechtssubjekten den Herrschaftsobjekten oktroyiert, was nach damaligem Rechtsverständnis auch logisch war. Somit konnte der Erbvergleich mangels Volkssouveränität den Anforderungen an eine neuzeitliche Verfassunggebung nicht genügen. Folglich stellte der Landesgrundgesetzliche Erbvergleich mangels Verfassunggebungsakt durch das Volk als Legitimationsquelle der Herrschaftsmacht keine Verfassung im neuzeitlichen Sinne dar. Konsequenterweise fehlte es auch dann an den Grundsatzentscheidungen zur Gewaltenteilung.

dd) Verfassungsänderung und Bestandsschutz

Wesen einer Verfassung als integrative Kraft und Grundordnung einer Gesellschaft ist die erhöhte formelle Gesetzeskraft, die erschwerte Abänderbarkeit[311]. Aus der Grundentscheidung erfolgt eine Selbstbindung, jedoch darf die postulierte Entscheidungshoheit über die Grundordnung nicht auf ewig feststehen[312]. Dies würde zu der paradoxen Situation der Negierung der für sich selbst in Anspruch genommenen Souveränität für die nachfolgenden Generationen führen[313]. Somit muss ein Verfahren vorhanden sein, um die Verfassung in geregeltem Weg zu ändern, da ansonsten eine Totalrevision des gesamten Verfassungswerks die logische Konsequenz wäre[314]. Daraus ergibt sich, um den Bestand zu sichern, dass eine Verfassung das Änderungsverfahren selbst bestimmen muss, was jedoch kein Verfahren des ursprünglichen Normgebers ist, sondern lediglich

309 *Huber*, Verfassungsgeschichte I (Fn. 149), S. 642; als Beispiel sei hier der Verfassungsreformversuch von 1851 genannt, der von den Ständen abgelehnt wurde, siehe *Sachsse*, Verfassung (Fn. 14), S. 67 sowie *Schlesinger*, Staats- und Verwaltungsrecht (Fn. 36), S. 134 f., der die Änderungsvereinbarung jedoch auf alle Gesetze bezieht.

310 Siehe dazu (jedoch in Bezug auf Württemberg) *Huber*, Verfassungsgeschichte I (Fn. 149), S. 332.

311 *Hofmann*, Entstehung (Fn. 250), S. 165 f.; *Isensee*, Staat (Fn. 109), § 15 Rn. 184.

312 *Dreier*, Grundgesetz (Fn. 241), S. 26.

313 Ähnlich *Dreier*, Grundgesetz (Fn. 241), S. 26 f.

314 *Dreier*, Verfassung (Fn. 243), S. 2870; *Schmitt* bezeichnet dies als „biegsame Verfassung“, vgl. *dens.*, Verfassungslehre (Fn. 252), S. 17.

von der verfassungsändernden Körperschaft (*pouvoir constituant constitué*) vorgenommen werden kann[315]. Somit ist dies ein *aliud* zur ursprünglichen Verfassunggebung[316]. Aus der prinzipiellen Änderbarkeit erwächst überhaupt erst die Legitimation der Festsetzung von Recht, das generell zukünftige Generationen zu binden vermag[317].

Ein Bestandsschutz existierte insofern, als dass der Landesherr nicht mehr einseitig den Landesgrundgesetzlichen Erbvergleich ändern oder aufheben konnte[318]. Auch galt das noch zu behandelnde Recht der *itio in partes* im Rahmen der Änderung, sodass Einstimmigkeit zwischen den Ständen herrschen musste und innerhalb des Standes nach Mehrheit entschieden wurde, was zu einer schwierig durchzusetzenden Änderbarkeit führen konnte[319]. Aufgrund des angesprochenen Vertragscharakters konnten der Landesherr und die Stände diesen im Wege der Vereinbarung ändern oder die Stände auf ihre Rechte im Einzelfall verzichten[320]. Allerdings sah der Landesgrundgesetzliche Erbvergleich kein explizites Änderungsverfahren vor[321], sodass es an der für moderne Verfassungen notwendigen Elastizität fehlte. Ferner war dies auf Landtagen möglich, zu dem alle landtagsfähigen Personen zugelassen waren[322]. Aufgrund der fehlenden Kodifikation lässt sich keine definitive Aussage über den *aliud*-Charakter dieser ständischen Landtage treffen, insbesondere da auch die Unterschiede in der mo-

---

315 *Dreier*, Verfassung (Fn. 243), S. 2869 f.; *ders.*, Grundgesetz (Fn. 241), S. 40 ff.

316 *Dreier*, Grundgesetz (Fn. 241), S. 42.

317 *Grimm*, Ursprung (Fn. 243), § 1 Rn. 26.

318 Dies wird in Mecklenburg durch den Freienwalder Schiedsspruch deutlich, siehe *Sachsse*, Verfassung (Fn. 14), S. 65 ff.; *Haff*, Ständestaat (Fn. 22), S. 4; *Vitense*, Geschichte (Fn. 26), S. 465 ff.; *Koch*, Verfassung (Fn. 14), S. 57; *Heck*, Geschichte (Fn. 25), S. 55; *bei der Wieden*, Abriss (Fn. 21), S. 10 f.; insgesamt auf landständische Verfassungen bezogen, siehe *Huber*, Verfassungsgeschichte I (Fn. 149), S. 642.

319 Vgl. beispielsweise die Ablehnung der Vorlage zur Verfassungsänderung im Jahr 1908, *Schlesinger*, Staats- und Verwaltungsrecht (Fn. 36), S. 131.

320 *Sachsse* spricht explizit von der „Vereinbarung über die Verfassungsänderung", siehe *ders.*, Verfassung (Fn. 14), S. 71; *Schlesinger*, Staats- und Verwaltungsrecht (Fn. 36), S. 134 f.

321 Vielmehr besagt § 1 LGGEV, dass der „Vergleich [...] von Nachkommen zu Nachkommen unverbrüchlich zu halten" ist; dies war für die älteren *leges fundamentales* typisch, siehe *Dreier*, Verfassung (Fn. 243), S. 2869.

322 Beispielsweise der außerordentliche Landtag zu Schwerin 1874: dort waren Landschaft und Ritterschaft vertreten, siehe *Sachsse*, Verfassung (Fn. 14), S. 72 sowie *Schlesinger*, Staats- und Verwaltungsrecht (Fn. 36), S. 130.

dernen Verfassungspraxis kaum fassbar erscheinen[323]. Differenzierungen zu gewöhnlichen Landtagen sind jedoch in den verschiedenen Quellen zumindest nicht augenfällig[324]. Jedenfalls wurde die wohlmöglich wichtigste Verfassungsfunktion[325] vom Landesgrundgesetzlichen Erbvergleich nicht erfüllt, da sich dieser mangels Änderungsverfahrens nicht selbst zur (partiellen) Disposition stellte.

ee) Sonstige Anforderungen

Die Verfassung im heutigen – im 18. und 19. Jahrhundert revolutionären – Sinn beinhalten zwingend die Gewährleistung von individuellen Freiheitsgarantien, somit von Menschen- und Bürgerrechten, sowie die Grundprinzipien der Gewaltenteilung[326]. An die Stelle von ständischen Privilegien rückte ein umspannender Freiheitsanspruch, der lediglich üblicherweise durch Auflistung im Verfassungstext konkretisiert wird[327]. Daraus kann man ableiten, dass nach diesem Verständnis politische Herrschaft an den demokratischen Willen der Bürger gebunden ist[328]. Nur so kann die Integrationsfunktion der Verfassung als verschriftlichter Konsens der Gesellschaft erfüllt werden[329]. Diesem Anspruch können somit nur Verfassungen genügen, die nach der amerikanischen und französischen Revolution entstanden sind, welche als die Prototypen von Verfassungsstaaten mit entsprechendem Regelungswerk angesehen werden können[330]. Der Landesgrundgesetzliche Erbvergleich war jedoch vollständig dem ständischen

323 Die Verwischung der Grenzen zwischen Gesetzgebung und Verfassungsänderung betont auch *Dreier*, Grundgesetz (Fn. 241), S. 43.

324 Außerordentliche Landtage konnten stets bei allen dringenden Landesangelegenheiten einberufen werden, siehe *Schlesinger*, Staats- und Verwaltungsrecht (Fn. 36), S. 99 f.

325 So zumindest *Dreier*, Verfassung (Fn. 243), S. 2869.

326 *Hofmann*, Entstehung (Fn. 250), S. 165; *Dreier*, Verfassung (Fn. 243), S. 2867 f. mit dem Zitat des Art. 16 der französischen *Dèclaration des droits de l'homme et du citoyen* vom 26.8.1789; lediglich muss der Grundsatz der Volkssouveränität in den staatsorganisationsrechtlichen Regeln der Verfassungen vorzufinden sein, siehe *Dreier*, Verfassung (Fn. 243), S. 2871.

327 *Dreier*, Verfassung (Fn. 243), S. 2870.

328 Siehe *Dreier*, Verfassung (Fn. 243), S. 2868; wobei sich der demokratische Willen nur aus dem der (weißen) Männer ergab.

329 *Isensee*, Staat (Fn. 109), § 15 Rn. 182, 186.

330 Als Prototyp bezeichnet auch *Dreier* die daraus hervorgebrachten Verfassungsstaaten, siehe *ders.*, Verfassung (Fn. 243), S. 2868.

System verhaftet, bei welchem die Einwohner keine relevanten Rechtssubjekte waren[331]. Somit waren individuelle Menschen- und Bürgerrechte dem Erbvergleich fremd. Auch schuf dieses Dokument keine Gewaltenteilung[332]. Folglich genügte der Landesgrundgesetzliche Erbvergleich auch diesem Anforderungspunkt nicht.

Daneben erscheint die Konstituierung einer Verfassungsgerichtsbarkeit durch eine moderne Verfassung als zwingend[333] und für den heutigen, insbesondere in der Bundesrepublik Deutschland sozialisierten, Betrachter als selbstverständlich. Die Verwerfungskompetenz von formellen Gesetzen ist jedoch keine universell anerkannte Notwendigkeit moderner Verfassungsstaatlichkeit[334], sodass hier darauf nicht näher eingegangen werden muss[335].

Ferner werden andere Elemente als notwendiges Kriterium für die Existenz bzw. das Vorliegen einer Verfassung benannt, die jedoch weder allgemein anerkannt sind noch zu einer diametral anderen Bewertung der Fragestellung führen würden[336], da es schon an den urtümlichen Merkmalen scheiterte.

b) Verfassung als Grundordnung in Mecklenburg-Schwerin

Der Landesgrundgesetzliche Erbvergleich genügte in vielerlei Hinsicht nicht dem Maßstab, welcher für moderne Verfassungen gilt. Insbesondere mangelt es an einem entsprechenden Akt der Verfassunggebung sowie der ausdrücklich normierten Verfassungsänderung. Dies hing insbesondere mit der fehlenden Durchsetzung des Grundgedankens der Volkssouveräni-

331 *Haff*, Ständestaat (Fn. 22), S. 2 f.; *Krause*, System (Fn. 28), S. 3; *Koch*, Verfassung (Fn. 14), S. 56.

332 Siehe dazu ausführlicher Kapitel B.II.3.

333 *Dreier*, Verfassung (Fn. 243), S. 2871.

334 *Dreier*, Verfassung (Fn. 243), S. 2871.

335 Dennoch bestand stets die Möglichkeit der Stände, gegen die Verletzung ihrer Rechte aus dem Landesgrundgesetzlichen Erbvergleich vorzugehen, siehe beispielsweise *Schlesinger*, Staats- und Verwaltungsrecht (Fn. 36), S. 42 zur Einrichtung einer Schlichtungsinstanz nach Wegfall des kaiserlichen Gerichtshofs.

336 Beispielsweise setzt *Isensee* die Existenz eines Staates als zwingende Bedingung voraus und kritisiert entsprechende Gegenentwürfe ohne Thematisierung dieses Elements, vgl. *dens.*, Staat (Fn. 109), § 15 Rn. 1, 192; *Dreier* schweigt hingegen zu diesem Punkt, vgl. *Dreier*, Verfassung (Fn. 243), S. 2867 ff.

tät zusammen[337]. Das erscheint vor dem Hintergrund der staatsrechtlichen Bedeutungslosigkeit der Einwohner und der fehlenden Differenzierung zwischen öffentlichem Recht und Privatrecht erklärbar und logisch[338]. Dies bedeutet jedoch nicht zwingend, dass das Großherzogtum Mecklenburg-Schwerin keine Verfassung im weiteren Sinn hatte. Andernfalls würde man dem Fehler unterliegen, geschichtliche Verhältnisse und Zustände lediglich durch die Brille des modernen Verständnisses zu betrachten, ohne dabei reflektiert die entsprechenden historischen Begebenheiten einfließen zu lassen[339]. Es bedeutet nur, dass der Landesgrundgesetzliche Erbvergleich dem anspruchsvollen Verfassungsbegriff der Neuzeit nicht genügte[340] und somit keinen Verfassungsstaat bilden konnte[341]. Welche Eigenschaften ein Rechtsdokument jedoch erfüllen muss, um es noch als Verfassung betiteln zu können, lässt sich mangels feststehender, allgemein anerkannter Verfassungsdefinition nur schwerlich beantworten[342]. Auch historisch gesehen, war der Terminus nicht immer mit eindeutigen definitionsstiftenden Elementen belegt[343]. Dabei war insbesondere in der Zeit während und nach der Restauration der Begriff stets von fundamentalen Differenzen je nach politischer Fasson geprägt[344]. Lediglich lässt sich festhalten, dass der Landesgrundgesetzliche Erbvergleich dem Idealbild, welches materiell das Ideenkonstrukt der Aufklärung mit den Basiselementen der Freiheit und Volkssouveränität abbildet, nicht entsprach[345]. Jedoch

---

337 Damit standen die mecklenburgischen Staaten zu Beginn des Konstitutionalismus jedoch „nicht allein auf weiter Flur“, siehe *Dreier*, Verfassung (Fn. 243), S. 2871 f.

338 Insgesamt auf mittelalterliche Ordnungen, u.a. ständische Staatssysteme, bezogen, siehe *Grimm*, Ursprung (Fn. 243), § 1 Rn. 3 f.

339 *Willoweit/Schlinker*, Verfassungsgeschichte (Fn. 228), § 2 Rn. 2 ff.

340 Die Tendenz der Verweigerung der Bezeichnung als Verfassung, die den aufklärerischen Prinzipien nicht entsprach, gab es schon im 18. Jahrhundert, siehe *Grimm*, Konstitution (Fn. 288), S. 111 f.

341 Dazu fehlte es insbesondere an der Gewährleistung elementarer Menschenrechte und demokratischen Merkmalen, vgl. *Schöbener/Knauff*, Staatslehre (Fn. 106), § 1 Rn. 9.

342 So *Grimm*, Ursprung (Fn. 243), § 1 Rn. 57, der eine Einengung insbesondere auch im Hinblick auf rechtsgeschichtliches Erkenntnisinteresse für nicht ratsam erachtet; vgl. *Mohnhaupt*, Konstitution (Fn. 107), S. 3 f. mit der Nennung einiger Definitionsversuche.

343 *Grimm*, Konstitution (Fn. 288), S. 100.

344 Siehe näher *M. Stolleis*, Geschichte des öffentlichen Rechts in Deutschland, Bd. II, 1992, S. 101 f.

345 Dieses Verfassungsbild sei politisch bzw. quasi kämpferisch, siehe *Isensee*, Staat (Fn. 109), § 15 Rn. 166.

stellt sich aus heutiger Sicht die Frage, ob der Landesgrundgesetzliche Erbvergleich die Funktion einer Verfassung schon erfüllt hatte.

Insgesamt stellt eine Verfassung – rudimentär ausgedrückt – alle normativen Elemente dar, welche die wesentlichen Rechtsregeln eines Staates und dessen Machtausübung enthält[346]. Das ältere Begriffsverständnis bestand in einem deskriptiven Ansatz der Fixierung der Ordnung des Gemeinwesens[347]. Somit stellte diese Art von Gesetzen das Spiegelbild bereits bestehender Machtgefüge dar[348]. Danach hatte jede Staatsform, abgesehen von der Anarchie, eine Verfassung als Basis für die Ausübung von Herrschaftsmacht[349]. So existierten in diesen Staaten bzw. Herrschaftsterritorien schon solche *„leges fundamentales"*[350]. Diese Fundamentalgesetze regelten, oft in Form von Verträgen bzw. Vereinbarungen, in normativer Hinsicht die Beziehung zwischen Herrschaft und den Ständen[351]. Diesem deskriptiven Ansatz wurde der Landesgrundgesetzliche Erbvergleich gerecht, indem er grundsätzlich die Beziehung zwischen der Landesherrschaft und den Ständen in eine feste Form goss[352]. Zentrale Frage bei der Beurteilung der Qualität dieser Regelungswerke, die über das rein deskriptive Element hinausgingen und in gewisser Weise (moderne) Verfassungsfunktionen erfüllten, war die Bindungskraft gegenüber dem Herrscher, um diese Art von dem sich herausbildenden Zivilrecht zu unterscheiden[353]. Nach diesem Verfassungsverständnis muss eine solche somit als Normgefüge verstanden werden, welches die innerstaatlichen Rechtsbeziehungen aufgriff, festsetzte und durch die entsprechenden Mitwirkungsbefugnisse die Herrschaftsgewalt limitierte[354]. Diese Normgefüge als limitierende Fak-

---

346 *Schmitt*, Verfassungslehre (Fn. 252), S. 4; *Grimm*, Ursprung (Fn. 243), § 1 Rn. 1; *Dreier*, Verfassung (Fn. 243), S. 2867; so auch *Willoweit/Schlinker*, Verfassungsgeschichte (Fn. 228), § 1 Rn. 3; in dieselbe Richtung gehen *Schöbener/Knauff*, Staatslehre (Fn. 106), § 2 Rn. 11.

347 Siehe *Isensee*, Staat (Fn. 109), § 15 Rn. 3, 177, der den Ursprung dieses Ansatzes auf *Aristoteles* zurückführt.

348 Dreier, Grundgesetz (Fn. 241), S. 8.

349 *Isensee*, Staat (Fn. 109), § 15 Rn. 3; *Dreier*, Verfassung (Fn. 243), S. 2867.

350 In Deutschland zählt dazu beispielsweise die Goldene Bulle 1356, siehe *Dreier*, Verfassung (Fn. 243), S. 2867.

351 *Mohnhaupt*, Konstitution (Fn. 107), S. 63.

352 Die vertragsmäßige Beschränkung des Gesetzgebungsrechts durch die Mitwirkung der Stände betont *Sachsse*, Verfassung (Fn. 14), S. 49 ff.

353 *Mohnhaupt*, Konstitution (Fn. 107), S. 63.

354 Dieser Begriff wandelte sich von der Beschreibung rudimentären Normenbestands zu einer Agenda der Ausformung eines ausdifferenzierten Regelungskomplexes für den Staat, siehe *Dreier*, Verfassung (Fn. 243), S. 2867; der Gedan-

toren mussten folglich, um die Herrschaftsmacht zu begrenzen, in der Normenhierarchie über dem „einfachen" Gesetz des Herrschers stehen und waren nicht einseitig kündbar[355]. Der Landesgrundgesetzliche Erbvergleich beinhaltete 525 Paragraphen, welche in 25 Articul [sic] unterteilt waren und die Verhältnisse regelten, sodass dieser als umfassendes Regelungskonstrukt mit einer planvollen inneren Struktur angesehen werden kann[356]. Er kodifizierte die Rechte und Privilegien der Stände, indem er bestehende Regeln und Bräuche, insbesondere aus dem Hamburger Vergleich, aufnahm und weitere Regelungen traf[357]. So wurde das umfassende Rechtsetzungsrecht der Landesherrschaft begrenzt, indem dieser Erbvergleich gewisse Mitwirkungsbefugnisse den Ständen zusicherte[358]. Dieser Vergleich überdauerte bis zur Novemberrevolution, was die fehlende einseitige Kündbarkeit und somit einen gewissen normativen Vorrang belegt[359]. Wie bereits aufgezeigt, war der Landesgrundgesetzliche Erbvergleich ein Vertrag zwischen Landesherrschaft und Ständen, der einen höheren Rang, eine umfassende Bestandskraft hatte, die Herrschaftsmacht begrenzte und so die Privilegien der Stände sicherte[360]. Insgesamt lag hierin eine dem modernen Verfassungsverständnis artverwandte Rechtsqualität vor, indem der Landesgrundgesetzliche Erbvergleich alle normativen Elemente enthielt, welche die wesentlichen Rechtsregeln bezüglich der

---

ke der Begrenzung von staatlicher Macht wird dabei von *Isensee* betont, vgl. *ders.*, Staat (Fn. 109), § 15 Rn. 185.

355 Allgemein auf solche Rechtsdokumente bezogen siehe *Grimm*, Ursprung (Fn. 243), § 1 Rn. 8; als quasi wichtigste Funktion bezeichnet *Dreier* den Vorrang einer Verfassung, *ders.*, Verfassung (Fn. 243), S. 2870.

356 Siehe *Sachsse*, Verfassung (Fn. 14), S. 22; der detaillierte Regelungscharakter wird bei *Schlesinger* deutlich, vgl. *ders.*, Staats- und Verwaltungsrecht (Fn. 36), S. 28 ff.; die Strukturierung stellte auch eine Neuerung im Mittelalter in der Verfassungsentwicklung dar, vgl. *Mohnhaupt*, Konstitution (Fn. 107), S. 24; vgl. beispielsweise Gesetzgebungskompetenzen gemäß §§ 191 ff. LGGEV bzw. Achter Articul LGGEV, Landeskonvente gemäß §§ 201 ff. LGGEV bzw. Neunter Articul LGGEV, Landesausgabe gemäß §§ 221 ff. LGGEV bzw. Zwölfter Articul LGGEV, Kirchen und Pfarrsachen gemäß §§ 474 ff. LGGEV bzw. Drey und Zwanzigster Articul LGGEV.

357 *Heck*, Geschichte (Fn. 25), S. 29.

358 *Heck*, Geschichte (Fn. 25), S. 30.

359 Siehe beispielsweise *Sachsse*, Verfassung (Fn. 14), S. 62; die Oktroyierung einer Verfassung stellte sich nur aus Drohung dar, siehe *Heck*, Geschichte (Fn. 25), S. 79 sowie *Inachin*, Durchbruch (Fn. 60), S. 15.

360 Siehe dazu auf die *„leges fundamentales"* allgemein bezogen, *Mohnhaupt*, Konstitution (Fn. 107), S. 63.

Funktionsweise und Machtausübung des Staates beinhaltete sowie die umfassenden Befugnisse der Landesherrschaft begrenzte.

Dieser Erbvergleich stellte zwar gemäß § 1 LGGEV eigentlich einen Vertrag zwischen Landesherrschaft und Ständen dar[361], wurde jedoch als landständische Verfassung verstanden[362] und auch als solche betitelt[363]. Alle Gesetze und Klagen basierten auf dessen Regelungen[364]. Somit stellte der Landesgrundgesetzliche Erbvergleich in dem damaligen Verständnis eine Verfassung dar und erfüllte auch schon einige der heute für eine Verfassung notwendigen Funktionen, sodass der Begriff auch im Folgenden eingedenk seines historischen Verständnisses für Großherzogtum Mecklenburg-Schwerin verwendet werden soll. Daher handelte es sich in Mecklenburg(-Schwerin) um eine rechtmäßige Machtausübung im Sinne von *Thomas Paine*. Folglich besaß Mecklenburg-Schwerin durch den Landesgrundgesetzlichen Erbvergleich eine Verfassung im weiteren Sinne.

3. Gliederung der Staatsgewalt und der Stände

Es wurde bereits herausgestellt, dass als relevante staatsrechtliche Subjekte die Stände und die Landesherrschaft existierten. Im Großherzogtum umriss der Begriff „Ständestaat" den rechtlichen Zustand treffend[365], was anhand der umfangreichen Organe und Kompetenzen der Landstände erkennbar ist.

Das Korps der Ritter- und Landschaft der beiden mecklenburgischen Staaten bildete gemäß § 138 LGGEV eine einheitliche Korporation, welche der Landesherrschaft gegenüberstand[366].

---

361 Den Vertragscharakter betont *Schlesinger*, Staats- und Verwaltungsrecht (Fn. 36), S. 134.

362 *Busch*, Machtstreben (Fn. 21), S. 49; auch wurde der Erbvergleich als „Verfassungskonstruktion" bezeichnet, vgl. *S. Hölscheidt/E. Fischer*, Die Geschichte der Verfassungen von Mecklenburg und Vorpommern, in: Heimathefte für Mecklenburg-Vorpommern 35 (1993), S. 3 (3).

363 Auch zeitgenössisch wurde der Landesgrundgesetzliche Erbvergleich als Landesverfassung bezeichnet, vgl. *Schlesinger*, Staats- und Verwaltungsrecht (Fn. 36), S. 42; *Heck*, Geschichte (Fn. 25), S. 29 f.; *John*, Entwicklung (Fn. 60), S. 29; *Huber* nennt auch Landesverfassungsstreitigkeiten bezogen auf Mecklenburg, siehe *ders*, Verfassungsgeschichte I (Fn. 149), S. 650.

364 *John*, Entwicklung (Fn. 60), S. 29.

365 *Stern*, Staatsrecht V (Fn. 10), § 125 S. 93.

366 *Schlesinger*, Staats- und Verwaltungsrecht (Fn. 36), S. 86 f.

Das Domanium war hierbei das Gebiet des Landesherrn[367], welches folglich nicht zu den Landständen an sich zählte. Hier vereinigten sich die Kompetenzen von Landesherrschaft und Grundherrschaft, sodass auf diesem Gebiet der Landesherr als absoluter Herrscher schalten und walten konnte[368], vgl. §§ 192, 193 LGGEV. Einschränkungen in dieser Machtfülle erwuchsen lediglich aus dem Reichsrecht nach dem Eintritt von Mecklenburg-Schwerin in den Norddeutschen Bund bzw. das Deutsche Reich, vgl. Art. 2 S. 1 RVerf. Die Einwohner des Domaniums waren auf dem ständischen Landtag deshalb überhaupt nicht repräsentiert[369].

Die Hintersassen der Ritterschaft bzw. der Gutsherren und die Bürger der Stadt waren dem unmittelbaren Einfluss des Landesherrn im Wesentlichen entzogen[370].

Der Stand der Ritterschaft bestand aus den landtagsfähigen Gütern, sofern kein Ausschluss der Landtagsfähigkeit vorlag[371]. Es existierten circa 1.200 landtagsfähige Güter, welche in Hand von circa 700 „Mannen" waren[372]. Diese waren ferner in Ämter eingeteilt, zwölf im mecklenburgischen, zehn im wendischen und drei im stargardischen Kreis[373].

Als Landschaft[374] wurde der Stand der Städte bezeichnet[375]. Dieser bestand aus 47 Landstädten und den Seestädten Rostock und Wismar, wovon

---

367 *Sachsse*, Verfassung (Fn. 14), S. 24.

368 *Sachsse*, Verfassung (Fn. 14), S. 24, 49; *Schlesinger*, Staats- und Verwaltungsrecht (Fn. 36), S. 51; *Vitense*, Geschichte (Fn. 26), S. 280; *Hamann*, Werden (Fn. 13), S. 44.

369 *John*, Entwicklung (Fn. 60), S. 18; *Busch*, Machtstreben (Fn. 21), S. 54.

370 *Krause*, System (Fn. 28), S. 5.

371 *Sachsse*, Verfassung (Fn. 14), S. 24 ff. mit Aufzählung der Ausschlüsse der Landtagsfähigkeit; *Schlesinger*, Staats- und Verwaltungsrecht (Fn. 36), S. 63.

372 Die Angaben schwanken je nach Quelle. Bei *Sachsse* findet man die Angabe von ungefähr 700 „Mannen", vgl. *ders.*, Verfassung (Fn. 14), S. 26; bei *Schlesinger* wird von 639 Eigentümern gesprochen, siehe *ders.*, Staats- und Verwaltungsrecht (Fn. 36), S. 83; von ca. 700 Eigentümern der ungefähr 1200 Güter spricht auch *Krause*, Art. Mecklenburg (Fn. 32), Sp. 411; 600 Rittergutsbesitzer findet man bei *John*, Entwicklung (Fn. 60), S. 30; von 600–700 Rittergütern spricht *Busch*, Machtstreben (Fn. 21), S. 55.

373 *Sachsse*, Verfassung (Fn. 14), S. 27; *Schlesinger*, Staats- und Verwaltungsrecht (Fn. 36), S. 90.

374 Bis 1621 wurde dieser Terminus für die Gesamtheit der Stände verwendet. Danach untergliederte man in Ritterschaft und Landschaft, wobei letzter Begriff fortan nur für die Städte gebraucht wurde, siehe *Haff*, Ständestaat (Fn. 22), S. 2; *Krause*, System (Fn. 28), S. 7.

375 Auch hier erwuchsen die ständischen Rechte ursprünglich aus einem Zusammenschluss der Eigentümer von städtischem Grundeigentum, siehe *Sachsse*, Verfassung (Fn. 14), S. 45.

zwanzig Städte im mecklenburgischen und wendischen Kreis und sieben im stargardischen Kreis lagen[376]. Die Seestädte hatten in einigen Gesichtspunkten eine Sonderstellung und Sonderrechte[377], welche jedoch hier nicht näher beleuchtet werden sollen. Die landtagsfähigen Städte hatten je nur eine Stimme auf dem Landtag[378], wobei sich als deren Sprecher die drei Vorderstädte Parchim (Kreis Mecklenburg), Güstrow (Kreis Wenden) und Neubrandenburg (Kreis Stargard) etabliert hatten[379]. Die Rechte der Städte wurden von den Magistraten ausgeübt bzw. von diesen vertreten[380]. Inwieweit die Bürgerschaft eine Mitwirkungsbefugnis oder sogar eine Instruktionsbefugnis hatte, hing von der jeweiligen Verfassung der Stadt ab[381]. Innerhalb des ritterschaftlichen Gebiets waren der mecklenburgische Kreis in elf Ämter, der wendische in zehn Ämter und der stargardische Kreis in drei Ämter unterteilt[382].

Der Prälatenstand war im Zuge der Reformation im 16. Jahrhundert untergegangen, sodass die großen Klöster im Jahre 1572 Teil des Domaniums wurden und andere Klöster, namentlich Dobbertin, Malchow und Ribnitz, in die selbstständige Verwaltung und Nutzung der Landstände übergingen[383].

4. Organe und Kompetenzen der Landstände

Neben dem wichtigsten Organ, dem Landtag, existierten noch weitere ständische Organe, welche jedoch nur skizzenhaft erläutert werden sollen. Hier sollen nur die für das Verständnis der Funktionsweise des Ständestaates notwendigen Organe vorgestellt werden.

Neben dem eigentlichen Landtag wurden sog. Konvokationstage vom Landesherrn einberufen, welche eine Versammlung der einzelnen ständischen landtagsfähigen Mitglieder der jeweiligen Kreise oder Landesteile

376 *Sachsse*, Verfassung (Fn. 14), S. 26; für eine genaue Auflistung siehe *bei der Wieden*, Mecklenburg (Fn. 24), S. 17.

377 Siehe dazu näher *Sachsse*, Verfassung (Fn. 14), S. 55 ff.; *Schlesinger*, Staats- und Verwaltungsrecht (Fn. 36), S. 79 ff.; *Krause*, System (Fn. 28), S. 14 ff.

378 *Sachsse*, Verfassung (Fn. 14), S. 26.

379 *Heck*, Geschichte (Fn. 25), S. 30.

380 *Sachsse*, Verfassung (Fn. 14), S. 26; *Koch*, Verfassung (Fn. 14), S. 56.

381 *Sachsse*, Verfassung (Fn. 14), S. 26.

382 *Sachsse*, Verfassung (Fn. 14), S. 27; *Hamann*, Werden (Fn. 13), S. 52.

383 *Heck*, Geschichte (Fn. 25), S. 19; diese dienten der Versorgung der unverheirateten Töchter der Stände, vgl. *Busch*, Machtstreben (Fn. 21), S. 27, 34.

darstellten und der Beratung der nur dieses Territorium betreffenden Angelegenheiten dienten[384]. Ferner wurden auch von den Großherzögen Deputationstage abgehalten, wobei nur Landräte, Erbmarschälle sowie Deputierte geladen waren[385]. Dort wurde gemäß § 164 LGGEV über Sonderfragen debattiert.

Der Landrat, ursprünglich Berater der Herzöge, war sowohl dem Landesherrn als auch den Ständen verpflichtet[386]. Er wurde gemäß § 167 LGGEV auf Vorschlag der Stände des jeweiligen Herzogtums von drei Kandidaten aus dem eingeborenen oder rezipierten Adel vom Landesherrn ernannt. Er nahm eine Vermittlerrolle ohne konkrete Amtsaufgabe zwischen Ständen und Landesherrschaft ein und war folglich kein reines Organ der Stände[387]. Insbesondere musste der Landrat gemäß § 171 LGGEV Berichte und Gutachten vorstellen, wobei der Auftrag dazu landesherrlich, ständisch oder intrinsisch motiviert sein konnte. Zugleich war er landesherrlicher Beamter und ständisches Organ[388], wobei er von der eigentlichen Staatsverwaltung ausgeschlossen war[389]. Es existierten gemäß § 166 LGGEV acht Landräte.

Die Erbmarschälle, ein vom Landesherrn geschaffenes erbliches Amt, standen an der Spitze der Mannen, wobei es jeweils einen Marschall für den Kreis Mecklenburg, Wenden und Stargard gab[390]. Er war sowohl landesherrlicher Beamter als auch Wortführer der Ritterschaft[391], vgl. § 174 LGGEV. Sie sorgten für Ordnung auf den Landtagen und regelten die Korrespondenz mit den Vertretern der Landesherren[392].

Ferner wurde von den einzelnen Ständen ein jeweiliger Konvent, teilweise auch nach den jeweiligen Kreisen oder Ämtern getrennt, einberufen[393]. Die Landeskonvente, die Konvente beider Stände und aller Kreise, dienten insbesondere der Vorbereitung der Landtage und sie kontrollier-

384 *Vitense*, Geschichte (Fn. 26), S. 284; *Heck*, Geschichte (Fn. 25), S. 31 f.; vgl. auch § 164 LGGEV.

385 *Vitense*, Geschichte (Fn. 26), S. 284.

386 *Sachsse*, Verfassung (Fn. 14), S. 29 f.

387 Vgl. § 168 LGGEV; *Sachsse*, Verfassung (Fn. 14), S. 29 f.; *Schlesinger*, Staats- und Verwaltungsrecht (Fn. 36), S. 92 f.; *Heck*, Geschichte (Fn. 25), S. 30.

388 *Hamann*, Werden ((Fn. 13), S. 65.

389 *Hamann*, Werden (Fn. 13), S. 66.

390 *Sachsse*, Verfassung (Fn. 14), S. 30; *Heck*, Geschichte (Fn. 25), S. 14, 30.

391 *Hamann*, Werden (Fn. 13), S. 19.

392 *Schlesinger*, Staats- und Verwaltungsrecht (Fn. 36), S. 93 f.; siehe auch *Heck*, Geschichte (Fn. 25), S. 33.

393 *Vitense*, Geschichte (Fn. 26), S. 284.

ten die Arbeit des Engeren Ausschusses[394]. Als Besonderheit muss hier auf das Selbstversammlungsrecht für Konvente der mecklenburgischen Stände hingewiesen werden[395]. Dieses Recht existierte in vergleichbaren staatsrechtlichen Gebilden nicht[396], sodass es zur Zeit des Abschlusses des Erbvergleichs als im gewissen Maße fortschrittlich anzusehen war. So konnte die Beratung über ein kontroverses Thema nicht einseitig im Landesherrn abgekürzt oder unterbunden werden, da auch nach Landtagsschluss eine eigenständige Versammlung der Stände hätte einberufen werden können[397]. Dies steigerte somit die Macht der Stände, indem die Landesherrschaft nicht gegen entsprechende Meinungsbildungsprozesse und deren Geltendmachung vorgehen konnte[398]. Die hier zu behandelnden Themen wurden vom Engeren Ausschuss festgelegt bzw. priorisiert, der somit entscheidenden Einfluss auf den Beratungsgang nehmen konnte[399]. Die Konvente können somit als wichtiges Mittel zur Festigung des Einflusses der Stände und Sicherung ihrer Privilegien angesehen werden, da der Landesherr die Stände durch Separation nicht schwächen und infolgedessen übergehen konnte.

Das Direktorium leitete die Geschäfte während der Ständeversammlung und bestand aus acht vom Landesherrn erwählten Landräten aus den Städten und der Ritterschaft sowie drei Erbmarschällen und einem Vertreter der Stadt Rostock[400].

Der Engere Ausschuss, hervorgegangen aus dem erwähnten Schuldentilgungsausschuss, bestand je aus einem Landrat aus Schwerin und Güstrow, je einem Deputierten aus der Ritterschaft und den Städten aus den drei

---

394 *Sachsse*, Verfassung (Fn. 14), S. 43 f.

395 *Schnelle*, Art. Mecklenburg (Fn. 176), S. 758; die Besonderheit dieses Selbstversammlungsrechts betont *Busch*, Machtstreben (Fn. 21), S. 106.

396 *Schnelle*, Art. Mecklenburg (Fn. 176), S. 758; das Fehlen eines freien Selbstversammlungsrecht im monarchischen Konstitutionalismus betont auch *J.-D. Kühne*, Volksvertretungen im monarchischen Konstitutionalismus (1814–1918), in: H.-P. Schneider/W. Zeh (Hrsg.), Parlamentsrecht und Parlamentspraxis in der Bundesrepublik Deutschland, 1989, § 2 Rn. 100.

397 *Schnelle*, Art. Mecklenburg (Fn. 176), S. 758.

398 Hier ist insbesondere die Mängelrüge im Rahmen des Landtags, die „gravamina“, zu nennen, siehe dazu *Heck*, Geschichte (Fn. 25), S. 18.

399 *Busch*, Machtstreben (Fn. 21), S. 102, 107, 111.

400 *Vitense*, Geschichte (Fn. 26), S. 283; *Heck*, Geschichte (Fn. 25), S. 30; näher zur Besetzung des Direktoriums siehe *Sachsse*, Verfassung (Fn. 14), S. 29 f. sowie *Busch*, Machtstreben (Fn. 21), S. 95 ff.

Kreisen und einem Deputierten aus Rostock[401]. Die Wahl der Mitglieder war gemäß § 179 LGGEV frei und musste nur bei Veränderung der Regierung bestätigt werden. Dieses dauerhafte Organ stellte gemäß § 178 LGGEV die Vertretung des Landtags dar, wenn dieser nicht tagte, und war in dringenden Fällen, d.h. bei Gefahr im Verzug, auch berechtigt, dessen erforderliche Zustimmung zu Gesetzen mit Ausnahme von Steuerfragen und Verfassungsänderungen zu erteilen[402]. Damit war er grundsätzlich an gesamtständische Weisungen gebunden[403]. Insbesondere war er auch für die innere Organisation der Landstände verantwortlich[404] und führte eventuelle Prozesse für die Stände[405]. Ferner verwaltete er den „Landkasten“, die zur Schuldentilgung gebildete Kasse[406]. Auch innerhalb des Engeren Ausschusses galt das im Rahmen der Landtagsabstimmungen mögliche Recht der *„itio in partes“*[407], welches im Zusammenhang der Abläufe im ständischen Landtag noch näher erläutert wird. Dieser in seiner Bedeutung nicht zu unterschätzende Ausschuss bildete, anders als vom Landesherrn zunächst intendiert, eine Art „Nebenregierung“ und verschärfte somit den Dualismus der Macht[408].

Die Aufgaben des Direktoriums und des Engeren Ausschusses lagen jeweils im Wesentlichen in der Leitung der Geschäfte der Landstände während oder außerhalb der Landtage[409].

Dies zeigt, dass es die Stände verstanden, gewisse exekutive Funktionen in einem Organ zu bündeln und eine Art Gegenregierung zu bilden[410], sodass auch ohne einen ständig tagenden Landtag stets eine Instanz dem Landesherrn gegenüberstand.

---

401 Siehe *Büsing*, Staatsrecht (Fn. 25), S. 28 f.; *Sachsse*, Verfassung (Fn. 14), S. 30; *Schlesinger*, Staats- und Verwaltungsrecht (Fn. 36), S. 95; *Vitense*, Geschichte (Fn. 26), S. 284.

402 §§ 178, 190 LGGEV; *Sachsse*, Verfassung (Fn. 14), S. 31, 51; *Schlesinger*, Staats- und Verwaltungsrecht (Fn. 36), S. 94 f.

403 *Schlesinger*, Staats- und Verwaltungsrecht (Fn. 36), S. 96.

404 *Sachsse*, Verfassung (Fn. 14), S. 31.

405 *Schlesinger*, Staats- und Verwaltungsrecht (Fn. 36), S. 97.

406 *Heck*, Geschichte (Fn. 25), S. 20.

407 *Sachsse*, Verfassung (Fn. 14), S. 31; *Schlesinger*, Staats- und Verwaltungsrecht (Fn. 36), S. 97 f.; ferner existierte ein eigener Ausschuss für das Korps der Ritterschaft, hingegen übernahmen die Vorderstädte diese Aufgaben für die Landschaft, siehe *dens.*, Staats- und Verwaltungsrecht (Fn. 36), S. 98 f.

408 So auch *Busch*, Machtstreben (Fn. 21), S. 37 f., 105.

409 *Sachsse*, Verfassung (Fn. 14), S. 29.

410 *Heck*, Geschichte (Fn. 25), S. 20.

a) Landtag

Die nachfolgenden Ausführungen beschränken sich wiederum nur auf Grundzüge der Funktionsweise des ständischen Landtags, um Entwicklungslinien und Konstanten zu verdeutlichen. So kann ein Parlament nur schwerlich ohne seine Vorbilder und Vorläufer in seiner Gänze verstanden werden[411]. Wie bereits dargestellt, befand man sich vor der Novemberrevolution noch im verfassungsrechtlichen Mittelalter. Dabei war der Großteil der Einwohner mangels eines gewählten Landtags nicht repräsentiert, sondern lediglich Herrschaftsobjekt[412], wobei die Einwohner des Domaniums gar nicht repräsentiert waren[413]. Dies änderte sich auch durch den Eintritt in den Norddeutschen Bund bzw. das Deutsche Reich auf Landesebene nicht[414]. Jedoch gab es ein zentrales Repräsentativorgan, welches die (verfassungsrechtlich relevanten) Einwohner gegenüber dem Landesherrn vertrat und der Machtfülle des Landesherrn eine Schranke setzte[415]. Nach dem Urteil von *Sachsse* ist der Landtag der mecklenburgischen Staaten kaum mit Repräsentativorganen konstitutioneller Staaten zu Beginn des 20. Jahrhunderts[416] und folglich überhaupt nicht mit modernen Parlamenten vergleichbar. Dieses Urteil ist bezüglich des repräsentierten Kreises der Bewohner des Landes[417] und aufgrund eines fehlenden eigenen Initiativrechts für Landesgesetze[418] definitiv zutreffend, sodass es nicht als moder-

---

411 So auch *Schliesky*, Parlamentsfunktionen (Fn. 84), § 5 Rn. 1.

412 Dies ist ein wichtiger Unterschied zu den konstitutionellen Staaten, die durch eine gewählte Vertretungskörperschaft die Einwohner zu Bürgern erhoben, *Huber*, Verfassungsgeschichte I (Fn. 149), S. 316 f.

413 Dies wurde selbst vom Großherzog von Mecklenburg-Schwerin, *Friedrich Franz*, 1908 kritisiert, siehe dazu *Heck*, Geschichte (Fn. 25), S. 75 f.

414 *John*, Entwicklung (Fn. 60), S. 262; *Heck*, Geschichte (Fn. 25), S. 63.

415 *Vitense*, Geschichte (Fn. 26), S. 280; *Koch*, Veränderungen (Fn. 60), S. 220; diese (Teil-)Repräsentation als verbindendes Element zwischen Ständestaat und modernem Parlamentarismus betont *C. Schönberger*, Das Parlament: Geschichte einer europäischen Erfindung, in: Morlok/Schliesky/Wiefelspütz, Parlamentsrecht (Fn. 84), § 1 Rn. 21.

416 *Sachsse*, Verfassung (Fn. 14), S. 38.

417 So auch allgemein auf einen Ständestaat bezogen *M. Mitterauer*, Grundlagen politischer Berechtigung im mittelalterlichen Ständewesen, in: K. Bosl (Hrsg.), Der moderne Parlamentarismus und seine Grundlagen in der ständischen Repräsentation, 1977, S. 11 (11); *Schönberger*, Parlament (Fn. 415), § 1 Rn. 13.

418 Vgl. §§ 145 ff. LGGEV; *Sachsse*, Verfassung (Fn. 14), S. 36 f.; *Schlesinger*, Staats- und Verwaltungsrecht (Fn. 36), S. 131 f.; *Hamann*, Werden (Fn. 13), S. 16; *John*, Entwicklung (Fn. 60), S. 18.

nes Parlament nach heutigem Verständnis verstanden werden darf[419]. Eine der wichtigen Grundfunktionen eines heutigen Parlaments als Vertretung des gesamten Staatsvolks mit gesetzgeberischen Mitteln erfüllte der ständische Landtag nicht[420]. Allerdings muss dieses Urteil nicht zwingend auch für alle Abläufe im ständischen Landtag Mecklenburgs Geltung haben.

Zunächst ist festzuhalten, dass keine kodifizierten Regeln im Sinne einer parlamentarischen Geschäftsordnung im heutigen Sinn existierten; jedoch waren die Verfahren vor dem Landtag anerkannt und durch stetige Anwendung gesichert, wovon nicht abgewichen wurde[421]. Folglich kann man von Gewohnheitsrecht[422] im Hinblick auf eine Geschäftsordnung im heutigen Sinne sprechen, deren Verbindlichkeit für die Akteure nicht in Frage gestellt wurde. Auch ist neben dem im gesamten Recht anerkannten Gewohnheitsrecht der Parlamentsbrauch als Vorstufe zum Gewohnheitsrecht den modernen Volksvertretungen nicht fremd[423]. Das Fehlen einer geschriebenen Geschäftsordnung allein stützt das Urteil *Sachsses* somit nicht in vollem Umfang. Zwar existierten anerkannte Abläufe im Landtag, jedoch entsprachen kodifizierte Geschäftsordnungen mit entsprechender Geschäftsordnungsautonomie schon dem Geist der Paulskirchenverfassung als Vergleichsmaßstab[424].

Landtagsberechtigte Mitglieder waren die Inhaber von landtagsfähigen Rittergütern und die Vertreter der Städte[425]. Die Landesherren bzw. Vertreter waren zwar zur Teilnahme am Landtag selbst, jedoch nicht bei den ständischen Verhandlungen berechtigt[426]. Auch die Teilnahme ande-

---

419 Bezogen auf alle deutschen Territorialstaaten vor 1848/1849 siehe *F. Wittreck*, Genese und Entwicklung des deutschen Parlamentarismus, in: Morlok/Schliesky/Wiefelspütz, Parlamentsrecht (Fn. 84), § 2 Rn. 10; mangels Modernisierung durch das aufgehoben Staatsgrundgesetz von 1849 blieb dieser Zustand in Mecklenburg bis zur Novemberrevolution bestehen.

420 Zur Parlamentsfunktion siehe näher *Schliesky*, Parlamentsfunktionen (Fn. 84), § 5 Rn. 3.

421 *Sachsse*, Verfassung (Fn. 14), S. 38 ff.

422 Zur Entstehung von Gewohnheitsrecht durch lange Übung und verbreitete Überzeugung siehe *T. Bühler*, Rechtserzeugung – Rechtserfragung – Legitimität der Rechtsquellen, 1985, S. 137 ff.; siehe ferner *F. Wittreck*, Art. Gewohnheitsrecht, in: Görres-Gesellschaft/Verlag Herder (Hrsg.), Staatslexikon, Bd. II, 8. Aufl. 2018, Sp. 1362 ff. sowie BVerfGE 22, 114 (121).

423 *P. Cancik*, Rechtsquellen des Parlamentsrechts, in: Morlok/Schliesky/Wiefelspütz, Parlamentsrecht (Fn. 84), § 9 Rn. 43 ff.

424 Dies stellt *Wittreck*, Genese (Fn. 419), § 2 Rn. 11 ff. heraus.

425 Vgl. die beispielhafte Eröffnungsformel eines Landtags bei *Sachsse*, Verfassung (Fn. 14), S. 35; *Krause*, System (Fn. 28), S. 23.

426 *Krause*, System (Fn. 28), S. 30 f.

rer, nicht landtagsfähiger Personen war im Gegensatz zu Parlamenten demokratischer Staaten grundsätzlich nicht erlaubt[427]. Ihre Verhandlungen fanden durch schriftlichen Austausch mit den Ständen statt[428]. Der Landesherr von Mecklenburg-Schwerin berief den Landtag durch Ladung ein, welche die „*Capita*", d.h. die zu verhandelnden Themen, enthalten musste[429]. Die Ladungsfrist betrug gemäß § 154 LGGEV vier Wochen. Die Landtagspropositionen waren *realiter* von beiden Landesherren identisch[430]. Die ständische Versammlung musste gemäß § 145 LGGEV einmal im Jahr stattfinden, wobei die Dauer sehr unterschiedlich ausfallen konnte[431]. Für den modernen Parlamentarismus ist das Selbstversammlungsrecht der Volksvertretung selbstverständlich[432]. Ein Selbstversammlungsrecht des ständischen Landtags war nicht im Landesgrundgesetzlichen Erbvergleich kodifiziert, sodass von einer Einberufung durch den Landesherrn ausgegangen wurde[433]. Jedoch durfte eine Zusammenkunft der Ritterschaft oder der Ritter- und Landschaft durch Deputierte gemäß § 201 LGGEV nicht verhindert werden[434]. Diese Konvente dienten bekanntlich der Vorbereitung der Landtage[435]. Mangels Gesetzesinitiativrechts konnten auf den Konventen folglich schon die Vorentscheidungen über die Landtagsangelegenheiten getroffen werden, sodass in gewisser Weise von einem Selbstversammlungsrecht bzw. einem Vorläufer des parlamentarischen Selbstversammlungsrecht gesprochen werden kann. Auch nahmen die Stände in Ausnahmefällen ein solches Recht wahr[436]. Dieser Befund

---

427 Teilweise wurden diese in den Sitzungsräumen jedoch geduldet, siehe *Busch*, Machtstreben (Fn. 21), S. 88.

428 *Sachsse*, Verfassung (Fn. 14), S. 34; *Krause*, System (Fn. 28), S. 31.

429 §§ 147, 154 LGGEV; *Sachsse*, Verfassung (Fn. 14), S. 32 f.; *Schlesinger*, Staats- und Verwaltungsrecht (Fn. 36), S. 100 f.; dieses alleinige Einberufungsrecht des Großherzogs von Mecklenburg-Schwerin basierte auf der Tatsache, dass sich der größte Teil der Stände in dessen Land befand, vgl. *Busch*, Machtstreben (Fn. 21), S. 68.

430 *Busch*, Machtstreben (Fn. 21), S. 69.

431 Siehe *Busch*, Machtstreben (Fn. 21), S. 67 f. mit genaueren Angaben.

432 *P. Blum*, Leitungsorgane, in: Morlok/Schliesky/Wiefelspütz, Parlamentsrecht (Fn. 84), § 21 Rn. 17.

433 *Krause*, System (Fn. 28), S. 21 f.; das freie Selbstversammlungsrecht betont *Sachsse*, Verfassung (Fn. 14), S. 48.

434 *Krause*, System (Fn. 28), S. 21.

435 *Schlesinger*, Staats- und Verwaltungsrecht (Fn. 36), S. 113 betont, dass nicht vom Landesherrn einberufene Versammlungen der Stände stets Konvente genannt wurden.

436 Siehe zu den wenigen Beispielen *Krause*, System (Fn. 28), S. 21 f.

rüttelt an dem Urteil *Sachsses*. Darüber hinaus hatte der Landesherr kein Druckmittel im Sinne eines Auflösungsrechts des Landtags[437].

Die Eröffnung erfolgte förmlich, indem die Propositionen vom Schweriner Landesherrn den Landmarschällen des mecklenburgischen und des wendischen Kreises übergeben wurden und dasselbe dem stargardischen Landmarschall im Namen des Strelitzer Landesherrn überreicht wurde[438]. Die Leitung des Landtags oblag dem Direktorium, wobei der dirigierende Landrat über die Abfolge der zu behandelnden Themen bestimmte[439]. Das Direktorium führte das Protokoll, bearbeitete alle eingehenden Schriftstücke und erledigte alles, was nicht zur eigentlichen Beratung gehörte[440]. Neben den Propositionen wurde eine Vielzahl von weiteren Themen behandelt, die die Stände und Herzöge oder auch nur die Stände an sich betrafen[441]. Der leitende Landmarschall sorgte für einen geregelten Gang der Beratung[442]. Im modernen Parlamentarismus führt notwendigerweise auch ein Leitungsorgan durch die Plenarsitzungen und legt gegebenenfalls die Tagesordnung fest[443], sodass sich bei dem grundsätzlichen Aufgabenspektrum keine gravierenden Unterschiede verzeichnen lassen. Jedoch widerspricht die mangelnde Wählbarkeit der Parlamentsleitung unter anderem dem heutigen Selbstverständnis der Autonomie des Parlaments sowie der daraus folgenden Organisationshoheit, die beim ständischen Landtag insbesondere wegen der fehlenden Wahl eben nicht vorhanden war[444]. Ebenso eigentümlich für den ständischen Landtag war die Möglichkeit des Marschalls aufgrund einer fehlenden Tagesordnung, ihm unpassende Themen von der Beratung auszuschließen, sodass hier eine große Einflussnahme möglich war[445]. Im modernen Parlament finden sich die zu behandelnden Themen auf der Tagesordnung, welche nicht quasi *ex cathedra* von einer Person aufgestellt, sondern vom Plenum gebilligt wird[446].

---

437 *Busch*, Machtstreben (Fn. 21), S. 86.

438 *Sachsse*, Verfassung (Fn. 14), S. 35; *Schlesinger*, Staats- und Verwaltungsrecht (Fn. 36), S. 103 f.

439 *Schlesinger*, Staats- und Verwaltungsrecht (Fn. 36), S. 109.

440 *Sachsse*, Verfassung (Fn. 14), S. 36.

441 *Busch*, Machtstreben (Fn. 21), S. 84.

442 *Sachsse*, Verfassung (Fn. 14), S. 39.

443 Näher dazu *Blum*, Leitungsorgane (Fn. 432), § 21 Rn. 19 ff.

444 Siehe *Morlok*, Volksvertretung (Fn. 89), § 3 Rn. 52 f.

445 *Büsing*, Staatsrecht (Fn. 25), S. 31; *Busch*, Machtstreben (Fn. 21), S. 96.

446 Siehe *T. Schürmann*, Plenardebatte, in: Morlok/Schliesky/Wiefelspütz, Parlamentsrecht (Fn. 84), § 20 Rn. 12 f. mit weiteren Einzelheiten.

Bei Fernbleiben vom Landtag entschuldigte man sich[447], da gemäß § 152 LGGEV eine grundsätzliche Anwesenheitspflicht bestand. Eine Grenze der Beschlussfähigkeit existierte hingegen nicht[448], wobei jedoch die Stände teilweise bei geringer Teilnehmerzahl die Propositionen mit dem Hinweis auf die geringe Anwesenheit ablehnten[449]. Dies war allerdings nur ein Mittel zur Ablehnung von unliebsamen Propositionen und kein Eintreten für ein irgendwie geartetes Repräsentationsprinzip[450]. Außerdem war ein fehlendes Quorum aufgrund der Anwesenheitspflicht logisch und folgerichtig. Jedenfalls entfalteten alle Beschlüsse des Landtags auch bei Fernbleiben gegenüber den Mitgliedern Geltung[451]. Bei der ständischen Versammlung war ein jederzeitiges Zu- oder Abreisen aufgrund der Landtagsfreiheit gemäß § 159 LGGEV möglich. Auch in heutigen Landesparlamenten besteht eine grundsätzliche Anwesenheitspflicht, die allerdings eine Entschuldigung sowie vorzeitiges Verlassen der Sitzungen zulässt[452]. Zur Beschlussfähigkeit muss heute regelmäßig ein gewisses Anwesenheitsquorum in den Volksvertretungen erfüllt sein; dabei wird die Beschlussfähigkeit vermutet[453]. Bekanntlich wird auch heutzutage die Beschlussfähigkeitsziffer im Plenum häufig nicht erreicht, was zum Großteil von der Verlagerung der Hauptarbeit in die Ausschüsse herrührt, sodass es bei der Fiktion bleibt[454]. In der geschilderten Praxis dürften sich hier folglich kaum Unterschiede ergeben. Eine Stellvertretung der Stimmabgabe ist heute nicht zulässig[455]. Somit kann das Urteil bezüglich der Teilnahme der Mitglieder nicht standhalten.

---

447 *Sachsse*, Verfassung (Fn. 14), S. 34; dies taten viele Mitglieder der Ritterschaft aufgrund des hohen zeitlichen und finanziellen Aufwands, siehe *Hamann*, Werden (Fn. 13), S. 57.

448 *Sachsse*, Verfassung (Fn. 14), S. 38.

449 *Krause*, System (Fn. 28), S. 24.

450 *Krause*, System (Fn. 28), S. 39.

451 § 151 LGGEV; siehe ein beispielhaftes Landtagsausschreiben bei *Sachsse*, Verfassung (Fn. 14), S. 33.

452 Vgl. § 32 Geschäftsordnung Landtag Mecklenburg-Vorpommern v. 4.10.2016 (GVOBl. M-V 2016, S. 834).

453 *S. U. Pieper*, Gesetzgebungsverfahren, in: Morlok/Schliesky/Wiefelspütz, Parlamentsrecht (Fn. 84), § 40 Rn. 67.

454 *M. Morlok*, in: H. Dreier (Hrsg.), Grundgesetz-Kommentar, Bd. II, 3. Auflage 2015, Art. 42 Rn. 33.

455 Vgl. Art. 32 Abs. 2 S. 2 LVerf Meckl.-Vorp.; dies würde auch das Prinzip der Weisungsungebundenheit konterkarieren, was von *Morlok* (Fn. 485), Art. 38 Rn. 153 dargelegt wird.

Neben dem Fehlen einer festgeschriebenen Geschäftsordnung vermisste man im Gegensatz zu modernen Parlamenten[456] sowohl eine feste Tagesordnung als auch einer Rednerliste[457]. Daher konnte man jederzeit das Wort ergreifen und auch neue Anträge und Vorlagen unterbreiten[458], wobei die Landräte sich zuerst äußerten[459]. Mangels detaillierter Tagesordnung war oft nicht klar, welche Themen im Einzelnen auf den Landtagen verhandelt wurden[460]. Lediglich waren je nach Genauigkeit der Ausschreibung die Gegenstände der Propositionen bekannt, nicht jedoch andere Themenkomplexe oder *ad hoc* eingebrachte neue Propositionen, sog. Reskripte, über die debattiert wurde[461]. Dies scheint zwar das Urteil *Sachsses* zu unterstützen, dennoch ist diese Schlussfolgerung nicht zwingend. Allein die geringe Anzahl der ständischen Vertreter lässt das Erfordernis einer Tagesordnung und Rednerliste nicht als unbedingt notwendig erscheinen. So blieben typischerweise neunzig Prozent der Mannen trotz grundsätzlicher Anwesenheitspflicht dem Landtag fern[462]. Eine Rednerliste erscheint in einem Parlament von heutiger Größe als logisch oder zwingend, insbesondere auch vor dem Hintergrund der effektiven Parlamentsarbeit[463]. Man stelle sich vor, in einem Parlament mit circa sechshundert Mitgliedern, welches sich mit äußerst komplexen Themen beschäftigt, könnte jeder Abgeordnete jederzeit das Wort ergreifen. Hier ist es in modernen Parlamenten aufgrund der Effektivität und Chancengleichheit sinnvoll, Rednerlisten mit entsprechender Zeiteinteilung einzuhalten[464]. Jedoch kann auch eine feste Rednerliste durch starre und wenig aufeinander bezogene Beiträge eine parlamentarische Debattenkultur lähmen[465], sodass das Fehlen einer Rednerliste, abgesehen von der Übersichtlichkeit und Effizienz, nicht (nur) negativ zu bewerten ist und

456 *Schürmann*, Plenardebatte (Fn. 446), § 20 Rn. 17 ff.

457 *Büsing*, Staatsrecht (Fn. 25), S. 31 f.; *Sachsse*, Verfassung (Fn. 14), S. 39; *Vitense*, Geschichte (Fn. 26), S. 285; *Heck*, Geschichte (Fn. 25), S. 34.

458 *Vitense*, Geschichte (Fn. 26), S. 285; was jedoch kein Gesetzesinitiativrecht im heutigen Sinne darstellte, welches allein beim Landesherrn lag.

459 *Krause*, System (Fn. 28), S. 35.

460 *Krause*, System (Fn. 28), S. 13.

461 *Schlesinger*, Staats- und Verwaltungsrecht (Fn. 36), S. 105 f.

462 *Sachsse*, Verfassung (Fn. 14), S. 34.

463 Das Verbot des selbständigen Ergreifens des Wortes bezeichnet *Schürmann*, Plenardebatte (Fn. 446), § 20 Rn. 28 als fundamentale Regel, sodass der Sitzungspräsident jeweils das Wort erteilen muss; siehe auch *ders.*, ebda., § 20 Rn. 32 ff.

464 Zur Bewertung dessen siehe *Schürmann*, Plenardebatte (Fn. 446), § 20 Rn. 39 ff.

465 Diese Auswirkungen im Reichstag des Deutschen Reichs bemängelt *Schönberger*, Parlament (Fn. 415), § 1 Rn. 34.

einen regen Austausch fördern kann. Vielmehr hat man das Problem von festen Rednerlisten nach Mehrheitsverhältnissen erkannt und durch das Prinzip der Rede und Gegenrede abgelöst[466]. Dies kommt vielmehr dem Recht des freien Wortergreifens sogar recht nah. In Bezug auf die offene Debattenkultur ist der ständische Landtag von Mecklenburg folglich nicht rückständig gewesen, vielmehr erscheint diese Regelung, abgesehen von Effektivitätserwägungen, begrüßenswert.

Ein Großteil der „parlamentarischen" Arbeit spielte sich jedoch in einem „Committe" [sic] ab[467]. Dieses wurde nach jeweiligen Ständen und Kreisen gewählt und bereitete die Verhandlungen zu den ihnen zugewiesenen Themen der Ladung im Plenum vor[468]. Folglich gab es stets zu konstituierende und für spezielle Themen bzw. Propositionen gebildete „Committen"[469]. Die Verhandlungen in den „Committen" waren grundsätzlich geheim, wobei bei wichtigen Angelegenheiten eine Teilnahmemöglichkeit für alle Ständemitglieder eröffnet wurde oder die Bitte zur Entsendung von Regierungsvertretern möglich war[470]. Die Arbeit der „Committen" wurde in einem Ergebnisbericht festgehalten und dem Plenum unterbreitet[471]. Im modernen Parlamentarismus sind Ausschüsse in den verschiedenen Ausprägungen ein festes Gestaltungselement, in dem der Löwenanteil der Parlamentsarbeit erledigt wird[472]. Diese bereiten insbesondere Gesetzesentwürfe vor und erleichtern durch vorherige Meinungsbildung die anschließende Beschlussfassung im Plenum[473]. Insofern deckte sich die Arbeit der ständischen „Committen" als Arbeitsgremium zur Vorbereitung der Abstimmungen im Gesamtplenum mit der modernen Aus-

---

466 *Schönberger*, Parlament (Fn. 415), § 1 Rn. 59; *Schürmann*, Plenardebatte (Fn. 446), § 20 Rn. 42 f.

467 *Sachsse*, Verfassung (Fn. 14), S. 37; *Vitense*, Geschichte (Fn. 26), S. 284; die Schreibweise unterscheidet sich hier nach den unterschiedlichen Quellen: bei *Schlesinger* „Kommitte", *Sachsse* „Komitte", bei *Vitense* „Kommitte", bei *Heck* „Comite", bei *Busch* „Committe". Die letzte Schreibweise dürfte die gängige Art sein, da diese auch im Staats-Lexikon verwendet wird, siehe *Schnelle*, Art. Mecklenburg (Fn. 176), S. 760.

468 *Sachsse*, Verfassung (Fn. 14), S. 37 f.

469 *Sachsse*, Verfassung (Fn. 14), S. 37.

470 Darüber musste zuvor abgestimmt werden, siehe *Sachsse*, Verfassung (Fn. 14), S. 37 f.

471 *Schlesinger*, Staats- und Verwaltungsrecht (Fn. 36), S. 108.

472 *H. Winkelmann*, Parlamentarische Ausschussarbeit, in: Morlok/Schliesky/Wiefelspütz, Parlamentsrecht (Fn. 84), § 23 Rn. 1.

473 *Winkelmann*, Ausschussarbeit (Fn. 472), Rn. 1 ff.

schusspraxis[474]. Heutzutage existieren dauerhafte (Fach-)Ausschüsse und nur für einen bestimmten Fall gebildete Ausschüsse[475]. Natürlich gab es aufgrund der bereits erwähnten jeweiligen Wahl zu Beginn keine ständigen Ausschüsse auf dem ständischen Landtag. Dies war jedoch aufgrund des periodischen Zusammentritts in jeweils unterschiedlicher Konstellation aufgrund des faktischen Fehlens eines Großteils der landtagsberechtigten Mitglieder auch logisch zwingend. Ferner bestand auch nicht immer Bedarf nach speziellen Fachkommissionen[476]. Die ständischen „Committen“ wurden bekanntlich nach der jeweiligen ständischen Gliederung gewählt. Durch diese Wahlregeln der „Committenmitglieder“ wurde folglich gewährleistet, dass ein Abbild des Landtags nach Ständen und Kreisen geschaffen wurde, sodass keine Interessengruppe nach ständischer oder lokaler Zugehörigkeit unterrepräsentiert war. Ebenfalls gleicht hier dieser Grundsatz der heutigen Besetzung im Sinne der Spiegelbildlichkeit des Ausschusses zur Verteilung der Sitze bzw. Fraktionsstärke in der Volksvertretung[477]. Auch Ausschüsse von modernen Volksvertretungen tagen grundsätzlich unter Ausschluss der Öffentlichkeit[478]. Zwar stellte die Einrichtung von fachlichen Arbeitskommissionen keine Errungenschaft und Eigenheit des Landtags in Mecklenburg dar[479], jedoch zeigte diese Arbeitsweise des ständischen Landtags gewisse parlamentarische Strukturen, die auch modernen Parlamenten nicht fremd sind. Auch in dieser Hinsicht kann somit nicht uneingeschränkt von der Rückständigkeit des Landtags gesprochen werden.

Im Landtag war eine Beschlussfassung jederzeit möglich[480], wobei dies nur dann stattfand, wenn eine Einigung ohne Abstimmung nicht möglich war[481]. Im Rahmen der einzelnen Beschlussfassung waren jeweils die Mitglieder des Standes und Kreises stimmberechtigt, dessen Angelegenhei-

---

474 Zu den Aufgaben der Ausschüsse genauer *Winkelmann*, Ausschussarbeit (Fn. 472), § 23 Rn. 19 ff.

475 *Winkelmann*, Ausschussarbeit (Fn. 472), § 23 Rn. 3 ff.

476 Siehe in Bezug auf den Reichstag des Norddeutschen Bundes und des Deutschen Kaiserreichs *Winkelmann*, Ausschussarbeit (Fn. 472), § 23 Rn. 15.

477 Zur Spiegelbildlichkeit im heutigen Parlamentarismus siehe BVerfGE 80, 188 (222); 130, 318 (353) sowie *Winkelmann*, Ausschussarbeit (Fn. 472), § 23 Rn. 18, 30.

478 Vgl. Art. 33 Abs. 3 LVerf Meckl.-Vorp.

479 Die Vorbilder der Binnengliederung der Parlamente des Vormärz benennen *Wittreck*, Genese (Fn. 419), § 2 Rn. 18 sowie *Winkelmann*, Ausschussarbeit (Fn. 472), § 23 Rn. 15.

480 *Sachsse*, Verfassung (Fn. 14), S. 39.

481 *Schlesinger*, Staats- und Verwaltungsrecht (Fn. 36), S. 109.

ten durch den Landtag geregelt werden sollten, eine Beschränkung der Beschlussfähigkeit bei mangelhafter Teilnahme gab nicht[482]. Jedes Ständemitglied, jeder Gutsbesitzer und jede Stadt, besaß eine Stimme[483]. Im Rahmen gewisser den Landesherrn direkt betreffende Themen waren Mannen, die in einem direkten bzw. engen Abhängigkeitsverhältnis zum Landesherrn standen, von der Abstimmung ausgeschlossen[484]. Da die Landtagsmitglieder keine Berufspolitiker waren, konnte man so einen Interessenkonflikt bzw. eine Verzerrung des Stimmenbildes verhindern und die Unabhängigkeit des Landtags stärken. Dieser Ausschluss ist dem heutigen Parlamentarismus fremd, was allerdings wegen des Grundgedankens der gegenseitigen Kontrolle innerhalb der Volksvertretung auch überflüssig ist[485]. Zu einem wirksamen Beschluss bedurfte es der einfachen Stimmmehrheit[486], wobei eine genaue Zählung meist nicht stattfand[487]. Eine erneute Beschlussfassung über einen abgelehnten Gegenstand war nicht ausgeschlossen[488].

Die Stände hatten das Recht der *„itio in partes"*[489]. Dabei verhandelten die Stände zunächst unter sich und erklärten dem anderen Stand ihre Haltung. Wurde die Ablehnung von einem Stand erklärt, so konnte der andere die Erübrigung der eigenen Stellungnahme erklären, da Konsens nötig war. Dadurch wurden sowohl eine normative Gleichberechtigung der Stände als auch ein Vetorecht geschaffen[490]. Von diesem Recht wurde auch nicht unerheblicher Gebrauch gemacht[491]. Eine förmliche Beschluss-

482 *Vitense*, Geschichte (Fn. 26), S. 285.

483 *Sachsse*, Verfassung (Fn. 14), S. 40; *Schlesinger*, Staats- und Verwaltungsrecht (Fn. 36), S. 109.

484 Dies wurde als „Aulici" bezeichnet, siehe *Büsing*, Staatsrecht (Fn. 25), S. 32; *Sachsse*, Verfassung (Fn. 14), S. 42; *Krause*, System (Fn. 28), S. 64.

485 Zum Gedanken der gegenseitigen Kontrolle siehe *M. Morlok*, in: Dreier, GGK II (Fn. 454), Art. 38 Rn. 156.

486 *Sachsse*, Verfassung (Fn. 14), S. 40; *Schlesinger*, Staats- und Verwaltungsrecht (Fn. 36), S. 109.

487 *Hamann*, Werden (Fn. 13), S. 62 ff.

488 *Sachsse*, Verfassung (Fn. 14), S. 40.

489 Zum gesamten Thema der *„itio in partes"* in Mecklenburg siehe näher *Sachsse*, Verfassung (Fn. 14), S. 40 ff.; *Vitense*, Geschichte (Fn. 26), S. 285; *John*, Entwicklung (Fn. 60), S. 18 sowie allgemein zur *„itio in partes"* als Mittel zur Behebung der Funktionsunfähigkeit des Reichstags aufgrund der Religionsspaltung siehe *A. Kohnle*, Art. itio in partes, in: A. Cordes/H.-P. Haferkamp u.a. (Hrsg.), Handwörterbuch zur deutschen Rechtsgeschichte, Bd. II, 2. Aufl. 2012, Sp. 1329 ff.

490 Vgl. § 142 LGGEV; rein faktisch dominierte jedoch die Ritterschaft auf den Landtagen, siehe *Krause*, System (Fn. 28), S. 40.

491 *Busch*, Machtstreben (Fn. 21), S. 95.

fassung war auf dem ständischen Landtag nicht zwingend, wenn allgemeiner Konsens signalisiert wurde[492]. Jedoch bedurfte es für das Zustandekommen eines Beschlusses der Einhaltung gewisser Formalia, wie Unterschriften von ausgesuchten Ständemitgliedern[493]. Auch besteht im modernen Parlamentarismus die Möglichkeit der Abschätzung der abgegebenen Handzeichen[494], sodass dies dem informellen Verfahren bei allgemeinem Konsens nicht völlig unähnlich ist. Ein gravierender Unterschied ergab sich jedoch bei der Einschränkung des Mehrheitsprinzips durch die *„itio in partes“*, wobei zwar innerhalb der Stände das Mehrheitsprinzip galt, aber eine Übereinstimmung der einzelnen Stände erreicht werden musste[495]. Die nach heutigem bundesdeutschem Verständnis grundsätzliche Unverzichtbarkeit des Mehrheitsprinzips wurzelt jedoch in der Ausrichtung als Demokratie bzw. demokratische Volksvertretung[496], weshalb eine Abweichung auf dem ständischen Landtag zum Ausgleich der Partikularinteressen der zahlenmäßig ungleich repräsentierten Stände nicht verwundert.

Grundlegende Verschiedenheit zu den modernen Parlamenten herrschte im mecklenburgischen Landtag in Bezug auf Parteien bzw. Interessengruppen. Politische Parteien gab es nicht. Politische Parteien, treffender als Fraktionen zu bezeichnen, als Interessengruppen innerhalb eines Parlaments und als Bindeglied zwischen Partei und Vertretung, sind Zusammenschlüsse von Abgeordneten mit ähnlicher Interessenlage zu politischen Einheiten[497]. Die vorausgesetzte grundsätzliche Homogenität der politischen Richtung ist fundamental für die Handlungsfähigkeit der Fraktionen[498]. Die jeweils anwesenden Ständemitglieder vertraten jedoch das gesamte Korps der Stände[499]. Im ständischen Landtag waren gleichgerichtete Interessengruppen schon denknotwendig durch die Eigeninteressen der Zugehörigkeit zum jeweiligen Stand vorgegeben, was allein schon an dem Institut der *„itio in partes“* zur Verhinderung des Übergewichts eines

492 *Sachsse*, Verfassung ((Fn. 14), S. 39; *Heck*, Geschichte (Fn. 25), S. 33.

493 Vgl. § 157 LGGEV; näher dazu *Sachsse*, Verfassung (Fn. 14), S. 39 f.

494 Siehe *N. Achterberg*, Parlamentsrecht, 1984, S. 641 ff.; *H.-A. Roll*, Geschäftsordnung des Deutschen Bundestages, 2001, § 48 Rn. 1; *S. Roßner*, Verfahren der Mehrheitsbestimmung: Wahl- und Abstimmungsverfahren, in: Morlok/Schliesky/Wiefelspütz, Parlamentsrecht (Fn. 84), § 41 Rn. 8.

495 *Morlok* (Fn. 454), Art. 42 Rn. 11.

496 *Morlok* (Fn. 454), Art. 42 Rn. 31.

497 *H. H. Klein/G. Krings*, Fraktionen, in: Morlok/Schliesky/Wiefelspütz, Parlamentsrecht (Fn. 84), § 17 Rn. 1, 12; *Morlok* (Fn. 485), Art. 38 Rn. 179 ff.

498 *Klein/Krings*, Fraktionen (Fn. 497), § 17 Rn. 10.

499 *Sachsse*, Verfassung (Fn. 14), S. 38.

Standes sichtbar wird[500]. Somit erübrigte sich als zwingende Notwendigkeit eine Konzentration von Interessenströmungen unter dem Mantel der verschiedenen Fraktionen[501]. Außerhalb des Parlaments wirken Parteien bei der politischen Willensbildung des Volkes mit und binden die Bürger in politische Entscheidungsprozesse ein[502]. Das Volk stellte jedoch nach damaligem Verständnis und Stellung lediglich das Herrschaftsobjekt dar, sodass die politische Willensbildung des Volks irrelevant war. Parteien stehen in einer engen Wechselbeziehung zur parlamentarischen Demokratie[503]. Die Bedeutung von Parteien wächst folglich, je stärker das System repräsentativ-demokratisch geprägt ist[504]. Konsequenterweise konnte sich eine Parteienlandschaft auf Landesebene innerhalb und außerhalb des ständischen Landtags nicht bilden[505]. Die ständischen Mitglieder waren keine (Berufs-)Politiker im heutigen Sinn, was aufgrund der periodischen Arbeit auch einleuchtet. Auch fehlte es an einer notwendigen umfassenden Berichterstattung durch die Presse oder ein anderes Publikum, sodass eine Information oder politische Willensbildung des Volkes überhaupt nicht gefördert werden konnte[506]. Unter diesem Aspekt kann der ständische Landtag nach heutigem Verständnis und auch im Vergleich zu Parlamenten der konstitutionellen Staaten[507] als Relikt gesehen werden, wobei dies zumindest am Anfang des 19. Jahrhunderts den Normalfall

500 Auch innerhalb der Ritterschaft gab es Partikularinteressen aufgrund der Teilung in rezipierten Adel (mit entsprechenden Privilegien) und die „bürgerlichen Landbegüterten“, siehe dazu *Heck*, Geschichte (Fn. 25), S. 36 f.

501 So auch *U. Volkmann*, Parlamentarische Demokratie und politische Parteien, in: Morlok/Schliesky/Wiefelspütz, Parlamentsrecht (Fn. 84), § 4 Rn. 2.

502 Vgl. Art. 21 Abs. 1 S. 1 GG; *Volkmann*, Demokratie (Fn. 501), § 4 Rn. 2 ff.

503 *Volkmann*, Demokratie (Fn. 501), § 4 Rn. 3.

504 *Volkmann*, Demokratie (Fn. 501), § 4 Rn. 3.

505 Vgl. dazu auch *Klein/Krings*, Fraktionen (Fn. 497), § 17 Rn. 3.

506 Zeitungen meldeten nur knapp die Beschlüsse, ein stenographisches Protokoll existierte nicht, siehe *Sachsse*, Verfassung (Fn. 14), S. 39; selbst die Landtagsakten konnten häufig keine eindeutigen Beschlüsse erkennen lassen, siehe *Krause*, System (Fn. 28), S. 32; aufgrund der fehlenden Wählbarkeit ist eine umfassende Berichterstattung auch obsolet; die fehlende Öffentlichkeit des ständischen Landtags aufgrund nichtexistierender Presse oder Zuschauer betont *Vitense*, Geschichte (Fn. 26), S. 285; die mangelnde Partizipationsmöglichkeit der Bevölkerung durch lediglich knappe Veröffentlichung des Themas und des Ergebnisses in Zeitungen betont auch *Busch*, Machtstreben (Fn. 21), S. 91 f.

507 Siehe dazu *Klein/Krings*, Fraktionen (Fn. 497), § 17 Rn. 3.

darstellte[508]. Auch genossen die Mitglieder keinerlei Immunität[509]. Die städtischen Vertreter erhielten Diäten, wobei die einfachen Mannen, d.h. alle Mitglieder ohne besondere Funktionen bzw. entsprechendes Amt, ihre Kosten selbst zu tragen hatten[510]. Die mangelnde Entschädigung mag für den modernen Parlamentarier verwunderlich erscheinen. Jedoch beruht die heutige Entschädigung sowohl auf dem Anspruch der angemessenen Ausstattung für die parlamentarische Arbeit eines ständigen Parlaments als auch auf der Sicherung der Freiheit des Mandats[511]. Die ständischen Vertreter waren jedoch lediglich vom Landesherrn ermächtigt, die erstrittenen Mitwirkungsrechte auf dem periodisch, selten tagenden Landtag auszuüben. Somit war kein Grund für eine andere Handhabe aus damaliger Betrachtung ersichtlich. Bezogen auf die Binnenstruktur und die Stellung sowie die Gruppierung der ständischen Vertreter wies der Landtag von Mecklenburg – hauptsächlich aufgrund der mangelnden Funktion als Volksrepräsentation – die wohl gravierendsten Eigenheiten im Vergleich zu modernen Parlamenten auf.

Insgesamt kann man mangels staatsrechtlichen Fortschritts Mecklenburgs bzw. der Verhaftung in mittelalterlichem, patrimonialem Staatsverständnis nicht von einem fortschrittlichen Parlamentarismus sprechen. So wurde nämlich die Hauptaufgabe eines Parlaments, die Repräsentation des Volks, nicht erfüllt[512]. Damit sucht man den Kontinuitätsfaktor beim Übergang zur parlamentarischen Demokratie in der Funktion als Vertretungsorgan vergeblich[513]. Jedoch wiesen die gewohnheitsrechtlich anerkannten Vorgehensweisen im Landtag Grundzüge auf, die auch einem modernen Parlamentarismus nicht fremd sind. So kann man nicht uneingeschränkt konstatieren, dass der ständische Landtag gänzlich in allen Punkten rückständig war, sodass das Urteil von *Sachsse* zu relativieren ist. Vielmehr wurden in den anerkannten Verhaltensweisen und Abläufen der

---

508 Siehe *Wittreck*, Genese (Fn. 419), § 2 Rn. 23.

509 Lediglich eine Zwangsvollstreckung war während der Dauer des Landtags untersagt, siehe näher bei *Sachsse*, Verfassung (Fn. 14), S. 34; *Schlesinger*, Staats- und Verwaltungsrecht (Fn. 36), S. 101 betont dies im Gegensatz zu Reichstagsabgeordneten.

510 *Sachsse*, Verfassung (Fn. 14), S. 34; *Krause*, System (Fn. 28), S. 44 ff.

511 Siehe dazu näher *D. Wiefelspütz*, Entschädigungsanspruch und Versorgung des Abgeordneten, in: Morlok/Schliesky/Wiefelspütz, Parlamentsrecht (Fn. 84), § 15 Rn. 1 ff.

512 Jedoch bestand eine Repräsentation nach vorkonstitutionellem Verständnis, sodass die Begrifflichkeit nicht gänzlich von der Hand zu weisen ist, siehe *Willoweit/Schlinker*, Verfassungsgeschichte (Fn. 228), § 17 Rn. 10.

513 Ähnlich *Busch*, Machtstreben (Fn. 21), S. 124.

Grundstein für einige Ausformungen des heutigen Parlamentsrechts gelegt, sodass der Einfluss des ständischen Landtags in der staatsrechtlichen Entwicklung nicht verachtenswert ist[514]. Insofern konnte man theoretisch nach der Novemberrevolution auf gewisse quasi-parlamentarische Übung zurückgreifen, wobei eine Orientierung am Reichstag während der wilhelminischen Zeit sicherlich näher gelegen hat.

b) Rechte der Stände

Die Rechte der Landstände, welche vom Landesgrundgesetzlichen Erbvergleich detailliert geregelt waren, sollen aufgrund ihrer Mannigfaltigkeit hier nicht einzeln behandelt werden[515]. Dies würde den hier erforderlichen Umfang der Darstellung überschreiten. Lediglich sollen hier Grundsätze zum Verständnis des Ständestaats und seiner Glieder nähergebracht werden.

Anders als in einem demokratischen Staat, bei dem die Befugnisse vom Volk herrühren, leiteten die Stände alle ihre (hoheitlichen) Rechte vom Landesherrn ab, welche nach der Verleihung nicht mehr einseitig vom Landesherrn aufgehoben werden konnten[516]. Somit bestand ein gewisses Gleichordnungsverhältnis zwischen Landesherrschaft und ständischer Ortsobrigkeit, was nur durch die noch zu beschreibenden landesherrlichen Aufsichtsrechte eingeschränkt war[517].

Die Stände konnten gemäß §§ 192, 193 LGGEV ihre eigenen Angelegenheiten grundsätzlich selbst im Sinne einer Selbstverwaltungsbefugnis regeln, sodass sich gravierende Unterschiede in Abhängigkeit von der jeweiligen Obrigkeit ergaben[518]. Aus der Regelungsmaterie ergab sich die jeweilige Mitwirkungsbefugnis der Stände, vgl. §§ 192 ff. LGGEV. Dabei darf die Mitwirkung jedoch nicht im Sinne einer Gesetzgebungskompetenz

---

514 In der Tendenz ähnliche Schlussfolgerung bei *K. Bosl*, Repräsentierte und Repräsentierende, in: Möckl/ders., Parlamentarismus (Fn. 417), S. 99 (120).

515 So auch schon *Sachsse*, Verfassung (Fn. 14), S. 48.

516 *Sachsse*, Verfassung (Fn. 14), S. 47 ff.; *Krause*, System (Fn. 28), S. 66.

517 A.A. *Sachsse*, Verfassung (Fn. 14), S. 47, der ein Unterordnungsverhältnis festzustellen vermag; dagegen interpretiert *Krause* in *ders.*, System (Fn. 28), S. 66 das Verhältnis der ständischen und der landesherrlichen Macht als Gleichordnungsverhältnis, da sich die Privilegien nach der Verleihung verselbstständigten und nicht mehr einseitig vom Landesherrn vernichtet werden konnten. Daraus habe sich ein eigenständiger objektiver Rechtskreis ergeben.

518 *John*, Entwicklung (Fn. 60), S. 18; siehe Kapitel B.II.5.

nach modernem Verständnis missverstanden werden[519]. Vielmehr durften die Stände am Gesetzgebungsrecht des Landesherrn teilhaben und setzten so einem absolutistischen Gesetzgebungsrecht gewisse Schranken[520]. Insbesondere resultierte aus der Mitwirkungsbefugnis kein eigenes Initiativrecht der Stände auf Landesebene[521]. Grundsätzlich mussten bei allen Angelegenheiten, die ihre Rechte berührten, die Zustimmung der Stände eingeholt werden[522]. Das wichtigste Recht bzw. Mitwirkungsbefugnis war das bereits behandelte Steuerbewilligungsrecht, welches den Kern der ständischen Macht bildete[523]. Bei Angelegenheiten, die nur das Domanium und die Landesbeamten berührten, war der Landesherr alleiniger und unbeschränkter Gesetzgeber; bei Materien, die das ganze Land betrafen, aber keinerlei Auswirkung auf die Stände hatte, bestand gemäß §§ 194, 195 LGGEV eine Anhörungspflicht ohne Bindungswirkung für den Landesherrn; bei Regelungskomplexen, die die Rechte der Stände tangierten, war der Landesherr gemäß §§ 194, 198 LGGEV von deren Zustimmung abhängig, und bei Angelegenheiten, die durch Reichsgesetzgebung vorgegeben waren, galt das Reichsrecht, wobei jedoch die Ausführungsgesetze wiederum Landessache waren[524]. Folglich kam selbst bei der Ausführung von Reichsgesetzen und der allgemeinen Landesverwaltung den Ständen eine tragende Rolle zu[525]. Im Rahmen der Landesverwaltung und Landesjustiz wirkten diese durch Deputierte mit[526].

Wie bereits herausgestellt, leiteten die Landstände die (nach heutigem Verständnis) öffentlich-rechtlichen Befugnisse vom Landesherrn ab. Diese wurden jedoch nur vertraglich zugesichert und bewirkten keine Begrenzung der Machtfülle des Landesherrn gegenüber allen Rechtssubjekten und -objekten, sondern wirkten grundsätzlich nur zwischen den Vertragsparteien im Innenverhältnis[527]. Daraus resultierte, dass Gesetze, die unter Verletzung von Rechten der Stände erlassen worden waren, trotzdem

---

519 Dies betonen *Sachsse*, Verfassung (Fn. 14), S. 49 sowie *Schlesinger*, Staats- und Verwaltungsrecht (Fn. 36), S. 131 f.

520 *Sachsse*, Verfassung (Fn. 14), S. 49; *John*, Entwicklung (Fn. 60), S. 18.

521 *Hamann*, Werden (Fn. 13), S. 16; *John*, Entwicklung (Fn. 60), S. 18.

522 *Koch*, Veränderungen (Fn. 60), S. 220.

523 *Krause*, System (Fn. 28), S. 81; *Heck*, Geschichte (Fn. 25), S. 13.

524 §§ 192, 194 ff. LGGEV; *Vitense*, Geschichte (Fn. 26), S. 286; *Koch*, Verfassung (Fn. 14), S. 58; *John*, Entwicklung (Fn. 60), S. 18.

525 *Koch*, Verfassung (Fn. 14), S. 58.

526 *Vitense*, Geschichte (Fn. 26), S. 286.

527 *Sachsse*, Verfassung (Fn. 14), S. 50; *Krause*, System (Fn. 28), S. 66 ff.

wirksam und lediglich aufhebbar waren[528]. Dazu musste ein Stand oder die Gesamtheit der Landstände Beschwerde erheben und die Verletzung vor einem Schiedsgericht rügen[529]. Ein Beschwerderecht eines einzelnen Ständemitglieds existierte nicht[530]. Bei erfolgreichem Schiedsgerichtsverfahren waren die Stände dennoch darauf angewiesen, dass der Landesherr dem Schiedsspruch Folge leistete und das Gesetz aufhob[531]. Die Wirksamkeit konnte nach dem sog. Manutenenzrecht nicht überprüft werden und war nur vom Handeln des Landesherrn abhängig[532]. Somit konnte durch das Ausbleiben eines Widerspruchs, auch konkludent, eine Heilung von „vertragswidrigen" Gesetzen eintreten[533]. So wurde der Verstoß gegen die Mitwirkungsbefugnisse der Stände oder auch nur eines Teils der Stände insbesondere dann als Hinderungsgrund für den rechtmäßigen Erlass von Gesetzen angeführt, wenn diese den Inhalt nicht billigen wollten[534]. Andernfalls wurde der Verstoß gegen den Erbvergleich geheilt. Somit stellte dies oft ein Kampfmittel zur Durchsetzung von eigenen Interessen dar. Auch bei Fehlen formaler Kompetenz bzw. des formalen Anspruchs konnten die Stände im Rahmen der ständischen *„gravamina"*, der Mängelrüge, Themen anschneiden, worauf der Landesherr jedoch nicht eingehen musste.[535] Das Abstellen der *„gravamina"* hing meist davon ab, ob der Landesherr durch Geldnot auf die Unterstützung der Stände angewiesen war und diese somit Finanzmittel als Hebel zur Erreichung ihrer Ziele erfolgreich einsetzen konnten[536].

Insgesamt trat der Landesherr als Regent im Außenverhältnis auf, wobei die Stände als Schranke der absoluten Macht nach Innen Bedeutung gewannen und so die Geschicke des Landes maßgeblich mitbestimmen konnten[537]. Im Verständnis von öffentlichem Recht im Gegensatz zum Privatrecht wird die Rückständigkeit des Großherzogtums Mecklenburg-

528 *Sachsse*, Verfassung (Fn. 14), S. 50 f.; *Schlesinger*, Staats- und Verwaltungsrecht (Fn. 36), S. 135; *John*, Entwicklung (Fn. 60), S. 18.

529 *Sachsse*, Verfassung (Fn. 14), S. 50 f.; dazu konnten sich die Stände an das Reichsgericht wenden, siehe *Busch*, Machtstreben (Fn. 21), S. 86.

530 Siehe *Sachsse*, Verfassung (Fn. 14), S. 50 f.

531 *Sachsse*, Verfassung (Fn. 14), S. 50 f.; *Schlesinger*, Staats- und Verwaltungsrecht (Fn. 36), S. 135.

532 *Büsing*, Staatsrecht (Fn. 25), S. 40 f.; *Sachsse*, Verfassung (Fn. 14), S. 51.

533 *Sachsse*, Verfassung (Fn. 14), S. 51.

534 *Sachsse*, Verfassung (Fn. 14), S. 28.

535 *Krause*, System (Fn. 28), S. 71 f.; vgl. zum Machtmittel der *„gravamina"* *Heck*, Geschichte (Fn. 25), S. 18.

536 *Vitense*, Geschichte (Fn. 26), S. 227; *Heck*, Geschichte (Fn. 25), S. 18.

537 *Krause*, System (Fn. 28), S. 85.

Schwerin besonders deutlich[538]. Die freie Übertragung von Hoheitsbefugnissen und gleichzeitige Verpflichtung zur Achtung von entsprechenden Mitbestimmungsrechten der Stände aufgrund von gegenseitigen Zusicherungen entsprach eher dem Gedanken der freien Selbstbestimmung der Rechtsbeziehungen, welcher dem Privatrecht zugrunde liegt[539]. Dieses Recht der Stände wurde vertraglich begründet und konnte nicht mehr einseitig aufgekündigt werden[540]. Solch ein dargestellter Ausverkauf von Hoheitsrechten gegen Zusicherung finanzieller Unterstützung, wie dies regelmäßig geschah, entspricht jedoch nicht dem Grundgedanken von Herrschafts- bzw. Hoheitsmacht[541]. Der Gesichtspunkt des Subordinationsverhältnisses[542] rückt bei einer solchen Betrachtungsweise in den Hintergrund[543]. Diesem Verständnis von Recht entspricht auch die Wirkung von Verstößen gegen Mitwirkungsrechte im Innenverhältnis zwischen Landesherrn und Ständen, sodass die Abhilfe ausschließlich vom Landesherrn abhängig war. Die Herrschaftsmacht wurde als Annex zum Grundeigentum

538 Die Vermischung von beiden Rechtsgebieten im Ständestaat Mecklenburg-Schwerin betont *Schlesinger*, Staats- und Verwaltungsrecht (Fn. 36), S. 29; die Abgrenzung von Privatrecht und öffentlichem Recht ist typische Erscheinung der Entwicklung zu modernen Staatlichkeit, siehe *M. Stolleis*, Öffentliches Recht und Privatrecht im Prozess der Entstehung des modernen Staates, in: W. Hoffmann-Riem/E. Schmidt-Aßmann (Hrsg.), Öffentliches Recht und Privatrecht als wechselseitige Auffangordnung, 1996, S. 41 (41); das Fehlen einer solchen klaren Differenzierung im mittelalterlichen, auch ständischen, System und Verständnis erwähnt *Grimm*, Ursprung (Fn. 243), § 1 Rn. 3.

539 *P. Badura*, Staatsrecht, 7. Aufl. 2018, Kapitel A Rn. 6; auch *M. Sellmann* betont das Verständnis von Hoheitsrechten als persönliches Eigentumsrecht des Territorialherrn, vgl. *dens.*, Der Weg zur neuzeitlichen Verwaltungsgerichtsbarkeit – Ihre Vorstufen und dogmatischen Grundlagen, in: H. R. Külz/R. Naumann (Hrsg.), Staatsbürger und Staatsgewalt. Verwaltungsrecht und Verwaltungsgerichtsbarkeit in Geschichte und Gegenwart, Bd. I, 1963, S. 25 (31 f.).

540 Siehe *Grimm*, Ursprung (Fn. 243), § 1 Rn. 8, der dies als typische Form der Machtbeschränkung durch Herrschaftsverträge bezeichnet.

541 Bezogen auf die Eingriffsverwaltung arbeitet dies *M. Bullinger* heraus, siehe *ders.*, Vertrag und Verwaltungsakt, 1962, 254 ff.

542 Dieses Verhältnis betont *Badura*, Staatsrecht (Fn. 539), Kapitel A Rn. 6; dabei darf die gebietsweise auftretende Unzulänglichkeit des Unterscheidungskriteriums zwar nicht verschwiegen werden, jedoch liefert dies regelmäßig einen guten Anhaltspunkt zur Unterscheidung, siehe dazu *Stolleis*, Recht (Fn. 538), S. 42.

543 Die Gleichwertigkeit bei einem System, bei dem die Staatsgewalt mit dem Grundbesitzes verknüpft ist, betont *Schlesinger*, Staats- und Verwaltungsrecht (Fn. 36), S. 29.

betrachtet und infolgedessen einheitlich behandelt[544]. Die klare Ausdifferenzierung des Rechts als öffentliches Recht und Privatrecht, welche im Großherzogtum Mecklenburg-Schwerin fehlte, ist jedoch Merkmal moderner Staatlichkeit[545]. Es existierte somit eine Gemengelage von öffentlichem Recht und Privatrecht, wie es typisch für einen Ständestaat war[546]. Erst mit Ausdifferenzierung von Privatrecht und öffentlichem Recht im Zuge der Modernisierung setzte man dem administrativen Eingriff in die Rechte jeden Individuums eine Grenze[547], welche jedoch in erster Linie nur für die Stände gegenüber der Landesherrschaft bestand.

5. Staatsorganisation und Verwaltung

Die Union der Stände verhinderte keine unterschiedliche Entwicklung der staatsrechtlichen Verhältnisse innerhalb der mecklenburgischen Länder[548], sodass eine differenzierte Betrachtung entsprechend der ständischen Gliederung sinnvoll ist.

Eine Gewaltenteilung im modernen Sinne existierte in den gesamten Ländern nicht, sodass eine Absonderung von legislativer, judikativer und exekutiver Funktion nicht vorhanden war[549]. Wegen der Einheitlichkeit der Gesetzgebung als Akt der Legislative einerseits und der Landesherrschaft im Sinne einer Exekutivfunktion anderseits gab es keine Unterscheidung zwischen Verordnungen und Gesetzen nach modernem Verständnis, und man verwendete stets den Terminus „Verordnung“[550].

Seit dem Jahr 1853 existierten als oberste Verwaltungsbehörden das Staatsministerium als Ministerium des Großherzoglichen Hauses, das Ministerium für auswärtige Angelegenheiten, das Ministerium für das Innere,

544 *Grimm*, Ursprung (Fn. 243), § 1 Rn. 4.

545 Zur Entwicklung des Verständnisses von Staatsrecht siehe überblicksartig, *D. Grimm*, Das Öffentliche Recht vor der Frage nach seiner Identität, 2012, S. 9 ff.; zum Wandel des Verständnisses von öffentlichem und privatem Recht siehe auch *Sellmann*, Weg (Fn. 539), S. 82 f.

546 *Grimm*, Ursprung (Fn. 243), § 1 Rn. 3.

547 *Stolleis*, Recht (Fn. 538), S. 56; die Entprivatisierung von Herrschaftsbefugnis als Merkmal neuzeitlicher Verfassungsentwicklung betont *Grimm*, Ursprung (Fn. 243), § 1 Rn. 40.

548 *Sachsse*, Verfassung (Fn. 14), S. 28; *John*, Entwicklung (Fn. 60), S. 18 f.

549 *Krause*, System (Fn. 28), S. 6.

550 *Schlesinger*, Staats- und Verwaltungsrecht (Fn. 36), S. 136; zum Überblick über weitere Akte des Landesherrn mit Gesetzgebungsgewalt siehe *ders.*, ebda., S. 139.

das Ministerium für Justiz und das Ministerium für Finanzen[551]. Hierbei handelte es sich um die großherzogliche Landesverwaltung[552].

Mittelbehörden im Sinn von höheren Kommunalverbänden existierten aufgrund der ständischen Gliederung in Mecklenburg-Schwerin nicht[553].

Die kommunale Landesverwaltung selbst konnte nicht als einheitlich bezeichnet werden, da sich diese in Domanialämter, ritterschaftliche Ämter und Klosterämter aufgliederte und von der Besitzgliederung, nicht aber von einer territorialen Gliederung abhängig war[554]. Es fehlte an einer einheitlichen Einteilung der Verwaltung des ganzen Landes[555]. Ebenfalls richtete sich das Beamtenverhältnis nach der Anstellung, sodass es keine Beamten des Landes Mecklenburg-Schwerin im eigentlichen Sinn gab, sondern diese entweder landesherrliche oder ständische Beamte waren[556]. Dies folgte konsequenterweise daraus, dass der Staat als juristische Person dem ständischen System fremd war. Die öffentlich-rechtliche Stellung wurde nicht durch ein allgemeines Gesetz geregelt[557], was nach heutigem Verständnis merkwürdig anmutet.

Die Ortsobrigkeit als ständisches Recht der Grundherren spielte hauptsächlich in den Bereichen der Polizei bzw. Verwaltung sowie der (freiwilligen) Gerichtsbarkeit eine Rolle[558]. Diese Beamten, welche die Ortsobrigkeiten ausübten, waren keine landesherrlichen Beamten[559]. Dabei waren jedoch nur solche als Beamte angestellt, welche tatsächlich obrigkeitliche Aufgaben erfüllten und nicht jedes ständische Faktotum[560]. Insofern wirkte sich auch im Bereich der Beamtenschaft und des Verwaltungsapparates die ständische Teilung des Landes aus.

---

551 Vgl. Gesetz „Organisation der Ministerien vom 4. April 1853“, abgedruckt in Sachsse, Urkunden (Fn. 289), S. 714 ff.; siehe dazu auch *Büsing*, Staatsrecht (Fn. 25), S. 44 ff.; *Schlesinger*, Staats- und Verwaltungsrecht (Fn. 36), S. 141 f.; *Vitense*, Geschichte (Fn. 26), S. 471; *Hamann*, Werden (Fn. 13), S. 90 ff.

552 Bei der Landesverwaltung und Landespolizei wirkten die Stände durch Deputierte mit, siehe dazu *Sachsse*, Verfassung (Fn. 14), S. 49; *Vitense*, Geschichte (Fn. 26), S. 286.

553 *Hamann*, Werden (Fn. 13), S. 93.

554 *Koch*, Veränderungen (Fn. 60), S. 220; *John*, Entwicklung (Fn. 60), S. 19.

555 *Hamann*, Werden (Fn. 13), S. 109.

556 Siehe Einzelheiten der Beamtenverhältnisse bei *Schlesinger*, Staats- und Verwaltungsrecht (Fn. 36), S. 172 ff.

557 *Schlesinger*, Staats- und Verwaltungsrecht (Fn. 36), S. 172 f.; lediglich einzelne Angelegenheiten waren per Gesetz geregelt, *ders.*, ebda., S. 185.

558 *Sachsse*, Verfassung (Fn. 14), S. 46 f.

559 *Sachsse*, Verfassung (Fn. 14), S. 47.

560 *Schlesinger*, Staats- und Verwaltungsrecht (Fn. 36), S. 188.

a) Organisation des Domaniums

Der Herrschaftsbereich des Domaniums umfasste nur circa vierzig Prozent des gesamten Gebietes von Mecklenburg-Schwerin[561]. Zur gesetzlichen Organisation der Gemeinden des Domaniums wurde 1869 eine Gemeindeordnung[562] erlassen[563]. Durch sie wurde die lokale Verwaltung aus den unmittelbaren Händen des Landesherrn auf diese Gemeinden übertragen[564]. Die Behörden zur Kommunalverwaltung nannte man Ämter[565].

In der Dorfgemeinde, welche juristische Person war und grundsätzlich Vermögen erwerben und verwalten konnte, existierte ein Gemeindevorstand bzw. Schulzenrat, der aus einem Dorfschulzen sowie Schöffen bestand und das Vertretungsorgan der Gemeinde darstellte[566]. Der Dorfschulze als Vorsitzender des Gemeindevorstands war landesherrlicher Beamter und wurde gemäß § 5 Ziff. 1 S. 1 DomGO vom Landesherrn ernannt und vom Domanialamt vereidigt. Er war gemäß § 5 Ziff. 1 S. 1 DomGO der Ortsvorsteher. Die Schöffen, welche keine Beamten waren, wurden nach der Benennung durch den Gemeindevorstand vom Domanialamt ausgewählt und bestätigt[567]. Trotz der Einsetzung durch den Landesherrn war der Schulze eine Art Interessenvertreter der Einwohner und nahm folglich eine Zwitterstellung ein[568].

Der Gemeindevorstand vertrat gemäß § 12 Ziff. 1 S. 1 DomGO die Gemeinde nach außen und hatte Selbstverwaltungsbefugnisse, sofern nicht die Kompetenz bzw. Mitwirkungserfordernis der Dorfversammlung einschlägig war, welcher er auch vorstand[569].

---

561 *Schlesinger*, Staats- und Verwaltungsrecht (Fn. 36), S. 49.

562 Revidierte Gemeinde-Ordnung für die Domanial-Ortschaften v. 29. Juni 1869, abgedruckt in Sachsse, Urkunden (Fn. 289), S. 728 ff., abgekürzt als DomGO.

563 Hier soll nur die Dorfgemeinde thematisiert werden; siehe *Schlesinger*, Staats- und Verwaltungsrecht (Fn. 36), S. 57 ff. mit weiteren Einzelheiten; diese wurde in ähnlicher Form in den Klöstern eingeführt, siehe *M. Buchsteiner*, Zwischen staatlichen Dirigismus und freier Selbstverwaltung, 2011, S. 124.

564 *Vitense*, Geschichte (Fn. 26), S. 501.

565 Siehe *Hamann*, Werden (Fn. 13), S. 109 ff. mit weiterer Kategorisierung.

566 Vgl. §§ 11 f. DomGO; *Schlesinger*, Staats- und Verwaltungsrecht (Fn. 36), S. 57 ff.; bei Hofgemeinden (Höfen, welche nicht zu einer Dorfschaft zusammengelegt waren) hatte der Inhaber sämtliche Funktionen des Ortsvorstehers, weshalb dies nicht weiter thematisiert werden soll.

567 *Schlesinger*, Staats- und Verwaltungsrecht (Fn. 36), S. 58.

568 Siehe *bei der Wieden*, Mecklenburg (Fn. 24), S. 60.

569 *Vitense*, Geschichte (Fn. 26), S. 502; siehe auch *Buchsteiner*, Dirigismus (Fn. 563), S. 121.

Die Dorfversammlung aus dem Gemeindevorstand und weiteren Einwohnern musste bei gewissen Entscheidungen, beispielsweise die Veränderung des Gemeindegebiets oder neuen lokalen Abgaben, einen Beschluss fassen[570]. Diese war gemäß § 15 Ziff. 6 DomGO beschlussfähig, wenn mehr als die Hälfte der zur Anwesenheit verpflichteten Mitglieder zugegen waren. Dieses Quorum findet sich auch in modernen Gemeindeordnungen[571] und zeigt die bereits angeschnittene verhaltene Reform- und Modernisierungswilligkeit des Landesherrn. Somit war die Gemeindeversammlung die eigentliche Vertretung der Einwohner, wobei jedoch eine Abstufung nach den Vermögensverhältnissen bestand[572]. Insofern bestand hier das nicht unübliche Zensuswahlrecht.

Die lokalen Verwaltungskompetenzen[573] gemäß § 6 DomGO waren allerdings nicht mannigfaltig und spielten sich nach modernem Verständnis eher auf Nebenschauplätzen ab. Jedoch hatte die Gemeinde eine Selbstverwaltungskompetenz und konnte insbesondere gemeindliche Abgaben verlangen[574]. Daneben standen insbesondere gewisse ordnungsrechtliche Aufgaben den Gemeinden zu[575].

Neben diesen Selbstverwaltungsbefugnissen, insbesondere in vermögensrechtlicher Hinsicht, waren jedoch wichtige Obrigkeitsbefugnisse den Gemeinden nicht selbst überlassen[576]. Diese wurden von den lokalen Verwaltungsbehörden, den Domanialämtern mit landesherrlichem Beamtenkollegium, ausgeübt[577]. Dabei fungierte das Domanialamt insbesondere auch als Polizei- oder auch Baubehörde[578]. Zwar war der Schulze gemäß

---

570 Siehe zum Geschäftskreis der Dorfversammlung § 16 DomGO; siehe auch *Schlesinger*, Staats- und Verwaltungsrecht (Fn. 36), S. 58 f.; *Vitense*, Geschichte (Fn. 26), S. 502 mit weiteren Einzelheiten zur Besetzung und Kompetenzen.

571 Siehe § 30 Abs. 1 S. 1 Kommunalverfassung für das Land Mecklenburg-Vorpommern v. 13.7.2011 (GVOBl. M-V 2011, S. 777).

572 *Hamann*, Werden (Fn. 13), S. 133.

573 Eine grobe Auflistung bei *Vitense*, Geschichte (Fn. 26), S. 502, insbesondere war auch das Schulwesen der Kompetenz der Landgemeinde zugewiesen; siehe auch *Schlesinger*, Staats- und Verwaltungsrecht (Fn. 36), S. 61 mit weiteren Einzelheiten; die geringen Selbstverwaltungsbefugnisse betont auch *Hamann*, Werden (Fn. 13), S. 132 f.

574 *Schlesinger*, Staats- und Verwaltungsrecht (Fn. 36), S. 61 f.

575 *Hamann*, Werden (Fn. 13), S. 128 mit weiteren Einzelheiten.

576 *Schlesinger*, Staats- und Verwaltungsrecht (Fn. 36), S. 159 f.; die Aufgaben und Tätigkeiten der Forstbehörden sollen hier nicht weiter thematisiert werden, siehe dazu *Schlesinger*, Staats- und Verwaltungsrecht (Fn. 36), S. 163 ff.

577 *Schlesinger*, Staats- und Verwaltungsrecht (Fn. 36), S. 162; *Buchsteiner*, Dirigismus (Fn. 563), S. 130.

578 *Schlesinger*, Staats- und Verwaltungsrecht (Fn. 36), S. 162, 280.

§ 5 Ziff. 2 DomGO Verwalter der Polizei, jedoch fungierte das Domanialamt als Ortspolizeibehörde[579]. Ferner übte das Amt die Aufsicht über sämtliche Verwaltungsbefugnisse der Gemeinden aus[580]. Dabei handelte es neben einer Rechtmäßigkeitskontrolle auch um eine gewisse Genehmigungsvorbehalte für gemeindliche Entscheidungen. Auch Beschwerden über die Arbeit des Vorstands oder Beschlüsse der Dorfversammlung waren an das Amt zu richten[581]. Innerhalb des Amts existierte eine Ressortaufteilung, sodass jeder Beamte die Entscheidungen selbstständig vorbereiten konnte, jedoch einer Gegenzeichnung bedurfte[582]. Somit übte das Domanialamt relativ umfassende Aufsichtsrechte aus, sodass nicht von einer umfassenden Selbstverwaltungskompetenz der Gemeinden gesprochen werden darf.

Das Haushaltsgut war zwar nicht vom „Staatsvermögen“ eigentumsrechtlich abgesondert, allerdings bestand eine Trennung organisatorischer Natur bei der Verwaltung desselben[583]. Beim Haushaltsgut, dem Eigentum des großherzoglichen Hauses, war die Oberste Verwaltungsbehörde des Großherzoglichen Hauses in letzter Instanz zuständig. Hier ergaben sich jedoch keine nennenswerten Besonderheiten[584].

Allein der Erlass der Gemeindeordnung ohne merklichen politischen Druck zeigt einen gewissen, wenn auch eingeschränkten Reformwillen des Landesherrn[585]. Zwar war aufgrund einer einheitlichen Gemeindeordnung anstelle von Rechtszersplitterung ein Modernisierungsplus zu verzeichnen, jedoch hatte sich der Landesherr durch die Einsetzung des Schulzenrats und die Aufsicht durch das Domanialamt weitreichende Einflussmöglichkeiten gesichert, sodass von einer umfassenden Selbstverwal-

579 *Schlesinger*, Staats- und Verwaltungsrecht (Fn. 36), S. 280.

580 Siehe zu näher zu den Aufgaben *Schlesinger*, Staats- und Verwaltungsrecht (Fn. 36), S. 160 ff.

581 *Schlesinger*, Staats- und Verwaltungsrecht (Fn. 36), S. 161; *Hamann*, Werden (Fn. 13), S. 129.

582 *Hamann*, Werden (Fn. 13), S. 130.

583 *Schlesinger*, Staats- und Verwaltungsrecht (Fn. 36), S. 166; *Vitense*, Geschichte (Fn. 26), S. 471; das öffentliche Vermögen war stets entweder landesherrliches Vermögen, ständisches Vermögen oder eine Verbindung beider, sodass von Staatsvermögen im heutigen Sinne nicht zu sprechen war, siehe zu den Details *Schlesinger*, Staats- und Verwaltungsrecht (Fn. 36), S. 214 ff.

584 Grob dazu *Schlesinger*, Staats- und Verwaltungsrecht (Fn. 36), S. 166 f.; jedoch unterschied sich die oberste Verwaltungsbehörde, siehe *dens.*, ebda., S. 156.

585 So auch *F. W. F. Schröder*, Betrachtungen über die Mecklenburg-Schwerinsche Gemeinde-Ordnung vom 31. Julius 1865, 1866, S. 3 f., wobei ausdrücklich betont wird, dass dies nicht als Schritt zu richtigem Parlamentarismus missverstanden werden dürfe.

tung der Einwohner des Domaniums nicht gesprochen werden kann[586]. Lediglich kann die Existenz der Dorfversammlung als Repräsentation der relevanten, d.h. gemäß § 13 DomGO insbesondere der vermögenden Einwohner als echter Fortschritt im Hinblick auf eine Selbstverwaltungsbefugnis gewertet werden. Ein Schritt zum modernen Konstitutionalismus auf kommunaler Ebene oder gar die Schaffung von demokratischen Strukturen war keineswegs durch den Erlass der Gemeindeordnung bezweckt[587]. Dennoch stellte die Gemeindeorganisation einen erheblichen Modernisierungsschub im Vergleich zu den ehedem gänzlich mittelalterlichen Zuständen dar.

b) Organisation der Landschaft

Die Landschaft war die Personalvertretung der Bürger, denen selbst keine staatsrechtlichen Befugnisse zustanden[588]. Diese, eigentlich der Stadt zustehenden staatsrechtlichen Rechte, wurden dabei lediglich von dem Magistraten bzw. oft auch allein vom Bürgermeister ausgeübt[589].

Eine allgemeine Städteordnung scheiterte am Widerstand der Stände[590].

Die Städte hatten Selbstverwaltungsbefugnisse, wobei lediglich eine Oberaufsicht in Kommunalangelegenheiten durch das Ministerium des Inneren bestand[591]. Ihre Kompetenz erstreckte sich dabei hauptsächlich auf die Lokalpolizei und die gesamte lokale Verwaltung, die Besteuerung sowie die Vermögensverwaltung, vgl. § 370 LGGEV[592]. Daneben verblieb den Städten die Zuständigkeit bezüglich der freiwilligen Gerichtsbar-

586 Dies kritisiert auch *Schröder*, Betrachtungen (Fn. 585), S. 5 ff.

587 *Schröder*, Betrachtungen (Fn. 585), S. 16.

588 *Schlesinger*, Staats- und Verwaltungsrecht (Fn. 36), S. 79.

589 *Schlesinger*, Staats- und Verwaltungsrecht (Fn. 36), S. 85 f.; *Busch*, Machtstreben (Fn. 21), S. 57.

590 *Hamann*, Werden (Fn. 13), S. 147; lediglich konnten zwei Verordnungen die Aufnahmebedingungen zum Erwerb der Einwohnerschaft und bezüglich der Vermögensverwaltung durch eine Bürgerrepräsentation 1827 erlassen werden, siehe *Vitense*, Geschichte (Fn. 26), S. 435 f.

591 *Schlesinger*, Staats- und Verwaltungsrecht (Fn. 36), S. 72 f., 78, 167 f.; *Hamann*, Werden (Fn. 13), S. 25, 147; *Buchsteiner*, Dirigismus (Fn. 563), S. 73.

592 *Schlesinger*, Staats- und Verwaltungsrecht (Fn. 36), S. 78, 167 f.; siehe dazu auch *Büsing*, Staatsrecht (Fn. 25), S. 49 ff.

keit[593]. Ferner übten die Städte als untere Verwaltungsbehörde die ihnen nach dem Reichsrecht zugewiesenen Aufgaben aus[594].

Die Gemeindeverfassungen der einzelnen Städte unterschieden sich untereinander im Detail teils erheblich, weshalb nur Grundstrukturen aufgezeigt werden können[595].

Der Magistrat, welcher sich zumeist aus einem Bürgermeister und mehreren Ratsherren zusammensetze, vertrat die Städte mit praktisch unbeschränkter Befugnis im Außenverhältnis[596]. Eventuelle Mitwirkungsbefugnisse der Bürgervertretung beschränkten die Vertretungsbefugnis nicht, sondern entfalteten lediglich im Innenverhältnis ihre Wirkung[597]. Die Kompetenz der Landesherrschaft bei der Einsetzung des Magistrats reichte von der alleinigen Ernennung über die Bestätigung nach einer Wahl durch die Bürgervertretung bis hin zu keinerlei direkter Einflussnahme[598]. Diese Bürgervertretung, welche auch ein Kontrollorgan darstellte, das Vermögen der Stadt überwachte und teilweise Mitwirkungsbefugnisse in der Verwaltung hatte, wurde von den Bürgern in unterschiedlichen Verfahrensweisen nach der jeweiligen Stadtverfassung gewählt[599]. Die Obrigkeitsbefugnisse, inklusive der Polizeigewalt, wurden jedoch durch den Magistraten ausgeübt[600].

Die allgemeine Aufsicht über die Städte lag bei der Landesherrschaft bzw. dem Ministerium des Inneren[601]. Nachdem sich dies zunächst auf vertraglicher Grundlage nach den Bestimmungen der Stadtverfassungen richtete, wurde es 1827 in Mecklenburg-Schwerin vereinheitlicht[602]. Nunmehr bestand ein Aufsichtsrecht zur Verhütung „von Missbräuchen aller Art und von übler Verwaltung oder schlechter Wirtschaft mit dem Stadt-

593 Siehe näher zur freiwilligen Gerichtsbarkeit nach Erlass des Reichsgerichtsverfassungsgesetzes 1879 *Büsing*, Staatsrecht (Fn. 25), S. 48 f.

594 *Schlesinger*, Staats- und Verwaltungsrecht (Fn. 36), S. 168.

595 *Schlesinger*, Staats- und Verwaltungsrecht (Fn. 36), S. 73; *Hamann*, Werden (Fn. 13), S. 140.

596 *Hamann*, Werden (Fn. 13), S. 25; *Buchsteiner*, Dirigismus (Fn. 563), S. 74.

597 *Schlesinger*, Staats- und Verwaltungsrecht (Fn. 36), S. 75.

598 *Büsing*, Staatsrecht (Fn. 25), S. 24; siehe auch näher dazu bei den Land- und Seestädten *Schlesinger*, Staats- und Verwaltungsrecht (Fn. 36), S. 75, 79 ff.

599 *Schlesinger*, Staats- und Verwaltungsrecht (Fn. 36), S. 76 f.

600 *Schlesinger*, Staats- und Verwaltungsrecht (Fn. 36), S. 78; *Hamann*, Werden (Fn. 13), S. 139.

601 *Schlesinger*, Staats- und Verwaltungsrecht (Fn. 36), S. 78.

602 Siehe dazu *Büsing*, Staatsrecht (Fn. 25), S. 23 f.

vermögen“[603]. Insofern bestand hier neben einer Rechtmäßigkeitskontrolle eine relativ umfassende Zweckmäßigkeitskontrolle. Hier wurden der staatlichen Aufsicht durch Ermessensspielräume umfassende Kontrollen ermöglicht, wobei diese insbesondere im Hinblick auf die wirtschaftliche Betätigung der Städte umfassend waren. Bei Streitigkeiten über die Reichweite der jeweiligen Rechte und Pflichten zwischen den Magistraten und der Bürgervertretung war das Staatsministerium für die Entscheidung zuständig[604]. Bei Nichterfüllung konnte die Landesherrschaft die Abstellung dieses Mangels im Zivilrechtsweg erstreiten[605]. Bei Verstoß gegen Obrigkeitsverpflichtungen konnte ein Strafverfahren gegen die zuständigen Organe eingeleitet werden[606]. Diese Unterschiede in den Verfahrensarten dürften auf dem zivilrechtsähnlichen Verständnis bzw. der Verleihung von Hoheitsrechten an die Stände beruht haben. Die Seestädte hatten eine Sonderstellung inne[607]. Grundlegende Besonderheit bestand dabei in der Gewährung einer autonomen Satzungsgewalt, wobei diese Satzungen keiner landesherrlichen Bestätigung bedurften. Auch das Aufsichtsrecht war auf eine Missbrauchskontrolle beschränkt. Insofern konnte hier bereits von einem nach heutigem Verständnis fortschrittlichen Selbstverwaltungsrecht gesprochen werden.

Insgesamt bestanden im Gebiet der Landschaft schon Mitwirkungsbefugnisse der Bewohner an der Verwaltung mit unterschiedlicher Ausprägung, sodass der Grundstein für den Aufbau einer kommunalen Selbstverwaltung in vielen Städten und Gemeinden bereits gelegt worden war. Dies galt vor allem für Gemeinden mit verschwindend geringen Kompetenzen des Landesherrn bei der Einsetzung des Magistraten. In solchen Gemeinden konnte schon eine Bindung der Einwohner an die Adminis-

---

603 *Schlesinger*, Staats- und Verwaltungsrecht (Fn. 36), S. 73; siehe auch *F. Hillmann*, Die mecklenburgische Verfassungsfrage nach richtiger staatsrechtlicher Auffassung, 1911, S. 30; *Hamann*, Werden (Fn. 13), S. 147; *M. Buchsteiner*, Von Städten, Gütern und Dörfern, 2013, S. 69 f.

604 *Schlesinger*, Staats- und Verwaltungsrecht (Fn. 36), S. 77; wobei bei Streitigkeiten der Bürgerschaft unter sich oder mit ihren Magistraten ein Schlichtungsverfahren gemäß § 369 LGGEV stattfinden sollte.

605 *Büsing*, Staatsrecht (Fn. 25), S. 43; *Sachsse*, Verfassung (Fn. 14), S. 47.

606 *Schlesinger*, Staats- und Verwaltungsrecht (Fn. 36), S. 168.

607 Siehe ausführlicher zur hier aufgegriffenen Stellung der Seestädte *Büsing*, Staatsrecht (Fn. 25), S. 41 f.; *Schlesinger*, Staats- und Verwaltungsrecht (Fn. 36), S. 79 ff.; so wird Rostock auch als „Republik im Staate“ bezeichnet, siehe *dens.*, ebda, S. 79.

tration gelingen[608]. Aufgrund der bestehenden Rechtszersplitterung galt dies jedoch nicht in allen Gemeinden. Daneben bestanden nur begrenzte Kompetenzen der Gemeinden, sodass hier noch ein weiter Weg bis zur lokalen Selbstverwaltung nach modernem Verständnis zu gehen war[609].

c) Organisation der Ritterschaft

Die Ritterschaft stellte die Vertretung von Grund und Boden inklusive der Bewohner dar[610], wobei die staatsrechtlichen Befugnisse mit dem Eigentum des Rittergutes verknüpft waren, sodass damit auch die darauf ruhenden Lasten mit dem Rittergut übergingen[611]. Insofern verhielten sich alle (insbesondere öffentlich-rechtlichen) Befugnisse und Verpflichtungen akzessorisch zum Rittergut[612]. Der Gutsbesitzer stellte hier auch aufgrund des Fehlens einer Gemeindeorganisation die alleinige staatliche Obrigkeit inklusive der Ortspolizei dar, weshalb der Gutsherr der Ortsobrigkeit folglich auch nicht unterworfen war[613]. Falls es das Amt des Schulzen gab, so waren diese lediglich Beamte des Grundherrn[614]. Auch im Gebiet

---

608 Zu dem Grundgedanken der Bindung an Verwaltung durch Mitwirkung, siehe *H. Dreier*, in: ders., GGK II (Fn. 454), Art. 28 Rn. 7 m.w.N.

609 Vgl. *Dreier* (Fn. 608), Art. 28 Rn. 7 f., der den Aspekt der Effizienzsteigerung durch kommunale Selbstverwaltung, was zunächst in Frankreich zu finden war, anschneidet; „die Lehre von der Genossenschaft als Mittel zur Zurückdrängung der Bureaukratie" sei Wurzel der modernen Selbstverwaltung, siehe *K.-A. Schwarz*, in: P. M. Huber/A. Voßkuhle (Hrsg.), v. Mangoldt/Klein/Starck Grundgesetz, Bd. 2, 7. Aufl. 2018, Art. 28 Rn. 126.

610 *Sachsse*, Verfassung (Fn. 14), S. 24; dabei darf man dies jedoch aufgrund der staatsrechtlichen Bedeutungslosigkeit der Bewohner nicht im Sinne einer Vertretung im heutigen Sinn missverstehen, *H. Böhlau*, Fiskus landesherrliches und Landes-Vermögen im Großherzogtume Mecklenburg-Schwerin, 1877, S. 95.

611 Nach Abschaffung des Hörigkeitsverhältnisses verstand man diese nicht mehr als Vertretung von Grund und Boden, sondern gerade als Vertretung der Hintersassen, welche mit dem Eigentum am Grund und Boden des Rittergutes nur verknüpft war. Siehe dazu und zu den Gründen des Ruhens der Landschaft *Schlesinger*, Staats- und Verwaltungsrecht (Fn. 36), S. 83 f., 168 f., 171.

612 Der Übergang der Befugnisse mit Erwerb (und nach Ableistung des Eides) wird auch durch § 105 Verordnung vom 9. April 1899. AusfV. zum BGB, abgedruckt in *Sachsse*, Urkunden (Fn. 289), S. 775, deutlich.

613 *Vitense*, Geschichte (Fn. 26), S. 501; *Schlesinger*, Staats- und Verwaltungsrecht (Fn. 36), S. 169, 280; *Koch*, Verfassung (Fn. 14), S. 59.

614 *Schlesinger*, Staats- und Verwaltungsrecht (Fn. 36), S. 66.

der Ritterschaft existierten Ämter[615]. Diese bildeten sich jedoch lediglich aus Zusammenschlüssen der Rittergutsbesitzer zur Regelung gemeinsamer Angelegenheiten aus Zweckmäßigkeitserwägungen und waren somit keine staatlichen bzw. landesherrlichen Hoheitsträger[616]. Die Aufgaben der Ämter, welche insbesondere in der Verteilung von Geld und sonstigen Leistungen bestanden, waren kaum erwähnenswert[617]. Der Gutsherr war als Ortsobrigkeit folglich nicht der verlängerte Arm des Landesherrn, sondern er übte die staatsrechtlichen Befugnisse im eigenen Namen aus[618]. Hier war die Verwaltung der Gemeinde gleichbedeutend mit der Verwaltung des Rittergutes[619]. Die obrigkeitlichen Rechte erstreckten sich insbesondere auf die Lokalobrigkeit, Justiz sowie das Polizei- und Ordnungsrecht[620]. Die Oberaufsicht über die Ausübung der Obrigkeitsbefugnisse, welche gleichzeitig eine Verpflichtung des Gutsherrn gegenüber dem Landesherrn darstellte, lag auch hier beim Ministerium des Inneren[621]. Somit bestand kein einklagbares subjektives Recht des Einwohners auf Erfüllung der obrigkeitlichen Aufgaben. Bei bloßen (nachlässigen) Versäumnissen bedurfte es der Zivilklage der Landesherrschaft[622]. Verstöße gegen die obrigkeitlichen Befugnisse wurden hingegen im Wege eines Strafverfahrens geahndet, welches jedoch eher ein Disziplinarverfahren darstellte[623].

Insgesamt übernahm die Ortsobrigkeit hier die Vertretung nach innen und außen[624].

Die „Mannen" hatten praktisch, abgesehen vom Aufsichtsrecht der Landesherrschaft, keinerlei landesrechtliche Kompetenzbeschränkung auf ihrem Gebiet. Das führte dazu, dass diese schon fast als absolute Herrscher

615 *Hamann*, Werden (Fn. 13), S. 134.
616 *Hamann*, Werden (Fn. 13), S. 134.
617 *Hamann*, Werden (Fn. 13), S. 136 f.
618 So auch *Schlesinger*, Staats- und Verwaltungsrecht (Fn. 36), S. 171.
619 *Vitense*, Geschichte (Fn. 26), S. 501; *Koch*, Novemberrevolution (Fn. 36), S. 3.
620 *Hamann*, Werden (Fn. 13), S. 137 f., dabei konnte der Gutsbesitzer die Polizeigewalt auf ritterschaftliche Polizeiämter übertragen, was jedoch nicht verpflichtend war; vgl. auch § 1 Errichtung ritterschaftlicher Polizeiämter vom 2. April 1879, abgedruckt in *Sachsse*, Urkunden (Fn. 289), S. 753 f.
621 *Sachsse*, Verfassung (Fn. 14), S. 47, *Schlesinger*, Staats- und Verwaltungsrecht (Fn. 36), S. 169 f.
622 Siehe *Sachsse*, Verfassung (Fn. 14), S. 47; *Schlesinger*, Staats- und Verwaltungsrecht (Fn. 36), S. 170.
623 *Schlesinger*, Staats- und Verwaltungsrecht (Fn. 36), S. 170.
624 *Buchsteiner*, Dirigismus (Fn. 563), S. 121.

agieren konnten[625]. Diese automatische Verknüpfung von Eigentum und umfassenden Hoheitsbefugnissen der Ritter stellt einen gravierenden Unterschied zum modernen Staatswesen dar[626]. Die Mannen wehrten sich ferner erfolgreich gegen die meisten Neuerungen. Somit kann dieses Gebiet als am wenigstens staatsrechtlich entwickelt bezeichnet werden.

d) Organisation der Klöster

Die säkularisierten Landesklöster dienten in Form von Stiftungen der christlichen Erziehung und Versorgung unverheirateter Frauen, sodass es sich hierbei um „weltliche Versorgungs-Anstalten"[627] handelte. Die Nutzung erfolgte insbesondere, indem die Konventualinnen Sach- oder Geldleistung erhielten[628]. Zur Erlangung einer Konventsstelle bedurfte es der Eintragung in ein Expektantienbuch und der Entrichtung eines Geldbetrages[629]. Die Jungfrauenklöster Dobbertin, Malchow und Ribnitz standen unter Nutzung und Verwaltung der Gesamtstände, wobei der Landesherr die Oberaufsicht führte[630]. Diese waren selbst gemäß § 137 LGGEV nicht landtagsfähig. Die Verwaltung lag in den Händen eines Klosterhauptmanns und zweier weiterer Verwaltungsleute, die von den

---

625 So auch *Höffner*, Großherzogtümer (Fn. 72), S. 21; wobei hier auf die bereits erwähnten Einschnitte durch die Reform der Justiz hingewiesen werden muss.

626 So auch schon bezogen auf andere Staaten Anfang des 20. Jahrhunderts *Schlesinger*, Staats- und Verwaltungsrecht (Fn. 36), S. 184 f.; siehe zur Beleihung *U. Steiner*, Öffentliche Verwaltung durch Private, 1975, S. 46 ff.

627 *Büsing*, Staatsrecht (Fn. 25), S. 34 f.; siehe auch *Schlesinger*, Staats- und Verwaltungsrecht (Fn. 36), S. 67 ff.; diesen Zweck hatte auch das Rostocker Kloster zum Heiligen Kreuz, siehe auch *S. Pettke*, Das Rostocker Kloster zum Heiligen Kreuze vom 16. bis zum 20. Jahrhundert, 1991, S. 112, 240 f. mit weiteren Einzelheiten.

628 Siehe näher dazu *Büsing*, Staatsrecht (Fn. 25), S. 35.

629 *Büsing*, Staatsrecht (Fn. 25), S. 37; insofern war hier das Ziel eine Art Leibrente, siehe *F. Hillmann* (DDP), in: Stenographisches Bureau des Landtages (Hrsg.), Verhandlungen des Mecklenburg-Schwerinschen Landtags. Verfassunggebender Landtag. Vom 21. Februar 1919 bis 28. Mai 1920, Bd. I, 1920, 4. Sitzung, Sp. 72; im Folgenden abgekürzt als VVLTag I.

630 *Schlesinger*, Staats- und Verwaltungsrecht (Fn. 36), S. 66 f.; *John*, Entwicklung (Fn. 60), S. 106; siehe dazu auch *J. Wiggers/M. Wiggers*, Geschichte der drei Mecklenburgischen Landesklöster Dobbertin, Malchow und Ribnitz, 1848, S. 112 ff.; insgesamt existierten 47 Klostergüter, welche den jeweiligen Klöstern gehörten, siehe *Schlesinger*, Staats- und Verwaltungsrecht (Fn. 36), S. 69.

Ständen gewählt und vom Landesherrn bestätigt wurden[631]. Somit waren die Landesklöster aufgrund der immensen Einflussnahme in der Verwaltung durch den Adel organisatorisch dem Gebiet der Ritterschaft sehr ähnlich[632]. Eine Gemeindeorganisation vermisste man auch hier, sodass jegliche Obrigkeitsbefugnisse, inklusive der Polizeigewalt, von den Klosterämtern ausgeführt wurden[633]. Somit gestaltete sich die Verwaltung der Landesklöster vergleichbar zu den Domanialämtern[634]. Neben diesen drei Landesklöstern, deren Vermögen vom Staat stammte, existierte das Kloster zum Heiligen Kreuz in Rostock, dessen Verwaltung durch einen Klosterprobst und vier Verwaltungsleute erledigt wurden, wovon zwei großherzogliche Beamte waren und zwei Vertreter vom Rat der Stadt Rostock gewählt wurden[635]. Obwohl die Mittel ursprünglich nicht vom Staat stammten, wurde nach herrschender Ansicht wegen der engen Verflechtung mit dem Staat ein nach modernem Verständnis öffentlich-rechtlicher Charakter der Stiftung angenommen[636].

6. Justiz

Auch die Judikative war ursprünglich nicht einheitlich im Großherzogtum Mecklenburg-Schwerin[637]. Die Stände waren nicht an der bereits erwähnten Oberaufsicht über die Justiz beteiligt[638].

Der Großherzog war der Strafgerichtsbarkeit nicht unterworfen und für die Mitglieder des großherzoglichen Hauses war der Großherzog einzige Instanz[639]. Dies erscheint als logische Konsequenz aus der fehlenden

---

631 *Schlesinger*, Staats- und Verwaltungsrecht (Fn. 36), S. 68; bürgerliche Gutsbesitzer besaßen weder aktives noch passives Wahlrecht hierbei.

632 Siehe *Vitense*, Geschichte (Fn. 26), S. 288 mit weiteren Einzelheiten.

633 *Schlesinger*, Staats- und Verwaltungsrecht (Fn. 36), S. 69 f., 168, 280; *Hamann*, Werden (Fn. 13), S. 132, 139.

634 *Hamann*, Werden (Fn. 13), S. 131.

635 *Schlesinger*, Staats- und Verwaltungsrecht (Fn. 36), S. 70; diese Verwaltungsbeamten waren je zur Hälfte vom Großherzog eingesetzt und von der Stadt Rostock gewählt.

636 Siehe zum Ergebnis des Gutachtens von *Justizrat Löwenthal* sowie der Rechtsprechung bezüglich der Rechtsnatur des Klosters zum Heiligen Kreuz *Pettke*, Kloster (Fn. 627), S. 249 f.

637 Zu Grundsatzregeln siehe §§ 381 ff. LGGEV.

638 *Schlesinger*, Staats- und Verwaltungsrecht (Fn. 36), S. 276.

639 *Schlesinger*, Staats- und Verwaltungsrecht (Fn. 36), S. 27.

Gewaltenteilung und dem Status des Landesherrn als Inhaber der öffentlichen Gewalt.

Nach dem Beitritt zum deutschen Reich und der damit einhergehenden Geltung der Reichsgesetzgebung wurde die zivil- und strafrechtliche Gerichtsbarkeit auf staatliche Gerichte, namentlich die Oberlandes-, Land- und Amtsgerichte, übertragen[640]. Diese ordentlichen Gerichte wurden von der Landesherrschaft besetzt[641]. Die freiwillige Gerichtsbarkeit, insbesondere für Vormundschafts- und Nachlassangelegenheiten, behielten sich jedoch, abweichend vom Gebiet des Landesherrn, die Ritterschaft und die Landschaft selbst vor, sodass sich diese Angelegenheiten weiterhin vor ständischen Gerichten abspielten[642]. Die ordentliche Gerichtsbarkeit in Form von Oberlandes-, Land- und Amtsgericht war jedoch unabhängig von den ständischen Grenzen[643], sodass hier schon bereits ein erheblicher Modernisierungsschub vor der Weimarer Republik zu verzeichnen war. Damit war jedoch eine grundsätzliche Neuerung in der Trennung von Justiz und Verwaltung geschaffen worden[644], indem man die Patrimonialgerichtsbarkeit[645] weitgehend abgeschafft hatte. Auch an der Beständigkeit der Patrimonialgerichtsbarkeit, die sich in der Form nirgends anders so lange hielt und nur dem Reichsrecht gewichen ist, lässt sich deutlich die Rückständigkeit Mecklenburg-Schwerins erkennen[646]. Trotz der einsetzenden Modernisierungstendenzen infolge des Beitritts zum Bundesstaat gab es keinen Verwaltungsrechtsweg, sodass regelmäßig die Verwaltung auch eine judikative Funktion erfüllte[647]. Ob der Verwaltungsweg oder der

640 *Sachsse*, Verfassung (Fn. 14), S. 46; *Schlesinger*, Staats- und Verwaltungsrecht (Fn. 36), S. 277.

641 *Sachsse*, Verfassung (Fn. 14), S. 48; zuvor waren gemäß § 425 LGGEV die jeweiligen Stände berufen, ihre Gerichte mit fähigem Personal zu besetzen.

642 *Sachsse*, Verfassung (Fn. 14), S. 46; für eine grobe Darstellung der freiwilligen und besonderen Gerichtsbarkeit siehe *Schlesinger*, Staats- und Verwaltungsrecht (Fn. 36), S. 277 ff.; dies kritisiert als einen Auswuchs der ständischen Verfassung *Hillmann*, Verfassungsfrage (Fn. 603), S. 9.

643 *Hamann*, Werden (Fn. 13), S. 163.

644 *Vitense*, Geschichte (Fn. 26), S. 530.

645 Zum Begriff und dem Wesen der Patrimonialgerichtsbarkeit als Recht der Gerichtsbarkeit von Grundeigentümern siehe *E. Daffis*, Patrimonialgerichtsbarkeit, in: F. Stier-Somlo/A. Elster (Hrsg.), Handwörterbuch der Rechtswissenschaft, Bd. IV, 1927, S. 425 f.; zur Entwicklung der Patrimonialgerichtsbarkeit siehe *S. Werthmann*, Vom Ende der Patrimonialgerichtsbarkeit. Ein Beitrag zur deutschen Justizgeschichte des 19. Jahrhunderts, 1995.

646 Vgl. *Werthmann*, Ende (Fn. 645), S. 56 f., die die Beständigkeit der ständischen Verfassung und der Patrimonialgerichtsbarkeit betont.

647 *Schlesinger*, Staats- und Verwaltungsrecht (Fn. 36), S. 274.

Rechtsweg zu beschreiten war, wurde nicht von einem Gesetz einheitlich geregelt, sodass hier eine Vielzahl von Einzelentscheidungen über Kompetenzkonflikte die logische Folge war[648].

Bei der Anwendung von Normen bestand ein richterliches Prüfungsrecht, welches sich auf die verfassungsmäßige Kompetenz zum Erlass einer Landesnorm gemäß Art. 2, 4 RVerf. erstreckte[649]. Aufgrund der bloßen Wirkung im Innenverhältnis umfasste dieses Prüfungsrecht folglich nicht die Beachtung der ständischen Mitwirkungsrechte.

Durch die Reichsgesetzgebung und der damit einhergehenden grundsätzlichen Trennung zwischen Exekutive und Justiz in Mecklenburg-Schwerin wurde das Land – zumindest die Judikative – auf Füße gestellt, um den Anforderungen eines modernen Staates einigermaßen gewachsen zu sein. Hier war ein völliger Neuanfang bei der ordentlichen Gerichtsbarkeit keine unter den Nägeln brennende Notwendigkeit. Jedoch trübte auch hier die mangelnde klare Differenzierung zwischen öffentlichem Recht und Zivilrecht das Bild. Diesbezüglich wurde das Großherzogtum den Anforderungen der damaligen Zeit kaum noch gerecht.

7. Staatskirchenrecht

Das Verhältnis von Staat und Kirche unterschied sich in Mecklenburg-Schwerin von einem modernen staatskirchenrechtlichen Verständnis grundlegend. Es bestand bis zur Novemberrevolution das Landeskirchentum[650]. Die Landeskirchen in Mecklenburg-Schwerin und Mecklenburg-Strelitz waren grundsätzlich getrennt, sodass es jeweils ein eigenständiges Kirchenregiment mit dem jeweiligen Landesherrn gab[651]. Allerdings waren die Kirchenordnungen gleich und das oberste Kirchengericht war daher für beide Landesteile zuständig[652]. Neben der evangelisch-lutherischen Landeskirche durften die übrigen Glaubensrichtungen, insbesondere seit 1903, öffentlich praktiziert werden und waren nicht mehr nur auf die

648 *Schlesinger*, Staats- und Verwaltungsrecht (Fn. 36), S. 274 f.

649 *Schlesinger*, Staats- und Verwaltungsrecht (Fn. 36), S. 139.

650 *Sachsse*, Verfassung (Fn. 14), S. 53.

651 *K. Rieker*, Die rechtliche Stellung der evangelischen Kirche Deutschlands in ihrer geschichtlichen Entwicklung bis zur Gegenwart, 1893, S. 419 f.

652 *Rieker*, Stellung (Fn. 651), S. 420.

Hausandacht beschränkt, welche schon durch den Westfälischen Frieden zugesichert worden war[653].

Der Landesherr besaß als Inhaber der Staatsgewalt die Kirchenhoheit (*ius circa sacra*) über alle Konfessionen, namentlich der lutherischen, reformierten und katholischen Kirche sowie der Juden[654]. Dazu gehörte insbesondere auch das Bestimmungsrecht über die Ausübung der Gottesdienste[655]. Auch waren andere Bereiche, welche heute zum originären Selbstbestimmungsrecht gehören, dem Einflussbereich des Landesherrn unterworfen. So bedurfte es beispielsweise einer landesherrlichen Genehmigung bei der Anstellung von katholischen Geistlichen, der Errichtung von Kirchen oder Abhaltung von Prozessionen und Wallfahrten[656]. Die einzelnen Kirchen waren juristische Personen des öffentlichen Rechts[657]. Tatsächliche gesellschaftliche Relevanz hatte jedoch die lutherische Kirche[658]. Für die Ausübung der landesherrlichen Hoheitsrechte über die Religionsgemeinschaften war das Justizministerium, Abteilung für geistliche Angelegenheiten, zuständig[659].

Der Landesherr war gleichzeitig Oberbischof der lutherischen Kirchen[660]. Als solchem stand ihm auch das Kirchenregiment (*ius in sacra*) zu[661]. Insofern waren sowohl die Kirchenhoheit als auch das Kirchenregi-

---

653 *Schlesinger*, Staats- und Verwaltungsrecht (Fn. 36), S. 350 ff.; auch die vorher vielfach diskriminierten Juden durften ihre Religion öffentlich praktizieren.

654 *Schlesinger*, Staats- und Verwaltungsrecht (Fn. 36), S. 331; Großherzogliches Statistisches Amt (Hrsg.), Großherzoglich Mecklenburg-Schwerinscher Staatskalender, 1918, S. 86.

655 Neben diesem *ius reformandi* umfasste die Kirchenhoheit auch die Oberaufsicht über die kirchliche Ordnung durch die weltlichen Behörden und Polizei, die religiösen und Gemeindeverhältnisse der Juden sowie die Oberaufsicht über die kirchlichen Stiftungen und Anstalten, siehe *Büsing*, Staatsrecht (Fn. 25), S. 66; siehe im ersten Zugriff zum *ius reformandi* und zur Entwicklung *K.-H. Kästner*, Art. Jus reformandi, in: Cordes/Haferkamp u.a., Handwörterbuch II (Fn. 489), Sp. 1466 (1466 ff.) m.w.N.

656 Siehe näher dazu *Schlesinger*, Staats- und Verwaltungsrecht (Fn. 36), S. 350 f.

657 *Schlesinger*, Staats- und Verwaltungsrecht (Fn. 36), S. 339; siehe auch *R. Penßel*, Jüdische Religionsgemeinschaften als Körperschaften des öffentlichen Rechts, 2014, S. 350 ff.

658 Zunächst existierten zwei katholische Gemeinden in Schwerin und Ludwigslust sowie eine reformierte Gemeinde in Bützow, siehe *Büsing*, Staatsrecht (Fn. 25), S. 64; 1905 existierten 1.482 Juden, 888 Reformierte und 12.093 Katholiken, siehe *Schlesinger*, Staats- und Verwaltungsrecht (Fn. 36), S. 351 ff.

659 *Büsing*, Staatsrecht (Fn. 25), S. 66.

660 *Schlesinger*, Staats- und Verwaltungsrecht (Fn. 36), S. 332.

661 *Schlesinger*, Staats- und Verwaltungsrecht (Fn. 36), S. 332.

ment letztlich in der Person des Landesherrn vereinigt. Eine Neuerung ist jedoch in Folge der Modernisierungsbestrebungen Mitte des 19. Jahrhunderts eingetreten. Der Oberkirchenrat ist als dem Landesherrn untergeordnetes Organ etabliert worden, welches zuständig war, wenn es um die Funktion als Oberbischof ging[662]. Insofern bewirkte dies zwar eine organisatorische Trennung auf der Ebene unterhalb des Landesherrn, daraus folgte jedoch keine größere Eigenständigkeit oder gar Selbstverwaltung. Auch die Gesetzgebung in kirchlichen Belangen war nicht von der säkularen Gesetzgebung abgetrennt oder zu unterscheiden[663], vgl. § 483 LGGEV. Somit galt das bereits Dargestellte inklusive der Mitwirkung der Stände auf allgemeinen Landtagen auch in der Gesetzgebung bei geistlichen Angelegenheiten.

Es bestand allerdings eine Trennung der Kirchengerichtsbarkeit von der staatlichen Gerichtsbarkeit, sodass die Kirchengerichte keine staatlichen Entscheidungskompetenzen besaßen[664].

Eine Trennung von Staat und Kirche war folglich überhaupt nicht vorhanden. Der Landesherr konnte trotz einer funktionellen Unterscheidung die Belange der lutherischen Kirche in allen Bereichen bestimmen. Die Stellung des Landesherrn bezüglich der evangelischen Kirche war integraler Bestandteil seiner Staatsgewalt[665]. Eine Begrenzung bei der internen Verwaltung der lutherischen Kirche bildete die Kompetenz von Privatpatronaten gemäß §§ 474 ff. LGGEV in einzelnen Belangen, wobei jedoch auch ein landesherrliches Patronat bestand[666]. Das Kirchenpatronat war ein Recht von außerhalb der kirchlichen Organisation stehenden natürlichen oder juristischen Personen, was das Selbstverwaltungsrecht der Kirche einschränkte, insbesondere auch die Vermögensverwaltung oder die freie Besetzung von Pfarrstellen[667]. An der Beständigkeit des Patronatsrechts wird wiederum die Rückständigkeit Mecklenburg-Schwerins

---

662 Diese waren landesherrliche Diener, siehe dazu *Büsing*, Staatsrecht (Fn. 25), S. 66; *Schlesinger*, Staats- und Verwaltungsrecht (Fn. 36), S. 332 ff. mit näheren Angaben zu Funktionen und Kompetenzen.

663 Siehe *Büsing*, Staatsrecht (Fn. 25), S. 65; *Sachsse*, Verfassung (Fn. 14), S. 53.

664 Siehe dazu *Schlesinger*, Staats- und Verwaltungsrecht (Fn. 36), S. 346 f.

665 *Rieker*, Stellung (Fn. 651), S. 421.

666 *Schlesinger*, Staats- und Verwaltungsrecht (Fn. 36), S. 334; siehe dazu auch *D. Henske*, Das Patronat der Hansestadt Rostock, 2013, S. 60 ff., 94 ff.

667 Siehe zum Patronatsrecht *G. J. Ebers*, Patronat, in: F. Stier-Somlo/A. Elster (Hrsg.), Handwörterbuch der Rechtswissenschaft, Bd. IV, 1927, S. 426 ff.; *P. Landau*, Art. Patronat, in: G. Krause/G. Müller u.a. (Hrsg.), Theologische Realenzyklopädie, Bd. 26, 2000, S. 106 (106 ff.); *W. Rees*, Patronatsrechte im Widerspruch zum Selbstbestimmungsrecht der Kirche und zur Religionsgemein-

deutlich[668]. Das Großherzogtum Mecklenburg-Schwerin war mitnichten säkular. Verstärkt wurde dies sicherlich auch durch den Mangel einer Kirchenverfassung[669].

8. Finanzverfassungsrecht

Die Entwicklung des Ständestaates hat zu einer unübersichtlichen Fülle an einzelnen Finanzkassen geführt. Aufgrund des Dualismus in den mecklenburgischen Staaten waren auch die Finanzen entweder ständischer, landesherrlicher oder landesherrlich-ständischer Natur[670]. Zum Verständnis der Regelungen nach der Novemberrevolution bedarf es insoweit nur der Darstellung der Grundzüge der Verhältnisse.

a) Landesherrliche Finanzen

Die Finanzen des Großherzogs gliederten sich in das Landesregimentsvermögen, Domanialvermögen und Sondervermögen auf[671].

Das Landesregimentsvermögen war das Herrschaftsvermögen, welches sich aus den Erträgen kraft der Stellung als Territorialherr und den Reinerträgen aus dem Domanium zusammensetzte[672]. Diese Vermögensmasse diente grundsätzlich zur Finanzierung aller Kosten der Staatsverwaltung und Regierung, einschließlich der Kosten für Wohlfahrt, Kultur und

---

schaft?, in: ders. (Hrsg.), Recht in Kirche und Staat. Joseph Listl zum 75. Geburtstag, 2004, S. 283 (291 ff.); *Henske*, Patronat (Fn. 666), S. 8 ff.

668 In anderen deutschen Ländern wurde dies kontinuierlich abgeschafft, sodass dort der Weg für die Stärkung des Selbstverwaltungsrechts der Kirchen frei wurde, siehe *Ebers*, Patronat (Fn. 667), S. 426 f.; die Rückständigkeit des Patronatsrechts erwähnt *H. Munsonius*, Evangelisches Kirchenrecht, 2015, S. 114 f.

669 Siehe zum Entwurf 1908 *Schlesinger*, Staats- und Verwaltungsrecht (Fn. 36), S. 347 ff.

670 *Schlesinger*, Staats- und Verwaltungsrecht (Fn. 36), S. 212; eine genaue Darstellung des Finanzaufkommens findet sich bei *dems.*, ebda., S. 214 ff.

671 *Schlesinger*, Staats- und Verwaltungsrecht (Fn. 36), S. 214; auch hier soll nur in groben Zügen aufgezeigt werden, welche Finanzfragen im Rahmen der Auflösung des Ständestaates durch das EG geregelt werden mussten.

672 Hier seien beispielhaft die Forstverwaltung, ordentliche Kontributionen und Zinsen aus dem Domanialkapitalfonds genannt. Das Landesregimentsvermögen wurde auch Renterei genannt. Siehe dazu *Schlesinger*, Staats- und Verwaltungsrecht (Fn. 36), S. 216 ff.

Straßenwesen[673]. Auch mussten die Apanagen, der Unterhalt für die von der Herrschaft ausgeschlossenen Mitglieder des großherzoglichen Hauses, davon bestritten werden[674]. Ein Großteil der Einnahmen floss jedoch auch aus den Beden, den pekuniären Beihilfen der Stände, welche zum Teil festgesetzt und turnusmäßig gezahlt wurden oder auch nach Einzelbewilligung anfielen[675]. Die jährlichen Geldleistungen wurden gemäß § 70 LGGEV auf den ordentlichen Landtagen verkündet. Die ordentlichen Abgaben, insbesondere die „Hufensteuer", verkörperten keine Steuer im eigentlichen Sinn, da sie nicht von allen Einwohnern zu entrichten waren, sondern lediglich eine Abgabe der ständischen Vertreter darstellte[676]. Das Landesregimentsvermögen wurde durch oberste Verwaltungsbehörden vertreten[677].

Das Domanialvermögen war das Hausvermögen, wozu das Domanium als solches genauso wie das Haushaltsgut gehörten[678]. Dieses stand im großherzoglichen Eigentum und ging auf das jeweils regierende Mitglied über[679]. Bei der Verfügung über das Domanium war der Landesherr beschränkt[680]. Aufgrund der Verpflichtung, aus den Überschüssen der Domanialeinnahmen das Landesregiment zu bezahlen, gehörte der Nettoüberschuss des Domaniums zum Herrschaftsvermögen[681]. Das Hausgut beinhaltete auch die Erträge des Domanialkapitalfonds[682]. Die Erträge des Haushaltsgutes sicherten die Bewirtschaftung des landesherrlichen Hofs; bei Unterversorgung konnte auf die Erträge des Domaniums zurückgegrif-

673 *Schlesinger*, Staats- und Verwaltungsrecht (Fn. 36), S. 216 ff. mit weiteren Einzelheiten.

674 *Schlesinger*, Staats- und Verwaltungsrecht (Fn. 36), S. 218; siehe dazu *K. Friedrichs*, Art. Apanage, in: F. Stier-Somlo/A. Elster (Hrsg.), Handwörterbuch der Rechtswissenschaft, Bd. I, 1926, S. 250.

675 *Schlesinger*, Staats- und Verwaltungsrecht (Fn. 36), S. 219 f.; Beden stellten keine Steuern im eigentlichen Sinne dar, sondern waren Leistungen an das landesherrliche Vermögen, so *Böhlau*, Fiskus (Fn. 610), S. 89.

676 Siehe *Böhlau*, Fiskus (Fn. 610), S. 89; *Schlesinger*, Staats- und Verwaltungsrecht (Fn. 36), S. 227. Allerdings waren Steuern an sich dem ständischen Finanzsystem schon fremd, da es sowohl an einer einseitigen Festsetzung mangelte als auch eine Beteiligung aller Steuerpflichtigen bei der Verhandlung über die Steuer auf den Landtagen nicht gab, siehe *ders.*, Fiskus ((Fn. 610), S. 94.

677 *Schlesinger*, Staats- und Verwaltungsrecht (Fn. 36), S. 273.

678 *Schlesinger*, Staats- und Verwaltungsrecht (Fn. 36), S. 235.

679 *H. Böhlau*, Das Mecklenburgisches Landrecht, 3. Bd. 1. Abt., 1880, S. 45 f.; *Schlesinger*, Staats- und Verwaltungsrecht (Fn. 36), S. 235.

680 *Schlesinger*, Staats- und Verwaltungsrecht (Fn. 36), S. 235.

681 *Böhlau*, Fiskus (Fn. 610), S. 98 f.

682 *Schlesinger*, Staats- und Verwaltungsrecht (Fn. 36), S. 237.

fen werden, was jedoch das Landesregimentsvermögen schmälerte, welches auch durch das Domanium gespeist werden musste[683].

Das Sondervermögen, das aus dem Schatull- und dem Kabinettsvermögen bestand, war das eigentliche Vermögen des Landesherrn, welches nach allgemeinen bürgerlichen Regeln dementsprechend vererbt wurde[684]. Insofern bestanden hier auch keinerlei Verfügungsbeschränkungen. Somit bildete in Kern nur diese Vermögensmasse das eigentliche Vermögen des Landesherrn als natürliche Person.

Somit stünde nach heutigem Verständnis nur das Sondervermögen im Privateigentum des Großherzogs, wohingegen die restlichen Vermögenswerte einen Teil des Staatsvermögens bildeten. Diese Bezeichnung ist zwar aufgrund des festgestellten Fehlens eines Staates als juristische Person nicht ganz treffend, jedoch dient diese Zuordnung dem Verständnis der späteren Auseinandersetzung des Freistaates Mecklenburg-Schwerin mit dem ehemaligen Landesherrn nach dem Untergang des Ständestaates.

b) Ständische Finanzen

Die ständische Finanzverwaltung bildete die Grundlage für die ständische Verfassung in den mecklenburgischen Staaten[685]. Die Stände hatten den Landkasten als Vermögensmasse bzw. Sammelstelle für ständische Gelder zur Bestreitung der ständischen Ausgaben errichtet[686]. Die gemeinen Landesangelegenheiten[687] waren gemäß § 221 LGGEV von den Ständen gemeinschaftlich zu tragen, wobei nur einen einzelnen Stand betreffende Kosten durch diesen allein zu begleichen waren, §§ 229, 230 LGGEV. Die „Neceßarien" [sic] beinhalteten die Gesamtkosten der ständischen Einrichtungen, z.B. Kosten des Engeren Ausschusses oder die Kosten der

---

683 *Schlesinger*, Staats- und Verwaltungsrecht (Fn. 36), S. 238.

684 *Büsing*, Staatsrecht (Fn. 25), S. 50 f.; in der Quellenlage wird nicht trennscharf zwischen Eigentum und Besitz unterschieden, sodass aufgrund des Kontextes wohl Eigentum gemeint ist, vgl. *Schlesinger*, Staats- und Verwaltungsrecht (Fn. 36), S. 215, 240 ff. mit genauen Aufschlüsselungen.

685 *Busch*, Machtstreben (Fn. 21), S. 39.

686 *Böhlau*, Fiskus (Fn. 610), S. 128; dieser Landkasten war der Kontrolle des Großherzogs entzogen und diente ursprünglich der Tilgung der landesherrlichen Schulden, *Schlesinger*, Staats- und Verwaltungsrecht (Fn. 36), S. 245 f.; *Busch*, Machtstreben (Fn. 21), S. 38.

687 Diese wurden „*(Landes-)Neceßarien*" genannt, vgl. Zwölfter Articul LGGEV.

ständischen Beamten[688]. Der Landkasten war nach dem Fondssystem untergliedert, sodass für jeden Zweck eine separate Kasse geschaffen worden war[689].

Somit hatte die öffentlich-rechtliche Körperschaft der Stände auch eine gemeinsame Vermögensmasse.

c) Landesherrlich-ständische Finanzen

Durch den allgemeinen Fortschritt der Länder stiegen die Ausgaben, sodass neue oder größere Kosten getragen werden mussten, welche die Leistungsfähigkeit des Landesherrn überstiegen hätten, sodass der Großherzog mit den Ständen gemeinsam die Finanzierung übernahm[690].

Diese gliederten sich auf in die eigens für bestimmte Zwecke gebildeten Sozietäten und insbesondere die Landessteuerkasse, *vulgo* (subsidiärer) Fiskus[691]. Die Landessteuerkasse repräsentierte das nach heutigem Verständnis eigentliche Staatsvermögen, welches unter landesherrlicher Kontrolle durch das Finanzministerium und ständischer Kontrolle durch den Engeren Ausschuss stand[692]. Nach strengem Verständnis ist der Begriff Fiskus jedoch irreführend, da ein echter Staat als Zuordnungssubjekt fehlte[693]. Die Existenz eines Fiskus scheiterte auch an der fehlenden klaren Unter-

---

688 Auch *Böhlau* kommt zu der Schlussfolgerung der ständischen Natur ordentlicher „*Neceßarien*“, siehe *dens.*, Fiskus (Fn. 610), S. 91 f.; *Schlesinger*, Staats- und Verwaltungsrecht (Fn. 36), S. 246; für eine detaillierte Aufschlüsselung der Erhebungsregelungen vgl. §§ 222 ff. LGGEV.

689 *G. Rosenberger*, Finanzen und Finanzverfassung in den beiden Großherzogtümern Mecklenburg von 1850 bis 1914, Bd. 1, 1999, S. 672.

690 *Schlesinger*, Staats- und Verwaltungsrecht (Fn. 36), S. 251 f.

691 *Böhlau*, Fiskus (Fn. 610), S. 150; *Schlesinger*, Staats- und Verwaltungsrecht (Fn. 36), S. 252 ff.; so gab es beispielsweise für die Finanzierung des Oberlandesgerichts eine eigene Sozietät, welche von den Ständen und dem Landesherrn finanziert wurde; die Landessteuerkasse wurde auch Landesrezepturkasse genannt, *Rosenberger*, Finanzen (Fn. 689), S. 272.

692 *Schlesinger*, Staats- und Verwaltungsrecht (Fn. 36), S. 253 f.; *Rosenberger*, Finanzen (Fn. 689), S. 75.

693 *Schlesinger*, Staats- und Verwaltungsrecht (Fn. 36), S. 254; die Systemfremdheit dieser Kasse wird auch an dem Verständnis als allgemeine Steuerkasse aller Untertanen deutlich; a.A. *Böhlau*, Fiskus (Fn. 610), S. 112, der die Entwicklung bis zum tatsächlichen Fiskus aufzuzeigen versucht. Dabei versäumt er jedoch, zweifelsfrei die Existenz eines Staates als Zuordnungssubjekt aufzuzeigen und stellt lediglich Selbstständigkeit des „*Recepturkassen-Vermögens*“ dem ständischen und landesherrlichen Vermögen gegenüber.

scheidung zwischen öffentlichem Recht und Privatrecht[694]. Die Landessteuerkasse wurde insbesondere durch Steuern gespeist und finanzierte sowohl ständische als auch landesherrliche Kosten, wenn die verfassungsmäßige Ausstattung nicht ausreichte, um deren Aufgaben zu erfüllen[695].

Insgesamt existierten somit als öffentlich-rechtliche Finanzakteure der Landesherr, die Stände und der sogenannte Fiskus[696]. Das rein ständische Finanzsystem, basierend auf freiwilligen Leistungen der Stände, Vermischung der Vermögensmassen von Privatvermögen mit „Staatsvermögen" des Landesherrn und der Mannigfaltigkeit der Kassen, wurde schon im 19. Jahrhundert mit modernen Elementen, wie der allgemeinen Besteuerung, vermischt[697]. Diesen gordischen Knoten galt es, nach der Novemberrevolution zu lösen und die Zersplitterung des Finanzwesens zu beheben[698], damit eine moderne Staatlichkeit erst möglich werden konnte. Insbesondere bedurfte es der klaren Schaffung eines echten Staatshaushalts. Neben dem unüberschaubaren System verschiedener Kassen war die Verteilung der Finanzierungslasten zulasten des Landesherrn den Verhältnissen des Großherzogtums völlig unangemessen, sodass die Finanzfrage als Druckmittel der Stände, insbesondere der Ritterschaft, fungierte[699]. Die Finanzen stellten insgesamt die Wurzel der fast archaischen Zustände dar.

9. Bildungswesen

Das Schulwesen war wegen der zwei bzw. drei Säulen der Staatsgewalt nicht einheitlich[700]. Ursprünglich war das allgemeine Bildungsniveau auf einem ziemlich miserablen Stand[701]. Dies änderte sich zwar im 19. Jahrhundert durch die gestiegenen Bildungsbedürfnisse, jedoch blieb das

---

694 Allgemein auf Deutschland bezogen *Klein*, Domänenfrage (Fn. 184), S. 52.

695 Siehe zu einer detaillierten Aufschlüsselung der Abgaben und deren Verwendung *Schlesinger*, Staats- und Verwaltungsrecht (Fn. 36), S. 253 ff.

696 *Schlesinger*, Staats- und Verwaltungsrecht (Fn. 36), S. 271; *Hamann*, Werden (Fn. 13), S. 95 f.

697 So auch *Rosenberger*, Finanzen (Fn. 689), S. 118.

698 Dies kritisiert schon zeitgenössisch *Hillman*, Verfassungsfrage (Fn. 603), S. 7 f.

699 So auch *John*, Entwicklung (Fn. 60), S. 256.

700 *M. Seemann*, Zu den schulpolitischen Auseinandersetzungen im Mecklenburg-Schwerinschen Landtag über das höhere Schulwesen und dessen Entwicklung während der Weimarer Republik, 1990, S. 8 f.

701 *Hillmann*, Verfassungsfrage (Fn. 603), S. 6, so war nicht notwendigerweise ein bestandenes Examen im Gebiet der Ritterschaft eine Einstellungsvoraussetzung für Lehrer.

Niveau hinter anderen Ländern zurück[702]. Insgesamt lässt sich jedoch aufgrund der immensen Unterschiede in den einzelnen Regionen nur schwerlich eine einheitliche Aussage über das wissenschaftliche Niveau des Schulwesens treffen[703].

In Mecklenburg existierten als höhere Bildungsanstalten Gymnasien, Realgymnasien, Realprogymnasien, Realschulen, höhere Töchterschulen und Navigationsschulen sowie die landesherrliche Universität Rostock[704]. Daneben bestanden Volks- und Bürgerschulen[705].

Im Domanium gab es eine Schulpflicht, die zum Besuch der Volksschule bis zum 14. Lebensjahr verpflichtete[706]. Die Domanialgemeinden waren Eigentümer der Gebäude und der Ländereien der Schulen, was jedoch auch zur Kostentragung verpflichtete. Ferner hatte die jeweilige Gemeinde die Verwaltungskompetenz über die gemeindlichen Schulen. Die Aufsicht über den Unterricht führte die Schulbehörde, wobei die Oberaufsicht durch das Unterrichtsministerium erfolgte. Hier existierte somit eine Landesoberbehörde. Die Lehrer, welche Beamte waren, wurden vom Landesherrn eingestellt und waren somit als landesherrliche Beamte zu qualifizieren.

Im Gebiet der Stände gab es Landschulen und Volks-/Bürgerschulen[707]. Bei den Landschulen war auch die Ortsobrigkeit der Träger der Schullasten sowie zu deren Verwaltung berechtigt[708]. Dadurch ergaben sich sogar innerhalb der Landschaft erhebliche Unterschiede[709]. Die Oberaufsicht wurde durch das Unterrichtsministerium ausgeübt[710]. Als im Behördenaufbau untere Verwaltungsbehörde gab es eine Schulkommission, die mit vier ständischen und drei landesherrlichen Mitgliedern besetzt war[711].

702 *Seemann*, Auseinandersetzungen (Fn. 700), S. 7.

703 So auch *Seemann*, Auseinandersetzungen (Fn. 700), S. 25; *Seemann* betont dabei die Unterschiede zu den landstädtischen höheren Schulen.

704 *Schlesinger*, Staats- und Verwaltungsrecht (Fn. 36), S. 353 f.; Gymnasien und Realgymnasien endeten mit der entsprechenden Reifeprüfung, wobei der Abschluss an Realprogymnasien und Realschulen zum einjährigen Militärdienst qualifizieren konnte.

705 Schlesinger, Staats- und Verwaltungsrecht (Fn. 36), S. 355 ff.

706 Die im Folgenden aufgegriffene Darstellung zum Volksschulwesen im Domanium entstammt *Schlesinger*, Staats- und Verwaltungsrecht (Fn. 36), S. 355 ff.

707 *Schlesinger*, Staats- und Verwaltungsrecht (Fn. 36), S. 367 ff.

708 *Schlesinger*, Staats- und Verwaltungsrecht (Fn. 36), S. 368.

709 *Seemann*, Auseinandersetzungen (Fn. 700), S. 9 f.

710 *Schlesinger*, Staats- und Verwaltungsrecht (Fn. 36), S. 368; *Seemann*, Auseinandersetzungen (Fn. 700), S. 9.

711 *Schlesinger*, Staats- und Verwaltungsrecht (Fn. 36), S. 368.

Bei den Volks- und Bürgerschulen wurde die Verwaltung zwischen der Ortsobrigkeit und dem jeweiligen Schulvorstand geteilt, wobei die Ortsobrigkeit immer zuständig war, sofern nicht die ausschließliche Kompetenz des Schulvorstands betroffen war[712].

Die Lehrer selbst waren im Rittergut in einem öffentlich-rechtlichen Dienstverhältnis im Sinne eines Beamtenverhältnisses durch den Gutsherrn beschäftigt, was dieser kraft obrigkeitsrechtlicher Befugnisse begründen konnte[713]. Insbesondere im Gebiet der Ritterschaft bestand ein erheblicher Qualitätsmangel, welcher das Bildungsniveau auf einem nicht hinnehmbaren Stand hielt[714].

Insgesamt war das Bildungswesen, insbesondere wegen der ständischen Zersplitterung, modernen Anforderungen nicht gewachsen[715]. Höhere Bildungseinrichtungen existierten nur im Gebiet des Großherzogs und der Landschaft[716]. Die Landesuniversität in Rostock war eine landesherrliche Einrichtung[717]. Hier muss insbesondere von einem Unvermögen der Ritterschaft bei der Versorgung der Menschen mit angemessenen Bildungsangeboten gesprochen werden. Das unterschiedliche Bildungsniveau ist aufgrund der Zersplitterung insbesondere vor dem Hintergrund der durch das Reichsrecht eingeführten Liberalisierung des Arbeitsmarktes[718] kritisch zu betrachten, da dadurch völlig unterschiedliche Ausgangssituationen herrschten.

10. Zusammenfassung

Die grobe Darstellung der staatsrechtlichen Verhältnisse hat schon gezeigt, dass in Mecklenburg-Schwerin in weiten Teilen noch mittelalterliche Zustände herrschten, sodass hier ein Neuanfang notwendig, aber auch schwierig zu realisieren erschien.

---

712 *Schlesinger*, Staats- und Verwaltungsrecht (Fn. 36), S. 372.

713 *Schlesinger*, Staats- und Verwaltungsrecht (Fn. 36), S. 187, 369.

714 Als unwürdig bezeichnet *Vitense* die Zustände und den Verlauf des Bildungswesens im ritterschaftlichen Gebiet *ders.*, Geschichte (Fn. 26), S. 291.

715 *Hillmann*, Verfassungsfrage (Fn. 603), S. 10 ff.

716 Siehe näher *Schlesinger*, Staats- und Verwaltungsrecht (Fn. 36), S. 353 f.

717 *Vitense*, Geschichte (Fn. 26), S. 532.

718 Hier kann man als Beispiele für die reichsrechtliche Liberalisierung die Einführung der Freizügigkeit und die Aufhebung des Zunftzwangs nennen, vgl. *Vitense*, Geschichte (Fn. 26), S. 495 f.; vgl. insgesamt zur Veränderung der ständischen Wirtschaftsordnung *John*, Entwicklung (Fn. 60), S. 33 ff.

Die ständische Macht hat sich bis zur Novemberrevolution gehalten und konnte sogar noch verfestigt und ausgebaut werden[719]. Dadurch wurden staatsrechtliche Verhältnisse bewahrt, die ihresgleichen suchten.

Die Wirkung von öffentlichem Recht zwischen Ständen und Landesherrschaft im Innenverhältnis, ohne den Einwohnern einen subjektiven einklagbaren Anspruch bzw. ein solches Recht gleichzeitig zu gewähren[720], kann, zurückhaltend ausgedrückt, nur als völlig veraltet und nicht den Anforderungen eines Staates im ausgehenden 19. Jahrhundert bzw. beginnenden 20. Jahrhundert angemessen bezeichnet werden. Dies wiegt umso schwerer, zumal die Grundherrschaften umfassende, lediglich durch Aufsichtsrechte beschränkte, Kompetenzen besaßen. Modernes Verwaltungsrecht und die Verwaltungsgerichtsbarkeit bilden eine ineinandergreifende Einheit und sind charakteristisch für eine moderne Staatlichkeit bzw. den Verfassungsstaat[721], die grundsätzlich den Anforderungen bei steigender Komplexität gewachsen sind. Hier bedurfte es daher schon zur wilhelminischen Zeit dringend eines Wandels, sodass die Einwohner des Großherzogtums nicht mehr lediglich Herrschaftsobjekte darstellen sollten.

Hingegen fußt das Urteil über die unzeitgemäßen Zustände im mecklenburgischen Landtag im Wesentlichen auf der fehlenden Wählbarkeit der Vertreter und dem Verständnis der fehlenden Relevanz der nicht landtagsberechtigten Einwohner. Ausführlich aufgezeigt wurde, dass der Landtag einige Elemente moderner Parlamente bereits verwirklichte. Somit muss das harsche Urteil *Sachsses* nicht lediglich vor dem Hintergrund der damaligen Zeit eingeschränkt werden.

Die Verknüpfung von Ständen und Landesherrschaft bzw. dem Staat war fast allgegenwärtig.

Dies zeigte sich auch deutlich in den Staatsfinanzen. Einen Fiskus im modernen Sinn vermisste man hier. Lediglich existierten ständische und landesherrliche Finanzen. Dabei stach vor allem die komplexe Struktur hervor, was mit der Entwicklung des ständischen Systems und der Finanzkraft der Stände als wirksamer Hebel zum Ausbau der Macht zu erklären ist. Eine angemessene Auseinandersetzung zwischen den eigentlichen Staatsfinanzen und dem Kapital des Landesherrn sowie dem der Stände

---

719 *Heck*, Geschichte (Fn. 25), S. 20.

720 Die Verpflichtung zur Erfüllung der Obrigkeitsbefugnisse und -aufgaben bestanden nur gegenüber der Landesherrschaft, siehe *Schlesinger*, Staats- und Verwaltungsrecht (Fn. 36), S. 170.

721 Diese Tendenz sieht auch *Sellmann*, Weg (Fn. 539), S. 27 f.

als Körperschaft des öffentlichen Rechts war somit keine Lappalie. Ferner galt es zu regeln, welche landesherrlichen oder ständischen Beamten von der bisherigen Funktion im Land auch nach der Revolution Staatsbeamte werden sollten.

Insgesamt ist der Einfluss der Landesherrschaft im Rahmen der Verwaltung, insbesondere im Ordnungs- und Kommunalrecht, sehr ausgeprägt. Hier verhinderten die Befugnisse, vor allem die Rechte des Großherzogs bei Personalentscheidungen, und die umfassenden Aufsichtsrechte eine echte Selbstverwaltung. Immerhin gab es in den Städten und in Teilen des Domaniums eine gewisse Repräsentation der Einwohner, wohingegen die Ritterschaft stets versuchte, jeglichen staats- und verwaltungsrechtlichen Fortschritt und den damit konsequenterweise einhergehenden Machtverlust zu begrenzen.

Auch das Staatskirchenrecht glänzte durch eine fehlende Trennung zwischen säkularer und kirchlicher Macht. Insbesondere mangelte es hier an einer unabhängigen Selbstverwaltung der (vornehmlich lutherischen) Kirche.

Nach der Reichsgesetzgebung konnte man zumindest in der Justiz einen erheblichen Modernisierungsschub feststellen, sodass die nichtstaatlichen Gerichte nur noch eine sehr untergeordnete Rolle spielten. Das Fehlen von verwaltungsgerichtlichen Strukturen[722] ist zwar aus der Historie erklärbar, jedoch bestand eine dringende Notwendigkeit für dessen Aufbau, um den gesamten Fortschritt im öffentlichen Recht in Mecklenburg-Schwerin nicht zu lähmen.

Insgesamt steckte Mecklenburg-Schwerin noch inmitten der mittelalterlichen Verhältnisse. Die staatsrechtlichen Befugnisse der Stände ließen Modernisierungsversuche noch komplexer erscheinen, als dies mit einem absolutistischen Herrscher und damit nur einem relevanten Herrschaftssubjekt gewesen wäre. Selbst *Großherzog Friedrich Franz IV.* erkannte Anfang des 20. Jahrhunderts, dass die landständische Verfassung den Anforderungen der Moderne nicht mehr gewachsen war[723]. Sie bedurfte daher einer vollständigen Umwälzung.

---

722 Die Kompetenzkonflikte mangels eindeutiger gesetzlicher Zuweisung der Materien zu den Kompetenzen der Verwaltung oder Gerichtsbarkeit ohne besondere Verwaltungsgerichte betont *Schlesinger*, Staats- und Verwaltungsrecht (Fn. 36), S. 274 f.

723 Siehe *Schlesinger*, Staats- und Verwaltungsrecht (Fn. 36), S. 125.

C. Voraussetzungen für die Arbeit des Landesverfassunggebers von Mecklenburg-Schwerin

Die vorausgehenden Darstellungen und Analysen zeigen deutlich, dass es eines noch radikaleren Moments im Großherzogtum Mecklenburg-Schwerin als in anderen Gliedstaaten bedurfte, um die mittelalterliche Rechts- und Ständeordnung zu überwinden und den Sprung in die Moderne zu meistern.

I. Die Novemberrevolution und das Ringen um die Verfassung

Die Novemberrevolution 1918 brachte eine komplette Umwälzung der staatsrechtlichen Verhältnisse in Deutschland mit sich und kann somit als Zäsur betrachtet werden[724]. In Mecklenburg-Schwerin kann diese Wende aufgrund der ständischen Ausgangslage sogar als noch gravierender angesehen werden[725].

Schon vor der Revolution beschäftigte man sich aufgrund der Rückständigkeit des Staatsrechts mit der Ausarbeitung einer modernen Landesverfassung[726]. Diese Entwicklung gipfelte am 4. November 1918 in der großherzoglichen Bekanntmachung, in der die Vorbereitungen einer Verfassung mit einem Zwei-Kammer-System angekündigt worden war[727]. Die erste Kammer sollte dabei dem ständischen System Rechnung tragen und aus gewählten Vertretern der Stände bestehen, wobei sich die zweite Kammer aus demokratisch gewählten Vertretern zusammensetzen sollte. Diese Ankündigung wurde in Folge des Ausbruchs der Revolution jedoch *ad acta* gelegt[728].

Schon in der Nacht vom 5. auf den 6. November 1918 erreichte die Revolution von Kiel aus Schwerin, breitete sich ohne Widerstand über

724 So auch *Klein*, Länder (Fn. 13), S. 613.

725 *Klein*, Länder (Fn. 13), S. 613; *Koch*, Veränderungen (Fn. 60), S. 222; *Inachin*, Durchbruch (Fn. 60), S. 9 f.

726 *Brückner*, Verfassungsfrage (Fn. 35), S. 218; *Inachin*, Durchbruch (Fn. 60), S. 15.

727 *Brückner*, Verfassungsfrage (Fn. 35), S. 218; der Text wurde nicht im Regierungsblatt von Mecklenburg-Schwerin veröffentlicht.

728 *Brückner*, Verfassungsfrage (Fn. 35), S. 218.

das gesamte Land aus und glich im Wesentlichen der gesamtdeutschen Entwicklung[729]. Die Soldaten entwaffneten ihre Offiziere, besetzten die strategisch wichtigen Stellen[730], wählten Soldatenräte, welche sich mit den inzwischen gebildeten Arbeiterräten zusammenschlossen, und übernahmen zunächst die eigentliche Staatsgewalt[731]. Zwischen der gelähmten Regierung und den Revolutionären sollten die Reichstagsabgeordneten *Dr. Hugo Wendorff* und *Hans Sivkovich* (beide Fortschrittliche Volkspartei) vermitteln[732]. An die Spitze der revolutionären Bewegung setzten sich gemäßigte Sozialdemokraten[733]. Diese, von *Heinrich Dethloff* (Soldatenrat) und *Wilhelm Haller* (Arbeiterrat) vertreten, stellten unter anderem Forderungen in Richtung einer Wahl zur verfassunggebenden Landesvertretung auf Grundlage eines allgemeinen und gleichen Wahlrechts sowie über den Rücktritt der Regierung auf[734]. Zwar versuchten Regierung und Großherzog, die Absetzung der Regierung zunächst zu verhindern, jedoch wurde ein neues Staatsministerium unter Leitung von *Wendorff* per großherzoglicher Verfügung vom 9. November 1918 gebildet[735]. Weiterhin wurde die Ausarbeitung einer Landesverfassung auf Grundlage des parlamentari-

729 *Brückner*, Verfassungsfrage (Fn. 35), S. 222; näher zu dem Ablauf in Mecklenburg-Schwerin siehe *Vitense*, Geschichte (Fn. 26), S. 577 ff.; *H. Bley/R.-J. Rakow/H.-H. Schütt*, Das revolutionäre Jahr 1918 in Mecklenburg, 1968, S. 31 ff.; *Koch*, Sturz (Fn. 13), S. 19 ff.; siehe zum Ablauf in Deutschland überblicksartig *M. Stolleis*, Geschichte des öffentlichen Rechts in Deutschland, Bd. III, 1999, S. 75 ff. sowie *Willoweit/Schlinker*, Verfassungsgeschichte (Fn. 228), § 37 Rn. 1 ff. m.w.N.

730 Insbesondere Kommunikations- und Transportmittel wurden unter Kontrolle gebracht; siehe für genauere Angaben *Koch*, Novemberrevolution (Fn. 36), S. 4.

731 *Koch*, Sturz (Fn. 13), S. 19; siehe dazu auch *Inachin*, Durchbruch (Fn. 60), S. 12 ff.

732 *Koch*, Sturz (Fn. 13), S. 20.

733 Das Verhalten der mecklenburgischen Sozialdemokratie als blindes Folgen der opportunistischen Sozialdemokratischen Partei Deutschlands (SPD) verurteilt *Koch*, Sturz (Fn. 13), S. 20.

734 *Bley/Rakow/Schütt*, Jahr 1918 (Fn. 729), S. 38 ff.; *Koch*, Sturz (Fn. 13), S. 20.

735 Allerhöchster Erlass vom 8. November 1918, betreffend Einführung einer auf den Grundsätzen des parlamentarischen Systems beruhenden Landesverfassung (Rbl. für das Großherzogtum Mecklenburg-Schwerin 1918 Nr. 194 v. 9.11.1918, S. 1491); *Brückner*, Verfassungsfrage (Fn. 35), S. 222; *Koch*, Novemberrevolution (Fn. 36), S. 6: weitere Mitglieder des Staatsministeriums waren *Hans Sivkovich* (Fortschrittliche Volkspartei), *Heinrich Erdmann* (SPD), *Heinrich Dethloff* (SPD), *Franz Starosson* (SPD), *Dr. Friedrich Stratmann* (Nationalliberale Partei); siehe auch *Inachin*, Durchbruch (Fn. 60), S. 14.

schen Systems mit einer Kammer angekündigt[736]. Damit war den revolutionären Kräften zunächst weitestgehend der Wind aus den Segeln genommen worden. Jedoch beabsichtigte die neue Regierung wohl (zunächst) keineswegs die Abschaffung der Monarchie[737]. Dennoch wollten der Arbeiter- und Soldatenrat, beeinflusst von Kräften in der Unabhängigen Sozialdemokratischen Partei Deutschlands (USPD), anders als die neue Regierung, die Monarchie stürzen, was sie auch der Regierung übermittelten[738]. Daraufhin verzichtete *Großherzog Friedrich Franz IV.* unter dem Eindruck eines möglichen gewaltsamen Sturzes durch revolutionäre Kräfte sowie angesichts der Abdankung der meisten anderen Fürsten im Reich und des Kaisers am 14. November auf den Thron und ging ins Exil nach Dänemark[739].

Das Urteil *Kochs*[740], das eigentliche Ziel der Errichtung einer sozialistischen Republik sei damals verfehlt worden, mag für einen radikalen Kern der Revolutionäre gegolten haben. Jedoch für das Gros des Volkes erscheint diese Schlussfolgerung vor dem Hintergrund des Ausrufs des Staatsministeriums am Tag der Abdankung, der Volkswille solle Souverän werden, nicht konsistent[741]. Auch spricht die Sitzverteilung im verfassunggebenden Landtag nicht für diese Schlussfolgerung. Hier dominierten klar (links-)liberale bzw. demokratische Parteien[742]. Ferner ist diese Einschätzung vor dem Einlenken des Arbeiter- und Soldatenrates nicht logisch nachvollziehbar. Wäre das eigentliche Ziel der Mehrheit der revolutionären Kräfte nicht der Aufbau einer Republik gewesen, so hätte sich der Zentral-Arbeiter- und Soldatenrat nicht zeitgleich zur Einberufung des verfassunggebenden Landtags selbst aufgelöst[743]. Sicherlich ist das Urteil *Kochs* hier auch nicht ganz frei von dem Zeitgeist seiner Beurteilung und Sozialisation in der damaligen Deutschen Demokratischen Republik

736 Regierungsblatt für das Großherzogtum Mecklenburg-Schwerin 1918 v. 9.11.1918, Nr. 194, S. 1491; der Großherzog wollte die Errichtung eines Volksstaates unterstützen, vgl. *Vitense*, Geschichte (Fn. 26), S. 585.

737 Dies vermutet zumindest *Koch*, Novemberrevolution (Fn. 36), S. 6.

738 *Koch*, Sturz (Fn. 13), S. 21.

739 *Brückner*, Verfassungsfrage (Fn. 35), S. 222; *Bley/Rakow/Schütt*, Jahr 1918 (Fn. 729), S. 48 ff.

740 *Koch*, Sturz (Fn. 13), S. 22.

741 Siehe auch *Inachin*, Durchbruch (Fn. 60), S. 15.

742 Übersicht der Stimmverteilung zum verfassunggebenden Landtag am 26. Januar 1919 in *Inachin*, Durchbruch (Fn. 60), S. 15.

743 Diesen Gedankengang vernachlässigt *Koch*, Novemberrevolution (Fn. 36), S. 10 und reduziert die Begründung auf die Entwicklung auf Reichsebene.

(DDR)[744]. Dessen Wertung scheint regelmäßig den Kampf der Arbeiterklasse in Vorgänge hinein zu interpretieren, wo ein solcher aufgrund der weiteren Entwicklung zumindest nicht in dem Maße als logisch erscheint. So lässt sich sein Urteil dadurch zweifelsfrei widerlegen, dass keine dauernde sozialistische Herrschaftsstruktur mit festgeschrieben kommunistischen Elementen entstand. Auch das Übergewicht der demokratischen Kräfte im ersten frei gewählten Landtag[745] widerlegt das damalige Vorliegen einer kommunistischen bzw. sozialistischen Gesinnung der Bevölkerung. Die Einsicht des Rates zum Rückzug aus der politischen Tätigkeit aufgrund der Wahl zum verfassunggebenden Landtag lobte auch Staatsminister *Wendorff*[746], was zeigt, dass das Votum des Volks zumindest respektiert wurde. Somit muss *Kochs* Beurteilung der Lage unter der Beachtung der ideologischen Verhältnisse in der DDR relativiert werden. Insgesamt stand im primären Fokus der linken Kräfte nicht eine kommunistische Revolution, sondern eine bisher in Mecklenburg-Schwerin nicht vorhandene allgemeine, gleiche, unmittelbare und geheime Wahl auf Landesebene, folglich die Errichtung eines parlamentarischen Regierungssystems[747].

II. Die Beseitigung des Ständestaates

Aus der vorangegangenen Darstellung und Analyse zeichnet sich schon ab, dass die Auflösung der mittelalterlichen Strukturen überfällig war und einer umfassenden Lösung vor der Einführung einer republikanischen Verfassung bedurfte. Gleichzeitig wurden Mecklenburg-Schwerin und Mecklenburg-Strelitz nicht vereinigt[748], sodass nach der Auflösung der Stände und dem Verzicht des Großherzoglichen Hauses auf die Regierung die historische Verbindung der beiden Länder gelöst wurde. Dieser Aufgabe musste sich infolgedessen der verfassunggebende Landtag von Mecklenburg-Schwerin stellen.

---

744 Im Folgenden als DDR abgekürzt.

745 75,2 % der Stimmen gewannen Sozialdemokraten und Liberaldemokraten, sodass dies ein Votum für die parlamentarische Demokratie darstellte, vgl. *Freitag*, Regierungssystem (Fn. 20), S. 66.

746 Siehe *H. Wendorff* (DDP), VVLTag I (Fn. 629), 1. Sitzung, S. 2.

747 Dies kritisiert *Koch*, Novemberrevolution (Fn. 36), S. 5; dieses Ergebnis, allerdings bezogen auf die neugewählte Regierung bzw. Regierungskoalitionen, stellt auch *Inachin*, Durchbruch (Fn. 60), S. 18 heraus.

748 Dies wurde insbesondere in Mecklenburg-Strelitz diskutiert und betrieben, vgl. *Vitense*, Geschichte (Fn. 26), S. 591 ff.

1. Konstituierung des verfassunggebenden Landtags

Dieser verfassunggebende Landtag wurde aufgrund einer Verordnung über die Wahl zum verfassunggebenden Landtag vom 7. Dezember 1918[749] nach den Grundsätzen der Verhältniswahl am 26. Januar 1919[750] mit 64 Abgeordneten gewählt und tagte zum ersten Mal am 21. Februar[751]. Diese Wahl war somit die erste Wahl auf Landesebene. Man wollte das denkbar „demokratischste Wahlrecht“[752] schaffen.

Das aktive und passive Wahlrecht stand dabei gemäß § 3 WahlVO[753] allen Reichsdeutschen zu, die am 15. November 1918 ihren Wohnsitz oder dauerhaften Aufenthalt in Mecklenburg-Schwerin hatten. Damit war Frauen auch zum ersten Mal ein Wahlrecht gewährt[754]. Daneben konnten Soldaten oder aus dem Soldatenstand entlassene Personen mit mecklenburg-schwerinscher Staatsangehörigkeit dieses Wahlrecht gemäß § 3 WahlVO ausüben. Der Regierung war es ein Anliegen, heimkehrende Soldaten an der Wahl teilhaben zu lassen[755].

Dazu mussten Wählerlisten erstellt werden. Diese sollten die Ortsbehörden aufstellen, bei nicht gemeindlich verfassten Ortschaften die Ortsobrig-

749 Verordnung über die Wahlen zum verfassunggebenden Landtag in Mecklenburg-Schwerin v. 7. Dezember 1918 (Rbl. für Mecklenburg-Schwerin 1918 Nr. 219 v. 9.12.1918, S. 1603), im Folgenden als WahlVO abgekürzt.

750 Die Wahlbeteiligung lag bei 85,5 %, vgl. *Inachin*, Durchbruch (Fn. 60), S. 17; das System der Verhältniswahl galt auch bei der Wahl zur Nationalversammlung, siehe *Willoweit/Schlinker*, Verfassungsgeschichte (Fn. 228), § 37 Rn. 13.

751 *Brückner*, Verfassungsfrage (Fn. 35), S. 225; siehe auch *Freitag*, (Fn. 20), S. 66 f.

752 Siehe *Inachin*, Durchbruch (Fn. 60), S. 17.

753 Diese wurde geändert und ergänzt: Verordnung, betreffend Abänderung des § 3 der Verordnung vom 7. Dezember 1918 über die Wahlen zum verfassunggebenden Landtag in Mecklenburg-Schwerin (Rbl. für Mecklenburg-Schwerin 1918 Nr. 219, S. 1603) v. 7. Januar 1919 (Rbl. für Mecklenburg-Schwerin 1919 Nr. 4 v. 8.1.1919, S. 15); Verordnung zur Ergänzung der Verordnung vom 7. Dezember 1918 über die Wahlen zum verfassunggebenden Landtag in Mecklenburg-Schwerin (Rbl. für Mecklenburg-Schwerin Nr. 219, S. 1603) vom 9. Januar 1919 (Rbl. für Mecklenburg-Schwerin 1919 Nr. 7 v. 11.1.1919, S. 31).

754 Siehe zum Ausschuss von Frauen zur Reichstagswahl vor der Novemberrevolution *W. Jellinek*, Verfassung und Verwaltung des Reichs und der Länder, 1927, S. 10; siehe zur Entwicklung des Frauenwahlrechts *U. Rosenbusch*, Der Weg zum Frauenwahlrecht in Deutschland, 1998, S. 281 ff.

755 *Inachin*, Durchbruch (Fn. 60), S. 17.

keit[756]. Somit bediente man sich vorhandener Strukturen und griff auf landständische Behörden zurück.

Die Wahl war gemäß § 1 Abs. 1 WahlVO allgemein, unmittelbar und geheim. Gemäß § 1 Abs. 2 WahlVO hatte jeder Wahlberechtigte nur eine Stimme.

Allgemeines Wahlrecht bedeutet ein Wahlrecht aller Staatsbürger[757]. Die Einhaltung dessen war durch § 3 WahlVO gewährleistet. Ferner galt die Gleichheit der Stimme, sodass diese denselben Einfluss auf das Ergebnis haben musste[758]. Damit war insbesondere auch die relative Ungleichheit ausgeschlossen, welche durch völlig unausgewogene Wahlkreiseinteilung nach Bevölkerungsstärke und derselben Anzahl an zugewiesenen Mandaten entstanden wäre[759]. Ziff. VI. der Bekanntmachung hatte dazu die für die Reichstagswahl gültigen Wahlkreise auch für den verfassunggebenden Landtag vorgesehen[760]. Die Anzahl der zu wählenden Abgeordneten je Wahlkreis schwankte danach zwischen neun und vierzehn Abgeordneten, abhängig von der Bevölkerungszahl des jeweiligen Wahlkreises[761]. Es sollte ein Abgeordneter pro 10.000 Einwohner gemäß Ziff. VI Bekanntmachung gewählt werden, wobei die Einteilung sich nach den Reichstagswahlkreisen richtete, sodass eine gerechte Verteilung gewährleistet sein sollte. Somit wurde dieser Grundsatz gewahrt. Die Unmittelbarkeit der Wahl verbietet das Dazwischentreten von Wahlmännern[762], welche in Mecklenburg-Schwerin auch nicht vorgesehen waren. Ferner musste die Wahl gemäß § 1 Abs. 1 WahlVO geheim stattfinden. Damit wurden demokratische Wahlrechtsgrundsätze[763] zum ersten Mal auf Landesebene festgeschrieben. In Mecklenburg-Schwerin wurde so ein verfassungsrechtlicher Neustart vollbracht, da man – zumindest aus Sicht einer aus Wahlen hervorgegangenen allgemeinen Volksrepräsentation – bislang

---

756 Vgl. Ziff. IX. der Bekanntmachung, betreffend Wahlen zu einem verfassunggebenden Landtag vom 15. November 1918 (Rbl. für Mecklenburg-Schwerin 1918 Nr. 201 v. 18.11.1918, S. 1513), im Folgenden als Bekanntmachung bezeichnet.

757 *Jellinek*, Verfassung (Fn. 754), S. 49.

758 *Jellinek*, Verfassung (Fn. 754), S. 49.

759 *Jellinek*, Verfassung (Fn. 754), S. 49.

760 Dies sieht *Inachin* kritisch, vgl. *dies.*, Durchbruch (Fn. 60), S. 17.

761 Selbst nach heutigem Verständnis wäre dies nicht zu beanstanden, siehe *H.-H. Schild*, Die Größe der Wahlkreise unter dem Grundsatz der gleichen Wahl, in: NVwZ 1983, S. 597 (597 f.).

762 *Jellinek*, Verfassung (Fn. 754), S. 50.

763 Siehe zu den Wahlrechtsgrundsätzen der Bundesrepublik *Morlok* (Fn. 485), Art. 38 Rn. 51 ff.

keinerlei Grundlagen besaß. Somit durchlief Mecklenburg-Schwerin nicht zunächst andere Entwicklungs- oder Zwischenstufen, sondern schuf ein vom Volkssouverän gewähltes Parlament zur Erarbeitung einer Verfassung und Übernahme der Legislativfunktion. Der *pouvoir constituant* wurde in Mecklenburg-Schwerin tätig. Hier lässt sich daher aufgrund der einzigartigen Ausgangslage von einem echten Kreationsakt sprechen.

Der verfassunggebende Landtag[764] setzte sich aus der Sozialdemokratischen Partei Deutschlands (SPD, 32 Sitze, 47,9 % Stimmanteil), der Deutschen Demokratischen Partei (DDP, 17 Sitze, 27,3 % Stimmanteil), der Deutschnationalen Volkspartei (DNVP, 10 Sitze, 13,1 % Stimmanteil), dem Mecklenburgischen Dorfbund (2 Sitze, 5,1 % Stimmanteil), der Deutschen Volkspartei (DVP, 2 Sitze, 4,3 % Stimmanteil) und dem Wirtschaftsbund (1 Sitz, 2,3 % Stimmanteil) zusammen[765]. Dadurch wurde eine Koalition zwischen der linksliberalen Deutschen Demokratischen Partei und der Sozialdemokratischen Partei Deutschlands möglich, welche unter der Leitung von *Hugo Wendorff* (Deutsche Demokratische Partei) die Arbeit aufnahm[766]. Die Unabhängige Sozialdemokratische Partei Deutschlands stellte nach einem erfolglosen Putschversuch keine eigenen Kandidaten auf[767].

Somit hatte sich Mecklenburg-Schwerin auch im Hinblick auf die politischen Machtverhältnisse in die Reihe der demokratischen Länder begeben, ohne sozialistischen bzw. kommunistischen Tendenzen zu erliegen. Insgesamt war, insbesondere im Hinblick auf die Zusammensetzung des Parlaments, ein deutlicher Wandel im Landtag abzusehen, sodass ein tatsächlicher Wille zur Veränderung und Demokratisierung im Legislativorgan erkennbar war[768]. Folglich entsprang dies nicht bloß dem Druck der gesamtdeutschen Verhältnisse.

---

764 Siehe zu den wichtigen Parteien in der Weimarer Republik *Huber*, Verfassungsgeschichte VI (Fn. 82), S. 129 ff.; siehe auch *K. Schwabe*, Das Parteienspektrum in den Landtagen von Mecklenburg-Schwerin und Mecklenburg-Strelitz 1918–1933, in: M. Heinrichs/K. Lüders (Hrsg.), Modernisierung und Freiheit, 1995, S. 744 (747 ff.).

765 *Inachin*, Durchbruch (Fn. 60), S. 15.

766 *Inachin*, Durchbruch (Fn. 60), S. 17.

767 *H. Koch*, Der mecklenburg-schwerinsche verfassunggebende Landtag 1919/1920, in: Wissenschaftliche Zeitschrift der Wilhelm-Pieck-Universität Rostock 33 (1984), S. 50 (50); *E. R. Huber*, Deutsche Verfassungsgeschichte seit 1789, Bd. V, 1978, S. 1051.

768 So auch *Koch*, Landtag (Fn. 767), S. 51 f., der jedoch die bürgerliche Besetzung kritisiert und den Landtag als Mittel zur „Herrschaft der Bourgeoisie“ verunglimpft; siehe auch *Freitag*, Regierungssystem (Fn. 20), S. 66, die ohne ideologi-

Eine weitere Neuerung wurde im Gegensatz zum ständischen Landtag ebenfalls durch die Aufwandsentschädigung der Parlamentarier bewirkt. Gemäß § 1 Abs. 1 AufwandsentschädigungsG[769] wurde eine Entschädigung nur bei tatsächlicher Anwesenheit bei Plenar- oder Ausschusssitzungen gezahlt, was gemäß § 1 Abs. 2 AufwandsentschädigungsG durch eine Anwesenheitsliste nachzuweisen war. Das entsprach nicht gänzlich dem heutigen System der grundsätzlichen Alimentation von Abgeordneten[770]. Diese sollen nach heutiger Intention stets aufgrund der Bedeutung und der Verantwortung eine gesicherte Existenzgrundlage haben[771]. Man geht heute davon aus, dass der Abgeordnete im modernen Parlament vielfach durch weitere Arbeit im Wahlkreis oder sonstigen Veranstaltungen eingebunden ist, um wiedergewählt zu werden[772]. Im verfassunggebenden Landtag ging es jedoch zunächst um eine rasche Ausarbeitung einer demokratischen Landesverfassung[773]. Somit war auch ein zusätzlicher Anreiz geschaffen, bei den entsprechenden Sitzungen anwesend zu sein. Ferner wurden gemäß § 2 AufwandsentschädigungsG kostenfreie Reisen zu den Sitzungen ermöglicht. Auch dies zeigt schon das unterschiedliche Selbstverständnis, welches den Parlamentariern im Gegensatz zum ständischen Landtag zugedacht wurde[774]. Sie waren nunmehr nicht Vertreter von (eigenen) Partikularinteressen, sondern im Interesse aller Bürger von Mecklenburg-Schwerin tätig, sodass eine entsprechende mittelbare Entschädigung und Ermöglichung der Parlamentsarbeit als logische Konsequenzen erscheinen.

Durch die Wahl und Konstituierung des verfassunggebenden Landtags waren nun die Voraussetzungen geschaffen, damit der erste demokratische Landesverfassungstext erarbeitet werden konnte. Diese Verfassung spiegel-

---

sche Färbung das überwältigende Gewicht der demokratischen Kräfte im neu gewählten Landtag betont.

769 Gesetz betreffend Aufwandsentschädigung für die Mitglieder des verfassunggebenden Landtages für Mecklenburg-Schwerin vom 27. Februar 1919 (Rbl. für Mecklenburg-Schwerin 1919 Nr. 40 v. 1.3.1919, S. 211), abgekürzt als AufwandsentschädigungsG.

770 Zur grundsätzlichen Abgeordnetenentschädigung siehe *Achterberg*, Parlamentsrecht (Fn. 494), S. 265 ff., wobei die Kostenpauschale, welche u.a. für die Unterhaltung des Büros gedacht ist, bei unentschuldigtem Fehlen auch gekürzt wird.

771 *Achterberg*, Parlamentsrecht (Fn. 494), S. 266.

772 *Achterberg*, Parlamentsrecht (Fn. 494), S. 266.

773 So auch schon die einleitenden Worte von *Wendorff*, VVLTag I (Fn. 629), 1. Sitzung, S. 2.

774 Die Kosten als Hindernis der Ausübung von Rechten bzw. der generellen Teilnahme im ständischen Landtag betont *Mitterauer*, Berechtigung (Fn. 417), S. 32.

te das Demokratieverständnis der Abgeordneten wider und sollte das Fundament für einen beständigen Freistaat werden[775].

Der neu gewählte verfassunggebende Landtag wartete im Gegensatz zu anderen Ländern ab, bis die Reichsverfassung fertiggestellt worden war, um Widersprüche zu vermeiden, die zu einer erneuten Änderung geführt hätten[776]. Man war auch aufgrund der historisch einzigartigen Rückständigkeit des Staatsrechts in Mecklenburg-Schwerin bemüht, durch eine intensive und umfassende Ausarbeitung die reaktionären Formen hinter sich zu lassen[777].

2. Einführungsgesetz

Vor dem Übergang in die moderne Staatlichkeit bedurfte es der Beseitigung der alten Strukturen und der vorläufigen Regelung der staatsrechtlichen Verhältnisse. Dies ist vor allem durch das Einführungsgesetz vom 17. Mai 1920 geschehen[778]. Hier sollen nur die für die Neuordnung relevanten Regelungen im angemessenen Umfang dargestellt werden.

Die Funktion einer Einführungs- und Übergangsregelung wurde durch Art. 1 EG verdeutlicht. Darin war die Verkündung des Gesetzes sowie der Verfassung im Regierungsblatt und deren sofortige Wirksamkeit normiert. Diese regelmäßig als Schlussbestimmung ausgestaltete Regelung wurde hier an den Anfang des Gesetzes gestellt, wodurch der Zweck des Einführungsgesetzes auch systematisch deutlich wird.

Zunächst trat der Freistaat Mecklenburg-Schwerin gemäß Art. 29 Abs. 3 EG an die Stelle der ehemaligen Landesherrschaft. Insofern gingen damit alle (öffentlich-rechtlichen) Rechte und Pflichten auf den Freistaat über[779]. Der verfassunggebende Landtag fungierte dabei als ordentliches Parlament bis zur Neuwahl, Art. 30 EG. Als Kollisionsnorm bestimmte Art. 29 Abs. 1 EG, dass alle Normen, welche im Widerspruch zu dem Einführungsgesetz

---

775 *Inachin*, Durchbruch (Fn. 60), S. 22.

776 *Koch*, Veränderungen (Fn. 60), S. 225.

777 *Inachin*, Durchbruch (Fn. 60), S. 22.

778 Gesetz über Einführung der Mecklenburg-Schwerinschen Verfassung mit Übergangsbestimmungen v. 17. Mai 1920 (Regierungsblatt für Mecklenburg-Schwerin 1920 Nr. 92 v. 10.6.1920, S. 671), im Folgenden EG abgekürzt.

779 Insofern hatte die Frage nach der Identität von Großherzogtum und Freistaat keine praktische Relevanz, siehe zur Diskussion auf Reichsebene *G. Anschütz*, Die Verfassung des Deutschen Reichs vom 11. August 1919, 14. Aufl. 1933, Einleitung Anm. 1 f. (S. 2, 8 ff.) m.w.N.

oder der Verfassung standen, außer Kraft traten. Damit wurde der Grundstein für den Aufbau eines demokratischen Freistaates gelegt.

Daneben mussten die altständischen Strukturen aufgebrochen werden. Dazu wurde zunächst der Status der Stände als Körperschaft des öffentlichen Rechts gemäß Art. 2 Abs. 1 EG aufgehoben, welche jedoch als privatrechtliche Korporation[780] bei Bestand blieben. Die systematische Stellung an exponierter Stelle, nämlich direkt nach der Regelung der Verkündung und Wirksamkeit des Einführungsgesetzes, legt eine starke Gewichtung des Normgebers nahe. Dies war vor dem Hintergrund der Beständigkeit des Ständestaates aufgrund der umfassenden Machtbefugnisse, die nur eine Revolution brechen konnte, auch logisch und wichtiges Motiv[781]. Hierzu hätte man theoretisch den öffentlich-rechtlichen Körperschaftsstatus unangetastet lassen und lediglich die entsprechenden Rechte aufheben können. Dies wurde auch von einer Minderheit im verfassunggebenden Landtag befürwortet[782]. Jedoch zeigt dies den vorherrschenden Willen zum eindeutigen Bruch mit dem ständischen System. Auch der Adel bildete keine Einrichtung des öffentlichen Rechts mehr, vgl. Art. 25 Abs. 1 EG. Daneben wurden die Klosteramts- und Hofstaatsgerichte aufgehoben, Art. 5 S. 1 EG[783]. Die letzten Zuständigkeiten der Gutsherren für Vormundschafts- und Nachlasssachen gingen ebenfalls gemäß Art. 5 S. 2 EG verloren. Insofern hat man hier schon die letzten verbliebenen Zuständigkeiten der Stände bezüglich der (freiwilligen) Gerichtsbarkeit abge-

---

780 Dies ist konsequent, da der Körperschaftsstatus für nicht-staatliche Organisationen neben der privatrechtlichen Organisation besteht und somit das Ende des Körperschaftstatus keinen Einfluss auf den zivilrechtlichen Bestand hat; bezogen auf Religionsgemeinschaften stellt das Nebeneinander *P. Unruh*, in: P. M. Huber/A. Voßkuhle (Hrsg.), v. Mangoldt/Klein/Starck Grundgesetz, Bd. 3, 7. Aufl. 2018, Art. 137 WRV Rn. 193 heraus.

781 Dies zeigt sich auch an anderen Normen des Einführungsgesetzes, vgl. beispielsweise Art. 9 und 10 EG; die Ablehnung des Bestands von Machtbefugnissen während der Novemberrevolution durch die Stände durch den Soldaten- und Arbeiterrat, der das Volk entsprechend aufhetzte, betont *Vitense*, Geschichte (Fn. 26), S. 583.

782 So *M. Knebusch* (DNVP), VVLTag I (Fn. 629), Sp. 87; *Bericht des Verfassungsausschusses*, ebda., 21. Sitzung, Sp. 718; siehe auch *H. Koch*, Die staatsrechtlichen Veränderung in Mecklenburg-Schwerin unter der Einwirkung der Novemberrevolution, 1986, S. 11 f.

783 Klosteramtsgerichte waren die Gerichte der freiwilligen Gerichtsbarkeit im Gebiet der Klöster, siehe *Schlesinger*, Staats- und Verwaltungsrecht (Fn. 36), S. 278; das Hofstaatsgericht bzw. Hofgericht war bis zur Ersetzung durch das Oberappellationsgericht 1818 das höchste judikative Gremium, siehe *Busch*, Machtstreben (Fn. 21), S. 38.

schafft, sodass die Patrimonialgerichtsbarkeit nunmehr der Vergangenheit angehörte. Auch wurden die Ansprüche auf Verwaltung und Nutzung der säkularisierten Landesklöster sowie des Klosters zum Heiligen Kreuz in Rostock gemäß Art. 6 Abs. 1 EG aufgehoben[784]. Zuvor war schon die Verwaltung auf die Staatsregierung übertragen worden[785]. Insofern war die Nutzung des Stiftungsvermögens dadurch ausgeschlossen[786]. Somit handelte es sich hierbei um die konsequente Fortführung der Aufhebung der Vorrechte und Befugnisse der Stände[787]. Auch systematisch war die Regelung zur Verwaltung und Nutzung der Klöster bei der Lösung der mittelalterlichen, ständischen Verhältnisse im Gesetzestext verortet, da es sich hier nicht um eine Frage des Staatskirchenrechts handelte. Die weiteren Absätze des Art. 6 EG sind in staatsrechtlicher Hinsicht nur insofern interessant, als dass der Ausschluss der Nutzungen der Klöster gemäß Art. 6 Abs. 2 EG grundsätzlich entschädigungslos erfolgte. Der Härteausgleich nach Art. 6 Abs. 8 EG stellte auch keine Entschädigung dar, weil er schon vom Wortlaut und vom eigentlichen Sinn an eine Bedürftigkeit geknüpft war. Der Normgeber war der Ansicht, das Rechtsverhältnis beurteile sich ausschließlich nach öffentlichem Recht, sodass ein Anspruch auf Genuss des Vermögens nicht bestehe, sondern lediglich ein Anspruch auf Rückgewähr der Einschreibgebühr vorliege[788]. Allerdings handelte es sich um einen privatrechtlichen Anspruch, welcher auf Unterhalt aus der Stiftung gerichtet war[789]. Dieser fiel unter den Eigentumsschutz im Sinne des Art. 153 Abs. 1 WRV. Insofern lag in dem entschädigungslosen Ausschluss des Unterhaltsanspruchs ein Verstoß gegen Art. 153 Abs. 2 S. 2 WRV, sodass dies gemäß Art. 13 Abs. 2 WRV nichtig war[790].

---

784 Diese waren schon seit der Reformation Damenstifte, siehe *bei der Wieden*, Abriss (Fn. 21), S. 18; siehe dazu schon Kapitel B.II.5.d.

785 *Pettke*, Kloster (Fn. 627), S. 220 f. mit weiteren Einzelheiten.

786 Siehe zu den Landesklöstern auch *Büsing*, Staatsrecht (Fn. 25), S. 35; *bei der Wieden*, Abriss (Fn. 21), S. 18.

787 So auch *H. Lüdemann* (SPD), VVLTag I (Fn. 629), 25. Sitzung, Sp. 876.

788 Exemplarisch dazu *Hillmann*, VVLTag I (Fn. 629), 4. Sitzung, Sp. 72; Darstellung der Ansicht im verfassunggebenden Landtag auch bei *Pettke*, Kloster (Fn. 627), S. 228 ff.

789 Siehe zur Debatte über die Ansprüche im Verfassungsausschuss *Bericht des Verfassungsausschusses*, VVLTag I (Fn. 629), 21. Sitzung, Sp. 713 f.; durch die Erteilung des Expektanzbriefs sei ein Anwartschaftsrecht auf Versorgung entstanden, wobei es sich nicht um eine Schenkung oder eine Leibrente handle; siehe zur hier aufgegriffenen Rechtsprechung *Pettke*, Kloster (Fn. 627), S. 252 f., 255.

790 Siehe zu Art. 13 Abs. 2 WRV Kapitel C.III.2.

Die Sonderrechte der Seestädte wurden ebenfalls aufgehoben, sodass nun die Grundlage für eine einheitliche Regelung zum Kommunalrecht geschaffen war[791].

Art. 16 EG beinhaltete weitere Regelungen zur Eliminierung aller Vorrechte der Stände. Hier wurden die Mitwirkungsrechte der Stände bei Besetzungsfragen geregelt. Insbesondere wurde das Vorschlagsrecht der Stände abgeschafft, welches auf die staatliche Exekutive überging[792]. Bemerkenswert ist auch in diesem Zusammenhang, dass die Wahl der Mitglieder der Schuldentilgungskommission auf den Landtag überging. Diese verwaltete in entsprechender Besetzung landesherrlich-ständische Kassen[793], sodass zunächst eine vom Finanzministerium unabhängige Verwaltung erfolgte. Insofern fiel auch diese Norm in den Komplex der Aufhebung der Vorrechte der Stände. Ferner mussten die Finanzstrukturen geregelt werden. Gemäß Art. 2 Abs. 3 EG wurden lediglich das Vermögen aus der Landkastenbalance, das Vermögen der ritterschaftlichen Ämter, der landschaftliche Klosterfonds, die Steuererhöhungskasse und die „Neceßarienkasse“ [sic] dem Vermögen der zivilrechtlichen Korporation der Landstände zugewiesen. Die ritterschaftlichen Ämter waren, wie bereits aufgezeigt, lediglich zur Optimierung der hoheitlichen Aufgabenwahrnehmung von den Mannen auf freiwilliger Basis geschaffen worden, sodass es selbsterklärend ist, dass dies nicht dem Fiskus anheimfiel. Die „Neceßarien“ im Sinne der §§ 221 ff. LGGEV waren Ausgaben der Landstände für gemeine Landesangelegenheiten, welche aus der Landkaste, der gemeinsamen Kasse der Stände, bestritten wurden. Diese dienten somit der Eigenfinanzierung. Mit Wegfall der öffentlichen Befugnisse und Funktionen war dieses Vermögen somit kein Kapital, was der Staatsfinanzierung zu dienen hatte und damit konsequenterweise weiterhin bei den Ständen verbleiben musste. Auch die Steuererhöhungskasse war eine rein ständische Kasse, hier der Landschaft, die dem Landkasten angegliedert war[794]. Sie war eine Sammelkasse der Landstädte[795]. Die Landkastenbalance F1 war die Kasse der Ritterschaft

791 Siehe Art. 8 Abs. 1 EG; dort wurde insbesondere die steuerliche und finanzielle Sonderstellung grundsätzlich abgeschafft; siehe allgemein zu den Privilegien der Seestädte *Sachsse*, Verfassung (Fn. 14), S. 56 ff. sowie *Schlesinger*, Staats- und Verwaltungsrecht (Fn. 36), S. 79 ff.

792 Siehe Art. 16 Abs. 2, 3 EG.

793 Dieser Kommission gehörten neben einem landesherrlich bestimmten Mitglied zwei ständische Mitglieder an, siehe dazu *Rosenberger*, Finanzen (Fn. 689), S. 79.

794 *Rosenberger*, Finanzen (Fn. 689), S. 678, 699 ff.

795 *Rosenberger*, Finanzen (Fn. 689), S. 702.

des mecklenburgischen und wendischen Kreises[796]. Diese wurde aus dem Einbehalt von Steuern gespeist, damit gewisse Nebenkosten, unter anderem die der Steuererhebung, daraus bestritten werden konnten. Nach allgemeiner Ansicht im Landtag befand sich der Klosterfonds, welcher unter ständischer Verwaltung stand, im Eigentum der Stände[797].

Allerdings bediente man sich auch einiger alter bzw. ständischer Institutionen, die in gewissem Maße unangetastet und bei Bestand blieben. Dies mag zwar im Rahmen eines Demokratisierungsprozesses zunächst inkonsequent erscheinen, jedoch bedurfte es auch in einer Übergangsphase eines funktionierenden Staatsapparates, sodass gewisse Kontinuitäten naheliegend und auch zwingend notwendig waren[798]. So wurde auch auf Reichsebene der grundlegende Verwaltungsapparat beibehalten[799]. Ohne personelle und institutionelle Kontinuitäten wäre ein Übergang kaum gelungen[800]. Art. 3 S. 1 EG stellte zwar klar, dass die Ortsobrigkeitsrechte der Eigentümer und Nutzeigentümer der Rittergüter aufgehoben waren. Diese Norm entfaltete jedoch keine Rechtswirkung und hatte somit lediglich deklaratorische Bedeutung. Die Verleihung des Status als Körperschaft des öffentlichen Rechts hatte den Ständen, wie aufgezeigt, hoheitliche Befugnisse zugebilligt[801]. Nach Entzug des Status als Körperschaft des öf-

---

796 Zur Landkastenbalance F 1 siehe *Schlesinger*, Staats- und Verwaltungsrecht (Fn. 36), S. 249; näher zu den Landkasten siehe *Rosenberger*, Finanzen (Fn. 689), S. 672 ff.; so blieb den Gläubigern der Balance die Vermögensmasse erhalten.

797 *Bericht des Verfassungsausschusses*, VVLTag I (Fn. 629), 21. Sitzung, Sp. 723; eine genaue Zweckbestimmung des Klosterfonds ließ sich den Quellen nicht entnehmen.

798 Staatsminister *Wendorff* betont auch zu Beginn der Verhandlungen im Verfassunggebenden Landtag, dass der Übergang vom mittelalterlichen Staatsgebilde nicht mit einem Mal zu bewältigen sei, siehe *dens.*, VVLTag I (Fn. 629), 3. Sitzung, Sp. 9; *Stolleis*, Geschichte III (Fn. 729), S. 77 ff.; auch blieben die Mitglieder von Kommissionen, welche unter ständischer Mitwirkung besetzt worden waren, zunächst gemäß Art. 17 EG im Amt; ferner wurden Steuern und Abgaben gemäß Art. 27 EG weiterhin erhoben, damit die Funktionsfähigkeit des Staates gewährleistet war.

799 Siehe dazu *Huber*, Verfassungsgeschichte V (Fn. 767), S. 742 ff.

800 So auch *Stolleis*, Geschichte III (Fn. 729), S. 78; dies führte zu einer Beamtenschaft, die die Republik misstrauisch beäugte, so auch *John*, Entwicklung (Fn. 60), S. 252.

801 Die Abhängigkeit der hoheitlichen Befugnisse vom Status als Körperschaft des öffentlichen Rechts ohne spezielle Beleihung (bezogen auf Kirchen und Religionsgemeinschaftes) erwähnen *P. Kirchhof*, Die Kirchen als Körperschaft des öffentlichen Rechts, in: J. Listl/D. Pirson (Hrsg.), HdbStKirchR, 1. Bd., 2. Aufl. 1994, S. 651 (658, 671); sowie *H. Weber*, Grundrechtsbindung der Kirchen und Religionsgemeinschaften, ebda., S. 573 (577 ff.).

fentlichen Rechts musste dies nach dem Gedanken des *actus contrarius*[802] den Verlust der Hoheitsbefugnisse nach sich ziehen. Allerdings mussten die Eigentümer und Nutzeigentümer der ritterschaftlichen Güter gemäß Art. 3 S. 2 EG die Obrigkeitsbefugnisse noch bis zur gegenteiligen Regelung wahrnehmen. Somit waren sie berufen, weiterhin als Privatpersonen hoheitlich tätig zu werden. Insofern handelte es sich hier um eine Beleihung[803]. Ebenfalls blieben die Klosterämter, die Lokalverwaltungsbehörden unter ständischer Kontrolle[804], gemäß Art. 4 EG zunächst als Staatsbehörden in Funktion. Hier war die Motivlage mit Blick auf das Fehlen anderer Verwaltungsstrukturen wohl ähnlich wie bei den ritterschaftlichen Gutsherren. Aufgrund der Stellung als staatliche Verwaltungsbehörden waren diese nun jedoch weisungsabhängig, sodass nunmehr eine umfassende Kontrolle der demokratisch legitimierten Exekutive gegeben war. Ebenfalls bestehen blieben die Verhältnisse der verbeamteten Lehrkräfte, Art. 8 Abs. 2 EG. Das Beamtenrecht sollte gemäß Art. 24 EG einheitlich geregelt werden. Aus der systematischen Stellung der Norm ergibt sich, dass Beamte grundsätzlich bei ihren bisherigen Funktionen verblieben. Dies traf jedoch nur auf ehemals landesherrliche oder städtische Beamte zu, vgl. Art. 24 Abs. 3 EG. Aber auch im ehemaligen Gebiet der Mannen blieben zumindest die Lehrkräfte gemäß Art. 8 Abs. 2 EG in Funktion. Es existierten dort lediglich ständische Beamte, d.h. Beamte des Gutsherrn, sodass dort deshalb zunächst ein funktionierender Verwaltungsapparat mit entsprechendem Berufsbeamtentum aufgebaut werden musste.

Für den heutigen Betrachter enthält auch Art. 8 Abs. 3 EG eine augenfällige Besonderheit, die es dementsprechend hier ausführlicher zu beleuchten gilt[805]. Danach blieb das Verhältnis zwischen der Stadt Wismar und den Geistlichen Hebungen unberührt, sodass sich die Frage stellt, worum es sich dabei handelte. Hebung bedeutet grundsätzlich Erhebung von Leis-

802 Der gegenteilige Akt der Verleihung, der Entzug, richtet sich nach der Rechtsnatur des ersten Akts, vgl. *C. Druschel*, Die Verwaltungsaktbefugnis, 1999, S. 100.

803 Zur Beleihung siehe statt aller *D. Ehlers*, Staatliche Verwaltung, in: ders./H. Pünder (Hrsg.), Allgemeines Verwaltungsrecht, 15. Aufl. 2016, § 1 Rn. 19.

804 Siehe zu deren Funktion *Schlesinger*, Staats- und Verwaltungsrecht (Fn. 36), S. 66 ff., 168, 280; *Hamann*, Werden (Fn. 13), S. 132, 139.

805 Die Besonderheit betont auch *R. Rausch*, Geistliche Hebungen Wismar, in: M. Brunners/E. Piersing (Hrsg.), Mecklenburgia Sacra. Jahrbuch für Mecklenburgische Kirchengeschichte 8 (2005), S. 106 (109).

tungen[806]. Dies trifft den Wesenskern der Geistlichen Hebungen jedoch nicht. Vielmehr handelte sich um eine Vermögensmasse in Form einer Stiftung[807]. Ursprünglich gab es eine Vielzahl von Geistlichen Hebungen, welche durch Schenkungen, Vermächtnisse usw. ihr Kapital erhielten[808]. So entstanden im Mittelalter viele, vornehmlich kirchliche, Stiftungen[809]. Diese sind grundsätzlich Vermögensmassen in bestimmter Rechtsform, welche vom Stifter mit Kapital und einem Zweck ausgestattet worden sind, den diese für eine gewisse Zeit, meist dauerhaft, fördern sollen[810]. Damit ist einer Stiftung eigentümlich, dass es sich um eine eigenständige Organisation handelt, welche zu einem bestimmten Zweck eine Vermögensmasse hält und verwendet[811]. Die Geistlichen Hebungen in Wismar sollten milde und fromme Zwecke fördern[812]. Dazu gehörten insbesondere die Kirchenbaulasten, die Besoldung der Priester, das Schulwesen und die Armenfürsorge[813]. Die einzelnen Geistlichen Hebungen wurden im 19. Jahrhundert zusammengeführt, und die Vermögensmasse stand nun im Gesamthandseigentum der Geistlichen Hebungen[814]. Diese wurden einheitlich verwaltet[815]. Problematisch erscheint hier die Charakterisierung der Stiftung vor der Novemberrevolution, namentlich die Zuordnung als kommunale bzw. staatliche oder kirchliche Stiftung[816]. Nur durch eine entsprechende Einordnung lässt sich die Rechtsnatur zur Zeit des Freistaates (und darüber hinaus) erfassen[817]. Stiftungen waren selbst

---

806 *O. Gönnenwein/W. Weizsäcker*, Art. Hebung, in: Heidelberger Akademie der Wissenschaften (Hrsg.), Deutsches Rechtswörterbuch, Bd. V, 1953–1960, S. 505.

807 *J. P. Wurm*, Die Geistlichen Hebungen in Wismar, in: Brunners/Piersing, Mecklenburgia (Fn. 805), S. 69 (69, 79).

808 *Wurm*, Hebungen (Fn. 807), S. 69.

809 *A. Schlüter/S. Stolte*, Stiftungsrecht, 3. Aufl. 2016, S. 23 f.; treibende Kraft war hier der Gedanke der göttlichen Gegenleistung bei milden Gaben, siehe statt aller *H. Liermann*, Handbuch des Stiftungsrechts, I. Bd., 1963, S. 107.

810 *Schlüter/Stolte*, Stiftungsrecht (Fn. 809), S. 1.

811 *Schlüter/Stolte*, Stiftungsrecht (Fn. 809), S. 1.

812 *Wurm*, Hebungen (Fn. 807), S. 82.

813 *Rausch*, Hebungen (Fn. 805), S. 115 ff.

814 *Rausch*, Hebungen (Fn. 805), S. 107; *Wurm*, Hebungen (Fn. 807), S. 82.

815 *Wurm*, Hebungen (Fn. 807), S. 82.

816 Der Zweck bei historischen Stiftungen muss nach dem jeweiligen Beurteilungszeitraum betrachtet werden, vgl. *Rausch*, Hebungen (Fn. 805), S. 110.

817 So bleiben vorkonstitutionelle Stiftungen solche des öffentlichen Rechts, wenn keine Korrektur vorgenommen worden ist, siehe *B. Weitemeyer* in: F. J. Säcker/R. Rixecker/H. Oetker/B. Limperg (Hrsg.), Münchener Kommentar zum Bürgerlichen Gesetzbuch, Bd. I, 7. Aufl. 2015, § 80 Rn. 232. Die aktuelle Auflage stellt dies nicht so deutlich heraus.

nach dem Verständnis der Väter des Bürgerlichen Gesetzbuch, sofern diese einmal existent geworden waren, Institute des öffentlichen Rechts[818], sodass sich konsequenterweise eine öffentlich-rechtliche Regelung zu vorkonstitutionellen Stiftungen anbot. Zur ersten Abgrenzung bedarf es der Einordnung als selbstständige und unselbstständige Stiftung, wobei nur der Ersteren selbst Rechtsfähigkeit zukommt[819]. Allerdings waren die Geistlichen Hebungen juristische Personen, sodass sie selbstständige Stiftungen waren[820]. Ein wesentlicher Faktor zur Abgrenzung ist danach der Zweck. Für eine Qualifizierung als kirchliche Stiftung muss der Zweck in der ausschließlichen oder überwiegenden Wahrnehmung kirchlicher Aufgaben bestehen sowie eine organisatorische Verbindung zur Kirche aufweisen[821]. Somit benötigte man einen zumindest überwiegend kirchlichen Zweck, welcher vom Stifter bzw. den Stiftern bestimmt wurde[822]. Dies ist grundsätzlich bei einer Zusammenfassung von mehreren Vermögensmassen durchaus problematisch. Jedoch bestand der Zweck aller Hebungen weiterhin nach dem Regulativ aus dem Jahr 1832 fort, welches die Grundlage der Zusammenlegung bildete, nämlich die Förderung von milden und frommen Zwecken[823]. Dabei sind alle kirchlichen Zwecke im weiteren Sinn, beispielsweise auch die Wohlfahrt, als solche zu qualifizieren[824]. Die Ausrichtung, welche gemäß dem Regulativ den ursprünglichen Zwecken der einzelnen Stiftungen entsprachen, insbesondere Unterhaltungskosten der Bediensteten und Baulast der Kirchen, sprechen für eine kirchliche Stiftung[825]. Armenfürsorge und Bildung können selbst in der heutigen Zeit der staatlichen bzw. der kommunalen und der kirchlichen Aufgabenwahrnehmung zugeordnet werden[826]. Somit spricht die Zweckbestimmung eher für einen kirchlichen Stiftungscharakter, obwohl

---

818 *Weitemeyer* (Fn. 817), § 80 Rn. 232.

819 Zum Wesen der Treuhandstiftung, der unselbstständigen Stiftung, siehe überblicksartig *Schlüter/Stolte*, Stiftungsrecht (Fn. 809), S. 15.

820 *Wurm*, Hebungen (Fn. 807), S. 86.

821 *Schlüter/Stolte*, Stiftungsrecht (Fn. 809), S. 21 f.

822 *Schlüter/Stolte*, Stiftungsrecht (Fn. 809), S. 22.

823 *Rausch*, Hebungen (Fn. 805), S. 108 ff.

824 *Schlüter/Stolte*, Stiftungsrecht (Fn. 809), S. 22.

825 Zur Beibehaltung und zur ursprünglichen Zwecksetzung siehe *Wurm*, Hebungen (Fn. 807), S. 77, 79, 86.

826 Wohlfahrt zählt auch zu kirchlichen Aufgaben, siehe *Schlüter/Stolte*, Stiftungsrecht (Fn. 809), S. 22; die Möglichkeit der kirchlichen Wohltätigkeits- und Unterrichtsstiftungen stellt *Liermann* in *ders.*, Handbuch (Fn. 809), S. 225 heraus; *Rausch* ordnet dies beiden Bereichen zu, siehe *dens.*, Hebungen (Fn. 805), S. 111.

dieses Differenzierungskriterium nicht eindeutig ausfällt[827]. Das heutige Kriterium des Errichtungsverfahrens ist aufgrund der nicht scharfen Trennung zwischen Kirche und Staat zur damaligen Zeit kein taugliches Abgrenzungskriterium[828]. Somit könnte noch die Organisation ein taugliches Zuordnungskriterium darstellen[829]. Eine Zuordnung in die kirchliche Organisation oder eine Organisation der Kirche wäre nötig[830]. Hingegen würde es sich um eine kommunale Stiftung handeln, sofern diese sich in die öffentliche Verwaltung eingefügt hätte[831]. Dies richtet sich stets nach dem Stifterwillen[832]. Das Vermögen der Geistlichen Hebungen wurde durch ein einheitliches Kollegium unter der oberen Leitung des Rates und der beiden Bürgermeister von Wismar als Patrone verwaltet[833]. Dazu wurde ein Hebungsdepartement eingerichtet, welches aus drei Ratsmitgliedern, neun bürgerschaftlichen Mitgliedern und zwei „Oeconomi" bestand[834]. Somit gab es keine Eingliederung in die kirchliche Organisation, sondern eine Verwaltung durch die Stadt. Allerdings bestanden gewisse Aufsichts- und Bestätigungsrechte, die dem Landesherrn und Oberbischof zustanden[835]. Hier war die Funktion des Landesherrn als Oberbischof entscheidend[836], wobei auch eine staatliche Aufsicht nicht gegen den kirchlichen Charakter *per se* gesprochen hätte[837]. Das Hebungsdepartement wurde folglich städtisch verwaltet, wobei jedoch der Oberbischof gewisse Entscheidungsbefugnisse innehatte. Die städtische Verwaltung bedeutete jedoch keine vollständige Inkorporation der Geistlichen Hebungen in den Verwaltungsaufbau der Stadt Wismar[838]. Selbst die kommunale Verwal-

827 Hingegen sieht *Rausch*, Hebungen (Fn. 805), S. 111 gar keine Tendenz und beschränkt sich auf die Feststellung der fehlenden Eindeutigkeit.

828 Schon den Stifterwillen zu ermitteln, erscheint eine unlösbare Aufgabe zu sein, vgl. auch zur Betonung der fehlenden Trennung von Staat und Kirche *Rausch*, Hebungen (Fn. 805), S. 109.

829 Die Bedeutung der Eingliederung in die Verwaltung als Abgrenzungskriterium betont *Weitemeyer* (Fn. 817), § 80 Rn. 232.

830 *Schlüter/Stolte*, Stiftungsrecht (Fn. 809), S. 22.

831 *Schlüter/Stolte*, Stiftungsrecht (Fn. 809), S. 20; dies stellt auch *Weitemeyer* (Fn. 817), § 80 Rn. 232 bezüglich vorkonstitutioneller Stiftungen heraus.

832 *Schlüter/Stolte*, Stiftungsrecht (Fn. 809), S. 15.

833 *Wurm*, Hebungen (Fn. 807), S. 82.

834 *Wurm*, Hebungen (Fn. 807), S. 82.

835 *Rausch*, Hebungen (Fn. 805), S. 112; *Wurm*, Hebungen (Fn. 807), S. 82.

836 *Rausch*, Hebungen (Fn. 805), S. 112.

837 So lag in Baden im 19. Jahrhundert die Aufsicht über kirchliche Stiftungen in den Händen des Staates, vgl. *Liermann*, Handbuch (Fn. 809), S. 265.

838 *Rausch*, Hebungen (Fn. 805), S. 115.

tung einer kirchlichen Stiftung wäre grundsätzlich möglich[839]. Auch war das Stiftungsvermögen nicht in den städtischen Haushalt eingegliedert[840]. Entscheidend bei der Frage der Verwaltung war darüber hinaus, dass die Patrone, wenn es um die Geistlichen Hebungen ging, nicht in ihrer Funktion als Bürgermeister auftraten[841]. Ferner ist zu betonen, dass die Bürgermeister in der Zeit vor der Weimarer Republik Mitglieder der evangelisch-lutherischen Kirche waren, sodass eine gewisse Bindung an die Kirche stets gewährleistet war[842]. Insgesamt ist keine trennscharfe Unterscheidung von städtischer und kirchlicher Verwaltung möglich. Das erscheint jedoch auch aufgrund der Verflechtung von Stadtregiment und Kirchenverwaltung als Normaltypus im Großherzogtum Mecklenburg-Schwerin logisch zwingend[843]. Selbst unter der Annahme eines einheitlichen Stifterwillens konnte dies konsequenterweise keine Entscheidung zugunsten kommunaler oder kirchlicher Verwaltung sein[844], da sich diese Frage erst gar nicht stellte. Insgesamt lassen hier die Abgrenzungskriterien keine eindeutige Entscheidung zu[845]. Dies ist zwar regelmäßig bei der Differenzierung zwischen kirchlicher und kommunaler Stiftung der Fall, weshalb eine Klärung der Rechtsnatur fast schon als allgemein üblich bezeichnet werden kann[846], jedoch kommen hier noch die historische Entwicklung und die bis in die Kaiserzeit reichende Verquickung von Staat und Kirche hinzu. Somit sprechen die erörterten Abgrenzungskriterien vor dem Hintergrund der historischen Begebenheiten für die Einordnung als Stiftung *sui generis*. Sollte man jedoch zwingend eine Einengung in ein modernes Korsett vornehmen wollen, so spricht die aufgeführte Abgrenzung für eine kirchliche Stiftung[847].

Die Regelung der Beziehung zwischen dem Freistaat und der Kirche überließ man grundsätzlich der Verfassung. So blieben die Rechtsbezie-

---

839 *Rausch*, Hebungen (Fn. 805), S. 115.

840 *Wurm*, Hebungen (Fn. 807), S. 84, 88; so auch Rechtsauffassung des Oberkirchenrats 1924, siehe *dens.*, ebda., S. 85 f.

841 *Rausch*, Hebungen (Fn. 805), S. 116.

842 *Rausch*, Hebungen (Fn. 805), S. 116, 120; dies gilt allgemein für das 19. Jahrhundert, siehe *Liermann*, Handbuch (Fn. 809), S. 270, wobei sich in anderen Ländern eine deutliche Unterscheidung vollzog.

843 Ähnlich *Rausch*, Hebungen (Fn. 805), S. 113.

844 Ähnlich *Rausch*, Hebungen (Fn. 805), S. 114.

845 *Rausch*, Hebungen (Fn. 805), S. 120.

846 So auch *C. Koss/U. Koß*, Stiftung des kirchlichen Rechts, in: R. Graf Strachwitz/F. Mercker (Hrsg.), Stiftungen in Theorie, Recht und Praxis. Handbuch für ein modernes Stiftungswesen, 2005, S. 351 (352).

847 In diese Richtung tendiert auch *Rausch* in *ders.*, Hebungen (Fn. 805), S. 120.

hungen gemäß Art. 18 EG bestehen, wobei die Kirchenbehörden dem Staatsministerium unterstellt wurden[848]. Hier war noch eine umfassende Kontrolle der kirchlichen Behörden angestrebt[849], sodass die Trennung nicht schlagartig vollzogen werden sollte und konnte. Der Grundstein für das Selbstbestimmungsrecht der Religionsgesellschaften bezüglich der Vermögensverwaltung wurde durch Art. 23 EG gelegt. Danach sollte das Vermögen, was bisher von staatlichen Stellen verwaltet worden war, den entsprechenden Organen zur Verwaltung überantwortet werden. Ausgenommen von der Überweisung waren jedoch die bestehenden Patronatsrechte. Die Nichtaufhebung bestehender staatlicher und städtischer Patronatsrechte verstieß nicht gegen die Reichsverfassung[850]. Insofern blieben die vormals bestehenden staatlichen Patronatsrechte in diesem Bereich bestehen[851]. Auch wenn es folgerichtig gewesen wäre, die aus dem landesherrlichen Kirchenregiment resultierenden Patronatsrechte aufzuheben[852], zeigt sich hier wiederum die komplexe Lage, die aufgrund der umfassenden Verquickung von Staat und Kirche entstanden war. Dadurch wurde es versäumt, das mittelalterlich anmutende Recht gänzlich aufzuheben und einen weiteren Schritt zu Trennung von Staat und Kirche und der kirchlichen Selbstverwaltung zu unternehmen. Nach dem Wortlaut der Norm „sollte" die Übertragung der Vermögensverwaltung erst geschehen. Damit war lediglich ein Auftrag ohne unmittelbare Rechtswirkung normiert. Dies war auch logisch, bedurfte es aufgrund des in der Reichs- und Landesverfassung garantierten Selbstbestimmungsrechts zunächst der eigenständigen Organisation der Religionsgesellschaften, sodass diese erst

848 Vgl. auch Art. 8 Abs. 4 EG.

849 Bei dem „eigentümlichen Verhalten des Oberkirchenrates" wollte man sich der Kontrolle noch nicht berauben, so *F. C. Witte* (DDP), VVLTag I (Fn. 629), 26. Sitzung, Sp. 889; der Oberkirchenratspräsident habe geäußert, dass er das Staatsministerium nicht anerkenne, so *Wendorff*, VVLTag I (Fn. 629), 26. Sitzung, Sp. 891.

850 So wurden beispielsweise auch in Preußen die Mitwirkungsrechte, „soweit sie nicht auf einem Patronatsrecht beruhen", aufgehoben; siehe dazu *Anschütz*, Verfassung (Fn. 779), Art. 137 Anm. 6 (S. 640); *Henske*, Patronat (Fn. 666), S. 146 f. m.w.N.

851 Das Patronatsrecht im Großherzogtum beinhalte unter anderem das Mitbestimmungsrecht bei Personalentscheidungen sowie die Teilhabe an der Vermögensverwaltung und Baulast, siehe dazu *Schlesinger*, Staats- und Verwaltungsrecht (Fn. 36), S. 334 f.; *Henske*, Patronat (Fn. 666), S. 94 ff.

852 Siehe zum Patronatsrecht und dem landesherrlichen Kirchenregiment *Landau*, Patronat (Fn. 667), S. 109; die staatlichen Patronatsrechte sind erst in Mecklenburg-Vorpommern aufgehoben worden, wobei eine staatliche Beteiligung an der Baulast vereinbart worden ist, siehe *dens.*, ebda., S. 112.

die Zuständigkeiten selbst regeln mussten. Damit war hier ein erster Schritt zur Selbstverwaltungsbefugnis der Religionsgemeinschaften und infolgedessen der Trennung von Staat und Kirche getan. Diese konnte aber nicht schlagartig erfolgen[853]. Insbesondere bedurfte es der Einberufung einer Synode, damit die Trennung durchgeführt werden konnte[854].

Als Übergangsrecht anderer Art sticht noch Art. 12 EG hervor. Danach konnte das Staatsministerium mit Zustimmung des Beschuldigten und des Landtags bei gewissen Straftaten das Verfahren niederschlagen. Das Niederschlagungsrecht diente eigentlich dem Schutz des Beschuldigten vor den Strapazen eines Prozesses und war im Freistaat grundsätzlich nur bei Minderjährigen vorgesehen[855]. Es war aber auch eine Niederschlagung für Volljährige möglich, sofern es sich um Hoch- oder Landesverrat, Widerstand gegen die Staatsgewalt sowie um Taten gegen die öffentliche Sicherheit und Ordnung handelte. Insofern kann dies als Revolutionsrecht bezeichnet werden. Hier wollte man augenfällig die Möglichkeit schaffen, die Revolutionäre vor einem Prozess zu bewahren.

Insgesamt versuchte der verfassunggebende Landtag durch das Einführungsgesetz hauptsächlich die ständischen Rechte und Relikte zu beseitigen, ohne sich jedoch völlig von Konstanten im Rahmen der Verwaltung lösen zu können[856]. Dies hätte aufgrund fehlender Verwaltungsstrukturen, insbesondere im ehemaligen Gebiet der Ritterschaft, nicht funktioniert[857]. Es bedurfte einer nicht unerheblichen Zeit zum Aufbau und Ausbau moderner Staat- und Verwaltungsstrukturen[858]. Dies hätte zum Stillstand des Staates geführt, sodass dadurch mehr Probleme entstanden wären, als wenn man die alten Eliten als Hypothek für den staatsrechtlichen Neuanfang zunächst noch duldete. Beim Übergang zwischen verschiedenen Staatssystemen bedarf es stets des Rückgriffs auf Kenntnisse und

853 *Hillmann*, VVLTag I (Fn. 629), 21. Sitzung, Sp. 738.

854 So schon *K. Gladischefski* (DDP), VVLTag I (Fn. 629), 26. Sitzung, Sp. 895.

855 Siehe Kapitel D.II.2.c.bb mit entsprechenden Nachweisen.

856 Die Aufhebung der Stände war zentrales Motiv der neuen Regierung, wenn auch dieses nicht unumstritten war, vgl. *Inachin*, Durchbruch (Fn. 60), S. 15 ff.

857 Das Fehlen von verwaltungserfahrenen sozialdemokratischen Funktionären trotz des immensen Wahlerfolgs betont *F. Mrotzek*, Der schwere Weg der Demokratie, in: W. Müller/ders./J. Köllner (Hrsg.), Die Geschichte der SPD in Mecklenburg und Vorpommern, 2002, S. 88 (92); die Notwendigkeit der Umstrukturierung der Verwaltung als eine der wichtigsten Aufgaben betont *Inachin*, Durchbruch (Fn. 60), S. 21.

858 Selbst bei vorhandenen modernen Verwaltungsstrukturen wären die bestehenden Verwaltungsaufgaben ohne ausgebildetes Beamtentum nicht zu bewältigen gewesen, so bezogen auf den Gesamtstaat *Stolleis*, Geschichte III (Fn. 729), S. 78.

Erfahrungswerte alter Eliten, damit kein ungeordneter, im schlimmsten Fall anarchischer, Zustand geschaffen wird[859]. Somit erscheint hier der Spagat zwischen der Beschneidung von hoheitlichen Befugnissen der alten Stände und der übergangsweisen Aufrechterhaltung der Funktionen unter staatlicher Aufsicht als notwendiger Zwischenschritt, sodass hier kein wesentlicher Einwand angebracht sein sollte.

3. Auseinandersetzung mit dem ehemaligen Landesherrn

Aufgrund der aufgezeigten diffizilen finanziellen Ausgangslage, die durch eine Verflechtung von privatem und staatlichem Vermögen bestand, musste zunächst eine eindeutige Zuordnung des Vermögens als Basis für ein modernes Finanzverfassungsrecht geschaffen werden.

Diese Auseinandersetzung ist zwischen dem ehemaligen Landesherrn und dem Freistaat Mecklenburg-Schwerin, vertreten durch den Ministerpräsidenten *Wendorff*, unter vorheriger Zustimmung des Parlaments vertraglich am 17. Dezember 1919 erfolgt[860].

Der Großherzog verzichtete für sich und seine Nachkommen als gesetzlicher Vertreter auf Apanagen[861], Wittümer[862] und Einrichtungsgelder; somit wurde auf vermögensrechtliche Ansprüche gegen den Freistaat ver-

---

859 Ähnlich *Stolleis*, Geschichte III (Fn. 729), S. 79.

860 Die Auseinandersetzung war im „Protokoll in Nr. 125 des Notariatsregisters von 1919 des Notars Löwenthal zu Schwerin" [siehe Bekanntmachung, betreffend Vertrag zwischen dem Freistaat Mecklenburg-Schwerin und dem ehemaligen Landesherrn, betreffend die Auseinandersetzung über die vermögensrechtlichen Verhältnisse vom 17. Dezember 1919 sowie die vom ehemaligen Landesherrn und den Mitgliedern der vormals landesherrlichen Familie abgegebenen Verzichts- und Anerkennungserklärung (Rbl. für Mecklenburg-Schwerin 1919 Nr. 92 v. 17.5.1920, S. 671)] geregelt. Alle weiteren vertraglichen Bestimmungen betreffend die vermögensrechtliche Auseinandersetzung zwischen dem Freistaat Mecklenburg-Schwerin und dem ehemaligen Landesherrn sind dort abgedruckt.

861 Apanagen waren der Unterhalt, den der regierende Fürst den von der Herrschaft ausgeschlossenen Mitgliedern des landesherrlichen Hauses gewährte, siehe *Friedrichs*, Apanage (Fn. 673), S. 250; siehe zu Apanagen und Wittümern in Mecklenburg-Schwerin *Schlesinger*, Staats- und Verwaltungsrecht (Fn. 36), S. 19 ff.

862 Wittümer waren Leistungen des Bräutigams oder dessen Familien; Wittümer an die Braut dienten dem Witwenunterhalt, siehe dazu *R. Schulze*, Art. Wittum, in: A. Erler/E. Kaufmann/D. Werkmüller (Hrsg.), Handwörterbuch zur deutschen Rechtsgeschichte, Bd. V, 1998, Sp. 1469 ff.

zichtet, soweit dies nicht speziell anders vereinbart wurde. Andere Mitglieder mit vormaligen Ansprüchen mussten auf diese verzichten. Im Gegenzug wurde ihnen eine Jahreszahlung gewährt, vgl. § 21 Anlage II zum Protokoll in Nr. 125 Notariatsregister von 1919 des Notars Löwenthal zu Schwerin[863]. Wichtigste Regelung war hier die Anerkennung des Übergangs des Landesregimentsvermögens, des eigentlichen Herrschaftsvermögens, nach § 1 Abs. 1 Nr. 1 Anlage II auf den Freistaat Mecklenburg-Schwerin. Insbesondere waren hier die Landesregimentskasse bzw. die Renterei betroffen. Selbiges galt für das Domanium und das Vermögen, welches von der obersten Verwaltungsbehörde des Großherzoglichen Hauses gemäß § 1 Abs. 1 Nr. 2 Anlage II verwaltet wurde. Damit wurde das Haushaltsgut, das eigentlich das Vermögen des großherzoglichen Hauses darstellte, grundsätzlich auf den Freistaat übertragen. Dieses Haushaltsgut diente der Bewirtschaftung des Hofs. Damit war die Entscheidung getroffen, dass der großherzogliche Hof nicht mehr Familiensitz sein durfte. Dies wurde gemäß § 1 Abs. 3 Anlage II perpetuiert, da die Grundstücke des großherzoglichen Vermögens und des Staatsvermögens mitsamt den Gebäuden und dem Zubehör auf den Freistaat übergingen. Die Verbindlichkeiten und Lasten gingen damit auch auf den Freistaat über, § 6 Anlage II. Die mit der Aufhebung der Landesherrschaft des Großherzogs frei gewordenen ehemaligen Beamten der Verwaltung des Haushalts oder des Hofstaates wurden gemäß § 7 Anlage II in eine ebenbürtige Stellung übernommen[864]. Somit war bis auf das Sondervermögen grundsätzlich das gesamte landesherrliche und großherzogliche Vermögen auf den Freistaat übergegangen, sofern keine Ausnahmen normiert waren.

Der ehemalige Landesherr erhielt jedoch auch gewisse Eigentums- und Nutzungsrechte. Das Privatvermögen verblieb gemäß § 8 Abs. 1 Anlage II im Vermögen des Großherzogs, wobei Grundstücke gemäß § 8 Abs. 1 S. 2 Anlage II darin nicht enthalten waren. Diese Regelung hatte jedoch nur Klarstellungsfunktion. Das Sondervermögen stellte das Privatvermögen des Großherzogs dar, welches nach gewöhnlichen zivilrechtlichen Regeln zu behandeln war und somit persönliches bzw. Privateigentum des Großherzogs darstellte.

Demgegenüber erhielt der Großherzog gemäß §§ 2 f. Anlage II gewisse Güter, Forsten und Grundstücke, deren Lasten dieser auch gemäß §§ 4 und 5 Anlage II zu tragen hatte. Somit wurde hier ein einfaches Regel-

---

863 Alle Paragraphen beziehen sich auf Anlage II zum Protokoll in Nr. 125 Notariatsregister von 1919 des Notars Löwenthal zu Schwerin, zitiert als Anlage II.

864 Ebenso gingen die Ansprüche auf Ruhegehalt usw. auf den Freistaat über.

Ausnahme-Verhältnis festgeschrieben, sodass der ehemalige Landesherr nicht gänzlich ohne Immobilien belassen wurde. Daneben standen gemäß § 9 Anlage II alle beweglichen Sachen im Eigentum des Großherzogs, die in seinem (zumindest mittelbaren) Besitz standen, sodass hier keine diffizilen juristischen Streitigkeiten über tatsächliche Eigentumszuordnungen entstehen konnten. Ferner musste der Landesherr einige Forstbeamte in ein (privatrechtliches) Dienstverhältnis übernehmen, § 5 Anlage II. In Gänze betrachtet, machte es den Eindruck, als wäre man bemüht gewesen, den ehemaligen Landesherrn und die Mitglieder des großherzoglichen Hauses mit einer ausreichenden Ausstattung zu belassen, sodass der gewöhnliche Lebensstandard im Wesentlichen beibehalten werden konnte.

4. Zusammenfassung

Mit der Wahl zum verfassunggebenden Landtag, bei dem demokratische Kräfte klar dominierten, hat das mecklenburgische Volk ein klares Votum gegen ständische Privilegien und althergebrachte Strukturen abgegeben[865]. Diesen demokratischen Auftrag galt es an allen Stellen umzusetzen.

Koch kritisiert die Auseinandersetzungsvereinbarung[866]. Die Enteignungen seien nicht entschädigungslos erfolgt, und der ehemalige Großherzog sei weiterhin einer der mächtigsten Großgrundbesitzer. Ebenso seien Apanagen nur durch terminologische Umformung in „Abfindungen" ersetzt worden und der Entzug der Steuerbefreiung sei kompensiert worden. Dieses Urteil *Kochs* ist wiederum ideologisch beladen. Die gesamte Darstellung ist von der teils unterschwelligen Kritik der versäumten Vollendung der Revolution der Arbeiterklasse getragen. Vielmehr war der Freistaat Mecklenburg-Schwerin mit der Auseinandersetzung mit dem ehemaligen Landesherrn nun in der Lage, die Regierung aufzunehmen, ohne gewachsene Ansprüche des großherzoglichen Hauses komplett zu ignorieren. Insgesamt wurde so ein angemessener Ausgleich zwischen den Belangen des Staates und den Traditionslinien geschaffen. Hier kann die Auseinandersetzung in Vertragsform als gelungen bezeichnet werden. Durch diese saubere und weitgehend reibungslose Form konnte verhindert werden, dass sich vermögensrechtliche Streitigkeiten oder Zuordnungsprobleme wie in anderen Ländern hartnäckig hielten, sodass ein echter Abschluss

865 *Inachin*, Durchbruch (Fn. 60), S. 18.

866 Siehe zur Darstellung der Auseinandersetzungsvereinbarung *Koch*, Einwirkung (Fn. 782), S. 10 f.

und infolgedessen Neuanfang ohne die Belastungen mit der Hypothek der Rechtsunsicherheit gelingen konnte[867].

Die neuen vermögensrechtlichen Verhältnisse, ebenso wie die Auflösung ständischer Strukturen, ließen jedoch keinen Zweifel, dass ein umfassender Erneuerungsanspruch bestand und nur aufgrund von zwingenden Faktoren gewisse ständische bzw. landesherrliche Strukturen weiterhin genutzt werden mussten. Durch diese vermögensrechtlichen Regelungen hatte man die Basis geschaffen, dass der neue Freistaat, ohne den Belastungen von langatmigen Prozessen über die zivilrechtlichen Zuordnungsfragen ausgesetzt zu sein, sich eine neue Grundordnung und Struktur geben konnte.

III. Homogenitätsvorgaben der Reichsverfassung und die Beschränkung der Länder

Es soll an dieser Stelle untersucht werden, ob die Verfassungsväter der Landesverfassung des Freistaates Mecklenburg-Schwerin überhaupt die Chance hatten, die verkrusteten Strukturen aus eigenem Antrieb aufzubrechen und ein zeitgemäßes Verfassungskonstrukt zu erschaffen, was nicht lediglich ein niedergeschriebenes Lippenbekenntnis sein sollte. Explizit stellt sich daher zunächst die Frage nach den Gestaltungsspielräumen des Verfassunggebers. Der Bestand der Länder war durch die Reichsverfassung geduldet[868]. Wie freundlich gesinnt die Reichsverfassung gegenüber den Ländern war, ist damit jedoch noch nicht geklärt. Die Regelungsspielräume der Länder richteten sich nach dem entsprechenden Grundtenor des Weimarer Regelungswerkes. Im Gegensatz zur Verfassung des Deutschen Reichs von 1871 schrieb die neue Reichsverfassung von 1919 eine weitreichende Homogenität zwischen Reich und Ländern fest[869]. Homogenitätsklauseln sind *per se* dabei im Hinblick auf die Einschränkung der Autonomie von Gliedstaaten nicht zu kritisieren, stellen diese doch eine Kohärenz in einigen Grundwerten sicher, ohne die ein bundesstaatliches

---

867 „Verträge“ waren regelmäßig das Mittel zur reibungslosen Auseinandersetzung, wohingegen eine echte Klärung auf anderem Wege oft massive Probleme aufwarf, vgl. *O. Koellreutter*, Die neuen Landesverfassungen, in: Anschütz/Thoma, Handbuch I (Fn. 179), S. 138 (139).

868 *Schneider*, Reichsverfassung (Fn. 5), § 5 Rn. 23.

869 *K. Nieding*, Das Prinzip der Homogenität in den Verfassungen des Deutschen Reiches von 1849, 1871 und 1919 unter besonderer Berücksichtigung des Artikels 17 der geltenden Reichsverfassung, 1926, S. 70.

Gebilde nicht zu funktionieren vermag[870]. Dem Wesen des Volksstaates entsprach es, dass dieser auf dem Unterbau ruht und somit eine auf das Notwendigste beschränkte Einflussnahme auf diesen durch den Gesamtstaat erforderlich war[871]. Daher gilt es zunächst im Folgenden, die reichsrechtlichen Beschränkungen des Landesverfassunggebers zu erörtern, ohne deren Kenntnis eine Bewertung nicht möglich erscheint. Dabei werden in diesem Teil die grundsätzlichen Linien aufgezeigt, sodass der Rahmen für die Landesverfassunggeber der Einzelstaaten und der Tenor der Reichsverfassung deutlich werden. Bei entsprechender Relevanz wird dies innerhalb des speziellen Regelungsgebiets noch einmal erläutert.

1. Die Homogenitätsbeschränkung des Art. 17 WRV als Schutzschild gegen antidemokratische Kräfte

Ein Kern der Beschränkung der Länder erwuchs aus Art. 17 WRV, der einen weitgehenden Eingriff in die Verfassungsautonomie der Gliedstaaten darstellte[872]. Damit war dem Bundesstaat eine stark unitarische Prägung vorgegeben[873]. Die Ratio dessen, was augenscheinlich aufgrund der deutlich weitreichenderen Vorgaben der Reichsverfassung, nicht aber einer Traditionslinie bundesstaatlichen Verfassungslebens entsprang, war die Sorge vor dem Umsturz der ersten deutschen Demokratie[874]. Die vormaligen monarchischen Regierungen waren weitgehend immun gegen

870 *Stern*, Staatsrecht V (Fn. 10), § 129 S. 578; bezogen auf die unterschiedlichen Staatsformen in einem Bundestaat stellt auch *Nieding* den Gedanken von *H. Preuß* heraus, siehe *Nieding*, Prinzip (Fn. 869), S. 73; so auch *M. Wenzel*, Die reichsrechtlichen Grundlagen des Landesverfassungsrechtes, in: Anschütz/Thoma, Handbuch I (Fn. 179), S. 604 (604); *A. Dittmann*, Verfassungshoheit der Länder, in: J. Isensee/P. Kirchhof (Hrsg.), Handbuch des Staatsrechts der Bundesrepublik Deutschland, Bd. VI, 3. Aufl. 2008, § 127 Rn. 2; *C. Starck*, Idee und Struktur des Föderalismus im Lichte der Allgemeinen Staatslehre, in: Härtel, Handbuch I (Fn. 8), § 1 Rn. 14.

871 *H. Preuß*, Reich und Länder, 1928, Art. 17 S. 136.

872 *Nieding*, Prinzip (Fn. 869), S. 99; als Kern der Beschränkung bezeichnet auch *Elleser* Art. 17 WRV, siehe *dens.*, Verfassungs-Autonomie (Fn. 9), S. 19.

873 *Nieding*, Prinzip (Fn. 869), S. 70 f.; Unitarismus war einer der Leitgedanken der Weimarer Reichsverfassung laut *Anschütz* und *Huber*, herausgestellt in *Stern*, Staatsrecht V (Fn. 10), § 129 S. 561; vgl. auch *dens.*, ebda., § 129 S. 575; *Grzeszick*, Gedanke (Fn. 8), § 2 Rn. 87 f.

874 *Nieding*, Prinzip (Fn. 869), S. 72; so auch *Koellreutter*, Landesverfassungen (Fn. 867), S. 144.

grundlegende Änderungen, sodass man nun im Gegensatz dazu die Gefahr des Umsturzes durch monarchische oder auch kommunistische Strömungen sah[875]. Somit leitete man die potenziellen Gefahren für die Republik insbesondere aus den Gliedstaaten bzw. aus der Prägung als föderaler Bundesstaat ab. Konsequenterweise gab Art. 17 Abs. 1 WRV den Ländern grundlegend die Staatsform, die Regelung des Wahlrechts und die Regierungsform vor[876]. Gemäß Art. 17 Abs. 1 S. 1 WRV musste jedes Land eine freistaatliche Verfassung besitzen. Die Begriffe Freistaat und Republik wurden als Synonyme verwendet, sodass dadurch eine republikanische Staatsform für alle Länder vorgegeben war[877]. Somit war ein erbliches Oberhaupt ausgeschlossen[878]. Insofern war den Ländern hierdurch ebenso wie durch Art. 1 Abs. 1 WRV dem Reich die republikanische Staatsform vorgeschrieben. Ferner bedurfte es einer geschriebenen Verfassung[879]. Flankiert wurde diese Staatsformvorgabe mit der grundsätzlichen Festlegung in Art. 17 Abs. 1 S. 2. WRV von allgemeiner, gleicher, unmittelbarer und geheimer Wahl der Landesparlamente durch alle Reichsdeutschen männlichen und weiblichen Geschlechts. Ferner wurde die Vorgabe der Staatsform von der Abhängigkeit der Regierung von der Volksvertretung, was durch Art. 17 Abs. 1 S. 3 WRV abgesichert wurde. Hierin lag bezüglich des Wahlrechts eine explizite Abkehr von der Pluralität der Reichsverfassung von 1871[880]. Einer Minderheits- oder Klassenherrschaft war somit durch

---

875 *Nieding*, Prinzip (Fn. 869), S. 72; *Elleser*, Verfassungs-Autonomie (Fn. 9), S. 46; die Gefahren für die Republik nach dem Sturz der Monarchie benennt auch *Reißfelder*, Verfassungsautonomie (Fn. 68), S. 72; als Riegel für solche Bestrebungen wurde Art. 17 WRV bezeichnet, vgl. *Schneider*, Reichsverfassung (Fn. 5), § 5 Rn. 24.

876 *Nieding*, Prinzip (Fn. 869), S. 72; *L. Gebhard*, Handkommentar zur Verfassung des Deutschen Reichs vom 11. August 1919, 1932, Art. 17 Anm. 2 (S. 145).

877 *F. Stier-Somlo*, Die Verfassung des Deutschen Reichs vom 11. August 1919, 3. Aufl. 1925, S. 55; *Elleser*, Verfassungs-Autonomie (Fn. 9), S. 20; *B. Hinrichs*, Die Grenzen der Verfassungsautonomie der deutschen Länder, 1930, S. 9; *N. Stuckmann*, Die Grenzen der Verfassungsautonomie der deutschen Länder, 1930, S. 24.

878 *Preuß*, Reich (Fn. 871), Art. 17 S. 145; *Wenzel*, Grundlagen (Fn. 870), S. 607; vgl. *Gebhard*, Handkommentar (Fn. 876), Art. 17 Anm. 3.b (S. 146), der ein erbliches Oberhaupt für möglich erachtet, sofern dieses im Hinblick auf Art. 17 Abs. 1 S. 3 WRV keine Funktion im Sinne der Landesregierung inne hatte.

879 *Gebhard*, Handkommentar (Fn. 876), Art. 17 Anm. 3.c (S. 146); a.A. *Hinrichs*, Grenzen (Fn. 877), S. 96, der in Art. 17 WRV keine Vorgabe erblickt, wie diese Vorgaben zu erfüllen sind. Allerdings sprach der Wortlaut die Verpflichtung zu einer freistaatlichen Verfassung aus.

880 *Nieding*, Prinzip (Fn. 869), S. 75.

den zweiten Satz vorgebeugt und die Demokratie für die Gliedstaaten vorgegeben[881]. Ferner wurde das parlamentarische System durch Art. 17 Abs. 1 S. 3 WRV vorgeschrieben, wodurch das Bestehen einer Volksvertretung garantiert und die ausschließlich unmittelbare Demokratie unterbunden war[882]. Dadurch wurde zumindest grundlegend die Abhängigkeit der Exekutive von dem Vertrauen des Parlaments festgelegt[883]. Erst hiermit gewannen die übrigen Vorgaben des Art. 17 Abs. 1 WRV ihre die Demokratie garantierende Bedeutung für die Länder[884]. Dabei war es den Ländern unbenommen, das Selbstbestimmungsrecht des Volkes über die Vorgaben der Sätze zwei und drei hinaus zu erweitern; lediglich in beschränkender Weise wirkte dieser Artikel als Grenze[885]. Dennoch waren die Länder in der genauen Ausgestaltung des Verhältnisses zwischen Gubernative und Parlament verhältnismäßig frei, sodass hier ein echter Betätigungsspielraum für den Landesverfassunggeber eröffnet war[886].

Art. 17 WRV erlaubte es bei Verstoß gegen die aufgestellten Grundsätze, durch Reichsgesetzgebung in das Landesverfassungsrecht einzugreifen und erforderliche reichsrechtliche Maßnahmen zu ergreifen[887].

In der Gesamtschau des Art. 17 WRV konstatierte dieser die Verfassungsautonomie der Länder und beschränkte sie gleichzeitig in einem Maße[888], das für die demokratische Ausrichtung notwendig erachtet wurde[889]. Insgesamt fiel die zeitgenössische Bewertung der Homogenitätsvorgaben

---

881 So zumindest die annährend allgemeine Meinung, siehe *Elleser*, Verfassungs-Autonomie (Fn. 9), S. 21; siehe *Anschütz*, Verfassung (Fn. 779), Art. 17 Anm. 2 (S. 131), der auch das Verbot der Parteidiktatur, insbesondere des Faschismus, betont; *Reißfelder*, Verfassungsautonomie (Fn. 68), S. 74.

882 So zu Recht *Gebhard*, Handkommentar (Fn. 876), Art. 17 Anm. 4.a (S. 146).

883 *Nieding*, Prinzip (Fn. 869), S. 85.

884 Jedoch bedurfte es für *Nieding* dazu noch der Möglichkeit eines Misstrauensvotums, so *ders.*, Prinzip (Fn. 869), S. 85.

885 *Hinrichs*, Grenzen (Fn. 877), S. 40.

886 *Nieding*, Prinzip (Fn. 869), S. 85 f.; *Wenzel*, Grundlagen (Fn. 870), S. 607.

887 *Preuß*, Reich (Fn. 871), Art. 17 S. 154; zumindest bestand die Möglichkeit der richterlichen Entscheidung gemäß Art. 13 Abs. 2 WRV, so auch *Anschütz*, Verfassung (Fn. 779), Art. 17 Anm. 1 (S. 130); die widersprechenden Regelungen waren dann nichtig, siehe *Reißfelder*, Verfassungsautonomie (Fn. 68), S. 79.

888 *Gebhard*, Handkommentar (Fn. 876), Art. 17 Anm. 2 (S. 145).

889 *Preuß*, Reich (Fn. 871), Art. 17 S. 136; ein Mindestmaß an Homogenität ist auch nach heutigem Verständnis notwendig, vgl. *Dittmann*, Verfassungshoheit (Fn. 870), § 127 Rn. 2.

durch Art. 17 WRV positiv aus, da diese als notwendig erachtet wurden[890], obwohl sie über tradierte Vorbilder hinausgingen[891].

2. Art. 13 Abs. 1 WRV – „Reichsrecht bricht Landrecht"

Der Normtext von Art. 17 WRV fiel recht kurz aus, da auch andere Vorschriften weitere reichsrechtliche Beschränkungen der Verfassungsautonomie der Länder in sich trugen[892].

Art. 1 Abs. 2 WRV postulierte das Prinzip der Volkssouveränität für das Reich und schrieb dies gleichzeitig für die Länder vor[893]. Somit musste die Landesgewalt in den Händen des Landesvolks liegen[894]. Damit flankierte dieser Artikel den demokratischen Grundgedanken des Art. 17 Abs. 1 S. 2 WRV[895].

Neben diesen Homogenitätsvorgaben ist Art. 13 WRV essentiell für das Verständnis des Verhältnisses von Reich und Ländern sowie des Regelungsspielraums der Gliedstaaten[896]. Gemäß Art. 13 Abs. 1 WRV brach Reichsrecht „Landrecht" [sic]. Bei Zweifeln oder Meinungsverschiedenheiten über die Vereinbarkeit von Landesrecht mit Reichsrecht konnte gemäß Art. 13 Abs. 2 WRV eine Entscheidung des obersten Gerichtshofs

---

890 *Elleser*, Verfassungs-Autonomie (Fn. 9), S. 46; als Lebensbedingung für das Reich bezeichnet *Preuß* die republikanische und demokratische Gestaltung der Länder durch Art. 17 WRV, siehe *dens.*, Reich (Fn. 871), Art. 17 S. 136 f.; insgesamt bezeichnet *Stuckmann* die Grenzen der Verfassungsautonomie der Länder als Selbstverständlichkeit und Lebensnotwendigkeit, siehe *dens.*, Grenzen (Fn. 877), S. 9 f.; die Einwände von Vertretern der föderalistischen und unitaristischen Seite zeigt *Koellreutter* auf, *ders.*, Landesverfassungen (Fn. 867), S. 146.

891 *Reißfelder*, Verfassungsautonomie (Fn. 68), S. 74.

892 *Elleser*, Verfassungs-Autonomie (Fn. 9), S. 44.

893 Siehe *Elleser*, Verfassungs-Autonomie (Fn. 9), S. 41 f., der die gegenteilige Ansicht widerlegt; siehe auch *Hinrichs*, Grenzen (Fn. 877), S. 28; auch widerspreche eine andere Auslegung dem Willen des Reichsverfassunggebers, siehe *Anschütz*, Verfassung (Fn. 779), Art. 1 Anm. 2 f. (S. 38 f.).

894 *Elleser*, Verfassungs-Autonomie (Fn. 9), S. 42; *Anschütz*, Verfassung (Fn. 779), Art. 1 Anm. 3 (S. 39).

895 *Stuckmann*, Grenzen (Fn. 877), S. 25.

896 *Stuckmann*, Grenzen (Fn. 877), S. 21 f.; siehe auch *Stern*, Staatsrecht V (Fn. 10), § 129 S. 581; siehe auch zeitgenössisch zu Art. 13 Abs. 1 WRV *G. Doehl*, Reichsrecht bricht Landrecht, in: AöR N.F. 12 (1927), S. 37 (39 ff.) sowie *F. Fleiner*/*J. Lukas*, Bundesstaatliche und gliedstaatliche Rechtsordnung in ihrem gegenseitigen Verhältnis im Rechte Deutschlands, Österreichs und der Schweiz, in: VVDStRL 6 (1929), S. 2 (2 ff., 25 ff.).

des Reichs erwirkt werden. Allerdings konnten die Gerichte neben diesem Verfahren nach Art. 13 Abs. 2 WRV dem entsprechenden Landesgesetz nach einer Inzidentkontrolle die Anwendung versagen, wenn dieses gegen das Reichsrecht verstieß[897]. Art. 13 Abs. 1 WRV bedeutete, dass jegliches Reichsrecht, auch einfache Gesetze und Verordnungen sowie Gewohnheitsrecht, das Landesverfassungsrecht sowie sonstiges Landesrecht brachen, sodass diese Normen nichtig waren[898]. Die Reichweite bestimmte sich dabei nach dem Willen des Reichsgesetzes[899]. Damit waren sämtliche üblichen Randfolgeregeln von Normen außer Kraft gesetzt worden[900]. Reichsrecht war somit immer in der Normhierarchie dem Landesrecht übergeordnet[901]. Jedoch waren solche kollisionsrechtlich relevanten Reichsnormen hauptsächlich in der Verfassung zu suchen[902]. Den heutigen Beobachter überrascht, dass nach fast allgemeiner Meinung nicht nur landesrechtliche Normen, die in ihrem gesamten Anwendungsbereich vom Reichsrecht divergierten, keine Wirkung mehr entfalteten, sondern auch gleichlautendes Landesrecht außer Kraft gesetzt war[903]. Dies steht im krassen Gegensatz zur heute herrschenden Auslegung von Art. 31 GG, dass gleichlautendes Landesverfassungsrecht vom Bundesrecht nicht gebrochen wird[904]. Folglich beschnitt die herrschende Auslegung des Art. 13 Abs. 1 WRV den Regelungsumfang des Landesverfassunggebers erheblich, was nicht unbedingt einleuchtend erscheint. Die fehlende Rechtswirkung ergab sich unmittelbar aus der Reichsverfassung und bedurfte keines Mitwirkungsaktes der Länder[905]. Diese landesrechtlichen Normen

---

897 *H. Dreier*, Verfassungsgerichtsbarkeit in der Weimarer Republik, in: T. Simon/J. Kalwoda (Hrsg.), Schutz der Verfassung: Normen, Institutionen, Höchst- und Verfassungsgerichte, 2014, S. 317 (327 f.).

898 RGSt 56, 177 (179 f.); statt aller siehe *Stier-Somlo*, Verfassung (Fn. 877), S. 58; *Gebhard*, Handkommentar (Fn. 876), Art. 13 Anm. 3.a (S. 126); *Anschütz*, Verfassung (Fn. 779), Art. 13 Anm. 3.a–e (S. 103 ff.).

899 Dieser war stets durch Auslegung zu ermitteln, siehe *Anschütz*, Verfassung (Fn. 779), Art. 13 Anm. 3.c (104).

900 *Gebhard*, Handkommentar (Fn. 876), Art. 13 Anm. 3.a (S. 126); nur innerhalb des Landes- bzw. Reichsrechts erhielten diese ihre übliche Bedeutung.

901 *Anschütz*, Verfassung (Fn. 779), Art. 13 Anm. 2 (S. 102).

902 *Stuckmann*, Grenzen (Fn. 877), S. 22.

903 Statt aller *Gebhard*, Handkommentar (Fn. 876), Art. 13 Anm. 3.b (S. 126); *Anschütz*, Verfassung (Fn. 779), Art. 13 Anm. 3.b (S. 103 f.); kritisch *L. Wittmayer*, Die Weimarer Reichsverfassung, 1922, S. 208 (dort Fn. 118).

904 Dies begründet das Bundesverfassungsgericht mit dem gebotenen Respekt vor den Landesverfassungen, siehe BVerfGE 36, 342 (366); *H. Dreier*, in: ders., GGK II (Fn. 454), Art. 31 Rn. 40 m.w.N.

905 *Gebhard*, Handkommentar (Fn. 876), Art. 13 Anm. 3.b (S. 126).

entfalteten auch nach Wegfall von divergierendem oder gleichlautendem Reichsrecht keine Wirkung mehr; sie lebten nicht wieder auf, sondern blieben wirkungslos[906]. Somit suspendierte das Reichsrecht nicht lediglich die Gesetze des Landesgesetzgebers. Landesnormen, die nur teilweise aufgrund des Reichsrechts unwirksam waren, entfalteten für den restlichen Anwendungsbereich dennoch ihre Wirkung[907]. Ferner bestand bei solchen Normen der Gliedstaaten nach Art. 13 Abs. 1 WRV keine Wirkung, welche den Wortlaut der Reichsnorm auch nur erklärten bzw. auslegten[908]. Das Brechen von Landesrecht gemäß Art. 13 Abs. 1 WRV wirkte, prägnant ausgedrückt, „nach rückwärts als Aufhebung, nach vorwärts als Sperre"[909].

Art. 13 Abs. 1 WRV stellte eine erhebliche Einschränkung des Gestaltungsspielraums der Landesverfassunggeber dar. Zwar hat eine Kollisionsnorm den Sinn der Sicherung der Einheit der Rechtsordnung im Bundesstaat[910] und ist einem Bundesstaat immanent[911]. Jedoch erscheint es nicht als zwingend, dass in der Auslegung auch gleichlautendes Landesrecht der Nichtigkeit anheimfiel. So barg solch eine Landesnorm bei identischem Wortlaut bzw. Regelungsgehalt doch keinerlei echtes Konfliktpotential[912]. Insofern wirkte diese Norm deutlich limitierender für die Länder, als dies nach dem heutigen Grundgesetz der Fall ist.

3. Reichsaufsicht und Reichsexekution

Weitere Einschränkungen der Handlungsfreiheiten der Länder ergaben sich insbesondere aus der Reichsaufsicht und Reichsexekution.

Die Reichsaufsicht bedeutete die Einwirkung des Reichs auf die Willensbildung der Länder[913] und erfasste dabei die gesamte Tätigkeit der Länder

---

906 *Gebhard*, Handkommentar (Fn. 876), Art. 13 Anm. 3.b (S. 126); *Anschütz*, Verfassung (Fn. 779), Art. 13 Anm. 3.a (S. 103).

907 Siehe *Gebhard*, Handkommentar (Fn. 876), Art. 13 Anm. 3.c (S. 126) mit weiteren möglichen Fallkonstellationen.

908 *Gebhard*, Handkommentar (Fn. 876), Art. 13 Anm. 3.e (S. 126 f.).

909 So *Anschütz*, Verfassung (Fn. 779), Art. 13 Anm. 3 (S. 103); auch heute noch wird dies als prägnant bezeichnet, siehe *Dreier* (Fn. 904), Art. 31 Rn. 42.

910 *Dittmann*, Verfassungshoheit (Fn. 870), § 127 Rn. 37.

911 *Stuckmann*, Grenzen (Fn. 877), S. 22.

912 So auch bezogen auf Art. 31 GG BVerfGE 36, 342 (366).

913 *Gusy*, Reichsverfassung (Fn. 10), S. 260; siehe näher zur Reichsaufsicht *Wittmayer*, Reichsverfassung (Fn. 903), S. 231 ff.; *G. Anschütz*, Die Reichsaufsicht, in: ders./Thoma, Handbuch I (Fn. 179), S. 363 ff.; *F. Bruhn*, Die Reichsaufsicht über die Länder nach der Weimarer Reichsverfassung, 1930, S. 31 ff.; *Stuckmann*,

in allen Gewalten, insbesondere der Exekutive und Legislative[914]. Die zentrale Norm des Aufsichtsrechts stellte Art. 15 WRV dar[915]. Diese Aufsicht wurde von der Reichsregierung gemäß Art. 15 Abs. 1 WRV ausgeübt und richtete sich grundsätzlich gegen die das Land als Ganzes vertretende Regierung[916]. Dabei existierten die selbstständige und die abhängige Reichsaufsicht[917]. Die selbstständige bzw. gesetzesunabhängige Aufsicht bestand gemäß Art. 15 Abs. 1 WRV, sofern das Reich eine Gesetzgebungskompetenz besaß, jedoch von diesem Recht keinen Gebrauch gemacht hatte[918]. Insofern galt unumschränkt „wo Gesetzgebungszuständigkeit, da Aufsicht des Reichs“[919]. Dabei ging es primär um die Überwachung der Einhaltung der Interessen des Reichs durch die Länder[920]. Dabei wurde insbesondere auf die Bundestreue zurückgegriffen[921]. Insofern schienen sich hier neben einer Rechtmäßigkeitskontrolle Elemente einer Zweckmäßigkeitskontrolle

---

Grenzen (Fn. 877), S. 51 ff.; *W. Fröhlich*, Die Ausgestaltung der Reichsaufsicht über die Länder nach der Weimarer Reichsverfassung, 1932, S. 3 ff.

914 Somit auch das privatwirtschaftliche Handeln der Länder, siehe *Bruhn*, Reichsaufsicht (Fn. 913), S. 45 ff. sowie *Anschütz*, Verfassung (Fn. 779), Art. 15 Anm. 1.d, 2 (S. 115 ff.); unbeachtlich war dabei auch, ob es um Handeln oder Unterlassen des Landes ging, siehe *dens.*, Reichsaufsicht (Fn. 913), S. 370 f.; zur sehr beschränkten Aufsicht siehe *dens.*, ebda., S. 373.

915 Siehe zu weiteren Grundlagen der Reichsaufsicht *Anschütz*, Reichsaufsicht (Fn. 913), S. 366, siehe auch grob bei *Gusy*, Reichsverfassung (Fn. 10), S. 261 zu weiteren Aufsichtsmitteln.

916 *Anschütz*, Verfassung (Fn. 779), Art. 15 Anm. 4 (S. 118); a.A. *Stuckmann*, Grenzen (Fn. 877), S. 51 ff., der aufgrund der Unzuständigkeit der Regierung bei Legislativakten ein Verfahren nach Art. 13 Abs. 2 WRV für zwingend erachtet.

917 Siehe dazu überblicksartig *Gusy*, Reichsverfassung (Fn. 10), S. 260 ff.; Art. 15 Abs. 1 WRV bezog sich auf die selbstständige und abhängige Reichsaufsicht, wobei die Regelungen aus dem zweiten und dritten Absatz soweit übertragbar waren, als sie sich aus der Natur der Reichsaufsicht ergaben, siehe *Anschütz*, Verfassung (Fn. 779), Art. 15 Anm. 12 (S. 124); die Grenzen seien jedoch fließend und nicht immer klar zu ziehen, siehe *Fröhlich*, Ausgestaltung (Fn. 913), S. 10.

918 So war der Streit aus dem Kaiserreich in Weimar durch den ersten Absatz beseitigt, siehe *Anschütz*, Verfassung (Fn. 779), Art. 15 Anm. 1.a (S. 112 f.).

919 *Anschütz*, Reichsaufsicht (Fn. 913), S. 367, die Grundlage der Gesetzgebungskompetenz konnte dabei auch eine ungeschriebene Zuständigkeit sein.

920 Siehe *Anschütz*, Verfassung (Fn. 779), Art. 15 Anm. 1.b. (S. 113 f.), der jedoch die Reichsverfassung als einzigen Beurteilungsmaßstab als zu eng ansieht; siehe dezidiert zum Maßstab der Beurteilung *Fröhlich*, Ausgestaltung (Fn. 913), S. 8 ff.

921 *Bruhn*, Reichsaufsicht (Fn. 913), S. 58 f.; so auch *Gusy*, Reichsverfassung (Fn. 10), S. 261.

wiederzufinden[922]. Die Aufsichtsmaßnahmen aus dem zweiten und dritten Absatz waren grundsätzlich auch auf die selbstständige Aufsicht anwendbar[923]. Bei der abhängigen Reichsaufsicht handelte es sich gemäß Art. 15 Abs. 2, 3 WRV um die Aufsicht über die Ausführung von Reichsgesetzen. Dabei ging es an sich vornehmlich um die Überprüfung der Einhaltung der rechtmäßigen Ausführung des Reichrechts, wobei auch die Reichsverfassung als ein solches angesehen wurde, sofern eine unmittelbar bindende Wirkung von dieser ausging[924]. Insofern bestand hier eine Rechtsaufsicht. Jedoch wurde auch erwogen, gewisse Zweckmäßigkeitskontrollen für zulässig zu erachten[925]. Die Aufsichtsmaßnahme war unter anderem die Anweisung gemäß Art. 15 Abs. 2 S. 1 WRV, wobei diese keinen Einzelfall betreffen durfte[926]. Den in der Anweisung namhaft gemachten Mängeln musste die Landesregierung gemäß Art. 15 Abs. 3 S. 1 WRV abhelfen[927]. Bei einem Verstoß gegen Zweckmäßigkeitserwägungen standen dem Reich dabei nur Hinweise u.Ä. zur Verfügung, nicht jedoch Befehle und Zwangsmaßnahmen[928]. Bei reichsrechtswidrigen Legislativakten trat präventiv das Verfahren der Reichsaufsicht neben das repressive Verfahren nach Art. 13 Abs. 2 WRV[929]. So konnte die Reichsregierung die Landesregierung auffordern, alle Mitwirkungsrechte im Gesetzgebungsprozess zu nutzen[930]. Bei Streitigkeiten konnte das Verfahren gemäß Art. 19 WRV angestrebt werden; Art. 15 Abs. 3 S. 2 WRV bezog sich dabei nur auf

922 So auch *Bruhn*, Reichsaufsicht (Fn. 913), S. 60; siehe insbesondere auch *Anschütz*, Reichsaufsicht (Fn. 913), S. 368 sowie *H. Holste*, Der deutsche Bundesstaat im Wandel (1867–1933), 2002, S. 474.

923 *Bruhn*, Reichsaufsicht (Fn. 913), S. 72 f.; dies wurde aus der Natur der Reichsaufsicht gefolgert, da sonst die Aufsicht ein „Schwert ohne Griff" sei, siehe *Anschütz*, Reichsaufsicht (Fn. 913), S. 375.

924 *Anschütz*, Verfassung (Fn. 779), Art. 15 Anm. 1.b (S. 114); *Holste*, Bundesstaat (Fn. 922), S. 473 f.

925 So auch *Bruhn*, Reichsaufsicht (Fn. 913), S. 60; *Anschütz*, Reichsaufsicht (Fn. 913), S. 368 f.; *Holste*, Bundesstaat (Fn. 922), S. 474 m.w.N.

926 So die zeitgenössisch h.M., siehe statt aller *Anschütz*, Reichsaufsicht (Fn. 913), S. 376; *ders.*, Verfassung (Fn. 779), Art. 15 Anm. 5 (S. 119); siehe zum Streitstand *Bruhn*, Reichsaufsicht (Fn. 913), S. 39.

927 Ob das Verfahren nach Art. 15 Abs. 3 S. 2 WRV aufschiebende Wirkung hatte, war streitig. Zumindest für Rechtsstreitigkeiten war Art. 15 Abs. 3 S. 2 WRV *lex specialis*, so *Anschütz*, Verfassung (Fn. 779), Art. 15 Anm. 7 f. (S. 121 f.) m.w.N.

928 Siehe *Anschütz*, Reichsaufsicht (Fn. 913), S. 370 f. mit weiteren Einzelheiten.

929 *Anschütz*, Reichsaufsicht (Fn. 913), S. 372.

930 *Anschütz*, Reichsaufsicht (Fn. 913), S. 372.

das Aufsichtsmittel der Mängelrüge[931]. Eine Entscheidung im Rahmen eines reichsaufsichtsrechtlichen Verfahrens ist gegen Mecklenburg-Schwerin nicht ergangen[932].

Die Reichsexekution gemäß Art. 48 Abs. 1 WRV war die *ultima ratio* bei Verletzung der reichsrechtlichen Pflichten der Länder, wenn es um solche ging, die sich aus der gliedstaatlichen Stellung ergaben[933]. Dabei wurden jedoch entgegen des Wortlauts auch mildere Mittel als das militärische Eingreifen, beispielsweise Ersatzvornahme oder temporäre Übernahme der Landesstaatsgewalt durch das Reich, als Minusmaßnahme für zulässig erachtet[934]. Da mit dem Vorliegen der Voraussetzungen der Reichsexekution auch meist das Notverordnungsrecht einschlägig war und Organidentität für die Maßnahmen herrschte, wurde in der Staatspraxis nicht streng zwischen diesen Instituten unterschieden[935]. Die Reichsexekution konnte nach herrschender Meinung direkt ohne vorherige aufsichtsrechtliche oder gerichtliche Maßnahmen ausgeübt werden[936]. Es bestand gemäß Art. 48 Abs. 3 WRV eine Unterrichtungspflicht gegenüber dem Reichstag, der das Recht hatte, die Aufhebung zu verlangen. Ferner bedurfte es der Mitwirkung der Reichsregierung gemäß Art. 50 WRV. Gegen die Maßnahmen konnte das Land gerichtlich gemäß Art. 19 WRV vorgehen[937]. Diese durften nur aufrechterhalten werden, solange die Voraussetzungen nicht weg-

931 Insofern sieht *Anschütz* dies als „überflüssige Spezialisierung“ an, siehe *dens.*, Reichsaufsicht (Fn. 913), S. 377.

932 Siehe die Übersicht über die Entscheidungen bei *F. Poetzsch*, Vom Staatsleben unter der Weimarer Verfassung, in: JöR 13 (1925), S. 1 (50 ff.).

933 *Gusy*, Reichsverfassung (Fn. 10), S. 262 f.; dabei konnte es sich auch um ungeschriebene Pflichten handeln, siehe *G. Anschütz*, Die Reichsexekution, in: ders./Thoma, Handbuch I (Fn. 179), S. 377 (378).

934 *Gusy*, Reichsverfassung (Fn. 10), S. 263; a.A. *Wittmayer*, Reichsverfassung (Fn. 903), S. 253.

935 *Holste*, Bundesstaat (Fn. 922), S. 482; insofern deckten sich der inhaltliche und systematische Zusammenhang in der Reichsverfassung.

936 Siehe insbesondere *Anschütz*, Verfassung (Fn. 779), Art. 48 Anm. 4 (S. 273); a.A. *Stuckmann*, Grenzen (Fn. 877), S. 60 ff. mit weiteren Einzelheiten; dieser stellt heraus, dass bei Unzulässigkeit der Reichsaufsicht als milderes Mittel die Reichsexekution *per se* ausscheiden müsse; siehe kritisch zur damals h.M. *Holste*, Bundesstaat (Fn. 922), S. 482 f.

937 *Anschütz*, Verfassung (Fn. 779), Art. 48 Anm. 4 (S. 272).

fielen[938]. Auch eine Reichsexekution ist bezüglich Mecklenburg-Schwerins nicht veranlasst worden[939].

4. Weitere wichtige Einflüsse auf die Verfassungsautonomie der Länder

Neben diesen zentralen Regelungen existierten auch weitere Einschränkungen der Verfassungsautonomie für die Glieder. Insbesondere konnte eine Einschränkung der Autonomie durch die Gerichtsbarkeit des Reichs entstehen[940]. Gegen den Freistaat Mecklenburg-Schwerin gab es jedoch keine aufsehenerregenden Verfahren. Daher kann sich die Darstellung auf Grundzüge beschränken.

a) Art. 13 Abs. 2 WRV

Das Normenkontrollverfahren nach Art. 13 Abs. 2 WRV trat neben die schon nach altem Recht bestehende inzidente Überprüfungsmöglichkeit der Gerichte im Hinblick auf den Art. 13 Abs. 1 WRV[941]. Bei Zweifeln über die Vereinbarkeit von Reichs- und Landesrecht konnte eine Entscheidung im Sinne des Art. 13 Abs. 2 WRV erwirkt werden, wobei lediglich die Nichtigkeit festgestellt wurde[942]. Insofern handelte es sich um eine abstrakte Normenkontrolle, was eine echte Innovation der Weimarer Verfas-

---

938 *E. Pogge*, Das Verhältnis Reich und Länder einst (nach der Weimarer Verfassung) und jetzt (nach den Gesetzen der nationalen Erhebung), 1934, S. 29; bei den verwendeten Belegen von *Pogge* handelt es sich (sofern nicht kenntlich gemacht) um objektive Aussagen aus dessen Dissertation, da seine Grundhaltung zum Zeitpunkt der Abhandlung schon ideologisch geprägt ist, sodass Wertungen nicht bedenkenlos übernommen werden können, vgl. dazu insbesondere *dens.*, ebda., S. 36 f., 40 ff.

939 Siehe zu den betroffenen Ländern *Stolleis*, Geschichte III (Fn. 729), S. 120; siehe auch zu den Fällen der Reichsexekution *Gusy*, Reichsverfassung (Fn. 10), S. 264 ff. sowie *Holste*, Bundesstaat (Fn. 922), S. 484 ff.

940 Siehe zur unterschiedlichen Besetzung nach Art der Streitigkeit *E. Friesenhahn*, Die Staatsgerichtsbarkeit, in: G. Anschütz/R. Thoma (Hrsg.), Handbuch des Deutschen Staatsrechts, Bd. II, 1932, S. 523 (S. 531); *Huber*, Verfassungsgeschichte VI (Fn. 82), S. 546 f.

941 *Anschütz*, Verfassung (Fn. 779), Art. 13 Anm. 4 (S. 105).

942 Vgl. *Gebhard*, Handkommentar (Fn. 876), Art. 13 Anm. 4 ff. (S. 127), der jedoch nicht genau zwischen Unwirksamkeit und Nichtigkeit unterscheidet; die Nichtigkeit wird jedoch vom Reichsgericht betont, siehe RGSt 56, 177 (180); auch *Anschütz* betont die „Vernichtung“ von widersprechendem Landesrecht, siehe

sung darstellte[943]. Jedoch musste nach herrschender Meinung kein echter Konflikt vorliegen, da rein akademische Zweifel für ausreichend erachtet wurden, sofern eine aktiv legitimierte Partei, eine oberste Reichs- oder Landesbehörde, das Verfahren in Gang setzen wollte[944]. Daher wirkte die großzügige Antragsbefugnis rechtsschutzerweiternd. Bei bloßer Unvereinbarkeit der landesrechtlichen Norm bestand aufgrund der *per se* bestehenden Nichtigkeit mit Wirkung *ex tunc* kein Handlungsbedarf des Landesgesetzgebers[945]. Die Entscheidung des Reichsgerichts hatte Gesetzeskraft[946]. Insofern war neben der inzidenten Überprüfung hier ein Verfahren geschaffen, bei dem die Landesnorm den Prinzipalpunkt darstellte, sodass die Entscheidung nicht nur *inter partes* wirkte[947]. Auch bei Mängeln im Rahmen der Ausführung von Reichsrecht konnte das Verfahren nach Art. 13 Abs. 2 WRV eröffnet werden, sodass diese beseitigt werden mussten[948]. Insgesamt konnte durch Art. 13 Abs. 2 WRV förmlich die Unvereinbarkeit festgestellt werden[949].

---

dens., Verfassung (Fn. 779), Art. 13 Anm. 3.a (S. 103); ebenso *Stier-Somlo*, Verfassung (Fn. 877), S. 58.

943 Explizit als abstrakte Normenkontrolle betitelt dies *Friesenhahn*, Staatsgerichtsbarkeit (Fn. 940), S. 526 f.; siehe auch *Huber*, Verfassungsgeschichte VI (Fn. 82), S. 561 ff.; *Dreier*, Verfassungsgerichtsbarkeit (Fn. 897), S. 338.

944 *A. Hensel*, Die Rangordnung der Rechtsquellen insbesondere das Verhältnis von Reichs- und Landesgesetzgebung, in: Anschütz/Thoma, Handbuch II (Fn. 940), S. 313 (327); insofern divergierte der Kreis der Antragsberechtigten im Vergleich zu Art. 93 Abs. 1 Nr. 2 GG, siehe auch *Dreier*, Verfassungsgerichtsbarkeit (Fn. 897), S. 339.

945 *Gebhard*, Handkommentar (Fn. 876), Art. 13 Anm. 9.f (S. 129); die Exekutive hatte lediglich dafür zu sorgen, dass diese Normen von der Verwaltung nicht weiter angewendet wurden; die Nichtigkeit von widersprechendem Landesrecht bzw. Landesverfassungsrecht betont auch *Stuckmann*, Grenzen (Fn. 877), S. 9; jedoch plädiert dieser im Sinne der Rechtssicherheit für eine explizite Aufhebung der Norm, siehe *dens.*, ebda., S. 48.

946 *Stier-Somlo*, Verfassung (Fn. 877), S. 59; *Anschütz*, Verfassung (Fn. 779), Art. 13 Anm. 5 (S. 107).

947 *Anschütz*, Verfassung (Fn. 779), Art. 13 Anm. 4 (S. 105).

948 *Gebhard*, Handkommentar (Fn. 876), Art. 13 Anm. 9 f. (S. 129); auch *Stuckmann* betont die aufsichtsrechtliche Funktion von Art. 13 Abs. 2 WRV, siehe *dens.*, Grenzen (Fn. 877), S. 56 f.

949 *Wenzel*, Grundlagen (Fn. 870), S. 618.

b) Art. 19 Abs. 1 WRV

Art. 19 Abs. 1 WRV schuf einen speziellen Spruchkörper, nämlich den Staatsgerichtshof, und wies diesem insbesondere die Reich-Länder-Streitigkeiten (Var. 3) sowie Streitigkeiten nichtprivatrechtlicher Natur zwischen verschiedenen Ländern (Var. 2) zu. Insofern ging Art. 19 WRV noch über die abstrakte Normenkontrolle des Art. 13 Abs. 2 WRV hinaus[950]. Die Funktion als Landesverfassungsgericht nahm der Staatsgerichtshof bezüglich Mecklenburg-Schwerin aufgrund eigener Gerichtsbarkeit grundsätzlich nicht ein. Die Zuständigkeit des Staatsgerichtshofs des Reichs war dennoch gegeben, sofern es sich um Verfassungsstreitigkeiten im Sinne des Art. 19 WRV handelte und eine Rechtsschutzlücke vorhanden war[951]. Dies lag insbesondere dann vor, wenn die Landesverfassung die Parteifähigkeit so beschränkte, dass die im Rahmen von Art. 19 WRV zugelassene Parteien vor dem Landesverfassungsgericht ausgeschlossen waren[952]. Insofern bestand selbst hier eine subsidiäre Zuständigkeit des Reichsstaatsgerichtshofs[953]. Der Staatsgerichthof wurde durch seine Kompetenzen zum Hauptträger der Verfassungsgerichtbarkeit auf Reichsebene[954] und aufgrund des Fehlens eigener Landesverfassungsgerichtsbarkeit in vielen Ländern auch auf der jeweiligen Landesebene. Er war organisatorisch beim Reichsgericht angegliedert, sodass dieses in der Wahrnehmung dominierte[955]. Da es auch schon damals bei den Verfassungsstreitigkeiten meist um einen Grenzbereich zwischen Recht und Politik ging, versuchte

950 *Dreier*, Verfassungsgerichtsbarkeit (Fn. 897), S. 344.

951 *Friesenhahn*, Staatsgerichtsbarkeit (Fn. 940), S. 533.

952 So der Staatsgerichtshof speziell zu Mecklenburg-Schwerin siehe H.-H. Lammers/W. Simons (Hrsg.), Die Rechtsprechung des Staatsgerichtshofs für das Deutsche Reich und des Reichsgerichts auf Grund Artikel 13 Absatz 2 der Reichsverfassung, Bd. I, 1929, S. 352; *Friesenhahn*, Staatsgerichtsbarkeit (Fn. 940), S. 533.

953 Explizit zu einer Streitigkeit innerhalb Mecklenburg-Schwerins *R. Thoma*, Die Staatsgerichtbarbarkeit des Deutschen Reichs, in: O. Schreiber (Hrsg.), Die Reichsgerichtspraxis im deutschen Rechtsleben, Bd. I, 1929, S. 179 (191); hier war die Nationalsozialistische Deutsche Arbeiterpartei nicht antragsfähig, sodass die Zuständigkeit des Staatsgerichtshofs als subsidiär zuständiges Gericht gegeben war.

954 *Anschütz*, Verfassung (Fn. 779), Art. 19 Anm. 2 (S. 161).

955 So *Dreier*, Verfassungsgerichtsbarkeit (Fn. 897), S. 345; siehe zur verschiedenen Besetzung abhängig von der Verfahrensart *Friesenhahn*, Staatsgerichtsbarkeit (Fn. 940), S. 531 sowie (Fn. 940).

der Verfassungsgerichtshof, eine gewisse Zurückhaltung bei den Urteilen zu beweisen[956].

Bei den Auseinandersetzungen zwischen den Ländern handelte es sich im Gegensatz zum Kaiserreich um ein Verfahren zwischen Verfassungsfaktoren im Bundesstaat[957]. Dabei gab es Streitigkeiten, die sich aus der Gliedstellung[958] ergaben, und solche, welche die Länder als gleichgeordnete Staaten führten[959]. Parteifähig waren die jeweiligen Regierungen als Vertretungen des jeweiligen Landes[960]. Bei den Länderstreitigkeiten ging es meist um Hoheitsrechte, Grenzverläufe, Gewässernutzung und Staatsverträge[961]. Ein solcher Konflikt lag auch zwischen Mecklenburg-Schwerin und Lübeck vor[962]. Hier stritten die Beteiligten über die Hoheitsrechte in der Travemünder Bucht anlässlich einer ordnungsrechtlichen Verordnung Mecklenburg-Schwerins, welche die Fischerei für Nichtmecklenburger untersagte. Bei einem Streit über Grenzen handelte es sich nicht um eine Angelegenheit der Veränderung im Sinne des Art. 18 WRV, sodass in diesem Fall eine Streitigkeit nach Art. 19 Abs. 1 WRV zwischen den Ländern vorlag. Von grundsätzlicher Relevanz war der Streit insofern nur, als dass der Staatsgerichthof betonte, dass er nicht bloß zur Erörterung von Rechtsfragen berufen war, sondern aufgrund der Entscheidungsbefugnis auch einstweilige Anordnungen treffen konnte[963].

---

956 *Friesenhahn*, Staatsgerichtsbarkeit (Fn. 940), S. 544; den politischen Charakter der Streitigkeiten betont auch *Stier-Somlo*, Reichs- und Landesstaatsrecht (Fn. 991), S. 402.

957 *Huber*, Verfassungsgeschichte VI (Fn. 82), S. 551.

958 Einziger Fall war der Streit über die Landeseigenschaft von Mecklenburg-Strelitz mit Mecklenburg-Schwerin, siehe Lammers/Simons, Rechtsprechung I (Fn. 952), S. 248 ff.; *Friesenhahn*, Staatsgerichtsbarkeit (Fn. 940), S. 543 (dort Fn. 98).

959 *Friesenhahn*, Staatsgerichtsbarkeit (Fn. 940), S. 543.

960 *Dreier*, Verfassungsgerichtsbarkeit (Fn. 897), S. 348; „Parteifähigkeit" war die zeitgenössische Diktion im Verfassungsprozessrecht, siehe *Anschütz*, Verfassung (Fn. 779), Art. 19 Anm. 6 f (S. 165).

961 *Stier-Somlo*, Reichs- und Landesstaatsrecht (Fn. 991), S. 401; *Dreier*, Verfassungsgerichtsbarkeit (Fn. 897), S. 348.

962 Siehe zum dargestellten Konflikt *M. Wenzel*, Der Streit zwischen Lübeck und Mecklenburg-Schwerin über die Hoheitsrechte in der Lübecker Bucht, in: Mecklenburgische Zeitschrift für Rechtspflege Rechtswissenschaft, Verwaltung 42 (1926), Sp. 385–398, 451–460, 497–510, 563–576, 625–642; die Klärung der Streitfrage richtete sich dabei primär nach dem Völkerrecht.

963 Vgl. den Wortlaut des Urteils, wiedergegeben bei *Wenzel*, Streit (Fn. 962), Sp. 388 f.; dies wird mit dem Fehlen eines expliziten Verbots begründet.

Bei den Streitigkeiten zwischen Reich und Land lag eine Verfassungsstreitigkeit nur vor, wenn es um die staatliche Willensbildung ging[964]. Dabei waren die Landes- und Reichsregierung als Vertretungen des gesamten Landes bzw. des Reichs streitbeteiligt[965]. Parteien waren somit nur die Länder bzw. das Reich an sich. Insofern war dies die Generalklausel für den Reich-Länder-Streit[966].

Die Urteile waren gemäß Art. 19 Abs. 2 WRV vom Reichspräsidenten zu vollstrecken. Die rechtliche Wirkung, auch bezüglich des Bestehens der Zuständigkeit, des Hoheitsrechts oder der Gültigkeit der Norm, trat nach herrschender Meinung mangels ausdrücklicher Norm nur *inter partes* ein[967]. Insgesamt stellte Art. 19 WRV eine Generalklausel für verfassungsrechtliche Streitigkeiten dar[968].

c) Art. 110 WRV

Weitere Beschränkungen der Gestaltungsfreiheit normierte Art. 110 WRV. Nach dem ersten Absatz richtete sich die Staatsangehörigkeit zu den Ländern und dem Reich nach dem Reichsgesetz[969]. Eine deutlich höhere Relevanz im Hinblick auf den Gestaltungsspielraum und die Autonomie der Länder besaß Art. 110 Abs. 2 WRV, der jede Diskriminierung von Reichsdeutschen verbot[970]. Auf diese Beschränkung wird an entsprechender Stelle Bezug genommen.

---

964 Siehe zu den Einzelheiten der Auslegung „nicht privatrechtlicher Art“ *H. Triepel*, Streitigkeiten zwischen Reich und Ländern, in: Festgabe der Berliner Juristischen Fakultät für Wilhelm Kahl zum Doktorjubiläum am 19. April 1923, 1923, S. 1 (31 ff.) sowie *Huber*, Verfassungsgeschichte VI (Fn. 82), S. 549 mit weiteren Einzelheiten zu den Klagearten vor dem Staatsgerichthof.

965 *Dreier*, Verfassungsgerichtsbarkeit (Fn. 897), S. 346; nicht prozessführungsbefugt jedoch waren der Landtag oder Teile desselben, siehe *Huber*, Verfassungsgeschichte VI (Fn. 82), S. 550.

966 So *Triepel* nach ausführlicher Herleitung, siehe *dens.*, Streitigkeiten (Fn. 964), S. 47 ff.; ebenso *Friesenhahn*, Staatsgerichtsbarkeit (Fn. 940), S. 529; zu anderen Reich-Länder-Streitigkeiten mit weiteren Quellen siehe *Anschütz*, Verfassung (Fn. 779), Art. 19 Anm. 12 (S. 173).

967 *Friesenhahn*, Staatsgerichtsbarkeit (Fn. 940), S. 545.

968 *Stier-Somlo*, Reichs- und Landesstaatsrecht (Fn. 991), S. 403.

969 *Anschütz*, Verfassung (Fn. 779), Art. 110 Anm. 1 (S. 536 f.).

970 *Elleser*, Verfassungs-Autonomie (Fn. 9), S. 44.

5. Zusammenfassung

Neben diesem groben Überblick über das reichsrechtliche Korsett sollen im Folgenden jeweils an entsprechender Stelle die Vorgaben des Bundesstaates dargestellt werden[971], um sodann die Regelungen anhand des Ausgestaltungsspielraums zu erörtern. Trotz der vergleichsweise strengen Homogenitätsvorgaben und des Damoklesschwerts der Neuordnung der Länder war der grundsätzliche Bestand der Länder durch die Verfassung in der Rechtswirklichkeit nicht gefährdet[972]. Ungeachtet der Gestaltungsspielräume der Weimarer Reichsverfassung für den Landesverfassunggeber konnte man allerdings kaum von einem föderalismusfreundlichen Grundkonzept sprechen[973]. Durch den Bedeutungswandel des Einheitsstaates bestand eine unverkennbare „Suprematie des Reichs“[974]. Sie wurde durch die gesteigerten gerichtlichen Überprüfungsmöglichkeiten untermauert. Dennoch besaßen die Gliedstaaten innerhalb dieser Grenzen eine Verfassungsautonomie[975], die die Länder nutzen konnten und somit eine Chance zur eigenen Akzentuierung bestand. Ein Recht zum Oktroyieren von Landesverfassungen durch das Reich bestand zumindest nicht[976]. Somit erscheint die Charakterisierung als unitarischer Bundesstaat angemessen[977].

IV. Staats- und Verfassungsqualität der Glieder der Weimarer Republik

Die Frage nach dem Staats- und Verfassungscharakter im Ständestaat Mecklenburg-Schwerin diente vornehmlich der Erfassung und Kategori-

971 Neben diesen Einschränkungen bestanden weitere Vorgaben, die jedoch nicht in selbiger Weise die Landesverfassungsautonomie eingeschränkten, vgl. dazu knapp *Stuckmann*, Grenzen (Fn. 877), S. 23.

972 *Schneider*, Reichsverfassung (Fn. 5), § 5 Rn. 28; ähnlich zur Interpretation des Art. 18 WRV siehe *Stern*, Staatsrecht V (Fn. 10), § 129 S. 578.

973 Den Bedeutungsverlust der Länder betont *W. Jellinek*, Revolution und Reichsverfassung, in: JöR 9 (1920), S. 1 (80); so waren die Mitwirkungsrechte des Reichsrates deutlich geringer als im Kaiserreich, siehe dazu auch *Willoweit/Schlinker*, Verfassungsgeschichte (Fn. 228), § 37 Rn. 23.

974 *Stern*, Staatsrecht V (Fn. 10), § 129 S. 585.

975 *Wenzel*, Grundlagen (Fn. 870), S. 605; die Organisationsregeln als Gestaltungsspielraum betonte *Reißfelder*, Verfassungsautonomie (Fn. 68), S. 75.

976 Insofern waren die Länder im Umfang des Art. 76 WRV geschützt, siehe *Wenzel*, Grundlagen (Fn. 870), S. 605.

977 So *Grzeszick*, Gedanke (Fn. 8), § 2 Rn. 91 m.w.N.; zustimmend *B. Pieroth*, 100 Jahre Weimarer Verfassung, in: Jura 2019, S. 789 (793).

sierung des nach heutigen Maßstäben eher befremdlichen Gebildes. Allerdings beschäftigte sich auch die rechtswissenschaftliche Literatur zur Weimarer Republik mit der Frage nach der Staatsqualität der Glieder in der neuen Republik[978]. Hier ging es jedoch weniger um staatstheoretische Debatten, sondern es ging auch um eine Frage der Identitätsstiftung. Aufgrund der Nähe zwischen Volk und Land sah man in der Frage nach der Staatsqualität der Länder den Anknüpfungspunkt für die Identifikation mit dem Einheitsstaat zugleich[979]. Neben diesem politischen Aspekt bedarf es jedoch auch aus weiteren Gründen der Beantwortung dieser Fragestellung. So haben Länder eine Verfassung, wenn diese als Staaten zu qualifizieren sind[980]. Nicht nur das „Ob", sondern auch das „Wie", die Verfassungshoheit, hängen von der Staatsqualität der Glieder ab[981]. Die Quantität des Gestaltungsspielraums ist somit eng mit der Frage nach der Natur der Länder verknüpft. Somit bedarf es der Beantwortung der Frage nach der Staatsqualität, bevor man sich der Analyse der Grundordnung zuwendet. Wurde in dieser Arbeit der Staatsbegriff bisher ohne inhaltliche Vorwegnahme der Frage nach dem Staatscharakter der Länder im Sinne *Jellineks* verwendet, soll nunmehr eine Klärung erfolgen.

Danach könnte sich – zumindest bei positivem Ergebnis – der vorherigen Fragestellung fast die Erörterung nach der Verfassungsqualität erübrigen. Jedoch wäre eine Ausarbeitung aufgrund des engen Verhältnisses von Staat und Verfassung nicht als vollständig zu betrachten, würde nur ein Element einer näheren Untersuchung unterzogen. Ferner bedarf es der Klärung, ob die Verfassung des Freistaats Mecklenburg-Schwerin nun im Gegensatz zum Landesgrundgesetzlichen Erbvergleich einem anspruchsvollen und modernen Verfassungsbegriff genügte.

---

978 Siehe *H. Nawiasky*, Grundprobleme der Reichsverfassung, 1928, S. 1; aus heutiger Perspektive statt aller *Stern*, Staatsrecht V (Fn. 10), § 129 S. 576 m.w.N.

979 *Elleser*, Verfassungs-Autonomie (Fn. 9), S. 18; dies ist auch heute noch ein wichtiger Aspekt der Staatlichkeit, siehe *W. Graf Vitzthum*, Die Bedeutung des gliedstaatlichen Verfassungsrechts in der Gegenwart, in: VVDStRL 46 (1988), S. 7 (27).

980 So zumindest die herrschende Lehre bezogen auf die Bundesrepublik Deutschland, siehe *Graf Vitzthum*, Bedeutung (Fn. 979), S. 22. Dies gilt jedoch nicht in umgekehrter Richtung.

981 *Graf Vitzthum*, Bedeutung (Fn. 979), S. 27.

1. Staatsqualität im Sinne der Drei-Elemente-Lehre

In einem Bundesstaat können die Gliedstaaten selbst Staatsqualität besitzen, wenn diese die konstitutiven Elemente Staatsgebiet, Staatsvolk und Staatsgewalt aufweisen[982]. Das Staatsgebiet und das Staatsvolk des Bundestaates bilden sich in solchen Staatenverbindungen aus der Gesamtheit der Teilmenge bzw. der Gliedstaaten[983]. Die Staatsgewalt bedarf sodann aufgrund der jeweiligen Existenz derselben einer entsprechenden Kompetenzregelung[984].

Die Frage nach der Staatsqualität der Länder wurde in der zeitgenössischen rechtswissenschaftlichen Diskussion teilweise lebhaft geführt[985]. Die Staatsqualität wurde damals teilweise den Ländern abgesprochen, da der wesentliche Aspekt der völlig autonomen Regelung der Landesverfassung durch die Vorgaben des Art. 17 WRV fehlte[986]. Auch wurde als Indiz für die fehlende Staatlichkeit die Bezeichnung als „Länder" in der Reichsverfassung gesehen[987]. In Art. 1 RVerf. wurde hingegen noch von Staaten gesprochen. Aus dieser Differenzierung des Wortlauts sollte eine materielle Degradierung zu „hohe[n] Selbstverwaltungskörper[n]"[988] ersichtlich sein. Dieses Wortlautargument versuchten andere wiederum auf gleicher Ebene zu entkräften, indem lediglich die Anschaulichkeit als Grund für den Wechsel der Begriffe in den Verfassungsentwürfen herausgestellt wurde[989]. Auch sei an verschiedenen Stellen der Begriff „Staat" im Gegensatz zu „Reich" gewählt worden, sodass die Länder als Staaten

---

982 *Reineck*, Staatslehre (Fn. 105), S. 58 f. Rn. 63; vgl. zu einem abweichenden Definitionsversuch *Nawiasky*, Bundesstaat (Fn. 114), S. 28 f.

983 *Reineck*, Staatslehre (Fn. 105), S. 59 Rn. 63.

984 *Reineck*, Staatslehre (Fn. 105), S. 59 Rn. 63.

985 Siehe zum Überblick über die Entwicklung der staatsrechtlichen Debatte um die Rechtsnatur der Länder *Stolleis*, Geschichte III (Fn. 729), S. 118 f.; vgl. die knappe Benennung von einigen der beiderseitigen Argumente bei *F. Giese*, Grundriß des Reichsverfassungsrechts, 1930, S. 36 ff. sowie *Pogge*, Verhältnis (Fn. 938), S. 18 f.

986 So *F. Poetzsch-Heffter*, Handkommentar der Reichsverfassung, 3. Aufl. 1928, Vorb. Reich und Länder Anm. 4 (S. 78 ff.).

987 Vgl. *Poetzsch-Heffter*, Handkommentar (Fn. 986), Vorb. Reich und Länder Anm. 4.g (S. 80), der den Verzicht auf den Begriff „Gliedstaaten" aus sprachlichen Gesichtspunkten, als reine Taktik abtut.

988 *Poetzsch-Heffter*, Handkommentar (Fn. 986), Vorb. Reich und Länder Anm. 4.f (S. 80).

989 Vgl. wenig überzeugend *Preuß*, Reich (Fn. 871), S. 27 ff.; die Intention der Neutralität der Begriffswahl für den rechtlichen Gehalt betont *Gebhard*, Handkommentar (Fn. 876), Vorb. Art. 1–19 Anm. 2 (S. 63); die mangelnde rechtliche

gemeint seien[990]. Eine klare und überzeugende Lösung konnte und kann aufgrund der unterschiedlichen Arten der Wortwahl in der Reichsverfassung somit nicht aus dem Wortlaut entnommen werden[991]. Um zu einer eindeutigen Lösung zu gelangen, muss hingegen der materielle Gehalt des Bundeskonstrukts untersucht werden[992], um nicht einem oberflächlichen Etikettenschwindel zu erliegen. Hier liefert die bereits aufgegriffene Drei-Elemente-Lehre von *Georg Jellinek* den nötigen Ansatzpunkt.

Für die Staatsqualität bedarf es somit eines Staatsgebiets, eines Staatsvolkes und der Staatsgewalt.

a) Staatsgebiet

Das Staatsgebiet als notwendiges Element der Staatlichkeit liegt vor, sofern ein räumlich definierter Bereich besteht, auf dem sich die Herrschaftsmacht ausbreitet[993]. Ein Mangel daran besteht, wenn sich diese Macht nur auf die Mitglieder unabhängig von der territorialen Ausdehnung bezieht. Es kann aufgrund der ausschließlichen Herrschaft und Kompetenz nur ein Staat auf demselben Gebiet existieren. Jedoch widerspricht eine Staatenverbindung dem Gebietscharakter nicht automatisch, sofern es sich um einen Zusammenschluss von Staaten zu einem Bundesstaat handelt, da dieses Gebiet bei einer solchen Verbindung doppelte staatliche Qualität besitzen kann[994]. § 2 Meck.-Schw. Verf. definierte das Gebiet des Freistaates ausdrücklich, sodass es nicht an einem klar umgrenzten Gebiet mangelte. Das Reich bestand gemäß Art. 2 S. 1 WRV aus den Gebieten der Länder. Die Reichsverfassung brachte damit zum Ausdruck, dass das Gebiet der Länder nicht vom Bestehen des Reichs abhängig war, sondern diese eine

---

Bedeutung der Begriffswahl stellen *Nawiasky*, Grundprobleme (Fn. 978), S. 1 sowie *Anschütz*, Verfassung (Fn. 779), Vorb. zum 1. Abschnitt (S. 37) heraus.

990 *Stier-Somlo*, Verfassung (Fn. 877), S. 43; *Anschütz*, Verfassung (Fn. 779), Art. 1 Anm. 5 (S. 40).

991 Gleichsinnig *F. Stier-Somlo*, Deutsches Reichs- und Landesstaatsrecht, Bd. 1, 1924, S. 357.

992 So auch *Preuß*, Reich (Fn. 871), S. 29; *Nawiasky*, Grundprobleme (Fn. 978), S. 1; ähnlich *Holste*, Bundesstaat (Fn. 922), S. 524; auch die Pflicht zum Erlass einer Landesverfassung lasse den Staatscharakter nicht entfallen, siehe *Preuß*, Reich (Fn. 871), Art. 17 S. 142.

993 Insgesamt zu *Jellineks* Element des Staatsgebietes siehe *dens.*, Staatslehre (Fn. 112), S. 394 ff.

994 Das doppelte Gebietsrecht betont *Stier-Somlo*, Verfassung (Fn. 877), S. 55.

eigene und ursprüngliche Stellung inne hatten[995]. Somit erkannte die Reichsverfassung die geschichtlich und faktisch gewachsenen Territorien der Glieder an. Jedoch wurde teilweise das Vorliegen des Staatsgebiets für sämtliche Länder der Weimarer Republik aufgrund des Art. 18 WRV bezweifelt[996]. Darin war die Möglichkeit der Neugliederung der Länder ohne Zustimmung derselben geschaffen worden. Daraus wurde teilweise geschlussfolgert, dass die Länder nicht über ihr Territorium verfügen konnten und somit keine Gebietshoheit besaßen[997]. Jedoch ist hierbei lediglich entscheidend, ob der Staat während der bestehenden Verhältnisse die uneingeschränkte Verfügungsmacht über sein Territorium hat bzw. ein Staatsgebiet an sich besitzt[998]. Ferner war eine Neuordnung gegen den Willen des entsprechenden Landes gemäß Art. 18 Abs. 1 S. 2 WRV nur durch verfassungsänderndes Gesetz möglich, sodass aufgrund der erschwerten Bedingungen grundsätzlich das Selbstbestimmungsrecht des Landes im Vordergrund stand[999]. Somit besaßen die Länder in der Weimarer Republik ein Staatsgebiet im aufgezeigten Sinn.

Für das Großherzogtum Mecklenburg-Schwerin wurde das Element des Staatsgebiets insbesondere aufgrund der privatrechtlichen Auffassung von Staat und Staatsgebiet verneint[1000]. Daraus ergab sich die Teilbarkeit des Staatsgebietes. Der patrimoniale Charakter von Mecklenburg-Schwerin bröckelte schon vor der Novemberrevolution und verschwand durch die Umwälzungen gänzlich[1001]. Das mittelalterliche Rechtssystem mitsamt der fehlenden klaren Differenzierung zwischen öffentlichem Recht und Privatrecht ist somit im Zuge der Novemberrevolution verschwunden, sodass

---

995 So auch *Gebhard*, Handkommentar (Fn. 876), Vorb. Art. 1–19 Anm. 3.b (S. 64).

996 *Poetzsch-Heffter*, Handkommentar (Fn. 986), Vorb. Reich und Länder Anm. 4.d (S. 79).

997 *v. Freytagh-Loringhoven*, Verfassung (Fn. 198), S. 40 f.; *Poetzsch-Heffter*, Handkommentar (Fn. 986), Vorb. Reich und Länder Anm. 4.d (S. 79).

998 Die Entscheidung zugunsten der Gebietshoheit der Länder betont der Abgeordnete *Wilhelm Kahl* im Verfassungsausschuss, vgl. *Preuß*, Reich (Fn. 871), S. 28; ähnlich *Gebhard*, Handkommentar (Fn. 876), Vorb. Art. 1–19 Anm. 3.c.γ (S. 65).

999 So auch *Stier-Somlo*, Reichs- und Landesstaatsrecht (Fn. 991), S. 356, der die Möglichkeit der einseitigen reichsrechtlich durchgesetzten Gebietsänderung im alten Bundesstaat betont, ohne dass Zweifel an der Staatlichkeit aufgekommen seien.

1000 Vgl. dazu insbesondere *Jellinek*, Staatslehre (Fn. 112), S. 402 sowie Kapitel B.II.1.a.aa der vorliegenden Arbeit.

1001 Die Umwälzung zum modernen Staat mit Umstrukturierung der Verwaltung und Aufbau einer Verwaltungsgerichtsbarkeit betont *Klein*, Länder (Fn. 13), S. 613 f.

dies nicht als Hindernis für die einheitliche staatsrechtliche Beurteilung des Landes innerhalb der Weimarer Republik angeführt werden kann. Somit bestand keine Sondersituation bezüglich des Staatsgebiets.

b) Staatsvolk

Ein weiteres konstitutives Element der Staatlichkeit ist das Vorhandensein eines jeweiligen Staatsvolkes[1002]. Dazu bedarf es eines sesshaften Personenverbands, welcher durch die Staatsangehörigkeit rechtlich verbunden ist[1003]. Jeder Landesangehörige war gemäß Art. 110 Abs. 1 S. 2 WRV auch Reichsangehöriger, was sich nach dem Reichsgesetz richtete[1004]. Somit bestand eine ausdrückliche Bezugnahme zur Landesangehörigkeit, sodass die Reichsverfassung explizit von einer Landesangehörigkeit ausging[1005]. Allerdings bestand gemäß Art. 110 Abs. 2 WRV ein Diskriminierungsverbot aufgrund der Landeszugehörigkeit. Daraus wurde von einem Teil der Staatsrechtslehre geschlussfolgert, dass es keine Landesangehörigkeit im eigentlichen Sinn mehr gab[1006]. Allerdings beseitigte ein Diskriminierungsverbot keine Zugehörigkeit zu einem Staatsvolk an sich[1007]. Ferner ignorierte dieses Verständnis den Wortlaut des ersten Absatzes. Daneben benannte Art. 1 Abs. 2 WRV nicht bloß das deutsche (Gesamt-)Volk[1008]. Dadurch bedeutete die endgültige Fassung des Art. 1 Abs. 2 WRV eine implizite Anerkennung nicht bloß des Reichsvolks, sondern auch die Anerkennung eines Staatsvolks der Länder[1009]. Daraus muss abgeleitet werden, dass die Länder grundsätzlich ein eigenes Staatsvolk besaßen.

Das Großherzogtum besaß aufgrund der mangelnden Subjektqualität vor 1919 kein Staatsvolk im modernen Sinn[1010]. Die Bewohner stellten le-

1002 Siehe zum Staatsvolk insgesamt *Jellinek*, Staatslehre (Fn. 112), S. 406 ff.

1003 Siehe *Schöbener/Knauff*, Staatslehre (Fn. 106), § 3 Rn. 19.

1004 Wobei auch eine Reichsangehörigkeit ohne Landesangehörigkeit geben konnte, siehe *Poetzsch-Heffter*, Handkommentar (Fn. 986), Art. 110 Anm. 3 (S. 409).

1005 *Gebhard*, Handkommentar (Fn. 876), Vorb. Art. 1–19 Anm. 3.b (S. 64).

1006 Vgl. *Wittmayer*, Reichsverfassung (Fn. 903), S. 164 ff.; *Poetzsch-Heffter*, Handkommentar (Fn. 986), Art. 110 Anm. 4 (S. 409).

1007 *Gebhard*, Verfassung (Fn. 876), Vorb. Art. 1–19 Anm. 3.b (S. 64).

1008 Die Entwurfsfassung sprach hingegen noch vom „deutschen Volke", siehe *Stier-Somlo*, Reichs- und Landesstaatsrecht (Fn. 991), S. 355.

1009 *Stier-Somlo*, Reichs- und Landesstaatsrecht (Fn. 991), S. 352.

1010 Dazu siehe insbesondere *Jellinek*, Staatslehre (Fn. 112), S. 406 ff. sowie Kapitel B.II.1.a.bb der vorliegenden Arbeit.

diglich Herrschaftsobjekte dar[1011]. Die Subjektqualität entsteht hingegen, wenn Individuen mit öffentlich-rechtlichen Ansprüchen und Abwehrrechten gegenüber dem Staat ausgestattet sind. Somit bedarf es der Anerkennung des Menschen als Person. Die Verfassung von Mecklenburg-Schwerin besaß schon wie auch die Weimarer Reichsverfassung einen umfangreichen Grundrechtsteil. Die Grundrechte der Weimarer Reichsverfassung stellten nicht lediglich Programmsätze dar, sondern vermittelten teilweise individuelle Freiheitsgarantien, die aus der Anerkennung von subjektiv öffentlichen Rechten herrührten[1012]. Zwar wird die Frage nach der Wirksamkeit aufgrund von Art. 13 Abs. 1 WRV erst an geeigneter Stelle der Arbeit beantwortet, jedoch musste logischerweise bei der Normierung eines eigenen Grundrechtekatalogs auch die Verfassung des Freistaats vom Vorhandensein von subjektiv öffentlichen Rechten des Individuums ausgegangen sein, sodass der Mensch als Person von ihr auch anerkannt wurde. Der Grundrechtekatalog sollte unter anderem zur Identifikation der Bürger mit dem Freistaat führen[1013], was auch für die Anerkennung der Einwohner in ihrer Subjektqualität spricht. Ferner erwuchsen auch aus dem Wahlrecht subjektive öffentliche Rechte für die Wahlberechtigten[1014], sodass daran die Subjektqualität der Einwohner evident wird. Folglich scheiterte die Staatsqualität von Mecklenburg-Schwerin nach der Novemberrevolution nicht mehr an der reinen Objektqualität der Einwohner, sodass sich kein Unterschied zu den anderen Ländern der Weimarer Republik ergab.

Daraus ergibt sich, dass alle Länder der Weimarer Republik und speziell auch der Freistaat Mecklenburg-Schwerin ein Staatsvolk besaßen.

c) Staatsgewalt

Staatsgewalt im Sinne *Jellineks* liegt vor, wenn es sich um Herrschaftsgewalt handelt[1015]. Dazu muss die Möglichkeit bestehen, Befehle aus eigener Macht zu erzwingen und nicht von der freiwilligen Befolgung abhängig

---

1011 Die Rechte des Einzelnen wurden im Privatrecht verortet, siehe *Jellinek*, Staatslehre (Fn. 112), S. 409.

1012 *Stier-Somlo*, Reichs- und Landesstaatsrecht (Fn. 991), S. 437; *Dreier*, Zwischenkriegszeit (Fn. 9), § 4 Rn. 12 ff.

1013 *Inachin*, Durchbruch (Fn. 60), S. 23.

1014 *Stier-Somlo*, Reichs- und Landesstaatsrecht (Fn. 991), S. 431; bezogen auf die Bundesrepublik Deutschland *Morlok* (Fn. 485), Art. 38 Rn. 59.

1015 Siehe zur hier aufgegriffenen Konzeption *Jellinek*, Staatslehre (Fn. 112), S. 427 ff.

zu sein. Diese Staatsgewalt muss eine ursprüngliche sein, das heißt, sie darf nicht lediglich vom Zentralstaat abgeleitet sein. Die Reichsverfassung erkannte in Art. 5 WRV eine Landesgewalt ausdrücklich an. Dies könnte jedoch auch für das Vorliegen von lediglich abgeleiteter Staatsgewalt gesprochen haben[1016].

Einen Anknüpfungspunkt der Diskussion bildete Art. 1 Abs. 2 WRV, wonach die Staatsgewalt beim Volk lag. Die Staatsgewalt sei eine Einheit und liege allein beim gesamten deutschen Volke, sodass es sich bei der Landesgewalt nur um abgeleitete Gewalt handeln könne[1017]. Der Wortlaut wurde folglich so interpretiert, dass nur das gesamte Volk gemeint sein und es ferner nur eine Gesamtgewalt geben könne. Der Normtext handelte jedoch abweichend vom Entwurf nicht mehr von „aller“ Staatsgewalt und wurde nicht auf das gesamte „deutsche“ Volk bezogen[1018]. Daraus kann abgeleitet werden, dass diese Streichungen eine eigene Landesgewalt der Länder anerkannten, nicht nur des Reichs, welche auch nicht nur beim gesamten Volkskörper lag[1019]. Somit sagte die Reichsverfassung nichts über die Landesgewalt aus, was für das Vorliegen von ursprünglicher Staatsgewalt der Länder und nicht lediglich delegierter Herrschaftsgewalt sprach[1020]. Vielmehr brachte diese Textänderung zum Ausdruck, dass eine abgeleitete Staatsgewalt eben nicht intendiert war, sodass es sich bei der Herrschaftsgewalt der Länder um eine ursprüngliche handeln musste[1021]. Die gegenteilige Lesart der Norm entfernte sich somit vom exakten Wortlaut.

1016 So *Wittmayer*, Reichsverfassung (Fn. 903), S. 160 ff.; den Gedanken wirft auch *Gebhard* auf, um diesen sodann zu entkräften, siehe *dens.*, Handkommentar (Fn. 876), Vorb. Art. 1–19 Anm. 3.b (S. 64); *Stier-Somlo* versteht dies als eindeutiges Zeichen für die Anerkennung von Landesstaatsgewalt in Landesangelegenheiten, siehe *dens.*, Reichs- und Landesstaatsrecht (Fn. 991), S. 355; ebenso *Nawiasky*, Grundprobleme (Fn. 978), S. 2, der die deklaratorische Natur des Art. 5 WRV hervorhebt.

1017 So *H. Callies*, Die rechtliche Stellung der deutschen Länder zum Reich unter Berücksichtigung der geschichtlichen Entwicklung, 1922, S. 11 f.; *Poetzsch-Heffter*, Handkommentar (Fn. 986), Vorb. Reich und Länder Anm. 4.b, Art. 1 Anm. 4 (S. 78, 87).

1018 *Gebhard*, Handkommentar (Fn. 876), Art. 1 Anm. 4 (S. 68).

1019 *Gebhard*, Handkommentar (Fn. 876), Art. 1 Anm. 4 (S. 68); *Anschütz*, Verfassung (Fn. 779), Art. 1 Anm. 3 (S. 38 f.).

1020 *Gebhard*, Handkommentar (Fn. 876), Art. 1 Anm. 4 (S. 68).

1021 *Stier-Somlo*, Reichs- und Landesstaatsrecht (Fn. 991), S. 355; so auch *Anschütz*, Verfassung (Fn. 779), Art. 1 Anm. 3 (S. 38 f.).

Auch die Verfassungsautonomie bildete einen weiteren Angelpunkt für die Diskussion um die Staatsqualität. Gewisse Eingriffe in die Verfassungsautonomie von Gliedstaaten sind bundesstaatlichen Staatsgebilden zur Wahrung der Funktionsfähigkeit inhärent, ohne dass dadurch die Staatsqualität eingebüßt wird[1022]. Art. 17 WRV legte durch die thematisierten Vorgaben Hand an das Selbstbestimmungsrecht in Form der freien Verfassunggebung der Länder, sodass teilweise daraus geschlossen wurde, man könne von wirklicher Verfassungsautonomie nicht mehr sprechen[1023]. Art. 17 WRV erkannte die Verfassungsautonomie der Länder jedoch an und setzte diese geradezu voraus[1024]. Dabei handelte es sich eben nicht um eine Ermächtigung zum Erlass einer Grundordnung, vielmehr gaben sich die Länder eine Verfassung aus eigenem Recht[1025]. Das bedeutete, dass die Staatsgewalt nicht eine abgeleitete Gewalt war, sondern den Ländern ursprüngliche Herrschaftsmacht aufgrund der Befugnis zur Selbstorganisation und somit Selbstbestimmung zukam[1026].

Ein weiterer Ansatz der Diskussion rankte sich um die Kompetenzverteilung[1027]. Der Gedanke dahinter war, dass bei einer Beschneidung der Kompetenzen bzw. der Gesetzgebungs- und Verwaltungskompetenz auf ein klägliches Minimum nicht mehr von tatsächlicher Herrschaftsgewalt gesprochen werden konnte. Die Gesetzgebungskompetenzen waren stark beschnitten, sodass daraus gefolgert wurde, eine echte Gesetzgebungshoheit wäre den Ländern damit genommen worden[1028]. Jedoch besaßen

---

1022 *H. Gmelin*, Einführung in das Reichsverfassungsrecht, 1929, S. 38; *Schöbener/Knauff*, Staatslehre (Fn. 106), § 6 Rn. 20.

1023 *v. Freytagh-Loringhoven*, Verfassung (Fn. 198), S. 40; *Poetzsch-Heffter*, Handkommentar (Fn. 986), Vorb. Reich und Länder Anm. 4.d (S. 78).

1024 *Gebhard*, Handkommentar (Fn. 876), Vorb. Art. 1–19 Anm. 3.c.𝔖 (S. 64).

1025 *Wenzel*, Grundlagen (Fn. 870), S. 605; *Gebhard*, Handkommentar (Fn. 876), Vorb. Art. 1–19 Anm. 3.c.𝔖 (S. 64).

1026 Ähnlich *Stier-Somlo*, Reichs- und Landesstaatsrecht (Fn. 991), S. 358; so auch *Wenzel*, Grundlagen (Fn. 870), S. 605.

1027 Diesen Ansatz für die Bestimmung des Staatscharakters verfolgte auch *Nawiasky*, Bundesstaat (Fn. 114), S. 66 f., der jedoch betont, dass die Kompetenz-Kompetenz bzw. Kompetenzhoheit im Bundesstaate auf dem Willen des Bundes als auch der Glieder in Form der Zustimmung liegen muss, sodass dies nicht zum Entfallen der Staatseigenschaft und somit der Qualifizierung als Bundesstaat führt, siehe *dens.*, ebda., S. 39 ff.

1028 Siehe zur Beteiligung der Länder an der Bildung des Reichswillens *Callies*, Stellung (Fn. 1017), S. 10 f.; vgl. *Poetzsch-Heffter*, Handkommentar (Fn. 986), Vorb. Reich und Länder Anm. 4 (S. 74 ff.), der die grundsätzliche Zuständigkeit der Länder nur als Schein abtut; *v. Freytagh-Loringhoven* betont die Kompetenz zur Erweiterung der Kompetenzen durch das Reich im Wege der die Länder Gesetzgebungsmacht, sodass von Herrschaftsgewalt gesprochen werden konnte[1029]. Ergänzende und alternative Zuständigkeitsverteilungen lagen dabei in der Natur eines zusammengesetzten Staates[1030]. Jedoch ging die Reichsverfassung von der Allzuständigkeit der Länder aus, sofern nicht explizit oder durch die Natur der Sache eine Materie dem Reich zugewiesen war[1031], vgl. Art. 12 Abs. 1 WRV. Die Länder behielten danach ihre naturwüchsige Zuständigkeit, sodass dies als eindeutiges Indiz für das Vorliegen von ursprünglicher Herrschaftsmacht zu werten war[1032]. Ferner bestand, auch wenn sie quantitativ beschränkt wurde, eine grundsätzliche Zuständigkeit der Länder bei der Ausführung von Reichsgesetzen[1033]. Auch sprach eine primäre Zuweisung von Verfassungsstreitigkeiten zu einem Landesgericht nach Art. 19 Abs. 1 WRV für das Vorliegen von eigener Staatsgewalt der Länder[1034]. Somit standen sich Reichs- und Landesgewalt gleichberechtigt, nur in quantitativer Hinsicht divergierend, gegenüber[1035].

Aufgrund der Beständigkeit des ständischen Systems im Großherzogtum Mecklenburg-Schwerin und dem daraus folgenden Dualismus der Macht existierte auch keine Staatsgewalt[1036]. Im Großherzogtum bestand lediglich ein Konglomerat an Besitztümern mit den Rechten der Stände als faktisch unüberwindbare Machtschranke. Im Freistaat Mecklenburg-Schwerin lag nunmehr die Staatsgewalt bei dessen Volk, vgl. Art. 2 Abs. 1 WRV und § 24 Abs. 1 Meck.-Schw. Verf. Das Prinzip der Volkssouveränität war reichsrechtlich für alle Länder vorgegeben[1037] und in der Verfassung des Freistaates aufgegriffen worden. Die gesamte Landesgewalt lag somit auch

---

Verfassungsänderung als Zeichen für die fehlende Staatlichkeit, vgl. *dens.*, Verfassung (Fn. 198), S. 39.

1029 *Nawiasky*, Grundprobleme (Fn. 978), S. 2.

1030 *Nawiasky*, Grundprobleme (Fn. 978), S. 4.

1031 *Gebhard*, Handkommentar (Fn. 876), Vorb. Art. 1–19 Anm. 3.c.δ (S. 65).

1032 So auch die Meinung des Staatsgerichtshofs, siehe *F. Stier-Somlo*, Das Reichsgericht und der Verfassungsabschnitt „Reich und Länder", in: Schreiber, Reichsgerichtspraxis I (Fn. 953), S. 201 (209 f.); ebenfalls *Anschütz*, Verfassung (Fn. 779), Art. 12 Anm. 1 (S. 97).

1033 *Stier-Somlo*, Reichs- und Landesstaatsrecht (Fn. 991), S. 357.

1034 *Stier-Somlo*, Verfassung (Fn. 877), S. 42.

1035 So auch *Stier-Somlo*, Verfassung (Fn. 877), S. 54; auch *E. R. Huber* betont die Existenz von nicht abgeleiteter Hoheitsgewalt der Länder, siehe *dens.*, Deutsche Verfassungsgeschichte seit 1789, Bd. VI, 1981, S. 78.

1036 Dazu vgl. insbesondere *Jellinek*, Staatslehre (Fn. 112), S. 435 ff. sowie Kapitel B.II.1.a.cc der vorliegenden Arbeit.

1037 *Stuckmann*, Grenzen (Fn. 877), S. 25.

hier in der Hand des Landesvolkes[1038]. Somit bestand auch hier keine Sondersituation mehr, sodass eine einheitliche Staatsgewalt vorlag.

Die Souveränität stellt – der zeitgenössischen herrschenden Meinung folgend – kein konstitutives Element der Staatlichkeit dar[1039], sodass sich Ausführungen dazu erübrigen.

d) Zusammenfassung

Zwar sind die Argumente, die gegen den Staatscharakter der Länder sprechen, nicht haltlos, jedoch vermögen diese vor dem Hintergrund der Gesamtausrichtung des Reichs und der Reichsverfassung nicht zu überzeugen[1040]. Einschränkungen der Elemente sind bei bundesstaatlichen Gebilden logische Konsequenz, auch wenn diese stärker ausgeprägt waren, als dies im Bismarckreich noch der Fall war[1041]. Jedoch verblieben den Ländern insoweit Handlungs- und Gestaltungsfreiräume, dass der Staatscharakter nicht zu verneinen war, auch ohne die formalen rechtlichen und faktischen Verhältnisse zu sehr zu vernachlässigen. Die Weimarer Republik ist nicht aufgrund von vertragsmäßiger Verbindung entstanden, wobei in dem Entstehungsakt dadurch nicht eine grundsätzliche Beseitigung der Staatlichkeit der Länder zu sehen war[1042]. Die mangelnde Staatsqualität des Großherzogtums Mecklenburg-Schwerin hing im Kaiserreich lediglich an der Verhaftung im mittelalterlichen System, sodass die mecklenburgischen „Staaten“ Sonderlinge im Bismarckreich darstellten. § 1 Abs. 1 Meck-Schw. Verf. zeigte schon terminologisch den Anspruch an die Eigenstaatlichkeit des Landes als Glied des deutschen Reichs[1043]. Wie

1038 *Anschütz*, Verfassung (Fn. 779), Art. 1 Anm. 3 (S. 39).

1039 Statt aller *Gebhard*, Handkommentar (Fn. 876), Vorb. Art. 1–19 Anm. 3.c.β (S. 64 f.); *Anschütz*, Verfassung (Fn. 779), Art. 1 Anm. 4 (S. 39); a.A. *Nawiasky*, Bundesstaat (Fn. 114), S. 46 ff., der jedoch insgesamt einen von der h.M. divergierenden Gedankengang einschlägt.

1040 So auch *Gebhard*, Handkommentar (Fn. 876), Vorb. Art. 1–19 Anm. 3.c.ε (S. 65 f.).

1041 Die Anerkennung der Staatlichkeit durch die Weimarer Reichsverfassung unter gleichzeitiger Einschränkung der landesstaatlichen Mitwirkung betont *Stier-Somlo*, Verfassung (Fn. 877), S. 49 ff.; für *Giese* war die Schwelle der Entstaatlichung erreicht und drohe bei weiterer Beschneidung der Kompetenzen überschritten zu werden, vgl. *dens.*, Grundriß (Fn. 985), S. 38 f.

1042 *Stier-Somlo*, Verfassung (Fn. 877), S. 63.

1043 So auch der Vergleich zu heutigen Regelungen, vgl. *Dittmann*, Verfassungshoheit (Fn. 870), § 127 Rn. 9.

aufgezeigt, besaß das Land Mecklenburg-Schwerin Staatsqualität, sodass der terminologische Anspruch nicht bloße „Status-Empfindlichkeit“[1044] darstellte, sondern das Bewusstsein des Verfassunggebers widerspiegeln konnte. Somit besaßen die Länder ebenso wie das Reich Staatsqualität[1045], sodass die Weimarer Republik einen Bundesstaat darstellte[1046].

2. Verfassungsqualität

Verfassungen machen ein Gemeinwesen begreifbar[1047]. Nachdem der Landesgrundgesetzliche Erbvergleich zumindest keine Verfassung im modernen Sinn darstellte, jedoch einige Ähnlichkeiten mit grundlegenden Elementen aufwies[1048], stellt sich die Frage, ob die Verfassung des Freistaates Mecklenburg-Schwerin[1049] jedoch dem modernen und anspruchsvollen Verständnis genügte[1050].

1044 *Graf Vitzthum*, Bedeutung (Fn. 979), S. 26.

1045 So richtigerweise die h.M., siehe statt aller *Jellinek*, Revolution (Fn. 973), S. 81; *Stier-Somlo*, Verfassung (Fn. 877), S. 50; *Elleser*, Verfassungs-Autonomie (Fn. 9), S. 19; *Gebhard*, Handkommentar (Fn. 876), Vorb. Art. 1–19 Anm. 3.d (S. 66); a.A. *v. Freytagh-Loringhoven*, Verfassung (Fn. 198), S. 44, der keinen Zweifel an der fehlenden Staatlichkeit sieht; zusammenfassend *Stolleis*, Geschichte III (Fn. 729), S. 118 ff.

1046 So die h.M., siehe statt aller *Anschütz*, Verfassung (Fn. 779), Art. 1 Anm. 4 (S. 40), siehe insbesondere zur Debatte um den Föderalismus in der Weimarer Republik *Grzeszick*, Gedanke (Fn. 8), § 2 Rn. 93 ff.

1047 *Graf Vitzthum*, Bedeutung (Fn. 979), S. 23.

1048 Siehe zu den Elementen auch *H. Mohnhaupt*, Von den „leges fundamentales“ zur modernen Verfassung in Europa, in: Ius Commune 25 (1998), S. 121 (121 ff.), der als Elemente auflistet: 1. staatliche Ordnung mit demokratisch verfasster Gesellschaft mit Gewaltenteilung und Individualrechtsschutz 2. schriftliche Verfassungsurkunde 3. vom Volk bestimmte verfassunggebende Instanz 4. Vorrang und erschwerte Abänderbarkeit; siehe auch *Grimm*, Ursprung (Fn. 243), § 1 Rn. 58 mit etwas divergierenden Merkmalen.

1049 „Verfassung des Freistaates Mecklenburg-Schwerin“ stellt die amtliche Überschrift im Regierungsblatt dar, sodass die Terminologie zunächst so übernommen wurde und noch keine Vorentscheidung darstellt.

1050 Die folgenden Definitionen und Voraussetzungen der Verfassungsqualität orientieren sich, sofern nicht explizit anders angegeben, wiederum an *Dreier*, Verfassung (Fn. 243), Sp. 2868 ff. sowie den Ausführungen in Kapitel B.II.2.a.

a) Verfassungsurkunde

Zunächst bedarf es einer Urkunde, die umfassend und vollständig die Ausübung von Staatsgewalt festschreibt. Im Freistaat Mecklenburg-Schwerin existierte eine einheitliche Urkunde, die den Anspruch hatte, Verfassung zu sein[1051]. Auf Reichsebene war nach herrschender Ansicht eine Verfassungsänderung ohne Änderung des Wortlauts möglich[1052]. Aufgrund des Fehlens eines solchen Verbots muss auch bezüglich des Freistaates von dieser Möglichkeit ausgegangen werden. Jedoch wurde der Text der Landesverfassung explizit angepasst und veröffentlicht, wenn es zu Änderungen kam[1053]. Ebenso wurde auch auf Reichseben nicht an der Verfassungsqualität der Reichsverfassung gezweifelt. Dabei geht es jedoch im Wesentlichen um den Anspruch, sämtliche Aufgaben und Befugnisse einer grundlegenden Regelung zu unterwerfen und somit lückenlos zu sein[1054]. Es geht bei diesem Erfordernis somit primär um den erschöpfenden Anspruch des Werks in Abgrenzung zu den *leges fundamentales*, die eine Vielzahl von Herrschaftsverträgen umfassten[1055]. Dies wurde mit dem Postulat, dass alle Staatsgewalt vom Volke ausging und somit auf den Willen des Volkes zurückzuführen war, schon ausgedrückt[1056], wie dies § 24 Abs. 1 Meck.-Schw. Verf. auch festschrieb. Auch war dies das *Credo*, unter dem die gesamte Tätigkeit des verfassunggebenden Landtags stand[1057].

b) Vorrang

Der Vorrang der Verfassung ist die logische Konsequenz aus der Funktion als grundlegende Rechtsquelle und Begrenzung der staatlichen Gewaltausübung. Somit muss die Verfassung auf höchster Rangstufe stehen. Insofern

---

1051 Dies wird schon am Titel deutlich. Auch sprechen alle Normen von dem Gesetz als Verfassung, vgl. § 82 Abs. 1 S. 1 Meck.-Schw. Verf.

1052 Statt aller *E. Jacobi*, Reichsverfassungsänderung, in: Schreiber, Reichsgerichtspraxis I (Fn. 953), S. 233 (259).

1053 Vgl. die Änderungsgesetze bei *Wittreck*, Weimarer Landesverfassungen (Fn. 2), S. 407 ff.

1054 *P. Unruh*, Der Verfassungsbegriff des Grundgesetzes, 2002, S. 273.

1055 Ähnlich *Dreier*, Verfassung (Fn. 243), Sp. 2868 f.

1056 Ebenso *Unruh*, Verfassungsbegriff (Fn. 1054), S. 273.

1057 So *Wendorff*, VVLTag I (Fn. 629), 1. Sitzung, S. 2; dies wird auch an vielen Normen des Werks deutlich, was in der inhaltlichen Auseinandersetzung an entsprechender Stelle noch deutlich gemacht wird.

bindet diese alle staatliche Gewalt im gewissen Maße und Umfang. In dem heute modernen deutschen Verfassungsverständnis bindet die Verfassung konsequenterweise auch grundsätzlich die Legislative und wird somit zum „Gesetz für den Gesetzgeber". Der Vorrang der Landesverfassung wurde nicht explizit im Normtext selbst herausgestellt. Jedoch entsprach dies der üblichen Normhierarchie, die auch zeitgenössisch anerkannt war[1058]. Der Vorrang war somit eine Selbstverständlichkeit. Dies wurde auch durch Art. 29 Abs. 1 EG deutlich, der unter anderem bestimmte, dass alle der Verfassung widersprechenden Normen außer Kraft traten. Insofern machte die Übergangsregelung schon den Rang der Verfassung deutlich. Daneben wurden die Grundrechte durch den Vorspruch vor dem Grundrechtekatalog in gewissem Maße dem Gesetzgeber, auch dem verfassungsändernden Gesetzgeber, entzogen, sodass dies eine Perpetuierung des Vorrangcharakters der Verfassung selbst ausdrückte[1059]. Somit bestand dabei sogar noch eine gesteigerte Vorrangwirkung. Ferner band dieser somit ausdrücklich ebenfalls den Gesetzgeber, was zeitgenössisch ein Unikat darstellte.

c) Verfassunggebende Gewalt

Daneben bedarf es eines Aktes der Verfassunggebung. Dies bedeutet, dass die Urkunde nicht bloß das Produkt der Evolution sein darf, sondern ein konkreter Rechtssetzungsakt vorhanden sein muss. Dieser Akt ist Ausdruck des Selbstbestimmungsrechts des Individuums. Dadurch wird die verfassunggebende Gewalt tätig, erschafft die verschiedenen Organe der Staatsgewalt und limitiert diese gleichzeitig. Diese Gewalt ist eine verbindende Volksgemeinschaft und nicht die bloße Ansammlung von Einwohnern zu einem bestimmten Zeitpunkt[1060]. Dabei wählt das Volk in Kenntnis der Aufgabe der Verfassungsschöpfung zur Rationalisierung des Prozesses eine Versammlung, die eine Verfassung erarbeitet und sodann verabschiedet[1061]. Nach der Novemberrevolution wurde ein verfassunggebender Landtag mit der Aufgabe der Ausarbeitung und Verabschiedung

1058 Siehe statt aller *Hensel*, Rangordnung (Fn. 944), S. 313 ff.

1059 Solch eine Klausel bestand bei der Reichsverfassung nicht, sodass dadurch der Vorrangcharakter geschwächt war, so *Unruh*, Verfassungsbegriff (Fn. 1054), S. 281 f. Näheres zum Vorspruch zu den Grundrechten in Kapitel D.I.2 der vorliegenden Arbeit.

1060 *Jacobi*, Reichsverfassungsänderung (Fn. 1052), S. 243.

1061 So zumindest bei dem Konventsmodell (andernfalls bedarf es einer Volksabstimmung nach Erarbeitung des Entwurfs).

einer Verfassung gewählt[1062]. Somit ist in Mecklenburg-Schwerin eben jene Art der Verfassunggebung vollzogen worden. Das Volk als verfassunggebende Kraft hat sich mittelbar eine Verfassung gegeben[1063], dadurch die Organe geschaffen und diese gleichzeitig im Wirkradius limitiert.

d) Verfassungsänderung und Bestandsschutz

Ferner bedarf es eines besonderen Änderungsverfahrens. So trägt man der Generationengerechtigkeit Rechnung und schafft so eine Elastizität der Verfassung, damit diese als Gesamtwerk Bestand haben kann und die Starrheit nicht zum Zerbersten derselben führt. Andernfalls würde es stets eines revolutionären Akts der Mobilisierung der verfassunggebenden Gewalt bedürfen, wenn eine Veränderung als notwendig erachtet wird. Insofern ist es für die Beständigkeit unerlässlich, dass sich die Verfassung zumindest partiell zur Disposition stellt. Diese Möglichkeit der Modifikation für den *pouvoir constituant constitué* wird üblicherweise durch besondere Vorgaben erschwert. Insofern beeinflussen sich die erhöhte Bestandskraft und die Modifikationsmöglichkeit gegenseitig. In § 82 Meck.-Schw. Verf. war explizit das Verfahren der Verfassungsänderung geregelt. Dafür bestimmte es ein erhöhtes Abstimmungsquorum sowohl beim parlamentarischen Verfahren als auch dem Verfahren per Volksabstimmung. Somit regelte die Norm sowohl die Möglichkeit der Änderung[1064], die implizit dieser zugrunde lag, als auch einen erhöhten Bestandsschutz.

e) Grundrechte und Staatsorganisation

Auch beinhaltet nach modernem Verständnis eine Verfassung stets Grundrechte. Diese sind meist als konkrete Ausformung des allgemeinen und für alle gleichen Freiheitsprinzips in den Verfassungsurkunden aufgelistet.

1062 Siehe Bekanntmachung, betreffend Wahlen zu einem verfassunggebenden Landtag v. 15.11.1918 (Regierungsblatt für Mecklenburg-Schwerin 1918 Nr. 201 v. 18.11.1918, S. 1513); vgl. auch *Wenzel*, Verfassungen (Fn. 17), S. 322; *Inachin*, Durchbruch (Fn. 60), S. 17.

1063 Das Staatsvolk als verfassunggebende einheitliche Willensgröße betont auch *Haff*, Ständestaat (Fn. 22), S. 4.

1064 Zwar ist durch den Vorspruch, was noch gezeigt wird, der Grundrechteabschnitt grundsätzlich der Änderung entzogen, jedoch lässt dies die generelle Möglichkeit der Änderung des Großteils der Verfassung nicht entfallen.

Dieses Freiheitsprinzip ist Voraussetzung für den modernen demokratischen Verfassungsstaat. Nur so kann eine Verfassung das Wertefundament der Gesellschaft darstellen[1065]. §§ 4 bis 23 Meck.-Schw. Verf. beinhalteten einen umfassenden Grundrechtskatalog, der die Freiheitssphäre des Bürgers grundsätzlich zu sichern vermochte.

Ferner bedarf es der Regelung der Staatsorganisation, basierend auf dem Prinzip der Gewaltenteilung und der Volkssouveränität. §§ 24 ff. Meck.-Schw. Verf. regelten die grundlegenden Zuständigkeiten der Ausübung von Hoheitsgewalt, wobei eine grundsätzliche Trennung von Exekutive, Judikative und Legislative den Normen innewohnte[1066]. Somit war dieses Erfordernis in den notwendigen Grundzügen erfüllt.

In letzter Konsequenz ist auch die Errichtung einer Verfassungsgerichtsbarkeit notwendig, damit so dem Anspruch der grundlegenden Regelung und dem Vorrang der Verfassung auch ein Sicherungselement zur Seite gestellt wird. Allerdings bedeutet dies nur nach heutigem deutschen Verständnis, dass auch eine Verwerfungskompetenz von formellen Gesetzen geschaffen werden muss, sodass dies nicht als zwingendes Element vorausgesetzt werden darf. Dennoch ist durch § 66 Meck.-Schw. Verf. eine Gerichtsbarkeit geschaffen worden, die über Verfassungsstreitigkeiten entscheiden konnte. Somit ist unabhängig von noch zu behandelnden Einzelheiten eine gewisse Form von Verfassungsgerichtsbarkeit im Freistaat geschaffen worden.

f) Zusammenfassung

Die „Verfassung des Freistaates Mecklenburg-Schwerin" vom 17. Mai 1920 genügte allen Anforderungen, die an eine moderne Verfassungsurkunde gestellt werden. Zwar ist das Vorliegen einer Verfassung kein eindeutiges Zeichen für den Staatscharakter[1067], jedoch unterstützt dies als Indiz das vorherige Ergebnis. Nachdem der Landesgrundgesetzliche Erbvergleich seit 1755 die staatsrechtliche Basis im Sinne einer Grundordnung des Großherzogtums darstellte, lag nun erstmals eine neuzeitliche Verfassung mit allen Elementen des modernen Verfassungsstaates vor. Somit hat man

---

1065 Ähnlich *Isensee*, Staat (Fn. 109), § 15 Rn. 182 ff.

1066 Siehe auch im Überblick *Wenzel*, Verfassungen (Fn. 17), S. 321 ff.

1067 So führt der Staatscharakter zum Vorliegen einer Verfassung; so zumindest die h.M. bezogen auf die Bundesrepublik Deutschland, siehe statt aller *Graf Vitzthum*, Bedeutung (Fn. 979), S. 22.

die staatsrechtliche Rückständigkeit, zumindest auf formaler Ebene, mit einem Schlag beseitigt. Wie modern die Verfassung inhaltlich ausgestaltet war, wird sich im Folgenden zeigen.

D. Die Verfassung des Freistaates Mecklenburg-Schwerin vom 17. Mai 1920 im Lichte der Reichsverfassung

> „Die Reichsverfassung spricht im wesentlichen nur das aus, was sich als notwendige staatspolitische Folgerung aus der Revolution ergab.“[1068]
>
> „Des Volkes Wille ist das höchste Gesetz“[1069].

Ziel des folgenden Kapitels ist es, zu erarbeiten, ob die Landesverfassung des Freistaats Mecklenburg-Schwerin lediglich ein Produkt ihrer Zeit war, namentlich der Reichsverfassung und der historischen Entwicklung, oder man versuchte, durch eigene Akzentuierung neue Wege zu beschreiten.

Durch den Bruch durch die Revolution und die darauffolgenden verfassunggebenden Versammlungen wurden die neuen Landesverfassungen und die Reichsverfassung geschaffen, die Anspruch auf Gültigkeit erhoben, was so auch ganz überwiegend akzeptiert wurde[1070]. Deshalb sollen hier rechtstheoretische Ausführungen zum Charakter und zur Gültigkeit von Verfassungsrecht nach einer Revolution keinen Raum beanspruchen. Das Augenmerk soll vielmehr inhaltlicher Natur sein, damit das Regelungswerk des Verfassunggebers in einem Gesamtkontext beurteilt werden kann.

Wie gezeigt wurde, war die Weimarer Republik ein Bundesstaat, in dem die Länder nicht lediglich „hochpotenzierte Selbstverwaltungskörperschaften“ darstellten[1071]. Ein zentraler Einheitsstaat war nicht vorgesehen[1072]. Vielmehr erlaubte es Art. 18 WRV nicht, die bundesstaatliche Struktur insgesamt abzuschaffen, sondern lediglich die einzelnen Gliederungen zu verändern[1073]. Allerdings bestanden keine dem heutigen Grundgesetz vergleichbaren Schutzeinrichtungen vor Abschaffung der bundesstaatlichen

---

1068 *Elleser*, Verfassungs-Autonomie (Fn. 9), S. 46.

1069 *Wendorff*, VVLTag I (Fn. 629), 1. Sitzung, S. 2; fast wortgleich *W. Kröger* (SPD), ebda., 3. Sitzung, Sp. 49.

1070 Siehe dazu *Stolleis*, Geschichte III (Fn. 729), S. 90 ff. mit weiteren Gedanken und Nachweisen.

1071 *Stern*, Staatsrecht V (Fn. 10), § 129 S. 575.

1072 Auch wenn es Bestrebungen in diese Richtung gab, vgl. *Stern*, Staatsrecht V (Fn. 10), § 129 S. 575.

1073 *Stern*, Staatsrecht V (Fn. 10), § 129 S. 578.

Struktur, sodass dies jederzeit im Wege der Änderung der Reichsverfassung legal möglich gewesen wäre[1074]. Daher wurde die föderale Organisationsstruktur des Reichs zeitgenössisch als „juristisch labil“[1075] bezeichnet, auch wenn diese politisch stabil war. Dennoch begnügten sich die Länder nicht damit, eine Abschrift der Reichsverfassung zu entwerfen und auf die Eingliederung oder Zusammenführung zu warten, sondern traten mit dem Anspruch der Eigenständigkeit auf und gaben sich eigene Verfassungswerke[1076].

Insgesamt versucht die Reichsverfassung einen Ausgleich zwischen Unitarismus und Föderalismus zu schaffen, indem den Ländern Staatscharakter mit eigenem Wirkungskreis gewährt, aber gleichzeitig dieser erheblich eingeschränkt wurde[1077]. Das Verfassungswesen, Kern des Selbstbestimmungsrechts der Länder, war in der Weimarer Republik durch das Reichsrecht stark eingeschränkt[1078]. Dennoch bestanden nennenswerte Freiräume zur gesetzgeberischen Tätigkeit. Trotz nicht zu unterschätzender Gestaltungsspielräume wurde den Ländern große Zurückhaltung bei der Ausgestaltung unterstellt, sodass die Landesverfassungen weitgehend synchron ausfielen[1079]. Zwar haben alle Staaten das parlamentarische Regierungssystem eingeführt, auf einen „echten“ Staatspräsidenten, der mit der Stellung des Reichspräsidenten vergleichbar gewesen wäre, verzichtet[1080] und Formen der direkten Demokratie etabliert[1081], jedoch ergaben sich daneben noch umfassende Gestaltungsspielräume. Dieses zeitgenössische Urteil gilt es, im Folgenden im Hinblick auf den Freistaat Mecklenburg-Schwerin zu untersuchen. Der Ausgangspunkt der Untersuchung umfasst die Zielsetzung, dass die Väter der Landesverfassung des Freistaates die Überwindung der überkommenden Strukturen fokussierten, um

---

1074 *Stern*, Staatsrecht V (Fn. 10), § 129 S. 586.

1075 So *R. Thoma*, Das Reich als Bundesstaat, in: Anschütz/ders., Handbuch I (Fn. 179), S. 169 (182).

1076 So erarbeitete Mecklenburg-Strelitz noch vor Verabschiedung der Reichsverfassung eine eigene Landesverfassung, um so die Eigenstaatlichkeit zu bewahren, vgl. *Vitense*, Geschichte (Fn. 26), S. 591 ff.

1077 *Stier-Somlo*, Verfassung (Fn. 877), S. 50 f.

1078 Ähnlich *G. Anschütz*, Der deutsche Föderalismus in Vergangenheit, Gegenwart und Zukunft, in: VVDStRL 1 (1924), S. 11 (17).

1079 Vgl. *Koellreutter*, Landesverfassungen (Fn. 867), S. 144.

1080 In Baden, Hessen und Württemberg gab es zwar einen Staatspräsidenten, der jedoch die Funktion eines Ministerpräsidenten hatte und kein außerhalb der Regierung stehendes Staatsoberhaupt war, siehe *Reißfelder*, Verfassungsautonomie (Fn. 68), S. 81 f.; *Gusy*, Reichsverfassung (Fn. 10), S. 228.

1081 *Koellreutter*, Landesverfassungen (Fn. 867), S. 145.

so Rückständigkeit endgültig *ad acta* zu legen[1082]. Dieses Ziel verfolgten die Mitglieder des verfassunggebenden Landtags zum Wohle des gesamten Volkes, als dessen Vertreter sie sich nunmehr verstanden[1083]. Dabei wurden die Normen des Verfassungstextes oft vor dem Hintergrund des ständischen Systems formuliert[1084], obwohl den Abgeordneten bewusst war, dass eine Verfassung primär nicht die Fragen der „Augenblickspolitik" beantworten sollte, sondern eine dauerhafte und zukunftsgerichtete Grundlage für das Staatswesen bilden musste[1085]. Trotz dieser Erkenntnis zeigen die parlamentarischen Diskussionen, dass der Geist des vergangenen Ständestaates allgegenwärtig war. Wurden Diskussionen emotional und lebhaft geführt, so schwang dabei mindestens ein Mitbewusstsein der ständischen Ausgangslage mit. Grundlage des neuen Staatswesens war nun, dass Mecklenburg-Schwerin gemäß § 1 Abs. 1 Meck.-Schw. Verf. Freistaat war und die Staatsgewalt beim Volke lag, § 24 Abs. 1 Meck.-Schw. Verf. Insgesamt beruhte das Verfassungswerk auf dem Bekenntnis zur Republik und der Einschränkung durch die gliedstaatliche Stellung innerhalb des Reichs[1086]. § 2 Meck.-Schw. Verf. legte das Landesgebiet, den Regierungssitz und die Landesfarben fest. Bezüglich des Staatsgebiets sprach die Norm nur aus, was geschichtlich gewachsen und anerkannt war. Die Festlegung des Verfassungsrangs von Schwerin als Regierungssitz, nämlich als älteste Stadt und Hauptstadt sowie die Landesfarben sollten auch eine emotionale Identifikation mit dem neuen Staat bewirken[1087]. Insofern versuchte man an dieser Stelle identifikationsstiftend für das neue Staatsgebilde tätig zu werden.

1082 *Inachin*, Durchbruch (Fn. 60), S. 22.

1083 *Wendorff* betont, dass nun das Volk berufen sei, „sich das eigene Haus zu zimmern", siehe *dens.*, VVLTag I (Fn. 629), 1. Sitzung, S. 2; siehe auch *Inachin*, Durchbruch (Fn. 60), S. 9.

1084 *Inachin*, Durchbruch (Fn. 60), S. 22.

1085 *H. Reincke-Bloch* (DVP), VVLTag I (Fn. 629), 4. Sitzung, Sp. 39.

1086 *Wendoff*, VVLTag I (Fn. 629), 3. Sitzung, Sp. 4.

1087 Dies ist zwischen den Zeilen bei den Ausführungen von *Hillmann*, VVLTag I (Fn. 629), 21. Sitzung, Sp. 732 zu erkennen.

I. Grundrechte

Bürgerliche Freiheitsgewährleistung fand man in Deutschland schon in der Paulskirchenverfassung aus dem Jahr 1849[1088] und auch in der preußischen Verfassung des Jahres 1850[1089]. Der umfangreiche Grundrechtskatalog der Weimarer Reichsverfassung sollte an altliberale Traditionen anknüpfen, wobei den klassischen Freiheitsrechten nach der Überwindung der Monarchie weniger Gewicht zugedachte wurde[1090]. Spezielles Gewicht sollte dabei den gesellschaftspolitischen Grundrechten zukommen, um so diesen Zielvorstellungen Verfassungsrang zu verleihen[1091]. Art. 17 WRV enthielt keinerlei Vorgaben zu Grundrechten, sodass kein explizites Verbot der Einführung von Grundrechten in die Landesverfassung bestand, wobei die Reichsverfassung selbst einen umfangreichen Katalog enthielt[1092]. Im Gegenteil sah man im Laufe der Beratungen zunächst aufgrund der Grundrechte in den Landesverfassungen keine Notwendigkeit für einen reichsrechtlichen Grundrechtekatalog[1093]. Der jüngst aufgeworfene Gedanke der abschließenden Wirkung der Reichsgrundrechte, woraus sich ein implizites Verbot der Kodifikation von Landesgrundrechten ergeben hätte[1094], wurde zeitgenössisch nicht thematisiert[1095]. Dies ist auch aus verschiedenen Gründen erklärbar. Die Reichsverfassung bietet keinen Anhalt für eine solche Interpretation[1096]. Dies gilt umso mehr vor dem Hintergrund der Diskussion um das Absehen von reichsrechtlichen Grundrechten aufgrund der Kodifikation von Landesgrundrechten. Hätte der Reichsverfassunggeber die schon bestehenden Landesgrundrechte aushebeln wollen, so wäre sicherlich ein deutlicher Hinweis im Normtext

---

1088 §§ 130 ff. Verfassung des deutschen Reichs v. 28. März 1849 (RGBl. 1849 Nr. 16 v. 28.4.1849, S. 101), im Folgenden als FRV bezeichnet.

1089 *Elleser*, Verfassungs-Autonomie (Fn. 9), S. 44.

1090 *Willoweit/Schlinker*, Verfassungsgeschichte (Fn. 228), § 37 Rn. 21.

1091 *Stern*, Staatsrecht V (Fn. 10), § 129 S. 653; *Willoweit/Schlinker*, Verfassungsgeschichte (Fn. 228), § 37 Rn. 21.

1092 *Stern*, Staatsrecht V (Fn. 10), § 129 S. 579.

1093 *Stern*, Staatsrecht V (Fn. 10), § 129 S. 651 f.

1094 Diesen Gedanken wirft *R. Gräbener* auf, vgl. *dens.*, Verfassungsinterpendenzen in der Republik Baden, 2014, S. 95.

1095 *Wenzel* hält es sogar für zulässig, Reichsgrundrechte in der Landesverfassung zu wiederholen, um die Möglichkeit einer Individualverfassungsbeschwerde auf Landesebene zu eröffnen, siehe *dens.*, Grundlagen (Fn. 870), S. 617; *Wittmayer*, Reichsverfassung (Fn. 903), S. 174 f.

1096 Dies räumt auch *Gräbener* ein, vgl. *dens.*, Verfassungsinterpendenzen (Fn. 1094), S. 95.

zu finden gewesen. Auch sind solche Überlegungen, soweit ersichtlich, nicht in den Verhandlungen der verfassunggebenden Nationalversammlung thematisiert worden[1097]. Ferner ist kein Grund erkennbar, warum der Landesverfassunggeber vor dem Hintergrund der Homogenität gehindert sein sollte, einen umfangreicheren Katalog an bürgerlichen Freiheiten festzuschreiben, wollte man doch primär durch die strengen Homogenitätsvorgaben einen Umsturz der Demokratie verhindern[1098]. Zum Entwurf eines „Grundgesetzes einer unbedingten modernen Demokratie“ bedurfte es nach zeitgenössischem Verständnis der Aufnahme von Grundrechten, welche die „Prinzipien des Liberalismus“ verkörperten[1099], sodass ein Verbot von landrechtlichem Grundrechtsschutz wohl kaum im Interesse des Reichsverfassunggebers gewesen sein konnte. Somit bestand kein Verbot zur Kodifizierung von Landesgrundrechten. Damit ist jedoch noch nicht gesagt, dass diesen eine eigenständige Bedeutung und ein originärer Regelungsgehalt zukommen konnte[1100]. Hier wird die bereits dargestellte herrschende Auslegung von Art. 13 Abs. 1 WRV relevant, die auch hier zugrunde gelegt werden soll. Danach wurde der Satz „Reichsrecht bricht Landrecht“ so interpretiert, dass die landesrechtlichen (Verfassungs-)Normen nicht erst bei echter inhaltlicher Kollision der Nichtigkeit anheimfielen, sondern bereits dann, wenn der identische Gegenstand vom Reichsgesetzgeber geregelt oder zu regeln versucht worden war[1101]. Damit war auch eine grundrechtliche Mehrgewährleistung im Hinblick auf Schutz-

---

1097 Daneben findet sich auch kein Hinweis auf solche Überlegungen in der einschlägigen Literatur.

1098 *Nieding*, Prinzip (Fn. 869), S. 72; *Elleser*, Verfassungs-Autonomie (Fn. 9), S. 46; jedoch bezog sich dies vornehmlich auf Art. 17 WRV, vgl. *Schneider*, Reichsverfassung (Fn. 5), § 5 Rn. 24.

1099 So *R. Thoma*, Die juristische Bedeutung der grundrechtlichen Sätze der Deutschen Reichsverfassung im allgemeinen, in: H. C. Nipperdey (Hrsg.), Die Grundrechte und Grundpflichten der Reichsverfassung, 1. Bd., 1929, S. 1 (8 ff.); *Thoma* hebt auch die Integrationskraft von Grundrechten nach Fortfall der Krone als Integrationsstifter hervor; siehe auch zur verschiedenen Sichtweise auf Grundrechte *Stolleis*, Geschichte III (Fn. 729), S. 110 f.

1100 So auch *Stolleis*, Geschichte III (Fn. 729), S. 126.

1101 Siehe statt aller *Wenzel*, Grundlagen (Fn. 870), S. 617; *Anschütz*, Verfassung (Fn. 779), Art. 13 Anm. 2 f. (S. 102 f.), der die Norm als logische Konsequenz der Hoheit des Reichs über die Länder sieht; kritisch zu dieser Auslegung, insbesondere in Bezug auf Landesgrundrechte *Wittmayer*, Reichsverfassung (Fn. 903), S. 208 (dort Fn. 118); siehe auch *F. Wittreck*, Vom Eigen-Sinn der Bayerischen Verfassung. Die Bamberger Verfassung im Konzert der übrigen Landesverfassungen der Zwischenkriegszeit, in: H. Gehringer/H.-J. Hecker/H.-G. Hermann (Hrsg.), Demokratie in Bayern, 2019, S. 83 (90).

umfang und Einschränkbarkeit nach der herrschenden Meinung ausgeschlossen, sofern ein einzelnes Grundrecht vom Reich geregelt worden war. Insofern galt auch hier der vielfach zitierte Satz von *Anschütz*, „das Reichsgesetz wirkt mithin nach rückwärts als Aufhebung, nach vorwärts als Sperre“[1102]. Zwar differenzierte sich hier das Bild gegen Ende der Zwischenkriegszeit aus, jedoch soll im Hinblick auf genutzte Kodifikationsspielräume die herrschende Ansicht zu Beginn der Weimarer Republik, die sich an Diskussionen im Kaiserreich anlehnte, zugrunde gelegt werden[1103]. Nur so ergibt sich ein realistisches Bild der Nutzung von Gestaltungsspielräumen. Nach der Festschreibung mannigfacher Reichsgrundrechte war es für die Landesverfassunggeber nur schwerlich möglich, eigene Landesgrundrechte zu kodifizieren, die weder der Reichsverfassung widersprachen noch einen eigenen Bedeutungsgehalt hatten[1104]. Eine bloße Wiederholung von Reichsgrundrechten schuf dabei kein eigenständiges Landesverfassungsrecht[1105]. So vernichtete Art. 13 Abs. 1 WRV nach der herrschenden Auslegung einen weitreichenden Regelungsspielraum für Landesgrundrechte. Deswegen sahen die meisten Länder von der Kodifikation eines eigenen Katalogs ab[1106]. Dennoch erübrigt sich eine Betrachtung der Landesgrundrechte nicht. Zum einen wäre eine entsprechende Darstellung unvollständig. Zum anderen konnten Unterschiede zu den Reichsgrundrechten auch als Spiegelbild des Rechtsbewusstseins des Verfassunggebers dienen[1107]. Ferner sind Grundrechte Ausdruck des Anspruchs auf Eigenstaatlichkeit[1108]. Somit gilt es neben dem originären Gewährleistungsgehalt der Landesverfassung des Freistaates auch Abweichungen zur Reichsverfassung aufzuzeigen. Die folgende Darstellung wird

---

1102 So *Anschütz*, Verfassung (Fn. 779), Art. 13 Anm. 3 (S. 103).

1103 Einen mäßigen Wandel des Verständnisses stellt *Wittreck* heraus, siehe *dens.*, Eigen-Sinn (Fn. 1101), S. 90 f. m.w.N.

1104 *Wenzel*, Grundlagen (Fn. 870), S. 617; siehe auch zu möglichen Gestaltungsspielräumen *E. Wagner*, Deutsches Reichs- und Landesstaatsrecht, Bd. II, 1931, S. 115.

1105 *Wenzel*, Grundlagen (Fn. 870), S. 617.

1106 Siehe *Elleser*, Verfassungs-Autonomie (Fn. 9), S. 45, der das als logische Konsequenz darstellt; insbesondere nahmen nur vier von vierzehn Ländern, die sich nach der Reichsverfassung ein eigenes Verfassungswerk gaben, einen Landesgrundrechtekatalog in die Verfassung auf, siehe *Reißfelder*, Verfassungsautonomie (Fn. 68), S. 78.

1107 So das Verständnis der Grundrechte des verfassunggebenden Landtags, siehe *Reinck-Bloch*, VVLTag I (Fn. 629), 4. Sitzung, Sp. 39.

1108 Siehe *Wittmayer*, Verfassung (Fn. 903), S. 175: „Abschied vom Grundrecht scheint Abschied vom Staat“.

somit Normen mit potenziellem Regelungsgehalt untersuchen und relevante Abweichungen zu den Reichsgrundrechten aufzeigen. Bezüglich bloß gleichlautender Landesgrundrechte soll hier auf die zeitgenössische Kommentarliteratur verwiesen werden[1109].

Zunächst fällt der immense Umfang des Grundrechtekatalogs auf[1110]. In ihm waren nach dem Vorspruch der Grundrechte zunächst grundlegende Gleichheitsrechte und gleiche Pflichtenverteilung gemäß §§ 4 bis 7 Meck.-Schw. Verf. enthalten. Danach fanden sich dort klassische liberale Abwehrrechte, wie Freiheit der Person, Unverletzlichkeit der Wohnung, Eigentumsgarantie, Meinungsfreiheit, Versammlungs- und Vereinigungsfreiheit, wieder. In §§ 13 und 14 Meck.-Schw. Verf. waren Berufsfreiheit und Beamtenrechte geregelt. Daran schlossen sich Regelungen über individuelle und korporative Religions-, Gewissens- und Weltanschauungsfreiheit an. Gefolgt wurden diese Regelungen von Normen zur Bildung, §§ 18 bis 21 Meck.-Schw. Verf. Abgerundet wurde dieser Kranz mit dem Petitionsrecht und der Unabhängigkeit der Gerichte. Insofern scheint sich der Grundrechtskatalog aus systematischer Sicht klar an dem Reichsverfassungskanon orientiert zu haben. Dabei stellten die festgeschriebenen Grundrechte weniger ein geschlossenes System dar, sondern fungierten als Kodifizierung von Rechten, die als Voraussetzung für einen demokratischen Staatsorganismus gesehen wurden[1111]. Aus systematischer Sicht stören insbesondere die Regelungen über die Rechte der Beamten, da diese als Teil des Staates keine Grundrechtsträger waren[1112]. So wird schon anhand der Systematik deutlich, dass eine auffallende Orientierung an den Reichsgrundrechten vorlag, wobei man jedoch an mancher Stelle entscheidend davon abwich.

1109 Zum Regelungsgehalt von inhaltsgleichen Grundrechten sei auf die einschlägige Kommentarliteratur verwiesen, siehe insbesondere Nipperdey, Grundrechte I (Fn. 1099); H. C. Nipperdey (Hrsg.), Grundrechte und Grundpflichten der Reichsverfassung, 2. Bd., 1930; ders. (Hrsg.), Grundrechte und Grundpflichten der Reichsverfassung, 3. Bd., 1930; *Gebhard*, Handkommentar (Fn. 876); *Anschütz*, Verfassung (Fn. 779).

1110 Siehe zur Regelungsdichte in den anderen Ländern *Wittreck*, Einleitung (Fn. 2), S. 37 f.

1111 Ähnlich *Thoma*, Bedeutung (Fn. 1099), S. 8 f., 11; siehe zu einem gängigen Definitionsversuch *dens.*, ebda., S. 19.

1112 Diese standen dem Staat nach zeitgenössisch herrschender Ansicht in einem besonderen Gewaltverhältnis gegenüber, sodass dort keine Grundrechte ihre Geltung entfalten konnten, siehe dazu *Thoma*, Bedeutung (Fn. 1099), S. 16; siehe auch die Analyse der zeitgenössischen Rechtslehre bei *S. G. Kielmansegg*, Grundrechte im Näheverhältnis, 2012, S. 59 ff.

1. Sicht auf die Grundrechte im Verfassunggebenden Landtag

Im verfassunggebenden Landtag war das Bewusstsein um die geringe Bedeutung der Landesgrundrechte aufgrund der Reichsverfassung durchaus vorhanden[1113]. So wurde explizit herausgestellt, dass es keine besonderen Grundrechte für Mecklenburg-Schwerin gebe, sodass vorgeschlagen wurde, einen Hinweis aufzunehmen, „daß das mecklenburgische Volk dieselben Grundrechte habe, wie sie dem ganzen deutschen Volke in der Reichsverfassung zugesichert worden sind"[1114]. Konsequenterweise war die Kodifikation eines eigenen Abschnitts mit grundlegenden grundrechtlichen Gewährleistungen zunächst nicht vorgesehen. So enthielt der erste Entwurf der Verfassung keinen Grundrechtekatalog[1115]. Dieser Abschnitt wurde insbesondere eingefügt, um jedem Bürger zu ermöglichen, durch Lektüre der Verfassung sich der Rechte zu vergewissern, die der neue Freistaat gewährleistete[1116]. Die Verfassung sollte das Rechtsbewusstsein widerspiegeln, um so auch als staatsbürgerliches Erziehungswerk für kommende Generationen zu fungieren, sodass die neue Verfassung ein dauerhaftes Werk bilden sollte[1117]. Somit wäre eine Verfassung ohne Grundrechte unvollständig gewesen. Auch wurde die Kodifizierung teilweise vor dem Hintergrund der Grundrechtseingriffe im Zuge und den Nachwirkungen der Novemberrevolution als notwendiges Bekenntnis zum grundlegenden Rechtsbewusstsein gesehen[1118]. Insgesamt sollten die Grundrechte als bürgerliche Freiheiten den Dreh- und Angelpunkt der Identifikation der Bürger mit dem neuen Staatsgebilde werden[1119]. Somit scheint die Funktion

1113 Den Vorrang der Reichsverfassung, auch in Bezug auf die Grundrechte, stellen *Wendorff* sowie *Gladischefski* als Berichterstatter des Verfassungsausschuss heraus, siehe *Wendorff*, VVLTag I (Fn. 629), 3. Sitzung, Sp. S. 4f. sowie *Gladischefski*, in: Stenographisches Bureau des Landtages (Hrsg.), Verhandlungen des Mecklenburg-Schwerinschen Landtags. Verfassunggebender Landtag. Vom 21. Februar 1919 bis 28. Mai 1920, Bd. II, 1920, 83. Sitzung, Sp. 2476; ebenso war man sich des Vorgehens von Reichsrecht bei Normwidersprüchen bewusst, siehe *Witte*, VVLTag I (Fn. 629), 21. Sitzung, Sp. 742.

1114 *K. Freiherr v. Richthofen* (DDP), VVLTag I (Fn. 629), 4. Sitzung, Sp. 55.

1115 Siehe *Wendorff*, VVLTag I (Fn. 629), 3. Sitzung, Sp. 4f.; vgl. die Kritik von *Reincke-Bloch*, ebda., 4. Sitzung, Sp. 39.

1116 Vgl. *Bericht des Verfassungsausschusses*, VVLTag I (Fn. 629), 21. Sitzung, Sp. 704.

1117 So *Reincke-Bloch*, VVLTag I (Fn. 629), 4. Sitzung, Sp. 39, dessen Hinweis grundsätzlich nicht beanstandet wurde.

1118 *Reincke-Bloch*, VVLTag I (Fn. 629), 4. Sitzung, Sp. 39.

1119 *Inachin*, Durchbruch (Fn. 60), S. 23; so allgemein auf die Landesgrundrechte bezogen *Wittmayer*, Reichsverfassung (Fn. 903), S. 175.

der Landesgrundrechte nach dem Willen des Verfassunggebers vornehmlich symbolischer Natur gewesen zu sein, sodass es eher um die Festlegung eines Wertekanons als um die Schaffung positiven Rechts ging. Die Formulierung des Grundrechteabschnitts wurde im Wesentlichen zwei Mitgliedern des Verfassungsausschusses überantwortet[1120]. Konsequenterweise fielen die Debatten um die einzelnen Grundrechte recht spärlich aus. Sowohl im Verfassungsausschuss als auch im Plenum herrschte eine auffallende Abstinenz der Debatte um die meisten Grundrechte. Dies mag jedoch vornehmlich der Dominanz der Reichsverfassung geschuldet gewesen sein und nicht von einer Geringschätzung der Grundrechte an sich hergerührt haben. Dies unterstrich der umfassende Grundrechtekatalog an exponierter Stelle im Verfassungskonstrukt. Diese Rechte wurden im Hinblick auf die Erfahrungen aus dem ständischen System als bürgerliche Freiheiten an vorderster Stelle festgeschrieben[1121]. Zentrale Pfeiler für den verfassunggebenden Landtag waren insofern umfassende Freiheits- und Gleichheitsgarantien[1122].

2. Vorspruch zum Grundrechtsteil

Neben der prominenten Stelle des Grundrechtekatalogs innerhalb des Verfassungswerks sticht der Vorspruch zu den Grundrechten im zweiten Abschnitt ins Auge: „Dem mecklenburgischen Volke werden durch die Verfassung die nachstehenden Grundrechte gewährleistet. Sie bilden Richtschnur und Schranke für Verfassung, Gesetzgebung und Verwaltung“. Dieser Vorspruch war ein Unikat in den Landesverfassungen der Zwischenkriegszeit[1123]. Trotz des markanten Wortlauts hat sich, soweit ersichtlich, weder die Rechtsprechung noch die zeitgenössische rechtswis-

1120 Diese stammten aus den Reihen der DDP und DVP, siehe dazu *Bericht des Verfassungsausschusses*, VVLTag I (Fn. 629), 21. Sitzung, Sp. 704.

1121 *Mrotzek*, Weg (Fn. 857), S. 97.

1122 *Hillmann*, VVLTag I (Fn. 629), 21. Sitzung, Sp. 732.

1123 *H. Dreier*, in: ders., (Hrsg.), Grundgesetz-Kommentar, Bd. I, 3. Aufl. 2013, Vorb. Rn. 17; lediglich Danzig kannte einen ähnlichen Vorspruch, vgl. *P. Häberle*, Grundrechte und parlamentarische Gesetzgebung im Verfassungsstaat – das Beispiel des deutschen Grundgesetzes, in: AöR 114 (1989), S. 361 (364); siehe dazu auch *F. Wittreck*, Die Anfänge der verfassungsgerichtlichen Normenkontrolle in Deutschland. Das Danziger Obergericht als Normenprüfungsinstanz 1923–1939, in: Zeitschrift der Savigny-Stiftung für Rechtsgeschichte: Germanistische Abteilung 121 (2004), S. 415 (427 f.).

senschaftliche Literatur mit der Rechtsnatur und -wirkung befasst. Auch ist ausweislich der parlamentarischen Akten keine eingehende Diskussion – weder im Verfassungsausschuss noch eine Erwähnung im Plenum –zu vernehmen gewesen, sodass die Motivlage des Normgebers nicht klar ist[1124]. Vorbilder für den Vorspruch konnten nur § 130 FRV sowie Art. 107 Entwurf WRV bilden[1125], worauf jedoch auch kein Bezug während der Debatten im Prozess der Verfassunggebung genommen wurde.

a) Grundsätzliche Konzeption des Vorspruchs

Eine ähnlich formulierte Grundrechtsbindung der Gewalten war in der Reichsverfassung geplant, was jedoch aus dem endgültigen Wortlaut gestrichen wurde[1126]. Aus der exponierten Stellung innerhalb der Gesamtverfassung sowie außerhalb der üblichen Paragraphenfolge kann man zumindest eine Hervorhebungsfunktion des Vorspruchs aus systematischer Sicht ableiten, sodass der Verfassunggeber die tragende Rolle des folgenden Inhalts herausgestellte[1127]. Welche weitergehende Funktion dem Vorspruch zukommen sollte, ist damit jedoch noch nicht festgestellt.

Zunächst fragt sich, welche Rechtsnatur dieser Vorspruch besaß. Art. 1 Abs. 3 GG ebenso wie Art. 70 Verf. Danzig[1128] sind bzw. waren deutlich in den Verfassungstext integriert. Der Vorspruch zu den Grundrechten in Mecklenburg-Schwerin hatte eher die Gestalt einer Präambel, die üblicherweise vor dem eigentlichen Gesamtwerk zu finden ist. Präambeln

---

1124 Vgl. *Bericht des Verfassungsausschusses*, VVLTag I (Fn. 629), 21. Sitzung, Sp. 703 ff.

1125 *W. Kahl*, in: ders./C. Waldhoff/C. Walter (Hrsg.), Bonner Kommentar zum Grundgesetz, Art. 1 III (2014), Rn. 133; siehe zur Debatte in der Nationalversammlung *W. Pauly*, Grundrechtslaboratorium Weimar, 2004, S. 59 f.

1126 Zum letzten Entwurf der verworfenen Einleitung der Reichsgrundrechte siehe *O. Meißner*, Das Staatsrecht des Reichs und seiner Länder, 2. Aufl. 1923, S. 250 f.; die Grundrechte und Grundpflichten sollten „Richtschnur und Schranke für die Gesetzgebung, die Verwaltung und die Rechtspflege im Reich und in den Ländern“ bilden; im Folgenden Art. 107 Entwurf WRV genannt; siehe zur Streichung aus der Verfassung *J.-D. Kühne*, Die Entstehung der Weimarer Reichsverfassung, 2018, S. 71 ff.

1127 Auch *Meißner* betont die Hervorhebungsfunktion des geplanten Art. 107 Entwurf WRV, siehe *dens.*, Staatsrecht (Fn. 1126), S. 251.

1128 Verfassung der Freien und Hansestadt Danzig v. 15./27. November 1920 (Staatsanzeiger für Danzig 1920 Nr. 49 v. 9.12.1920, S. 344); abgekürzt als Verf. Danzig.

stehen meist dem materiellen Teil des Normtextes zuvor und geben Aufschluss über Motive des Normgebers und können so insbesondere zur Auslegung herangezogen werden[1129]. Ferner dienen diese dazu, die Akzeptanz des Gesamtwerkes zu steigern[1130]. Der Vorspruch war nicht in den Verfassungstext in Form eines eigenen Paragraphen integriert und stach schon aus systematischen Gesichtspunkten hervor. Gegen die Einordnung als echte Präambel spricht jedoch, dass eine solche der Verfassung des Freistaates nicht exponiert vorangestellt war und vergleichsweise konkrete inhaltliche Aussagen traf. Durch den Vorspruch wurde die Gewährleistung der Grundrechte ausgedrückt, diese bildeten Richtschnur und Schranke für die Gewalten. Präambeln geben meist jedoch eher Leitgedanken und Motive des Normgebers wieder und dienen somit primär als Interpretationshilfe[1131]. Sie spiegeln den geschichtlichen Kontext der Normgebung wider[1132]. Im Gegensatz dazu zielte der Vorspruch in Mecklenburg-Schwerin inhaltlich auf die noch näher zu beleuchtenden Wirkungsweisen der Landesgrundrechte ab. Auch erzielte er sprachlich durch die explizite Bezugnahme auf die nachstehenden Grundrechte im Zusammenspiel mit den einzelnen Normen eine potenzielle Rechtswirkung. Daneben vermisst man dort das typischerweise zu findende Pathos einer Präambel; die Formulierung wich somit sprachlich vom klassischen Bild einer Präambel ab[1133]. Inhaltlich knüpfte der Vorspruch lediglich durch die Gewährleistung der Grundrechte als Zukunftsagenda an bekannte Muster von Präambeln an[1134]. Allerdings vermag diese inhaltliche Ausgestaltung nichts an der Gesamtbewertung als Präambel aufgrund der Systematik zu ändern. Hätte der Verfassunggeber eine andere Einordnung intendiert, so wäre der Vorspruch ähnlich wie Art. 1 Abs. 3 GG durch die Eingliederung in die Paragraphenaufzählung als eigenständige Norm aufgenommen worden. Ferner besaß die Verfassung darüber hinaus keine Präambel. Auch unter-

---

1129 *M. Herdegen*, in: T. Maunz/G. Dürig (Hrsg.), Grundgesetz, Präambel (2015) Rn. 1; die rechtliche Wirkung wurde lange Zeit verkannt, siehe *dens.*, ebda. Rn. 10.

1130 *H. Dreier*, in: ders., GGK I (Fn. 1123), Präambel Rn. 2.

1131 Wobei dies keine Degradierung zu einem rein pathetischen Aufruf ohne rechtliche Wirkung bedeutet, siehe *Herdegen* (Fn. 1129), Präambel Rn. 1 f.

1132 *Herdegen* (Fn. 1129), Präambel Rn. 1.

1133 Diese sprachliche Besonderheit betont *P. Häberle*, Präambeln im Text und Kontext von Verfassungen, in: J. Listl/H. Schambeck (Hrsg.), Demokratie in Anfechtung und Bewährung. Festschrift für Johannes Broermann,1982, S. 211 (212, 227).

1134 Die Brückenfunktion von Präambeln erläutert *Häberle*, Präambeln (Fn. 1133), S. 233 f.

schied sich der Inhalt des Vorspruchs nicht gänzlich von dem einer Präambel am Textanfang. Die Gewährleistung der Grundrechte wurde betont, was auch einen Leitgedanken des Normgebers darstellte[1135]. Somit handelte es sich bei dem Vorspruch um eine eigenständige Präambel für den Grundrechtsabschnitt der Verfassung[1136]. Eine eigenständige Präambel für die Grundrechte rundete insofern das Bild der besonderen Bedeutung derselben für die Landesverfassung als Identifikationsstifter für das Landesvolk ab.

Aufgrund des konkreten Inhalts stellt sich die Frage nach der Rechtswirkung von Präambeln allgemein und der des Vorspruchs zu den Grundrechten in Mecklenburg-Schwerin umso mehr. In der Weimarer Republik wurde einer Präambel überwiegend nur deklaratorische Wirkung beigemessen[1137]. Danach würden sich weitere tiefergreifende Ausführungen erübrigen. Jedoch sind Präambeln Bestandteil des Normtextes und teilen sich dessen Rechtsnatur[1138], sodass die Sichtweise in der Zwischenkriegszeit zu eng war. Dies gilt umso mehr bei der Sonderform in Mecklenburg-Schwerin. Hier stand der Vorspruch nicht dem gesamten Verfassungswerk vor, sondern leitete lediglich den Abschnitt über die Grundrechte ein, sodass er, abgesehen von der Zuweisung eines nummerierten Paragraphen, systematisch vollständig in den Text integriert war, wie jegliche andere Norm. Somit wäre es widersinnig, hier eine andere Rechtswirkung anzunehmen[1139]. Ferner wurde durch den Vorspruch schon konkreter Bezug auf „die nachstehenden Grundrechte" genommen[1140]. Auch spricht die

---

1135 Die Grundrechte sollten gerade identifikationsstiftend für das Gesamtwerk und den neuen Staat wirken, siehe *Inachin*, Durchbruch (Fn. 60), S. 23.

1136 So auch das Verständnis bezogen auf den gestrichenen Art. 107 Entwurf WRV des Abgeordneten *H. Preuß* (DDP), in: N.N. (Hrsg.), Verhandlungen der verfassunggebenden deutschen Nationalversammlung, Bd. 328, 1920, S. 1502; im Folgenden als VVNV 328 abgekürzt.

1137 *H. Heller*, Der Begriff des Gesetzes in der Reichsverfassung, in: VVDStRL 4 (1928), S. 98 (123); *Anschütz*, Verfassung (Fn. 779), Vorspruch Anm. 1 (S. 31); siehe auch *Dreier* (Fn. 1130), Präambel, Rn. 23 m.w.N.

1138 Zur Frage, ob eine Präambel einen integralen Bestandteil der Verfassung darstellt, siehe *D. Zais*, Rechtsnatur und Rechtsgehalt der Präambel des Grundgesetzes für die Bundesrepublik Deutschland vom 23. Mai 1949, 1973, S. 6 ff.; siehe auch BVerfGE 5, 85 (127); *Dreier* (Fn. 1130), Präambel Rn. 25.

1139 Dieselbe Rechtsnatur bei Integration einer Präambel hebt *Dreier* (Fn. 1130), Präambel Rn. 25 hervor, wobei *Dreier* dabei die inhaltliche Bezugnahme der Präambel des Grundgesetzes für die Einordnung als Bestandteil desselben heranzieht.

1140 Eine ähnliche Argumentationsstruktur findet man auch bezogen auf die Präambel des Grundgesetzes, siehe dazu *Herdegen* (Fn. 1129), Präambel Rn. 11.

proklamierte Richtschnur mit mäßigem, aber durchklingendem Befehlscharakter für die unmittelbare Rechtswirkung des Vorspruchs[1141]. Hier wurden nicht lediglich Motive oder eine politische Agenda benannt[1142], sondern eine Bindung der Gewalten formuliert. Für die benannten staatlichen Gewalten besitzen Präambeln somit im Allgemeinen gewisse normative Bindung[1143], was aufgrund des konkreten Inhalts in Mecklenburg-Schwerin umso mehr gelten musste. Damit wirkte der Vorspruch grundsätzlich konstitutiv, sodass der Inhalt und die Rechtswirkung im Einzelnen untersucht werden müssen. Insgesamt stellte der Vorspruch sich als ungewöhnlich gewandete Präambel inmitten des Verfassungstextes dar, dem allerdings nicht bloß deklaratorische Wirkung zukam. Der Vorspruch war nicht „bloßer Schmuck" oder „Zierrat"[1144] des Gesamtwerks oder lediglich des Grundrechtsabschnitts.

b) Inhalt und Rechtsfolgen

Der Vorspruch glich teilweise dem heutigen Art. 1 Abs. 3 GG, sodass jener als Vorläufer dessen bezeichnet werden kann und sich damit auch hier ähnliche Fragen stellen[1145]. Teilweise wich die Norm jedoch in nicht unerheblicher Weise davon ab, sodass sich hier – insbesondere vor dem Hintergrund des zeitgenössischen Grundrechtsverständnisses – weitergehende Rechtsfragen stellen.

1141 Der fehlende Befehlscharakter wurde gegen die Rechtserheblichkeit der Präambel des GG angeführt, was jedoch auch nicht zu überzeugen vermag, siehe dazu *Dreier* (Fn. 1130), Präambel, Rn. 26. Wenn die Präambel tatsächlich einen Befehlscharakter besitzt, so entfällt sogar dieser Argumentationsstrang.

1142 *P. M. Huber* betont die materiell-rechtliche Wirkung der Präambel des Grundgesetzes, die neben deklaratorischen Beschreibungen der historischen oder politischen Lage stehen, siehe *dens.*, in: M. Sachs (Hrsg.), Grundgesetz, 8. Aufl. 2018, Präambel Rn. 10 f.

1143 *Häberle*, Präambeln (Fn. 1133), S. 242.

1144 *Häberle*, Präambeln (Fn. 1133), S. 243.

1145 So auch H. *Dreier*, in: ders., GGK I (Fn. 1123), Art. 1 III Rn. 4.

aa) Die Gewährleistung der nachstehenden Grundrechte

Der erste Satz des Vorspruchs garantierte die Grundrechte für das Landesvolk. Insofern orientierte sich dieser Satz am Maientwurf der Reichsverfassung[1146].

Vom reinen Wortlaut der Norm her beschränkte sich die Gewährleistung nur auf das mecklenburgische Landesvolk. Dabei stellt sich jedoch die Frage, ob solch eine Eingrenzung möglich war.

Zunächst könnte sich eine Erweiterung auf Menschen oder zumindest landesfremde Reichsdeutsche aus der Natur des Vorspruchs bzw. der Grundrechte ergeben haben. Auch die Reichsverfassung enthielt ungeachtet des eindeutigen Wortlauts der Überschrift des zweiten Hauptteils „Grundrechte und Grundpflichten der Deutschen" Menschenrechte, welche nicht nur dem deutschen Volk gewährt wurden[1147]. Dies rührte von der Auffassung her, dass viele Grundrechte nur Ausformungen eines allgemeinen Freiheitsprinzips seien, welche somit grundsätzlich allen Menschen zustünden, sodass zumindest das allgemeine Freiheitsrecht, namentlich der Schutz vor ungesetzlichen Eingriffen der Verwaltung, auch dem Ausländer garantiert wurde. Insofern lag darin das schon damals anerkannte Prinzip der Gesetzmäßigkeit der Verwaltung. Daraus ergab sich, dass Grundrechte als Ausdruck der Eigenschaft als Individuum grundsätzlich allen Menschen zustanden. Auch bei Landesgrundrechten konnte nach diesem Verständnis nichts anderes gelten, sofern sie lediglich das Prinzip der Gesetzmäßigkeit der Verwaltung verkörperten. Dabei erkannte man jedoch Ausnahmen an, insbesondere bei Grundrechten und Pflichten mit staatsbürgerlichem Bezug. Allerdings betraf der Vorspruch alle Grundrechte, sodass diese Ausnahmen nicht vom Wortlaut erfasst waren. Neben der Exekutive waren auch Legislative und Verfassung Adressaten der Bindungsanordnung, sodass auch das Prinzip der Gesetzmäßigkeit der Verwaltung keine über den Wortlaut hinausgehende Auslegung der Berechtigung gebot. Vielmehr begrenzte der erste Satz des Vorspruchs den Kreis der angesprochenen Grundrechtsberechtigten ausdrücklich auf das Landesvolk,

---

1146 Vgl. *J.-D. Kühne*, Zum Ringen um unmittelbare Grundrechtsgeltung in der Weimarer Nationalversammlung, in: H. Jochum/M. Elicker u.a. (Hrsg.), Freiheit, Gleichheit, Eigentum – Öffentliche Finanzen und Abgaben. Festschrift für Rudolf Wendt zum 70. Geburtstag, 2015, S. 237 (239).

1147 So die h.M., siehe statt aller *Thoma*, Bedeutung (Fn. 1099), S. 2, 25 f.; siehe zur im Folgenden aufgegriffenen Argumentationsstruktur insbesondere *Anschütz*, Verfassung (Fn. 779), Vorb. Grundrechte u. Grundpflichten Anm. 5.b (S. 511 ff.) m.w.N.

sodass sich eine einschränkende Auslegung aus dem Wortlaut nicht ergab. Dementsprechend hätte der Landesverfassunggeber explizit klarstellen müssen, dass die Grundrechte auch für landesfremde Reichsdeutsche bzw. sogar gegenüber Ausländern gewährleistet wurden. Dies galt aus systematischen Gesichtspunkten umso mehr, da die Verfassung in § 3 Abs. 2 und § 25 S. 1 Meck.-Schw. Verf. explizit auf landesfremde Reichsdeutsche Bezug nahm. Der Verfassungstext von Mecklenburg-Schwerin enthielt somit keinen Anhaltspunkt für solch eine Auslegung.

Eine Einschränkung könnte sich jedoch aus dem Reichsrecht ergeben haben. Gemäß Art. 110 Abs. 2 WRV bestand ein grundsätzliches Gleichbehandlungsgebot, was insbesondere grundlegende Rechte anbelangte[1148]. Kein Reichsdeutscher durfte gegenüber einem Landesangehörigen diskriminiert werden[1149]. Sofern es um Rechte und Pflichten im Verhältnis zwischen Staat und Individuum ging, so bezweckte die Vorschrift die völlige Gleichstellung. Normhierarchisch ergibt sich daraus, dass eine Ungleichbehandlung von Reichsdeutschen durch die Landesverfassung nicht erfolgen durfte. Diese Generalklausel bewirkte eine völlige Gleichstellung[1150]. Insofern galt die Garantie des Vorspruchs über den Wortlaut hinaus in Verbindung mit Art. 110 Abs. 2 WRV auch für landesfremde Reichsdeutsche, nicht jedoch für Ausländer[1151].

Daneben ist nicht evident, ob sich der Vorspruch nur auf die Grundrechte im zweiten Abschnitt bezog, oder ob auch Rechte vom Gewährleistungsumfang inkludiert waren, welche nach heutigem Verständnis zu den grundrechtsgleichen Rechten zählen, wie beispielsweise das Wahlrecht[1152]. Der Wortlaut und die systematische Stellung am Beginn des

---

1148 *Anschütz* betont die „restlose Gleichstellung der landesfremden Deutschen“, siehe *dens.*, Föderalismus (Fn. 1078), S. 18; siehe schon Fn. 970.

1149 Statt aller *Stier-Somlo*, Reichs- und Landesstaatsrecht (Fn. 991), S. 419; wobei vereinzelt eine Bindung an das Gleichbehandlungsgebot bei Ermessensentscheidungen verneint wurde, vgl. *H. Nawiasky*, Bayerisches Verfassungsrecht, 1923, § 35 Anm. 8 (S. 257 f.).

1150 Zum Beispiel erlangten landesfremde Reichsdeutsche schon nach Art. 110 Abs. 2 WRV die Berechtigung zur Teilnahme an Volksbegehren und Volksentscheiden, siehe dazu insbesondere *[L.] Wittmayer*, in: Nipperdey, Grundrechte I (Fn. 1099), Art. 110 S. 225 f.

1151 So auch bezüglich der bayerischen Verfassungsbeschwerde *Nawiasky*, Verfassungsrecht (Fn. 1149), § 55 Anm. 11.a (S. 457), *ders.*, ebda., § 35 Anm. 8 (S. 257 f.) sowie *C. G. Ruf*, Die Bayerische Verfassung vom 14. August 1919, 2015, S. 396 f. m.w.N.

1152 Heute ist dies unstreitig, siehe statt aller *Dreier* (Fn. 1145), Art. 1 III Rn. 31; hier wäre insbesondere das Wahlrecht gemäß § 25 Meck.-Schw. Verf. als Norm zweiten Abschnitts bezogen sich jedoch konkret nur auf die „nachstehenden“ Grundrechte des folgenden Abschnitts. Auch fehlte eine dem Art. 93 Abs. 1 Nr. 4a GG vergleichbare Norm, sodass eine systematische Interpretation ebenfalls keinen anderen Schluss nahelegt. Somit bezog sich der Vorspruch nur auf die Grundrechte des folgenden Abschnitts.

Ferner drängt sich die Frage auf, was unter Gewährleistung der Grundrechte zu verstehen war. Dies könnte als reine Floskel verstanden worden sein. Allerdings war die Formulierung stärker gewählt als die vergleichbare Norm des § 130 FRV[1153]. Damit wurde die Bindungsanordnung von losen Handlungsdirektiven auf ein konkret verbindliches Niveau gehoben. Ferner bedeutet „gewährleistet“ die stärkste Form der „Inpflichtnahme“[1154]. Die Unterscheidung im Wortlaut zu § 130 FRV konnte somit auch nach damaligem Verständnis nicht bloße Formulierungsgründe gehabt haben. Damit ist jedoch noch keine ausreichende Konturenschärfe erlangt. Gewährleistung bedeutet grundsätzlich, dass eine Rechtspflicht zur Effektuierung der Grundrechte bestand, da hier eine rechtlich bindende Zusage durch den Vorspruch gemacht wurde[1155]. Gewährleistung bedeutete somit ein Einstehenmüssen für die Grundrechtsgarantie, sodass dies zur Rechtspflicht erhoben wurde[1156]. Hier mussten somit Mittel zur effektiven Grundrechtsgewährleistung in der Rechtswirklichkeit geschaffen werden. Hierzu wurde vorerst lediglich festgestellt, dass die Grundrechte garantiert wurden[1157]. Insofern stand hier dem Landesgesetzgeber kein Entschließungsermessen zu[1158].

Infolgedessen stellt sich die Frage, ob daraus ein konkreter Anspruch gegen das Land erwuchs, einer potentiellen Grundrechtsverletzung abzu-

---

mit Grundrechtsqualität zu nennen, siehe zeitgenössisch *Anschütz*, Verfassung (Fn. 779), Vorb. Grundrechte u. Grundpflichten Anm. 5.a (S. 510); heute nicht anders klassifiziert: *Dreier* (Fn. 1123), Vorb. Rn. 65.

1153 § 130 S. 1 FRV lautete: „Dem deutschen Volke sollen die nachfolgenden Grundrechte gewährleistet sein.“

1154 *M. Nierhaus*, in: Sachs, Grundgesetz (Fn. 1142), Art. 28 Abs. 3 Rn. 98; *v. Mehde*, in: Maunz/Dürig, Grundgesetz (Fn. 1129), Art. 28 III (2015), Rn. 8.

1155 Siehe zur Auslegung von „Gewährleistung“ *A. Ruch*, in: B. Ehrenzeller/P. Mastronardi u.a. (Hrsg.), Die schweizerische Bundesverfassung, 2002, Art. 51 Rn. 16.

1156 So auch auf Art. 28 Abs. 3 GG bezogen *H. Bethge*, Die Grundrechtssicherung im föderativen Bereich, in: AöR 110 (1985), S. 169 (176).

1157 *Stern*, Staatsrecht I (Fn. 124), § 19 S. 711 f.

1158 So auch *J. Isensee*, Idee und Gestalt des Föderalismus im Grundgesetz, in: ders./P. Kirchhof, Handbuch VI (Fn. 870), § 126 Rn. 133; *Dreier* (Fn. 608), Art. 28 Rn. 167; ähnlich *Schwarz* (Fn. 609), Art. 28 Rn. 267, 269.

helfen[1159] und worauf dieser Anspruch gegebenenfalls gerichtet gewesen wäre. Grundsätzlich wäre es folgerichtig, dieser Rechtspflicht des Landes auch einen entsprechenden Anspruch des Bürgers bzw. entsprechende Durchsetzungsmöglichkeiten als Kehrseite der Medaille zu gewähren[1160]. Jedoch konkretisierte der Vorspruch nicht, auf welche Weise die Grundrechte durchgesetzt werden sollten. Unmittelbar aus der „Gewährleistung“ konnte dabei nicht auf eine entsprechende Rechtsschutz- bzw. Durchsetzungsmöglichkeit geschlossen werden[1161]. Aus der Pflicht zur Gewährleistung erwuchs nämlich nicht automatisch ein subjektiv-öffentlicher Anspruch des Bürgers auf konkretes Tätigwerden[1162]. Die Gewährleistung beinhaltete nicht automatisch die Etablierung eines Verfassungsgerichtshofs mit ähnlichen Kompetenzen wie denen des heutigen Bundes- oder Landesverfassungsgerichts[1163]. Insbesondere wurde durch den Begriff „gewährleisten“ nicht eine Individualverfassungsbeschwerde[1164] geschaffen. Somit bestand hinsichtlich der Mittel ein Auswahlermessen des Freistaats bzw. der Legislative. Eine verfassungsgerichtliche Beschwerdemöglichkeit des Bürgers folgte auch nicht aus dem zweiten Satz des Vorspruchs[1165]. Selbst heute werden Rechtsschutzmöglichkeiten nicht direkt aus den Garantienormen des Grundgesetzes hergeleitet[1166]. Auch die Eröffnung einer abstrakten oder konkreten Normenkontrolle entsprach nicht dem Willen des Verfassunggebers. Ein Antrag auf Ausdehnung der Kompetenz des Staatsgerichtshofs auf „Nachprüfung der Gültigkeit verkündeter Geset-

1159 Vgl. *Ruch* (Fn. 1155), Art. 51 Rn. 16.

1160 In diese Richtung tendiert auch *Stern*, Staatsrecht I (Fn. 124), § 19 S. 711 f.

1161 So auch *Stern*, Staatsrecht I (Fn. 124), § 19 S. 712 f. bezüglich Art. 28 Abs. 3 GG.

1162 So bezüglich Art. 28 Abs. 3 GG *Bethge*, Grundrechtssicherung (Fn. 1156), S. 179 f.

1163 Das Ermessen bezüglich des Mittels trotz „Gewährleistung“ betont *Mehde* (Fn. 1154), Art. 28 III Rn. 8; so auch *Bethge*, Grundrechtssicherung (Fn. 1156), S. 179.

1164 Auf Reichsebene wurde die Schaffung einer Individualverfassungsbeschwerde diskutiert, was jedoch hätte explizit festgeschrieben werden sollen, siehe *Koch*, Die Grundrechte in der Verfassung, in: DJZ 24 (1919), Sp. 609 (614); nach vorherrschender Meinung im Kaiserreich waren Grundrechte auch nicht dazu konzipiert, einen einklagbaren Anspruch zu kodifizieren, siehe *Kühne*, Ringen (Fn. 1146), S. 241; solch eine Rechtsschutzmöglichkeit war ursprünglich im Art. 107 Entwurf WRV enthalten gewesen, siehe *dens.*, Entstehung (Fn. 1126), S. 72.

1165 So auch bezüglich des wortverwandten Art. 1 Abs. 3 GG *Dreier* (Fn. 1145), Art. 1 III Rn. 28.

1166 *Bethge*, Grundrechtssicherung (Fn. 1156), S. 179 ff.; *Stern*, Staatsrecht I (Fn. 124), § 19 S. 712 f.

ze“[1167] hatte keinen Erfolg. Somit bestand durch den ersten Satz eine Gewährleistungsverpflichtung für den Freistaat Mecklenburg-Schwerin, den Landesgrundrechten Geltung zu verschaffen, ohne jedoch die Staatsgewalt zu konkreten prozessualen oder materiellen Einrichtungen zur Durchsetzung der Grundrechte zu verpflichten. Insofern konnte aus der Gewährleistung an sich keine Grundlage für einen Rechtsschutz erwachsen, sondern bedurfte weiterer Umsetzung des Verfassungsauftrags[1168]. Hier konnte, wie auch sonst, nicht von Aufgabe auf Befugnis geschlossen werden[1169]. Andernfalls würde man durch solch eine Auslegung gegen das Auswahlermessen des Gesetzgebers verstoßen. Aufgrund des eindeutigen Wortlauts war hier auch keine Auslegung im Sinne einer Individualverfassungsbeschwerde möglich. Diese wurde auf Reichsebene explizit schon im Rahmen der Verhandlungen zu Art. 107 Entwurf WRV gestrichen[1170], sodass bei einem anderen Willen des Landesverfassunggebers, ein eindeutiger Wortlaut gewählt worden wäre, hätte der Verfassunggeber hier eine andere Konzeption vor Augen gehabt. Insofern verblieb es danach bei einer Rechtspflicht zu Gewährleistung für die Adressaten des Vorspruchs, ohne jedoch effektive Rechtsschutzmöglichkeiten in Form einer Verfassungsgerichtsbarkeit für den Bürger zu schaffen.

bb) Grundrechte als „Richtschnur und Schranke“

Diese Grundrechte sollten gemäß des zweiten Satzes Richtschnur und Schranke für Verfassung, Gesetzgebung und Verwaltung sein. Der Zusatz „Richtschnur und Schranke“ sollte auf Reichsebene Hilfestellung zur Beurteilung der Rechtsnatur geben, namentlich, ob es sich um unmittelbar anwendbares Recht oder bloße Direktiven für künftige Gesetze handelte[1171]. Dieser Ansatz wurde jedoch von der ganz herrschenden Literatur

---

1167 Siehe *Bericht des Verfassungsausschusses*, VVLTag I (Fn. 629), 21. Sitzung, Sp. 710.

1168 So auch bezüglich Art. 28 Abs. 3 GG *Isensee*, Idee (Fn. 1158), § 126 Rn. 133; *Schwarz* (Fn. 609), Art. 28 Rn. 269 ff.

1169 *Isensee*, Idee (Fn. 1158), § 126 Rn. 133.

1170 *Kühne*, Entstehung (Fn. 1126), S. 72; es war in der Nationalversammlung nicht intendiert, durch die Grundrechte neue prozessuale Möglichkeiten zu schaffen, siehe *C. Gusy*, 100 Jahre Weimarer Verfassung, 2018, S. 240.

1171 Vgl. zu den Stimmen im Verfassungsausschuss die Abgeordneten *A. Gröber* (Zentrum), VVNV 328 (Fn. 1136), S. 1557 sowie *W. Kahl* (DVP), ebda., S. 1558.

für untauglich befunden[1172]. Dies müsse stets anhand der konkreten Norm beurteilt werden. Teilweise wurde auch bemängelt, dass die geplante Bindungsanordnung nur auf solche Grundrechtsnormen mit positivem Inhalt anwendbar wäre, die aus sich heraus unmittelbare Rechtswirkung entfalten würden[1173]. Schlussendlich wurde die Norm auf Reichsebene verworfen. Im Gegensatz zum heutigen Art. 1 Abs. 3 GG war im Vorspruch nicht die unmittelbare Geltung festgeschrieben. Die heutige Formulierung des Art. 1 Abs. 3 GG soll auch die Bedeutungssteigerung im Gegensatz zur Weimarer Republik verdeutlichen[1174]. Es ist ein Anliegen gewesen, die unmittelbare Geltung der Grundrechte ausdrücklich hervorzuheben. Dies soll dadurch erreicht werden, dass die Grundrechte als unmittelbar geltendes Recht verbindliches und durchsetzbares Recht im Verhältnis zur Staatsgewalt darstellen, wobei Inhalt und Tragweite anhand des jeweiligen Grundrechts zu beurteilen sind[1175]. Daraus folgt, dass Grundrechte grundsätzlich subjektiv öffentlich-rechtliche Ansprüche begründen, die klageweise durchsetzbar sind[1176]. Dieses Verständnis ist im Vergleich zur Grundrechtsdogmatik der Zwischenkriegszeit weitergehend. Zwar stellt es eine grobe Fehleinschätzung dar, dass alle Grundrechte bloß als Programmsätze konzipiert worden seien, jedoch existierten auch eben solche grundrechtlichen Sätze, die nach damaligem Verständnis einer weiteren Ausgestaltung durch den Gesetzgeber bedurften[1177]. Dies wurde von *Anschütz* dahin zusammengefasst, dass die Grundrechte der Reichsverfassung sowohl gegebene Gesetze als auch zu gebende Gesetze enthalten[1178]. Aufgrund der Parallelität der Grundrechtskataloge der Reichs- und Landes-

---

1172 So die h.M., siehe statt aller *Gebhard*, Handkommentar (Fn. 876), Vorb. Grundrechte u. Grundpflichten Anm. 3 (S. 442); *Anschütz*, Verfassung (Fn. 779), Vorb. Grundrechte u. Grundpflichten Anm. 6 (S. 514 f.).

1173 Vgl. *Meißner*, Staatsrecht (Fn. 1126), S. 250 f.

1174 *Dreier* (Fn. 1145), Art. 1 III Rn. 32.

1175 *Dreier* (Fn. 1145), Art. 1 III Rn. 34.

1176 *Dreier* (Fn. 1145), Art. 1 III Rn. 35.

1177 So beispielsweise das Verbot der Staatskirche (Art. 137 Abs. 1 WRV, § 17 Abs. 1 Meck.-Schw. Verf.) oder die Unentgeltlichkeit der Lehrmittel (Art. 145 S. 3 WRV, § 20 Abs. 1 Meck.-Schw. Verf.), vgl. *Anschütz*, Verfassung (Fn. 779), Vorb. Grundrechte und Grundpflichten Anm. 6 (S. 515 f.); *Kahl* (Fn. 1125), Art. 1 III Rn. 133; den Irrglauben, die Grundrechte der Weimarer Reichsverfassung seien lediglich Programmsätze, widerlegt unter anderem *H. Dreier* in *ders.*, Grundrechtsrepublik Weimar, in: ders./C. Waldhoff (Hrsg.), Wagnis Demokratie, 2018, S. 175 (175 ff.).

1178 *Anschütz*, Verfassung (Fn. 779), Vorb. Grundrechte und Grundpflichten Anm. 6 (S. 514).

verfassung muss dasselbe Verständnis für die Grundrechte Mecklenburg-Schwerins gelten. Zumindest gegen Ende der Weimarer Republik wurden Grundrechte als im Zweifel unmittelbar geltend verstanden[1179]. Am Wortlaut, dass die Grundrechte Richtschnur und Schranke seien, entbrannte in der verfassunggebenden Nationalversammlung eine Debatte über die grundsätzliche Konzeption der Grundrechte. Teilweise wurde kritisiert, dass dadurch die Grundrechte zu bloßen Programmsätzen degradiert würden[1180]. *Preuß* als einer der maßgeblichen Väter der Weimarer Reichsverfassung betont jedoch, dass dadurch keine Aussage über die unmittelbare Bindungskraft alle Grundrechte getroffen sei, sondern dies jeweils vom Wortlaut und der Eigenart des einzelnen Grundrechts abhinge[1181]. Dies erscheint, die richtige Lesart widerzuspiegeln. Richtschnur und Schranke können vom Wortsinn sowohl auf Handlungsdirektiven für den Gesetzgeber als auch auf unmittelbar geltendes Recht angewandt und bezogen werden. Sie treffen keine allgemeingültige Aussage über die Natur des Grundrechts[1182]. Jedenfalls degradierte der Vorspruch die Grundrechte nicht zu bloßen Programmsätzen. Dies wäre auch aus systematischen Gesichtspunkten eine irrige Annahme. Im ersten Satz wurde nämlich eine starke „Inpflichtnahme“[1183] des Staates proklamiert. Im zweiten Satz konnte sich folglich keine Degradierung durch die Verfassung finden. Auch die bloße Klassifizierung des Vorspruchs als Auslegungsregel[1184] scheint dem Wortlaut der Norm nicht gerecht zu werden. Dennoch kann die

---

1179 *Thoma*, Bedeutung (Fn. 1099), S. 12; *Gusy*, Grundrechte (Fn. 1188), S. 170.

1180 Siehe *Koch*, Grundrechte (Fn. 1164), Sp. 614; *Gebhard*, Handkommentar (Fn. 876), Vorb. Grundrechte u. Grundpflichten Anm. 3 (S. 442); die mangelnde Rechtswirkung von manchen Grundrechten wurde auch ohne den Vorspruch teilweise angenommen, vgl. *Thoma*, Bedeutung (Fn. 1099), S. 14.

1181 *Preuß*, VVNV 328 (Fn. 1136), S. 1502; zustimmend *Anschütz*, Verfassung (Fn. 779), Vorb. Grundrechte u. Grundpflichten Anm. 6 (S. 515).

1182 Ähnlich wurde teilweise argumentiert, dass die Bindung durch Art. 107 Entwurf WRV entsprechend bei Rechtssätzen entstehen könne, die schon subjektive Rechte beinhalte, siehe *R. Heinze* (DVP), VVNV 328 (Fn. 1136), S. 1498; auch nach Art. 1 Abs. 3 GG würden bloße Staatszielbestimmungen nicht zu „unmittelbar justitiablen und vollzugsfähigen Normen mutieren“, sodass die Eigenheit von Normen bewahrt bleibt, siehe *Dreier* (Fn. 1145), Art. 1 III Rn. 36.

1183 *Mehde* (Fn. 1154), Art. 28 III Rn. 8.

1184 Die Funktion als Auslegungsregel des verworfenen Art. 107 Entwurf WRV hebt *Gebhard*, Handkommentar (Fn. 876), Vorb. Grundrechte u. Grundpflichten Anm. 3 (S. 443) hervor; auch die Präambel der Weimarer Reichsverfassung wurde nach vorherrschender Ansicht als Auslegungshilfe verstanden, vgl. *Zais*, Rechtsnatur (Fn. 1138), S. 19 f.

normative Kraft einer Präambel auch bezüglich der verschiedenen Aussagen variieren[1185], sodass dies einer Überprüfung bedarf. Das „Ob" der Grundrechtsbindung wurde durch den Vorspruch geregelt. Wie sich diese Bindung genau auswirkte, ist damit jedoch nicht direkt ersichtlich. Der Vorspruch beließ den Grundrechten ihre Eigenart und Wirkweise entsprechend ihrer Stoßrichtung[1186]. Der Fokus der Untersuchung soll deshalb auf den Adressaten der Bindungsanordnung liegen[1187], damit die Eigenart der Grundrechte und der verschiedenen staatlichen Akteure nicht missachtet werden. Explizit stellt sich die Frage, ob der Vorspruch zu den Grundrechten in Mecklenburg-Schwerin eine differenziertere Sichtweise auf dieselben hätte eröffnen müssen, als dies im Reich (zunächst) der Fall war.

Auffällig ist zunächst, dass die Rechtsprechung als Adressat der Grundrechtsbindung fehlte. Die Grundrechtsbindung der ordentlichen Gerichtsbarkeit folgte reichsrechtlich aus Art. 102 WRV[1188]. Der Erlass einer ähnlichen Vorschrift für die Verwaltungsgerichtsbarkeit der Länder blieb ihnen überlassen[1189]. In § 3 des „Gesetz[es] über die Verwaltungsgerichtsbarkeit"[1190] waren auch die Unabhängigkeit und Gesetzesbindung der Verwaltungsrichter für Mecklenburg-Schwerin festgeschrieben. Eine Grundrechtsbindung des Staatsgerichtshofs ergab sich daraus jedoch noch nicht.

1185 *Zais*, Rechtsnatur Fn. 1138), S. 117; *Dreier* (Fn. 1130), Präambel Rn. 28.

1186 In eine ähnliche Richtung scheint *E. Kaufmann* zu tendieren, der herausstellt, dass der Gleichheitssatz trotz der mangelnden Kodifizierung des Art. 107 Entwurf WRV eine Bindung des Gesetzgebers bewirken muss, da die Bindung der Verwaltung an die gleiche Gesetzesanwendung in der Natur der Sache liege, vgl. *dens.*, Die Gleichheit vor dem Gesetz im Sinne des Art. 109 der Reichsverfassung, in: VVDStRL 3 (1927), S. 1 (6).

1187 Die Frage der Unterscheidung nach formalen oder materiellen Kriterien soll an dieser Stelle offenbleiben, da sich selbst im differenzierten Grundrechtsverständnis der heutigen Zeit kaum nennenswerte Unterschiede ergeben, so auch *Dreier* (Fn. 1145), Art. 1 III Rn. 53; im Fokus sollen hier die typischen Erscheinungsformen der Ausübung von staatlicher Betätigung gehen, vgl. dazu auch *K. Stern*, Das Staatsrecht der Bundesrepublik Deutschland, Bd. III/1, 1988, § 72 S. 1205.

1188 *von Staff*, in: Nipperdey, Grundrechte I (Fn. 1099), Art. 102–104 S. 58 ff.; das Verständnis von „Richter" i.S.d. Art. 102 WRV war sehr umfassend, siehe dazu *Gebhard*, Handkommentar (Fn. 876), Art. 102 Anm. 2 (S. 424); siehe auch *C. Gusy*, Die Grundrechte in der Weimarer Republik, in: ZNR 15 (1993), S. 163 (175 f.).

1189 *Gebhard*, Handkommentar (Fn. 876), Art. 102 Anm. 3.b (S. 425).

1190 Gesetz über die Verwaltungsgerichtsbarkeit v. 3. März 1922 (Rbl. für Mecklenburg-Schwerin 1922 Nr. 36 v. 3.4.1922, S. 211).

Ob das Fehlen der Grundrechtsbindung der Rechtsprechung bewusst gewählt wurde, um so nicht mittelbar zur Einführung eines verfassungsgerichtlichen Normenkontrollrechts zu gelangen[1191], ließ sich aus den parlamentarischen Akten nicht entnehmen. Dies erscheint jedoch fast ausgeschlossen, war sich doch auch der Verfassunggeber in Danzig dieser (möglichen) logischen Konsequenz selbst nicht bewusst[1192]. Der Vorspruch wirkte nicht nur aus heutiger Sicht ohne die Bindung der dritten Gewalt unvollständig. Jedoch wurde damit auch noch kein Indiz für eine Überprüfungsmöglichkeit geschaffen, welche jedoch tatsächlich vor dem Landesverfassungsgericht nicht bestand[1193].

cc) Die Bindung der Verwaltung

Die Verwaltung war ein expliziter Adressat der Bindungsanordnung. Die Regierung als Verwaltungsspitze mitsamt den nachgeordneten Behörden war somit durch den Vorspruch gebunden[1194]. Dies konstatierte den Grundsatz der Gesetzmäßigkeit der Verwaltung speziell für die Grundrechte und hob diesen ohnehin geltenden Satz hervor[1195]. Damit durften

---

1191 Die Bindung der Rechtsprechung durch eine ähnliche Landesverfassungsnorm war eines der Hauptargumente zur Etablierung eines Normenkontrollrechts im Hinblick auf Grundrechtsverletzungen, siehe dazu *Wittreck*, Anfänge (Fn. 1123), S. 431 ff.

1192 Erst durch Lehre und Rechtsprechung wurde diese Konsequenz aufgezeigt, siehe *Wittreck*, Anfänge (Fn. 1123), S. 430 ff.

1193 Siehe dazu Kapitel D.VII.2.

1194 Bezüglich der heutigen Bindungsanordnung siehe *Dreier* (Fn. 1145), Art. 1 III Rn. 61; an der Grundrechtsgebundenheit der Regierung lässt *W. Rüfner* keinen Zweifel, vgl. *ders.*, Grundrechtsadressaten, in: J. Isensee/P. Kirchhof (Hrsg.), Handbuch des Staatsrechts der Bundesrepublik Deutschland, Bd. IX, 3. Aufl. 2011, § 197 Rn. 46.

1195 Die Abwehrfunktion der Grundrechte gegen Verwaltungshandeln war schon im Kaiserreich allgemein anerkannt, siehe *R. Thoma*, Rechtstaatsidee und Verwaltungsrechtswissenschaft, in: JöR 4 (1910), S. 196 (205); *J. Hatschek*, Deutsches und preußisches Staatsrecht, Bd. I, 1922, S. 173 sowie *Stern*, Staatsrecht III/1 (Fn. 1187), § 72 S. 1186; die Anerkennung der Gesetzmäßigkeit der Verwaltung bezeichnet *Dreier* als „bedeutsame Errungenschaft der deutschen Rechtstradition“, siehe *ders.*, Grundrechtsrepublik (Fn. 1177), S. 183; insgesamt war der Fortschritt in der Rechtswissenschaft bei der Bindung der Verwaltung gering, siehe *Gusy*, Grundrechte (Fn. 1188), S. 174.

Eingriffe in die Grundrechte nur aufgrund von Gesetzen erfolgen[1196]. Heute zählt auch die mittelbare Staatsverwaltung zu den Grundrechtsgebundenen[1197]. Der Wortlaut des Vorspruchs differenzierte diesbezüglich nicht. Ebenso spricht der Sinn der Grundrechte als Schutzinstrument für eine Bindung, insbesondere im ständisch geprägten Mecklenburg-Schwerin[1198]. Jedoch betrachtete man in der Zwischenkriegszeit die Selbstverwaltung höchstens als Zwischenglied zwischen Staat und Individuen[1199]. Daraus ließ sich nach damaligem Verständnis folglich auch keine Bindung der Kommunen ableiten. Konsequenterweise fielen auch andere Grundrechtsadressaten des heutigen Verständnisses aus der Bindungsanordnung heraus[1200]. Daneben rechnete man Handlungen in Privatrechtsform dem Privatrecht zu[1201], sodass auch hier sich ein anderes Bild als bei Art. 1 Abs. 3 GG ergab. Jedoch zählte nach zeitgenössischem Verständnis nicht nur die klassische Eingriffsverwaltung zur Verwaltungstätigkeit, sodass wohl auch die Bindungsanordnung bei der Leistungsverwaltung bestand, sofern man sich nicht der Privatrechtsform bediente[1202]. Zwar liegt ein Schwerpunkt der Grundrechtsbindung auch heute in der Beachtung des Prinzips der Gesetzmäßigkeit der Verwaltung, jedoch beschränkt sich die Bindung nicht darauf[1203], sodass auch die Bindungsanordnung des Vorspruchs umfassend zu verstehen war. Am Ende der Zwischenkriegszeit näherte sich die Literatur schon teilweise der Ansicht, dass selbst bei Grundrechtsnormen, die nicht aktuell direkt gelten würden, die Verwaltung (und auch die Judikative) den Gehalt des Grundrechts bei der Rechtsanwendung zu beachten habe[1204]. Damit musste der Rechtsgehalt von allen grundrechtlichen

---

1196 Siehe *Schmitt*, Verfassungslehre (Fn. 252), S. 177; *Stern* betont das mehrheitliche Verständnis als Anspruch auf Unterlassen gegen Verwaltungsbehörden, *ders.*, Staatsrecht III/1 (Fn. 1187), § 72 S. 1186; siehe auch *dens.*, ebda., § 74 S. 1323.

1197 Heute unstreitig, siehe *Dreier* (Fn. 1145), Art. 1 III Rn. 61.

1198 Den Sinn der Grundrechte als Schutz vor einer „spätständischen Machtgruppe" hebt *J.-D. Kühne* hervor, siehe *dens.*, Die Reichsverfassung der Paulskirche, 2. Aufl. 1998, S. 179.

1199 *Stern*, Staatsrecht III/1 (Fn. 1187), § 74 S. 1323.

1200 Siehe dazu ausführlich *Stern*, Staatsrecht III/1 (Fn. 1187), § 74 S. 1320 ff.

1201 *Stern*, Staatsrecht III/1 (Fn. 1187), § 74 S. 1323.

1202 Vgl. *Stern*, Staatsrecht III/1 (Fn. 1187), § 74 S. 1326.

1203 *Stern*, Staatsrecht III/1 (Fn. 1187), § 74 S. 1344; auch bestand schon eine Pflicht der Verwaltung (und Rechtsprechung) zur Gesetzesanwendung nach Maßgabe des Gleichheitssatzes, siehe *Thoma*, Bedeutung (Fn. 1099), S. 22.

1204 Siehe insbesondere bezüglich der Rechtsprechung *A. Hensel*, Grundrechte und Rechtsprechung, in: Schreiber, Reichsgerichtspraxis I (Fn. 953), S. 1 (1 ff.) sowie *ders.*, Grundrechte und politische Weltanschauung, 1931, S. 10; *Stern*,

Normen bei der Gesetzesanwendung und -auslegung beachtet werden[1205]. Nichts anderes drückte die Bindungsanordnung des Vorspruchs aus. Trotz der unterschiedlichen Wirkungskraft bestand die Verpflichtung des Rechtsanwenders, die Grundrechte in Zweifelsfällen als Entscheidungshilfe heranzuziehen[1206]. Eine Prüfungs- oder gar Verwerfungskompetenz ließ sich aus dem Vorspruch jedoch nicht ableiten. Zwar war die Verwaltung an die Grundrechte als Richtschnur und Schranke gebunden, jedoch fand sich im Normtext kein Hinweis, dass damit das Prinzip der Gewaltenteilung außer Acht gelassen werden sollte[1207]. Im Gegenteil zeigten die umfassenden Befugnisse der Legislative[1208] im Hinblick auf die Exekutive eine Vermutung zugunsten der Wahrung der Rechte der Legislative. Insgesamt entsprach die Bindung der Verwaltung im Wesentlichen anerkannten staatsrechtlichen Prinzipien. Lediglich die Verpflichtung zur Anwendung und Auslegung von programmatischen Grundrechten ohne unmittelbare Wirkung ging über einen rein deklaratorischen Charakter hinaus, indem es die Grundrechtsbindung bei der Gesetzesanwendung vorschrieb. Hier ging der Freistaat Mecklenburg-Schwerin mit seiner Bindungsanordnung bereits einen Schritt, den die Staatsrechtswissenschaft erst Jahre später überhaupt tat.

Staatsrecht III/1 (Fn. 1187), § 59 S. 124; *Dreier*, Zwischenkriegszeit (Fn. 9), § 4 Rn. 36.

1205 Ähnlich auch das Verständnis des Abgeordneten *O. Cohn* (USPD) in der Debatte um Art. 107 Entwurf WRV, der betont, dass sich der Verwaltungsbeamte so auf den „lebendigen Geist" der Grundrechte bei der Gesetzesanwendung besinnen solle, vgl. *ders.*, VVNV 328 (Fn. 1136), S. 1559; siehe auch *Stern*, Staatsrecht III/1 (Fn. 1187), § 59 S. 124 f.; jedenfalls zum Ende der Weimarer Republik setze sich auch die Ansicht durch, dass bei der Auslegung von Grundrechtsnormen diejenige vorzugswürdig sei, die der der Grundrechtsgeltung die stärkste Wirkung beimessen würde, sodass es sich im Zweifel um einen verbindlichen Rechtssatz handle, siehe *Thoma*, Bedeutung (Fn. 1099), S. 9 sowie *Dreier*, Grundrechtsrepublik (Fn. 1177), S. 185.

1206 So auch *Stern*, Staatsrecht III/1 (Fn. 1187), § 59 S. 125.

1207 So auch heute *Stern*, Staatsrecht III/1 (Fn. 1187), § 74 S. 1346 f.; lediglich bei untergesetzlichen Normen kann das Prinzip der Gewaltenteilung nicht angeführt werden, da es sich um dieselbe Gewalt handelt.

1208 Dazu siehe Kapitel D.II.

dd) Die Bindung der Gesetzgebung

Die ausdrückliche Bindung der Gesetzgebung an die Grundrechte war eine Neuerung durch die Verfassung von Mecklenburg-Schwerin[1209], sodass der Normtext hier eine echte Innovation in der Staatsrechtswissenschaft darstellte und gleichzeitig Klärung im Streit über die Bindungswirkung derselben auf Reichsebene geboten hätte[1210]. Durch den Vorspruch wurde dem Gesetzgeber eine Grenze aufgezeigt, sodass eine Verfügungsbefugnis zumindest nur im Rahmen der Schrankensystematik bestand[1211]. Aufgrund der Parallelität der Grundrechtsgewährleistungen auf Reichs- und Landesebene konnte die Schrankensystematik der Reichsverfassung entsprechend[1212] auf den Katalog in Mecklenburg-Schwerin übertragen werden[1213]. Grundsätzlich waren Grundrechte ohne Gesetzesvorbehalt nur der Verfügungsbefugnis des verfassungsändernden Gesetzgebers überantwortet, sodass der einfache Gesetzgeber keinerlei Handhabe für Beeinträchtigungen hatte. Ferner mussten bei qualifizierten (oder sog. limitierten) Vorbehalten diese qualifizierenden Anforderungen von der Legislative erfüllt werden. Grundrechte mit (einfachem) Gesetzesvorbehalt

1209 Das anfänglich herrschende Verständnis der mangelnden Bindung des Gesetzgebers an die Verfassung und speziell die Grundrechte aufgrund des Fehlens einer Bindungsanordnung betonen auch *Stern*, Staatsrecht III/1 (Fn. 1187), § 72 S. 1190, 1193 sowie *Kahl* (Fn. 1125), Art. 1 III Rn. 133 f.; jedoch forderte *G. Anschütz* bereits 1919, dass die Grundrechte auch Schutz vor legislativer Willkür bieten sollen, siehe *dens.*, Die kommende Reichsverfassung, in: DJZ 24 (1919), Sp. 112 (115).

1210 Die zögernde Anerkennung des Vorrangs der Grundrechte auf Reichsebene betont *Stern*, Staatsrecht III/1 (Fn. 1187), § 59 S. 125; die Entwicklung der Literatur in der Debatte um die Bindungswirkungen von Reichsgrundrechten gegenüber der Legislative stellt *Gusy* überblicksartig dar, siehe *ders.*, Grundrechte (Fn. 1188), S. 167 f.

1211 Zeitgenössisch betont schon *Hensel* 1931 die Bindung des Gesetzgebers an die „grundrechtlichen Werteentscheidungen“ siehe *ders.*, Weltanschauung (Fn. 1204), S. 9; dem Zugriff des einfachen Gesetzgebers waren die Grundrechte ohne Gesetzesvorbehalt sowieso entzogen, siehe dazu auf Reichsebene *Dreier*, Zwischenkriegszeit (Fn. 9), § 4 Rn. 40; siehe auch zur Schrankensystematik *Gusy*, 100 Jahre (Fn. 1070), S. 246 f.

1212 Grundrechte unter Diktaturvorbehalt nach Art. 48 Abs. 2 WRV und solche Reichsgrundrechte, die nur dem Landesgesetzgeber entzogen waren, sollen hier bewusst nicht behandelt werden, dazu näher *Unruh*, Verfassungsbegriff (Fn. 1054), S. 310.

1213 Siehe zur folgenden Schrankensystematik *Anschütz*, Verfassung (Fn. 779), Vorb. Grundrechte u. Grundpflichten Anm. 7 (S. 517 ff.); *Gusy*, Grundrechte (Fn. 1188), S. 168 f.

konnten prinzipiell durch den Landtag eingeschränkt werden. Gesetzgebungsaufträge mussten von der Legislative umgesetzt werden. Unter „Gesetzgebung“ waren hier wohl der Landtag und das Volk als Gesetzgeber zu verstehen[1214]. Dabei ging der Verfassunggeber vermutlich typisierend vor[1215]. Ferner herrschte selbst bei der Bindung der Verwaltung noch ein eingeschränkteres Verständnis als heute, sodass Kommunen nach hier vertretener Ansicht aus der Bindungsanordnung der Verwaltung herausfielen. Somit dürfte auch bei Gesetzgebung lediglich die Rechtssetzung des Landtags bzw. die Volksgesetzgebung gemeint gewesen sein. Die Funktion der Grundrechte als Schutz von Minderheiten vor der Parlamentsmehrheit war gegen Anfang der Republik eine fast alleinstehende Sichtweise in der Diskussion um die Bedeutung und Wirkung von Grundrechten, welche sich quasi ausschließlich innerhalb der Lehre auf Reichsebene abspielte[1216]. Der Freistaat hatte durch den Vorrang der Grundrechte gegenüber dem (einfachen) Gesetzgeber diesem Grenzen gesetzt. In der Konsequenz wurde dadurch die Funktion als Minderheitenschutz in Mecklenburg-Schwerin im Normtext festgehalten. Der Vorrang der gesamten Verfassung wurde durch die erschwerte Änderbarkeit gemäß § 82 Meck.-Schw. Verf. schon ausgedrückt[1217] und durch die Bindungsanordnung für den Gesetzgeber bezüglich der Grundrechtsgewährleistungen unterstrichen. Zwar ließ sich auch ohne eine allgemeine, ausdrückliche Bindungsanordnung in der Reichsverfassung für die meisten Grundrechte eine Bindung

1214 Die Dreiteilung der Funktionen in den Landesverfassungen *R. Thoma*, Grundbegriffe und Grundsätze, in: Anschütz/ders., Handbuch II (Fn. 940), S. 108 (116, 121 ff.); so auch im Ergebnis *Rüfner* bezüglich Art. 1 Abs. 3 GG, siehe *dens.*, Grundrechtsadressaten (Fn. 1194), § 197 Rn. 33, wobei das Bundesvolk bei Art. 1 Abs. 3 GG selbstverständlich mangels direkter Gesetzgebungskompetenz auf Bundesebene nicht gebunden sein kann.

1215 In der Tendenz ähnlich *Stern*, Staatsrecht III/1 (Fn. 1187), § 73 S. 1286; jedenfalls bestand aufgrund der Grundrechtsbindung der Verwaltung und dem ohnehin geltenden Grundsatz der Gesetzmäßigkeit der Verwaltung keine Schutzlücke.

1216 Lediglich *Hatschek* vertrat aus der juristischen Literatur zunächst diese Sichtweise, *Hatschek*, Staatsrecht (Fn. 1195), S. 173; vgl. auch *Stern*, Staatsrecht III/1 (Fn. 1187), § 72 S. 1188 f.; auch wurde dieser Sinn der Grundrechte im Volksstaat in den parlamentarischen Debatten nicht immer gesehen, siehe dazu *Kühne*, Ringen (Fn. 1146), S. 246; jedoch betont auch *Thoma* 1929 den Minderheitenschutz, vgl. *dens.*, Bedeutung (Fn. 1099), S. 9; siehe auch *Gusy*, Grundrechte (Fn. 1188), S. 164.

1217 So auch *P. Badura*, Verfassungsänderung, Verfassungswandel, Verfassungsgewohnheitsrecht, in: J. Isensee/P. Kirchhof (Hrsg.), Handbuch des Staatsrechts der Bundesrepublik Deutschland, Bd. XII, 3. Aufl., 2014, § 270 Rn. 3 f.

des Gesetzgebers herleiten, sodass von einer solchen in der juristischen Literatur konsequenterweise zumindest gegen Ende der Weimarer Republik ausgegangen wurde, dies galt jedoch nicht unumschränkt für alle Grundrechte[1218]. Daher wirkte der Vorspruch in Mecklenburg-Schwerin nicht lediglich deklaratorisch. Ferner war der damaligen Grundrechtsdogmatik eine Beschränkung der Einschränkungsmöglichkeit, insbesondere der Verhältnismäßigkeitsgrundsatz als wichtigster Anknüpfungspunkt, noch weitgehend unbekannt[1219]. Bei einem einfachen Gesetzesvorbehalt standen diese Grundrechte durch die Möglichkeit der weitgehenden Aushöhlung faktisch (zunächst) zur Disposition des Gesetzgebers[1220]. Somit bestanden bei diesen nach damaliger Grundrechtsterminologie „leerlaufenden"[1221] Grundrechten keine adäquaten Schutzmechanismen. Lediglich zum Ende der Zwischenkriegszeit entwickelten sich vereinzelt schon Gedanken in die Richtung eines unantastbaren Wesensgehalts[1222], wobei jedoch nicht von einer gefestigten Literaturmeinung gesprochen werden kann. Zwar setzte sich zum Ende der Weimarer Republik eine Institutsgarantie (und auch institutionelle Garantie) durch, sodass es zu keiner völligen Vernichtung durch den einfachen Gesetzgeber kommen durfte[1223]. Jedoch hatte

1218 Insbesondere sticht hier die Bindung des Gesetzgebers an den Gleichheitssatz hervor, welche *Kaufmann* schon 1927 postulierte, siehe *dens.*, Gleichheit (Fn. 1186), S. 5; ablehnend *Thoma*, Bedeutung (Fn. 1099), S. 23; eine zumindest einschränkende Wirkung der Gesetzgebungsdirektiven betont *ders.*, ebda., S. 14; vgl. zur Lehre der Institutsgarantie und dem Streit über die Bindungswirkung des allgemeinen Gleichheitssatzes *Gusy*, Grundrechte (Fn. 1188), S. 167 f.; eine Bindung kann jedoch auch nach heutigem Verständnis nur bei hinreichend konkret formulierten Normen bestehen, siehe *Stern*, Staatsrecht III/1 (Fn. 1187), § 72 S. 1197.

1219 Siehe dazu auch *Dreier*, Grundrechtsrepublik (Fn. 1177), S. 188; wobei sich eine unantastbare Institutsgarantie in der Rechtswissenschaft durchgesetzt hatte, vgl. *Thoma*, Bedeutung (Fn. 1099), S. 33 f.; ausführlich in *Dreier*, Zwischenkriegszeit (Fn. 9), § 4 Rn. 35 m.w.N.

1220 *Thoma* betont, dass die Grundrechte im großen Umfang bis hin zur Annullierung dem einfachen Gesetzgeber vielfach ausgeliefert waren, siehe *dens.* (Fn. 1099), Bedeutung S. 32.

1221 Siehe *Thoma*, Bedeutung (Fn. 1099), S. 33 ff.; siehe auch überblicksartig zur Schrankensystematik *Anschütz*, Verfassung (Fn. 779), Vorb. Grundrechte u. Grundpflichten Anm. 7 (S. 517 ff.).

1222 Siehe *Hensel*, Rechtsprechung (Fn. 1204), S. 1 ff.; *Dreier*, Zwischenkriegszeit (Fn. 9), § 4 Rn. 33 f.

1223 Siehe hierzu insbesondere *Schmitt*, Verfassungslehre (Fn. 252), S. 170 ff. sowie *F. Klein*, Institutionelle Garantien und Rechtsinstitutsgarantien, 1934, S. 50 ff. mit weiteren Einzelheiten. Dieser zeigt eine klare Unterscheidung zwischen Grundrechten und „echten" institutionellen Garantien auf. Grundrechte könder einfach-rechtliche Gesetzgeber nach herrschender Meinung die Befugnis, den Umfang bzw. die Einschränkungen soweit zu bestimmen, dass nur ein kläglicher Rest des Grundrechts übriggeblieben wäre, solange es nicht zur Vernichtung bzw. „Denaturierung“ des Instituts an sich gekommen wäre[1224]. Auch die Gesetzgebungsaufträge der Grundrechte waren ohnehin bindend[1225], indem sie die generelle Gesetzgebungsrichtung vorgaben[1226]. Diesbezüglich entfaltete die Bindungsanordnung des Vorspruchs, also die Gebotsnorm zur Grundrechtsverwirklichung, nur deklaratorische Wirkung. Insgesamt hinterlässt die Bindungsanordnung des Vorspruchs des Grundrechtekatalogs für den einfachen Gesetzgeber ein gemischtes Bild. Zu Beginn der Weimarer Republik bzw. bei Erlass der Norm stellte die Bindung eine überaus wichtige Innovation dar. So wurden zum ersten Mal explizit die Bindung des Gesetzgebers und der Vorrang der Grundrechte vor der Legislative festgeschrieben. Damit wurde diese Konzeption als fundamentale Rechtssätze und Basis einer Rechtsgemeinschaft explizit hervorgehoben[1227]. Insofern zeigte der Vorspruch meist die sich später langsam und schwerlich durchsetzende Ansicht schon im Norm-

---

ne dabei nur ein Individuum haben, das prinzipiell einen unbegrenzten Freiheitsbereich habe, wohingegen institutionelle Garantien Einrichtungen beträfen, denen besonderer verfassungsrechtlicher Schutz zuteilwerde. *Schmitt* darf als entscheidender Theoretiker mit richtungsweisenden Ansichten zur Grundrechtsdogmatik nicht fehlen, siehe zu dessen Einfluss *Stern*, Staatsrecht III/1 (Fn. 1187), § 68 S. 756 ff.; den Schutz eines unantastbaren Minimums sowie die prinzipielle Existenz vor dem einfachen Gesetzgeber betont auch *Thoma*, Bedeutung (Fn. 1099), S. 33 f.; siehe die prägnante Zusammenstellung der Meinungen im Schrifttum zum Ende der Weimarer Republik bei *Stern*, ebda. § 68 S. 854 ff.; vgl. zur Entwicklung der Lehre der Einrichtungsgarantien in der Staatsrechtswissenschaft der Weimarer Republik auch *U. Mager*, Einrichtungsgarantien, 2003, S. 21 ff.; die Frage der Bestandskraft gegenüber dem verfassungsändernden Gesetzgeber wirft *Hensel*, Weltanschauung (Fn. 1204), S. 5 auf.

1224 Ähnlich *Thoma*, Bedeutung (Fn. 1099), S. 30 ff., der die Institutsgarantie als „Subtilität“ bezeichnet, da es auf den Inhalt durch die Ausgestaltung des einfachen Gesetzgebers ankomme; siehe auch *Klein*, Garantien (Fn. 1223), S. 134 ff.; so auch *Dreier*, Zwischenkriegszeit (Fn. 9), § 4 Rn. 29 allgemein bezüglich reichsgesetzeskräftiger Grundrechte.

1225 So die h.M. der damaligen Zeit, siehe *Hensel*, Rechtsprechung (Fn. 1204), S. 23 f. mit Nachweisen aus der Rechtsprechung; siehe auch *Dreier*, Grundrechtrepublik (Fn. 1177), S. 190 f.

1226 *Dreier*, Zwischenkriegszeit (Fn. 9), § 4 Rn. 36.

1227 Diese Funktion der Grundrechte als Wertesystem für das Staatsleben betont *Anschütz*, Verfassung (Fn. 779), Vorb. Grundrechte u. Grundpflichten Anm. 6 (S. 516).

text auf und griff dieser somit vor[1228]. Die Formulierung als „Schranke und Richtschnur" der Gesetzgebungstätigkeit des einfachen Gesetzgebers scheint hier auf einen unantastbaren Kern der grundrechtlichen Gewährleistung hinzudeuten. Damit weist der Vorspruch auf eine Art Wesensgehaltsgarantie für den einfachen Landesgesetzgeber hin. Insofern drückte der Vorspruch die im Vordringen befindliche Meinung der Literatur aus[1229], bevor diese Diskussion wahrnehmbar die Staatsrechtslehre erreicht hatte. Der Vorrang der Grundrechte wird durch den Vorspruch postuliert, jedoch wird dieses Postulat nicht deutlich genug mit einem adäquaten, im Normtext verankerten Schutzmechanismus flankiert. Insgesamt wirkte der Vorspruch aus Sicht der fortschreitenden Grundrechtslehre der Zwischenkriegszeit bezüglich der Bindung des einfachen Gesetzgebers vornehmlich deklaratorisch. Ob diese Evolution der reichsrechtlichen Staatsrechtslehre durch eine ähnliche Norm auf Reichsebene hätte beschleunigt werden können, kann höchstens vermutet werden. Jedenfalls lässt sich aus dem Vorspruch die gewandelte Funktion der Grundrechte als Schutz des Bürgers bzw. von Minderheiten gegen Parlamentsmehrheiten herauslesen. Die Bindungsanordnung wirkte somit als Schutzinstrument gegen einen sonst allmächtigen Gesetzgeber[1230]. Dennoch bot die Bindung des einfachen Gesetzgebers durch die weitgehenden Aushöhlungsmöglichkeiten keinen umfassenden Schutz der Grundrechte und infolgedessen auch keinen Schutz durch die Grundrechte. Neben der Klarstellungswirkung und der potenziellen Beschleunigung im Fortschritt der Grundrechtsdogmatik kam dem Vorspruch trotz der Einschränkungen die Sicherung des Vorrangs der Verfassung zu[1231]. Bis zu diesem Punkt spricht der Vorspruch aus, was sich im mühsamen Ringen in der Staatsrechtslehre zumindest zum Teil durchgesetzt hatte. Insofern kam dem Vorspruch zumindest Klarstellungsfunktion zu. Er stellt die intendierte gesteigerte Bedeutung

---

1228 Siehe dazu besonders klar und deutlich *F. Stier-Somlo*, in: Nipperdey, Grundrechte I (Fn. 1099), Art. 109 S. 181; diese Tendenz der Weimarer Staatsrechtsdogmatik benennt auch *Stern*, Staatsrecht III/1 (Fn. 1187), § 73 S. 1286 und bezeichnet die Bindungsanordnung als „Fortbindung"; ähnlich *Unruh*, Verfassungsbegriff (Fn. 1054), S. 310 f.

1229 Siehe *Dreier*, Zwischenkriegszeit (Fn. 9), § 4 Rn. 33.

1230 Die Funktion als Schutzinstrument gegenüber dem Staat betont auch *H. Reincke-Block* (DVP), VVLTag I (Fn. 629), 4. Sitzung, Sp. 39; So auch *Stern*, Staatsrecht III/1 (Fn. 1187), § 73 S. 1262.

1231 Diese Funktion des Art. 1 Abs. 3 GG betont auch *Stern*, Staatsrecht III/1 (Fn. 1187), § 72 S. 1199 ff.

der Grundrechte im Freistaat Mecklenburg-Schwerin in einen Kontrast zur Anfangszeit der Weimarer Republik.

ee) Richtschnur und Schranke für die Verfassung

Auch für die Verfassung bildeten die Grundrechte gemäß dem Wortlaut des Vorspruchs „Richtschnur und Schranke". Diese Bestimmung trat ohne Vorbild oder Pendant auf, sodass das Schweigen der parlamentarischen Akten umso mehr erstaunt. Trotz des ungewöhnlichen Gewandes stellt die Norm wohl etwas Bekanntes für das Bonner Grundgesetz dar. Wenn ein Teil der Verfassung selbst Schranke und Richtschnur derselben darstellte, so war die Stoßrichtung der Bindungsanordnung der verfassungsändernde Gesetzgeber, des *pouvoir constituant constitué*[1232]. Eine Bindung des *pouvoir constituant* wäre aufgrund der Ursprünglichkeit der neuen Normsetzung und Schaffung eines völlig neuen Gesamtwerks nicht möglich[1233]. Nur in dieser Weise ergab die Normanordnung einen Sinn. Dies wurde konsequenterweise festgeschrieben. So sollten die Grundrechte in der Landesverfassung doch Ausdruck der Beschränkbarkeit der Allmacht des Staates darstellen[1234]. Somit sprach der Vorspruch die Änderbarkeit der Verfassung, speziell der Grundrechte, bzw. das Verbot der Änderung an. Die Frage wurde auf Reichsebene auf rein theoretischer Grundlage geführt[1235], fehlte doch eine Bindungsanordnung für den verfassungsändernden Gesetzgeber in der Reichsverfassung. Dies gilt es in gebotener Kürze zu beleuchten, hing doch die Rechtswirkung von einer solch grundsätzlichen Überlegung ab. Trotz verschiedener Einwände am generellen Sinn

---

1232 Ähnlich *H. Dreier*, in: ders., GGK II (Fn. 454), Art. 79 III Rn. 14; auch *Dreier* erblickt in dem Vorspruch eine Bindungsanordnung für den verfassungsändernden Gesetzgeber, siehe *ders.* (Fn. 1232), Art. 79 III Rn. 2 (Fn. 7 dort); eine Unterscheidung von verfassunggebender und -ändernder Gewalt hatte sich in der Zwischenkriegszeit zwar noch nicht durchgesetzt, jedoch wäre eine Bindung bei völliger Neuschaffung einer Verfassungsurkunde unlogisch. Gegen eine Unterscheidung *Anschütz*, Verfassung (Fn. 779), Art. 76 Anm. 1 (S. 401); a.A. *Schmitt*, Verfassungslehre (Fn. 252), S. 98.

1233 Im Ergebnis ähnlich BVerfGE 89, 155 (180); *K. Stern*, Das Staatsrecht der Bundesrepublik Deutschland, Bd. III/2, 1994, § 89 S. 1082 f.

1234 So zumindest *Reincke-Bloch*, VVLTag I (Fn. 629), 4. Sitzung, Sp. 39.

1235 Siehe dazu insbesondere *Schmitt*, Verfassungslehre (Fn. 252), S. 99 ff., 170 ff., dessen Werk den Anstoß zu der theoretischen Debatte ohne Anknüpfungspunkt im Text der Reichsverfassung gab; siehe insbesondere auch *Thoma*, Bedeutung (Fn. 1099), S. 38 ff.

eines änderungsfesten Kerns der Reichsverfassung wurde zumindest nicht die generelle Möglichkeit von Ewigkeitsklauseln bestritten[1236]. Auch das Fehlen einer solchen Klausel in der Reichsverfassung konnte wohl kaum als abschließend geregelt gelten, waren die Landesverfassunggeber doch nicht an eigenen grundrechtlichen Gewährleistungen gehindert. Ferner bestand aufgrund der Homogenitätssicherung durch Art. 13 Abs. 1 WRV kein Bedürfnis eines Verbots einer Ewigkeitsklausel, wurde doch widersprechendes Landesverfassungsrecht gebrochen. *Schmitt*[1237] als bedeutender Staatsrechtler unterschied 1928 streng zwischen Verfassungsänderung und Verfassungsbeseitigung bzw. -vernichtung[1238]. Bei den letzten beiden Begriffen werde jeweils die gesamte Verfassung vernichtet. Bei der Verfassungsänderung blieben jedoch Verfassung und verfassunggebende Gewalt identisch, sodass sich daraus Grenzen der Änderung ergäben[1239]. Die Verfassung bliebe somit erhalten, lediglich die Verfassungsgesetze würden einer Änderung unterzogen. Diese Grenzen der Verfassungsänderung seien die grundlegenden politischen Entscheidungen, welche somit nicht im Wege des Art. 76 WRV angetastet werden dürften. Da die meisten Grundrechte Fundament des bürgerlich-freiheitlichen Staates seien, würde die völlige Abschaffung auch über eine bloße Revision hinausgehen, sodass es dadurch zur Verfassungsvernichtung oder Beseitigung kommen würde[1240]. Ein Verbot der Änderung von Verfassungsnormen sei lediglich eine „Bestätigung dieser Unterscheidung von Verfassungsrevision und Verfassungsbeseitigung“[1241]. Eine Verfassungsdurchbrechung, d.h. ein Einzelakt in Abweichung der Verfassung ohne prinzipielle Aufhebung, sei dagegen möglich, solange dies nicht missbraucht würde, und drücke den Respekt gegenüber der Verfassung aus[1242]. Die Grenzen, welche hier kon-

1236 *Thoma*, Bedeutung (Fn. 1099), S. 38.

1237 Dabei darf dessen antiparlamentarischer Geist jedoch nicht außer Acht gelassen werden, sodass ein fader Beigeschmack bei den dogmatischen Überlegungen bleibt, vgl. knapp zur Einordnung von *Schmitts* Überlegungen im Kontext der Grundrechtsdogmatik *Dreier*, Zwischenkriegszeit (Fn. 9), § 4 Rn. 32, 35.

1238 Zur dargestellten Konzeption vgl. *Schmitt*, Verfassungslehre (Fn. 252), S. 99 ff.

1239 Das sei bei einem Wechsel der Staatsform aufgrund des Wechsels der verfassunggebenden Gewalt nicht möglich; weitere Beispiele sind laut *Schmitt* Bundesstaat, Wahlrecht/Rätesystem.

1240 *Schmitt*, Verfassungslehre (Fn. 252), S. 177.

1241 *Schmitt*, Verfassungslehre (Fn. 252), S. 105.

1242 Dies bezeichnet *Schmitt* als „apokryphe[n] Souveränitätsakt“, dem Art. 76 WRV neben der Verfassungsrevision dienen würde, vgl. *dens.*, Verfassungslehre (Fn. 252), S. 108 f.

kret gezogen sein sollten, benennt *Schmitt* jedoch nicht[1243]. Somit wäre dies in der Praxis aufgrund des Mangels von klaren Eckpfeilern in einem rechtlich hoch sensiblen Bereich kaum handhabbar, sodass die Gefahr der Willkür bestanden hätte. Gravierender war allerdings der Mangel an Belegen im Reichsverfassungstext oder anerkannter Verfassungsdogmatik für diese theoretischen Ausführungen[1244]. Nach herrschender Ansicht waren die Reichsgrundrechte dem verfassungsändernden Gesetzgeber gänzlich ausgeliefert, sodass diese im Wege des Art. 76 WRV abgeschafft werden konnten[1245]. Auch Einschränkungen oder sogenannte Verfassungsdurchbrechungen, also einer Abweichung von Grundrechten ohne Vorbehalt für das konkrete Gesetz mit Wahrung der Formalia, konnten nur im Wege des Art. 76 WRV vom verfassungsändernden Gesetzgeber vorgenommen werden[1246]. Insbesondere überzeugte Republikaner sprachen dem institutionalisierten Volkswillen nicht die Möglichkeit der Änderung und Abschaffung von jeglichen Verfassungsnormen ab, da diese Gewalt schran-

---

1243 Dies kritisiert auch *Thoma*, siehe *dens.*, Bedeutung (Fn. 1099), S. 41 f.

1244 Dies stellt fast erbost *Thoma* heraus, der aufgrund des Mangels an „Kronzeugen" *Schmitts* Ausführungen als Unterstellung bezeichnet, vgl. *dens.*, Bedeutung (Fn. 1099), S. 42; die methodischen Fehler zeigt ausführlich *C.-H. Ule*, Über die Auslegung der Grundrechte, in: AöR N.F. 21 (1932), S. 37 (86 ff.) auf; *Huber* tritt jedoch der Lehre von der Begrenztheit der Verfassungsänderung zur Seite und verortet dieses Prinzip im überpositiven Recht, sodass auch kein Normbezug vorhanden sein muss, vgl. *dens.*, Verfassungsgeschichte VI (Fn. 82), S. 420 f.; kritisch zur Grenze der Abänderbarkeit aus dem überpositiven Recht *D. Murswiek*, Zu den Grenzen der Abänderbarkeit von Grundrechten, in: D. Merten/H.-J. Papier (Hrsg.), Handbuch der Grundrechte in Deutschland und Europa, Bd. II, 2006, § 28 Rn. 13.

1245 Statt aller siehe *Stier-Somlo*, Reichs- und Landesstaatsrecht (Fn. 991), S. 665; *Anschütz*, Verfassung (Fn. 779), Art. 76 Anm. 3 (S. 403); *Thoma*, Bedeutung (Fn. 1099), S. 43; diesem beipflichtend *W. Jellinek*, Das verfassungsändernde Reichsgesetz, in: Anschütz/Thoma, Handbuch II (Fn. 940), S. 182 (189); *Dreier*, Zwischenkriegszeit (Fn. 9), § 4 Rn. 29; speziell bezüglich Institutsgarantien bzw. institutionellen Garantie siehe *Klein*, Garantien (Fn. 1223), S. 128 f.; a.A. *E. R. Huber*, Bedeutungswandel der Grundrechte, in: AöR N.F. 23 (1933), S. 1 (96); speziell zur Beschränkung aus dem Gleichheitssatz siehe *K. Larenz*, Das Problem der Rechtsgeltung, 1929, S. 6 ff.

1246 So einprägsam *Anschütz*, Verfassung (Fn. 779), Art. 76 Anm. 1 (S. 401); kritisch zur Möglichkeit der Durchbrechung von Grundrechten *Jacobi*, Reichsverfassungsänderung (Fn. 1052), S. 268 ff., der jedoch lediglich eine Änderung des Wortlauts für erforderlich erachtet; *Gusy*, Grundrechte (Fn. 1188), S. 168.

kenlos sei[1247]. Die Reichsverfassung stand somit nach herrschender Meinung zur Disposition der (verfassungsändernden) Legislative[1248]. Entgegen der Reichsverfassung bestand in der Landesverfassung von Mecklenburg-Schwerin mit dem Vorspruch ein Anknüpfungspunkt im Normtext für eine Unantastbarkeit von gewissen Verfassungsnormen, namentlich der Grundrechte. Somit wirkte die Bindungsanordnung nicht rein deklaratorisch. Diese beinhaltete, dass die Grundrechte Richtschnur und Schranke für die Verfassung seien, sodass dadurch eine Grenze der Verfassungsänderung festgeschrieben wurde. Damit war ein gewisser materieller Gehalt der Grundrechte dem Zugriff des verfassungsändernden Landesgesetzgebers entzogen. Sodann stellt sich die Frage nach der Reichweite der Garantie. Logischerweise war für den verfassungsändernden Landesgesetzgeber in Mecklenburg-Schwerin zumindest die Abschaffung derselben in Gänze (auf legalem Weg) nicht möglich. Somit wurden vom Verfassunggeber die grundrechtlichen Gewährleistungen innerhalb des Abschnitts dem verfassungsändernden Gesetzgeber im Sinne eines Verbots der Vernichtung entzogen. Dies erscheint auch logisch vor dem Hintergrund der gewandelten Funktion der Grundrechte, nämlich als der Begrenzung der Allmacht der Staatsgewalt[1249]. Auch wurden die Grundrechte vor dem Hintergrund von rechtswidrigen Eingriffen während der Räteherrschaft in Mecklenburg-Schwerin festgeschrieben[1250].

Aufgrund des Mangels an expliziten Hinweisen in den parlamentarischen Akten kann nur auf das Grundverständnis der damaligen Zeit sowie auf die grundlegende Normkonzeption des Verfassungstextes zurückgegriffen werden. Es stellt sich die Frage, ob der gesamte Grundrechtskatalog veränderungsresistent war oder lediglich ein Kern der Grundrechte im Sinne einer Wesensgehaltsgarantie.

Der heutige Art. 79 Abs. 3 GG wird nach herrschender Meinung als Ausnahmevorschrift generell eng und entsprechend der einzelnen Regelungs-

---

1247 *Anschütz*, Verfassung (Fn. 779), Art. 76 Anm. 3 (S. 403); *Dreier*, Zwischenkriegszeit (Fn. 9), § 4 Rn. 31 f.; zur Frage der Herrschaft der Toten über die Lebenden siehe insbesondere *Dreier*, Grundgesetz (Fn. 241), S. 28 ff.

1248 *Thoma*, Bedeutung (Fn. 1099), S. 11, 18; *Anschütz*, Verfassung (Fn. 779), Art. 76 Anm. 1 (S. 401); *Dreier*, Grundrechtsrepublik (Fn. 1177), S. 189; kritisch dazu *C. Bilfinger*, Verfassungsumgehung. Betrachtungen zur Auslegung der Weimarer Reichsverfassung, in: AöR N.F. 11 (1926), S. 163 (181 ff.) sowie *Huber*, Verfassungsgeschichte VI (Fn. 82), S. 420 f.

1249 *Reincke-Block*, VVLTag I (Fn. 629), 4. Sitzung, Sp. 39.

1250 So die Forderung zum Verfassungsentwurf ohne Grundrechtekatalog, siehe *Reincke-Block*, VVLTag I (Fn. 629), 4. Sitzung, Sp. 39.

materien, die explizit und abschließend dort genannt sind, ausgelegt[1251]. Insbesondere ist der Gesetzgeber nach Ansicht des Bundesverfassungsgerichts nicht gehindert, das Verfassungssystem zu modifizieren, sofern es dabei nicht zu einem Systembruch kommt[1252]. Insbesondere ist über Art. 1 Abs. 3 GG ein Mindestgehalt an Grundrechten zur Gewährleistung der Autonomie und Gleichheit, demokratiekonstituierende Grundrechte und Rechtsweggarantien geschützt[1253]. Jedoch war der Wortlaut des Vorspruchs deutlich weiter gefasst als die heute vergleichbare Norm. Art. 79 Abs. 3 GG stellt nur die Grundsätze der Art. 1 und 20 GG unter den besonderen Bestandsschutz[1254]. Der Vorspruch benannte plakativ alle Grundrechte als Schranke (und Richtschnur) für den verfassungsändernden Gesetzgeber, sodass solch eine Einschränkung im Wortlaut des Vorspruchs zunächst nicht ersichtlich ist. Systematisch befand sich der Vorspruch vor der Regelung zur Verfassungsänderung, was gegen den Ausnahmecharakter der Norm sprechen könnte, sodass keine enge Auslegung geboten gewesen wäre und der gesamte Grundrechtsbestand unter besonderem Schutz gestanden hätte. Jedoch ist die Stellung vornehmlich auf den Bezugspunkt zurückzuführen. Entgegen Art. 79 Abs. 3 GG bestand der Änderungsschutz ausschließlich bezüglich der Grundrechte, sodass dies nicht gegen den Ausnahmecharakter der Norm zwingend angeführt werden kann. Vielmehr handelte es sich nach der hier vertretenen Ansicht um eine Präambel, die zumindest nicht in die gewöhnliche Normklaviatur eingebettet war, wodurch der Ausnahmecharakter deutlich wurde, sodass eine enge Auslegung angebracht erscheint. Allerdings wurde durch den Vorspruch die besondere Bedeutung der Grundrechte für den Freistaat betont. Auch sah man die Grundrechte als Spiegelbild des Rechtsbewusstseins und Lehrstück für künftige Generationen an[1255], was für den tota-

1251 So BVerfGE 30, 1 (25); *Dreier* (Fn. 1232), Art. 79 III Rn. 19.

1252 BVerfGE 30, 1 (24 f.); a.A. *Murswiek*, Grenzen (Fn. 1244), § 28 Rn. 39, der die herrschende Literatur hinter sich wähnt.

1253 Siehe zur Debatte zu Beginn der Bonner Republik *Stern*, Staatsrecht III/2 (Fn. 1233), § 89 S. 1072 ff.; sowie mit näheren Einzelheiten und Nachweisen *Dreier* (Fn. 1232), Art. 79 III Rn. 32.

1254 Art. 79 III GG beinhaltet nur eine „schwache Ausdrucksweise bei den Schutzgütern“, siehe *Stern*, Staatsrecht III/2 (Fn. 1233), § 89 S. 1103.

1255 *Düringer*, VVNV 328 (Fn. 1136), S. 1496; *Reincke-Bloch*, VVLTag I (Fn. 629), 4. Sitzung, Sp. 39; die Möglichkeit der jederzeitigen Lektüre der Grundrechte durch die Bürger wurde im Ausschuss hervorgehoben, siehe *Bericht des Verfassungsausschusses*, VVLTag I (Fn. 629), 21. Sitzung, Sp. 704; Grundrechte wurden teilweise mit sakraler Verehrung bedacht, da sie „als Heiligtum des deutschen Volkes gedacht sind“, siehe RGZ 102, 161 (165).

len Schutz des Grundrechtsbestands spricht. Jedoch würde ein gänzlicher Schutz des Grundrechtekatalogs zum völligen Erstarren führen. Das Verfassungswerk in Gänze würde dann bei gewandelter politischer Lage vor eine Zerreißprobe gestellt, bei der die Gefahr der Totalrevision drohen würde[1256]. Auch wäre eine Anpassung an Änderungen der Reichsgrundrechte nicht möglich gewesen, sodass hier ein echter Normwiderspruch entstanden wäre, den man im verfassunggebenden Landtag tunlichst zu vermeiden versuchte[1257]. Auch spricht die herrschende Auslegung von Art. 76 WRV mit der Möglichkeit der Änderung aller Verfassungsnormen dafür[1258], dass dies die Grundhaltung auch schon bei Erlass des Vorspruchs gewesen ist. Damit bildete die Schranke für den verfassungsändernden Gesetzgeber eine bemerkenswerte Ausnahme[1259], die dementsprechend eng auszulegen war. Selbst die Anerkennung eines Wesenskerns von Grundrechten sowie die institutionellen und Institutsgarantien als unantastbares Minimum gegenüber dem einfachen Gesetzgeber setzten sich erst gegen Ende der Weimarer Republik zumindest vorherrschend durch. Dem wurde durch den Vorspruch zwar schon vorgegriffen, jedoch unterstrich dies vornehmlich den besonderen Wert der Grundrechte. Es finden sich keine Hinweise, dass dem unter erschwerten formalen Anforderungen handelnden verfassungsändernden Gesetzgeber die gesetzgeberische Tätigkeit in dem gesamten Bereich gänzlich versagt werden sollte. Drückte die Verfassung von Mecklenburg-Schwerin doch aus, dass des „Volkes Wille [...] den Leitstern bilden soll“[1260], sodass es einen Widerspruch zum restlichen Verfassungswerk und dem Willen des Verfassunggebers darstellen würde, wenn nicht zumindest ein gewisser Gestaltungsspielraum dem verfassungs-

---

1256 Auch *Thoma* spricht sich zum Wohle der Beständigkeit für eine gewisse Elastizität der Verfassung aus, siehe *ders.*, Bedeutung (Fn. 1099), S. 45; in dieselbe Kerbe schlägt *Stern*, Staatsrecht III/2 (Fn. 1233), § 89 S. 1086 f.

1257 Die Beschränkungen der Landesverfassung aufgrund der Reichsverfassung betont *Wendorff* direkt zu Beginn der Arbeit, siehe *dens.*, VVLTag I (Fn. 629), 3. Sitzung, Sp. 4; so auch speziell zur Eigentumsgarantie *Witte*, ebda., 21. Sitzung, Sp. 742.

1258 Statt aller *Anschütz*, Verfassung (Fn. 779), Art. 76 Anm. 3 (S. 403); *Huber*, Verfassungsgeschichte VI (Fn. 82), S. 418 ff.

1259 Siehe zur Begrenzung der Abschaffung von fundamentalen Verfassungsnormen durch den verfassungsändernden Gesetzgeber während Weimarer Republik *Huber*, Verfassungsgeschichte VI (Fn. 82), S. 420 m.w.N.

1260 So Ministerpräsident *Wendorff* bei Eröffnung des verfassunggebenden Landtags, siehe *dens.*, VVLTag I (Fn. 629), 1. Sitzung, S. 2; dies war auch auf Reichsebene Leitbild der Nationalversammlung, siehe *Jacobi*, Reichsverfassungsänderung (Fn. 1052), S. 248.

ändernden Gesetzgeber zugestanden werden sollte[1261]. Vielmehr wurde generell die Möglichkeit der Änderung von Verfassungsnormen betont, damit keine Revision des gesamten Verfassungswerks erforderlich werden würde[1262]. Somit schützte der Vorspruch lediglich einen Kernbestand der grundrechtlichen Gewährleistung und entzog ihn damit dem verfassungsändernden Gesetzgeber. Sämtliche Änderungen waren damit jedoch nicht ausgeschlossen. Lediglich scheint jeweils der Kern des grundrechtlichen Schutzumfangs änderungsfest gewesen zu sein. Hier wirkte der Vorspruch fast revolutionär als Vorläufer der heutigen Ewigkeitsgarantie, indem er einen Kernbestand der jeweiligen Grundrechte schützte. Zwar waren nur die Grundrechte und nicht darüber hinaus wesentliche Staatsprinzipien geschützt, jedoch standen die Grundrechtsgewährleistungen in engem Zusammenhang mit dem demokratischen Rechtsstaat[1263], sodass dies insbesondere vor dem historischen Hintergrund keinen schwerwiegenden Makel darstellt.

Fraglich bleibt, ob diese Klausel selbst aufhebbar war[1264]. Konsequenterweise musste dann auch der Vorspruch selbst resistent gegen Änderungen gewesen sein, damit keine Umgehung der Garantie drohte[1265]. Schon zeitgenössisch war klar, dass ein Rechtssatz nur korrekt ausgelegt sei, wenn dessen Umgehung nicht möglich sei[1266]. Wäre der Vorspruch nicht änderungsfest, so wäre eine legale Revolution auf dem Weg der Befreiung von selbst auferlegter Beschränkung möglich gewesen, was dem Sinn der Bindung des verfassungsändernden Gesetzgebers widersprochen hätte.

Stern vermutet, dass man bei längerer Entwicklungszeit der Grundrechts- und Verfassungsdogmatik den Schritt einer dem Art. 79 Abs. 3

1261 So ging man in der Zwischenkriegszeit grundsätzlich von der Loyalität und Weisheit der Legislative aus, vgl. *Hensel*, Rechtsprechung (Fn. 1204), S. 9.

1262 So die Deutung des Verfassungsentwurfs insgesamt von Seiten der Sozialdemokraten, was aufgrund der Regierungsbeteiligung und der Fraktionsstärke als Meinung der Mehrheit zu interpretieren ist, siehe *Kröger*, VVLTag I (Fn. 629), 4. Sitzung, Sp. 50.

1263 *Stern*, Staatsrecht III/2 (Fn. 1233), § 89 S. 1119 ff.

1264 Die Frage wirft *Thoma* auf, siehe *dens.*, Bedeutung (Fn. 1099), S. 39, der als die gangbaren Lösungswege die Totalrevision mit Schaffung einer neuen verfassunggebenden Versammlung und die normale Verfassungsänderung benennt.

1265 „Ein Rechtssatz ist nur dann richtig ausgelegt, wenn auch seine Umgehung unmöglich gemacht ist“, siehe *Kaufmann*, Gleichheit (Fn. 1186), S. 9; siehe auch zur heutigen Sichtweise *Badura*, Verfassungsänderung (Fn. 1217), § 270 Rn. 35; *Murswiek*, Grenzen (Fn. 1244), § 28 Rn. 24.

1266 *Kaufmann*, Gleichheit (Fn. 1186), S. 9.

GG vergleichbaren Norm gegangen wäre[1267]. Abwegig erscheint dieser Gedanke zumindest bezüglich gewisser Grundpfeiler nicht, wurde doch schon zeitgenössisch der Missbrauch des Art. 76 WRV zur Einschränkung der direkten Demokratie auf formal verfassungskonformem Wege heftig kritisiert[1268]. Allerdings stützte sich diese Kritik auf eine normtextlich belegte Überordnung des (unmittelbaren) Volkswillens. Ob eine solche Ewigkeitsgarantie auf Reichsebene jedoch auch die Grundrechte umfasst hätte, darf bezweifelt werden; so hatten sich die Ansicht über einen gewissen Schutz und Kernumfang der Grundrechte vor dem Eingriff des einfachen Gesetzgebers nur langsam durchgesetzt. Ferner war dem Wert von Grundrechten als Minderheitenschutz vor Parlamentsmehrheiten in der Demokratie nicht ausreichend Beachtung geschenkt worden. Diesen Schritt hatte der Freistaat Mecklenburg-Schwerin bereits vollzogen, indem er die Bindung der Verfassung an die Grundrechte konstatierte, sodass dies auf ein sehr fortschrittliches Grundrechtsverständnis schließen lässt.

Der Verfassunggeber in Mecklenburg-Schwerin drückte durch den Vorspruch, speziell die Bindung des verfassungsändernden Gesetzgebers dergestalt aus, dass Grundrechte im Verständnis des Landesverfassunggebers eine im naturrechtlichen Sinn überstaatliche Qualität besaßen[1269].

c) Zusammenfassung

Der Vorspruch zu den Grundrechten der Landesverfassung macht die zentrale Bedeutung sowohl der Norm an sich als auch des folgenden Abschnitts deutlich[1270]. Zunächst ist jedoch festzuhalten, dass der Vorspruch mangels Normwiderspruchs oder gleichartigen Pendants auf Reichsebene aufgrund der prinzipiellen Unabhängigkeit der Gültigkeit von Reichs- und Landesrecht nicht der Nichtigkeit anheimfiel[1271], sodass der Normbefehl an die Landesstaatsgewalt in der aufgezeigten Form bestanden hat.

1267 *Stern*, Staatsrecht III/1 (Fn. 1187), § 59 S. 124.

1268 Siehe dazu *Jacobi*, Reichsverfassungsänderung (Fn. 1052), S. 257 f.; a.A. *Jellinek*, Revolution (Fn. 973), S. 85.

1269 Angerissen von *Thoma*, Bedeutung (Fn. 1099), S. 50 f.; so auch *Stern*, Staatsrecht III/1 (Fn. 1187), § 72 S. 1195 f.

1270 So auch die Wertung des Abgeordneten *A. Düringer* (DNVP) bezogen auf den gestrichenen Art. 107 Entwurf WRV, *ders.*, VVNV 328 (Fn. 1136), S. 1496; die Hervorhebungsfunktion betont auch *Meißner*, Staatsrecht (Fn. 1126), S. 251.

1271 Die Unabhängigkeit betont auch *Hensel*, Rangordnung (Fn. 944), S. 320.

Dieser zeigte deutlich die überragende Bedeutung der Grundrechte für den Landesverfassunggeber und wertete diese insgesamt auf. Die Streichung der Bindungsanordnung auf Reichsebene war mehr einem faktischen Kompromiss als dogmatischen Bedenken geschuldet[1272]. Das Einlenken bei dieser Norm besänftigte die Gegner eines Grundrechtekatalogs, sodass es nicht zu einer gänzlichen Blockade von Reichsgrundrechten kam. Damit waren die Grundrechte in die Debatte eingebracht, ohne eine völlig klare Richtung vorgegeben zu haben. Daraus ist erklärbar, dass sich die Fortschritte der Grundrechtsdogmatik erst gegen Ende der Republik herauskristallisierten[1273]. Diesen Schritt ging man mit der Bindungsanordnung in Mecklenburg-Schwerin schon früher. Auch in der verfassunggebenden Debatte herrschte insgesamt ein wenig grundrechtefeindlicher Grundton, sofern diese besprochen wurden. Neben der Akzentuierung durch den Vorspruch stellte dieser aus rechtstaatlichen Gesichtspunkten ein überaus wichtiges Zeichen der „Begrenztheit und Begrenzbarkeit staatlicher Funktionen in ihren Handlungsspielräumen“[1274] dar, sodass dieser Norm zentrale dogmatische Bedeutung zukam. Hier gab der Vorspruch Grundsatzfragen moderner Staatlichkeit vor, die aus heutiger Sicht selbstverständlich sind, jedoch in mühsamem Ringen auf Reichsebene erarbeitet wurden und auch nicht unumstritten waren. Hier hätte eine vergleichbare Norm zumindest eine gewisse Hilfestellung in der Entwicklung geboten. Insofern ist den Ausführungen in der Nationalversammlung, die Norm stifte Verwirrung und biete keine Rechtswirkung[1275], nicht zuzustimmen. Erst die Bindungsanordnung durch den Vorspruch konnte die Grundrechte unmissverständlich zum Spiegelbild der „Rechtskultur und [...] Programm für künftige Rechtsentwicklung“[1276] werden lassen. Insbesondere wird dies an der Bindung der Legislative deutlich, was bis dahin keine Selbstverständlichkeit darstellte[1277]. Allerdings vermochte die Grundrechtsbindung des einfachen Gesetzgebers nicht gänzlich über die Defizite hinwegzutäuschen. Ohne Schutzmechanismen, wie insbesondere dem Verhältnismäßigkeitsgrundsatz, strauchelt auch die Bindungsanordnung be-

---

1272 Zu diesem Ergebnis kommt *Kühne*, vgl. dazu *dens.*, Ringen (Fn. 1146), S. 252.

1273 In eine ähnliche Richtung tendiert *Unruh*, Verfassungsbegriff (Fn. 1054), S. 310 ff.; so auch *Kühne*, Entstehung (Fn. 1126), S. 74.

1274 *Stern*, Staatsrecht III/1 (Fn. 1187), § 73 S. 1263.

1275 So *Gröber*, VVNV 328 (Fn. 1136), S. 1557.

1276 *Düringer*, VVNV 328 (Fn. 1136), S. 1496; so auch Intention in Mecklenburg-Schwerin, vgl. *Reincke-Block.*, VVLTag I (Fn. 629), 4. Sitzung, Sp. 39; *Bericht des Verfassungsausschusses*, ebda., 21. Sitzung, Sp. 704.

1277 Siehe auch *Stern*, Staatsrecht III/1 (Fn. 1187), § 73 S. 1253.

züglich des einfachen Gesetzgebers. Insgesamt hatte der Vorspruch jedoch die Funktion, den Vorrang der Grundrechte und die Bindung der staatlichen Gewalten auszudrücken[1278]. Somit hatte er neben Klarstellungs-, Symbol- und Warnfunktion diverse Aspekte, die ein Novum bei dem Erlass der Vorschrift darstellten[1279].

Gänzlich eigentümlich erscheint die Ewigkeitsgarantie für die Grundrechte[1280]. So war ein unantastbarer Kern der Verfassungsidentität, wie *Schmitt*[1281] ihn bezüglich der Reichsverfassung ohne Anknüpfungspunkt im Wortlaut der Reichsverfassungsnormen behauptete, im Freistaat Mecklenburg-Schwerin geschaffen. Zeitgenössisch spricht *Thoma* einer Ewigkeitsklausel die Sinnhaftigkeit ab, könne diese juristische Hürde doch eh nicht dem übermäßigen politischen Druck standhalten, sodass nur unter Zerstörung jeglicher staatsrechtlichen Kontinuität die Gesamtverfassung dekonstruiert würde[1282]. Wäre das Volk als verfassunggebende Gewalt nicht von Beschlüssen des verfassungsändernden Gesetzgebers überzeugt, so könne es in Form des Volksentscheids dagegen vorgehen[1283]. Die Elastizität durch unbeschränkte Änderbarkeit der Verfassung bewahre sie vor dem gänzlichen Untergang[1284]. *Stern* bezweifelt, dass eine „Unantastbarkeitsgarantie“[1285] vermocht hätte, einen entsprechend gesinnten Gesetzgeber bzw. verfassungsändernden Gesetzgeber aufzuhalten. Dies ist allerdings auch nicht der Zweck einer Unantastbarkeitsklausel[1286]. Vielmehr

1278 So auch bezogen auf Art. 1 Abs. 3 GG *Unruh*, Verfassungsbegriff (Fn. 1054), S. 404.

1279 Insofern sind viele bisherige Aussagen über Art. 1 Abs. 3 GG nicht gänzlich zutreffend, da es sich lediglich auf Reichs- bzw. Bundesstaatsebene um eine echte Neuerung (mit Einschränkung der Paulskirchenverfassung) handelte, siehe beispielsweise *Unruh*, Verfassungsbegriff (Fn. 1054), S. 405.

1280 Das spärliche Bild von Vorläufern zeigt *Dreier* auf, vgl. *dens.* (Fn. 1232), Art. 79 III Rn. 1 ff.; keinerlei Erwähnung erfährt der Vorspruch hingegen bei *Stern*, Staatsrecht III/2 (Fn. 1233), § 89 S. 1093.

1281 *Schmitts* rechtsdogmatische Ausführungen dienten nicht der Beständigkeit des demokratischen Systems, so auch *Dreier* (Fn. 1232), Art. 79 III Rn. 3.

1282 *Thoma*, Bedeutung (Fn. 1099), S. 39.

1283 *Thoma*, Bedeutung (Fn. 1099), S. 40.

1284 *Thoma*, Bedeutung (Fn. 1099), S. 45.

1285 *Stern*, Staatsrecht III/1 (Fn. 1187), § 59 S. 126.

1286 Die Festlegung von materiellen Schranken der Verfassungsänderung berührt Grenzfragen des Rechts. Insbesondere die Frage nach der Anmaßung von Verfassungsschaffung, welche künftigen Generationen die entsprechenden Möglichkeiten der Verfassungsänderung vorenthält, zählt zu diesen diffizilen Themen. Die Darstellung und Analyse dieser verfassungstheoretischen Grundfragen würden den vernünftigen Rahmen sprengen, ohne einen substantiellen soll eine solche Norm die Scheinlegalität bei Veränderung der Grundpfeiler nehmen, sodass der Systembruch evident wird[1287]. Dies war vor dem Hintergrund des völligen Bruchs mit jeglichen verfassungsrechtlichen Traditionslinien während der Novemberrevolution ein verständliches Anliegen, wurde doch die monarchistische Gesinnung teilweise betont[1288]. Insofern scheint die Unantastbarkeitsklausel eine Antwort auf die Geschichte des Landes unter dem Eindruck der antidemokratischen Strömungen linker und rechter Fasson gewesen zu sein[1289]. Auch Art. 79 Abs. 3 GG wird als Reaktion auf den scheinlegalen Übergang zur Diktatur in der Zwischenkriegszeit verstanden[1290]. Somit sollte der Vorspruch eine Entleerung des liberalen Elements der Verfassung verhindern und einen schleichenden Übergang zu einem Obrigkeitsstaat auf Landesebene verhindern. Hier dürften die Erfahrungen aus dem Ständestaat ohne staatsbürgerliche Rechte der Einwohner zu diesem Schritt geführt haben, fürchtete man vermutlich den Rückfall in alte Strukturen oder gar den Verfall in eine andere Richtung[1291]. Auch wurde im verfassunggebenden Landtag kritisiert, dass es kein Gegengewicht zum Parlament gebe[1292] und keine Schutzin-

---

inhaltlichen Mehrwert bezüglich des Landesverfassungsrechts von Mecklenburg-Schwerin in der Zwischenkriegszeit zu erzeugen; siehe zu Einzelheiten und Verweisen *Stern*, Staatsrecht III/2 (Fn. 1233), § 89 S. 1071 ff. sowie *Dreier* (Fn. 1232), Art. 79 III Rn. 1 ff.

1287 So auch *Murswiek*, Grenzen (Fn. 1244), § 28 Rn. 18 f.; *Dreier* (Fn. 1232), Art. 79 III Rn. 5, 13; insbesondere soll dies auch den „gutgläubigen" irrigen verfassungsändernden Gesetzgeber begrenzen *Stern*, Staatsrecht III/2 (Fn. 1233), § 89 S. 1087.

1288 Siehe als *pars pro toto* der Einstellung der DNVP *Knebusch*, VVLTag I (Fn. 629), 4. Sitzung, Sp. 30, der als Sprachrohr der Partei im verfassunggebenden Landtag fungierte; siehe ferner *O. Metterhausen* (DNVP), VVLTag I (Fn. 629), 4. Sitzung, Sp. 62.

1289 Ewigkeitsklauseln sind häufig eine Reaktion auf die geschichtlichen Erfahrungen und zeitgenössische Bedrohungslagen, vgl. *P. Häberle*, Verfassungsrechtliche Ewigkeitsklauseln als verfassungsstaatliche Identitätsgarantien, in: Y. Hangartner/S. Trechsel (Hrsg.), Völkerrecht im Dienste des Menschen. Festschrift für Hans Haug, 1986, S. 81 (88, 93).

1290 *Stern*, Staatsrecht III/2 (Fn. 1233), § 89 S. 1084.

1291 Die Missstände der Grundrechtseingriffe der Soldaten- und Arbeiterräte im Reich zeigt *Reincke-Bloch*, VVLTag I (Fn. 629), 4. Sitzung, Sp. 39 auf; ebenso stellt *Kröger* dar, dass seinen politischen Freunden die Grundrechtsbetätigung im Ständestaat zu verwehren versucht wurde, siehe *dens.*, ebda., 4. Sitzung, Sp. 44 f. Somit war auf beiden politischen Flanken ein Interesse an der Beständigkeit von Grundrechten aus der historischen Erfahrung präsent.

1292 *Knebusch*, VVLTag I (Fn. 629), 4. Sitzung, Sp. 23.

strumente des Einzelnen gegen Übergriffe des Staates vorhanden seien[1293], sodass dies ein Motiv für die Ewigkeitsklausel gewesen sein könnte. Jedoch scheint die Einbeziehung des Grundrechtekatalogs in Gänze, selbst bei der bloßen Garantie des Kerns, dem verfassungsändernden Gesetzgeber doch zu enge Grenzen auferlegt zu haben, trugen doch manche Grundrechte eine klare politische Handschrift, sodass selbst bei der gänzlichen Abschaffung sich das Staatssystem keinem völligen Umbruch gegenüber gesehen hätte[1294]. Hier wäre eine noch flexiblere Norm sinnvoll gewesen[1295]. Eine noch engere Auslegung findet jedoch keinen Halt im Wortlaut der Norm.

Insgesamt bewies der Verfassunggeber von Mecklenburg-Schwerin erstaunliche Eigentümlichkeit durch die Kodifizierung des Vorspruchs zu den Grundrechten, dessen Bedeutung und richtungsweisender Charakter nicht unterschätzt werden dürfen. Aus systematischer Sicht wurden Elemente, welche sich heute in Art. 1 Abs. 3 GG sowie Art. 79 Abs. 3 GG finden, kombiniert, was um so mehr die zentrale Funktion und Bedeutung dieser Norm hervorhob. In Mecklenburg-Schwerin existierte somit ein Anknüpfungspunkt gegen den „Parlamentsabsolutismus“, wie er auf Reichsebene teilweise zumindest für wünschenswert erachtet wurde[1296]. Allerdings wirkt dieser ohne die Bindung der dritten Gewalt unvollständig. Konzeptionell hatte der Vorspruch eine gelungene Eigenheit zu bieten. So verband er Elemente einer Präambel mit einer Unantastbarkeitsgarantie und legte dadurch das Fundament des Freistaates fest[1297]. Bemerkenswert ist in Mecklenburg-Schwerin im Gegensatz zu anderen Verfassungen, dass hier beide Elemente in einer Norm verschmolzen und nicht bloß ein expliziter oder impliziter Bezug hergestellt wurde. Insofern kann die systematische Stellung als gelungen bezeichnet werden. So verdient es der Vorspruch vielleicht noch im gesteigerten Maße, als Schlüssel-[1298] und

---

1293 So Abgeordneter *Reincke-Block* zum Verfassungsentwurf, der noch ohne Grundrechtskatalog auskam, *ders.*, VVLTag I (Fn. 629), 4. Sitzung, Sp. 36 f., 39.

1294 Beispielsweise ist durch den Vorspruch die gänzliche Abschaffung der Einheitsschule verboten, welche durch § 20 Abs. 1 Meck.-Schw. Verf. zwar einem Gesetzes- bzw. Ausgestaltungsvorbehalt unterlag, im Kern jedoch nicht abgeschafft werden konnte.

1295 Auch *Häberle* warnt vor überbordenden Ewigkeitsklauseln, da sonst eine Gefahr der Entwertung drohe, siehe *dens.*, Ewigkeitsklauseln (Fn. 1289), S. 93.

1296 Kritisch *Anschütz*, Verfassung (Fn. 779), Art. 109 Anm. 2.V. (S. 528 f.).

1297 Die inhaltliche Nähe zwischen Präambeln und Ewigkeitsklauseln betont auch *Häberle*, Ewigkeitsklauseln (Fn. 1289), S. 98, 107 f.

1298 *Stern*, Staatsrecht III/1 (Fn. 1187), § 72 S. 1178.

Leitnorm[1299] verstanden zu werden. Um dieser Gewährleistung jedoch auch tatsächlich Ausdruck zu verleihen, wäre eine verfassungsgerichtliche Kontrollmöglichkeit wünschenswert gewesen.

3. Gleichheitsrechte

Die gleichen Rechte und Pflichten waren in §§ 4 ff. Meck.-Schw. Verf. bzw. Art. 109, 128, 134 WRV geregelt. Die Gleichheit vor dem Gesetz war ein wichtiges Anliegen im verfassunggebenden Landtag und wurde insbesondere vor dem Hintergrund des ständischen Systems formuliert[1300]. Dies wurde auch durch die exponierte Stellung an vorderster Front des Grundrechtekatalogs deutlich[1301]. Die Gleichheit ohne Rücksicht auf „Geburt, Geschlecht, Stand und Religion"[1302] stellte einen essentiellen Grundsatz des Grundrechtskatalogs dar. Der Wortlaut unterschied sich auf den ersten Blick zwar nicht immens von dem der Reichsverfassung, jedoch waren in der Landesverfassung einige Besonderheiten zu beachten. In der Reichsverfassung entbrannte um den Gleichheitssatz eine Debatte um die Bindungswirkung desselben und der Grundrechte im Allgemeinen[1303]. Gemäß § 4 Meck.-Schw. Verf. bestand nur Gleichheit vor dem Gesetz, sodass es sich nach einer engen Wortlautauslegung lediglich um die gleichmäßige Gesetzesanwendung ohne Unterschied der Personen gehandelt haben könnte. Aufgrund der Bindungsanordnung durch den Vorspruch bestand jedoch auch eine Bindung der Legislative, sodass hier schon gesetzgeberisch der Debatte vorgegriffen worden war[1304]. Insofern erübrigte sich im Freistaat die kontroverse Diskussion um den Adressatenkreis des Gleichheitssatzes.

1299 BVerfGE 31, 58 (72); vgl. dazu auch *Dreier* (Fn. 1145), Art. 1 III Rn. 27.

1300 *Inachin*, Durchbruch (Fn. 60), S. 23.

1301 So auch bezüglich der Reichsverfassung *H. Jahrreiß*, Die staatsbürgerliche Gleichheit, in: Anschütz/Thoma, Handbuch II (Fn. 940), S. 624 (625).

1302 *Hillmann*, VVLTag I (Fn. 629), 21. Sitzung, Sp. 732.

1303 Siehe insbesondere die richtungsweisenden Beiträge von *Kaufmann*, Gleichheit (Fn. 1186), S. 6 ff. sowie *H. Nawiasky*, Die Gleichheit vor dem Gesetz im Sinne des Art. 109 der Reichsverfassung, in: VVDStRL 3 (1927), S. 25 (27 ff.); wobei insbesondere *Kaufmann* herausstellt, dass lediglich die Gleichheit der Gesetzesanwendung schon in der Natur eines Gesetzes liege und es sich somit bei dem Gleichheitssatz insbesondere um eine Bindung des Gesetzgebers handeln müsse; a.A. *Anschütz*, Verfassung (Fn. 779), Art. 109 Anm. 1 ff. (S. 523 ff.) m.w.N.

1304 *Anschütz* bemängelt im Hinblick auf den Gleichheitssatz auf Reichsebene die mangelnde Bindungsanordnung für den Normgeber im Verfassungstext, wel-

Dieser wurde als Willkürverbot im Sinne einer sachgemäßen Differenzierung verstanden[1305]. Allerdings galt der Gleichheitssatz ausweislich des Normtextes nur für alle Mecklenburger, sodass andere Reichsdeutsche vom Schutz ausgeschlossen waren. Allerdings war der Gleichheitssatz gemäß Art. 109 Abs. 1 WRV allen Reichsinländern garantiert[1306], womit hier eine echte Normkollision vorlag und nicht bloß eine Wiederholung des Reichsrechts[1307]. Dies stellte eine bewusste Entscheidung des Verfassunggebers dar, wurde doch explizit eine Engführung auf „Mecklenburg-Schweriner“ abgelehnt[1308], wodurch die bewusste Gestaltung deutlich wird. Gemäß § 5 S. 1 Meck.-Schw. Verf. galten keine Unterschiede der Geburt, des Geschlechts, des Standes oder der Religion vor dem Gesetz. Konsequenterweise musste dies sowohl die Gesetzesanwendung als auch Gesetzgebung betreffen. Dabei sollten Geburt und Stand, alte adelsständische oder auch ritterliche Vorrechte sowie andere Vor- oder Nachteile aus der Abstammung, beispielsweise der Status als uneheliches Kind, umfasst gewesen sein[1309]. Gemäß Art. 109 Abs. 3 WRV bestand lediglich ein Gesetzgebungsauftrag zur Abschaffung der öffentlich-rechtlichen Unterschiede bezüglich Geburt und Stand. Dieser richtete sich gemäß der generellen Gesetzgebungskompetenz auch an den Landesgesetzgeber[1310]. Dadurch ist hier keine abschließende Regelung zu erblicken, und es musste grundsätzlich keine Nichtigkeit der Landesverfassungsnorm eintreten. Insofern korrespondierte die Norm mit Art. 2 Abs. 1 und 25 EG, wonach die Stände

---

che jedoch durch den Vorspruch in Mecklenburg-Schwerin vorhanden war, vgl. *dens.*, Verfassung (Fn. 779), Art. 109 Anm. 3.IV (S. 527).

1305 *Kaufmann*, Gleichheit (Fn. 1186), S. 10; *Stier-Somlo* (Fn. 1228), Art. 109 S. 179 ff.; *Huber*, Verfassungsgeschichte VI (Fn. 82), S. 105.

1306 *Kaufmann*, Gleichheit (Fn. 1186), S. 7; *Stier-Somlo* (Fn. 1228), Art. 109 S. 160.

1307 A.A. *Ruf*, Verfassung (Fn. 1151), S. 497 f., der darin lediglich eine landesspezifische Wiederholung erblickt. Dabei verkennt *Ruf* jedoch, dass der Wortlaut eindeutig war und insofern von anderen Landesverfassungsnormen abwich, die keine Begrenzung auf das eigene Landesvolk beinhalteten, siehe beispielsweise § 4 Abs. 1 Verfassung für den Freistaat Oldenburg v. 17. Juni 1919 (Gbl. für den Freistaat Oldenburg, Landesteil Oldenburg, Bd. XL, Nr. 46 v. 20.6.1919, S. 391); im Folgenden abgekürzt als Oldb. Verf.; siehe dazu *B. Beckermann*, Verfassungsrechtliche Kontinuitäten im Land Oldenburg. Entstehung, Strukturen und politische Wirkung der Verfassung des Freistaats Oldenburg vom 17. Juni 1919, 2016, S. 288 ff.

1308 Siehe die Abstimmung unter Vorsitz von *W. Kröger* (SPD), VVLTag II (Fn. 1113), 83. Sitzung, Sp. 2472.

1309 So zur ähnlichen Formulierung auf Reichsebene *Anschütz*, Verfassung (Fn. 779), Art. 109 Anm. 4 (S. 530 f.).

1310 *Anschütz*, Verfassung (Fn. 779), Art. 109 Anm. 4 (S. 531).

und der Adel als Körperschaft des öffentlichen Rechts aufgehoben worden waren[1311]. Jedoch ging § 5 S. 1 Meck.-Schw. Verf. vom Wortlaut her weiter als die Reichsverfassung. Vielmehr betonte dieser, dass Religion, Geburt, Stand oder Geschlecht keine Ungleichbehandlung nach sich ziehen durften. Damit wäre der Wortlaut eigentlich umfassender als derjenige der Reichsverfassung, wodurch sich auf den ersten Blick ein stärkerer Grundrechtsschutz ergeben hätte. Jedoch deckte sich der Gleichheitssatz sachlich mit Art. 109 WRV[1312]. Die Norm stellte eben jene Ungleichbehandlungen heraus, die im Staatsrecht des Großherzogtums noch stark ausgeprägt waren. Bemerkenswert ist ferner § 5 S. 2 Meck.-Schw. Verf., der keine Einschränkung der Gleichstellung von Männern und Frauen bei den staatsbürgerlichen Rechten und Pflichten[1313] beinhaltete. Diese Gleichstellung war im Reich nur „grundsätzlich" gewährleistet und stand somit unter einem einfachen Gesetzesvorbehalt des einschränkenden Landes- oder Reichsgesetzgebers[1314]. Folglich beschränkte Art. 109 Abs. 2 WRV nicht umfassend die Ungleichbehandlung der Geschlechter[1315]. Insofern scheint im verfassunggebenden Landtag ein weitaus moderneres Verständnis des Gleichbehandlungsgebots bezüglich des Geschlechts vorgeherrscht zu haben[1316]. Mithin verhinderte die rigide Interpretation der Nichtigkeit von inhaltgleichem oder schutzintensiverem Landesverfassungsrecht bei abschließender Regelung des Reichs einen echten Fortschritt in dem Grundrechtsverständnis und beraubte potentielle Innovationen der Landesverfassunggebung ihrer Bedeutung.

Einen besonderen Gleichheitssatz schrieb § 6 Meck.-Schw. Verf. fest. Die Norm eröffnete den gleichen Zugang zu öffentlichen Ämtern nach der jeweiligen Befähigung. Unter öffentlichen Ämtern verstand man auch die Ämter der Gemeinden und weiteren Körperschaften des öffentlichen

---

1311 Andernfalls bestanden die Adelsrechte grundsätzlich fort, außer es handelte sich um die Vorrechte der ehemaligen regierenden Fürsten, siehe *Anschütz*, Verfassung (Fn. 779), Art. 109 Anm. 4 (dort Fn. 1; S. 531).

1312 *Stier-Somlo* (Fn. 1228), Art. 109 S. 209.

1313 Das waren Rechte und Pflichten, die ein „organschaftliches Handeln oder persönliche Dienstleistungen für den Staat" beinhalteten, siehe *Gusy*, Reichsverfassung (Fn. 10), S. 288.

1314 *Stier-Somlo* (Fn. 1228), Art. 109 S. 203; *Anschütz*, Verfassung (Fn. 779), Art. 109 Anm. 3 (S. 529 f.).

1315 Siehe *Jahrreiß*, Gleichheit (Fn. 1301), S. 634 sowie *Anschütz*, Verfassung (Fn. 779), Art. 109 Anm. 3 (S. 530) mit einigen möglichen Beispielen.

1316 So auch *Inachin*, Durchbruch (Fn. 60), S. 23; insgesamt herrscht ein überraschendes Schweigen der parlamentarischen Dokumente auch zum Gleichheitssatz, vgl. *N.N.*, VVLTag I (Fn. 629), 21. Sitzung, Sp. 704 ff.

Rechts[1317]. Entgegen der Regelung des Art. 128 Abs. 1 WRV war in der Landesverfassung nicht zusätzlich die Leistung als Differenzierungskriterium enthalten. Bei der Befähigung war die gesamte Persönlichkeit des Bewerbers und die Anforderungen aus der Art des Amtes zu berücksichtigen[1318]. Diese war somit ein umfassender Beurteilungsmaßstab, sodass sich das Fehlen der „Leistung" als Beurteilungskriterium nicht praktisch ausgewirkt haben dürfte.

Ferner befand sich in der Landesverfassung kein einfacher Gesetzesvorbehalt wie in der Reichsverfassung[1319], sodass der Schutz danach umfassender ausgestaltet war.

§ 6 S. 2 Meck.-Schw. Verf. stellte explizit heraus, dass das religiöse oder politische Bekenntnis keinen Einfluss auf die Besetzung der Ämter in Staat oder Selbstverwaltungskörperschaft haben durfte. Dies entfaltete jedoch keinerlei Wirkung, war doch schon durch Art. 136 Abs. 2 WRV gewährleistet[1320], dass das religiöse Bekenntnis keinen Einfluss auf die Zulassung zu öffentlichen Ämtern haben durfte. Die politische Freiheit der Beamten, auch der Landesbeamten und Beamten der weltlichen Selbstverwaltungskörperschaften, war bereits durch Art. 130 Abs. 2 WRV garantiert[1321]. Allerdings schützte die Reichsnorm nach dem Wortlaut die Gesinnung und die Betätigung, wenn einmal die Beamteneigenschaft erlangt worden war. Die Landesverfassung betraf jedoch, auch aus systematischen Gründen, lediglich die Anstellung als Beamter. Insofern war der Regelungsgehalt unterschiedlich zu Art. 130 Abs. 2 WRV. Gleichwohl war eine Differenzierung nach der politischen Gesinnung bei der Zulassung zu öffentlichen Ämtern schon gemäß Art. 128 Abs. 1 WRV unzulässig[1322]. Insofern kam der Landesverfassung hier lediglich Klarstellungsfunktion zu. Eine bemerkenswerte Abweichung von der Reichsverfassung befand sich in § 6 S. 3

1317 Wobei die Religionsgesellschaften nach herrschender Meinung nicht darunter fielen, siehe *Gebhard*, Handkommentar (Fn. 876), Art. 128 Anm. 5 (S. 486); *Anschütz*, Verfassung (Fn. 779), Art. 128 Anm. 7 (S. 587 f.); siehe zum Begriff des öffentlichen Amtes *W. Jellinek*, Die Rechtsformen des Staatsdienstes. Begriff und rechtliche Natur des Beamtenverhältnisses, in: Anschütz/Thoma, Handbuch II (Fn. 940), S. 20 (28).

1318 *Gebhard*, Handkommentar (Fn. 876), Art. 128 Anm. 2.c (S. 485).

1319 *Anschütz*, Verfassung (Fn. 779), Art. 128 Anm. 3 (S. 585).

1320 Siehe dazu *Anschütz*, Verfassung (Fn. 779), Art. 136 Anm. 3 (S. 624 f.).

1321 Siehe dazu *Anschütz*, Verfassung (Fn. 779), Art. 130 Anm. 2 (S. 604 f.); die Ermöglichung der politischen Teilhabe und Betätigung war für Teile des verfassunggebenden Landtags von besonderer Wichtigkeit, siehe *v. Richthofen*, VVLTag I (Fn. 629), 4. Sitzung, Sp. 55.

1322 Siehe *Anschütz*, Verfassung (Fn. 779), Art. 128 Anm. 1 (S. 585).

Meck.-Schw. Verf. Hier war eine Ausnahme von dem Grundsatz der politischen Neutralität bei der Besetzung von politisch leitenden Ämtern zulässig. Diese Ausnahme war einzigartig innerhalb der Verfassungen der Länder. Nach der Systematik dürfte es sich auch nach damaligem Verständnis vornehmlich um sog. politische Beamte gehandelt haben. Dies waren Beamte, die wegen ihrer gehobenen Stellung im Verwaltungsaufbau bei ihrer Amtstätigkeit in Übereinstimmung mit der politischen Grundausrichtung der Regierung stehen mussten, beispielsweise Staatssekretäre[1323]. Allerdings war der Wortlaut weit gefasst, sodass die Bereichsausnahme nicht lediglich auf Ämter mit Besetzung durch Beamte anzuwenden war.

Insgesamt bestanden nur geringe Abweichungen im Normtext bei dem Gebot der Gewährleistung gleicher Rechte und Pflichten, die jedoch nicht zu unterschätzende Regelungsunterschiede hätten bedeuten können, wären diese nicht dem Nichtigkeitsdogma der Reichsverfassung zum Opfer gefallen. Hier wirkte Art. 13 Abs. 1 WRV als umfassend limitierender Faktor für den Regelungsgehalt der Landesverfassungen. Die Abweichungen zur Reichsverfassung erstaunen, wollte man zur dritten Lesung der Verfassung doch den Normtext mit dem der Reichsverfassung in Einklang bringen[1324]. Dennoch veränderte man die Gleichheitsrechte nicht, sodass man vermuten kann, dass sich der Normgeber des unterschiedlichen Regelungsgehalts nicht in Gänze bewusst war.

4. Freiheitsrechte und sonstige Gewährleistungen

Bei den verbleibenden Grundrechtsgewährleistungen nahmen die klassischen liberalen Abwehrrechte den größten Raum ein. Zumeist unterschied sich hier der Wortlaut kaum von dem der Reichsverfassung.

§ 8 Abs. 1 und 2 Meck.-Schw. Verf. bzw. Art. 114 WRV regelten die Freiheit der Person und waren fast wortgleich. Ebenso verhielt es sich mit der Garantie des gesetzlichen Richters gemäß § 8 Abs. 3 Meck.-Schw. Verf. bzw. Art. 105 S. 2 WRV. Hier war auch eine inhaltliche Übereinstimmung

---

1323 *N. N.*, Art. Politische Beamte, in: K. Weber (Hrsg.), in: Creifelds Rechtswörterbuch, 22. Edition 2017, S. 1018 (1018).

1324 Siehe knapp zur Feststellung, dass dieses Motiv nicht zu Veränderung der Regelungen über die gleichen Rechte und Pflichten geführt hat, Berichterstatter *Gladischefski*, VVLTag II (Fn. 1113), 83. Sitzung, Sp. 2472.

intendiert[1325]. Ferner ergaben sich keine nennenswerten Unterschiede bei der Regelung der Unverletzlichkeit der Wohnung.

Das Eigentum war gemäß § 10 Abs. 1 und 2 Meck.-Schw. Verf. garantiert, wobei jedoch eine Enteignung zum Allgemeinwohl gegen Entschädigung möglich war, insoweit bestand hier ein grundsätzlicher Gleichklang mit dem Reichsrecht. Die Frage nach der Entschädigung war politisch höchst brisant und überraschend umstritten[1326], herrschte doch sonst bezüglich der Grundrechte zumeist grundlegende Einigkeit im Landtag. Entschädigungsleistungen waren zunächst nicht im Verfassungsentwurf vorgesehen[1327]. So sei eine Entschädigung nicht stets angemessen, sodass nur in der Regel eine solche zu gewähren sei[1328]. Die Verstaatlichung sollte unter anderem ein Mittel sein, um die ehemals ständischen Großgrundbesitzer in gewissem Maße zu enteignen, um sodann die Basis für einen selbstständigen Bauernstand zu schaffen[1329]. Dies hatte auch unter dem Gesichtspunkt der Lösung der Nahrungsmittelknappheit ein besonderes Gewicht im Landtag[1330]. Hier zeigt sich wieder signifikant, wie allgegenwärtig die Altlasten aus dem Ständestaat im Prozess der Verfassunggebung waren[1331]. Letztendlich entschied man sich aufgrund der Formulierung in der Reichsverfassung für die Normierung einer Entschädigung, wollte man doch die Nichtigkeit aufgrund echter Normkollision vermeiden[1332]. Somit wurde eine flexible, an die Sozialisierung und Siedlungspolitik angepasste Enteignung ermöglicht, wobei durch die Entschädigungspflicht bei knappen Finanzmitteln Mecklenburg-Schwerins der Enteignung ein

---

1325 Berichterstatter *Gladischefski*, VVLTag II (Fn. 1113), 83. Sitzung, Sp. 2472 f.

1326 Siehe insbesondere zur Kontroverse zwischen DNVP und SPD *Lüdemann*, VVLTag I (Fn. 629), 5. Sitzung, Sp. 81.

1327 Vgl. *Reincke-Bloch*, VVLTag I (Fn. 629), 4. Sitzung, Sp. 40.

1328 *Bericht des Verfassungsausschusses*, VVLTag I (Fn. 629), 21. Sitzung, Sp. 704, 716; so auch *W. Dittrich* (SPD), ebda., 21. Sitzung, Sp. 742.

1329 *Richthofen*, VVLTag I (Fn. 629), 4. Sitzung, Sp. 59 f.; die grundsätzliche Notwendigkeit der Schaffung eines eigenständigen Bauernstandes wird auch von der DNVP akzeptiert, siehe *F. Dettmann* (DNVP), ebda., 5. Sitzung, Sp. 97.

1330 *Richthofen*, VVLTag I (Fn. 629), 4. Sitzung, Sp. 60.

1331 Siehe insbesondere hierzu die Darstellung der Missstände der Landarbeiter bei *P. Meyer* (Dorfbund), VVLTag I (Fn. 629), 5. Sitzung, Sp. 100.

1332 So der knappe Hinweis schon zu Beginn der Aussprache über § 10 Meck.-Schw. Verf., siehe *Witte*, VVLTag I (Fn. 629), 21. Sitzung, Sp. 742 sowie *Wendorff*, ebda., 21. Sitzung, Sp. 743; den zwingenden Charakter der Entschädigungspflicht betont auch *Meißner*, Staatsrecht (Fn. 1126), S. 322; siehe auch zum Verstoß einer Verordnung aus dem Jahr 1886 gegen Art. 153 Abs. 2 WRV mangels angemessener und bedingungsloser Entschädigungspflicht RGZ 132, 69 (75 f.).

faktischer Riegel vorgeschoben war[1333]. In einem engen systematischen Zusammenhang stand das Verbot zur Errichtung weiterer Familienfideikommisse gemäß § 10 Abs. 3 Meck.-Schw. Verf. Schon Art. 155 Abs. 2 WRV verpflichtete die Länder, diese aufzulösen. Bei Fideikommissen handelte es sich um Sondervermögen, welches nach fester Nachfolgeregelung ungeteilt überging[1334]. Diese wurde vornehmlich zum Erhalt der (adligen) Familiengüter und somit der wirtschaftlichen und politischen Macht der Aristokratie geschaffen[1335]. Dies vertrug sich nicht mit einem auf Gleichheit ausgerichteten demokratischen Staat[1336]. Insofern handelt es sich dabei vornehmlich um ein Element der Vergangenheitsbewältigung des Ständestaates[1337], sodass es womöglich passender im Einführungsgesetz platziert gewesen wäre. In Art. 10 EG wurde der Gesetzgebungsauftrag zur Beseitigung festgeschrieben, sodass sich aus systematischen Gesichtspunkten ein Verbot von künftigen Fideikommissen ideal an Art. 10 Abs. 2 EG angefügt hätte[1338]. Jedoch zeigt die Kodifizierung in der Verfassung und der daraus folgenden erhöhten Bestandskraft die besondere Wichtigkeit der Beseitigung des Instituts. Auch im verfassunggebenden Landtag war diese Verortung innerhalb der Verfassung nicht unumstritten. Allerdings orientierte man sich an anderen Landesverfassungen bei der systematischen Stellung[1339], demzufolge sich hier keine spezifische Intention herauslesen lässt.

1333 *Mrotzek*, Weg (Fn. 857), S. 97.

1334 Im ersten Zugriff siehe *I. Ebert*, Art. Familienfideikommiss, in: A. Cordes/H. Lück/D. Werkmüller (Hrsg.), Handwörterbuch zur deutschen Rechtsgeschichte, Bd. I, 2. Aufl. 2008, Sp. 1503 (1503 f.); siehe auch *Liermann*, Handbuch (Fn. 809), S. 242 ff.

1335 *T. v. Trott zu Solz*, Erbrechtslose Sondervermögen. Über die Möglichkeit fideikommißähnlicher Vermögensbildung, 1999, S. 23; diese landesrechtlichen Regelungen wurden auch nicht im Zuge der Einführung des BGB beseitigt, vgl. *dens.*, ebda., S. 26 f.

1336 *v. Trott zu Solz*, Sondervermögen (Fn. 1335), S. 28.

1337 Die Wichtigkeit der Beseitigung der Fideikommisse und des Lehnwesens durch den Landtag betont *Inachin*, Durchbruch (Fn. 60), S. 21.

1338 Die Auflösung wurde in Mecklenburg-Schwerin 1922 umgesetzt, siehe das Gesetz über die Auflösung der Familienfideikommisse v. 16.5.1922 (Rbl. für Mecklenburg-Schwerin 1922 Nr. 60 v. 13.6.1922, S. 391), wobei die Auflösung vornehmlich durch Widerruf, Familienbeschluss, Tod oder Verzicht erfolgte; siehe auch grob zum Verfahren der Auflösung am Beispiel Preußens *Meißner*, Staatsrecht (Fn. 1126), S. 326 ff.

1339 *Hillmann*, VVLTag I (Fn. 629), 21. Sitzung, Sp. 732.

Auch die Rechtsnatur der Meinungsfreiheit im Sinne des Art. 118 WRV war auf Reichsebene umstritten[1340]. Dieser beinhaltete im Gegensatz zu § 11 Meck.-Schw. Verf. als Schrankenbestimmung unter anderem, dass nur allgemeine Gesetze die Meinungsfreiheit beschränken durften. Teile der rechtswissenschaftlichen Literatur folgerte hieraus, sofern sie den Zusatz nicht gänzlich für unbeachtlich hielten, dass dies an die Adresse des Gesetzgebers gerichtet sei, der keine Gesetze erlassen dürfe, die sich gegen eine bestimmte Meinung richten[1341]. Somit wurde dies als qualifizierter Gesetzesvorbehalt aufgefasst. Die Landesverfassung enthielt jedoch lediglich einen einfachen Gesetzesvorbehalt, sodass hier ein echter Normwiderspruch in Form einer Mindergewährleistung vorlag. Ob diese Abweichung bewusst gewählt war[1342], lässt sich aus den Gesetzgebungsmaterialen nicht ermitteln. Erkannte man in der Reichsverfassung nur ein Redaktionsversehen, so bewirkte dies, dass die inhaltsgleiche Landesregelung aufgrund von Art. 13 Abs. 1 WRV nichtig war. Dasselbe Ergebnis ergab sich auch aus der Mindergewährleistung aufgrund eines umfassenderen Schrankenvorbehalts in Form eines einfachen Gesetzesvorbehalts. Die letzte Schlussfolgerung dürfte dabei am ehesten dem Wortlaut und dem Charakter der Reichsverfassung gerecht werden.

§ 12 Meck.-Schw. Verf. garantierte die Versammlungsfreiheit. Der Wortlaut der Landesvorschrift ließ sich vollständig in Art. 123 WRV wiederfinden. Zwar wurde zunächst erwogen, „ohne Waffen“ zu streichen und am Ende einzufügen, „sofern es ohne Waffen geschieht“, um so deutlich zu machen, dass Versammlungen mit Waffen verboten waren[1343]. Die Notwendigkeit der Umformulierung leuchtete aber nicht ein[1344], weshalb es auch bei dem gleichlautenden Wortlaut blieb. Auch die Einschränkung

1340 Vgl. grob zum Meinungsstand *Anschütz*, Verfassung (Fn. 779), Art. 118 Anm. 1 ff. (551 ff.).

1341 So *K. Rothenbücher*, Das Recht der freien Meinungsäußerung, in: VVDStRL 4 (1928), S. 6 (20, 42 f); dem schloss sich *Anschütz* an, siehe *dens.*, Verfassung (Fn. 779), Art. 118 Anm. 3 S. (553 f.).

1342 In der Reichsverfassung lag wahrscheinlich in der Einfügung ein Redaktionsversehen vor, das jedoch nicht einfach ignoriert werden durfte, vgl. *Anschütz*, Verfassung (Fn. 779), Art. 118 Anm. 2 (S. 552).

1343 So *H. Winterstein* (DDP), VVLTag I (Fn. 629), 21. Sitzung, Sp. 747; ebenso *Knebusch*, ebda., 21. Sitzung, Sp. 747; Widerspruch von *Wendorff*, ebda., 21. Sitzung, Sp. 747 mit dem Hinweis auf den Wortlaut von „allen Verfassungen der Welt“, ohne dass der Gedanke der Erlaubnis von bewaffneten Versammlungen aufkommen könne.

1344 Vgl. zur Auslegung von „unbewaffnet“ *Delius*, in: Nipperdey, Grundrechte II (Fn. 1109), Art. 123 u. 124 S. 145 f.

bei Versammlungen unter freiem Himmel wurde aufgrund der Reichsverfassung angepasst, obwohl zunächst ein größerer Schutz gewährt werden sollte[1345]. Im Ergebnis war insgesamt keine Abweichung von der Reichsverfassung beabsichtigt.

Gemäß § 13 Meck.-Schw. Verf. war das Recht garantiert, sich zu vereinigen und Vereine innerhalb der Schranken der Gesetze zu bilden. Die Reichsverfassung garantierte, Gesellschaften und Vereine zu bilden, die den Strafgesetzen nicht zuwiderliefen. Dass eine bewusste Abweichung von Art. 124 WRV beabsichtigt war, lässt sich den Gesetzgebungsmaterialien nicht entnehmen. Vielmehr wurde über § 13 Meck.-Schw. Verf. nicht ausführlich debattiert. Insofern musste aus systematischen Gründen ein Unterschied zwischen den beiden Möglichkeiten bestehen, „sich zu vereinigen" und „Vereine zu bilden". Auf Reichsebene wurde ein Unterschied zwischen Gesellschaft und Verein insofern gesehen, als dem Verein ein Dauerelement immanent war[1346]. Insofern glich der Wortlaut der Landesverfassung in gewisser Weise dem der Reichsverfassung. Der Begriff „vereinigen" beinhaltet dabei weniger einen dauerhaften Zusammenschluss als die Gründung eines Vereins. Das Vereinsrecht war gemäß Art. 7 Nr. 6 WRV Gegenstand der konkurrierenden Gesetzgebungszuständigkeit. Damit könnte die Gründung von Vereinen „innerhalb der Schranken der Gesetze" somit ein Hinweis darauf gewesen sein, dass die reichsrechtlichen Regelungen über die Vereine unberührt bleiben sollten[1347]. Somit schien der unterschiedliche Wortlaut eher der konkurrierenden Gesetzgebungskompetenz des Reiches nach Art. 7 Nr. 6 WRV Rechnung tragen zu wollen.

§ 14 S. 1 Meck.-Schw. Verf. betraf die staatsbürgerliche Betätigung der staatlichen Bediensteten. Dies war in Art. 130 Abs. 2 WRV ähnlich geregelt. Jedoch galt dieser nur für Beamte des Staates und der (Selbstver-

1345 Zunächst war keine Beschränkung durch § 12 S. 2 Meck.-Schw. Verf. vorgesehen, siehe dazu Berichterstatter *Gladischefksi*, VVLTag II (Fn. 1113), 83. Sitzung, Sp. 2473.

1346 *Delius* (Fn. 1344), Art. 123 u. 124 S. 158; *Anschütz*, Verfassung (Fn. 779), Art. 124 Anm. 1 (S. 575).

1347 Vgl. zu reichsrechtlichen Vereinsregelungen *Delius* (Fn. 1344), Art. 123 u. 124 S. 158; *L. Waldecker*, Vereins- und Versammlungsfreiheit, in: Anschütz/Thoma, Handbuch II (Fn. 940), S. 637 (642) sowie *W. Apelt*, Geschichte der Weimarer Verfassung, 1946, S. 319 f.; folglich hatte das Reich von seinem Recht im Sinne des Art. 12 Abs. 1 WRV Gebrauch gemacht.

waltungs-)Körperschaften des öffentlichen Rechts[1348]. Insofern war der persönliche Schutzbereich jedoch in Mecklenburg-Schwerin etwas weiter gefasst. Hier war auch Angestellten und Arbeitern die staatsbürgerliche Betätigung garantiert, sodass es nach der Landesverfassung keine Schutzlücke für nichtverbeamtete Beschäftigte des Staates und der Selbstverwaltungskörperschaften gab. Dies explizit herauszustellen, erscheint sinnvoll, war doch die Gefährdungslage der dienstlichen Sanktion bei unbequemen politischen oder staatsrechtlichen Handlungen bei verbeamteten und nichtverbeamteten Beschäftigten des Staates und der Selbstverwaltungskörperschaften nicht unterschiedlich zu bewerten. Auch war der Wortlaut des § 14 S. 1 Meck.-Schw. Verf. besser gewählt als derjenige der Reichsverfassung. Bezüglich Art. 130 Abs. 2 WRV musste erst durch Auslegung nach dem Sinn und Zweck ermittelt werden, dass der Schutz nicht lediglich die Gesinnung, sondern auch die Betätigung beinhalte[1349]. Andernfalls wäre der sachliche Schutz des Art. 130 Abs. 2 WRV bedeutungslos gewesen. Zwischen der staatsbürgerlichen Betätigung und der politischen Gesinnung gab es keine faktischen Unterschiede im Schutzbereich, umfasste Letztere auch die Betätigung bei Wahlen, Volksbegehren und Volksentscheiden[1350]. Auch war der Wortlaut in der Landesverfassung im Hinblick auf das Betätigungsfeld klar gewählt. § 14 S. 1 Meck.-Schw. Verf. stellte heraus, dass die Betätigung auf allen Ebenen, d.h. auf Reichs- und Landesebene sowie bei den Selbstverwaltungskörperschaften, geschützt war.

§ 14 S. 2 Meck.-Schw. Verf. garantierte den Beamten die Unkündbarkeit[1351], Einkommen, Ruhegehalt und Hinterbliebenenversorgung. Dies explizit festzuschreiben, war ein besonderes Anliegen im verfassunggebenden Landtag, wurden die Beamten doch als essentiell für ein funktionierendes Land gesehen[1352]. Stellung und Beamtenrecht waren dem einfachen

1348 So *Anschütz*, Verfassung (Fn. 779), Art. 128 Anm. 7 (S. 587), der herausstellt, dass die Art. 128–131 WRV auch auf Beamte der Selbstverwaltung anwendbar waren.

1349 Siehe *Anschütz*, Verfassung (Fn. 779), Art. 130 Anm. 2 (S. 604 f.); dies war eine echte Neuerung zum alten Rechtszustand, siehe *A. Voigt*, Grundriß des neues Landesstaatsrechts, 1922, S. 75.

1350 Siehe *Anschütz*, Verfassung (Fn. 779), Art. 130 Anm. 2 (S. 604).

1351 Die von der Reichsverfassung abweichende Wortwahl wurde lediglich gewählt, um die Anwendung auf städtische Beamte zu verdeutlichen, siehe *Gladischefski*, VVLTag II (Fn. 1113), 83. Sitzung, Sp. 2474.

1352 So *v. Metterhausen*, VVLTag I (Fn. 629), 4. Sitzung, Sp. 62.

Landesgesetzgeber zur Regelung überantwortet[1353]. Insofern entsprach dies im Wesentlichen dem Art. 129 WRV[1354], der jedoch wesentlich detailliertere Vorgaben für den einfachen Gesetzgeber aufstellte.

1921 wurde dieser Schutz durch eine Einfügung eines zweiten Absatzes bei § 14 Meck.-Schw. Verf. erweitert[1355]. Hier wurde der Schutz vor beruflicher Benachteiligung aufgrund der Übernahme eines Ehrenamtes in der gemeindlichen Selbstverwaltung oder einer öffentlich-rechtlichen Berufsvertretung festgeschrieben. Dieser Zusatz hatte kein Pendant in der Reichsverfassung, obwohl gewisse Normen eine ähnliche Stoßrichtung hatten. So wie beispielsweise Art. 118 Abs. 1 S. 2 WRV beinhaltete auch diese Norm die bemerkenswerte Abweichung zu den üblichen Grundrechten[1356]. In Mecklenburg-Schwerin waren die Adressaten die „Arbeitgeber". Somit war dies nicht ein Schutz des Bürgers vor dem Staat, sondern richtete sich an private Arbeitgeber. Allerdings waren öffentlich-rechtliche Arbeitgeber vom Normtext nicht umfasst. Hätte der verfassungsändernde Gesetzgeber auch den öffentlichen Arbeitgeber erfassen wollen, so hätte dies eines Hinweises im Wortlaut der Norm erfordert. Insbesondere hätte der Normgeber auch den „Dienstherren" im Wortlaut nennen müssen[1357]. Auch der Vergleich zu Art. 118 Abs. 1 S. 2 WRV, der auch öffentlich-rechtliche Arbeitgeber umfasste, lässt keine andere Beurteilung zu. Dieser war deutlich neutraler formuliert, indem lediglich das Anstellungsverhältnis als Bezugspunkt für das Benachteiligungsverbot diente. Auch durfte „niemand" die betroffene Person benachteiligen, sodass der Wortlaut umfassender formuliert worden war. Ferner bestand durch § 14 S. 1 Meck.-Schw. Verf. für staatsbürgerliche Betätigung der Beamten und sonstigen Beschäftigten ein umfassender Schutz, sodass auch der Sinn und Zweck keine andere Auslegung nahe legen. Das Benachteiligungsverbot des Absatz 2 bezog sich auf die Übernahme und Ausübung eines Ehrenamtes der ge-

---

1353 Siehe zu den einzelnen beamtenrechtlichen Regelungen: M. Wenzel (Hrsg.), Mecklenburg-Schwerinsche Verfassungs- und Verwaltungsgesetze nebst Kirchengrundgesetzen, 1923, S. 230 ff.

1354 So war das Diensteinkommen unter die „wohlerworbenen Rechte" im Sinne des Art. 129 Abs. 1 S. 3 WRV zu subsumieren, siehe *Anschütz*, Verfassung (Fn. 779), Art. 129 Anm. 3 (S. 592).

1355 Gesetz, betreffend Abänderung der Verfassung des Freistaates Mecklenburg-Schwerin vom 17. Mai 1920 (Rbl. S. 653) vom 15. Dezember 1921 (Rbl. für Mecklenburg-Schwerin 1922 Nr. 6, S. 55).

1356 Siehe dazu *Anschütz*, Verfassung (Fn. 779), Art. 118 Anm. 5 (S. 556 f.).

1357 Vgl. die durchgängige Terminologie bei *Jellinek*, Rechtsformen (Fn. 1317), S. 22 ff.

meindlichen Selbstverwaltung sowie bei öffentlich-rechtlichen Berufsvertretungen. Untersagt waren die Beschränkung sowie die Benachteiligung. Dieses Verbot umfasste damit sowohl die vorherige Einflussnahme als auch die nachträgliche Sanktionierung. Unter Ehrenämtern verstand man organschaftliche Dienste für das Gemeinwesen, welche unentgeltlich und nicht berufsmäßig ausgeübt wurden[1358]. Dabei dürfte der Normgeber insbesondere Ehrenämter, wie das der Stadtverordneten, im Fokus gehabt haben, vgl. § 14 Abs. 4 StädteO[1359]. Diese hatten durch umfassende Kompetenzen gemäß § 24 StädteO immensen politischen Einfluss, sodass auch ein entsprechender Schutz der beruflichen Grundlage sinnvoll war. Eine ähnliche Gefährdungslage bestand bei der Übernahme eines Ehrenamtes in einer öffentlich-rechtlichen Berufsvertretung, da eine Betätigung gegen die Interessen des Arbeitsgebers durchaus hätte möglich werden können. Explizit wurde durch § 14 Abs. 2 S. 2 Meck.-Schw. Verf. eine Kündigung als einschneidende Form der beruflichen Benachteiligung aufgrund der politischen Gesinnung verboten. Hier war Gesinnung wie bei Art. 130 Abs. 2 WRV[1360] nicht bloß als innerer Prozess gemeint. Dies ergab sich zunächst aus der damaligen Systematik. Die Bekleidung eines Amtes und entsprechende Handlungen waren äußere Prozesse. Auch nach dem Sinn und Zweck musste Gesinnung weit ausgelegt werden. Nur wenn die politische Gesinnung nach außen erkennbar wurde, trat eine Gefährdungslage im Hinblick auf eine potentielle Benachteiligung ein. Insgesamt wollte der Normgeber eine objektive, den eigenen Interessen gerechte Betätigung bei ehrenamtlicher Tätigkeit ermöglichen, indem die berufliche Existenz aufgrund der Tätigkeit nicht negativ beeinflusst werden sollte. Es sollte die politische Entfaltungsfreiheit durch das Verbot beruflicher Benachteiligung geschützt werden.

In § 15 Meck.-Schw. Verf. waren Arbeit und Erwerb garantiert, was einem einfachen Gesetzesvorbehalt unterlag. Die Reichsverfassung regelte die wirtschaftlichen Freiheiten sehr umfassend, sodass sich Ausführungen zu § 15 Meck.-Schw. Verf. erübrigen[1361].

1358 *Anschütz*, Verfassung (Fn. 779), Art. 132 (S. 613 f.).

1359 Gesetz vom 18. Juli 1919, betreffend Städteordnung (Rbl. für Mecklenburg-Schwerin 1919 Nr. 121 v. 30.7.1919, S. 673), im Folgenden abgekürzt als StädteO.

1360 Siehe dazu erneut *Anschütz*, Verfassung (Fn. 779), Art. 130 Anm. 2 (S. 604).

1361 Bei Handel und Gewerbe ließ das Reichsrecht keinen Raum für landesrechtliche Regelungen, so *Anschütz*, Verfassung (Fn. 779), Art. 151 Anm. 4 (S. 701); siehe auch *Meißner*, Staatsrecht (Fn. 1126), S. 341 f. zu Art. 163 WRV.

§ 16 Meck.-Schw. Verf. war wortgleich mit Art. 135 und 136 Abs. 3 und 4 WRV[1362]. Ebenso verhielt es sich mit der Garantie der Kunst-, Wissenschafts- und Lehrfreiheit gemäß § 18 Meck.-Schw. Verf. Es wurde darüber debattiert, einen qualifizierten Gesetzesvorbehalt vorzusehen und die „öffentliche Ordnung und Sittlichkeit" als Schranke einzufügen[1363]. Dabei wurde jedoch aufgrund der unbestimmten Rechtsbegriffe die Gefahr von zu großer Beschränkung durch den Staat gesehen, mit denen große Errungenschaften unterdrückt und „Prüderie" hätte Einzug halten können[1364]. Daher wurde letztlich keine Abweichung von der Reichsverfassung festgeschrieben.

Das Petitionsrecht gemäß § 22 Meck.-Schw. Verf. war wortlautidentisch mit Art. 126 S. 1 WRV. Ebenso glich § 23 S. 1 Meck.-Schw. Verf. dem Art. 102 WRV. Lediglich fand sich in der Reichsverfassung kein Pendant zum zweiten Satz der Landesverfassung. Danach sprachen die Gerichte „im Namen des Volkes nach den Gesetzen Recht". Damit war zunächst die Gesetzesbindung der Gerichte allgemein festgelegt, welche im Vorspruch zu den Grundrechten fehlte. Insofern besagte dies lediglich, dass die Gerichte die Gesetze grundsätzlich anzuwenden hatten, was mit Art. 102 WRV korrespondierte[1365]. In der Reichsverfassung fehlte die Festschreibung, dass die Rechtsprechung „im Namen des Volkes" erfolgte. Dabei wurde Bezug auf die übliche Urteilsformel genommen. Den Urteilsformeln kam durch den Bezug auf den Inhaber der hoheitlichen Gewalt eine Legitimationsfunktion zu, sodass vielfach im 19. Jahrhundert die Urteile im Namen des Landesherrn erfolgten[1366]. Insofern sollte die Urteilsformel stets die Herrschaftsbefugnis ausdrücken[1367]. Somit dokumentierte die Festsetzung der Rechtsprechung „im Namen des Volkes" das Bekenntnis zur gewandelten staatsrechtlichen Lage aus[1368]. Folglich hatte § 23 S. 2 Meck.-Schw. Verf. vornehmlich symbolische Natur. Dies sollte jedoch

---

1362 Die weiteren Regelungen über das Verhältnis von Staat und Kirche werden in Kapitel D.V. behandelt. Ebenso wird das Bildungswesen trotz der Stellung im Grundrechtekatalog in Kapitel D.IX. gesondert untersucht.

1363 So *Knebusch*, VVLTag I (Fn. 629), 21. Sitzung, Sp. 749; damit sollte die Gefahr der „Entartung" minimiert werden, siehe *Reincke-Bloch*, VVLTag I (Fn. 629), 21. Sitzung, Sp. 750.

1364 So *E. Fincke* (DDP), VVLTag I (Fn. 629), 21. Sitzung, Sp. 748 f.

1365 Siehe *Anschütz*, Verfassung (Fn. 779), Art. 102 Anm. 3.

1366 *P.-C. Müller-Graff*, Zur Geschichte der Formel „Im Namen des Volkes", in: Zeitschrift für Zivilprozeß 88 (1975), S. 442 (445).

1367 *Müller-Graff*, Geschichte (Fn. 1366), S. 445.

1368 *Müller-Graff*, Geschichte (Fn. 1366), S. 446, 450.

nicht unterschätzt werden, da damit eine Absage an die altständische Rechtsprechung erteilt wurde, welche noch bis zur Novemberrevolution in geringem Umfang Bestand hatte.

5. Zusammenfassung

Aufgrund des umfassenden Grundrechtskatalogs der Reichsverfassung haben die meisten Länder der Weimarer Republik von der Kodifikation eigener Landesgrundrechte abgesehen. Das Fehlen in den meisten gliedstaatlichen Verfassungsurkunden führte zu einem Bedeutungsverlust derselben[1369]. *Thoma* geht aufgrund des Wirkungsgrades der Reichskompetenzen sogar so weit, den grundrechtlichen Landesverfassungsnormen den Begriff des Grundrechts abzuerkennen[1370]. Wenn Länder sich jedoch zu einem eigenen Katalog durchgerungen haben, so fällt der Gleichklang derselben auf[1371]. Zwar bedeutet die Aufnahme von Grundrechten in eine Bundesverfassung stets eine gewisse Unitarisierung[1372], jedoch verblieb aufgrund der unnötig föderalismusfeindlichen Auslegung von Art. 13 Abs. 1 WRV den Ländern kaum Gestaltungsspielraum für eigene Akzentuierungen. Insofern verschärfte diese Auslegung die unitarische Tendenz der Weimarer Republik in Bezug auf die Grundrechte immens. Lediglich mit dem Vorspruch zum Grundrechtekatalog ging Mecklenburg-Schwerin völlig neue Wege und griff damit weitgehend der grundrechtsdogmatischen Entwicklung in der Zwischenkriegszeit vor. Bei der Bindung des verfassungsändernden Gesetzgebers ging der Vorspruch sogar über die herrschende Meinung in der rechtswissenschaftlichen Literatur hinaus und postulierte ein fundamentales Schutzinstrument gegen bewusst oder unbewusst auf Irrwegen befindliche Parlamentsmehrheiten[1373]. Diese Norm und die Stellung des Grundrechtekatalogs machen deutlich, dass der verfassunggebende Landtag kompromisslos gewillt war, die Grundrechte zu einem Lehrstück für künftige Generationen und zum Funda-

---

1369 *Graf Vitzthum*, Bedeutung (Fn. 979), S. 21.

1370 *Thoma*, Bedeutung (Fn. 1099), S. 20.

1371 So schon zeitgenössisch *Meißner*, Staatsrecht (Fn. 1126), S. 251; siehe die Übersicht bei *Wittreck*, Einleitung (Fn. 2), S. 37 f.

1372 So auch zeitgenössisch *Kaufmann*, Gleichheit (Fn. 1186), S. 8.

1373 Vgl. zur Funktion des Minderheitenschutzes *Thoma*, Bedeutung (Fn. 1099), S. 9.

ment des Rechtslebens zu machen[1374]. Auch hätte die staatsbürgerliche Gleichheit von Frauen und Männern Potential für eine Grundrechtsinnovation geboten, hätte hier das Reichsrecht nicht wiederum beschränkend gewirkt.

Die Begrenzung der Allmacht der Parlamentsmehrheit bzw. der Legislative durch den Vorspruch der Grundrechte konnte nur effektiv durchgesetzt werden, sofern eine judikative Überprüfungsmöglichkeit zur Einhaltung der Bindung bzw. der Grenzen staatlicher Tätigkeit bestanden hätte[1375]. Nur durch Sanktionsmechanismen kann es zu einer „Effektuierung der Grundrechte“[1376] kommen. Der Freistaat Mecklenburg-Schwerin hatte einen Staatsgerichtshof gemäß §§ 66 ff. Meck.-Schw. Verf. geschaffen[1377] und diesem unter anderem Verfassungsstreitigkeiten kompetenzmäßig zugewiesen. Jedoch war damit nicht eine Individualverfassungsbeschwerde für die Bürger von Mecklenburg-Schwerin geschaffen. § 66 Abs. 1 Meck.-Schw. Verf. sprach lediglich von Verfassungsstreitgkeiten, wohingegen die bayerische Verfassung daneben ausdrücklich die „Verfassungsbeschwerde“ benannte, §§ 70 Abs. 1, 93 Verf. Bayern[1378]. Auch auf Reichsebene entschied man sich explizit gegen eine Individualverfassungsbeschwerde[1379]. Da die bayerische Verfassung ungefähr ein halbes Jahr vor der Landesverfassung von Mecklenburg-Schwerin erlassen wurde, muss von einer bewussten Abkehr von einer solchen Rechtsschutzmöglichkeit ausgegangen werden. Unabhängig von der Möglichkeit des Normenkontrollantrags erfahren die Landesgrundrechte jedoch erst ihre volle Geltungskraft und Bedeutung, wenn eine Individualverfassungsbeschwerdemöglichkeit geschaffen ist[1380]. Das Fehlen einer „institutionalisierten Verfassungsgerichtsbarkeit“ mitsamt einer Individualverfassungsbeschwerde wird heute als zentrale Schwäche der Weimarer Reichsverfassung und als Grund für das

1374 Insgesamt bezüglich der Verfassung, dass auch Grundrechte in den Normtext aufgenommen werden müssen, *Reincke-Bloch*, VVLTag I (Fn. 629), 4. Sitzung, Sp. 36 f., 39; speziell auf den Grundrechtekatalog bezogen siehe *Bericht des Verfassungsausschusses*, ebda., 21. Sitzung, Sp. 704.

1375 Ähnlich *Hensel*, Rechtsprechung (Fn. 1204), S. 5; *Stern*, Staatsrecht III/1 (Fn. 1187), § 73 S. 1292.

1376 *Stern*, Staatsrecht III/1 (Fn. 1187), § 73 S. 1294.

1377 Zu den Verfahren vor dem Staatsgerichtshof des Landes Mecklenburg-Schwerin siehe Kapitel D.VII.2.

1378 Verfassungsurkunde des Freistaates Bayern v. 14. August 1919 (GVBl. für den Freistaat Bayern 1919 Nr. 58 v. 15.9.1919, S. 531); im Folgenden abgekürzt als Bay. Verf.; siehe dazu *Ruf*, Verfassung (Fn. 1151), S. 394 ff.

1379 *Koch*, Grundrechte (Fn. 1164), S. 614.

1380 *H. Dreier*, Grundrechtsschutz durch Landesverfassungsgerichte, 2000, S. 13 f.

Schattendasein der Grundrechte gesehen[1381]. Unter jener konstitutiven Schwäche litt auch die Landesverfassung von Mecklenburg-Schwerin. Hier wäre, abgesehen von dem Nichtigkeitspostulat, die Einführung einer Individualverfassungsbeschwerde oder „funktionaler Äquivalente“[1382] zur effektiven Durchsetzung von Landesgrundrechten notwendig gewesen, um diese nicht der Bedeutungslosigkeit anheimfallen zu lassen. In Form des Vorspruchs bestand eben jener Anknüpfungspunkt, der sich in der Grundrechtsdogmatik auf Reichsebene nur schwerlich durchzusetzen begann[1383]. Somit mussten die Landesgrundrechte ein „bloßes Schattendasein“[1384] fristen.

II. Das Verhältnis von Landtag und Regierung

Jeder Gliedstaat konnte seine Organisation weitgehend selbst regeln[1385]. Vorgegeben war jedoch die republikanische Staatsform durch Art. 17 Abs. 1 S. 1 WRV. Diesem Auftrag ist der Freistaat Mecklenburg-Schwerin gemäß § 1 Meck.-Schw. Verf. nachgekommen, indem er die Staatsform explizit festgeschrieb. Daneben war auch das Wahlrecht zum Teil durch den zweiten Satz determiniert. Ferner wurde gemäß Art. 17 Abs. 1 S. 3 WRV das parlamentarische System vorgegeben[1386]. Die Staatsform insgesamt sollte ständische und antidemokratische Kräfte verhindern und auf

1381 *Dreier* (Fn. 1123), Vorb. Rn. 16.

1382 So *Dreier* (Fn. 1123), Vorb. Rn. 62; vgl. die Betonung der Bedeutung von verfassungsgerichtlichem Rechtsschutz *dens.*, ebda., Vorb. Rn. 62; auch zeitgenössisch wurde ein irgendwie gearteter Rechtschutz durch unabhängige Gerichte zur Garantie von Rechten (hier speziell eines durch die WRV vorausgesetzten allgemeinen Freiheitsrechts) als notwendig erachtet, siehe *Thoma*, Bedeutung (Fn. 1099), S. 16.

1383 Insofern bestand im Freistaat eine Art der Beschränkung des Gesetzesvorbehalts, der das „Leerlaufen“ von Grundrechten hätte verhindern können, vgl. *Dreier* (Fn. 1145), Art. 1 III GG.

1384 *Stern*, Staatsrecht III/2 (Fn. 1233), § 93 S. 1420.

1385 *Reißfelder*, Verfassungsautonomie (Fn. 68), S. 75; *Stern*, Staatsrecht V (Fn. 10), § 129 S. 578.

1386 *Gebhard*, Handkommentar (Fn. 876), Art. 17 Anm. 9.a (S. 149); siehe auch zeitgenössisch zum parlamentarischen System *O. Koellreutter*, Das parlamentarische System in den deutschen Landesverfassungen, 1921, S. 2 ff.; *A. Meuschel*, Die Regierungsbildung im Deutschen Reich und seinen Ländern nach den Vorschriften der gegenwärtig gültigen Verfassungen, in: AöR N.F. 2 (1921), S. 1 (4 ff.); *W. Schelcher*, Das parlamentarische System, in: AöR N.F. 2 (1921), S. 257 (264 ff.).

weitester demokratischer Grundlage aufbauen[1387]. Der Landtag war Identitätssymbol für die neue Republik[1388]. In Bezug zum Parlament bzw. dem Verhältnis ebendem zur Exekutive stellt sich die Frage, ob auch in Mecklenburg-Schwerin ein radikaldemokratisches Konzept dem Verfassungstext zugrunde lag[1389]. Die Volkssouveränität in der Verfassung stellte die wegweisende und deutlichste Abkehr vom ständischen System dar[1390]. Reichsrechtlich bestand in Form des Art. 17 Abs. 1 WRV eine Absage an jegliche Form der Klassenherrschaft[1391] oder auch von Diktatur[1392]. Zumindest musste es eine Volksvertretung geben[1393]. Dies hatte Mecklenburg-Schwerin durch den Landtag erfüllt. Die Zuständigkeitsverteilung zwischen Gubernative und Parlament war zudem nicht durch die Reichsverfassung oktroyiert[1394].

1. Der Landtag als zentrales Organ

Die genaue Festlegung der Ausgestaltung der Parlamente war den Ländern überlassen[1395]. Ferner waren auch die konkreten Aufgaben der Volksvertretung dem Landesverfassunggeber nicht vorgegeben[1396]. Lediglich waren die Anforderungen der Reichsverfassung so ausgestaltet, dass dem Parlament ein maßgeblicher Anteil an der Gesetzgebung und Kontrolle der Verwaltung zustand[1397]. Der Landtag war in allen Ländern Hauptträger der Staatsgewalt[1398]. Jedoch hätte die Rolle des Parlaments deutlich schwächer als im Reich verortet werden können[1399]. Handlungsleitendes Motiv im verfassunggebenden Landtag war die Überwindung des Ständestaates

---

1387 *Mrotzek*, Weg (Fn. 857), S. 97.

1388 *Inachin*, Durchbruch (Fn. 60), S. 9; dieser war als wichtigstes staatliches Organ gedacht, vgl. *Mrotzek*, Weg (Fn. 857), S. 97.

1389 So das Urteil *Willoweits* und *Schlinkers* bezogen auf die Reichsverfassung, siehe *dies.*, Verfassungsgeschichte (Fn. 228), § 37 Rn. 18.

1390 *Inachin*, Durchbruch (Fn. 60), S. 22.

1391 *Wenzel*, Grundlagen (Fn. 870), S. 607.

1392 *Gebhard*, Handkommentar (Fn. 876), Art. 17 Anm. 9.a (S. 149).

1393 *Gebhard*, Handkommentar (Fn. 876), Art. 17 Anm. 4.a (S. 146).

1394 *Anschütz*, Verfassung (Fn. 779), Art. 17 Anm. 6 (S. 137).

1395 Siehe *Stuckmann*, Grenzen (Fn. 877), S. 44 ff.

1396 *Wenzel*, Grundlagen (Fn. 870), S. 607.

1397 *Wenzel*, Grundlagen (Fn. 870), S. 607.

1398 *Meißner*, Staatsrecht (Fn. 1126), S. 73.

1399 *Gebhard*, Handkommentar (Fn. 876), Art. 17 Anm. 9.a (S. 149).

durch konsequente Umsetzung der Volkssouveränität, welche mittelbar durch das Parlament ausgeübt werden sollte[1400].

a) Das Zweikammer-System als Gegengewicht zum Landtag?

Mit der Verpflichtung zur Schaffung eines primär zuständigen Legislativorgans war jedoch nicht gleichzeitig vorgegeben, ob im Rahmen des parlamentarischen Systems eine zweite Kammer zulässig gewesen wäre[1401]. Ein Gebot des Einkammersystems war im Reichsverfassungstext nach Tilgung aus dem Entwurfstext nicht mehr enthalten[1402]. Wie eine potentielle zweite Kammer hätte ausgestaltet sein können, darüber bestand keine abschließende Klarheit[1403]. Eine zweite Kammer hat den Sinn, einen Gegenpol zur Volkskammer zu schaffen, sodass eine andere Besetzung die logische Konsequenz gewesen wäre[1404]. Möglich wären berufsständische

---

1400 So *Wendorff*, VVLTag I (Fn. 629), 3. Sitzung, Sp. 5 f.

1401 *Wenzel*, Grundlagen (Fn. 870), S. 607; laut *Anschütz* war dies streitig, vgl. *dens.*, Verfassung (Fn. 779), Art. 17 Anm. 4 (S. 133); siehe auch *Gusy*, Reichsverfassung (Fn. 10), S. 228; für unstreitig zulässig hält demgegenüber *Stern* eine zweite Kammer, sofern die Regierung von der Volksvertretung abhängig gewesen wäre, siehe *dens.* Staatsrecht V (Fn. 10), § 129 S. 579.

1402 So die h.M., siehe statt aller *Preuß*, Reich (Fn. 871), Art. 17 S. 137; in der Herleitung und Formulierung vgl. zur etwas anderen Interpretationsweise *Anschütz*, Verfassung (Fn. 779), Art. 17 Anm. 4 (S. 134), der nur eine einheitliche Kammer aus den Volkswahlen für zulässig erachtet, da es nicht die Hälfte des Landesparlaments als jeweils eine Kammer geben könne. Zulässig wäre lediglich eine zweite Kammer gewesen, die jedoch keinen integralen Bestandteil der Volksvertretung bilden durfte und somit nur beschränkte Kompetenzen haben konnte.

1403 Für zulässig erachtet *Wenzel* eine zweite Kammer nach anderen nicht demokratisch gewählten Grundsätzen, siehe *dens.*, Grundlagen (Fn. 870), S. 608; a.A. *Preuß*, Reich (Fn. 871), Art. 17 S. 147 f., der aus der Kompetenz des Reichs zur Regelung der Verhältnisse zwischen Arbeiter- und Wirtschaftsräten zu anderen sozialen Selbstverwaltungskörperschaften gemäß Art. 165 Abs. 6 WRV ein Verbot von anderen Kammern auf Landesebene herleitet; verschiedene Modelle zeigt *Gebhard* auf, siehe *dens.*, Handkommentar (Fn. 876), Art. 17 Anm. 9.c (S. 150); *Reißfelder* hält eine zweite Kammer für unzulässig, wobei sich dieser auf das Wortverständnis von 1849 stützt und den Willen des Gesetzgebers zwar erkennt, ohne diesen entsprechend zu würdigen, vgl. *dens.*, Verfassungsautonomie (Fn. 68), S. 76.

1404 *Nieding*, Prinzip (Fn. 869), S. 81 f.; *Elleser*, Verfassungs-Autonomie (Fn. 9), S. 22 f.

oder auch regionale Vertreter in einer solchen Kammer gewesen[1405]. Insbesondere gegen die Einrichtung einer Kammer mit regionaler Besetzung, welche wiederum nach Grundsätzen des Art. 17 Abs. 1 WRV gewählt worden wäre, sprachen keine durchschlagenden Bedenken[1406]. Auch eine berufsständische Kammer, die eine Repräsentation auch der Minderheiten verwirklicht hätte, welche in der Volkskammer vertreten gewesen wären, begegneten keinen verfassungsrechtlichen Bedenken[1407]. Eine Kammer, die den Anforderungen des Art. 17 Abs. 1 S. 2 WRV nicht entsprochen hätte, wäre insoweit zulässig gewesen, als sie nicht den Beschluss der Volkskammer aufheben oder auch nur hätte suspendieren können[1408]. Bei einer Mitwirkungsmöglichkeit dieser Kammer in Form einer Anhörungspflicht mit erneuter Beschlussfassung des Landtags oder der Möglichkeit des Volksentscheids bei Dissens hätte kein Verstoß gegen Art. 17 Abs. 1 WRV vorgelegen[1409]. Jedenfalls musste die Regierung der demokratisch gewählten Kammer im Sinne des Art. 17 Abs. 1 S. 2 WRV gegenüber abhängig sein[1410]. Zwar hätte eine zweite Kammer Mitwirkungsrechte haben können, jedoch musste die Volksvertretung der entscheidende Einflussfaktor bleiben[1411]. Insgesamt hing die Vereinbarkeit der Einführung einer zweiten Kammer mit Art. 17 Abs. 1 WRV stark von der konkreten Ausgestaltung der Zusammensetzung und dementsprechend dem Kompetenzumfang im Gesetzgebungsverfahren ab. Auch im verfassunggebenden Landtag wurde die Etablierung einer zweiten Kammer diskutiert. Sie wurde vor dem Hintergrund der sonstigen Allmacht des Landesparlaments vorgeschlagen[1412]. In eine ähnliche Kerbe schlug die DNVP[1413]. Im preußischen Verfassungsentwurf sei eine weitere Kammer geplant, die in Finanz-

1405 *Nieding*, Prinzip (Fn. 869), S. 82 f.; siehe auch *Anschütz*, Verfassung (Fn. 779), Art. 17 Anm. 4 (S. 134 f.), der das preußische Modell der Vertretung der Provinzen in einer eigenständigen Kammer als zulässige Variante hervorhebt.

1406 Ähnlich *Hinrichs*, Grenzen (Fn. 877), S. 73 f.

1407 *Hinrichs*, Grenzen (Fn. 877), S. 74.

1408 *Hinrichs*, Grenzen (Fn. 877), S. 74 f.

1409 *Hinrichs*, Grenzen (Fn. 877), S. 74 ff.

1410 *Wenzel*, Grundlagen (Fn. 870), S. 608.

1411 *Preuß*, Reich (Fn. 871), Art. 17 S. 150; die Zulässigkeit einer zweiten „quasiparlamentarischen“ Kammer betont auch *Reißfelder*, Verfassungsautonomie (Fn. 68), S. 76 f.

1412 *Reincke-Bloch*, VVLTag I (Fn. 629), 4. Sitzung, Sp. 35; jedoch hält dieser zum späteren Beratungszeitpunkt das Einkammersystem für verbindlich, vgl. *dens.*, VVLTag II (Fn. 1113), 86. Sitzung, Sp. 2588.

1413 Siehe zu der dargestellten Argumentation *Knebusch*, VVLTag II (Fn. 1113), 86. Sitzung, Sp. 2583.

und Steuerfragen mitentscheiden solle. Nur durch eine berufsständische Kammer könne verhindert werden, dass sich wirtschaftliche Verbände zu Parteien vereinigen würden und so maßgeblichen Einfluss üben könnten. Hier wird der damals bestehende Argwohn der Konservativen gegenüber einer Dominanz der Arbeiterschaft bei der Gesetzgebung und Finanzpolitik durch die Organisation in einer Partei deutlich. Die zahlenmäßige Übermacht wollte man offenbar durch eine zweite Kammer limitieren, indem diese gleichmäßig nach Berufsständen besetzt worden wäre. Insofern ging der Vorschlag der DNVP in eine ähnliche Richtung, wie das beim Klassenwahlrecht der Fall war. Dabei hätte aufgrund quantitativer Unterschiede der Klassen ein relatives Ungleichgewicht geherrscht. Dies zeugt davon, dass manche Kräfte im Freistaat noch immer im Ständesystem verhaftet waren, wollte man offenbar den Einfluss von ehemals nicht vertretenen sozialen Gruppen begrenzen. Insofern wird das Misstrauen mancher Abgeordneter gegenüber den gewandelten Machtverhältnissen bzw. den parlamentarischen Mehrheitsverhältnissen deutlich. Man wollte im Gros allerdings die Machtverhältnisse wie im Ständestaat restlos beseitigen[1414]. Ebenso erscheint eine Kammer nach lokaler Besetzung in dem einwohnerarmen und relativ kleinen Gliedstaat nicht sinnvoll. Konsequenterweise hat Mecklenburg-Schwerin daher, wie die übrigen Länder, eine zweite Kammer nicht eingeführt[1415].

b) Wahlrecht

Das Wahlrecht als Ausdruck des demokratischen Prinzips wurde schon von Art. 17 Abs. 1 S. 2 WRV vorgegeben[1416]. Dieser bestimmte als Wahlrechtsgrundsätze nämlich die Allgemeinheit, die Gleichheit, die Unmit-

1414 So die Reaktion der SPD, siehe *Lüdemann*, VVLTag II (Fn. 1113), 86. Sitzung, Sp. 2587; jedoch begegnet *Knebusch* dem mit dem Vorwurf des Klassenregimes und des übermäßigen Einflusses der Gewerkschaften auf die Verfassunggebung, siehe *dens.*, VVLTag II (Fn. 1113), 86. Sitzung, Sp. 2590; dagegen argumentiert *Wendorff*, dass durch die plebiszitäre Demokratie eine ausreichende Beteiligung aller Bürger gewährleistet sei, siehe *dens.*, VVLTag II (Fn. 1113), 86. Sitzung, Sp. 2592.

1415 Einzig in Preußen bestand eine Vertretung der Provinzen durch den Staatsrat; vgl. *Reißfelder*, Verfassungsautonomie (Fn. 68), S. 81; siehe dazu *F. Stier-Somlo*, Der preußische Staatsrat, in: Anschütz/Thoma, Handbuch I (Fn. 179), S. 652 (652 ff.); *H.-D. Bayer*, Der Staatsrat des Freistaates Preußen, 1992, S. 35 ff.

1416 *Nieding*, Prinzip (Fn. 869), S. 74; siehe im Überblick zum Wahlsystem auf Reichsebene *Gusy*, 100 Jahre (Fn. 1070), S. 146 ff.

telbarkeit und die Geheimheit der Wahl. Ferner wurde das System der Verhältniswahl festgelegt. Damit war grundsätzlich dasselbe Wahlsystem wie im Reich auch für die Länder vorgegeben[1417], wobei diese Wahlrechtsgrundsätze ins Landesrecht umzusetzen waren und nicht unmittelbare Geltung beanspruchten[1418]. Diese Wahlrechtsgrundsätze galten dem Grunde nach auch für das passive Wahlrecht, sodass auch hier insbesondere der Gleichheitsgrundsatz beachtet werden musste[1419]. Eine Beschränkung auf Landesangehörige war somit nicht möglich, wodurch ein (Landes-)Staatsbürgerrecht, dessen grundlegendende Befugnis das Wahlrecht gewesen wäre, nicht mehr existieren konnte[1420]. Jedoch ging die Reichsverfassung stillschweigend vom Erfordernis der deutschen Staatsbürgerschaft aus[1421]. Insgesamt versuchte man, sich bei der Regelung des Wahlrechts am Reich zu orientieren[1422].

aa) Verfassungsrechtliche Vorgaben

Gemäß § 25 S. 2 Meck.-Schw. Verf. war die Stimmabgabe gleich, geheim und unmittelbar[1423]. Der erste Satz bestimmte die Voraussetzungen für das aktive Wahlrecht, welche nach § 27 S. 2 Meck.-Schw. Verf. auch für das passive Wahlrecht galten. Ferner wurde das System der Verhältniswahl unter Ausschluss der Listenverbindung verfassungsrechtlich festgelegt. Die restliche Ausgestaltung des Wahlrechts war dem einfachen Gesetzgeber überlassen. Insgesamt bestanden keine gravierenden Unterschiede zwischen den Regelungen in den einzelnen Ländern, ebenso wenig wie zu denen des Reichs[1424].

1417 Statt aller *Anschütz*, Verfassung (Fn. 779), Art. 17 Anm. 3 (S. 132); siehe knapp zu den Wahlrechtsgrundsätzen *Hinrichs*, Grenzen (Fn. 877), S. 55 ff.

1418 *W. Jellinek*, Die Zusammensetzung der Landesparlamente, insbesondere das Wahlrecht und die Wahlprüfung, in: Anschütz/Thoma, Handbuch I (Fn. 179), S. 620 (623).

1419 *Gebhard*, Handkommentar (Fn. 876), Art. 17 Anm. 5.a (S. 146).

1420 Dies wäre auch mit dem umfassenden Gleichheitssatz i.S.d. Art. 110 Abs. 2 WRV unvereinbar gewesen, vgl. *Nieding*, Prinzip (Fn. 869), S. 75.

1421 *Gebhard*, Handkommentar (Fn. 876), Art. 17 Anm. 6.c (S. 149).

1422 *Wendorff*, VVLTag I (Fn. 629), 3. Sitzung, Sp. 5.

1423 Diese wurde auch in § 1 Landtagswahlgesetz für Mecklenburg-Schwerin v. 30. April 1920 (Rbl. für Mecklenburg-Schwerin 1920 Nr. 71 v. 10.5.1920, S. 489) wiederholt und um den Grundsatz der Allgemeinheit der Wahl ergänzt, im Folgenden als LWahlG abgekürzt.

1424 Siehe *Jellinek*, Zusammensetzung (Fn. 1418), S. 621 ff.

Dennoch verblieb den Ländern ein Ausgestaltungsspielraum, beispielsweise beim Wahlalter[1425]. Davon hat Mecklenburg-Schwerin jedoch mit der Festsetzung auf zwanzig Jahre für das aktive Wahlrecht wie in Art. 22 WRV keinen Gebrauch gemacht, § 25 S. 1 Meck.-Schw. Verf. Beim passiven Wahlrecht lag eine Verknüpfung dergestalt vor, dass dieses der aktiven Wahlberechtigung gemäß § 27 S. 2 Meck.-Schw. Verf. gleich stand[1426], obwohl für die Wählbarkeit ein höheres Lebensalter hätte festgesetzt werden können[1427]. Hier hat man es bewusst den Parteien überlassen, diese Entscheidung selbst zu treffen, um keine allzu starre Beurteilung der politischen Reife anhand des Lebensalters anzusetzen[1428].

Fraglich ist, ob eine Beschränkung des aktiven Wahlrechts auf eine gewisse Wohndauer, wie sie der ursprüngliche § 25 S. 1 Meck.-Schw. Verf. enthielt, zulässig gewesen ist. Dies könnte aufgrund des Fehlens eines ausdrücklichen Verbots zulässig gewesen sein[1429]. Man sah diese Einschränkung als notwendig an, um sich vor dem Einfluss von kurz vor der Wahl Zugezogenen zu schützen[1430]. Für die Kommunalwahlen wurde die Einschränkung des Wahlrechts anhand der Aufenthaltsdauer bzw. des Wohnsitzes explizit gemäß Art. 17 Abs. 2 S. 2 WRV nach dem Landesrecht ermöglicht. Warum der Reichsverfassunggeber diesen Fall geregelt hat und trotzdem den Ländern die Möglichkeit eröffnen wollte, diese Beschränkung zu den Landtagswahlen aufzustellen, ist nicht erkennbar. Somit spricht die Systematik eigentlich gegen die Zulässigkeit der Beschränkung auf eine bestimmte Dauer des Wohnsitzes oder dauerhaften Aufenthalts[1431]. Auch legt die Streichung der Vorgabe einer Mindestwohn-

---

1425 Siehe dazu *Nieding*, Prinzip (Fn. 869), S. 75 f.

1426 *Nieding*, Prinzip (Fn. 869), S. 80; primär hatte man das passive Wahlrecht nur aus Zweckmäßigkeitserwägungen überhaupt in den Verfassungstext aufgenommen, siehe *Bericht des Verfassungsausschusses*, VVLTag I (Fn. 629), 21. Sitzung, Sp. 705.

1427 *Gebhard*, Handkommentar (Fn. 876), Art. 17 Anm. 6.b (S. 148).

1428 So zum inhaltsgleichen § 5 WahlG Berichterstatter *Dieckmann* (DDP), VVLTag II (Fn. 1113), 79. Sitzung, Sp. 2351; dem widerspricht mit Verweis auf die Würde und Verantwortung des Parlaments *Knebusch*, ebda., 79. Sitzung, Sp. 2354.

1429 Ohne nähere Begründung *C. Sartorius*, Die Entwicklung des öffentlichen Rechts in Württemberg in den Jahren 1920–1924, in: JöR 13 (1925), S. 375 (377); ebenso *Nieding*, Prinzip (Fn. 869), S. 75 f.

1430 Die Gefahr benennen übereinstimmend *Wendorff* und *Knebusch*, sodass Letzterer für das Erfordernis der einjährigen Reichsbürgerschaft wirbt, siehe *dies.*, VVLTag II (Fn. 1113), 79. Sitzung, Sp. 2354.

1431 So auch knapp *Preuß*, Reich (Fn. 871), Art. 17 S. 151; *Wenzel*, Grundlagen (Fn. 870), S. 614 f.; *Gebhard*, Handkommentar (Fn. 876), Art. 17 Anm. 6.a zeit[1432] den Schluss nahe, dass dies nicht im Sinne der reichsrechtlichen Vorgaben war[1433]. Somit lag nach der Änderung der Verfassung zumindest seit Januar 1921 kein Verstoß gegen Art. 17 Abs. 1 WRV mehr vor, wobei allerdings auch kein verfassungsgerichtliches Verfahren wegen dieser Norm betrieben wurde. Mit der Änderung des aktiven Wahlalters war eine Beschränkung des passiven Wahlrechts automatisch gemäß § 27 S. 2 i.V.m. § 25 S. 1 n.F. Meck.-Schw. Verf. aufgehoben.

In allen Ländern bestand das System der streng gebundenen Liste, bei dem die Kandidaten exakt nach der Reihenfolge der Vorschlagsliste in das Parlament einzogen[1434]. Dies wurde zur Verbesserung von Klarheit und Verständlichkeit auch in Mecklenburg-Schwerin festgesetzt[1435]. Im Landtag entbrannte eine heftige Debatte über das Verbot der Listenverbindung, welches § 27 Meck.-Schw. Verf. beinhaltete[1436]. Bei der Listenverbindung bestand die Möglichkeit, dass sich mehrere Listen einer Partei oder auch Listen von verschiedenen Parteien zusammenschlossen, um so die Stimmen von (verwandten) politischen Parteien auszunutzen[1437]. Erstere hatte nur den Sinn, dass die Reststimmen aus verschiedenen Wahlkreisen der Partei zugutekamen. Aufgrund der mangelnden Einteilung in Wahlkreise handelte es sich um eine Frage der mehrparteiischen Liste. Dies hatte den

---

(S. 148); *Stuckmann*, Grenzen (Fn. 877), S. 28, 41, der es allerdings für zulässig erachtet, das passive Wahlrecht zu einem Landespräsidenten an die Voraussetzung der Landesangehörigkeit zu knüpfen; so auch die knappe Feststellung bei *Jellinek*, Zusammensetzung (Fn. 1418), S. 624.

1432 Durch Gesetz, betreffend Änderung der Verfassung des Freistaates Mecklenburg-Schwerin vom 17. Mai 1920 v. 25. Januar 1921 (Rbl. für Mecklenburg-Schwerin 1921 Nr. 18 v. 25.1.1921, S. 128) wurde die „Dauer von drei Monaten" bezüglich des Wohnsitzes oder dauerhaften Aufenthalts gestrichen, sodass die letzte gültige Fassung lautete: „Stimmberechtigt sind alle Reichsangehörigen, Männer und Frauen, die an dem Wahl- oder Abstimmungstage das zwanzigste Lebensjahr vollendet und in Mecklenburg-Schwerin ihren Wohnsitz oder dauernden Aufenthalt haben. Das Stimmrecht ist gleich, es wird geheim und unmittelbar ausgeübt. Das Nähere bestimmt das Landtagswahlgesetz."

1433 Die Verfassungswidrigkeit betont auch *Wenzel*, Verfassungen (Fn. 17), S. 324.

1434 Die einzige Ausnahme bildete Lübeck, siehe *Elleser*, Verfassungs-Autonomie (Fn. 9), S. 28.

1435 *Wendorff*, VVLTag I (Fn. 629), 3. Sitzung, Sp. 5.

1436 Auch der Verfassungsrang des Verbots wurde diskutiert, siehe *Hillmann*, VVLTag I (Fn. 629), 21. Sitzung, Sp. 733; sowie *Reincke-Bloch*, ebda., 22. Sitzung, Sp. 771, der für eine einfachgesetzliche Regelung plädiert, da das Wahlsystem unerprobt sei.

1437 Siehe zum im Folgenden dargestellten System der Listenverbindung *Elleser*, Verfassungs-Autonomie (Fn. 9), S. 28 f.

Effekt, dass die verbundenen Listen zunächst bei der Mandatsverteilung als einheitliche Liste gewertet wurden und sodann erst eine Unterverteilung stattfand. Im Gegensatz dazu schlossen sich bei einer Listenvereinigung mehrere Parteien zu einer verfestigten Form zusammen[1438], sodass dadurch der Effekt wie bei einer Partei entstand. Das Verbot der Listenverbindung wurde von der DNVP heftig kritisiert. Dieses benachteilige die bürgerlichen Parteien, da die Sozialdemokraten eine homogene Masse wären, wohingegen die bürgerlichen Parteien aus vielen unterschiedlichen Interessengruppen bestünden[1439]. Nur durch die Listenverbindung wäre die Möglichkeit der angemessenen Wahl zwischen den Interessengruppen innerhalb einer Richtung möglich[1440]. Genau diesen Effekt, die Zersplitterung in kleine Interessengruppen, wollte man jedoch im verfassunggebenden Landtag verhindern[1441], um keine „berufsständische“ Vertretung zu ermöglichen[1442]. Die Parlamentarier sollten Vertreter des gesamten Volkes und nicht bloß der eigenen Berufsgruppe sein[1443]. Ferner sei die Klarheit des Wahlprogramms durch die Listenverbindung beschränkt[1444]. Durch das System der Listenverbindung wäre die Hürde von 5.000 Stimmen zur Erlangung eines Mandats durch Kleinst- und Splitterparteien sicherlich noch einfacher zu meistern gewesen, auch wenn die erforderliche Stimmzahl eh schon keine allzu großen Schwierigkeiten dargestellt hätte[1445]. Tatsächlich haben die Möglichkeit der Listenverbindung und die mangelnde Verwertung der Reststimmen auf Reichsebene zu verzerrten Ergebnissen geführt[1446]. Insgesamt hätte dieser Effekt in Mecklenburg-Schwerin

1438 BVerfGE 82, 322 (346).

1439 *Metterhausen*, VVLTag I (Fn. 629), 4. Sitzung, Sp. 64.

1440 Innerhalb der verbundenen Listen sei die Entscheidung der Verteilung der Mandate nach dem Majoritätsprinzip urdemokratisch, so *Metterhausen*, VVLTag I (Fn. 629), 22. Sitzung, Sp. 769.

1441 *Lüdemann*, VVLTag I (Fn. 629), 4. Sitzung, Sp. 81; die Versuche von kleinen Listen zur Erringung eines Mandats und das Problem der Parteizersplitterung benennt auch *Apelt*, Geschichte (Fn. 1347), S. 229.

1442 *Wendorff*, VVLTag I (Fn. 629), 3. Sitzung, Sp. 5; *Lüdemann*, ebda., 4. Sitzung, Sp. 81; so auch *Witte*, ebda., 22. Sitzung, Sp. 72, der die verschiedenen Splittergruppen aufzählt.

1443 *Wendorff*, VVLTag I (Fn. 629), 3. Sitzung, Sp. 5.

1444 *v. Richthofen*, VVLTag I (Fn. 629), 4. Sitzung, Sp. 55.

1445 In Mecklenburg-Schwerin gab es ca. 350.000 Wahlberechtigte, siehe *Hagemeister*, VVLTag II (Fn. 1113), 79. Sitzung, Sp. 2355; die Funktion zur Überwindung von Stimmzahlhürden betont auch BVerfGE 82, 322 (346).

1446 So *E. Schanberger*, Parlamentarische Wahlen und Wahlsystem in der Weimarer Republik, 1981, S. 67 f. mit weiteren Details zu den Effekten; siehe auch *A. v. Ungern-Sternberg*, Die Weimarer Suche nach dem richtigen Wahlsystem sicherlich durch andere Gestaltung abgemildert werden können, trug ein breites Parteienspektrum im Parlament aufgrund von Kleinstparteien in Wahlbündnissen nicht unbedingt zur Handlungsfähigkeit und politischen Stabilität bei. Insgesamt wird an der Regelung an sich und auch an deren Gewichtung deutlich, dass man versuchte, mit allen Mitteln altständische Ansätze auszumerzen.

bb) Einfachgesetzliche Regelungen

Die Verfassung überließ die wesentlichen Regelungen des Wahlrechts dem Wahlgesetz bzw. der Wahlordnung. Daher müssen dazu einige grundsätzliche und rechtlich problematische Aspekte beleuchtet werden.

Das genaue System der Wahl, abgesehen vom Grundsatz der Verhältniswahl, war den Ländern nicht reichsrechtlich vorgegeben[1447]. Auch die Landesverfassung legte nur Grundgedanken fest. Die Grundzüge der Reichs- und Landesverfassung wurden in § 1 LWahlG wiederholt[1448] und sodann die Einzelheiten geregelt. Das Verhältniswahlprinzip bezweckte, ein möglichst genaues Abbild der Stärke aller nicht ganz marginal am Wahlkampf beteiligten Parteien widerzuspiegeln[1449]. Die genaue Verteilung der Sitze konnte bei der Verhältniswahl nach verschiedenen Methoden ermittelt werden[1450]. In Mecklenburg-Schwerin war das automatische Verfahren, bei dem die Anzahl der Abgeordneten an die absolute Wahl-

– zwischen Verfassung und Rechtspolitik, in: U. J. Schröder/dies. (Hrsg.), Zur Aktualität der Weimarer Staatsrechtslehre, 2011, S. 189 (192 ff.); siehe auch überblicksartig zur Kritik auf Reichsebene, die auch im Landtag aufgegriffen wurde, *Schanberger*, ebda., S. 71; auch angedeutet von *J. Stelling* (SPD), VVLTag II (Fn. 1113), 78. Sitzung, Sp. 2334.

1447 *Nieding*, Prinzip (Fn. 869), S. 77; *Elleser*, Verfassungs-Autonomie (Fn. 9), S. 29; *Preuß*, Reich (Fn. 871), Art. 17 S. 147; *Wenzel*, Grundlagen (Fn. 870), S. 609; *Anschütz*, Verfassung (Fn. 779), Art. 17 Anm. 6 (S. 137); *Reißfelder*, Verfassungsautonomie (Fn. 68), S. 76; man erachtete in der Nationalversammlung das Verhältniswahlrecht für am besten geeignet, die genaue Stärke im Parlament widerzuspiegeln, siehe *Schanberger*, Wahlen (Fn. 1446), S. 83 f.

1448 Ebenso wurden in § 2 LWahlG der Wahltag, in §§ 3–5 LWahlG die Voraussetzungen und der Ausschluss des aktiven und passiven Wahlrechts festgelegt; das unterschied sich nicht vom Reichsrecht, siehe ausführlich zum Reichswahlrecht auch *Stier-Somlo*, Reichs- und Landesstaatsrecht (Fn. 991), S. 542 ff.

1449 *Elleser*, Verfassungs-Autonomie (Fn. 9), S. 26 f.; *Gebhard*, Handkommentar (Fn. 876), Art. 22 Anm. 6.a (S. 176).

1450 Vgl. dazu *Elleser*, Verfassungs-Autonomie (Fn. 9), S. 27 f.

beteiligung gekoppelt war, im Gegensatz zum Wahlverfahren zum verfassunggebenden Landtag, eingeführt worden[1451]. Die Zahl der Stimmen zur Erstreitung eines Mandats war somit festgelegt, sodass die Anzahl der Mandate stets schwankte[1452]. Diesem System hatte sich auch das Reich verpflichtet[1453]. In Mecklenburg-Schwerin richtete sich die Abgeordnetenzahl gemäß § 7 Abs. 2 LWahlG nach je 5.000 abgegebenen Stimmen. Bei einer Unterschreitung der Sitzzahl von 50 Abgeordneten aufgrund geringer Wahlbeteiligung wurde die notwendige Stimmzahl zur Erlangung eines Sitzes gemäß § 7 Abs. 3 LWahlG herabgesetzt. Dies wurde als Sicherung vor zu kleinen Parlamenten eingeführt[1454]. Hier dürfte man die Gefahr gesehen haben, dass ein zu kleines Parlament die Arbeitsbelastung nicht effektiv in den Ausschüssen hätte bewältigen können. Stimmreste von mindestens 2.500 Stimmen wurden gemäß § 20 LWahlG noch mit einem Mandat berücksichtigt[1455]. Unberücksichtigte Stimmreste sind der Verhältniswahl immanent[1456], jedoch wurden durch diesen Mechanismus die daraus resultierenden negativen Auswirkungen größtenteils vermieden[1457]. Damit hatte man eine erhebliche Vereinfachung des Verfahrens zu Mandatserrechnung erreicht, was insbesondere vor dem Hintergrund der Akzeptanz in der Bevölkerung zu begrüßen war. Jeder Wahlberechtigte konnte die Sitzverteilung nachvollziehen. Während bei der Wahl zum verfassunggebenden Landtag noch die Einteilung der Wahlkreise nach der Reichstagswahl galt, so existierte gemäß § 7 Abs. 1 LWahlG nunmehr nur ein Wahlkreis für die Landtagswahl in Mecklenburg-Schwerin. Die Wahlkreiseinteilung nach den Bezirken der Reichstagswahl wurde kritisiert, da so die Einteilung nach alten ständischen Bezirken mit monarchistisch eingestellten Wahlvorstehern zunächst bei Bestand blieb[1458]. Man sah hierin die Gefahr der Wahlbeeinflussung. Bei kleinen Wahlkreisen bestünde die Gefahr der Kenntnisnahme der Wahlentscheidung durch die alten

---

1451 Siehe *Stelling*, VVLTag II (Fn. 1113), 78. Sitzung, Sp. 2334; *Nieding*, Prinzip (Fn. 869), S. 78; *Reißfelder*, Verfassungsautonomie (Fn. 68), S. 81; so auch im Reich, siehe *v. Ungern-Sternberg*, Suche (Fn. 1446), S. 193 f.

1452 *Elleser*, Verfassungs-Autonomie (Fn. 9), S. 28.

1453 *Elleser*, Verfassungs-Autonomie (Fn. 9), S. 28; *Apelt*, Geschichte (Fn. 1347), S. 229.

1454 *Stelling*, VVLTag II (Fn. 1113), 78. Sitzung, Sp. 2334.

1455 Siehe auch dazu *Meißner*, Staatsrecht (Fn. 1126), S. 78.

1456 *Hinrichs*, Grenzen (Fn. 877), S. 60.

1457 So die Intention der Legislative, siehe *Stelling*, VVLTag II (Fn. 1113), 78. Sitzung, Sp. 2334 f.

1458 *Inachin*, Durchbruch (Fn. 60), S. 17.

Eliten, sodass dies bei noch bestehender wirtschaftlicher Abhängigkeit die Wahlfreiheit negativ hätte beeinflussen können[1459]. Infolgedessen war die Auflösung der Wahlkreise ein zentraler Aspekt in der Debatte über das Wahlgesetz. Die Auflösung brachte den Nachteil mit sich, dass die Persönlichkeit des Kandidaten in den Hintergrund trat, da der Wähler diesen nicht unmittelbar kennen würde[1460]. Diese verminderte persönliche Verbindung zwischen Politiker und Wahlvolk wurde aber gleichzeitig als Vorteil gesehen, da so der Ausschlag durch die Weltanschauung und die politische Agenda der Partei bzw. Wahlliste gegeben würde[1461]. Eine weitere Gefahr wurde ferner darin gesehen, dass dies auch die Aufstellung von Kandidaten für Kleinstparteien zu fördern vermochte[1462]. Ausschlaggebend für die Festlegung bloß eines Wahlkreises war jedoch der Aspekt, dass so ein realistisches Abbild der Wahl geschaffen werden bzw. das Ergebnis gerechter ausfallen sollte[1463]. Dies lag vor allem an der weitgehenden Eliminierung von Reststimmen. Insofern diente die Wahlkreiseinteilung der Freiheit, Allgemeinheit und Gleichheit der Wahl.

Eine Wahlrechtsänderung in Mecklenburg-Schwerin verdient im Hinblick auf die Wahlrechtsgrundsätze noch eine Betrachtung, stellte diese auch keinen Einzelfall dar[1464], weshalb die Gedanken direkt übertragbar sind[1465]. Mecklenburg-Schwerin gehörte zu den Ländern, die versuchten, der Zersplitterung des Parlaments Herr zu werden[1466]. Das Landeswahlgesetz von Mecklenburg-Schwerin wurde insofern geändert, als dass Wahlvorschläge von nicht im Landtag vertretenen Parteien 3.000 Unterschrif-

---

1459 So *Kröger*, VVLTag I (Fn. 629), 4. Sitzung, Sp. 44.

1460 So wohl unbestritten *Witte*, VVLTag II (Fn. 1113), 78. Sitzung, Sp. 2335; *F. Hagemeister* (DDP), ebda., 79. Sitzung, Sp. 2355; den Nachteil allgemein bei der Listenwahl benennt *Jellinek*, Zusammensetzung (Fn. 1418), S. 621.

1461 Den Vorteil benennt wiederum *Witte*, VVLTag II (Fn. 1113), 78. Sitzung, Sp. 2335; so auch die vorherrschende Ansicht im Ausschuss, vgl. *Dieckmann*, ebda., 79. Sitzung, Sp. 2351.

1462 *Dieckmann*, VVLTag II (Fn. 1113), 79. Sitzung, Sp. 2351.

1463 *Dieckmann*, VVLTag II (Fn. 1113), 79. Sitzung, Sp. 2351.

1464 Siehe zu ähnlichen Fällen *Elleser*, Verfassungs-Autonomie (Fn. 9), S. 31 f.; siehe auch *Jellinek*, Zusammensetzung (Fn. 1418), S. 622 f.; *v. Ungern-Sternberg*, Suche (Fn. 1446), S. 203 f.

1465 Das Urteil des Staatsgerichtshofs fällt sehr knapp aus, siehe Lammers/Simons, Rechtsprechung I (Fn. 952), S. 356 f.; das Urteil bezüglich Mecklenburg-Schwerin verweist ausdrücklich auf die Begründung der Entscheidung bezüglich der fast identischen Regelungen in Mecklenburg-Strelitz, vgl. Mecklenburgische Zeitschrift für Rechtspflege, Rechtswissenschaft, Verwaltung 44 (1928), S. 647 (647).

1466 Siehe auch *Gusy*, Reichsverfassung (Fn. 10), S. 119.

ten und einer Hinterlegung von 3.000 Reichsmark bedurften[1467]. Im Gegensatz dazu genügten zwanzig Unterschriften bei Parteien, die bereits Abgeordnete in den Landtag entsandt hatten. Jedoch verstieß diese Privilegierung gegen mehrere Wahlrechtsgrundsätze[1468]. Schon die Aufstellung der Kandidaten war dabei ein Teil der Ausübung des Wahlrechts, sodass dessen Grundsätze bereits bei den Wahlvorschlagslisten zu beachten waren[1469]. Dies ergab sich insbesondere aufgrund der Ergänzung der Wahlrechtsgrundsätze durch das Prinzip der Verhältniswahl, da die Bestimmung der Person des Kandidaten schon Teil der Wahlberechtigung darstellte[1470]. Die Allgemeinheit der Wahl bedeutete, dass die Wahl nicht von Voraussetzungen abhängen durfte, die nicht jeder Deutsche grundsätzlich erfüllen konnte, sodass allein schon die Staatsbürgerschaft grundsätzlich zur aktiven und passiven Wahl berechtigte[1471]. Eine Hinterlegungspflicht einer größeren Geldsumme verletzte den Grundsatz der Allgemeinheit der Wahl, da dieser Wahlrechtsgrundsatz sich schon vom eigentlichen Sinn gegen finanzielle Hürden bei der Wahl richtete[1472]. Die Geheimheit der Wahl bedeutete im Wesentlichen, dass niemand von der Wahlentscheidung Kenntnis erlangen durfte[1473]. Unterschriften bei Einreichung der Wahl hatten den Sinn, Missbrauch zu verhindern bzw. die Ernsthaftigkeit der Wahlvorschläge zu garantieren[1474]. Diese Pflicht durfte jedoch nicht weiter reichen, als das notwendige Mindestmaß zur Sicherstellung des Zwecks erfordert hätte. Eine zu hohe Unterschriftenzahl verstieß somit

---

1467 Siehe zum Wortlaut der Norm sowie zur knappen Darstellung des Urteils des Staatsgerichtshofs für das Deutsche Reich *N.N.*, Änderung des Landtagswahlgesetzes, in: Mecklenburgische Zeitschrift für Rechtspflege, Rechtswissenschaft, Verwaltung 44 (1928), Sp. 591 (591 ff.), 647 (647), 660 (660 ff.).

1468 So auch *W. Jellinek*, Der Staatsgerichtshof für das Deutsche Reich und die Splitterparteien, in: AöR N.F. 15 (1928), S. 99 (112); die Wirksamkeit solcher Hinterlegungspflichten zur Bekämpfung von Splitterparteien stellt *Schanberger* in Frage, siehe *ders.*, Wahlen (Fn. 1446), S. 88 f.

1469 *H. Pohl*, Das Reichstagswahlrecht, in: Anschütz/Thoma, Handbuch I (Fn. 179), S. 386 (388).

1470 So explizit RGZ 118, 22 (33, 35, 38).

1471 Siehe *Pohl*, Reichstagswahlrecht (Fn. 1469), S. 388 mit weiteren Beispielen von Regelungen, die mit dem Grundsatz der Allgemeinheit der Wahl unvereinbar waren; so auch heute *Stern*, Staatsrecht I (Fn. 124), § 10 S. 303, der die Allgemeinheit als Ausprägung des Gleichheitssatzes betont.

1472 *Jellinek*, Zusammensetzung (Fn. 1418), S. 624; siehe denselben Tenor bei *Pohl*, Reichstagswahlrecht (Fn. 1469), S. 388.

1473 *Hinrichs*, Grenzen (Fn. 877), S. 57.

1474 Siehe zur Einschränkung des Wahlgeheimnisses aufgrund von Unterschriften *Wenzel*, Grundlagen (Fn. 870), S. 613.

gegen diesen Wahlrechtsgrundsatz, wobei das Reichstagswahlgesetz mit der Orientierungsgröße von 500 Unterschriften die äußerste Grenze markierte[1475]. Gleichheit der Wahl verbot insbesondere die Bevorzugung von bestimmten Personen oder Gruppen bei der Wahl[1476]. Die unterschiedliche Behandlung von bereits im Parlament vertretenen und neuen Parteien verstieß genau gegen jene Gleichbehandlungspflicht[1477]. Durch die Änderung des Wahlrechts war dieses Erfordernis nicht mehr gegeben. Diese Urteile wurden zwar teilweise scharf kritisiert[1478], jedoch änderte Mecklenburg-Schwerin das Wahlrecht nach den Vorgaben des Staatsgerichtshofs. Insgesamt sah man sich in der Weimarer Republik vor dem unlösbaren Problem der Wahlrechtsreform[1479], sodass Mecklenburg-Schwerin hier keine Ausnahme bildete. Folglich versuchte man, aus den Fehlern der Wahl zur Nationalversammlung zu lernen und das Wahlrecht entsprechend anzupassen[1480]. Allerdings vermisste man in Mecklenburg-Schwerin, abgesehen vom Verbot der Listenverbindung, in der Verfassung augenfällige Eigentümlichkeiten[1481]. Bei der Ausgestaltung des Wahlrechts versuchte man in Mecklenburg-Schwerin den Spagat zwischen einer möglichst realistischen Abbildung der Stimmen bei der Besetzung der Parlamentssitze und einem möglichst einfachen Wahlsystem. Versuche der Änderung des Wahlrechts zur Schaffung stabiler Regierungsmehrheiten scheiterten dabei.

1475 RGZ 118, 22 (37).

1476 Wobei grundsätzlich Regelungen zu Verhinderungen von Splitterparteien für zulässig erachtet wurden, siehe dazu *Wenzel*, Grundlagen (Fn. 870), S. 610, 612; siehe auch zur heutigen Ausprägung der Chancengleichheit der Wahlbewerber bzw. Parteien *Stern*, Staatsrecht I (Fn. 124), § 10 S. 307 ff. wobei Unterschriftenquoren für bereits im Parlament vertretene Parteien gänzlich erlassen werden können; in Mecklenburg-Schwerin wurde das Quorum jedoch erheblich erhöht, um Splitterparteien aktiv auszuschließen.

1477 RGZ 118, 22 (34); so auch *Wenzel*, Grundlagen (Fn. 870), S. 612.

1478 Siehe die Zusammenfassung der Kritik aus dem Schrifttum bei *Apelt*, Geschichte (Fn. 1347), S. 183 f.; jedoch erhielten diese auch Zuspruch, siehe statt aller *Wenzel*, Grundlagen (Fn. 870), S. 612.

1479 Siehe dazu exemplarisch *H. Nawiasky*, Wahlrechtsfragen im heutigen Deutschland, in: AöR N.F. 20 (1931), S. 161 ff.

1480 Ausweislich der Parlamentsprotokolle orientierte man sich dabei hauptsächlich am Reichstagswahlrecht und nicht am „badischen" System, was vorher bestanden hatte, siehe dazu *Schanberger*, Wahlen (Fn. 1446), S. 72 f.

1481 Auch die Abweichung vom Alter für die Wählbarkeit war keine Abweichung vom Reichsrecht, die nur Mecklenburg-Schwerin vorgenommen hatte.

c) Die Stellung der Landtagsabgeordneten

Gemäß § 38 Meck.-Schw. Verf. waren die Abgeordneten Vertreter des gesamten Volkes[1482], nur ihrem Gewissen unterworfen und an Aufträge nicht gebunden. Insofern war die Norm wortlautidentisch zu Art. 21 WRV, sodass ein imperatives Mandat auch landesrechtlich unzulässig war[1483].

aa) Erwerb und Verlust der Abgeordnetenstellung

Wann genau die Stellung als Abgeordneter begann, wurde nicht ausdrücklich geregelt[1484]. Die Stellung als Abgeordneter wurde zwar durch den Wahlakt begründet, jedoch erhielt man diese erst mit Annahme der Wahl[1485]. Die Abgeordneten mussten gemäß § 60 Abs. 1 Landtagswahlordnung[1486] nach der Wahl diese innerhalb einer Woche nach Zustellung der Benachrichtigung annehmen, wobei Schweigen als Annahme gewertet wurde. Dies war aufgrund der vorherigen Zustimmung zur Aufnahme in den Wahlvorschlag gemäß § 12 Abs. 4 LWahlG konsequent. Dort wurde schon vorher eine eindeutige Willensbetätigung verlangt, sodass nur bei einer Willensänderung eine ausdrückliche Handlung als sinnvoll erschien. Der einzelne Abgeordnete verlor gemäß § 6 Abs. 1 Nr. 1–3 LWahlG seine Stellung durch Verzicht, nachträglichen Verlust des Wahlrechts sowie strafgerichtliche Aberkennung der bürgerlichen Ehrenrechte. Der unwiderrufliche Verzicht musste gemäß § 6 Abs. 2 LWahlG dem Vorsitzenden des Landtags schriftlich mitgeteilt werden. Daneben konnte er gemäß § 72 Abs. 2 Meck.-Schw. Verf. durch Urteil des Staatsgerichtshofs nach

---

1482 Dies wurde von einer Minderheit als leere Phrase im verfassunggebenden Landtag abgetan, siehe *Metterhausen*, VVLTag I (Fn. 629), 4. Sitzung, Sp. 64.

1483 Die grundsätzliche Vereinbarkeit des imperativen Mandats mit Art. 17 Abs. 1 WRV stellt *Hinrichs*, Grenzen (Fn. 877), S. 68 f. heraus, sodass hier eine Abweichungsmöglichkeit von der reichsrechtlichen Regelung möglich war.

1484 *Wagner* geht davon aus, dass mit endgültiger Feststellung des Wahlergebnisses diese begann, sofern keine gesetzlichen Sonderregeln bestanden, siehe *dens.*, Reichs- und Landesstaatsrecht (Fn. 1104), S. 55.

1485 *E. Tatarin-Tarnheyden*, Die Rechtstellung der Abgeordneten; ihre Pflichten und Rechte, in: Anschütz/Thoma, Handbuch I (Fn. 179), S. 413 (422); jedoch erscheint dies im Hinblick auf die LWahlO ungenau.

1486 Landtagswahlordnung v. 8. Mai 1920 (abgedruckt in: Wenzel, Verfassungs- und Verwaltungsgesetze (Fn. 1353), S. 47 ff.); im Folgenden als LWahlO abgekürzt.

erfolgreicher Abgeordnetenanklage sein Mandat verlieren. Ferner konnten gemäß § 6 Abs. 1 Nr. 5 LWahlG durch Änderung des Wahlergebnisses bestimmte Abgeordnete diese Stellung verlieren. Die Abgeordnetenstellung erlosch automatisch bei Ungültigkeit der Wahl[1487]. Daneben verloren alle Abgeordneten logischerweise bei Auflösung des Landtags im Sinne des § 30 Abs. 2 S. 1 Meck.-Schw. Verf. ihre Stellung.

bb) Rechte der Abgeordneten

Die Rechtsstellung der Landtagsabgeordneten war vom Reichsverfassungsrecht bestimmt[1488]. Die Landtagsabgeordneten waren durch unmittelbar anwendbares Reichsrecht den Reichstagsabgeordneten gleichgestellt[1489]. Diese Gleichstellung bestand hinsichtlich der Indemnität, Immunität[1490], des Zeugnisverweigerungsrechts und des Urlaubs[1491]. Außerdem umfasste das Reichsrecht die Straffreiheit von wahrheitsgetreuen Berichten über öffentliche Plenar- und Ausschusssitzungen[1492]. Insofern entfalteten die §§ 28[1493], 39 Abs. 1, 40, 41 und 42 Meck.-Schw. Verf. keinerlei Rechtswirkung. Die bloße Wiederholung von Reichsrecht schaffte, wie bereits erwähnt, aber kein eigenes Landesrecht. Hier wollte man nur der Vollständigkeit halber diese Bestimmungen aufnehmen, um so auf grundlegende Rechte der Abgeordneten hinzuweisen[1494]. Insofern kam diesen Bestimmungen lediglich Klarstellungsfunktion zu und entfaltete deklaratorische Wirkung. Aufgrund der sonst vorzufindenden Wiederholung der Vorschriften der Reichsverfassung verwundert es, dass die Regelung des

---

1487 § 6 Abs. 1 Nr. 4 GO; *Wagner*, Reichs- und Landesstaatsrecht (Fn. 1104), S. 56.

1488 *Wenzel*, Grundlagen (Fn. 870), S. 615.

1489 Siehe *Wenzel*, Grundlagen (Fn. 870), S. 615 mit weiteren Einzelheiten; *Stuckmann*, Grenzen (Fn. 877), S. 41; *Reißfelder*, Verfassungsautonomie (Fn. 68), S. 79; *Holste*, Bundesstaat (Fn. 922), S. 302.

1490 Die Immunität der Abgeordneten war zur Garantie der Arbeitsfähigkeit des Parlaments ein besonderes Anliegen im verfassunggebenden Landtag, siehe *Wendorff*, VVLTag I (Fn. 629), 3. Sitzung, Sp. 7.

1491 *Wenzel*, Grundlagen (Fn. 870), S. 615.

1492 *Wenzel*, Grundlagen (Fn. 870), S. 615.

1493 Die Ausdehnung auf Militärpersonen auf Reichsebene stammte aus der Feder des Regierungsvertreters von Mecklenburg-Schwerin, siehe *Lüdemann*, VVLTag I (Fn. 629), 22. Sitzung, Sp. 785.

1494 So bezogen auf § 42 Meck.-Schw. Verf. *Knebusch*, VVLTag II (Fn. 1113), 83. Sitzung, Sp. 2492.

Art. 38 Abs. 2 WRV nicht wiederholt wurde[1495]. Dennoch ergaben sich hier keine rechtlichen Unterschiede aufgrund der unmittelbaren Geltung des Reichsrechts. Allerdings bestanden keine Vorgaben zu Disziplinarmaßnahmen gegenüber den Landtagsabgeordneten[1496], welche jedoch im Rahmen der Ausführungen zur Abgeordnetenklage behandelt werden[1497]. Gemäß § 43 Abs. 1 Meck.-Schw. Verf. erhielten die Abgeordneten eine Aufwandsentschädigung, auf die nicht verzichtet werden durfte. Die Höhe wurde durch Gesetz geregelt[1498]. Ferner hatten die Abgeordneten während der Legislaturperiode gemäß § 43 Abs. 2 Meck.-Schw. Verf. einen Anspruch auf kostenlose Fahrt in allen in Mecklenburg-Schwerin befindlichen Eisenbahnen, sodass diese Handhabung auch Art. 40 WRV weitgehend glich.

d) Geschäftsgang im Parlament

Die Verfahrensabläufe innerhalb des Parlaments waren reichsrechtlich nicht vorgezeichnet[1499]. Lediglich gebot das Prinzip der freistaatlichen Verfassung, dass grundsätzlich die Entscheidungen im Parlament durch das Majoritätsprinzip geprägt sein mussten[1500]. Gemäß § 33 S. 2 Meck.-Schw. Verf. hatte der Landtag das Recht, sich eine Geschäftsordnung zu geben[1501], sodass auch darin die übliche Parlamentsautonomie zum Aus-

1495 So wurde ausdrücklich auf den Schutz vor Beschlagnahme als Recht der Abgeordneten hingewiesen, siehe *Hillmann*, VVLTag I (Fn. 629), 21. Sitzung, Sp. 733.

1496 *Wenzel*, Grundlagen (Fn. 870), S. 615.

1497 Siehe Kapitel D.VII.2.c.cc.

1498 Siehe Gesetz vom 15. Juli 1920, betreffend Aufwandsentschädigung für die Mitglieder des Landtages v. 15.7.1920 (Rbl. für Mecklenburg-Schwerin 1920 Nr. 123 v. 20.7.1920, S. 1001); die Höhe der Diäten sollten ursprünglich in den Verfassungstext aufgenommen werden, siehe kritisch dazu *Knebusch*, VVLTag I (Fn. 629), 4. Sitzung, Sp. 33.

1499 *Hinrichs*, Grenzen (Fn. 877), S. 70.

1500 *Hinrichs*, Grenzen (Fn. 877), S. 70 f.

1501 Die hier zugrundeliegenden Normen sind die der Geschäftsordnung für den Landtag von Mecklenburg-Schwerin v. 4. Juni 1924 (abgedruckt in: O. Th. L. Zschucke [Hrsg.], Die Geschäftsordnungen der deutschen Parlamente, 1928, S. 334 ff.); im Folgenden als GO abgekürzt; siehe im Überblick zur Rechtsnatur der Geschäftsordnung *J. Hatschek*, Außerpreußisches Landesstaatsrecht, 1926, S. 257 ff. sowie *K. Haagen*, Die Rechtsnatur der parlamentarischen Geschäftsordnung unter besonderer Berücksichtigung des preußischen Landtags und des Reichstags, 1929, S. 19 ff.

druck kam[1502]. Bei der Regelung der Parlamentsabläufe orientierte man sich insbesondere am Reich[1503]. Hier sollen einige Grundzüge, insbesondere im Verhältnis zum ständischen Landtag, aufgezeigt werden.

aa) Grundzüge der Abläufe im Parlament

Der Landtag musste gemäß § 31 Abs. 1 S. 1 Meck.-Schw. Verf. vom Staatsministerium mindestens einmal jährlich einberufen werden. Diese Regelung einzeln betrachtet erinnert an den ständischen Landtag, der auch einmal im Jahr vom Landesherrn einberufen wurde und kein Selbstversammlungsrecht hatte. Eine Frist, innerhalb derer die Einberufung nach einer Neuwahl zu geschehen hatte, gab es nicht. Lediglich bestimmte § 30 Abs. 2 S. 3 Meck.-Schw. Verf., dass der Zusammentritt 90 Tage nach der Beendigung des alten Landtags stattfinden musste. Aus der systematischen Stellung bezog sich diese Pflicht jedoch nur auf die Situation der vorzeitigen Auflösung des Parlaments. Jedoch konnte ein Drittel der Mitglieder gemäß § 31 Abs. 1 S. 2 Meck.-Schw. Verf. die Einberufung erzwingen, sodass das Staatsministerium dieser Pflicht innerhalb von vierzehn Tagen nachkommen musste. Insofern bestand rein faktisch, zumindest für eine qualifizierte Minderheit des Landtags, ein Selbstversammlungsrecht durch entsprechendes Verlangen[1504], sodass hier eine wesentliche Neuerung zur vorherigen Rechtslage in Mecklenburg-Schwerin eintrat. Mangels grundsätzlichen Selbstversammlungsrechts erscheint diese Regelung vom Gesetzeswortlaut weniger modern als in anderen Verfassungen[1505], sodass durch das alleinige Einberufungsrecht der Regierung Mecklenburg-Schwe-

---

1502 Siehe zur Parlamentsautonomie *Morlok*, Volksvertretung (Fn. 89), § 3 Rn. 52 f.; siehe auch zum heutigen Parlamentarismus *L. Brocker*, Parlamentsverwaltung, in: Morlok/Schliesky/Wierfelspütz, Parlamentsrecht (Fn. 84), § 34 Rn. 8.

1503 So auch *Knebusch*, VVLTag I (Fn. 629),. 2. Sitzung, S. 13; *Wittreck*, Genese (Fn. 419), § 2 Rn. 46; insgesamt bestand eine starke Vorbildfunktion der Geschäftsordnung des Reichstags für die Länder, siehe *Apelt*, Geschichte (Fn. 1347), S. 230.

1504 Den Unterschied zum alleinigen Berufungsrecht des Kaisers im alten Reich betont auch *Meißner*, Staatsrecht (Fn. 1126), S. 59; dies dürfte auch *K. F. Arndt* meinen, wenn dieser die Garantie des Selbstversammlungsrechts in der Zwischenkriegszeit benennt, siehe *dens.*, Parlamentarische Geschäftsordnungsautonomie und autonomes Parlamentsrecht, 1966, S. 39.

1505 Das Selbstversammlungsrecht ist Ausdruck der Volkssouveränität, siehe *Hatschek*, Landesstaatsrecht (Fn. 1501), S. 235.

rin eine Sonderstellung einnahm[1506]. Einmal berufen, hatte der Landtag gemäß § 32 Meck.-Schw. Verf. selbst die Entscheidungsmacht über die Vertagung und Schließung des Sitzungsabschnitts. Die Unterteilung hatte den Sinn, die Parlamentsgeschäfte, insbesondere Gesetzesentwürfe zu beenden[1507]. Gemäß §§ 3 f. GO oblag dem Vorsitzenden, der in der ersten Sitzung (§ 1 GO) jeweils gewählt wurde und bis zur Neuwahl diese Funktion ausfüllte, die Leitung der Verhandlungen. Dieser war durch die Landesverfassung automatisch der Leiter der Parlamentsverwaltung, § 34 Meck.-Schw. Verf.[1508]. Er sollte politisch neutral agieren[1509]. Der Vorsitzende vertrat somit das Parlament nach außen, übte das Haus- und Polizeirecht aus und verfügte nach Maßgabe des Haushaltsvoranschlags über die Finanzen. Insofern war die Regelung fast wortlautidentisch mit Art. 28 WRV. Auch innerhalb der Sitzungen fielen diesem maßgebliche Leitungsfunktionen zu. Der Vorsitzende erteilte gemäß § 20 lit. a) GO auch das Wort, sodass es eine klare Redeordnung gab. Eine bestimmte Reihenfolge nach Fraktionsstärke oder Ähnlichem war nicht festgelegt, was aufgrund der geringen Abgeordnetenzahl auch nicht nötig erschien[1510]. Zwar war nicht ausdrücklich geregelt, dass der Landtag über die Tagesordnung der nächsten Sitzung beschließen sollte, jedoch lag diese Ratio offenbar § 4 GO zugrunde und kann auch an weiteren Stellen erblickt werden[1511]. Der Vorsitzende hatte die Kompetenz zur Festlegung der Tagesordnung, wenn der Landtag diese nicht selbstständig bestimmte, § 4 Abs. 2 GO. Insgesamt unterschieden sich die Abläufe im Weimarer Parlament zum ständischen Landtag erheblich, indem Vorkehrungen für eine geregelte Beratungsfolge getroffen wurden. Gemäß § 29 Abs. 1 Meck.-Schw. Verf. waren die Verhandlungen öffentlich. Die Öffentlichkeit konnte nach dem zweiten Absatz des § 29 Meck.-Schw. Verf. nur aus dringenden Gründen des Staatswohls mit einer Drei-Viertel-Mehrheit ausgeschlossen werden. Insofern war die Norm hier deutlich enger als die vergleichbare Vorschrift der Reichsverfassung gefasst. Der Ausschluss der Öffentlichkeit bedurfte

1506 Siehe *Hatschek*, Landesstaatsrecht (Fn. 1501), S. 240.

1507 *Hatschek*, Landesstaatsrecht (Fn. 1501), S. 244.

1508 Dies war deutlicher Ausdruck der Parlamentsautonomie, siehe *Arndt*, Geschäftsordnungsautonomie (Fn. 1504), S. 40.

1509 *Inachin*, Durchbruch (Fn. 60), S. 31.

1510 Dies war durchaus üblich in kleineren Ländern, siehe *K. Perels*, Geschäftsgang, Geschäftsformen, Rechtsstellung der Mitglieder, in: Anschütz/Thoma, Handbuch I (Fn. 179), S. 642 (647).

1511 Siehe beispielsweise aus der Verfassung §§ 29 Abs. 2 S. 2, 30 Abs. 2 S. 2, 39 Abs. 3 Meck.-Schw. Verf.; siehe auch *Perels*, Rechtsstellung (Fn. 1510), S. 645.

gemäß § 29 Abs. 2 S. 2, 3 Meck.-Schw. Verf. eines Antrags des Staatsministeriums oder eines Sechstels der Mitglieder, welcher einen Tag zuvor auf der Tagesordnung erscheinen musste. Dadurch sollte sichergestellt werden, dass der Antrag nur bei hinreichender vorheriger Unterstützung gestellt wurde[1512]. In der deutlich engeren Vorschrift als bei vergleichbaren Normen kam die bewusste Abgrenzung zum ständischen Landtag wiederum zum Vorschein. Dort hatten nur die Mitglieder Zugang zu den Verhandlungen. Insofern hatte der Verfassunggeber dem Prinzip der repräsentativen Demokratie[1513] einen deutlich größeren Stellenwert beigemessen, als dies andere Normtexte taten. Nur durch den Grundsatz der Öffentlichkeit der Verhandlungen konnte das Parlament seiner Stellung als Vertretung des Souveräns gerecht werden[1514]. Bei Ausschluss der Öffentlichkeit unterlagen sämtliche Beratungen und Beschlussfassungen der Verschwiegenheitspflicht, sofern diese nicht mit Drei-Viertel-Mehrheit aufgehoben wurde. Selbiges galt gemäß § 29 Abs. 3 Meck.-Schw. Verf. für die Ausschüsse[1515]. Mangels abweichender Regelung von § 14 lit. d) GO hatten Abgeordnete, welche nicht Mitglied des entsprechenden Ausschusses waren, dennoch ein Teilnahmerecht. Die Sonderregelung zum erschwerten Ausschluss der Öffentlichkeit erscheint angesichts der immensen Bedeutung der Ausschüsse für die Vorbereitung der Plenardebatten sinnvoll[1516]. Jedoch schrieben weder Verfassung noch Geschäftsordnung das Erfordernis der sogenannten Staatswohlgefährdung für geheime Ausschusssitzungen fest. Auffällig ist, dass die Geschäftsordnung keine Fraktionen kannte und dementsprechend auch keine speziellen Fraktionsrechte normierte[1517]. Vielmehr sah sie eine bestimmte Mindestzahl von Abgeordneten

---

1512 So die Begründung des Antrags von *Knebusch*, VVLTag I (Fn. 629), 22. Sitzung, Sp. 787.

1513 Siehe dazu auch *Hatschek*, Landesstaatsrecht (Fn. 1501), S. 140 ff.

1514 Als „unverzichtbares Grundprinzip“ bezeichnet dies auch *Morlok*, Volksvertretung (Fn. 89), § 3 Rn. 50.

1515 Somit handelte es sich um eine „relative Öffentlichkeit“ der Ausschusssitzungen, da die Abgeordneten ein Teilnahmerecht hatten und grundsätzlich auch darüber berichten durften, siehe *Meißner*, Staatsrecht (Fn. 1126), S. 59; für Untersuchungsausschüsse bestanden gemäß § 50 Abs. 2 Meck.-Schw. Verf. andere Regelungen.

1516 Die Ausschüsse waren und sind „vorbereitende Beschlussorgane“, siehe zur heutigen Funktion *Winkelmann*, Ausschussarbeit (Fn. 472), § 23 Rn. 1 ff. sowie zur gesteigerten Bedeutung im Weimarer Reichstag *dens.*, ebda., § 23 Rn. 15; allerdings wurde die Hauptarbeit des ständischen Landtags auch in vergleichbaren Gremien geleistet, siehe dazu Kapitel B.II.4.a.

1517 So auch *Perels*, Rechtsstellung (Fn. 1510), S. 643 f.

für die Ausübung gewisser Rechte vor, ohne jedoch einen Fraktionsstatus vorzuschreiben. Zumindest rein faktisch ging man vom Vorhandensein von Fraktionen aus[1518], ohne diesen jedoch spezielle Rechte zuzuweisen. Daraus folgend, lag in der Zugehörigkeit zur politischen Partei bzw. Grundausrichtung ein faktischer Zusammenschluss von Abgeordneten. So wurden Redebeiträge im Plenum regelmäßig eingeleitet mit dem Hinweis, man spreche für seine politischen Freunde und sich selbst[1519]. Insofern konnten sich daraus keine gravierenden Unterschiede in der Staatspraxis ergeben.

bb) Beschlussfassung

Im Gegensatz zum ständischen Landtag, bei dem nur ein Bruchteil der Mitglieder regelmäßig versammelt war, bedurfte es gemäß § 35 Abs. 1 S. 2 Meck.-Schw. Verf. der Anwesenheit der Mehrheit der gesetzlichen Zahl der Mitglieder zur Beschlussfähigkeit. Eine Rechtspflicht zur Anwesenheit existierte nicht[1520]. Die Beschlussfähigkeit bestand jedoch, solange und soweit sie nicht im Parlament angezweifelt wurde[1521]. Sie wurde vom Vorsitzenden festgestellt. Einer Überprüfung durch Namensaufruf bedurfte es gemäß § 27 lit. b) GO nur, wenn der Vorsitzende oder die beiden Schriftführer Zweifel erhoben. Bei Zweifeln von anderen Abgeordneten bedurfte es lediglich der Erklärung, dass kein Zweifel innerhalb der Geschäftsleitung über die Beschlussfähigkeit bestand. Dies sollte einer unnötigen Verlängerung der Plenarsitzungen vorbeugen[1522]. Grundsätzlich bedurften Gesetze und förmlich eingebrachte Anträge gemäß §§ 7 ff. GO dreier Lesungen[1523]. Anträge, die keine Gesetze enthielten, bedurften keiner dreimaligen Lesung und konnten in derselben Sitzung beschlossen

1518 Vgl. die Ausführungen von *Kröger*, VVLTag I (Fn. 629), 2. Sitzung, S. 18 sowie von *F. Ballerstaedt*, Das Verhältnis von Landtag und Regierung in Mecklenburg-Schwerin, 1933, S. 10 ff.

1519 Siehe beispielsweise *Knebusch*, VVLTag I (Fn. 629), 2. Sitzung, S. 18.

1520 *A. Junghans*, System der parlamentarischen Abstimmungsregeln im Reich und in den Ländern, 1931, S. 10; es konnten lediglich finanzielle Nachteile eintreten.

1521 Zur näheren Regelung der Beschlussfähigkeit siehe § 27 GO; bei Verfassungsänderungen bedurfte es der ausdrücklichen Feststellung, dass zwei Drittel der gesetzlichen Zahl der Mitglieder zustimmten, § 27 lit. d) GO.

1522 *Junghans*, System (Fn. 1520), S. 9.

1523 Siehe dazu Kapitel D.II.3.

werden, wenn kein Mitglied dem widersprach, § 12 GO. Beschlüsse wurden gemäß § 35 Abs. 1 S. 1 Meck.-Schw. Verf. mit einfacher Mehrheit der abgegebenen Stimmen gefasst, sofern keine Sonderregel vorlag[1524]. Die Behandlung der Stimmenthaltung war in Mecklenburg-Schwerin umstritten[1525]. Eine Stimmenthaltung solle gezählt werden, da es explizit um die Zustimmung gehe und diese bei einer Enthaltung nicht vorliege[1526]. Dagegen wurde vorgebracht, dass die Stimmenthaltung wertungstechnisch anders zu behandeln sei als eine Ablehnung, sodass man diese nicht werten dürfte, da sie sich im Ergebnis wie eine negative Abgabe auswirken würde[1527]. Im verfassunggebenden Landtag wurden Stimmenthaltungen als nicht abgegebene Stimmen gewertet[1528]. Im Landtag 1924 zeigte man sich offensichtlich der anderen Argumentation zugänglich und wertete Stimmenthaltungen gemäß § 31 lit. b) S. 2 GO als abgegebene Stimme. Die Beschlüsse ohne eine Beschlussfähigkeit waren gemäß § 35 Abs. 1 S. 2 Meck.-Schw. Verf. gültig, sofern die Beschlussfähigkeit nicht vorher angezweifelt worden war.

cc) Relevante Veränderungen der Geschäftsordnungen

Die zuvor zugrunde gelegten Regelungen entstammten der Geschäftsordnung von 1924. Die Normen der einzelnen Geschäftsordnungen[1529] unterschieden sich bis 1933 nicht wesentlich. Die Geschäftsordnung von 1928

1524 Siehe auch eingehend zur Beschlussfassung *Junghans*, System (Fn. 1520), S. 12 ff. sowie zum Stimmverhältnis *dens.*, ebda., S. 20 ff.

1525 Siehe zu den Regelungen in anderen Parlamenten und den Diskussionen darum *Junghans*, System (Fn. 1520), S. 20 ff.

1526 So *Wendorff*, VVLTag I (Fn. 629), 14. Sitzung, Sp. 394.

1527 *Lüdemann*, VVLTag I (Fn. 629), 14. Sitzung, Sp. 395; so auch *Henck*, ebda., 14. Sitzung, Sp. 396, eine andere Lösung führe zur „Vergewaltigung der Mehrheit" und widerspräche dem natürlichen Denken.

1528 Vgl. das knappe Abstimmungsergebnis festgestellt von *J. Asch* (SPD), VVLTag I (Fn. 629), 14. Sitzung, Sp. 398 f.

1529 Siehe dazu Geschäftsordnung des verfassunggebenden Landtags (Entwurfstext, Debatte und Änderungen sind abgedruckt in: VVLTag I (Fn. 629), 1. Sitzung, S. 3 f.; ebda., 2. Sitzung, S. 12–24; ebda., 12. Sitzung, Sp. 325–334; ebda., 14. Sitzung, Sp. 390–405); N.N. (Hrsg.), Geschäftsordnung für den Landtag von Mecklenburg-Schwerin v. 1928; N.N. (Hrsg.), Geschäftsordnung für den Landtag von Mecklenburg-Schwerin v. 1.2.1933; *Heck* betont die Veränderung der Geschäftsordnung aus dem Jahr 1933, siehe *dens.*, Geschichte (Fn. 25), S. 139.

war sogar wortlautidentisch mit der hier zugrundgelegten GO. Insofern sollen hier die relevanten Änderungen der Geschäftsordnung dargestellt werden.

Die Geschäftsordnung, welche im verfassunggebenden Landtag verabschiedet worden ist, unterschied sich lediglich marginal von der hier zugrunde gelegten Geschäftsordnung. Auffällig erscheint vornehmlich die Festlegung der Anzahl von Abgeordneten, welche Anträge unterstützen bzw. eine Sperrminorität bilden konnten.

Eine Sperrminorität von fünf Abgeordneten reichte gemäß § 10 lit. a) S. 2 bzw. § 11 lit. b) S. 3 GO zur Verhinderung der Fristverkürzung bei Gesetzesberatungen. Im verfassungsgebenden Landtag bedurfte es hierfür acht Abgeordneter. Insofern war die Hürde zur Beschleunigung des Gesetzgebungsverfahrens 1919 geringer. Allerdings bedurften Anträge aus dem Parlament sowie Änderungsanträge gemäß §§ 11 lit. a), 12 lit. a) GO der Unterstützung von drei Abgeordneten[1530]. 1919 waren dafür jedoch noch acht Abgeordnete erforderlich. Über das Erfordernis von acht Abgeordneten herrschte schon im verfassunggebenden Landtag keine Einigkeit, so plädierte die DNVP für die Anpassung der Zahlen an das Verhältnis der Abgeordnetenzahl zwischen Landtag und Reichstag[1531]. Insofern war die Stellung von Anträgen im Verhältnis zu 1924 leicht erschwert, die Beschleunigung des Gesetzgebungsverfahrens jedoch vereinfacht. Allerdings besaß die DNVP als stärkste Oppositionspartei mit zehn Sitzen die Sperrminorität bzw. die erforderlichen Abgeordneten zur Stellung von Anträgen, sodass diese Partei als effektiver Gegenpol der Regierungsparteien aus SPD und DVP fungieren konnte.

Auch bezüglich der Behandlungen von großen Anfragen divergierte die erste Geschäftsordnung von § 16 GO. Die Beantwortung einer Anfrage musste innerhalb von vierzehn Tagen erfolgen und auf der Tagesordnung der nächsten Sitzung erscheinen. Gemäß § 16 lit. c) GO hatte die Regierung 1924 zwei Wochen, um einen Termin zur Beantwortung zu benennen. Unterblieb dies oder war der Termin nicht innerhalb der nächsten beiden Sitzungstage vorgesehen, so konnte der Landtag auf Antrag von drei Abgeordneten die Anfrage auf die Tagesordnung der darauffolgenden

---

1530 Konsequenterweise bedurfte der Antrag auf Schluss oder Vertagung der Aussprache gemäß § 25 GO der Unterstützung von drei Abgeordneten; 1919 waren dafür acht Abgeordnete erforderlich.

1531 Insofern plädierte die DNVP für vier Abgeordnete, wobei auch ein Zwischenruf die Zahl von fünf Abgeordneten einwarf, siehe *Knebusch*, VVLTag I (Fn. 629), 2. Sitzung, S. 17.

Sitzung setzen. Insofern war 1924 der Regierung ein größerer Handlungsspielraum gegeben. Eine Besprechung der Anfrage musste gemäß § 16 lit. e) GO erfolgen, wenn zehn Abgeordnete dies verlangten. 1919 reichte hierfür das Verlangen von acht Parlamentariern.

Eine Redezeitbeschränkung war 1919 auch nicht ausdrücklich niedergeschrieben. Logischerweise enthielt die Geschäftsordnung von 1919 keine Regelung zur Beschlussfähigkeit bei Abstimmungen zur Verfassungsänderung. Die Geschäftsordnung des Landtags von 1919 wich somit nur unwesentlich von der hier zugrunde gelegten Geschäftsordnung ab. Rückschlüsse auf ein gänzlich anderes Parlaments- und Demokratieverständnis lässt dies jedenfalls nicht zu.

In der Geschäftsordnung aus dem Jahr 1933 war jedoch das Regel-Ausnahme-Verhältnis zur Beschleunigung des Gesetzgebungsverfahrens verändert[1532]. Der Landtag konnte beschließen, ob das Gesetz nach der ersten Lesung an einen Ausschuss überwiesen werden sollte oder sich direkt die zweite Lesung anschließen sollte. Die dritte Lesung konnte sich auf Antrag des Staatsministeriums auch direkt an die zweite Lesung anschließen. Mangels Sonderregel war hierfür lediglich ein Mehrheitsentscheid erforderlich. Zuvor sollte gemäß § 8 lit. a) GO ein Tag zwischen der ersten und zweiten Lesung liegen, wobei diese Frist verkürzt werden konnte, falls nicht fünf anwesende Abgeordnete dem widersprachen. Auch bedurften 1933 Änderungsanträge in der dritten Lesung nun der Unterstützung von einem Drittel der Abgeordneten – zuvor waren gemäß § 9 lit. b) GO lediglich fünf Abgeordnete dafür vonnöten.

Insofern wurde 1933 die Möglichkeit zu einem zügigeren Gesetzgebungsverfahren geschaffen, indem Fristen nunmehr von der Geschäftsordnung nicht als Regel angesehen wurden[1533]. Gleichzeitig wurden die Minderheitenrechte insofern beschnitten, als nicht mehr regelmäßig fünf Abgeordnete zum Scheitern von Mehrheitsbeschlüssen ausreichten. Somit war die Parlamentsmehrheit in der Lage, Verzögerungen durch eine Sperrminorität zu verhindern.

Daneben bedurfte es statt drei nun fünf Abgeordneter für eine große Anfrage. Ferner wurde die maximale Rededauer auf eine halbe Stunde

---

1532 Auch war der Zweck der ersten Lesung, eine allgemeine Aussprache über den Gesetzentwurf darzustellen, war gestrichen und als fakultative Möglichkeit formuliert worden, vgl. § 7 GO 1933.

1533 Auch konnte die Begründung von Anträgen umgangen werden, indem gemäß § 10 lit b) GO 1933 ein Übergang zur Tagesordnung von der Mehrheit beschlossen werden konnte.

halbiert, vgl. § 20 lit. b) GO. Namentliche Abstimmung konnte nur bei der Unterstützung von einem Drittel der Parlamentarier statt zuvor sechs Abgeordneten bewirkt werden.

1933 wurden die Ordnungsmittel gegen die Abgeordneten verschärft. Über den Einspruch gegen Ordnungsmittel wurde ohne Aussprache abgestimmt. Bei Weigerung, das Parlament zu verlassen, wurde der Abgeordnete drei Tage länger als vorher von den Sitzungen ausgeschlossen und verlor sein Einspruchsrecht, siehe § 32 GO 1933. Neu war auch, dass der Parlamentarier an keiner Sitzung – auch nicht im Zuschauerraum – teilnehmen durfte. Die gleichen Maßnahmen konnten bei dreimaligem Ordnungsruf bzw. Verweisung zur Sache gegen einen Redner ergehen.

Insgesamt zeigt die Geschäftsordnung von 1933, dass sie darauf angelegt war, über die Majorität im Landtag schnelle Entscheidungen bzw. Beschlüsse treffen zu können und Fristen, welche notwendig zur Vorbereitung von Debatten waren, durch Mehrheitsbeschluss zu verkürzen. Insofern hatte man die Möglichkeit, die Auseinandersetzung mit der Opposition auf ein Minimum zu beschränken. Was neutral betrachtet den Schein der Effektivitätssteigerung hatte, konnte daher zur weitgehenden Ausschaltung der Minderheit genutzt werden. Insofern waren hier für die nationalsozialistische Mehrheit kaum nennenswerte Grenzen gesetzt.

e) Rechte des Parlaments

Aus der Natur des Regierungssystems ergaben sich weitreichende Kompetenzen des Landtags als dem unmittelbar vom Volk legitimierten Organ. Neben dem Budgetrecht, welches schon in gewisser Weise im ständischen Landtag bestand, und dem Gesetzgebungsrecht, welches in Ansätzen schon im Großherzogtum vorzufinden war, ergaben sich aus der Verfassung weitere Rechte:

aa) Wahlprüfung

Gemäß § 33 S. 1 Meck.-Schw. Verf. überprüfte der Landtag selbst die Gültigkeit der Wahl seiner Mitglieder. Insofern wurde dies nicht einem speziellen Wahlprüfungsgericht übertragen[1534]. Jedoch wurde im verfassunggebenden Landtag erwogen, die Wahlprüfung einem speziellen Wahlprüfungsgericht oder einer Kommission, die teilweise unabhängig zu besetzen sein sollte, zu überantworten[1535]. Für ein solches Modell wurde vorgebracht, dass es bei einer derart wichtigen Entscheidung der größtmöglichen Unabhängigkeit bedürfe, da ein solches Urteil über die Mehrheitsverhältnisse bestimmen könne[1536]. Insbesondere wurde die Gefahr gesehen, dass die Minderheit bei solch heiklen Fragen zu wenig Einfluss hätte haben können, auch wenn das Bemühen um Einhaltung des Rechts vorhanden gewesen sei[1537]. Man sah auch die Gefahr der Verzögerung von Untersuchungen aufgrund politischen Kalküls[1538]. Dagegen wurde eingewandt, dass diese Verzögerungsgefahr im Landtag mit einer kleinen Anzahl von Abgeordneten jedoch nicht vorhanden wäre[1539]. Ferner sei dies ein hohes Recht, das somit nur dem Landtag zustehen könne und das Misstrauen gegenüber dem Landtag durch die Einsetzung eines speziellen Gerichts unbegründet sei[1540]. Die Kritik an der alleinigen Zuständigkeit des Landtags zur Prüfung der Wahl seiner Mitglieder ist nicht so einfach von der Hand zu weisen[1541]. Müssen die Abgeordneten über die einzelne Mitgliedschaft nach erfolgter Wahl entscheiden, so verändert dies die Gesamtzusammensetzung des Parlaments. Auch wenn die Wahlprüfung stets eine reine Rechtmäßigkeitskontrolle darstellte, so fehlte die nötige Distanz bzw. die Unbefangenheit, um dem Verfahren gerecht zu

---

1534 Dazu im Überblick *Wagner*, Reichs- und Landesstaatsrecht (Fn. 1104), S. 40 f.; siehe zur Darstellung der Debatte um die Rechtsnatur der Wahlprüfung *Hatschek*, Landesstaatsrecht (Fn. 1501), S. 221 ff.

1535 Siehe dazu *Reincke-Bloch*, VVLTag I (Fn. 629), 4. Sitzung, Sp. 38; *v. Metterhausen*, ebda., 22. Sitzung, Sp. 788; *Knebusch*, VVLTag II (Fn. 1113), 83. Sitzung, Sp. 2488.

1536 *Reincke-Bloch*, VVLTag I (Fn. 629), 4. Sitzung, Sp. 38; so auch *Knebusch*, VVLTag II (Fn. 1113), 83. Sitzung, Sp. 2488, 2490, der die Kritik am alten Reichstag aufgreift.

1537 *Reincke-Bloch*, VVLTag I (Fn. 629), 4. Sitzung, Sp. 38.

1538 *v. Metterhausen*, VVLTag I (Fn. 629), 22. Sitzung, Sp. 788.

1539 So *Dittrich*, VVLTag II (Fn. 1113), 83. Sitzung, Sp. 2489, der jedoch das Argument der absichtlichen Verzögerung nicht entkräftet; so auch *Wendorff*, VVLTag II (Fn. 1113), 83. Sitzung, Sp. 2489, der die Vereinfachung der Prüfung durch das Wahlgesetz hervorhebt.

1540 *Wendorff*, VVLTag II (Fn. 1113), 83. Sitzung, Sp. 2489.

1541 Siehe zur aufgegriffenen modernen kritischen Wertung der Wahlprüfung durch das Parlament *J. Isensee*, Nemo iudex in causa sua – auch nicht das Parlament?, in: D. Dörr/U. Fink/C. Hillgruber u.a. (Hrsg.), Die Macht des Geistes. Festschrift für Hartmut Schiedermair, 2001, S. 181 (205).

werden. „Mit der Kompetenz [...] in eigener Sache ist die Erfolglosigkeit vorprogrammiert“[1542]. Eine solche Überprüfung stellte, zivilrechtlich ausgedrückt, quasi ein In-Sich-Geschäft dar. So lehnte trotz massiver Hinweise auf Wahlfälschung 1932 der Landtag mit einer Stimmenmehrheit der Nationalsozialisten eine Wahlprüfung ab[1543]. Dies zeigt deutlich, dass eine Überprüfung sinnvollerweise eben doch von einer unabhängigen Stelle übernommen hätte werden sollen. Insofern überrascht es nicht und ist in gewisser Weise begrüßenswert, dass der Staatsgerichtshof für das Reich sich eine subsidiäre Prüfungszuständigkeit aneignete[1544], auch wenn dies eine weite Einschränkung der Autonomie des Parlaments und auch der Länder an sich bedeutete. Eine solche Wahlprüfung durch den Staatsgerichtshof ist in Mecklenburg-Schwerin allerdings trotzdem nicht vorgekommen.

bb) Kontrolle der Regierung und Untersuchungsausschüsse

Die Kontrollfunktion gegenüber der Regierung war vom Wortlaut her in den Landesverfassungen unterschiedlich stark ausgeprägt[1545]. Gemäß § 50 Abs. 1 Meck.-Schw. Verf. hatte der Landtag das Recht, die gesamte Staatsverwaltung zu überwachen und Auskunft über alle Einzelheiten der Verwaltung vom Staatsministerium zu erhalten. Korrespondierend zur Kontrollfunktion konnte der Landtag gemäß § 36 Abs. 2 Meck.-Schw. Verf. die Anwesenheit der Mitglieder des Staatsministeriums verlangen[1546]. Dieses Kontrollrecht war umfassend zu verstehen. Der Landtag sollte das Recht haben, die Ministerien und die gesamte nachgeordnete Verwaltung zu überwachen und zu untersuchen[1547]. Insofern war dieses Recht umfassen-

---

1542 *Isensee*, iudex (Fn. 1541), S. 205.

1543 *Inachin*, Durchbruch (Fn. 60), S. 56.

1544 *Jellinek*, Zusammensetzung (Fn. 1418), S. 629; der Staatsgerichtshof sah Wahlprüfungsentscheidungen grundsätzlich als Verfassungsstreitigkeit an, sodass dieser seine subsidiäre Zuständigkeit geltend machen konnte; zu einer Überprüfung von Wahlen in Mecklenburg-Schwerin kam es jedoch nicht.

1545 *Apelt*, Geschichte (Fn. 1347), S. 230 f.

1546 Siehe ferner zu kleinen und großen Anfragen des Parlaments §§ 15–17 GO; als Voraussetzung der Kontrolltätigkeit bezeichnet dies auch *G. Leibholz*, Übersicht über die Zuständigkeit der Landesparlamente, in: Anschütz/Thoma, Handbuch I (Fn. 179), S. 630 (639).

1547 Dazu sollte er Beauftragte einsetzen können, siehe *Hillmann*, VVLTag I (Fn. 629), 21. Sitzung, Sp. 734; *Witte*, ebda., 23. Sitzung, Sp. 811.

der zu verstehen[1548], als der spärliche Normtext dies vermuten lassen könnte. Die Kontrollfunktion diente jedoch lediglich der politischen bzw. parlamentarischen Verantwortlichkeit. Das Recht zur Erteilung von bindenden Anweisungen an die Exekutive bestand selbstverständlich nicht[1549]. Dies drückte auch § 51 Meck.-Schw. Verf. aus. Nur durch diese umfassende Kontrolle war der Landtag in der Lage, über die Abberufung der Regierung auf fundierter Basis zu entscheiden. In engem Zusammenhang mit der Kontrollbefugnis des Landtags stand auch das Recht zur Einsetzung von Untersuchungsausschüssen.

Rein parlamentarische Untersuchungsausschüsse wurden vor der Novemberrevolution in Deutschland nicht eingesetzt[1550]. § 50 Abs. 2 und 3 Meck.-Schw. Verf. stellten Grundlagen für Untersuchungsausschüsse auf[1551]. Es bestand die Pflicht des Landtages, auf Antrag eines Drittels seiner Mitglieder einen Untersuchungsausschuss einzusetzen. Aufgrund der Unterscheidung im Wortlaut zu anderen Normen, insbesondere zu § 35 Abs. 1 Meck.-Schw. Verf., musste die gesetzliche Mitgliederzahl gemeint sein[1552]. Insofern bestand hier ein erheblich größeres Quorum, als dies beispielsweise Art. 34 WRV vorsah. Eine Debatte darüber fand ausweislich der parlamentarischen Unterlagen nicht statt. Untersuchungsausschüsse dienten, wie auch in der Gegenwart, der parlamentarischen Kontrolle der Exekutive[1553]. Somit könnte ein Motiv gewesen sein, dass aufgrund der Wahl und jederzeitigen Abberufungsmöglichkeit des gesamten Staats-

---

1548 In anderen Ländern war dieses Aufsichtsrecht deutlich konkreter im Normtext verankert, siehe dazu *Wagner*, Reichs- und Landesstaatsrecht (Fn. 1104), S. 44 f.; siehe insgesamt zu den Untersuchungsausschüssen *Hatschek*, Landesstaatsrecht (Fn. 1501), S. 581 ff.

1549 *Leibholz*, Übersicht (Fn. 1546), S. 634, 640.

1550 *Winkelmann*, Ausschussarbeit (Fn. 472), § 23 Rn. 15; siehe insgesamt zu Untersuchungsausschüssen in der Zwischenkriegszeit *S. Schröder*, Das parlamentarische Untersuchungsrecht der Weimarer Reichsverfassung im Spiegel der zeitgenössischen Staatsrechtslehre und Rechtsprechung, in: Zeitschrift für Parlamentsfragen 30 (1999), S. 715 (716 ff.).

1551 Einfachgesetzliche Sonderregelungen zu Untersuchungsausschüssen waren nicht in der GO zu finden, sodass die Normen zur Bildung und Organisation von Ausschüssen gemäß § 14 GO als *lex generalis* anzuwenden waren, sofern die Verfassung keine Sonderregeln vorgab. Somit wählte der Ausschuss einen Vorsitzenden und war beschlussfähig, wenn die Hälfte der Mitglieder anwesend war. Ferner waren alle Landtagsmitglieder zur Teilnahme berechtigt.

1552 So auch die h.M. im Reich, siehe *Schröder*, Untersuchungsrecht (Fn. 1550), S. 730 m.w.N.

1553 *Reincke-Bloch*, VVLTag I (Fn. 629), 4. Sitzung, Sp. 37; siehe auch zur Ideengeschichte in Deutschland *Schröder*, Untersuchungsrecht (Fn. 1550), S. 716 ff.

ministeriums nur ein eingeschränktes Bedürfnis danach vorhanden war. Jedoch war dies auch schon in der Weimarer Republik vornehmlich ein Minderheitenrecht[1554], sodass hier ein geringeres Quorum sicherlich adäquater gewesen wäre, um dem eigentlichen Sinn des Instrumentariums gerecht zu werden. Im Gegensatz zu anderen Landesverfassungen waren der Gegenstand bzw. die thematischen Voraussetzungen von Untersuchungsausschüssen nicht beschränkt[1555]. Insofern konnte es nicht nur um die Kontrolle der Tätigkeit der Exekutive gehen, sondern auch um andere Tatsachenerhebungen, beispielsweise die Ermittlung von Tatsachen zur Vorbereitung von Gesetzen[1556]. Jedoch war Sinn der Untersuchungsausschüsse primär die Kontrolle der Regierung bzw. Verwaltung durch den Landtag[1557]. Der Gegenstand richtete sich nach der Ratio des § 50 Abs. 2 S. 2, 2. Hs. Meck.-Schw. Verf. nach dem eingebrachten Antrag[1558]. Die Beweiserhebung der Untersuchungsausschüsse war öffentlich, wobei ein Ausschluss der Öffentlichkeit mit Zwei-Drittel-Mehrheit beschlossen werden konnte. Das Erfordernis der Öffentlichkeit diente dem Schutz gegen den Missbrauch der Parlamentsmehrheit[1559]. Zwar bestand hier nicht das Erfordernis der Staatswohlgefährdung als Grund für den Ausschluss der Öffentlichkeit, jedoch lag schon in der qualifizierten Mehrheit eine

---

1554 *Hatschek*, Landesstaatsrecht (Fn. 1501), S. 585; *Stier-Somlo*, Reichs- und Landesstaatsrecht (Fn. 991), S. 590; den Gegensatz zum alten Recht betont *Anschütz*, Verfassung (Fn. 779), Art. 34 Anm. 1 (S. 216).

1555 *Wagner*, Reichs- und Landesstaatsrecht (Fn. 1104), S. 53, beispielsweise waren diese zuständig zur Ermittlung von tatsächlichen Vorgängen der Verwaltung.

1556 So zur ebenfalls gegenständlich nicht beschränkten Vorschrift der Reichsverfassung *Anschütz*, Verfassung (Fn. 779), Art. 34 Anm. 2 (S. 217); *Stier-Somlo* beschränkt insofern die Angelegenheit auf ein öffentliches Interesse, vgl. *dens.*, Reichs- und Landesstaatsrecht (Fn. 991), S. 591. Siehe auch *Schröder*, Untersuchungsrecht (Fn. 1550), S. 718; siehe zur Darstellung des Meinungsspektrums über den Gegenstand und Grenzen des Verfahrens *dens.*, ebda., 724 ff.; siehe zur Entstehungsgeschichte und zum Zweck des Art. 34 WRV als vorbereitendes Informationsverfahren wiederum auch *dens.*, ebda., S. 716 ff.

1557 So zumindest *Reincke-Bloch*, VVLTag I (Fn. 629), 4. Sitzung, Sp. 37 zum Zweck von gewissen Sonderausschüssen. Damit meinte dieser wohl eindeutig Untersuchungsausschüsse.

1558 Insofern musste der Antrag so konkret formuliert sein, dass die zu ermittelnden Tatsachen zumindest erkennbar waren, siehe zur fast wortlautidentischen Vorschrift in Württemberg *F. Poetzsch*, Zwei Urteile des Staatsgerichtshofes über Untersuchungsausschüsse, in: AöR N.F. 4 (1922), S. 210 (228).

1559 *Anschütz*, Verfassung (Fn. 779), Art. 34 Anm. 1 (S. 217); jedoch galt dieses Prinzip nur für die Beweiserhebung, siehe zu den einzelnen grundsätzlichen Schritten *Schröder*, Untersuchungsrecht (Fn. 1550), S. 732 f.

erhebliche Hürde[1560]. Alle Gerichte und Behörden waren verpflichtet, dem Ersuchen der Beweiserhebung Folge zu leisten und die entsprechenden Akten vorzulegen, § 50 Abs. 2 S. 4, 5 Meck.-Schw. Verf. Insofern glich die Regelung von Mecklenburg-Schwerin fast wortlautidentisch derjenigen in der Reichsverfassung. Die Regeln der Strafprozessordnung galten sinngemäß[1561]. Die Untersuchungsausschüsse durften die gesammelten Beweise einer umfassenden fachlichen und politischen Wertung unterziehen[1562]. Verfassungsgerichtliche Streitigkeiten zum Untersuchungsrecht gab es in Mecklenburg-Schwerin nicht[1563].

cc) Sonstige Rechte

Weitere Ausschüsse für bestimmte Aufgaben konnten vom Landtag eingesetzt werden, § 14 GO. Somit gab es nach der Geschäftsordnung in Mecklenburg-Schwerin keine Ausschüsse, die automatisch am Beginn der Legislaturperiode eingesetzt wurden. Die Abgeordneten hatten gemäß § 14 lit. d) GO ein Anwesenheitsrecht; die Regierung besaß gemäß § 36 Abs. 1 S. 1 Meck.-Schw. Verf. ein Beratungsrecht. Die Besetzung der Ausschüsse war weder in der Verfassung noch in der Geschäftsordnung geregelt. Somit könnte man zunächst davon ausgehen, dass diese nach den allgemeinen Regeln gewählt worden wären. Dann hätte das Ergebnis der Besetzung des Staatsministeriums geglichen. Dadurch wären Minderheiten regelmäßig nicht repräsentiert gewesen. In der Debatte wurde jedoch deutlich, dass man es für selbstverständlich erachtete, dass auch die Parlamentsminderheit dort repräsentiert war[1564]. So waren auch die Mehrheitsverhältnisse der Reichstagsausschüsse ein ungefähres Abbild des

1560 Siehe *Anschütz*, Verfassung (Fn. 779), Art. 34 Anm. 1 (S. 217), der das Zwei-Drittel-Quorum als ausreichenden Minderheitenschutz ansieht.

1561 Siehe dazu *Anschütz*, Verfassung (Fn. 779), Art. 34 Anm. 8 (S. 221 ff.); dieses Recht zum Einsatz von Zwangsmitteln war das Besondere an den Untersuchungsausschüssen, siehe *Schröder*, Untersuchungsrecht (Fn. 1550), S. 722.

1562 So die h.M., siehe statt aller *Anschütz*, Verfassung (Fn. 779), Art. 34 Anm. 6 (S. 220), siehe auch dazu *Schröder*, Untersuchungsrecht (Fn. 1550), S. 723.

1563 Auf Reichsebene rankten sich viele Streitigkeiten um das Recht der Untersuchungsausschüsse, siehe dazu *Schröder*, Untersuchungsrecht (Fn. 1550), S. 720 ff.

1564 *Knebusch*, VVLTag I (Fn. 629), 2. Sitzung, S. 17 f.; *Kröger*, ebda., 2. Sitzung, S. 18; danach sollte das Plenum die Zahl der Mitglieder festsetzen und die Fraktionen ihre Mitglieder wählen, sodass die Besetzung paritätisch werden sollte.

Plenums[1565], sodass hierbei der Reichstag wiederum eine Vorbildfunktion erfüllte[1566]. Zwar sah die Geschäftsordnung keine Fraktionsbildung vor, jedoch ergaben sich anhand der Parteizugehörigkeiten zumindest politische Lager, was auch in den Gesetzesberatungen und den Ausschussberichten deutlich wurde. Auch in der Staatspraxis bildeten sich Fraktionen und wurden ebenso als solche in der staatsrechtlichen Literatur bezeichnet[1567]. Damit bestanden hier keine nennenswerten Unterschiede. Bei einer anderen Besetzung wäre der Sinn der Erleichterung der Arbeit des Parlaments durch einen weitgehenden Vorgriff der Diskussion im Plenum konterkariert worden, wenn die Opposition nicht ausreichend Gehör im Ausschuss hätte finden können[1568]. Insofern fand sich auch hier das Verständnis der Spiegelbildlichkeit bei Besetzung von Ausschuss zum Parlament wieder[1569].

Im Gegensatz zu anderen Ländern fand sich in der Verfassung von Mecklenburg-Schwerin kein besonderer Ausschuss mit speziellen Kompetenzen für die Zeit, in der der Landtag nicht versammelt war[1570]. Diese hatten den Zweck, die Rechte des Parlaments in sitzungsfreier Zeit zu vertreten[1571]. Insofern sollten sie nach dem Willen der Befürworter die Kompetenz zur Zustimmung zu Notstandsgesetzen innehaben[1572]. Dies erinnerte an die grundsätzliche Funktion des Engeren Ausschusses[1573], der jedoch weitergehende Kompetenzen hatte. Genau dies war Anknüpfungspunkt für eine kontroverse Debatte im verfassunggebenden Landtag. Dieser Ausschuss sollte nämlich schon im Vorfeld die Kontrollfunktion wahrnehmen, da eine nachträgliche Genehmigung nicht ebenso effektiv gewesen wäre[1574]. Ferner waren im Staatsministerium im Gegensatz zu diesem

1565 *K. Perels*, Geschäftsgang und Geschäftsformen, in: Anschütz/Thoma, Handbuch I (Fn. 179), S. 449 (454 f.).

1566 So *Wittreck*, Genese (Fn. 419), § 2 Rn. 46.

1567 Siehe *Ballerstaedt*, Verhältnis (Fn. 1518), S. 56; somit wird auch im Folgenden von dieser Gegebenheit ausgegangen.

1568 Die Wichtigkeit der Ausschüsse heben auch *Wittmayer*, Reichsverfassung (Fn. 903), S. 321 sowie *Wagner*, Reichs- und Landesstaatsrecht (Fn. 1104), S. 52 hervor.

1569 Siehe zum verfassungsrechtlichen Grundsatz der Spiegelbildlichkeit der Ausschüsse *Winkelmann*, Ausschussarbeit (Fn. 472), § 23 Rn. 30.

1570 *Meißner*, Staatsrecht (Fn. 1126), S. 72.

1571 *Wagner*, Reichs- und Landesstaatsrecht (Fn. 1104), S. 54.

1572 So der Antrag von *Knebusch*, VVLTag I (Fn. 629), 23. Sitzung, Sp. 826.

1573 So auch die Kritik im Landtag, siehe *Wendorff*, VVLTag I (Fn. 629), 23. Sitzung, Sp. 827 der diese Idee als „Skelett im Hause" abtut.

1574 *Knebusch*, VVLTag I (Fn. 629), 23. Sitzung, Sp. 827.

Ausschuss nur die Mehrheits- bzw. Regierungsparteien repräsentiert[1575], sodass er der parlamentarischen Minderheit Gehör hätte verschaffen können, was bei längerer versammlungsfreier Zeit sinnvoll gewesen wäre[1576]. Diese Argumente ließen die Mehrheitsparteien jedoch nicht gelten. Das Staatsministerium sei nichts anderes als ein Engerer Ausschuss, der aus dem Volk legitimiert sei, sodass ein weiteres Gremium nicht nötig sei[1577]. Ferner habe der Ausschuss bei Auflösung keine Legitimation mehr, da ein vermittelnder Landtag nicht mehr existent sei[1578]. Hier wird die Sorge um ein Verharren in alten vorrevolutionären Strukturen im verfassunggebenden Landtag sichtbar. Auch das Problem der mangelnden Legitimation bei Auflösung des Landtags bestand in ähnlicher Weise bei der geschäftsführenden Regierung[1579], deren Bestand jedoch eine zwingende Notwendigkeit zum Erhalt grundlegender Handlungsfähigkeit der Exekutive darstellte. Inwieweit ein solcher Ausschuss unter Beteiligung der Opposition die Rechte der Regierung tatsächlich effektiv begrenzt hätte, erscheint vor dem Hintergrund der Spiegelbildlichkeit der Ausschussbesetzung fragwürdig, sofern kein erhöhtes Abstimmungsquorum festgeschrieben worden wäre. Einzig bei Auseinanderbrechen der Koalition hätte es hier wohl zu grundlegenden Differenzen zwischen Ausschussmehrheit und Regierung kommen können. In allen anderen Fällen hätte nur die Möglichkeit einer Sperrminorität ein effektives Hindernis dargestellt. Ein solches Hindernis befand sich jedoch nicht im Antrag zur Einführung eines ständigen Parlamentsausschusses. Daneben bestand aufgrund der Pflicht zur Berufung des Landtags nach § 31 Abs. 1 Meck.-Schw. Verf. primär nur bei Auflösung des Landtags das Bedürfnis zur Repräsentation der Parlamentsminderheit. Andernfalls konnte innerhalb von vierzehn Tagen eine Entscheidung des Landtags eingeholt werden. Ein Auflösungsrecht gemäß § 30 Abs. 2 Meck.-Schw. Verf. bestand jedoch nur für den Landtag selbst sowie für das Volk mittels Volksbegehrens, sodass hier keine Gefahr durch die Exekutive bestand. Diese konnte nämlich nicht den Landtag auflösen, um sodann mittels Notverordnungsrecht unbeschränkt zu regieren.

1575 So *Knebusch*, VVLTag I (Fn. 629), 23. Sitzung, Sp. 827 f.

1576 *Reinke-Bloch*, VVLTag I (Fn. 629), 23. Sitzung, Sp. 828.

1577 *Wendorff*, VVLTag I (Fn. 629), 23. Sitzung, Sp. 828.

1578 *v. Richthofen*, VVLTag I (Fn. 629), 23. Sitzung, Sp. 829.

1579 Diese argumentative Schwäche *v. Richthofens* nimmt auch *Knebusch*, VVLTag I (Fn. 629), 23. Sitzung, Sp. 829 f. auf.

f) Legislaturperiode und Auflösung des Parlaments

Gemäß § 30 Abs. 1 Meck.-Schw. Verf. betrug die Legislaturperiode drei Jahre, wobei diese Laufzeit mit dem Wahltag begann. Damit bestand hier ein Gleichklang mit den meisten anderen Ländern[1580]. Der neue Landtag musste innerhalb dieser Frist neu gewählt werden. Hier lag eine bewusste Abgrenzung zur Reichsverfassung vor[1581]. So wurde sichergestellt, dass unter gewöhnlichen Umständen ein Landtag vorhanden war[1582]. Dies erscheint auch konsequent, bedenkt man die weitgehenden Kompetenzen samt direkter Wahl und jederzeitiger Abberufungsmöglichkeit des gesamten Staatsministeriums. Die Legislaturperiode konnte jedoch gemäß § 30 Abs. 2 Meck.-Schw. Verf. vorzeitig beendet werden. Dies war entweder im Wege der Volksabstimmung[1583] möglich oder durch eigenen Beschluss, der zwei Drittel der anwesenden Mitglieder erforderte. Eine Einwirkungsmöglichkeit der Regierung bestand nicht. Insofern war die Hürde zur Selbstauflösung hier geringer als bei der Verfassungsänderung, die gemäß § 82 Abs. 1 Meck.-Schw. Verf. zwei Drittel der gesetzlichen Zahl der Mitglieder erforderte. Insofern erachtete der Verfassunggeber offenbar die Selbstauflösung als weniger gewichtig als eine Verfassungsänderung. Dies erscheint sinnvoll, diente das Selbstauflösungsrecht doch lediglich der Wiederherstellung der Handlungsfähigkeit aufgrund von vorher entstandener Erosion der Mehrheitsbündnisse im Parlament[1584]. Dieser Antrag musste drei Tage vor der Abstimmung als Tagesordnungspunkt erscheinen. Dieses Selbstauflösungsrecht hatte inhaltlich keine Grenzen, sofern die Formerfordernisse der Verfassung eingehalten wurden[1585]. Die formalen Erfordernisse bezweckten, dass den Abgeordneten eine ausreichende Bedenkzeit zugestanden und das Verfahren nur eingeleitet wurde, wenn dies von einer „wirklich überwiegenden Mehrheit“ getragen wurde[1586]. Die Neuwahl musste sodann innerhalb von sechzig Tagen erfolgen. Trotz des Bestrebens, stets einen Landtag zu haben, musste eine gewisse Mindestfrist eingehalten werden, damit eine ordnungsgemäße Neuwahl mit

---

1580 *Jellinek*, Zusammensetzung (Fn. 1418), S. 620.

1581 Siehe dazu *Stier-Somlo*, Reichs- und Landesstaatsrecht (Fn. 991), S. 581.

1582 So die Ratio der Festlegung von genauen Fristen, siehe *Bericht des Verfassungsausschusses*, VVLTag I (Fn. 629), 21. Sitzung, Sp. 705.

1583 Siehe dazu Kapitel D.IV.3.

1584 Den Zweck stellt *Hatschek*, Landesstaatsrecht (Fn. 1501), S. 240 heraus.

1585 *Leibholz*, Übersicht (Fn. 1546), S. 636 f.

1586 *Bericht des Verfassungsausschusses*, VVLTag I (Fn. 629), 21. Sitzung, Sp. 705.

Aufstellung der Kandidatenlisten gewährleistet werden konnte[1587]. Die Regelungen zu Beginn und Ende des Landtags zeigen deutlich, dass man bemüht war, eine landtagslose Übergangszeit so weit möglich zu vermeiden. Ferner dokumentieren die klaren Regeln das Bemühen, ein für jedermann verständliches Verfassungswerk zu schaffen. Das Selbstauflösungsrecht stellte eine durchaus nicht unübliche Erscheinung im Landesverfassungsrecht der Zwischenkriegszeit dar[1588]. Der Zweck der Wiederherstellung der Handlungsfähigkeit des Landtags durch Neuwahlen war zwar ein verständliches Anliegen, jedoch konnte dies nur bei klaren Bekenntnissen des Wahlvolks gelingen. In Mecklenburg-Schwerin kam es mehrfach zur Selbstauflösung, wobei das Ziel dennoch meist nicht erreicht wurde[1589]. Dies lag vornehmlich nicht an dem verfassungsrechtlichen Mechanismus der Selbstauflösung, denn genau zu diesem Zweck war das Recht festgesetzt. Vielmehr gab es keine sonstigen Sicherungsmechanismen gegen Parteizersplitterung im Parlament sowie gegenüber einem offensichtlichen Mangel an Kompromissbereitschaft zur Herstellung einer Mehrparteienkoalition.

2. Das Staatsministerium

Das exakte Verhältnis von Exekutive und Parlament war reichsrechtlich nicht umfassend determiniert[1590]. Lediglich bestimmte Art. 17 Abs. 1 S. 3 WRV die grundsätzliche Abhängigkeit der Regierung vom Parlament. Damit war nicht zwingend das parlamentarische Regierungssystem in gleicher Art und Weise wie im Reich vorgeschrieben[1591]. Die notwendige Homogenität zwischen Reich und Ländern wurde schon durch die Wahl der Landesregierung aus der Volksvertretung verwirklicht[1592]. Wie die Staatsspitze genau aussehen sollte, war dabei auch nicht vorgegeben[1593]. Hier sollte explizit den Ländern die Möglichkeit eröffnet werden, die

---

1587 *Hillmann*, VVLTag I (Fn. 629), 21. Sitzung, Sp. 733.

1588 Siehe die Übersicht bei *Wittreck*, Einleitung (Fn. 2), S. 43 ff.

1589 Siehe dazu *D. C. Umbach*, Parlamentsauflösung in Deutschland, 1989, S. 347 f.

1590 *Nieding*, Prinzip (Fn. 869), S. 85 f.

1591 So die h.M., statt aller siehe *Preuß*, Reich (Fn. 871), Art. 17 S. 148; *Elleser*, Verfassungs-Autonomie (Fn. 9), S. 37; *Gebhard*, Handkommentar (Fn. 876), Art. 17 Anm. 9.a (S. 149); *Anschütz*, Verfassung (Fn. 779), Art. 17 Anm. 5 (S. 136); *Stuckmann*, Grenzen (Fn. 877), S. 34.

1592 *Wenzel*, Grundlagen (Fn. 870), S. 616.

1593 *Wenzel*, Grundlagen (Fn. 870), S. 607.

Organisation selbst so zu gestalten, wie es für eine effektive Verwaltung des Landes sinnvoll war[1594]. Insgesamt bestand ein nicht unerheblicher Gestaltungsspielraum für den Landesverfassunggeber, sofern der „Primat der Volksvertretung" verwirklicht wurde[1595].

a) Kein Staatspräsident als Repräsentativorgan?

Art. 17 Abs. 1 S. 3 WRV gab vor, dass die Landesregierung des Vertrauens der Volksvertretung bedurfte. Damit war jedoch nicht ausgeschlossen, dass ein weiteres Organ neben der Regierung in der Landesverfassung hätte installiert werden können, welches die repräsentative Spitze des Landes verkörpert hätte[1596]. Konkret war der Landesverfassunggeber reichsrechtlich frei, ein von der Landesregierung unabhängiges Organ, einen Staatspräsidenten, zu schaffen, welcher dann jedoch im Hinblick auf die demokratischen Vorgaben keinen wesentlichen Anteil an der Exekutive hätte haben dürfen[1597]. Bei der Beteiligung eines Staatspräsidenten an der Regierungsgewalt hätte es zu dessen Staatsakten einer ministeriellen Gegenzeichnung bedurft, damit der notwendige Einfluss der Volksvertretung gewahrt geblieben wäre[1598]. Durch die einzigartige Ausgangslage in Mecklenburg-Schwerin ist die Motivlage des Landesverfassunggebers entsprechend zu würdigen. Die Etablierung eines Staatspräsidenten war im verfassunggebenden Landtag heftig umstritten und stellte einen Hauptdiskussionspunkt dar. Insbesondere – jedoch nicht ausschließlich – von konservativen bzw. monarchisch gesinnten Abgeordneten wurde der Einwand des Fehlens eines solchen stetig beklagt. Dieser Staatspräsident des Landes sollte direkt vom Volk gewählt werden[1599]. Er sollte die Vertretung des Landes nach außen übernehmen, wobei der Abschluss von Staatsverträgen nur im Zusammenwirken mit dem Staatsministerium rechtmäßig gewesen

---

1594 *Wenzel*, Grundlagen (Fn. 870), S. 616.

1595 *Wenzel*, Grundlagen (Fn. 870), S. 616.

1596 *Gebhard*, Handkommentar (Fn. 876), Art. 17 Anm. 8 (S. 149); *Reißfelder*, Verfassungsautonomie (Fn. 68), S. 77; *Apelt*, Geschichte (Fn. 1347), S. 234 f.

1597 Die Möglichkeit der Schaffung eines solchen Organs betont *Wenzel*, Grundlagen (Fn. 870), S. 607; siehe auch *Gebhard*, Handkommentar (Fn. 876), Art. 17 Anm. 8 (S. 149); *Reißfelder*, Verfassungsautonomie (Fn. 68), S. 77.

1598 *Wenzel*, Grundlagen (Fn. 870), S. 616.

1599 Siehe zu den genauen Kompetenzen den Antrag der DVP im Verfassungsausschuss: Anlage 2, VVLTag I (Fn. 629), 21. Sitzung, Sp. 725 f.; siehe auch *Mrotzek*, Weg (Fn. 857), S. 97; *Inachin*, Durchbruch (Fn. 60), S. 22.

wäre. Ferner wäre er für die Verkündung von Gesetzen, die Ernennung der Beamten und die Begnadigung zuständig gewesen. Ferner hätte er der Leiter der Landesverwaltung sein können, deren Überwachung ihm auch oblegen hätte. Für Verwaltungsanordnungen hätte es jedoch der Gegenzeichnung eines (Fach-)Ministers bedurft. Daneben sollte dem Staatspräsidenten das Recht der Einberufung des Parlaments zustehen. Die Kompetenzen wären somit sehr umfassende gewesen[1600]. Ferner hätte der Präsident mit Kontrollrechten über die Landesverwaltung Kernaufgaben der Exekutive innegehabt[1601] und wäre somit als Teil derselben zu werten gewesen. Dies wäre im Hinblick auf die reichsrechtlichen Vorgaben noch zulässig gewesen[1602]. Man betrachtete einen Staatspräsidenten als notwendig für das Prestige des Landes[1603]. Positiv sah man die Unabhängigkeit eines direkt-demokratisch gewählten Staatspräsidenten von der Parteipolitik[1604]. Damit sei dieser demokratisch legitimiert und könne einen Gegenpol zur umfassenden Macht der Mehrheitsparteien bieten[1605]. Insofern könne der Staatspräsident als wirkungsvolle Führung zur Beständigkeit der Verhältnisse führen[1606]. Jedoch wurde solch ein Staatspräsident als „Ersatzmonarch" abgelehnt[1607]. Die anderen Länder der Weimarer Republik hatten auf einen Staatspräsidenten mit vergleichbaren Kompetenzen

1600 Siehe zu den Kompetenzen des Reichspräsidenten *H. Pohl*, Die Zuständigkeiten des Reichspräsidenten, in: Anschütz/Thoma, Handbuch I (Fn. 179), S. 482 (482 ff.).

1601 Angedeutet in *Hinrichs*, Grenzen (Fn. 877), S. 83 f.

1602 Die Pflicht zur Gegenzeichnung, um nicht dem Prinzip der Verantwortlichkeit der Verwaltung gegenüber dem Parlament zu widersprechen, betont *Hinrichs*, Grenzen (Fn. 877), S. 83 f.; das Erfordernis des Misstrauensvotums bei Direktwahl der Regierung betonen *Gebhard*, Handkommentar (Fn. 876), Art. 17 Anm. 9.a (S. 149); *Anschütz*, Verfassung (Fn. 779), Art. 17 Anm. 5 (S. 137); selbst eine lebenslange Amtsdauer bei Möglichkeit der Abberufung hält *Stuckmann*, Grenzen (Fn. 877), S. 33 für reichsrechtlich zulässig.

1603 *Hillmann*, VVLTag I (Fn. 629), 21. Sitzung, Sp. 734.

1604 *v. Richthofen*, VVLTag I (Fn. 629), 4. Sitzung, Sp. 55; *Reincke-Bloch*, ebda., 23. Sitzung, Sp. 813.

1605 *Reincke-Bloch*, VVLTag I (Fn. 629), 23. Sitzung, Sp. 813.

1606 *Reincke-Bloch*, VVLTag I (Fn. 629), 23. Sitzung, Sp. 813; in diese Richtung tendiert auch *v. Richthofen*, ebda., 4. Sitzung, Sp. 55.

1607 Zwischenruf von *Starosson*, VVLTag I (Fn. 629), Sitzung, 4. Sitzung, Sp. 55; *Inachin*, Durchbruch (Fn. 60), S. 22; auch der Reichspräsident wurde teilweise als „Ersatz-Kaiser" betitelt, siehe dazu *Stern*, Staatsrecht V (Fn. 10), § 129 S. 593 (dort Fn. 337).

verzichtet[1608], sodass man sich in Mecklenburg-Schwerin nicht genötigt sah, einen entsprechenden Präsidenten zu etablieren[1609]. Hier wird die bereits erwähnte Abkehr vom ständischen System als Leitgedanke der Verfassungsväter deutlich[1610]. Somit hat auch Mecklenburg-Schwerin wie auch die übrigen Länder der Weimarer Republik auf einen Landesstaatspräsidenten verzichtet, der mit dem Reichspräsidenten vergleichbar gewesen wäre[1611].

b) Bildung und Organisation der Regierung

Der genaue Modus zur Einsetzung der Regierung bzw. deren genaues Verhältnis zum Landtag war reichsrechtlich nicht determiniert. Ausreichend wäre es gewesen, wenn die Regierung direkt aus der Wahl der Volksvertretung hervorgegangen wäre[1612]. Bei der direkten Wahl der Regierung durch die Bevölkerung hätte es jedoch der Möglichkeit eines parlamentarischen Misstrauensvotums bedurft, damit die von Art. 17 Abs. 1 S. 3 WRV erforderliche Verantwortlichkeit der Regierung gegenüber dem Parlament verwirklicht worden wäre[1613]. Über das reichsrechtliche Erfordernis der Möglichkeit eines Misstrauensvotums auf Landesebene bei der Wahl durch das

---

1608 In Baden, Hessen und Württemberg gab es zwar einen Staatspräsidenten, der jedoch die Funktion eines Ministerpräsidenten hatte und kein außerhalb der Regierung stehendes Staatsoberhaupt war, siehe *Reißfelder*, Verfassungsautonomie (Fn. 68), S. 81 f.; siehe dazu *Gräbener*, Verfassungsinterpendenzen (Fn. 1094), S. 213; *T. v. Erdmann*, Die Verfassung Württembergs von 1919, 2013, S. 131 f.; *Gusy*, 100 Jahre (Fn. 1070), S. 25; *M. Rasper*, „… eine Art Ausführungsgesetz zur Reichsverfassung selbst". Die Hessische Verfassung vom 12. Dezember 1919, 2020, S. 439 ff.

1609 So hätte man sich sicherlich an anderen Ländern orientiert, siehe zu diesem Motiv *v. Richthofen*, VVLTag I (Fn. 629), 4. Sitzung, Sp. 55, *Witte*, ebda., 23. Sitzung, Sp. 811 sowie *Wendorff*, ebda., 23. Sitzung, Sp. 816.

1610 Diese Abkehr betont *Inachin*, Durchbruch (Fn. 60), S. 22.

1611 *Koellreutter*, Landesverfassungen (Fn. 867), S. 145; *Stuckmann*, Grenzen (Fn. 877), S. 26; *Reißfelder*, Verfassungsautonomie (Fn. 68), S. 82, der die Stellung als Spitze der Regierung betont.

1612 Siehe *Preuß*, Reich (Fn. 871), Art. 17 S. 148 ff. mit Motiven für die Unterscheidung im Wortlaut und dem grundlegenden System; siehe auch insgesamt zur parlamentarischen Ministerverantwortlichkeit *Hatschek*, Landesstaatsrecht (Fn. 1501), S. 596 ff.

1613 *Gebhard*, Handkommentar (Fn. 876), Art. 17 Anm. 9.a (S. 149); *Anschütz*, Verfassung (Fn. 779), Art. 17 Anm. 5 (S. 137); *Reißfelder*, Verfassungsautonomie (Fn. 68), S. 77.

Parlament bestand nämlich keine Einigkeit[1614]. Teilweise wurde dies als zwingende Vorgabe des Art. 17 Abs. 1 S. 3 WRV angesehen[1615]. Hingegen erachteten weite Teile der staatsrechtlichen Literatur es als zulässig, wenn die Regierung auf eine bestimmte Zeit ohne Möglichkeit der Abberufung vom Landtag gewählt worden wäre[1616]. Gegen diese Auslegung wurde vorgebracht, dass die Wahl nur ein einmaliger Bestätigungsakt sei und somit das Vertrauen sich nur auf diesen Zeitpunkt beziehe und der Wortlaut dementsprechend deutlicher den einmaligen Vertrauensakt als zulässig hätte erklären müssen[1617]. Ohne die Möglichkeit der Abberufung könne die Regierung in einem „quasimonarchische[n]" System agieren[1618]. Dies sei im Hinblick auf die notwendige Homogenität zwischen Reich und den Gliedern nicht hinnehmbar[1619]. Diesem Argument ist zumindest insofern zuzustimmen, wenn die Amtsdauer der Regierung ein für die Führung der Exekutivgeschäfte notwendiges Maß deutlich überschritt, sodass Verhältnisse ähnlich einer Wahlmonarchie geschaffen worden wären[1620]. Das Wortlautargument für das Erfordernis eines Misstrauensvotums ging hingegen fehl. So enthielt der Art. 17 Abs. 1 S. 3 WRV im Gegensatz zum artverwandten Art. 54 S. 1 WRV weder den Passus über die Notwendigkeit des Vertrauens „zu ihrer Amtsführung" noch die explizite Möglichkeit des Entzugs des Vertrauens gemäß Art. 54 S. 2 WRV[1621]. Der Wortlaut legte somit nahe, dass ein Verfahren zur Abberufung nicht reichsrecht-

---

1614 Siehe *Hinrichs*, Grenzen (Fn. 877), S. 85, der den Streitpunkt mit Nennung der Vertreter der verschiedenen Ansichten darlegt.

1615 *Gebhard*, Handkommentar (Fn. 876), Art. 17 Anm. 9.a (S. 149); vgl. auch in der Tendenz ähnlich *Elleser*, Verfassungs-Autonomie (Fn. 9), S. 39; dieser fordert, dass das Vertrauen permanent bestehen müsse, sodass nur bei jederzeitiger Abberufungsmöglichkeit dieser Anforderung genügt werden könne.

1616 *Wenzel*, Grundlagen (Fn. 870), S. 615 f.; *Anschütz*, Verfassung (Fn. 779), Art. 17 Anm. 5 (S. 136 f.); als damals h.M. wird dies von *Gebhard* charakterisiert, vgl. *dens.*, Handkommentar (Fn. 876), Art. 17 Anm. 9.a (S. 149).

1617 *Gebhard*, Handkommentar (Fn. 876), Art. 17 Anm. 9.a (S. 149).

1618 So auch *Nieding*, Prinzip (Fn. 869), S. 85.

1619 Die Notwendigkeit der grundsätzlichen Abhängigkeit der Regierung vom Parlament für die Homogenität betont *Nieding*, Prinzip (Fn. 869), S. 85.

1620 Bedenken erhebt *Nieding* bezüglich des Systems in Lübeck in der Fassung vom 23. Mai 1920 (GVBl. der Freien und Hansestadt Lübeck 1920 Nr. 24 v. 23.5.1920, S. 135), wonach die Regierung auf zehn Jahre gewählt wurde. Im Zusammenspiel mit anderen Vorschriften sieht er einen Konflikt mit Art. 17 Abs. 1 S. 3 WRV, siehe *dens.*, Prinzip (Fn. 869), S. 95; ebenso *Reißfelder*, Verfassungsautonomie (Fn. 68), S. 77 f., der die längere Amtszeit der Regierung über die Legislaturperiode hinaus für unvereinbar mit Art. 17 Abs. 1 WRV hält.

1621 *Wenzel*, Grundlagen (Fn. 870), S. 615.

lich vorgegeben sein sollte[1622]. Vielmehr entsprach es sogar der Intention der Nationalversammlung, diese Möglichkeiten den Ländern anheim zu stellen[1623]. So wurde bewusst ein Unterschied im Wortlaut der Normen gewählt, um keine Vorgabe für ein Misstrauensvotum auf Landesebene zu machen[1624]. Ein parlamentarisches System im selben Umfang wie im Reich war in den Ländern mithin nicht zwingend vorgesehen[1625]. Somit sprachen sowohl Intention des Verfassunggebers als auch der Wortlaut dafür, die Möglichkeit des Abberufens in die Entscheidungsbefugnis des Landesverfassunggebers zu stellen. Selbst wenn dieser Regelungsspielraum für bedenklich erachtet wurde[1626], so wäre hier eine Änderung des Verfassungstextes nötig gewesen, um nicht dem expliziten Willen des Normgebers zu widersprechen. Auch fielen die Stimmen der Literatur vorsichtig aus, die ein jederzeitiges Abberufen für geboten erachteten[1627]. Die Reichsverfassung sah für das parlamentarische System der Länder folglich nur mit der Maßgabe vor, dass der „Primat der Volksvertretung" eingehalten werden musste[1628]. Ferner wäre es reichsrechtlich zulässig gewesen, die Einsetzung der Regierung einer anderen Instanz zu übertragen, sofern die Volksvertretung noch den maßgeblichen Einfluss auf den Bestand

1622 So die h.M., siehe *Gebhard*, Handkommentar (Fn. 876), Art. 17 Anm. 9.a (S. 149); *Anschütz*, Verfassung (Fn. 779), Art. 17 Anm. 5 (S. 136 f.).

1623 *Preuß*, Reich (Fn. 871), Art. 17 S. 148 ff.

1624 *Preuß*, Reich (Fn. 871), Art. 17 S. 148 ff.; dies gestand auch *Gebhard* ein, vgl. *dens.*, Handkommentar (Fn. 876), Art. 17 Anm. 9.a (S. 149).

1625 Die Intention des Reichsverfassunggebers hätte darin bestanden, den Ländern freiere Hand in der Ausgestaltung des Systems zu lassen, da die Länder autonome Wesen seien, deren Tätigkeit hauptsächlich in der Verwaltung läge, sodass ein komplexes System wie im Reich nicht zwingend nötig gewesen wäre. Die großen politischen Kämpfe seien eher im Reich verortet, sodass es hier eines solchen Systems bedurfte, nicht jedoch in den Ländern; vgl. dazu *Preuß*, Reich (Fn. 871), Art. 17 S. 149 f.

1626 Aufgrund des eindeutigen Willens der Nationalversammlung hält selbst *Gebhard* eine ihm widersprechende Auslegung für vertretbar und den Wortlaut der Norm für ungeschickt, vgl. *ders.*, Handkommentar (Fn. 876), Art. 17 Anm. 9.a (S. 149).

1627 Vgl. *Elleser*, Verfassungs-Autonomie (Fn. 9), S. 39.

1628 Vgl. *H. Preuß*, in: [N. N.], Bericht und Protokolle des Achten Ausschusses über den Entwurf einer Verfassung des Deutschen Reichs, 1920, S. 111; *Anschütz*, Verfassung (Fn. 779), Art. 17 Anm. 5 (S. 135 f.); a.A. *Beckermann*, Kontinuitäten (Fn. 1307), S. 79, der jedoch von dem unbedingten Zwang zum parlamentarischen System ausgeht und die Intention des Reichsverfassunggebers offenbar als weniger gewichtig einstuft.

der Regierung besessen hätte[1629]. Einen Staatspräsidenten gab es in Mecklenburg-Schwerin nicht, sodass sich eine Frage nach der Einsetzung der gesamten Regierung durch einen solchen nicht stellte. Lediglich hätte sich die grundsätzliche Möglichkeit zur Einsetzung der übrigen Minister durch den Ministerpräsidenten geboten.

aa) Kein herausgehobener Ministerpräsident

In allen Ländern war das Staatsministerium kollegial organisiert, weshalb dem Vorsitzenden keine wesentlichen Kompetenzen im Vergleich zu den übrigen Ministern zugestanden wurden[1630]. In Mecklenburg-Schwerin entbrannte eine kontroverse Debatte um die Stellung des Ministerpräsidenten. Im Verfassungsausschuss wurde ein Antrag der DDP zur Stellung und Kompetenz des Ministerpräsidenten gestellt[1631]. Danach sollte der Ministerpräsident vom Landtag auf drei Jahre gewählt werden. Dieser durfte nicht gleichzeitig Abgeordneter sein. Er sollte die übrigen Minister bestellen, die des Vertrauens des Landtags bedurften und sowohl von diesem als auch vom Ministerpräsidenten entlassen werden konnten. Die Minister durften hingegen Abgeordnete sein, und das Mandat sollte auch nicht während der Amtszeit ruhen. Der Ministerpräsident hingegen sollte nur per Volksentscheid vorzeitig entlassen werden können, wobei es zur Durchführung des Volksentscheids eines Beschlusses des Landtags mit einer verfassungsändernden Mehrheit oder eines Antrags von 30.000 Wahlberechtigten bedurft hätte. Das Prinzip wurde zum Großteil nicht als undemokratisch angesehen, da durch die Möglichkeit der Entlassung durch das Volk diesem als eigentlichem Souverän die Entscheidung überantwortet worden wäre. Durch die Einflussmöglichkeiten des Parlaments hätte wohl auch nach der aufgezeigten strengen Ansicht die Regelung den Anforderungen des Art. 17 Abs. 1 S. 3 WRV genügt. Als Argument für dieses System wurde vorgebracht, dass die erschwerte Absetzbarkeit des Ministerpräsidenten für die Stabilität und somit die Qualität der Staatsleitung bei den umfassenden Aufgaben nach der Novemberrevoluti-

1629 *Wenzel*, Grundlagen (Fn. 870), S. 616; *Gebhard*, Handkommentar (Fn. 876), Art. 17 Anm. 9.d (S. 150); *Reißfelder*, Verfassungsautonomie (Fn. 68), S. 77.

1630 *Meißner*, Staatsrecht (Fn. 1126), S. 98; *Wagner*, Reichs- und Landesstaatsrecht (Fn. 1104), S. 60.

1631 Siehe zum aufgegriffenen Normtext §§ 28, 29 der Anlage 1, VVLTag I (Fn. 629), 21. Sitzung, Sp. 725.

on förderlich wäre[1632]. Auch würde dadurch die Bereitschaft erhöht, für dieses Amt eine berufliche Tätigkeit aufzugeben, wenn grundsätzlich eine feste Amtszeit vorgesehen wäre[1633]. Die Bestellung der Minister durch den Ministerpräsidenten würde dazu führen, dass die Minister unabhängiger von der Parteipolitik ausgewählt würden, obwohl natürlich eine vorherige Beratung mit dem Landtag intendiert war[1634]. Insgesamt wollte man durch dieses Verfahren eine gewisse Abkoppelung vom Landtag erreichen und damit die Gewähr für Regierungsstabilität schaffen. Dies könne nur durch eine echte Staatsspitze erreicht werden[1635]. Dies erschien den Sozialdemokraten jedoch nicht überzeugend, die auch bei einem kollegial organisierten Staatsministerium keine übermäßige Gefahr der Instabilität sahen[1636]. Ein herausgehobener Ministerpräsident widerspräche dem Prinzip der Gleichheit[1637]. Ferner müsse der Landtag auch die Möglichkeit haben, den Ministerpräsidenten als Verwaltungsspitze zu entlassen[1638]. Hier werden die gänzlich divergierenden Positionen der Parteien bezüglich der künftigen Ausgestaltung der Staatsspitze deutlich. Die konservativen Kräfte konnten sich als quasi wesensgleiches Minus zum Staatspräsidenten mit einem hervorgehobenen Ministerpräsidenten zufriedengeben[1639]. Die Sozialdemoraten waren von dem Gedanken der unbedingten Gleichheit und der umfassenden Allzuständigkeit des Parlaments getrieben. Insgesamt konnten sich diese im Wesentlichen durchsetzen. Der Vorsitzende des Staatsministeriums führte gemäß § 52 S. 2 Meck.-Schw. Verf. lediglich die Amtsbezeichnung „Ministerpräsident" und gab nur bei Stimmgleichheit im Staatsministerium gemäß § 55 Abs. 1 S. 2 Meck.-Schw. Verf. mit seiner Stimme den Ausschlag. Er vertrat gemäß § 55 Abs. 1 Meck.-Schw. Verf.

1632 Siehe zur Begründung des Antrags den *Bericht des Verfassungsausschusses*, VVLTag I (Fn. 629), 21. Sitzung, Sp. 706; noch deutlicher die Darstellung der Antragsbegründung bei *Witte*, ebda., 23. Sitzung, Sp. 735; *Wendorff* bezeichnet einen Ministerpräsidenten als „Lebensnotwendigkeit", siehe *dens.*, ebda., 23. Sitzung, Sp. 817.

1633 So zumindest *Knebusch*, VVLTag I (Fn. 629), 23. Sitzung, Sp. 815.

1634 *Witte*, VVLTag I (Fn. 629), 23. Sitzung, Sp. 812.

1635 *Witte*, VVLTag I (Fn. 629), 23. Sitzung, Sp. 811; ähnlich *Reincke-Bloch*, VVLTag II (Fn. 1113), 86. Sitzung, Sp. 2588.

1636 *Kröger*, VVLTag I (Fn. 629), 23. Sitzung, Sp. 821.

1637 So die Position der SPD, vgl. *Bericht des Verfassungsausschusses*, VVLTag I (Fn. 629), 21. Sitzung, Sp. 707.

1638 So *Kröger*, VVLTag I (Fn. 629), 23. Sitzung, Sp. 815, der es als falsch ansieht, wenn der Ministerpräsident nach Verlust des Vertrauens noch in der Lage sein soll, die Geschäfte drei Jahre weiterzuführen.

1639 Vgl. *Knebusch*, VVLTag I (Fn. 629), 23. Sitzung, Sp. 815.

den Staat nach außen[1640], sofern nicht der Geschäftskreis eines Fachministeriums berührt wurde. Er war zur Gegenzeichnung von Verfügungen des Staatsministeriums berufen[1641], womit er auch seine Verantwortlichkeit bekundete[1642]. Insgesamt aber war der Ministerpräsident lediglich *primus inter pares*.

bb) Die Inkompatibilität des Ministeramts

Es war reichsrechtlich nicht vorgeschrieben, dass die Mitglieder der Regierung gleichzeitig Abgeordnete sein mussten, wobei jedoch auch kein Verbot der Abgeordnetenstellung für (Landes-)Minister existierte[1643]. Ohne ausdrückliche Inkompatibilität zwischen Mandat und Ministeramt konnte beides gleichzeitig ausgeübt werden[1644]. Einige Länder hatten dies festgeschrieben[1645]. Eine solche Festlegung war in Mecklenburg-Schwerin jedoch nicht vorgesehen[1646]. Vielmehr bekräftigte § 53 Abs. 1 S. 4 Meck.-Schw. Verf. lediglich die Möglichkeit der Ausübung des Ministeramts neben der Abgeordnetenstellung. Insgesamt wurde die Abgeordnetenstel-

---

1640 Mecklenburg-Schwerin besaß nur eine Stimme im Reichsrat, siehe *Stern*, Staatsrecht V (Fn. 10), § 129 S. 614; somit erübrigte sich eine explizite Regel zur Vertretung im Reichsrat; eine ausdrückliche Regelung war jedoch teilweise gewünscht, siehe *v. Richthofen*, VVLTag I (Fn. 629), 4. Sitzung, Sp. 56.

1641 § 55 Abs. 2 Meck.-Schw. Verf., bei Behinderung ein anderer Staatsminister; Verfügungen der Fachministerien bedurften der Gegenzeichnung durch ihren Vorstand oder beauftragten Beamten.

1642 Siehe *F. Freiherr Marschall v. Bieberstein*, Die Verantwortung der Reichsminister, in: Anschütz/Thoma, Handbuch I (Fn. 179), S. 520 (532); den Zusammenhang zwischen einer Gegenzeichnung und der Verantwortlichkeit betont auch *Wittmayer*, Reichsverfassung (Fn. 903), S. 365; siehe zur Bezeugung der Billigung der Präsidialakte durch die Gegenzeichnung der Reichsregierung *Anschütz*, Verfassung (Fn. 779), Art. 50 Anm. 1 (S. 305); die Gegenzeichnung wird als „Ausdruck und Beweis ministerieller Verantwortungsübernahme" vor der Machtergreifung bezeichnet *C.-G. Tischner*, Verantwortlichkeit und Gegenzeichnung bei Hoheitsakten des Staatsoberhauptes, 1938, S. 23.

1643 *Hinrichs*, Grenzen (Fn. 877), S. 84.

1644 *Jellinek*, Zusammensetzung (Fn. 1418), S. 626.

1645 *Meißner*, Staatsrecht (Fn. 1126), S. 98.

1646 Ernsthaft wurde das nur für den Ministerpräsidenten erwogen, damit dieser unabhängig von der Parteipolitik agieren hätte können, siehe *Bericht des Verfassungsausschusses*, VVLTag I (Fn. 629), 21. Sitzung, Sp. 706.

lung der Minister für sinnvoll erachtet, um so das Vertrauensverhältnis zwischen Landtag und Regierung zu stärken[1647].

Demgegenüber wurde die Vereinbarkeit von Ministeramt und Mitgliedschaft in anderen Parlamenten debattiert. Von verschiedenen Seiten wurde es aufgrund der Arbeitsbelastung für unpraktisch angesehen, wenn die Staatsminister gleichzeitig Abgeordnete in anderen Parlamenten waren[1648]. Hingegen wurde es teilweise als sachdienlich angesehen, wenn diese neben dem Ministeramt zumindest auch Mitglieder im Reichstag sein konnten, da die Reichsgesetzgebung regelmäßig Einfluss auf die Staatstätigkeit des Freistaates hatte[1649]. Daher wurde gemäß § 53 Abs. 4 Meck.-Schw. Verf. die Unvereinbarkeit von Ministeramt und Landtagsmandat in einem anderen Land, nicht jedoch mit dem Reichstagsmandat, festgeschrieben. Man brauche schließlich die gesamte Arbeitskraft für die Aufgaben als Minister[1650]. Dies dürfte auch das Leitmotiv des Verbots von beruflicher und gewerbsmäßiger Tätigkeit gemäß § 56 S. 2 Meck.-Schw. Verf. gewesen sein.

cc) Berufung der Regierung

Mangels eines Staatspräsidenten[1651] fiel die Bestellung der Regierung dem Landtag zu. Daher lag auch das Vorschlags- bzw. Initiativrecht beim Parlament selbst[1652]. Dies führte zu Unsicherheiten und Verzögerungen bei der Aufstellung von Kandidaten sowie bei der Suche nach einer regierungsfähigen Mehrheit[1653]. Die Abhängigkeit der Regierung vom Parlament wurde in Mecklenburg-Schwerin noch deutlicher aufgezeigt, als dies im Reich der Fall war[1654]. Teilweise wurde lediglich der Ministerpräsident

---

1647 *Wendorff*, VVLTag I (Fn. 629), 3. Sitzung, Sp. 7.

1648 Vgl. *Bericht des Verfassungsausschusses*, VVLTag I (Fn. 629), 21. Sitzung, Sp. 708.

1649 *Wendorff*, VVLTag I (Fn. 629), 23. Sitzung, Sp. 816; teilweise wollte man trotz des Problems der zeitlichen Belastung die staatsbürgerlichen Rechte weitgehend unangetastet lassen, siehe *Kröger*, ebda., 23. Sitzung, Sp. 821.

1650 Siehe die Darstellung der Debatte im Verfassungsausschuss von *Hillmann*, VVLTag I (Fn. 629), 21. Sitzung, Sp. 734.

1651 Hier bestand insofern ein Gleichklang mit allen Ländern, siehe *Wagner*, Reichs- und Landesstaatsrecht (Fn. 1104), S. 44.

1652 *Ballerstaedt*, Verhältnis (Fn. 1518), S. 10.

1653 *Ballerstaedt*, Verhältnis (Fn. 1518), S. 11.

1654 Siehe Art. 53 WRV; siehe insgesamt zu den verschiedenen Regelungen der Länder *Nieding*, Prinzip (Fn. 869), S. 86; eine Sonderregelung bestand in Mecklenburg-Strelitz, wo der Landtagspräsident die Minister gemäß § 24 Abs. 2

vom Parlament gewählt, welcher die Minister ernannte[1655]. Teilweise wurde nur der Ministerpräsident vom Landtag gewählt und die Minister von diesem mit Zustimmung des Landtags ernannt[1656]. In den meisten Ländern wurde das gesamte Ministerium vom Landtag gewählt[1657]. Im Rahmen der Verfassungsberatungen erwog man, die Bestellung der Minister dem Ministerpräsidenten zu überlassen, da dies zu einer gewisse Unabhängigkeit vom Parlament sowie der Parteipolitik und dadurch zu einer Kompetenzerhöhung hätte führen können[1658]. Ferner hätte es der Homogenität in der Regierung nutzten können[1659]. Jedoch hielt man diese Argumente offenbar nicht für durchschlagend[1660]. Faktisch hätte auch der einzeln zu wählende Ministerpräsident Rücksprache mit den Parteien halten und sich ihrer Zustimmung zu den geplanten Personalentscheidungen vergewissern müssen[1661]. Gemäß § 53 Meck.-Schw. Verf. wurde die gesam-

---

Meck.-Str. Verf. (Gesetz über die neue Fassung des Landesgrundgesetzes von Mecklenburg-Strelitz und Einführungsgesetz dazu v. 24. Mai 1923 [Mecklenburg-Strelitzer Amtlicher Anzeiger 1923 Nr. 48 v. 30.5.1923, S. 363]) ernannte.

1655 So in Preußen gemäß Art. 45 Preuß. Verf. (Verfassung des Freistaats Preußen v. 30. November 1920 [Gesetzessammlung 1920 Nr. 54 v. 30.12.1920, S. 543]); in Sachsen gemäß Art. 26 Abs. 1, 2 Sächs. Verf. (Verfassung des Freistaates Sachsen v. 4. November 1920 [Gesetz- und Verordnungsblatt für den Freistaat Sachsen 1920 Nr. 26 v. 12.11.1920, S. 445]), in Württemberg gemäß § 27 Abs. 1, 2 Württ. Verf. (Neufassung nach Inkrafttreten der Reichsverfassung v. 25. September 1919 [Rbl. für Württemberg 1919 Nr. 30 v. 25.9.1919, S. 281]).

1656 So in Bayern gemäß § 58 Abs. 1 Bay. Verf.; in Hessen gemäß Art. 37 Abs. 2 Hess. Verf. (Verfassung v. 12. Dezember 1919 [Rbl. für Hessen 1919 Nr. 37 v. 20.12.1919, S. 439]); in Oldenburg gemäß § 40 Abs. 1 Oldb. Verf.

1657 Siehe dazu im Überblick *Nieding*, Prinzip (Fn. 869), S. 86.

1658 *Reincke-Bloch*, VVLTag I (Fn. 629), 4. Sitzung, Sp. 37; dagegen wurde vorgebracht, dass die Abgeordneten auch bei dieser Art der Bestellung Fachleute auswählen würden, siehe *Kröger*, ebda., 4. Sitzung, Sp. 51; dies erscheint vor dem Hintergrund der Berufung *Wendorffs* zum Ministerpräsidenten trotz der Mehrheit der SPD auch realistisch, war man sich doch der mangelnden Erfahrung der Sozialdemokraten in der Regierungsarbeit bewusst, vgl. dazu *Lüdemann*, VVLTag II (Fn. 1113), 86. Sitzung, Sp. 2587.

1659 *Reincke-Bloch*, VVLTag I (Fn. 629), 4. Sitzung, Sp. 37.

1660 Der Zwischenruf von *Starosson* zeigt, dass man diese Argumente für praxisfern hielt, da es eh eine Verständigung unter den Mehrheitsparteien geben würde, vgl. Zwischenruf *Starosson*, VVLTag I (Fn. 629), 4. Sitzung, Sp. 37; ferner war nicht zwingend erforderlich, dass die Minister gleichzeitig Abgeordnete waren, sodass auch dies nicht die Auswahl von Fachleuten konterkarierte, siehe *Löwenthal*, ebda., 5. Sitzung, Sp. 77.

1661 So auch *O. Koellreutter*, Staatsministerien und die Regierungssysteme in den Ländern mit Ministerialverfassung, in: Anschütz/Thoma, Handbuch I (Fn. 179), S. 667 (668).

te Ministerriege vom Parlament direkt gewählt. Lediglich sollte gemäß § 53 Abs. 1 S. 2 Meck.-Schw. Verf. eine Frist von zwei Tagen zwischen der Wahl des Ministerpräsidenten und der übrigen Minister liegen. Damit sollte ein Mitspracherecht des Ministerpräsidenten ermöglicht werden[1662]. Diese Frist konnte gemäß § 53 Abs. 1 S. 3 Meck.-Schw. Verf. auf Beschluss des Landtags verkürzt werden. Die Regelung zur Fristverkürzung erscheint dabei nicht durchdacht. Diese diente vermutlich der Steigerung der Effektivität, falls kein Bedarf zur Aussprache bestand. Jedoch wurde so dem Landtag ermöglicht, das intendierte Mitspracherecht des Ministerpräsidenten weitgehend auszuhebeln, indem das Parlament den Beschluss über die Fristverkürzung selbst herbeiführen konnte. Sinnvollerweise wäre hier ein Antragsrecht des Ministerpräsidenten vorzusehen gewesen. Dadurch hätte es zu einer Beschleunigung der Wahl kommen können, sofern keine Kontroverse bestand. Dann hätte man so eine eigenmächtige Verkürzung der Frist zur Mitsprache durch das Antragserfordernis verhindert. In der Praxis hat dies jedoch nicht zu Problemen geführt. Das liegt zunächst daran, dass der Ministerpräsident bei der Wahl ohnehin von der Parlamentsmehrheit getragen war[1663]. Eine vorherige Abstimmung über mögliche Koalitionspartner und entsprechende Ministerbesetzung war somit normal, auch wenn § 53 Abs. 1 S. 2 Meck.-Schw. Verf. dies weder voraussetzte noch verbot. Im April 1921 verzögerte allerdings eine erst nach der Wahl des Ministerpräsidenten intensiv geführte Debatte die Berufung der übrigen Mitglieder des Staatsministeriums[1664]. Nach § 35 Abs. 1 Meck-Schw. Verf. war grundsätzlich lediglich die einfache Mehrheit erforderlich. Jedoch eröffnete der zweite Absatz eine Abweichung für Wahlen nach der Regelung der Geschäftsordnung. Nach § 28 GO bedurfte es bei Wahlen grundsätzlich eines Vorsprungs von einer Stimme, wobei die relative Mehrheit ausreichte, sofern keine absolute Mehrheit zustande kam[1665]. Insofern waren selbstverständlich auch Minderheitsregierungen möglich, die sich dann dem Problem stellen mussten, die nötigen Mehrheiten im Parlament zu organisieren, um überhaupt regieren zu können.

1662 *Inachin*, Durchbruch (Fn. 60), S. 23.
1663 In dieselbe Richtung argumentiert *Ballerstaedt*, Verhältnis (Fn. 1518), S. 14.
1664 Siehe dazu *Freitag*, Regierungssystem (Fn. 20), S. 105 f.
1665 Siehe auch *Ballerstaedt*, Verhältnis (Fn. 1518), S. 14 f.

dd) Abberufung und Rücktritt der Regierung

Der Verlust der Stellung als ordentlicher Minister konnte auf zwei Wegen erfolgen. Zunächst konnten die Minister selbst zurücktreten, indem sie gemäß § 53 Abs. 3 Meck.-Schw. Verf. eine Erklärung gegenüber dem Staatsministerium abgaben, welche dem Landtag mitzuteilen war[1666]. Somit war nach Zugang der Erklärung kein weiterer Mitwirkungsakt einer anderen Stelle erforderlich. Insgesamt bestand natürlich ein maßgeblicher Einfluss auf die Staatsminister durch den Landtag. Art. 17 S. 3 WRV machte deutlich, dass bei Verlust des Vertrauens die Regierung abgesetzt werden musste[1667]. Gemäß § 62 Abs. 1 Meck.-Schw. Verf. waren die Staatsminister dem Landtag für ihre Amtsführung verantwortlich. Hierbei handelte es sich um eine politische Verantwortlichkeit, war die rechtliche Seite doch schon durch die Ministerklage verwirklicht[1668]. Die Abberufung der Minister war ebenfalls in § 53 Meck.-Schw. Verf. geregelt. Bei der Frage nach der Abberufung bestand ein weitgehender Gestaltungsspielraum der Länder. Um die Macht des Parlaments zu begrenzen, hätte es Gestaltungsmöglichkeiten im Verhältnis zur Regierung gegeben[1669]. Reichsrechtlich wäre es zulässig gewesen, das Misstrauensvotum (oder die Abberufung) an ein erhöhtes Quorum zu knüpfen[1670]. Ein anderes Mittel hätte in der Möglichkeit eines plebiszitären Stichentscheids bestanden. Danach wäre es reichsrechtlich auch zulässig gewesen, wenn die Landesverfassung der Regierung die Möglichkeit eröffnet hätte, sich durch Entscheidung des Volkes oder Auflösung des Parlaments gegen ein Misstrauensvotum (oder die Abberufung) wehren zu können[1671]. Gegen die jederzeitige Abberufung der Minister durch das Parlament wurde im Wesentlichen vorgebracht, dass dies die notwendige Regierungsstabilität beeinträchtigen könne und damit der Regierung insgesamt eine zu schwache Stellung zuweise[1672]. Nach

---

1666 Insofern bestand zum Anfang der Weimarer Republik im Freistaat eine unkorrekte Staatspraxis, siehe *Ballerstaedt*, Verhältnis (Fn. 1518), S. 16.

1667 *Hinrichs*, Grenzen (Fn. 877), S. 88.

1668 Vgl. die Ausführung von *Wendorff*, VVLTag I (Fn. 629), 3. Sitzung, Sp. 7; *Leibholz*, Übersicht (Fn. 1546), S. 641; so auch zur Anklage der Exekutive auf Reichsebene *Anschütz*, Verfassung (Fn. 779), Art. 59 Anm. 1 (S. 332).

1669 Siehe zu den Regelungen der einzelnen Länder *Nieding*, Prinzip (Fn. 869), S. 92 ff.

1670 *Nieding*, Prinzip (Fn. 869), S. 92; *Wenzel*, Grundlagen (Fn. 870), S. 616.

1671 *Nieding*, Prinzip (Fn. 869), S. 92; *Wenzel*, Grundlagen (Fn. 870), S. 616 f.

1672 *Reincke-Bloch*, VVLTag I (Fn. 629), 4. Sitzung, Sp. 37; *v. Richthofen*, ebda., 4. Sitzung, Sp. 56; *Knebusch*, ebda., 23. Sitzung, Sp. 815.

der Ansicht der Mehrheit des verfassunggebenden Landtags war das unbedingte Vertrauen zwischen Regierung und Parlament Voraussetzung für eine demokratische Staatsorganisation[1673]. Bei Verwirken des Vertrauensverhältnisses durch die Minister war danach die Daseinsberechtigung als Minister ebenfalls zwingend verwirkt[1674]. Hier sah man sich der Absicht verpflichtet, dem Volk bzw. dessen Vertreten die größtmögliche Machtfülle zuzuweisen[1675]. Nur das Parlament war direkt vom Volk legitimiert. Insofern konnten die Minister konsequenterweise gemäß § 53 Abs. 1 S. 5 Meck.-Schw. Verf. jederzeit vom Landtag abberufen werden. Dieser Antrag musste von einem Viertel der Abgeordneten gestellt und drei Tage vor der Beratung auf der Tagesordnung erscheinen, § 53 Abs. 2 Meck.-Schw. Verf. Mangels Sonderregel[1676] bedurfte dieser Beschluss nur der Mehrheit der abgegebenen Stimmen, § 35 Abs. 1 S. 1 Meck.-Schw. Verf. Diese formalen Voraussetzungen dienten augenscheinlich dazu, dass die Abstimmung nur bei ausreichender Unterstützung durchgeführt werden sollte und eine geeignete Bedenkzeit bestand[1677]. Insofern bezweckte dies den Schutz vor übereilten Entscheidungen. Ferner hätte möglicherweise bei allzu häufiger Antragstellung auch die Funktionsfähigkeit der Regierung gelitten, wenn stets Anträge zur Abberufung im Raum gestanden hätten. Trotzdem scheinen diese Hürden doch relativ niedrig gewesen zu sein. Stets schwebte das Damoklesschwert der Möglichkeit der Abberufung über den Ministern und dem gesamten Staatsministerium. Insofern war hier die Stellung der Regierung schwächer ausgeformt als in anderen Ländern, die ein formelles Misstrauensvotum vorsahen, wodurch lediglich die unbedingte Pflicht zum Rücktritt für die Minister entstand[1678]. Die Abberufung an sich ver-

---

1673 Statt aller *Wendorff*, VVLTag I (Fn. 629), 3. Sitzung, Sp. 7.

1674 *Wendorff*, VVLTag I (Fn. 629), 3. Sitzung, Sp. 7; ähnlich *v. Richthofen*, ebda., 4. Sitzung, Sp. 55, der den Fokus jedoch auf das Vertrauensverhältnis zwischen Minister und Volk legt.

1675 *Wendorff*, VVLTag I (Fn. 629), 3. Sitzung, Sp. 6.

1676 Qualifizierte Anforderungen fanden sich beispielsweise in Art. 57 Abs. 5 Preuß. Verf., der die Zustimmung der Hälfte der gesetzlichen Anzahl der Abgeordneten vorschreibt; siehe auch *Koellreutter*, Staatsministerien (Fn. 1661), S. 674.

1677 So auch *Ballerstaedt*, Verhältnis (Fn. 1518), S. 17, der jedoch fälschlicherweise § 31 Meck.-Schw. Verf. heranzieht, der keine Bestimmung über Mehrheitsverhältnisse oder die Abberufung trifft. Somit handelt es sich offenbar hier um einen Tippfehler.

1678 Siehe *Koellreutter*, Staatsministerien (Fn. 1661), S. 674 f. sowie die Übersichten bei *Wittreck*, Einleitung (Fn. 2), S. 39 ff.; insgesamt wurde die Bedeutung des destruktiven Misstrauensvotums für den Untergang der Weimarer Republik nichtete schon die Stellung als ordentlicher Minister[1679]. Diese Regelungen ohne gesteigerte Hürden waren sicherlich nicht unbedingt für eine stetige Regierungsarbeit förderlich. Insoweit hätte die Abberufungsmöglichkeit theoretisch zu Problemen in der praktischen Regierungstätigkeit werden können. Allerdings führte dieses Mittel faktisch nicht zu einer Instabilität der Regierungsarbeit, bediente man sich dieses Mittels doch nur einmal, was jedoch nicht zur Abberufung führte[1680]. Für regelmäßige Regierungsneubildungen sorgte aber eine andere Staatspraxis. Man bediente sich des Mittels des Misstrauensvotums in Mecklenburg-Schwerin[1681]. Mangels Sonderregel bedurfte es gemäß § 11 GO als einfacher Antrag nur der Unterstützung von drei Abgeordneten. Nach Annahme des Antrags sind die Minister regelmäßig zurückgetreten. Eine verfassungsrechtliche Pflicht dazu bestand jedoch nicht[1682]. Aus dem Wortlaut des § 53 Meck.-Schw. Verf., wonach die Regierung des Vertrauens bedurfte, kann nicht gefolgert werden, dass eine Rücktrittspflicht bei erfolgreichem Misstrauensantrag bestand. Dadurch wurde lediglich ausgedrückt, dass der Landtag die Zusammenarbeit mit der Regierung ablehnte und diese somit mangels Regierungsmehrheit nicht mehr handlungsfähig war. Dies wird dadurch verstärkt, dass der Antrag nicht vorher auf der Tagesordnung erscheinen musste. Solch eine Pflicht dient regelmäßig auch dem Schutz vor überraschenden Entscheidungen. Insofern konnte die entsprechende Abstimmung bei mäßiger Anwesenheit womöglich kein realistisches Bild des allgemeinen Vertrauensverhältnisses abgeben. Hätte der Verfassunggeber eine Rücktrittspflicht aufgrund eines Misstrauensvotums beabsichtigt, so wäre dieses Instrument in der Verfassung verankert worden. Dies zeigt auch der Vergleich mit ähnlichen Regelungen. Sowohl § 59 Abs. 2 S. 2, 2. Hs. Bay. Verf. als auch Art. 54 S. 2 WRV bestimmten beispielsweise aus-

---

jedoch überschätzt, siehe dazu m.w.N. *G. Hermes*, in: Dreier, GGK II (Fn. 454), Art. 67 Rn. 2; auch vermag das Instrument des konstruktiven Misstrauensvotums an sich keine sichere Parlamentsmehrheit zu schaffen, siehe *dens.*, ebda., Art. 67 Rn. 11.

1679 *Ballerstaedt*, Verhältnis (Fn. 1518), S. 17.

1680 Lediglich 1927 wurde ein Antrag auf Abberufung der Regierung (erfolglos) gestellt, siehe dazu *Freitag*, Regierungssystem (Fn. 20), S. 142; *Ballerstaedt*, Verhältnis (Fn. 1518), S. 18.

1681 Siehe zur aufgegriffenen Staatspraxis in Mecklenburg-Schwerin *Ballerstaedt*, Verhältnis (Fn. 1518), S. 17 ff.; siehe zum Misstrauensvotum in der Weimarer Republik *L. Bertholt*, Das konstruktive Misstrauensvotum und seine Ursprünge in der Weimarer Staatsrechtslehre, in: Der Staat 36 (1997), S. 81 (83 ff.).

1682 Siehe zu den folgenden Gedanken auch *Ballerstaedt*, Verhältnis (Fn. 1518), S. 17 f.

drücklich eine Rücktrittspflicht nach erfolgreichem Misstrauensvotum[1683]. Dennoch lag ein Rücktritt selbstverständlich nah, wurde schon auf diese Art das Misstrauen bekundet. Die explizite Regelung der Abberufung im Gegensatz zum Misstrauensvotum deutet jedoch darauf hin[1684], dass diese Praxis nicht vom Verfassunggeber intendiert war. Auch wurde dies nicht in den Verfassungsberatungen debattiert. Insbesondere wurde dies auch nicht als Selbstverständlichkeit vorausgesetzt, zumal keine Parlamentspraxis dieser Art in Mecklenburg-Schwerin existierte. Diese Frage stellte sich im ständischen Landtag denklogisch nicht. Jedoch lässt sich auch kein ausdrückliches Verbot eines Misstrauensvotums bzw. der Wille zur abschließenden Regelung der Möglichkeiten des Landtags aus den parlamentarischen Akten entnehmen. Dennoch hinterlässt diese Staatspraxis einen faden Beigeschmack. So war allein die Möglichkeit des Antrags einer geringen Anzahl von Abgeordneten sicherlich nicht förderlich für eine stabile und tatkräftige Regierungsarbeit. Die Praxis der Misstrauensanträge, ohne einen Antrag auf Abberufung zu stellen, wurde regelmäßig gebraucht, um die Regierungsstabilität zu stören und das Missfallen mit der Tätigkeit des Staatsministeriums oder einzelner Minister auszudrücken[1685]. Hier erscheint die Parlamentspraxis durch Stellung von (teilweise erfolgreichen) Misstrauensanträgen als eine Umgehung der bewusst vom Verfassunggeber aufgestellten Hürden zur Abberufung der Regierung. Ob jedoch eine strikte Einhaltung der Anforderungen an die Abberufung zu mehr Beständigkeit der Regierungszusammensetzung geführt hätte, vermag an dieser Stelle zumindest nicht positiv beantwortet zu werden, waren doch keine weiteren Hürden neben dem Antragsquorum und der Festsetzung auf der Tagesordnung im Verfassungstext vorhanden. Die Regierung war nun einmal umfassend von der Parlamentsmehrheit abhängig.

Die Möglichkeit, die Vertrauensfrage durch die Regierung zu stellen, war in der Verfassung ebenfalls nicht normiert[1686]. Dies war zwar nicht unzulässig, bewirkte an sich jedoch noch keine direkte Rechtsfolge[1687],

---

1683 Auch *Anschütz* betont die strenge Wortlautauslegung, siehe *dens.*, Verfassung (Fn. 779), Art. 54 Anm. 3 (S. 320).

1684 Siehe zu den Regelungen zum einen oder anderen Verfahren in den Ländern *Koellreutter*, Staatsministerien (Fn. 1661), S. 674; hier waren die Länder in der Gestaltung frei, siehe *Nieding*, Prinzip (Fn. 869), S. 94.

1685 Siehe dazu ausführlich *Freitag*, Regierungssystem (Fn. 20), S. 91 ff.

1686 Siehe zum Mittel der Vertrauensfrage in der Bundesrepublik knapp *G. Hermes*, in: Dreier, GGK II (Fn. 454), Art. 68 Rn. 7 ff.

1687 So bezogen zumindest auf das Reich *Anschütz*, Verfassung (Fn. 779), Art. 54 Anm. 3 (S. 320); auch in der Staatspraxis bediente man sich in Mecklensodass der Rücktritt die einzige Handlungsmöglichkeit des Staatsministeriums bei Regierungskrisen darstellte.

Bei Abberufung oder Rücktritt eines oder aller Staatsminister führten diese gemäß § 53 Abs. 1 S. 4 Meck.-Schw. Verf. ihr Amt bis zur Wahl eines Nachfolgers fort. Eine geschäftsführende Regierung war schon reichsrechtlich geboten, damit staatliche Tätigkeit nicht gänzlich zum Erliegen kommen durfte[1688]. Alle Länder haben dementsprechend eine geschäftsführende Regierung vorgesehen[1689]. Eine ausdrückliche Beschränkung der Tätigkeit derselben findet sich nicht in der Verfassung. Teilweise wurde aufgrund des Art. 17 Abs. 1 S. 3 WRV vertreten, dass lediglich die notwendigen Aufgaben von der geschäftsführenden Regierung wahrzunehmen sein sollten[1690]. Demgegenüber wurde anderseits vertreten, dass solange diese Regierung im Amt sei, keine Einschränkungen ersichtlich seien[1691]. Eine Einschränkung befand sich nicht in der Landesverfassung. Auch schrieb, wie bereits erörtert, Art. 17 Abs. 1 S. 3 WRV nicht zwingend vor, dass die Regierung jederzeit des Vertrauens bedurfte. Eine Einschränkung im Wortlaut, dass dieses Vertrauen „zur Amtsführung" notwendig war, fand sich nicht im Reichsverfassungstext. Somit ist keine Einschränkung ersichtlich.

In einem engen Zusammenhang mit der vorherigen Fragestellung steht die Diskussion um die Koppelung der Regierung an die Legislaturperiode. Diese Problemstellung wurde in Mecklenburg-Schwerin relevant, als es im fünften ordentlichen Landtag nach der Neuwahl zu einer Pattsituation kam, sodass weder für eine neue Regierungsbildung noch für eine Abberufung die erforderliche Parlamentsmehrheit erreicht werden konn-

---

burg-Schwerin des Mittels der Vertrauensfrage, siehe *Ballerstaedt*, Verhältnis (Fn. 1518), S. 52.

1688 *Hinrichs*, Grenzen (Fn. 877), S. 89; die Notwendigkeit zur Aufrechterhaltung der Handlungsfähigkeit war auch unabhängig vom Reichsrecht dem Landesverfassunggeber bewusst, siehe *Witte*, VVLTag I (Fn. 629), 23. Sitzung, Sp. 812.

1689 *Apelt*, Geschichte (Fn. 1347), S. 233.

1690 So *Hinrichs*, Grenzen (Fn. 877), S. 89 ff., wobei die genauen Grenzen der zulässigen Tätigkeit dabei jedoch schwierig zu ziehen seien. Jedoch konnte das Land auch weitgehend gelähmt sein, wenn sich lediglich eine Mehrheit gegen eine alte Regierung, jedoch nicht für die Wahl einer neuen Regierung gebildet hätte.

1691 So *Koellreutter*, Staatsministerien (Fn. 1661), S. 675; siehe auch in der Tendenz ähnlich bezogen auf Preußen *F. Stier-Somlo*, Geschäftsministerium, laufende Geschäfte, ständiger Ausschuß und Notverordnungen nach preußischem Verfassungsrecht, in: AöR N.F. 9 (1925), S. 211 (214 ff.).

te[1692]. Teilweise wurde angenommen, dass sich daraus eine Pflicht zum Rücktritt der alten Regierung bzw. zumindest zur Stellung der Vertrauensfrage hätte ableiten lassen, sodass sich daraufhin zumindest ein Rücktritt ergeben hätte. Dies wurde damit begründet, dass die Verfassung so ausgestaltet sei, dass der Landtag die unbedingte Entscheidungsgewalt über die Zusammensetzung der Regierung habe. In der Entscheidung gegen einen Staatspräsidenten oder einen gehobenen Ministerpräsidenten liege die Entscheidung zugunsten der absoluten Abhängigkeit von Legislaturperiode und Regierungsstellung. Allerdings konnte das parlamentarische System unterschiedlich ausgestaltet werden, sofern eine grundsätzliche Abhängigkeit der Regierung von der Legislative vorhanden war. Dies war eigentlich durch die Möglichkeit der Abberufung sowie die Neuwahl einer Regierung ausreichend umgesetzt. Die Regierung war eben kein bloßer Ausschuss des Parlaments[1693]. Entscheidender Gesichtspunkt war jedoch, dass im Verfassungstext kein Hinweis auf eine Abhängigkeit der Regierungsstellung von der Legislaturperiode zu finden war. § 53 Abs. 1 S. 1 Meck.-Schw. Verf. besagte nicht, dass die Staatsminister vom „jeweiligen" Landtag zu wählen waren. Andere Länder hatten aber genau solch eine Regelung aufgenommen[1694], sodass eine unbewusste Regelungslücke fernliegend ist. Insofern ist *Ballerstaedts* Schlussfolgerung von Wortlaut und Systematik her schlüssig. Dem entsprach auch die herrschende Literatur[1695]. Auch bedurfte es laut des Normtextes nicht des Vertrauens des Landtags „zu ihrer Amtsführung", sodass auch hierin kein permanentes Vertrauenselement vom Verfassungstext gefordert wurde. Die praktische Bedeutung der Kontroverse für die Regierungsarbeit dürfte jedoch gering gewesen sein. Hätte eine Pflicht zum Rücktritt bestanden, so hätte die geschäftsführende Regierung gemäß § 53 Abs. 1 S. 5 Meck.-Schw. Verf. die Regierungsarbeit bis zur Neuwahl fortgeführt. Eine Beschränkung der Tätigkeitsfelder ließ sich, wie bereits gezeigt, auch nicht aus dem Verfassungstext entnehmen. Somit wäre es erst bei einem tatsächlichen politischen Wandel innerhalb des Parlaments oder durch erneute Neuwah-

---

1692 Die folgende Streitdarstellung ist, sofern nicht anders angegeben, der Arbeit von *Ballerstaedt* entnommen. Dieser nimmt eine umfassende Würdigung der allgemeinen und auf Mecklenburg-Schwerin bezogenen Argumente vor, siehe *dens.*, Verhältnis (Fn. 1518), S. 29 ff.

1693 So auch der explizite Zuruf *Knebusch*, VVLTag I (Fn. 629), 23. Sitzung, Sp. 828 im Zusammenhang mit der Besetzung lediglich durch die Mehrheitsparteien.

1694 Beispielsweise Art. 26 Abs. 3 Sächs. Verf.; § 48 Abs. 3 Württ. Verf.

1695 Siehe statt aller unter ausdrücklicher Aufgabe der vorherigen Ansicht *Koellreutter*, Staatsministerien (Fn. 1661), S. 668 f.

len zu einem personellen Regierungswechsel mit neuausgerichteter Regierungstätigkeit gekommen.

ee) Organisation des Staatsministeriums

Die Organisation der Landesregierung war reichsrechtlich nicht determiniert[1696]. Auch die Verfassung von Mecklenburg-Schwerin hielt sich mit einem umfassenden Regelungsapparat zurück. Gemäß § 54 Abs. 1 Meck.-Schw. Verf. gliederte sich das Staatsministerium in eine durch Gesetz zu bestimmende Anzahl von Fachministerien auf. Dies mutet nach heutigem Maßstab auf den ersten Blick befremdlich an[1697]. Jedoch war dies in der Zwischenkriegszeit durchaus üblich. Die meisten anderen Länder legten ebenfalls die Zahl der Minister per Gesetz fest[1698]. In Mecklenburg-Schwerin wurde dies offenbar als Selbstverständlichkeit erachtet. Es wurde deshalb lediglich die genaue Festsetzung im Verfassungstext selbst erwogen[1699]. Davon sah man nur ab, um keine starre Regelung zu haben, die auf veränderte Gegebenheiten nicht so einfach anzupassen gewesen wäre. Nähere Ausführungen zur Intention der Festlegung per Gesetz lassen sich nicht finden. Insofern muss an dieser Stelle offen bleiben, ob der Verfassunggeber dies zum Schutz der Handlungsfähigkeit des kollegial organisierten Staatsministeriums vorsah[1700], dies aus haushaltspolitischen Gründen festsetzte[1701], oder ob es lediglich die konsequente Umsetzung

1696 *Anschütz*, Verfassung (Fn. 779), Art. 17 Anm. 6 (S. 137) m.w.N.

1697 Dies liegt heute im Organisationsermessen der Regierung selbst, siehe *M. Schröder*, Bildung, Bestand und parlamentarische Verantwortung, in: J. Isensee/P. Kirchhof (Hrsg.), Handbuch des Staatsrechts der Bundesrepublik Deutschland, Bd. III, 3. Aufl. 2005, § 65 Rn. 29; jedoch wäre die Festlegung der Anzahl der Minister auch nach heutiger Sicherweise nicht zwingend unzulässig, siehe *G. Hermes*, in: Dreier, GGK II (Fn. 454), Art. 64 Rn. 21 ff. m.w.N. zum Meinungsstand; siehe auch zur Organisationsgewalt *E.-W. Böckenförde*, Die Organisationsgewalt im Bereich der Regierung, 2. Aufl. 1998, S. 78 ff.; *H. Maurer*, Zur Organisationsgewalt im Bereich der Regierung, in: P. Kirchhof/M. Lehner/A. Raupach/M. Rodi (Hrsg.), Staaten und Steuern. Festschrift für Klaus Vogel zum 70. Geburtstag, 2000, S. 331 (333 ff.).

1698 Siehe die Übersicht bei *Wittreck*, Einleitung (Fn. 2), S. 39 ff.

1699 So *Wendorff*, VVLTag I (Fn. 629), 3. Sitzung, Sp. 7.

1700 Zu diesem Gedanken als Kriterium zur Beschränkung der Zahl der Bundesminister stehen kritisch *G. Hermes*, in: Dreier, GGK II (Fn. 454), Art. 62 Rn. 12 sowie *Schröder*, Bildung (Fn. 1697), § 65 Rn. 29.

1701 Den Einfluss aufgrund des Haushaltsrechts betont auch *Hermes* (Fn. 1697), Art. 64 Rn. 20.

des umfassenden Einflusses des Parlaments auf den Bestand und den Umfang der Regierung war. Letzterer Gesichtspunkt scheint hierbei der wahrscheinlichere zu sein, bedenkt man den umfassenden Einfluss auf den Bestand der Regierung. Die Zahl der Minister wurde schon 1923 auf vier Minister verringert[1702]. Insofern lag ein Teil der Organisation des Staatsministeriums in der Kompetenz des Landtags[1703]. Ansonsten war das Staatsministerium im Wesentlichen selbstverantwortlich für seine Organisation. Es gab sich gemäß § 55 Abs. 3, 4 Meck.-Schw. Verf. selbst eine Geschäftsordnung und regelte für Verhinderungsfälle die Vertretung seiner Mitglieder. Auch wurden die Geschäftskreise der Ministerien gemäß § 54 Abs. 3 Meck.-Schw. Verf. per Verordnung geregelt. Ferner bestimmte das Staatsministerium gemäß § 54 Abs. 2 Meck.-Schw. Verf. die Vorstände der Fachministerien, wobei nicht alle Mitglieder des Staatsministeriums einem Fachministerium vorstehen mussten. Daneben bestand die Möglichkeit, besondere Abteilungen für wichtige Verwaltungszweige in den Fachministerien zu bilden, § 54 Abs. 4 Meck.-Schw. Verf. Während der Zwischenkriegszeit existierten stets die Ministerien für Äußeres, Inneres, Landwirtschaft, Justiz, Finanzen und Unterricht, wobei es anfangs auch Minister ohne eigenen Geschäftsbereich gab[1704]. Insofern existierten zumeist mehr Fachministerien als Staatsminister. Am Beispiel der Existenz eines Außenministeriums wird der Anspruch auf Eigenstaatlichkeit erneut deutlich[1705]. Grundsätzlich waren die Fachministerien in ihrem Geschäftskreis gemäß § 54 Abs. 5 S. 1 Meck.-Schw. Verf. selbstständig. Jedoch konnte das Gesamtministerium über diese Angelegenheiten gemäß des zweiten Satzes dieser Vorschrift bestimmen und entscheiden. Diese Übernahme der Entscheidungskompetenz war an keinerlei Voraussetzungen

1702 Siehe Gesetz über die Abänderung des Gesetzes, betreffend die Zahl der Staatsminister usw. v. 14. Dezember 1923 (Rbl. für Mecklenburg-Schwerin 1923 Nr. 181 v. 15.12.1923, S. 915).

1703 Heute ist die Bestimmung der Zahl (sowie des Geschäftsbereichs) als selbstverständlicher Bestandteil der Selbstorganisationsgewalt nicht dem Parlament übertragen, siehe *K. Stern*, Das Staatsrecht des Bundesrepublik Deutschland, Bd. II, 1980, § 31 S. 284; siehe auch grundsätzlich zur Organisationsgewalt innerhalb der Exekutive in der Bundesrepublik *Böckenförde*, Organisationsgewalt (Fn. 1697), S. 78 ff.

1704 In der ersten Regierung bildete auch das Verkehrswesen ein eigenes Fachministerium, siehe zu den Ministerien und den Staatsministern der einzelnen Regierungen in der Zwischenkriegszeit *B. Spuler*, Regenten und Regierungen der Welt, Bd. 4, 2. Aufl. 1966, S. 376 ff.; siehe auch *Inachin*, Durchbruch (Fn. 60), S. 18, 46, 48, 49, 52, 56, 57.

1705 So auch bezogen auf Oldenburg *Beckermann*, Kontinuitäten (Fn. 1307), S. 129.

gebunden. Dies stellte somit eine nicht unerhebliche Einschränkung des Ressortprinzips dar[1706]. Die Entscheidungen des Staatsministeriums basierten auch auf dem Majoritätsprinzip, wobei jedoch der Ministerpräsident bei Stimmengleichheit den Ausschlag gab[1707]. Insofern war im Freistaat ebenso wie in allen Ländern ein Kollegialsystem der Regierung vorhanden[1708]. Insgesamt war die Organisation der Regierung dieser weitgehend selbst überlassen, sodass hier die Einflüsse des Parlaments nicht übermäßig ins Gewicht fielen.

c) Rechte des Ministeriums

Neben den Mitwirkungsbefugnissen im Gesetzgebungsverfahren regelte § 51 Meck.-Schw. Verf. die grundsätzlichen Aufgaben des Staatsministeriums und der Fachministerien. Diese betrafen die Verwaltung und insbesondere die Ausführung von Gesetzen und den Erlass der erforderlichen Anordnungen. Ferner war die Vertretung des Landes im Rechtsverkehr eine Aufgabe der Exekutive. Diese Aufgaben wurden in § 54 Meck.-Schw. Verf. aufgegriffen und konkretisiert, was bereits angesprochen wurde. Ein weiteres wichtiges Recht der Regierung war in § 36 Abs. 1 Meck.-Schw. Verf. geregelt. Die Staatsminister und ihre Beauftragten durften in Vollsitzungen und Ausschusssitzungen des Landtags jederzeit das Wort ergreifen, wobei sie jedoch an die Geschäftsordnung gebunden waren. Zwar war damit nicht ausdrücklich das Anwesenheitsrecht der Minister festgeschrieben, jedoch ergab sich dies als logische Konsequenz aus dem Rederecht. So wurde ein Austausch zwischen Legislative und Regierung sichergestellt, auch wenn diese nicht aus Abgeordneten bestand. Nur durch den gegenseitigen Austausch konnte das verfassungsrechtlich notwendige Vertrauen praktisch erhalten bleiben.

1706 Siehe zur Einschränkung der Ressortgewalt auf Reichsebene im Überblick *Huber*, Verfassungsgeschichte VI (Fn. 82), S. 324 f.

1707 Explizit zum Staatsministerium in Mecklenburg-Schwerin siehe *Meißner*, Staatsrecht (Fn. 1126), S. 102; siehe auch § 55 Abs. 1 S. 2 Meck.-Schw. Verf.

1708 So auch *Kröger*, VVLTag I (Fn. 629), 23. Sitzung, Sp. 820; *Meißner*, Staatsrecht (Fn. 1126), S. 98; *Koellreutter*, Staatsministerien (Fn. 1661), S. 669.

aa) Notverordnungsrecht

Neben dem gewöhnlichen Recht zum Erlass erforderlicher Anordnungen zur Ausführung der Gesetze und Verwaltungsanordnungen gemäß § 51 Meck.-Schw. Verf. eröffnete § 61 Abs. 1 Meck.-Schw. Verf. der Landesregierung ein Notverordnungsrecht. Das Notverordnungsrecht kannte die Reichsverfassung für die Reichsregierung in dieser Form nicht[1709]. Über die genaue Ausgestaltung des Notverordnungsrechts wurde im verfassunggebenden Landtag eingehend diskutiert. Gemäß § 61 Abs. 1 Meck.-Schw. Verf. bedurfte es zunächst als formelle Voraussetzung einer versammlungslosen Zeit. Somit kam es auf die tatsächliche Versammlung des Landtags an, in der dieser seine gesetzgeberische Arbeit erledigen konnte[1710]. Materielle Voraussetzung war, dass es sich um einen dringenden Fall handeln musste. Ausweislich der parlamentarischen Akten waren Fälle gemeint, in denen eine Entscheidung des Parlaments nicht eingeholt bzw. eine Gesetzgebung durch den Landtag nicht durchgeführt werden konnte[1711]. Im Gegensatz zu anderen Ländern konnte das Staatsministerium lediglich Polizei- und Ausführungsgesetze zu Reichsgesetzen erlassen. Durch diese Befugnis wurde implizit auch der „dringende Fall“ näher konkretisiert. Aufgrund der systematischen Stellung wurde eine Verknüpfung geschaffen, sodass es um die Aufrechterhaltung der Sicherheit und Ordnung handelte. Diese Befugnis war deutlich enger umgrenzt, als dies in anderen

---

1709 Siehe *Meißner*, Staatsrecht (Fn. 1126), S. 161, 163; siehe zum Notverordnungsrecht in den Ländern während der Zwischenkriegszeit *U. Nesemann*, Notverordnungsrecht und -praxis in den Ländern der Weimarer Republik, 1973, S. 6 ff.; siehe zum Diktaturrecht des Reichspräsidenten nach Art. 48 Abs. 2 WRV *R. Grau*, Die Diktaturgewalt des Reichspräsidenten, in: Anschütz/Thoma, Handbuch II (Fn. 940), S. 274 (274 ff.); *Meißner*, Staatsrecht (Fn. 1126), S. 165 ff.; siehe zur Intention *L. Richter*, Reichspräsident und Ausnahmezustand: Die Genese des Artikel 48 in den Beratungen der Weimarer Nationalversammlung, in: Der Staat 37 (1998), S. 221 (221 ff.); siehe zum quasi bedeutungslosen Diktaturrecht der Landesregierung gemäß Art. 48 Abs. 4 WRV im Überblick *Apelt*, Geschichte (Fn. 1347), S. 269 ff.

1710 Selbst bei Vertagung war der Landtag nicht versammelt, sodass nach dem Wortlaut und dem Sinn diese Voraussetzung erfüllt war; so auch die herrschende Meinung, siehe *Nesemann*, Notverordnungsrecht (Fn. 1709), S. 12 f.

1711 *Wendorff* bezeichnet die gemeinten Fälle als „eilige Angelegenheiten“, siehe *dens.*, VVLTag II (Fn. 1113), 86. Sitzung, Sp. 2576; in eine ähnliche Richtung lassen sich andere Aussagen deuten, siehe *Knebusch*, ebda., 86. Sitzung, Sp. 2576; dieser hebt hervor, dass aufgrund der geringen Distanzen kein Bedürfnis für weitergehende Befugnisse bestünde; so auch *Nesemann*, Notverordnungsrecht (Fn. 1709), S. 18 f.

Landesverfassungen vorgesehen war[1712]. Um diese Begrenzung entbrannte eine umfangreiche Debatte, aufgrund derer sich die Normentwürfe regelmäßig änderten. Insbesondere von *Wendorff* wurde die Notwendigkeit der Kompetenzerweiterung auf sonstige Gesetze sowie auf (kleinere) Verfassungsänderungen betont, damit man wirkungsvoll potentiellen Krisen begegnen könne[1713]. Demgegenüber wollte die Mehrheit im Landtag keine weitreichenden Kompetenzen für das Staatsministerium normieren[1714]. Man wollte der Regierung keine „Blankovollmacht“[1715] ausstellen. Ferner erlaubten die räumlichen Distanzen im Freistaat, dass eine rasche Berufung des Landtags in allen übrigen Fällen möglich sei[1716]. Insofern wurden diese Kompetenzen so knapp bemessen, wie es von der Mehrheit im verfassunggebenden Landtag für notwendig erachtet wurde. Damit war ausweislich der Kompetenz der Regierung das Notverordnungsrecht lediglich zur Wiederherstellung der Sicherheit und Ordnung angelegt. Diese engen Grenzen überraschen vor dem Hintergrund der vollständigen Wahl des Staatsministeriums und der jederzeitigen Abberufungsmöglichkeit[1717]. Eine weitere Beschränkung des Notverordnungsrechts wurde hingegen nicht Teil des Gesetzestextes. Es wurde diskutiert, ob die Mitwirkung eines ständigen Landtagsausschusses als Voraussetzung aufgenommen werden sollte[1718]. Dadurch solle insbesondere auch die Parlamentsminderheit Gehör erhalten, da eine nachträgliche Aufhebung stets nicht so „erquicklich“ sei und der Landtag möglicherweise nur drei Monate im Jahr tatsächlich

---

1712 Beispielsweise mussten nach § 37 Oldb. Verf. lediglich „außergewöhnliche Umstände sofortiges Eingreifen erfordern“; nach Art. 56 Preuß. Verf. durften die Gesetze lediglich nicht der Verfassung zuwiderlaufen, und es bedurfte der Mitwirkung des ständigen Ausschusses; siehe auch *W. Schoenborn*, Die Notverordnungen, in: Anschütz/Thoma, Handbuch II (Fn. 940), S. 300 (305); eine zusätzliche „Erforderlichkeit“ musste laut Verfassungstext nicht vorliegen, siehe zu diesem häufigen Erfordernis *Nesemann*, Notverordnungsrecht (Fn. 1709), S. 19.

1713 *Wendorff*, VVLTag II (Fn. 1113), 86. Sitzung, Sp. 2575.

1714 So für Teile der SPD *G. Hamel* (SPD), VVLTag II (Fn. 1113), 83. Sitzung, Sp. 2500 f.

1715 *Knebusch*, VVLTag II (Fn. 1113), 83. Sitzung, Sp. 2498.

1716 *Knebusch*, VVLTag II (Fn. 1113), 86. Sitzung, Sp. 2575 f.

1717 So bestand in solchen Ländern mit hoher Abhängigkeit zwischen Regierung und Parlament grundsätzlich ein geringeres Bedürfnis nach Begrenzung des Notverordnungsrechts, siehe dazu *Schoenborn*, Notverordnungen (Fn. 1712), S. 304.

1718 Siehe *Knebusch*, VVLTag I (Fn. 629), 23. Sitzung, Sp. 826 f.; dagegen *Wendorff*, ebda., 23. Sitzung, Sp. 828 f.

versammelt sein würde[1719]. Dieser Vorschlag wurde jedoch abgelehnt. Das Staatsministerium sei ein ständiger Ausschuss der Parlamentsmehrheit, da die Minister komplett vom Landtag gewählt und abhängig seien[1720]. Ferner wollte man den Eindruck der Etablierung eines Ausschusses in Form des Engeren Ausschusses vermeiden[1721]. Hier wird erneut die fast panische Angst der Abgeordneten deutlich, keinerlei Eindruck aufkommen zu lassen, alte Relikte aus dem Ständestaat nicht restlos beseitigt zu haben. Diese erlassenen Normen mussten gemäß § 61 Abs. 1 Meck.-Schw. Verf. dem Landtag vorgelegt werden, sobald dieser wieder zusammentrat, und bei Versagung der Genehmigung wieder aufgehoben werden. Dazu bestand gemäß dem Wortlaut eine Rechtspflicht. Somit trat sie nicht *ipso jure* außer Kraft. Ein zeitlicher Maßstab für den Zusammentritt existierte nicht. Jedoch konnte der Landtag gemäß § 31 Abs. 1 S. 3 Meck.-Schw. Verf. seine Berufung erzwingen, sodass spätestens nach vierzehn Tagen eine Entscheidung des Landtags herbeigeführt werden konnte. Eine Lücke bestand somit nur, wenn der Landtag aufgelöst war. Notverordnungen aufgrund der Ermächtigung nach § 61 Abs. 1 Meck.-Schw. Verf. sind nicht erlassen worden. Die geringe Bedeutung des Notverordnungsrechts in Mecklenburg-Schwerin ist wohl vornehmlich auf den engen Anwendungsbereich der Norm zurückzuführen, da die anderen Länder vornehmlich von dem Recht zur Behebung der wirtschaftlichen Not Gebrauch machten[1722].

1719 *Knebusch*, VVLTag I (Fn. 629), 23. Sitzung, Sp. 827; siehe auch *Reincke-Bloch*, VVLTag II (Fn. 1113), 83. Sitzung, Sp. 2498, der einen Landtagsausschuss als Begrenzung der Macht der Regierung vorschlägt.

1720 *Wendorff*, VVLTag I (Fn. 629), 23. Sitzung, Sp. 828; *dens.*, VVLTag II (Fn. 1113), 83. Sitzung, Sp. 2499.

1721 *Wendorff*, VVLTag I (Fn. 629), 23. Sitzung, Sp. 827; kritisch dazu *Reincke-Bloch*, VVLTag II (Fn. 1113), 83. Sitzung, Sp. 2499.

1722 *Nesemann*, Notverordnungsrecht (Fn. 1709), S. 88; lediglich 1930 ist eine Notverordnung zur Ausführung einer Verordnung des Reichspräsidenten zur Einführung einer Bürgersteuer erlassen worden: Gesetz zur Ausführung der Verordnung des Reichspräsidenten zur Behebung finanzieller, wirtschaftlicher und sozialer Notstände vom 26. Juli 1930 (RGBl. I S. 311 ff.) und zur Sicherung von Wirtschaft und Finanzen vom 1. Dezember 1930 (RGBl. I S. 517 ff.) v. 19. Dezember 1930 (Rbl. für Mecklenburg-Schwerin 1930 Nr. 57 v. 19.12.1930, S. 297); dies ist als missbräuchlich und verfassungswidrig kritisiert worden, siehe dazu *Nesemann*, ebda., S. 87.

bb) Begnadigungs- und Niederschlagungsrecht

§ 57 Meck.-Schw. Verf. regelte das Begnadigungsrecht[1723]. Allerdings besagte schon Art. 49 WRV, dass der Reichspräsident für das Reich das Begnadigungsrecht ausübte. Sodann stellt sich die Frage nach der Kompetenz des Landesverfassunggebers zur Regelung des Begnadigungsrechts. Die Reichsverfassung traf jedoch nur eine Regelung über die Zuständigkeit von erstinstanzlichen Urteilen auf Reichsebene, sodass es bei dem bisher bestehenden Grundsatz blieb, dass die Länder die Zuständigkeit für die Begnadigung bei Entscheidungen der landeseigenen Gerichte behielten[1724]. Eine Begnadigung ist der Verzicht des Staates auf die Strafvollstreckung nach rechtskräftiger Entscheidung[1725]. Gemäß § 57 Abs. 1 Meck.-Schw. Verf. konnte das Staatsministerium jede gerichtliche und außergerichtliche Strafe mildern, umwandeln oder erlassen. Diese Kompetenz konnte das Staatsministerium gemäß § 57 Abs. 3 Meck.-Schw. Verf. auch den Fachministerien überantworten, außer es war auf Todesstrafe erkannt oder die zu erlassene Strafe betrug mehr als acht Monate Freiheitsstrafe bzw. 1.500 Mark Geldstrafe. Insofern bestand vom Grundgedanken der Norm ein Regel-Ausnahme-Verhältnis zugunsten der Entscheidung als Kollegialorgan mit der Möglichkeit der Übertragung[1726]. Über die Kompetenz des Staatsministeriums wurde im verfassunggebenden Landtag debattiert. So wurde vereinzelt kritisiert, dass aufgrund der Zuständigkeit des Staatsministeriums zur Begnadigung keine ausreichende Unabhängigkeit von politischen Erwägungen gegeben sei[1727]. Dies könne zu Begnadigungen führen, die nicht im Sinne des Rechtsempfindens des Volkes wären. Allerdings bestand bezüglich der Kompetenz des Staatsministeriums grundsätzliche Einigkeit der Mehrheit im verfassunggebenden Landtag.

1723 Siehe auch allgemein zum Begnadigungsrecht *E. Schmidt*, Begnadigung und Amnestie, in: Anschütz/Thoma, Handbuch II (Fn. 940), S. 563 (563 ff.).

1724 So die h.M., siehe mit ausführlicher Erörterung und weiteren Nachweisen *E. v. Hippe*, Der Umfang des Reichsgnadenrechts, in: AöR N.F. 15 (1928), S. 342 (S. 344 ff.); siehe auch für die h.M. statt aller *Schmidt*, Begnadigung (Fn. 1723), S. 564; *Anschütz*, Verfassung (Fn. 779), Art. 49 Anm. 1 (S. 301).

1725 So die h. M., siehe *Schmidt*, Begnadigung (Fn. 1723), S. 567 ff.; *Anschütz*, Verfassung (Fn. 779), Art. 49 Anm. 1 (S. 300).

1726 Diese Grundregel war *usus* in den Landesverfassungen, wobei teilweise gar keine Übertragungsmöglichkeit bestand, siehe *F. Wittreck*, Die Todesstrafe in den deutschen Landesverfassungen, in: JöR 49 (2001), S. 157 (171 f.).

1727 So die Argumentation von *Reincke-Bloch*, VVLTag I (Fn. 629), 4. Sitzung, Sp. 37; dieser kritisiert die mangelnde Einbindung der Landtagsminderheit insgesamt.

Allerdings bestand kein Konsens hinsichtlich der Möglichkeit der Übertragung des Begnadigungsrechts auf das Fachministerium. Dies sei ein Eingriff in die Justiz und ferner das höchste der staatlichen Hoheitsrechte, sodass dies nur vom Gesamtministerium auszuüben sein dürfe[1728]. Jedoch wurde diesem Einwand aus Praktikabilitätsgründen nicht entsprochen. Die Anzahl der Gnadengesuche war nämlich so hoch, dass eine Entscheidung des Gesamtministerium entweder nicht möglich gewesen wäre oder die Prüfungsintensität darunter gelitten hätte[1729]. Eine allgemeine Begnadigung bzw. Amnestie, also eine Begnadigung für viele gleichgelagerte Fälle, bedurfte gemäß § 57 Abs. 1 S. 2 Meck.-Schw. Verf. der Zustimmung des Landtags[1730]. Aufgrund der immensen Bedeutung forderte die Verfassung hier ein Zusammenwirken von Legislative und Exekutive. Ebenso war für Begnadigungen bei Staatsanklagen gemäß § 73 Meck.-Schw. Verf. ein Antrag des Landtages erforderlich. Aufgrund des eindeutigen Wortlauts durfte die Befugnis auch hier nicht einem Ministerium überlassen werden.

§ 57 Abs. 1 S. 1 Meck.-Schw. Verf. regelte ferner das Niederschlagungsrecht. Bei dieser Abolition handelte es sich um den Verzicht auf Strafverfolgung in einem bereits begonnen Strafverfahren[1731]. Dies hatte unter anderem den Sinn, Minderjährige vor den Belastungen eines Prozesses zu schützen[1732]. Bei beiden Rechten handelte es sich um klassische Kompetenzen der monarchischen Staatsspitze[1733]. Insofern regelte die Landesverfassung diese Gnadenrechte aufgrund von Straftaten allgemeiner Natur,

1728 So *M. Wilbrandt* (DDP), VVLTag I (Fn. 629), 23. Sitzung, Sp. 822.

1729 *Knebusch*, VVLTag I (Fn. 629), 23. Sitzung, Sp. 823; vom 1.1.1920 bis 31.3.1920 wurden 1050 Gnadengesuche gestellt, vgl. *Henck*, VVLTag II (Fn. 1113), 83. Sitzung, Sp. 2495 f.

1730 Insofern bedurfte es eines „gattungsmäßig umschrieben Personenkreise[s]“, siehe *v. Hippe*, Umfang (Fn. 1723), S. 343; Amnestie ist die generelle Begnadigung, siehe *U. Ebert*, Art. Amnestie, in: Cordes/Lück/Werkmüller, Handwörterbuch I (Fn. 1134), Sp. 202 (202 ff.).

1731 Für diese Abolition waren die Länder ebenfalls weiterhin zuständig, siehe dazu *Anschütz*, Verfassung (Fn. 779), Art. 49 Anm. 4 (S. 304); *Schmidt* charakterisiert dies als Prozesshindernis, siehe *dens.*, Begnadigung (Fn. 1723), S. 570; siehe auch *A. Bauer*, Art. Gnade, in: Cordes/Haferkamp u.a., Handwörterbuch II (Fn. 489), Sp. 424 (424 ff.).

1732 So zumindest *v. Richthofen*, VVLTag I (Fn. 629), 23. Sitzung, Sp. 825; teilweise wurde dafür plädiert, die Altersbeschränkung zu streichen, um so in besonderen Einzelfällen das Verfahren auch niederschlagen zu können, siehe *Henck*, VVLTag I (Fn. 629), 23. Sitzung, Sp. 825.

1733 So bezogen auf die Begnadigung *Anschütz*, Verfassung (Fn. 779), Art. 49 Anm. 1 (S. 301).

während das Einführungsgesetz Verfahren bei von klassischen Delikten betraf, die während einer Revolution begangen wurden.

cc) Sonstige Rechte

Auch weitere Rechte der Exekutive wurden in der Verfassung selbst festgelegt.

Das Recht, Staatsverträge abzuschließen, stand gemäß § 49 Abs. 1 Meck.-Schw. Verf. dem Staatsministerium zu, wobei diese der Genehmigung durch den Landtag bedurften. Die Staatsverträge wurden wie Gesetze ausgefertigt und verkündet. Somit galten auch die Normen der §§ 44 f. Meck.-Schw. Verf. sinngemäß.

Gemäß § 56 Meck.-Schw. Verf. erhielten die Staatsminister vom Landtag festzustellende Bezüge, wobei Wartegeld und Hinterbliebenenversorgung durch ein spezifisches Gesetz geregelt werden sollten[1734]. Mangels anderweitiger Regelung entfielen diese Bezüge nicht aufgrund der Entschädigungsleistung für Abgeordnete, sofern die Minister zugleich auch Abgeordnete waren. Es durfte lediglich kein Beruf oder eine andere gewerbsmäßige Tätigkeit ausgeübt werden.

Gemäß § 58 Meck.-Schw. Verf. konnten die Ministerien die Satzungen juristischer Personen bestätigen und die Verleihung der Rechtsfähigkeit bewirken. Dabei handelte es sich um einen Verwaltungsakt, der nach allgemeinen Regeln zu beurteilen war[1735]. § 59 Meck.-Schw. Verf. regelte die Verleihung von Titeln und Orden. Zu einer Verleihung von Titeln, welche nicht zur Amtsbezeichnung gehörten, war die Regierung nicht befugt[1736]. Darüber hinaus wurden keine Orden verliehen, abgesehen von der Rettungsmedaille. Mecklenburg-Schweriner Staatsangehörige durften keine Titel, Adelsbezeichnungen oder Orden anderer Staaten annehmen.

1734 Siehe beispielsweise: Gesetz betreffend die Zahl der Staatsminister und die Höhe der ihnen oder ihren Hinterbliebenen nach dem Ausscheiden aus ihrer Stellung gewährten Entschädigung v. 6. Juni 1919 (abgedruckt in: Wenzel, Verfassungs- und Verwaltungsgesetz [Fn. 1353], S. 75 f.).

1735 Siehe näher zur Bestätigung der Satzungen *H. Peters*, Die Satzungsgewalt innerstaatlicher Verbände, in: Anschütz/Thoma, Handbuch II (Fn. 940), S. 264 (264 ff., insbesondere 268 f.) m.w.N.

1736 *Knebusch* weist darauf hin, dass die Amtsbezeichnung lediglich an die Stelle von Titeln gerückt sei, sodass das Verbot zur Titelverleihung lediglich Missbrauchspotential schaffen würde, siehe *dens.*, VVLTag II (Fn. 1113), 83. Sitzung, Sp. 2473 f.

Lediglich galt gemäß § 59 Abs. 4 Meck.-Schw. Verf. Bestandsschutz für bereits verliehene Auszeichnungen. Das grundsätzliche Verbot war Ausdruck des republikanischen Gleichheitsgedankens, der eine Hervorhebung nach Ansicht des Verfassunggebers prinzipiell ausschloss[1737]. Lediglich die Aufopferung für andere unter Gefährdung des eigenen Lebens sollte weiterhin honoriert werden[1738].

Gemäß § 61 Abs. 2 Meck.-Schw. Verf. konnte das Staatsministerium in Einzelfällen Entfreiung von den Vorschriften der Landesgesetze erteilen, die schon bei Erlass der Verfassung in Kraft getreten waren. Hier wollte man insbesondere die Möglichkeit schaffen, einen Dispens von baupolizeilichen Vorschriften, die schon erlassen waren, zu eröffnen[1739]. Selbiges galt für Vorschriften der Satzungen von Gemeinden, Gemeindeverbänden und sonstigen juristischen Personen des öffentlichen Rechts, wenn ein übereinstimmender Antrag der Vertretungskörperschaft oder der Vertretungsorgane der juristischen Person vorlag. Insofern handelte es sich hier um die Möglichkeit zur effektiven Anpassung an die verwaltungsrechtlichen Bedürfnisse des Landes nach der Staatsumwälzung. Hier waren die bisherigen Regelungen zu starr, sodass dies als nicht förderlich für die Entwicklung des Landes angesehen wurde[1740]. Diese Befugnis konnte auch den Fachministerien gemäß § 61 Abs. 4 Meck.-Schw. Verf. übertragen werden.

Die Landesbeamten wurden gemäß § 60 Meck.-Schw. Verf. vom Staatsministerium ernannt, sofern das Gesetz nicht etwas anderes bestimmte. Insofern stand, abgesehen von anderen einfachgesetzlichen Regelungen, die volle Entscheidungsgewalt sowie die Überprüfung der Einhaltung der Vorschriften dem Staatsministerium zu[1741]. Unter Berücksichtigung der unterschiedlichen Wortwahl in der Verfassung zwischen „den Ministeri-

1737 Ursprünglich sollte noch eine Ausnahme für Kriegsverdienste in den Verfassungstext aufgenommen werden, da dies „der Empfindung des Volkes entspreche“, vgl. dazu *Bericht des Verfassungsausschusses*, VVLTag I (Fn. 629), 21. Sitzung, Sp. 709; dies wurde als vorläufige Regelung in Art. 26 EG verschoben.

1738 *Bericht des Verfassungsausschusses*, VVLTag I (Fn. 629), 21. Sitzung, Sp. 709.

1739 Siehe *Gladischefski*, VVLTag II (Fn. 1113), 83. Sitzung, Sp. 2497; 1922 erging beispielsweise das Gesetz vom 2. März 1922, betreffend Entfreiung von der Amtsordnung und Landgemeindeordnung (Rbl. für Mecklenburg-Schwerin 1922 Nr. 32 v. 27.3.1922, S. 176), sodass in besonderen Einzelfällen eine Dispens von Normen der Kommunalgesetzen erteilt werden konnte.

1740 So die einhellige Meinung im Verfassungsausschuss, siehe *Gladischefski*, VVLTag II (Fn. 1113), 83. Sitzung, Sp. 2497.

1741 Vgl. zur ähnlichen Regelung des Art. 46 Abs. 1 WRV *Pohl*, Zuständigkeiten (Fn. 1600), S. 494.

en" und „dem Staatsministerium" konnte dieses Recht somit grundsätzlich nicht von den einzelnen Fachministerien ausgeübt werden. Nur sofern gesetzliche Bestimmungen dies ausdrücklich bestimmten, war somit eine Abweichung von diesem Grundsatz möglich[1742].

3. Das (parlamentarische) Gesetzgebungsverfahren

Art. 17 Abs. 1 WRV stellte das Gebot des Majoritätsprinzips auf[1743]. Der Landtag beschloss grundsätzlich gemäß § 35 Abs. 1 S. 1 Meck.-Schw. Verf. mit einfacher Stimmmehrheit. Dieses galt auch für Gesetze[1744]. Lediglich § 82 Abs. 1 Meck.-Schw. Verf. bestimmte, dass für eine Verfassungsänderung die Zustimmung von zwei Dritteln der gesetzlichen Zahl der Abgeordneten notwendig war. Ebenso bedurfte es gemäß § 82 Abs. 2 Meck.-Schw. Verf. der Zustimmung von zwei Dritteln der abgegebenen Stimmen bei der Volksabstimmung zu Verfassungsänderungen. Hier lag eine Abkehr vom sonst verwirklichten Majoritätsprinzip vor, um dem Wesen und namentlich dem Vorrang der Verfassung gerecht zu werden[1745].

a) Idealfall: Konsens

Das Initiativrecht stand sowohl der Regierung, dem Parlament als auch dem Volk[1746] grundsätzlich zu. Gemäß § 37 Abs. 1 Meck.-Schw. Verf. wurden Gesetzesentwurfe[1747] vom Landtag selbst oder auch von dem Staatsmi-

1742 Ähnlich zur Art. 46 WRV *Anschütz*, Verfassung (Fn. 779), Art. 46 Anm. 3 (S. 266).

1743 *Hinrichs*, Grenzen (Fn. 877), S. 71.

1744 Auch schon in der Zwischenkriegszeit wurden solche Normen als formelle Gesetze bezeichnet, siehe zur Unterscheidung *C. Heyland*, Das Landesgesetz, in: Anschütz/Thoma, Handbuch II (Fn. 940), S. 189 (189), der die Anerkennung durch die Verfassungen, beispielsweise § 79 Meck.-Schw. Verf., als Beleg anführt.

1745 Dies wurde als Selbstverständlichkeit gesehen, *Wendorff*, VVLTag I (Fn. 629), 3. Sitzung, Sp. 11; ähnlich *Kröger*, ebda., 4. Sitzung, Sp. 50.

1746 Siehe dazu Kapitel D.IV.2.

1747 Nachfolgende Darstellungen beziehen sich auf formelle Gesetze, welche unstreitig bei den Verfahrensvorschriften gemeint waren, siehe *Heyland*, Landesgesetz (Fn. 1744), S. 190.

nisterium in den Landtag eingebracht[1748]. Bei Gesetzesentwürfen aus dem Landtag heraus bedurfte es gemäß § 11 lit. a) GO der Unterzeichnung von drei Abgeordneten[1749]. Das Initiativrecht stand gemäß § 37 Abs. 1 Meck.-Schw. Verf. nur dem kollegialen Gesamtministerium zu, sodass dies keine Kompetenz des einzelnen Ministers darstellte[1750]. Die Entwürfe bedurften gemäß § 37 Abs. 2 Meck.-Schw. Verf. einer dreimaligen Lesung, wobei die letzte Lesung grundsätzlich frühestens einen Tag nach Ende der zweiten Lesung erfolgen durfte[1751]. Diese Frist konnte auf Vorschlag des Staatsministeriums gemäß § 10 GO verkürzt werden. Hierbei herrschte eine Sperrminorität von fünf anwesenden Abgeordneten. Insgesamt wurden längere Fristen dem Vorbild des Reichstags entsprechend erwogen, um einer Fraktion die entsprechende Zeit für eine Stellungnahme zu gewähren[1752]. Jedoch wollte man durch die kürzeren Fristen eine Effektivitätssteigerung im Landtag erreichen[1753]. Eine Fristverkürzung war möglich, sofern nicht gemäß § § 10 lit. a) GO fünf Abgeordnete dem widersprachen. Zur genauen Ausarbeitung konnten Gesetzesvorschläge jederzeit einem Ausschuss überwiesen werden, § 10 lit. b) GO.

1748 Grundsätzlich waren die Subjekte des Initiativrechts auch jederzeit zur Änderung, Ergänzung und Rücknahme berechtigt, siehe *Heyland*, Landesgesetz (Fn. 1744), S. 196.

1749 Man wollte auch der kleinsten Fraktion die Stellung von (Gesetzes-)Anträgen ermöglichen, so *Knebusch*, VVLTag I (Fn. 629), 2. Sitzung, S. 17.

1750 So auch *Heyland*, Landesgesetz (Fn. 1744), S. 193.

1751 Das genaue Prozedere der Beratungen war in §§ 7 ff. GO geregelt. Die erste Lesung sollte erst einen Tag nach Zugang des Gesetzesentwurfs stattfinden. Diese diente der allgemeinen Aussprache und auch der Erörterung von einzelnen Abschnitten. Die zweite Lesung fand frühestens einen Tag nach der ersten Lesung oder dem Abschluss der Ausschussarbeit statt.

1752 So zur Geschäftsordnung des verfassunggebenden Landtags *Knebusch*, VVLTag I (Fn. 629), 2. Sitzung, S. 13; zumindest mussten die Fristen jedoch die ausreichende Informationsmöglichkeit der Abgeordneten über die Anträge sicherstellen, vgl. die Ausführungen von *v. Metterhausen*, VVLTag I (Fn. 629), 8. Sitzung, Sp. 211.

1753 *v. Richthofen*, VVLTag I (Fn. 629), 2. Sitzung, S. 14; *Sivkovich*, ebda., 2. Sitzung, S. 15; so auch *Kröger*, ebda., 12. Sitzung, Sp. 326, der aufgrund der Vielzahl an zu verabschiedenden Gesetzen für eine Effektivitätssteigerung plädiert, wobei die Frist bei komplexeren Themen nach Verständigung zwischen den Fraktionen verlängert werden könne.

b) Dissens zwischen Parlament und Regierung

Die Länder haben versucht, dem „Parlamentsabsolutismus“[1754] durch verschiedene Mechanismen eine Grenze zu setzen. In Mecklenburg-Schwerin gab es zwei Wege der Regierung, gegen ein vom Landtag beschlossenes Gesetz vorzugehen. Das Staatsministerium konnte das Gesetz an den Landtag zurückverweisen oder dem Volk zur Entscheidung vorlegen. Diese Möglichkeiten bestanden gemäß § 44 Abs. 4 Meck.-Schw. Verf. auch bei Ablehnung eines vom Staatsministerium eingebrachten Gesetzentwurfs. Bezüglich des Initiativrechts ergaben sich keine Abweichungen. Das Verfahren bei Dissens zwischen Parlament und Regierung konnte auch nur einzelne Teil des Gesetzes betreffen[1755].

aa) Erneute Beratung

Die Regierung konnte gemäß § 44 Abs. 3 Meck.-Schw. Verf. innerhalb von vierzehn Tagen nach Zustellung des Gesetzes eine nochmalige Beratung beantragen. Dieses Ersuchen konnte bis zum Abschluss der ersten Lesung der Beratung zurückgenommen werden. Der Landtag musste sodann in dreimaliger Lesung über das Gesetz beraten und konnte es dann mit potentiellen Änderungen erneut beschließen. Die Landesregierung musste danach das Gesetz ausfertigen, sodass der gewöhnliche Gesetzgebungsgang seinen Lauf nahm. Andernfalls konnte sie das Gesetz innerhalb von vierzehn Tagen dem Volk zur Entscheidung unterbreiten. Insofern war bei weiterhin bestehendem Dissens zwischen Landtag und Regierung das Ergebnis, nämlich Durchführung eines Volksentscheids, ähnlich. Jedoch war das Ersuchen um nochmalige Beratung für Fälle vorgesehen, in denen Gesetze nicht passend für eine effektive Staatsverwaltung formuliert waren[1756]. Eine Umgehung des Volksentscheids durch Zurückweisung war somit von der Ratio des Prozederes nur für solche Gesetze sinnvoll, bei denen Fragen der Verwaltungstätigkeit nicht bedacht worden waren. Insofern war das Ersuchen um erneute Beratung für inhaltlich weniger kontroverse Streitfragen vorgesehen, sodass das Volk nur bei (politisch) wichtigen

1754 *Nieding*, Prinzip (Fn. 869), S. 87; siehe zu den Beschränkungen der Rechte des Landtags in den verschiedenen Ländern *dens.*, ebda., S. 87 ff.

1755 *Heyland*, Landesgesetz (Fn. 1744), S. 201.

1756 *Wendorff*, VVLTag I (Fn. 629), 3. Sitzung, Sp. 8.

Angelegenheiten befragt werden sollte[1757]. Hatte dieses Ersuchen nicht den gewünschten Erfolg, musste das Volk entscheiden oder die Entscheidung des Parlaments akzeptiert werden. Somit lag hierin lediglich ein suspensives Veto[1758]. In der Praxis hatte dies jedoch keine nennenswerte Bedeutung[1759].

bb) Stichentscheid: Das Volk als Schiedsrichter

Bei dem Instrumentarium des Stichentscheids fungierte das Volk als Schiedsrichter zwischen Parlament und Regierung[1760]. Gemäß § 44 Abs. 2 Meck.-Schw. Verf. konnte das Staatsministerium innerhalb eines Monats nach Zustellung des vom Landtag beschlossenen Gesetzes bzw. zwei Wochen nach Beanstandung und nochmaliger Beratung die Entscheidung des Volkes darüber einleiten. Damit wurde das Volk zum außerordentlichen Gesetzgebungsorgan[1761]. Dasselbe galt gemäß § 44 Abs. 4 Meck.-Schw. Verf. für Gesetzesinitiativen des Staatsministeriums, welche der Landtag abgelehnt hatte. Im Unterschied zu anderen Ländern konnte der Volksentscheid ohne vorherige Beanstandung von der Regierung initiiert werden[1762]. Insofern bedurfte es dieser formellen Voraussetzung nicht. Das Zurückweisungsrecht hatte bekanntlich vornehmlich den Sinn, praxisrelevante Änderungen dem Landtag zu unterbreiten. Die Folgen des Referendums für Landtag und Regierung waren im Verfassungstext nicht beschrieben. *Wendorff* ging auch ohne ausdrückliche Regelung davon aus, dass das unterliegende Organ zurücktreten bzw. sich auflösen müsse, da es nicht mehr vom Willen des Volkes getragen sei[1763]. Jedoch wurde auch schon dagegen im verfassunggebenden Landtag eine Pflicht von einer expliziten Regelung abhängig gemacht[1764]. Im Laufe der Verfassungsbe-

1757 „Man soll nicht nach Sperlingen mit Kanonen schießen“, so *Wendorff*, VVLTag I (Fn. 629), 3. Sitzung, Sp. 8.

1758 *Heyland*, Landesgesetz (Fn. 1744), S. 199.

1759 Sowohl die zeitgenössischen als auch die heutigen Quellen schweigen zur praktischen Anwendung dieses Zurückweisungsrechts.

1760 So *J. Rux*, Direkte Demokratie in Deutschland, 2008, S. 141; hingegen konnte eine Parlamentsminderheit keinen Stichentscheid herbeiführen.

1761 *H. L. Simonis*, Volksentscheid und Volksbegehren nach der Reichsverfassung und der Mecklenburg-Schwerinschen Verfassung, 1923, S. 2.

1762 So auch *Nieding*, Prinzip (Fn. 869), S. 89.

1763 *Wendorff*, VVLTag I (Fn. 629), 3. Sitzung, Sp. 6.

1764 *Lüdeman*, VVLTag I (Fn. 629), 5. Sitzung, Sp. 81.

ratungen enthielt ein entsprechender Antrag der DDP die Rechtsfolge, dass das Staatsministerium aus dem Amt scheiden bzw. die Legislaturperiode enden müsse, sofern das Volk zu Ungunsten des jeweiligen Organs entscheiden würde[1765]. Dieser Antrag hat jedoch keinen Niederschlag im endgültigen Verfassungstext gefunden. Ohne eine ausdrückliche Regelung konnte also nicht von einer Rechtspflicht zum Rücktritt bzw. zur Auflösung ausgegangen werden[1766]. Dies wird auch im Vergleich mit verwandten Normen deutlich. Im Gegensatz zu Mecklenburg-Schwerin bestimmte Art. 68 Abs. 3 S. 2 Verf. NRW a.F.[1767] ausdrücklich, dass bei Initiierung eines Stichentscheids die Landesregierung zurücktreten musste, sofern der Volksentscheid den Gesetzentwurf der Landesregierung ablehnte. Bei Annahme des von der Regierung eingebrachten Gesetzes durch den Volksentscheid bestand in Nordrhein-Westfalen lediglich die Möglichkeit, den Landtag aufzulösen. Hier bestand somit ein Ermessen für die Regierung. Die fehlende Rechtspflicht zum Rücktritt der Regierung im Freistaat war zwar insofern konsequent, als nicht lediglich von einem Gesetzesentwurf auf den generellen Vertrauensverlust geschlossen werden konnte. Jedoch hatte eigentlich nur der Landtag die Mittel, tatkräftig auf solch einen Dissens zu reagieren. Schon im verfassunggebenden Landtag wurde der Sinn des Initiierens eines Volksentscheids durch die Regierung in der Praxis in Frage gestellt. So wurde betont, dass bei Verdacht eines Dissenses der Landtag der Regierung einfach das Vertrauen entziehen könnte, sodass es gar nicht zum Schiedsspruch des Volkes kommen würde[1768]. Die Abberufung der Regierung konnte selbstverständlich auch nach dem Volksentscheid veranlasst werden. Ein Mittel des Staatsministeriums, den Landtag nach dessen Unterliegen aufzulösen, gab es nicht. Insofern herrschte kei-

1765 Siehe Anlage 1, VVLTag I (Fn. 629), 21. Sitzung, Sp. 725; *Wendorff* bezeichnet dies noch am Anfang der Verfassungsberatungen als Selbstverständlichkeit, siehe *dens.*, ebda., 3. Sitzung, Sp. 6.

1766 Schon *Lüdemann* weist darauf hin, dass die Folgen des Stichentscheids explizit im Verfassungstext niedergelegt werden müssen, siehe *dens.*, VVLTag I (Fn. 629), 5. Sitzung, Sp. 81.

1767 Verfassung für das Land Nordrhein-Westfalen v. 28.6.1950 (GVBl. für das Land Nordrhein-Westfalen 1950 Nr. 28 v. 10.7.1950, S. 127); diese Möglichkeit des Stichentscheids ist jedoch durch das Gesetz zur Änderung der Verfassung für das Land Nordrhein-Westfalen v. 25. Oktober 2016 (GVBl. für das Land Nordrhein-Westfalen 2016 Nr. 32 v. 4.11.2016 S. 859) gestrichen worden, siehe zum Art. 68 Abs. 3 Verf. NRW a.F. auch *T. Mann*, in: W. Löwer/P. J. Tettinger (Hrsg.), Kommentar zur Verfassung des Landes Nordrhein-Westfalen, 2002, Art. 68 Rn. 47 ff.

1768 *v. Richthofen*, VVLTag I (Fn. 629), 4. Sitzung, Sp. 56.

ne Waffengleichheit. Hier war sie auf die Einsicht der Landtagsmehrheit oder auf das schwerfällige Verfahren des Volksbegehrens zur vorzeitigen Beendigung der Wahldauer des Landtags gemäß § 44 Abs. 2 Meck.-Schw. Verf. angewiesen. Den Volksentscheid über die Auflösung des Parlaments konnte das Staatsministerium jedoch nicht selbst initiieren.

In dem Instrument des Stichentscheids wird die Anerkennung der höchsten Entscheidungskompetenz des Volkes bzw. Volkswillens des Volkes als höchstes Gesetz deutlich[1769]. Dies rührt daher, dass die Macht von Landtag und Regierung letztlich von dem Willen des Volkes abgeleitet waren[1770]. Ferner war die Intention bei Schaffung des Stichentscheids auch, die Allmacht des Parlaments zu begrenzen[1771]. Allerdings spielte der Stichentscheid in Mecklenburg-Schwerin in der Praxis keine Rolle. Es sind keine Versuche bekannt, in denen das Volk als Schiedsrichter herangezogen wurde bzw. es werden sollte[1772]. Insofern bedurfte es auch keiner Rücktrittspflicht als Schutz vor allzu leichtfertiger Initiierung des aufwendigen Stichentscheids.

c) Ausfertigung und Verkündung von Gesetzen

Die vom Landtag beschlossenen Gesetze wurden gemäß § 44 Abs. 1 Meck.-Schw. Verf. dem Staatsministerium zugestellt, welches diese auszufertigen und zu verkünden hatte[1773]. Formal mussten sie gemäß § 48 Abs. 1 Meck.-Schw. Verf. von der Hälfte der Mitglieder des Staatsministeriums unter-

---

1769 Diese Intention leitete den Verfassunggeber bei Formulierung des Gesamtwerks, siehe *Wendorff*, VVLTag I (Fn. 629), 1. Sitzung, S. 2; so auch *Kröger*, ebda., 4. Sitzung, Sp. 49.

1770 Dies deutet auch *Jacobi* an, siehe *dens.*, Reichsverfassungsänderung (Fn. 1052), S. 255.

1771 Allgemein auf die Landesgesetzgebung bezogen *Meißner*, Staatsrecht (Fn. 1126), S. 147.

1772 Siehe hierzu insbesondere die umfassende Dokumentation zur Verfassungswirklichkeit auf Reichs- und Länderebene bei *Rux*, Demokratie (Fn. 1760), S. 144 ff. sowie die statistischen Angaben bei *M. Schumacher*, Wahlen und Abstimmungen 1918–1933, 1976, S. 70 ff.

1773 Durch die Ausfertigung wird beurkundet, dass eine Übereinstimmung mit dem beschlossenen Gesetz vorliegt und es auf dem formell verfassungsmäßigen Wege zustande gekommen ist. Verkündung ist die Anweisung zur Bekanntmachung, siehe *Heyland*, Landesgesetz (Fn. 1744), S. 201 f.; siehe auch knapp zu Ausfertigung und Verkündung *H. Bauer*, in: Dreier, GGK II (Fn. 454), Art. 82 Rn. 8.

schrieben werden. Sie waren im Regierungsblatt zu verkünden, wodurch sie ihre verbindliche Kraft erlangten. Falls keine ausdrückliche Regelung im Gesetz getroffen war, traten Sie gemäß § 48 Abs. 2 S. 3 Meck.-Schw. Verf. mit dem vierzehnten Tag nach Ablauf des Tages der Veröffentlichung des Regierungsblattes in Kraft. Die Regelung des § 44 Abs. 1 Meck.-Schw. Verf. bezog sich inhaltlich nur auf vom Landtag beschlossene Gesetze, sodass keine ausdrückliche Regelung zur Ausfertigung und Verkündung zu den Gesetzen, welche per Volksentscheid beschlossen wurden, in der Verfassung zu finden war. § 48 Meck.-Schw. Verf. bezog sich systematisch jedoch auch auf solche Gesetze. Insofern ging die Verfassung wie selbstverständlich von der Ausfertigung und Verkündung durch das Staatsministerium aus.

4. Zusammenfassung: Das Verhältnis von Landtag und Regierung

Reichsrechtlich war zwar der „Primat der Volksvertretung“ den Ländern oktroyiert[1774]. Damit war jedoch keineswegs eine zwingende Marschroute für den Landesverfassunggeber vorgegeben, die Regierung zu einem „willenlosen Vollzugsausschuss[es]“[1775] zu degradieren. Somit lässt sich von dem verfassungsrechtlichen Verhältnis von Landtag und Regierung auf die Grundausrichtung schließen. Der verfassunggebende Landtag wollte dem durch die Revolution geschaffenen Grundsatz entsprechen, dass die „ganze Macht beim Volke“[1776] verortet sein sollte. Deswegen sollten die Rechte des Parlaments sehr umfassend ausgestaltet sein, um zu dokumentieren, dass die Verfassung „ein hohes Maß an demokratischer Gesinnung“[1777] aufwies.

Bei einer Allzuständigkeit des Parlaments könnte man vom „Parlamentsabsolutismus“ sprechen[1778]. Dann wäre der Regierung kaum eigenständige Exekutivarbeit zugestanden worden. Im Gegensatz zu einer Allzuständigkeit bezweckt eine sinnvolle Kompetenzordnung jedoch eine Machtbegrenzung und Freiheitssicherung[1779]. Im Hinblick auf die eigent-

1774 *Anschütz*, Verfassung (Fn. 779), Art. 17 Anm. 5 (S. 136); siehe zu den möglichen Aufgaben auch *Leibholz*, Übersicht (Fn. 1546), S. 637.

1775 *Anschütz*, Verfassung (Fn. 779), Art. 17 Anm. 5 (S. 136).

1776 So *Asch*, VVLTag I (Fn. 629), 1. Sitzung, S. 4.

1777 *Wendorff*, VVLTag I (Fn. 629), 3. Sitzung, Sp. 6.

1778 *Wenzel*, Grundlagen (Fn. 870), S. 607.

1779 So *Stern*, Staatsrecht II (Fn. 1703), § 36 S. 530 nach vorheriger ideengeschichtlicher Darstellung.

liche Regierungsbildung war die Mitwirkung des Parlaments in allen Ländern logische Konsequenz aus dem Fehlen einer weiteren Staatsspitze ähnlich der des Reichspräsidenten[1780]. Dabei hätte es jedoch die Möglichkeit gegeben, dass lediglich der Ministerpräsident vom Landtag gewählt worden wäre und dieser dann an der Ernennung der Minister aktiv mitgewirkt hätte. In Mecklenburg-Schwerin durfte er aber lediglich beratend tätig werden. Der tatsächliche Unterschied zwischen Berufung durch den Ministerpräsidenten oder den Landtag dürfte jedoch zu vernachlässigen gewesen sein. Hier gilt es nämlich zwei Aspekte zu bedenken. Die Minister mussten aufgrund von Art. 17 Abs. 1 S. 3 WRV vom Vertrauen des Landtags abhängen, sodass hier eine völlige Entkopplung vom Parlament nicht möglich gewesen wäre. Daneben hätte sich der Ministerpräsident zur Sicherung und Bildung einer regierungsfähigen Mehrheit zunächst mit den Parteien im Landtag verständigen müssen, sodass eine Bindung an den Willen der Mehrheitsparteien dennoch bestanden hätte[1781]. Insofern kann hier nicht von einer überbordenden Zuständigkeit bei der Regierungsbildung gesprochen werden. Somit ergab sich nicht allein aus der Befugnis der Wahl aller Minister eine Allzuständigkeit. Ferner war es auch durchaus üblich, dass das Parlament bei gewissen, politisch besonders bedeutsamen Akten der Exekutive zur Mitwirkung befugt war[1782]. Zwar war das Überwachungs- und Informationsrecht recht umfassend, jedoch bestand keine Möglichkeit für das Parlament, rechtlich bindende Anweisungen zu erteilen[1783]. Vielmehr bestimmte § 51 Meck.-Schw. Verf. einen grundlegenden Bereich der eigenverantwortlichen Wahrnehmung von Exekutivaufgaben. Insofern ergab sich nicht aus der bloßen umfassenden Zuständigkeitsverteilung eine Allzuständigkeit des Parlaments[1784]. Allerdings muss man zu einem anderen Ergebnis gelangen, wenn die Stellung der Regierung so schwach ausgestaltet gewesen wäre, dass diese faktisch lediglich nach dem Willen des Parlaments hätte handeln müssen. Konsequenterweise wäre sie

1780 *Leibholz*, Übersicht (Fn. 1546), S. 634.

1781 So auch zur heutigen Kabinettsbildung durch den Bundeskanzler *Schröder*, Bildung (Fn. 1697), § 65 Rn. 33.

1782 Siehe auch *Leibholz*, Übersicht (Fn. 1546), S. 635 ff.; dies ist auch Zeichen der Selbstständigkeit der Regierung, da die Verfassung eben jene einzelnen Eingriffe in die Regierungsarbeit normiert, so *Ballerstaedt*, Verhältnis (Fn. 1518), S. 27.

1783 *Ballerstaedt*, Verhältnis (Fn. 1518), S. 26.

1784 Eine umfassende Zuständigkeit der Parlamente war in der Weimarer Republik üblich, siehe dazu *Leibholz*, Übersicht (Fn. 1546), S. 635 ff.

dann „bloße Kreatur des Parlaments“[1785]. Somit ist weniger die Zuständigkeit als vielmehr die grundsätzliche Stellung von Regierung im Verhältnis zum Parlament der entscheidende Ansatzpunkt zur Beurteilung des Regierungssystems.

a) Zeitgenössische Kritik

Schon zu Anfang der Verfassungsberatungen wurde teilweise kritisiert, dass ein echtes Gegengewicht zum Parlament fehle[1786]. Dies widerspreche dem System des Gleichgewichts und der gegenseitigen Kontrolle der Gewalten[1787]. Man habe den parlamentarischen Gedanken in der Verfassung überspannt[1788]. Diese Missbilligung kam vornehmlich aus konservativen Kreisen[1789]. Ob diese Kritik jedoch auf rein demokratiebewahrendem Fundament fußte, ist dabei nicht unzweifelhaft. Dagegen wurde betont, dass eine demokratisch gewählte Partei nicht gegen den Freistaat agieren werde[1790]. Insgesamt sah man hier die Gefahr der Parteienherrschaft, wenn die Exekutive nicht direkt vom Volk gewählt würde[1791].

Auch in der staatsrechtlichen Diskussion wurde die schwache Stellung der Regierung aufgrund der jederzeitigen Abberufungsmöglichkeit bzw. der Gefahr eines Misstrauensvotums in den Ländern kritisiert, da dies zu einem zu häufigen Wechsel der Minister führte[1792]. Dies war der stabilen Führung der Verwaltungsaufgaben abträglich. Allerdings war dieses Problem nur in Ländern mit instabilen politischen Verhältnissen in besorgniserregendem Maße vorhanden[1793]. Dazu zählte jedoch auch der Freistaat Mecklenburg-Schwerin. *Ballerstaedt* geht sogar soweit, dass „die Gesetzgebung und die Verwaltung letztlich in den Händen des Parlaments

---

1785 *Nieding*, Prinzip (Fn. 869), S. 85.

1786 So *Knebusch*, VVLTag I (Fn. 629), 4. Sitzung, Sp. 33; in eine ähnliche Kerbe schlägt *Reincke-Bloch*, der den immensen Anteil des Parlaments an der Verwaltung durch die Wahl der Minister kritisch herausstellt, siehe *dens.*, ebda., 4. Sitzung, Sp. 37; siehe auch *Inachin*, Durchbruch (Fn. 60), S. 28.

1787 *Reincke-Bloch.*, VVLTag I (Fn. 629), 4. Sitzung, Sp. 37.

1788 *Knebusch*, VVLTag II (Fn. 1113), 86. Sitzung, Sp. 2589.

1789 *Inachin*, Durchbruch (Fn. 60), S. 22, 28.

1790 *Inachin*, Durchbruch (Fn. 60), S. 29.

1791 Diese Befürchtung stellt auch *Haff*, Ständestaat (Fn. 22), S. 7 heraus.

1792 Siehe schon zur aufgegriffenen Kritik allgemein auf den „Länderparlamentarismus“ bezogen *Koellreutter*, Staatsministerien (Fn. 1661), S. 677.

1793 *Koellreutter*, Staatsministerien (Fn. 1661), S. 678.

vereinigt"[1794] seien. Durch die jederzeitige Abberufungsmöglichkeit müsse die Regierung stets im Sinne des Parlaments handeln. Allerdings gibt *Ballerstaedt* zu, dass formal kein Weisungsrecht bestehe und die Verfassung die Eigenständigkeit der Regierung unterstreiche[1795]. Ebenfalls wurde ein Gleichgewicht zwischen Regierung und Parlament verneint, wenn es keine Möglichkeit für die Regierung gab, sich durch die Herbeiführung der Entscheidung des Volkes gegen das Parlament zu verteidigen[1796].

b) Würdigung und Verfassungswirklichkeit

Formal war die Regierung eigenständig und nicht bloßes Ausführungsorgan des Parlaments. Durch das Zurückweisungsrecht im Sinne eines suspensiven Vetos sowie die Initiierung eines Volksentscheids waren der Regierung Verteidigungsmittel gegen die umfassenden Kompetenzen des Landtags gegeben. Sie waren jedoch auch schon vom Verfassungstext aus betrachtet wirkungslos. Denn durch die jederzeitige Abberufungsmöglichkeit hatte der Landtag die Macht, bei dem Verdacht eines Dissenses die aktuelle Regierung abzuberufen und eine willfährige Exekutive zu wählen. Grundsätzlich ist dies dem parlamentarischen Regierungssystem inhärent und vor dem Hintergrund der direkten Legitimation des Landtags durch den Souverän nicht zu beanstanden. Jedoch beinhaltete die Verfassung für einen angemessenen Ausgleich zwischen der umfassenden Kompetenz des Parlaments und der Stellung der Exekutive als eigenständiges Verfassungsorgan gewisse Mechanismen, die die Regierung vor einer Degradierung zum bloßen Vollzugsorgan schützen sollten. Jedoch bestanden diese bloß theoretisch, existierten doch Umgehungsmöglichkeiten des Landtags. Eine Einschränkung der Abberufungsmöglichkeit war nicht normiert. So hätte der Verfassunggeber zumindest vorsehen können, dass bei Anrufung des Volkes zur Entscheidung über eine Gesetzesvorlage eine Abberufung der Regierung nicht möglich gewesen wäre.

1794 *Ballerstaedt*, Verhältnis (Fn. 1518), S. 9.

1795 *Ballerstaedt*, Verhältnis (Fn. 1518), S. 25 f., 28.

1796 *Koellreutter*, System (Fn. 1386), S. 8; das Fehlen dieser Möglichkeit hält *Koellreutter* für undemokratisch, siehe *dens.*, ebda., S. 12 f.; siehe auch kritisch zum Fehlen eines Verteidigungsmittels der Regierung *Ballerstaedt*, Verhältnis (Fn. 1518), S. 19.

Ferner hätte die Verfassung, um die Stellung der Regierung zu stärken, zur Abberufung eine qualifizierte Mehrheit fordern können[1797]. § 53 Meck.-Schw. Verf. gab hierzu keinerlei besondere Vorgaben, sodass es bei der Grundregel der einfachen Mehrheit verblieb.

Eine weitere Möglichkeit, die Rechte der Regierung zu festigen, wurde im verfassunggebenden Landtag diskutiert. Nach diesem Vorschlag sollte der Landtag lediglich die Möglichkeit haben, durch (qualifizierten) Mehrheitsbeschluss das Volk anzurufen, welches dann über die Absetzung der Regierung entscheiden sollte[1798]. Dadurch sollte eine Entkoppelung der Regierungsstellung von der politischen Tagesstimmung im Parlament erreicht werden. Damit wäre bei einem Dissens zwischen Regierung und Parlament die Entscheidung in die Hände des eigentlichen Souveräns gelegt worden, sodass dies aus demokratischen Gesichtspunkten nicht zu beanstanden gewesen wäre. Ferner hätte dies das Leitmotiv, dass der Wille des Volks oberster Entscheidungsträger sein sollte, konsequent umgesetzt. Dabei hätten aber ähnlich qualifizierte Hürden wie bei der Abberufung installiert werden müssen, damit bei politisch labilen Verhältnissen nicht stets ein kostenintensiver Volksentscheid durchgeführt hätte werden müssen.

Insofern war man zwar zu Recht aufgrund der direkten Legitimation des Landtags versucht, ihm umfassende Kompetenzen einzuräumen. Jedoch war das Verhältnis zwischen Regierung und Landtag nicht so ausgestaltet, dass dies in politisch turbulenten Zeiten für Regierungsstabilität hätte sorgen können. Dabei dürfte jedoch auch insgesamt fraglich sein, ob eine Verfassung solch eine Aufgabe überhaupt zu leisten vermag und speziell in der Zwischenkriegszeit vermochte. Jedenfalls war das Normkonzept darauf ausgelegt, dass die Parlamentsparteien bzw. zumindest eine überwiegende Mehrheit sich dem parlamentarischen System verpflichtet sahen und zum Wohle des Freistaates auch willens waren, Kompromisse einzugehen. Insofern war die zeitgenössische Kritik durchaus berechtigt und hätte Anstoß für Reformen bieten können. Insgesamt war die Regierung vornehmlich „[bloße] Kreatur des Parlaments"[1799].

Allerdings scheint weniger das Normkonstrukt an sich zu Problemen geführt zu haben. Wie bereits angeschnitten, war die jederzeitige Abbe-

---

1797 *Reißfelder*, Verfassungsautonomie (Fn. 68), S. 78; siehe auch *Nieding*, Prinzip (Fn. 869), S. 87 ff.

1798 Siehe *Reincke-Bloch*, VVLTag I (Fn. 629), 23. Sitzung, Sp. 817, dieser hält solch eine erschwerte Abberufung für sehr demokratisch.

1799 *Nieding*, Prinzip (Fn. 869), S. 85.

rufung in der Staatspraxis weniger relevant als der Rücktritt der Regierung. Hierzu genügte regelmäßig der Antrag auf Misstrauensbekundung, welcher nicht an die erhöhten Anforderungen des Abberufungsantrags gebunden war[1800]. In der Zwischenkriegszeit dominierten wechselnde Regierungsbündnisse, Misstrauensanträge und Parlamentsauflösungen das parlamentarische Geschehen[1801]. Schon seit Beginn der Weimarer Republik war es fast unmöglich, stabile Regierungsmehrheiten zu formen. Dies lag zu einem erheblichen Teil offenbar auch an der Parteienzersplitterung im Landtag. So gab es in Mecklenburg-Schwerin nur drei Mehrheitsregierungen, aber fünf Minderheitsregierungen, sodass die jeweilige Regierung die meiste Zeit auf das Wohlwollen von wechselnden Mehrheiten angewiesen war, damit der Haushalt verabschiedet und Gesetze beschlossen werden konnten. Neben der bestehenden Parteienzersplitterung fehlte jedoch auch eine breite politische Mitte im Landtag. So kam es stets zu einem Ringen der linken und rechten Kräfte zur Bildung einer Mehrheits- oder Minderheitsregierung, sodass kleine Parteien regelmäßig den Ausschlag geben konnten. Diese extremen Kräfte auf beiden Seiten des politischen Farbspektrums erschwerten eine konstruktive Regierungs- und Parlamentsarbeit ungemein[1802]. Jedoch verschärften sich die Interessenkonflikte insbesondere in Zeiten wirtschaftlicher Schieflage[1803]. Zum Ende der Weimarer Republik kam es zu einer Radikalisierung der Parteienlandschaft. Die unbedingte Abhängigkeit der Regierung war insofern nur vor dem Hintergrund politischer Grabenkämpfe und labiler Parlamentsmehrheiten ein Konstruktionsfehler. Ob solche politischen und parlamentarischen Entwicklungen vom Verfassunggeber hätten vorhergesehen werden können[1804], vermag jedoch nicht beurteilt zu werden. Hier hätte man gewisse Sicherungsmechanismen etablieren können, um solche

1800 Siehe zur Staatspraxis *Ballerstaedt*, Verhältnis (Fn. 1518), S. 18 ff.

1801 Die Ausführungen zur Regierungswirklichkeit und Parlamentswirklichkeit sind *Ballerstaedt*, Verhältnis (Fn. 1518), S. 41 ff. entnommen; siehe auch zu den politischen Turbulenzen *Inachin*, Durchbruch (Fn. 60), S. 41 ff.; nach der Regierung unter *Wendorff* 1920 gelang es lediglich während des zweiten ordentlichen Landtags 1921–1924 sowie schließlich während des siebten ordentlichen Landtags 1932–1933 Mehrheitsregierungen zu bilden, siehe dazu im Detail *Freitag*, Regierungssystem (Fn. 20), S. 66 f., 91 ff., 177 f.

1802 Siehe insbesondere *Inachin*, Durchbruch (Fn. 60), S. 58; die Parteien agierten auch zum Teil nur als Vertreter von Partikularinteressen, ohne das Staatswohl in den Fokus des Handelns zu rücken.

1803 *Inachin*, Durchbruch (Fn. 60), S. 41.

1804 Vielmehr war man im verfassunggebenden Landtag um fruchtbringende Landespolitik als Parteipolitik bemüht, siehe dazu auch *Inachin*, Durchbruch

Effekte zumindest abzuschwächen. Jedoch können alle verfassungsrechtlichen Maßnahmen zur Sicherung der Handlungsfähigkeit des Parlaments und infolgedessen der Regierung nicht alle politischen Gräben überbrücken. Schon 1932 errang die Nationalsozialistische Deutsche Arbeiterpartei (NSDAP) bei einer Wahlbeteiligung von circa 80 Prozent 49 Prozent der Stimmen; damit bestand in Mecklenburg-Schwerin schon frühzeitig eine absolute Mehrheit für die Nationalsozialisten im Landtag[1805]. Dies war der größte Wahlerfolg der Nationalsozialisten vor der Übernahme der Macht[1806]. Die Bevölkerung hatte somit ein klares Zeichen für antidemokratische Kräfte abgegeben, was auch ein (demokratisches) Verfassungswerk nicht zu verhindern vermocht hätte. Die parlamentarische Praxis bis zur gänzlichen Erosion des Verfassungswerks und des Parlamentarismus in Mecklenburg-Schwerin machten die regelungstechnischen Konstruktionsfehler nur insoweit erkennbar, als dass die nationalsozialistische Mehrheit eine (unabhängige) Wahlprüfung verhinderte.

III. Plebiszitäre Demokratie

Art. 17 Abs. 1 S. 1 WRV schrieb die Konstituierung einer Volksvertretung der Länder vor, sodass eine reine unmittelbare Demokratie damit ausgeschlossen war[1807]. Damit bestand jedoch kein Verbot anderer Erscheinungsformen der direkten Demokratie, beispielsweise die Durchführung von Referenden[1808]. Die Reichsverfassung machte keine Vorgaben zu Elementen der direkten Demokratie in den Ländern[1809]. Alle Länder hatten Elemente direkter Demokratie in die Landesverfassungen aufgenom-

---

(Fn. 60), S. 21; dies änderte sich radikal in späteren ideologisch aufgeheizten Debatten und Blockadehaltungen, siehe *dies.*, ebda., S. 43 ff.

1805 Selbst *Adolf Hitler* und andere wichtige Parteifunktionäre beteiligten sich an dem Landtagswahlkampf in dem kleinen Land, wobei sie viele Wahlkampfthemen anderer Parteien übernahmen und die Arbeiterschaft für sich gewannen. Allerdings fanden auch massive Wahlbeeinflussung sowie (wahrscheinlich) Manipulation statt, siehe *Inachin*, Durchbruch (Fn. 60), S. 55.

1806 *Huber*, Verfassungsgeschichte VI (Fn. 82), S. 826; wobei in Oldenburg die NSDAP 48,4 % der Stimmen 1932 errang.

1807 *Gebhard*, Handkommentar (Fn. 876), Art. 17 Anm. 4.a (S. 146).

1808 *Hinrichs*, Grenzen (Fn. 877), S. 41; *Wenzel*, Grundlagen (Fn. 870), S. 607; *Gebhard*, Handkommentar (Fn. 876), Art. 17 Anm. 4.a (S. 146).

1809 *Anschütz*, Verfassung (Fn. 779), Art. 17 Anm. 6 (S. 137).

men[1810]. Art. 17 Abs. 1 WRV schrieb nur Grundsätze für die Wahlen vor, jedoch wäre es widersinnig gewesen, für die direkte Einflussnahme am Staatsleben keinerlei Vorgaben für die Länder festzuschreiben[1811], sollte diese Norm eine demokratische Homogenität im gesamten Reich auf Länderebene sichern. Die Reichsverfassung ging vielmehr davon aus, dass der unmittelbare Volkswille durch Wahlen und (Volks-) Abstimmungen ausgedrückt wurde, sodass logischerweise die Stimmberechtigung einheitlich zu sehen war, damit der Volkswille auch einheitlich ausgedrückt werden konnte[1812]. Die plebiszitären Elemente wurden in die Landesverfassungen aufgenommen, um so einen Gegenpol zum reinen Parlamentarismus bzw. dem Landtag zu schaffen[1813]. Insofern sah man Elemente direkter Demokratie vor, um letztendlich dem Volk eine weitere Kontrollmöglichkeit über Landtag und Regierung zuzugestehen[1814]. Neben dem bereits behandelten Stichentscheid konnte das Volk auch aus sich selbst heraus gesetzgeberisch tätig werden, den Staatsgerichtshof anrufen[1815] sowie den Landtag auflösen. Dieses Verfahren, indem dem Volk selbst ein Initiativrecht zugestanden wurde, war wie üblich zweistufig ausgestaltet[1816]. Das Volksbegehren war das Recht eines Teils der Bürger, eine gesetzgeberische Entscheidung zu erwirken[1817]. Der Volksentscheid war somit die eigentliche

1810 Siehe *Wittreck*, Einleitung (Fn. 2), S. 46 ff.; siehe zu den plebiszitären Elementen im Reich und in den Ländern *H. Venator*, Volksentscheid und Volksbegehren im Reich und den Ländern, in: AöR N.F. 4 (1922), S. 40 ff.; *E. Martens*, Volksbegehren und Volksentscheid nach der Reichsverfassung unter besonderer Berücksichtigung der schweizerischen Verfassungsverhältnisse, 1924, S. 39 ff.; siehe auch *Hatschek*, Landesstaatsrecht (Fn. 1501), S. 114 ff.; *C. Schmitt*, Volksentscheid und Volksbegehren, 1927, S. 7 ff.

1811 *Stier-Somlo*, Reichs- und Landesstaatsrecht (Fn. 991), S. 525; *Hinrichs*, Grenzen (Fn. 877), S. 41.

1812 *Jacobi*, Reichsverfassungsänderung (Fn. 1052), S. 243 f.

1813 *Meißner*, Staatsrecht (Fn. 1126), S. 97; *Wittreck*, Genese (Fn. 419), § 2 Rn. 42; siehe zu den verschiedenen Intentionen auch *Gusy*, Reichsverfassung (Fn. 10), S. 94.

1814 Siehe *Reincke-Bloch*, VVLTag I (Fn. 629), 23. Sitzung, Sp. 813 f.

1815 Siehe dazu Kapitel D.VII.2.

1816 Siehe dazu insbesondere auch *G. Kaisenberg*, Insbesondere: Die formelle Ordnung des Volksbegehrens und des Volksentscheids in Reich und Ländern, in: Anschütz/Thoma, Handbuch II (Fn. 940), S. 204 (206 ff.); siehe auch zum Verfahren auf Reichsebene mit rechtsvergleichenden Hinweisen *Martens*, Volksbegehren (Fn. 1810), S. 79 ff. bzw. zum Verfahren in den Ländern *dens.*, ebda., S. 110 ff.

1817 Ähnlich *Hatschek*, Landesstaatsrecht (Fn. 1501), S. 125; die Definition des Volksbegehrens bei *Venator* war zu eng für die verschiedenen Fälle des Volksbegehrens im Freistaat, vgl. *dens.*, Volksbegehren (Fn. 1810), S. 43.

Entscheidung. Die plebiszitären Entscheidungen waren lediglich fakultativ in Mecklenburg-Schwerin.

1. Das allgemeine Prozedere

Das Verfahren über den Volksentscheid wurde dem Gesetzgebungsauftrag des § 47 Meck.-Schw. Verf. entsprechend einfachgesetzlich geregelt[1818]. Darin wurden vornehmlich technische Regelungen zum Abstimmungsprozedere und zur Prüfung des Ergebnisses festgelegt.

Das Volksbegehren gab dabei den Anstoß für die entsprechende Maßnahme, vgl. § 13 VolksG. Dem Zulassungsverfahren lag ein Antrag zugrunde, der von 1.000 Stimmberechtigten gemäß § 14 S. 2 VolksG unterzeichnet sein musste. Die Stimmberechtigung für das Volksbegehren war nicht ausdrücklich in dem entsprechenden systematischen Abschnitt festgelegt. § 14 VolksG nannte lediglich die „Stimmberechtigten". Nach der Systematik des Gesetzes sowie dem Sinn der Verknüpfung mit dem Landtagswahlrecht konnte damit nur dieselbe Stimmberechtigung wie in § 5 VolksG im Abschnitt über den Volksentscheid gemeint gewesen sein. Somit war zur Leistung einer Unterschrift nur der Landtagswahlberechtigte rechtsgültig im Stande. Das Volksbegehren war wie üblich nach dem Eintragungsverfahren ausgestaltet[1819]. Nach Zulassung desselben wurde es gemäß § 15 Abs. 2 VolksG im Regierungsblatt veröffentlicht und der entsprechende Antrag nach ortsüblicher Bekanntmachung gemäß § 16 VolksG zwei Wochen von den Gemeindebehörden ausgelegt, sodass sich die Stimmberechtigten durch Unterschrift beteiligen konnten. Das Volksbegehren bedurfte einer Unterstützung von einem Sechstel der Anzahl an Wahlberechtigten zum Zeitpunkt der letzten Wahl. Über das Quorum bestand im verfassunggebenden Landtag keine Einigkeit. Jedoch wurde ein relativ hohes Quorum festgelegt, um das aufwendige Verfahren nur bei wichtigen An-

---

1818 Gesetz über den Volksentscheid und das Volksbegehren v. 21. Mai 1920, abgedruckt in: Wenzel, Verfassungs- und Verwaltungsgesetze (Fn. 1353), im Folgenden abgekürzt als VolksG; bei der Einführung der Volksgesetzgebung orientierte man sich auch an den schweizerischen Kantonsverfassungen, siehe *Witte*, VVLTag I (Fn. 629), 23. Sitzung, Sp. 810; siehe zur Entwicklung in den schweizerischen Kantonen *Martens*, Volksbegehren (Fn. 1810), S. 18 ff. Hier wird deutlich, dass vielmehr eine Orientierung an der Reichsverfassung als an den Kantonsverfassungen gewählt wurde; siehe auch knapp zu den Vorbildern der Volksbeteiligung *Hatschek*, Landesstaatsrecht (Fn. 1501), S. 116 ff.

1819 Siehe auch *Kaisenberg*, Ordnung (Fn. 1816), S. 219.

gelegenheiten von allgemeinem Interesse in Gang zu setzen[1820]. Insbesondere bei knappen finanziellen Mitteln[1821] musste man unnötige Volksentscheide mit dem entsprechenden Abstimmungsaufwand vermeiden, wenn nur eine Splittergruppe die Regelung der entsprechenden Frage, Auflösung des Parlaments oder Anklagen von Ministern oder Abgeordneten begehrte. Die Hürde für ein Volksbegehren wurde insgesamt jedoch als moderat empfunden, da es sich zum Zeitpunkt der Verfassungsverhandlung um circa 50.000 Stimmberechtigte handelte[1822]. Das Volksbegehren musste gemäß § 45 Abs. 3 S. 1 Meck.-Schw. Verf. beim Staatsministerium oder Landtag gestellt werden.

Wenn das Volksbegehren erfolgreich war und das erforderliche Begehrensquorum von einem Sechstel erfüllte, sowie in Fällen des Stichentscheids folgte sodann eine Entscheidung mittels Volksentscheids, vgl. § 1 VolksG. §§ 4 und 5 VolksG regelten die Abstimmung und Stimmberechtigung für den Volksentscheid parallel zum Wahlrecht. Ein erneuter Zulassungsantrag konnte, abgesehen von der Parlamentsauflösung, gemäß § 20 VolksG erst nach Ablauf eines Jahres wieder gestellt werden. Die Norm konkretisierte nicht, was unter erneuter Stellung des Zulassungsantrag zu verstehen war. Nach dem Sinn, der Entscheidung eine gewisse Geltungsdauer bzw. Karenzzeit zuzugestehen, waren somit erneute Anträge mit derselben Stoßrichtung innerhalb dieser Frist ausgeschlossen. Durch die Einrichtung von Volksbegehren und Volksentscheiden wurde somit § 24 Abs. 2 Meck.-Schw. Verf. konkretisiert. Das Volk konnte seinen Willen unmittelbar durch diese Abstimmungen ausdrücken.

2. Gesetzgebungsrecht

Die Volksabstimmungen waren sowohl nach der Reichsverfassung als auch nach der Landesverfassung zumindest von der politischen Gewichtung her den Entscheidungen des Parlaments übergeordnet[1823]. Dies zeigte

---

1820 *Wendorff*, VVLTag I (Fn. 629), 86. Sitzung, Sp. 2570; siehe zum Vergleich der Quoren in anderen Ländern die Übersicht bei *Wittreck*, Einleitung (Fn. 2), S. 46 f.

1821 Die Kosten des Zulassungsverfahrens hatten gemäß § 19 VolksG die Staatskasse und die übrigen Kosten des Verfahrens die Gemeinden zu tragen.

1822 *Wendorff*, VVLTag I (Fn. 629), 86. Sitzung, Sp. 2571.

1823 Siehe bezüglich der Reichsverfassung *Jacobi*, Reichsverfassungsänderung (Fn. 1052), S. 255; so zur Reichsverfassung *Thoma*, Grundbegriffe (Fn. 1214), S. 115, der maßgeblich auf den Willen der Nationalversammlung abstellt. In schon die Möglichkeit des Stichentscheids, in dem das Volk als Schiedsrichter zwischen den beiden Gewalten fungierte. Damit besann man sich auf die eigentliche Quelle der Staatsgewalt, nämlich den Volkswillen, zurück. Das Gesetzgebungsrecht bzw. das Recht zur Verfassungsänderung durch das Volk stellten übliche Regelungen der Länder dar[1824]. Bei § 45 Abs. 1 und 2 Meck.-Schw. Verf. passte man sich dem Wortlaut und dem grundsätzlichen Prozedere nach Art. 73 Abs. 3 WRV an[1825]. Eine Volksabstimmung konnte gemäß § 45 Abs. 1 S. 1 Meck.-Schw. Verf. über die Vorlage eines Gesetzes an den Landtag begehrt werden[1826]. Dem Volksbegehren musste gemäß § 45 Abs. 1 S. 2 Meck.-Schw. Verf. ein ausgearbeiteter Gesetzentwurf zugrunde liegen. Dies hatte den Sinn, dass auch der tatsächliche Wille des Volksbegehrens im Gesetzentwurf zum Ausdruck kam[1827]. Insofern musste dieser Entwurf im Einzelfall so konkret sein, dass sich die erstrebten Rechtswirkungen schon unmissverständlich aus dem Entwurf ergaben. Es sollte die Gefahr der Verzerrung des Volkswillens dadurch vermieden werden. Das Staatsministerium musste eine Stellungnahme zu diesem Gesetzentwurf dem Landtag vorlegen, § 45 Abs. 1 S. 3 Meck.-Schw. Verf. Wenn der Landtag den Gesetzentwurf unverändert annahm, musste gemäß § 45 Abs. 1 S. 4 Meck.-Schw. Verf. kein Volksentscheid durchgeführt werden. Dies diente der Kostenersparnis[1828]. Insofern bestand kein wirklicher Unterschied zum regulären Gesetzgebungsverfahren. Es handelte sich dann um ein vom Landtag beschlossenes Gesetz.

Weigerte sich der Landtag, das begehrte Gesetz zu beschließen, so musste ein Volksentscheid durchgeführt werden. Gemäß § 6 VolksG konnte man nur positiv oder negativ stimmen, wobei gemäß § 4 S. 3, 4 VolksG

Mecklenburg-Schwerin sollte der Willen des Volkes höchstes Gesetz sein, sodass dieses Argument übertragbar ist, siehe *Wendorff*, VVLTag I (Fn. 629), 1. Sitzung, S. 2; *W. Kröger* (SPD), ebda., 3. Sitzung, Sp. 49; knapp dazu *Huber*, Verfassungsgeschichte VI (Fn. 82), S. 429 f. m.w.N.; siehe zur Debatte um die Rechtsnatur des Volksbegehrens *C. Schwieger*, Volksgesetzgebung in Deutschland, 2005, S. 102 ff.

1824 Siehe die Übersicht bei *Wittreck*, Einleitung (Fn. 2), S. 46 ff.; siehe auch zeitgenössisch *Heyland*, Landesgesetz (Fn. 1744), S. 194 f.

1825 *Wendorff*, VVLTag II (Fn. 1113), 86. Sitzung, Sp. 2568; siehe dazu auf Reichsebene *Stier-Somlo*, Reichs- und Landesstaatsrecht (Fn. 991), S. 524 ff.

1826 Insofern war das Volksbegehren, der Volksinitiativantrag, ein mittelbares Initiativrecht, siehe *Heyland*, Landesgesetz (Fn. 1744), S. 195.

1827 Bei der Ausarbeitung im Ministerium könne möglicherweise der Wille nicht genau im Entwurf abgebildet werden, so *Wendorff*, VVLTag II (Fn. 1113), 86. Sitzung, Sp. 2570 f.

1828 *Heyland*, Landesgesetz (Fn. 1744), S. 197 f.

die Mehrheit entschied, sodass bei Stimmgleichheit das Ergebnis negativ war. Ein Beteiligungsquorum war in Mecklenburg-Schwerin nicht vorgesehen[1829]. Ein Motiv dafür mag gewesen sein, dass eine ausreichende Beteiligung und somit demokratische Legitimation des Abstimmungsergebnisses bereits durch die recht hohe Hürde beim Volksbegehren sichergestellt wurde. Intention des Verfassunggebers bezüglich des Volksentscheids war es, eine weitgehende Partizipation des Volkes zu sichern, indem diesem eine Entscheidungsbefugnis für besonders wichtige Fälle eingeräumt wurde[1830]. Dies erklärt, insbesondere auch vor dem Hintergrund knapper Staatsmittel, dass nur selten von dem Instrumentarium Gebrauch gemacht werden sollte. Unstatthaft für Volksbegehren und Volksentscheid waren gemäß § 46 Meck.-Schw. Verf. Regelungen über den Staatshaushalt, die Abgabengesetze und die Besoldungsordnungen[1831]. Damit war die uneingeschränkte Budgethoheit des Parlaments festgelegt. Diese Bereichsausnahme war mit der Sorge begründet, dass Bürger in finanziellen Angelegenheiten das eigene Wohl über das des Staates bzw. der Allgemeinheit stellen könnten[1832]. Daneben hätte dies die Gefahr der Behinderung der Verwaltung bedeuten können, wenn Finanzmittel gestrichen worden wären[1833]. Somit verblieb dem Landtag die alleinige Entscheidungskompetenz in Finanzfragen. Diesbezüglich war die Landesverfassung klarer formuliert als Art. 73 Abs. 4 WRV. Die Reichsnorm begrenzte die entsprechende Bereichsausnahme, welche nach damals herrschender Meinung relativ weit zu verstehen war, nur auf den Volksentscheid und nicht schon auf das Volksbegehren[1834]. Der Volksentscheid konnte selbstverständlich auch

1829 Siehe im Unterschied dazu beispielsweise § 10 Abs. 3 Bay. Verf., Art. 6 Abs. 4 Preuß. Verf.

1830 So die Intention der Mehrheitsparteien im verfassunggebenden Landtag, siehe *Wendorff*, VVLTag I (Fn. 629), 3. Sitzung, Sp. 6.

1831 Dies stellte eine übliche Bereichsausnahme dar, siehe *Heyland*, Landesgesetz (Fn. 1744), S. 195; siehe zur Auslegung der Bereichsausnahmen auf Reichsebene *Kaisenberg*, Ordnung (Fn. 1816), S. 207 f.; die finanziellen Auswirkungen führten auf Reichsebene zum Scheitern von drei Plebisziten, siehe *Gusy*, 100 Jahre (Fn. 1070), S. 135; auch in heutigen Verfassungen stellt der Haushalt eine übliche Bereichsausnahme dar, siehe dazu im Überblick *M. Martini*, Wenn das Volk (mit)entscheidet…, 2011, S. 52 ff.; siehe zur heutigen Auslegung der Bereichsausnahmen *Rux*, Demokratie (Fn. 1760), S. 664.

1832 Allgemein dazu *Venator*, Volksentscheid (Fn. 1810), S. 93 f.

1833 So allgemein *Hatschek*, Landesstaatsrecht (Fn. 1501), S. 136; weiteres Motiv war, dass ein in sich geschlossenes Finanzsystem dadurch hätte zerrüttet werden können.

1834 Dennoch war eine Ausdehnung der Bereichsausnahme schon auf das Volksbegehren herrschende Ansicht der Lehre und auch in der Staatspraxis anerkannt, über die Aufhebung eines Gesetzes stattfinden, indem der Inhalt des zu beschließenden Gesetzes lediglich die Aufhebung eines anderen Gesetzes war[1835]. Für Verfassungsänderungen galt gemäß § 45 Abs. 3 S. 2 Meck.-Schw. Verf. ein erhöhtes Quorum von einem Drittel für das Volksbegehren. Ferner bedurfte es bei der Volksabstimmung gemäß § 82 Abs. 2 Meck.-Schw. Verf. der Zustimmung von zwei Dritteln aller abgegebenen gültigen Stimmen für ein positives Ergebnis. Eine Mindestbeteiligung war auch hier nicht vorgesehen. Ein erfolgreiches plebiszitäres Gesetzgebungsverfahren ist in Mecklenburg-Schwerin nicht zustande gekommen. Somit kam es in Mecklenburg-Schwerin auf die Frage nach der erhöhten Geltungskraft von volksbeschlossenen Gesetzen gegenüber dem Parlament, sodass diesem kein Aufhebungsrecht zugekommen wäre, nicht an[1836]. Mangels eines ausdrücklichen Verbots oder einer Erschwerung der Aufhebung von Gesetzen aus dem plebiszitären Verfahren im Verfassungstext[1837] sowie der grundlegenden Gleichbehandlung der beiden Art der Gesetzgebung dürfte diesen Gesetzen jedoch keine erhöhte Bestandskraft zugekommen sein. Vielmehr behandelte § 24 Abs. 2 Meck.-Schw. Verf. Wahlen und Abstimmung sowie die mittelbare Ausübung durch die bestimmten Organe grundsätzlich gleich. Eine formale Überordnung lässt sich daraus nicht herleiten. Allerdings hätte das Volk bei einem Handeln des Parlaments gegen dessen Willen den Landtag auflösen können, sodass in der Ablehnung der erhöhten Bestandskraft der Volksgesetzgebung keine Negierung der Letztentscheidungsbefugnis des eigentlichen Souveräns zu sehen war. Sodann hätte das Volk nämlich bei Neuwahlen die Zusammensetzung des Parlaments durch entsprechende Stimmabgabe ändern können. Somit widerspricht dieses Verständnis nicht der Stellung des Volks als eigentlichem Souverän. Insofern musste es bei dem Grundsatz *lex posterior derogat legi priori* bleiben. Eine Pflicht zur Auflösung des Landtags trotz Unterliegens nach erfolgreichem Volksbegehren und Volksentscheid bestand mangels

siehe *Kaisenberg*, Ordnung (Fn. 1816), S. 207 f.; *Anschütz*, Verfassung (Fn. 779), Art. 73 Anm. 10 (S. 389); kritisch dazu zeitgenössisch *Schmitt*, Volksentscheid (Fn. 1810), S. 14 ff.; ebenfalls kritisch *O. Jung*, Das Finanztabu bei der Volksgesetzgebung, in: Der Staat 38 (1999), S. 41 (45 ff.).

1835 Siehe *Stier-Somlo*, Reichs- und Landesstaatsrecht (Fn. 991), S. 528.

1836 Siehe statt aller zum Streit um die erhöhte Bestandskraft *Anschütz*, Verfassung (Fn. 779), Art. 73 Anm. 4 (S. 385 ff.) m.w.N.; siehe zur Entwicklung der staatsrechtlichen Debatte *Stern*, Staatsrecht V (Fn. 10), § 129 S. 627 sowie ausführlich *Schwieger*, Volksgesetzgebung (Fn. 1823), S. 152 ff.

1837 Die Bindung des Volks an die Verfassung nach dem Akt der Verfassunggebung betont auch *Rux*, Demokratie (Fn. 1760), S. 87 ff.

expliziter Regelung nicht. Zwar kam hier die Initiative, anders als beim Stichentscheid, aus der Mitte des Volkes und sollte nur bei wichtigen Fragen durchgeführt werden. Jedoch konnte nicht zwingend von einem Dissens bezüglich einer Grundsatzfrage auf einen völligen Vertrauensverlust zwischen Volksvertretung und Volk geschlossen werden. Insbesondere bestand zusätzlich weiterhin die Möglichkeit einen Volksentscheid über die vorzeitige Beendigung der Wahldauer durchzuführen. In Mecklenburg-Schwerin gab es nicht einmal den ernsthaften Versuch der Volksgesetzgebung. Dies zeigt, dass das Gesetzgebungsverfahren überraschenderweise in der Praxis nicht im Mittelpunkt der plebiszitären Handlungsmöglichkeiten stand.

3. Auflösung des Landtags

Das Auflösungsrecht stellte die konsequente Durchsetzung des der Volksgesetzgebung zugrundeliegenden Gedankens der Volkssouveränität sowie der Beschränkung der Parlamentsallmacht dar[1838]. Die Exekutive konnte einen Volksentscheid über die Landtagsauflösung nicht initiieren. Die Landesverfassung unterschied sich von der Reichsverfassung, indem durch § 30 Meck.-Schw. Verf. die Möglichkeit der Parlamentsauflösung per Volksentscheid geschaffen worden war[1839]. Dennoch war das Parlamentsauflösungsrecht des Volkes durchaus üblich in den Landesverfassungen der Weimarer Republik[1840]. Das Volksbegehren, gerichtet auf die Landtagsauflösung, bedurfte gemäß § 45 Abs. 3 S. 1 Meck.-Schw. Verf. auch eines Quorums eines Sechstels der bei der letzten Stimmabgabe berechtigten Bürger. Mangels anderweitiger Regelung reichte im Gegensatz zu anderen Ländern die Zustimmung der einfachen Mehrheit beim Volksentscheid zur Landtagsauflösung[1841]. Die Rechtsfolgen unterschieden sich nicht von der regulären Beendigung des Landtags[1842]. Lediglich 1925 wurde die Auflösung des Landtags betrieben, um die Zusammenlegung der Ämter und den damit einhergehenden Verlust des Status als Amtsstadt zu verhin-

1838 Vgl. zur „vollkommenere[n] Form“ der Umsetzung der Volkssouveränität in den Ländern *Kaisenberg*, Ordnung (Fn. 1816), S. 218 ff.; siehe auch *A. Tecklenburg*, Die Landtagsabberufung durch Volksabstimmung, in: AöR N.F. 22 (1932), S. 74 (75).

1839 *Mrotzek*, Weg (Fn. 857), S. 97.

1840 Siehe die Übersicht bei *Wittreck*, Einleitung (Fn. 2), S. 49 f.

1841 Siehe auch *Rux*, Demokratie (Fn. 1760), S. 139.

1842 *Venator*, Volksentscheid (Fn. 1810), S. 82.

dern[1843]. Dieses Verfahren scheiterte am erforderlichen Begehrensquorum. Eine erfolgreiches Auflösungsverfahren hat es in Mecklenburg-Schwerin somit nicht gegeben.

4. Zusammenfassung

Die Bewertung der plebiszitären Elemente erscheint im Hinblick auf die Motive des Verfassunggebers recht uneinheitlich.

Mit Blick auf die Volksbeteiligung versuchte man in Mecklenburg-Schwerin einen Spagat zu machen. So wollte man ausdrücklich eine vielfältige Entscheidungsgewalt. Dies zeigen insbesondere die umfangreichen Kompetenzen und Möglichkeiten der direkten Volksbeteiligung. Insofern war man sich der Stellung des Volks als eigentlichem Souverän bewusst und wollte es durch umfassende Partizipationsmöglichkeiten verdeutlichen[1844]. Allerdings war dies nicht bei allen politischen Akteuren handlungsleitendes Motiv. Die Etablierung von Elementen direkter Demokratie waren auch (zumindest teilweise) von einem Misstrauen gegen die Legislative getragen und als Begrenzung der Allmacht des Landtags gedacht[1845]. Insofern führten jedoch sowohl demokratiefreundliche Konzepte als auch das Misstrauen gegenüber dem Parlament auf der Suche nach einer sinnvollen Begrenzung von dessen Allmacht zur (formalen) Stärkung der direkten Demokratie. Dennoch war man sich aufgrund knapper finanzieller Mittel bewusst, dass die Hürde für ein Volksbegehren nicht zu gering ausfallen durfte. Dies hätte sowohl die Verschwendung von Staatsmitteln bei Volksbegehren von geringem allgemeinem Interesse sowie die Erregung der Bürger ohne triften Grund bedeutet[1846]. Allzu häufige Volksbegehren hätten sicherlich auch nicht zu einer produktiven Parlamentsarbeit beigetragen und mittelbar die Arbeit der Exekutive gestört.

So verwundert es vor dem Hintergrund der nicht unerheblichen Hürden nicht, dass letzlich kein erfolgreiches Volksbegehren initiiert wurde. Zwar wäre es sicherlich etwas verkürzt, nur in dem Begehrensquorum den

---

1843 Siehe dazu *Rux*, Demokratie (Fn. 1760), S. 168 f. m.w.N.

1844 *Witte*, VVLTag I (Fn. 629), 23. Sitzung, Sp. 810 zeigt den Willen, das Volk so weit wie möglich an der Gesetzgebung zu beteiligen, ohne dass dieser ein Misstrauen gegenüber dem Parlamentarismus vermittelt.

1845 Siehe *Reincke-Bloch*, VVLTag I (Fn. 629), 23. Sitzung, Sp. 813 f.; allgemein auf die Verfassunggeber in der Weimarer Republik bezogen siehe *Rux*, Demokratie (Fn. 1760), S. 182; siehe auch *Gusy*, 100 Jahre (Fn. 1070), S. 120, 131 ff.

1846 Siehe auch *Wendorff*, VVLTag II (Fn. 1113), 86. Sitzung, Sp. 2570.

Grund für die Bedeutungslosigkeit der direkt-demokratischen Elemente zu sehen, jedoch dürfte hier sicherlich der Hauptgrund gelegen haben[1847]. Bei den aufgezeigten fragilen politischen Verhältnissen im Landtag und der Regierungsbündnisse als Spiegelbild der politischen Landschaft im Land allgemein dürfte es regelmäßig schwierig gewesen sein, die erforderliche Anzahl an Stimmberechtigen zu vereinen. Dies wäre nur für einflussreiche Gruppierungen möglich gewesen, die schon über gewisse Organisationsstrukturen verfügten, um so die notwendigen Massen zu mobilisieren. Hier hätte insbesondere neben den politischen (Minderheits-)Parteien die Chance bestanden, andere Akteure, beispielsweise die Gewerkschaften, am politischen Prozesse zu beteiligen. Auch gab es in Mecklenburg-Schwerin nur wenig Möglichkeiten, einen Volksentscheid herbeizuführen. So war weder für eine qualifizierte Parlamentsminderheit die Möglichkeit eröffnet, eine Entscheidung des Volkes über einen Gesetzesentwurf oder die Parlamentsauflösung herbeizuführen, noch konnte das Staatsministerium einen Volksentscheid über die Auflösung des Parlaments herbeiführen. Hier war man stets auf den Umweg über Bürgerbewegungen angewiesen, denen erhebliche Hürden in Form des Begehrensquorums entgegenstanden.

Insgesamt besaßen die plebiszitären Elemente keinerlei praktische Relevanz in Mecklenburg-Schwerin, sodass hierin zumindest keine Ursache für das spätere Scheitern der Demokratie zu erblicken ist[1848]. Insbesondere kanalisierte sich in Mecklenburg-Schwerin nicht die allgemeine Unzufriedenheit in den Krisenjahren[1849] zu plebiszitären Vorstößen. Allerdings lässt sich auch kein positiver Einfluss oder gar eine Stabilisierung der jungen Demokratie feststellen.

1847 Kritisch zu überspannenden Begehrensquoren in den Ländern der Bundesrepublik *F. Wittreck*, Direkte Demokratie und Verfassungsgerichtsbarkeit, in: JöR 53 (2005), S. 111 (180 f.); ebenso *Rux*, Demokratie (Fn. 1760), S. 186.

1848 So verneint *Rux* die häufig beschworene destabilisierende Wirkung der direkten Demokratie für die Weimarer Republik, siehe *dens.*, Demokratie (Fn. 1760), S. 191.

1849 Dies war jedoch Symptom in anderen Ländern und im Reich, siehe *Rux*, Demokratie (Fn. 1760), S. 192 f.

IV. Verhältnis von Staat und Kirche

Das Verhältnis zwischen Staat und Kirche war aufgrund der Art. 135 ff. WRV schon stark vorgezeichnet[1850]. In der Nationalversammlung scheute man sich, den Status der Kirchen so zu beschneiden, dass diese lediglich zu privatrechtlichen Vereinen degradiert wurden[1851]. Speziell in den Territorien, in denen der Summepiskopat[1852] galt, stellte sich die Frage nach einem eventuellen Übergang auf die neuen Regierungen[1853]. Die Stellung des ehemaligen Landesherrn als vormaligem Bischof und Leiter der Landeskirche[1854] war nämlich durch die Novemberrevolution beseitigt worden. Jedenfalls bedeutete das Grundrecht auf Religionsfreiheit eine Absage an eine Staatskirche[1855]. Jedoch blieben die Kirchen gemäß Art. 137 Abs. 5 WRV Körperschaften des öffentlichen Rechts. Damit wurde ein Kompromiss geschaffen[1856], war doch der Körperschaftsstatus ein wichtiges Anliegen der kirchenfreundlichen Strömungen in der Nationalversammlung. *Schmitt* schlussfolgert daraus, dass die Weimarer Reichsverfassung den Staat von der Kirche, jedoch nicht die Kirche vom Staat getrennt hatte[1857].

Bezogen auf den Regelungsspielraum der Länder war neben der generellen Kollisionsnorm auch Art. 10 Nr. 1 WRV relevant. Das Reich hatte danach die Grundsatzgesetzgebung für die Rechte und Pflichten der Religionsgesellschaften. Dabei besaß das Reich nur die Kompetenz, allgemeine, leitende Richtlinien zu erlassen, deren konkrete Anpassung und

1850 *Elleser*, Verfassungs-Autonomie (Fn. 9), S. 44.

1851 *Willoweit/Schlinker*, Verfassungsgeschichte (Fn. 228), § 37 Rn. 24; siehe zu den Entwurfsfassungen der kirchenrechtlichen Verfassungsnormen *F. Giese*, Staat und Kirche im neuen Deutschland, in: JöR 13 (1925), S. 249 (251 ff.).

1852 Im Großherzogtum herrschte das Territorialsystem, siehe *Schlesinger*, Staats- und Verwaltungsrecht (Fn. 36), S. 332; siehe auch *Anschütz*, Verfassung (Fn. 779), Art. 137 Anm. 1 (S. 631); siehe zum landesherrlichen Kirchenregiment *A. Freiherr v. Campenhausen/H. de Wall*, Staatskirchenrecht, 4. Aufl. 2006, S. 15 ff., 29.

1853 Siehe *Willoweit/Schlinker*, Verfassungsgeschichte (Fn. 228), § 37 Rn. 24.

1854 Siehe *M. Morlok*, in: H. Dreier (Hrsg.), Grundgesetz-Kommentar, Bd. III, 3. Aufl. 2018, Art. 140 Rn. 5 ff.

1855 Siehe zur Religionsfreiheit nach der Weimarer Reichsverfassung *H. Mirbt*, in: Nipperdey, Grundrechte II (Fn. 1109), Art. 135 u. 136, S. 319 ff.

1856 Dies war ein „Kulturkompromiss", so *Huber*, Verfassungsgeschichte VI (Fn. 82), S. 858 ff.; siehe auch *P. Badura*, Das Staatskirchenrecht als Gegenstand des Verfassungsrechts, in: Listl/Pirson, HdbStKirchR I (Fn. 801), S. 211 (229 ff.); *Stern*, Staatsrecht V (Fn. 10), § 129 S. 656; so auch schon zeitgenössisch *Schmitt*, Verfassungslehre (Fn. 252), S. 33.

1857 *Schmitt*, Verfassungslehre (Fn. 252), S. 34.

Ausgestaltung den Ländern oblag[1858]. Die Grundsatzgesetzgebung fand sich vornehmlich in der Verfassung selbst wieder, so in Art. 135–141 WRV sowie im Zusammenhang mit dem Schulwesen in Art. 143, 144, 146–149 WRV[1859].

Die Aufsicht über die Selbstverwaltung der Religionsgesellschaften „innerhalb der Schranken des für alle geltenden Gesetzes" fiel in die Kompetenz der Länder[1860]. Der Gesetzesvorbehalt bedeutete nach herrschender Meinung jedoch kein Verbot von Spezialgesetzen nur für Religionsgesellschaften[1861]. Nach der Korrelatentheorie konnte der Staat als Gegengewicht zur Verleihung bzw. Belassung besonderer Rechte an die Religionsgesellschaften, der Rechte der Körperschaften des öffentlichen Rechts, diesen auch besondere Pflichten und Schranken auferlegen. Insofern waren begünstigende Spezialgesetze sowie alle betreffenden Gesetze zulässig; Gesetze mit der Stoßrichtung gegen alle oder einzelne Religionsgesellschaften waren dagegen unzulässig.

Ferner war das Land berufen, die eigenständige Besetzung der kirchlichen Ämter zu ermöglichen[1862]. Die Reichsverfassung sah die Möglichkeit von landesrechtlichen Regelungen bezüglich der Kirchensteuern gemäß Art. 137 Abs. 6 WRV vor. Daneben bestand die Möglichkeit, im Rahmen der durch Art. 137 WRV behandelten Gegenstände gemäß Art. 137 Abs. 8 WRV eine Regelung zu treffen, wobei auch vertragliche Vereinbarungen

---

1858 *Anschütz*, Verfassung (Fn. 779), Art. 10, 11 Anm. 1 (S. 88).

1859 Siehe *Anschütz*, Verfassung (Fn. 779), Art. 10, 11 Anm. 3 (S. 92.); unter der Grundsatzgesetzgebung verstand man, dass das Reich dahin beschränkt war, lediglich „allgemein, leitende Rechtssätze" und „Richtlinien, welche der näheren Ausführung, der Ausgestaltung im einzelnen" im Hinblick auf die Spezifika des Landes bedurften, zu erlassen, siehe *dens.*, ebda., Art. 10, 11 Anm. 1 (S. 88).

1860 *Anschütz*, Verfassung (Fn. 779), Art. 137 Anm. 5 (S. 638).

1861 Siehe für die h.M. *W. Kahl*, Das Reichsgericht und der braunschweigische Kirchenverfassungsstreit, in: AöR N.F. 4 (1922), S. 115 (130 f.); *F. Giese*, Das kirchenpolitische System der Weimarer Verfassung, in: AöR N.F. 7 (1924), S. 1 (14 ff.); *E. Forsthoff*, Die öffentliche Körperschaft im Bundesstaat, 1931, S. 115 ff.; *Anschütz*, Verfassung (Fn. 779), Art. 137 Anm. 5 (S. 636 ff.) m.w.N.; a.A. *J. Schmitt*, Die Selbstverwaltung der Religionsgesellschaften nach Art. 137 Abs. 3 der neuen Reichsverfassung, in: AöR N.F. 3 (1922), S. 1 (4 ff.); *G. J. Ebers*, Staat und Kirche im neuen Deutschland, 1930, S. 299 ff.; siehe auch die Darstellung bei *Huber*, Verfassungsgeschichte VI (Fn. 82), S. 876, *Badura*, Staatskirchenrecht (Fn. 1856), S. 232 ff. sowie auch knapp *C. Link*, Kirchliche Rechtsgeschichte, 2. Aufl. 2010, § 26 Rn. 12 m.w.N.

1862 *Anschütz*, Verfassung (Fn. 779), Art. 137 Anm. 6 (S. 639 f.).

wie Konkordate zulässig waren[1863]. Hierunter fiel insbesondere die konkrete Ausgestaltung der Rechte, welche den Religionsgesellschaften als Körperschaften des öffentlichen Rechts zustanden, sowie die Verleihung des Körperschaftsstatus an die übrigen Religionsgesellschaften ohne einen solchen Status[1864]. Ebenso wurde die Möglichkeit von Staatsleistungen an die Kirche durch die Länder gemäß Art. 138 Abs. 2 WRV eröffnet. Somit fielen in die Kompetenz der Länder Ausführungsgesetze zu Art. 137 WRV, Gesetze, um Lücken des Art. 137 WRV zu füllen sowie zur vorläufigen Regelung von Kirchenrecht, welches die entsprechende Religionsgemeinschaft später im Rahmen des Selbstbestimmungsrechts ersetzen konnte[1865]. Sofern jedoch keine Gestaltungsspielräume für den Landesnormgeber bestanden, so fiel auch hier gemäß Art. 13 Abs. 1 WRV inhaltsgleiches Landesverfassungsrecht der Nichtigkeit anheim.

Auch in Mecklenburg-Schwerin spielte die Frage nach der Trennung von Staat und Kirche eine besonders starke Rolle im öffentlichen Diskurs[1866]. Allerdings finden sich auffällig wenig Diskussionen über die kirchenrechtlichen Verfassungsnormen in den Dokumenten des verfassunggebenden Landtags. Dies überrascht, war die Regelung des Verhältnisses von Staat und Kirche doch eine bedeutsame Aufgabe des verfassunggebenden Landtags in Mecklenburg-Schwerin[1867], da der Landesherr Oberbischof der evangelisch-lutherischen Kirche gewesen war und auch die Kirchenhoheit über die übrigen Konfessionen ausgeübt hatte[1868].

Der Grundtenor der Haltung der Parteien zum Staatskirchenrecht findet sich auch in Mecklenburg-Schwerin wieder. Die grundsätzliche Trennung von Staat und Kirche war konsensfähig. Allerdings herrschte Uneinigkeit, wie konsequent diese Trennung und Neuordnung vollzogen werden sollte. So plädierten die Sozialdemokraten in unterschiedlich nachdrücklicher und radikaler Weise für einen laizistischen Staat[1869]. Religion

---

1863 *Anschütz*, Verfassung (Fn. 779), Art. 137 Anm. 13 (S. 650).

1864 *Anschütz*, Verfassung (Fn. 779), Art. 137 Anm. 9 (S. 646 f.).

1865 Siehe *G. J. Ebers*, in: Nipperdey, Grundrechte II (Fn. 1109), Art. 137–141 S. 372.

1866 *Inachin*, Durchbruch (Fn. 60), S. 23; siehe zu den anfänglichen Schwierigkeiten zwischen Regierung und Kirche *K. Schmaltz*, Kirchengeschichte Mecklenburgs, 3. Bd., 1952, S. 479 ff.

1867 *Vitense*, Geschichte (Fn. 26), S. 598; *Inachin*, Durchbruch (Fn. 60), S. 21; siehe zum Zustand vor der Novemberrevolution insbesondere auch *Rieker*, Stellung (Fn. 651), S. 420 f.

1868 *Schlesinger*, Staats- und Verwaltungsrecht (Fn. 36), S. 331.

1869 Siehe dazu *Starosson*, VVLTag I (Fn. 629), 3. Sitzung, Sp. 20 ff.; siehe auch *Mrotzek*, Weg (Fn. 857), S. 98.

sei lediglich Privatsache, sodass es zu einer konsequenten und strengen Trennung von Staat und Kirche kommen müsse. Dies sei auch zum Vorteil der Kirche; so werde der Einfluss des Staates in der Verwaltung noch weiter als schon durch die Schaffung des Oberkirchenrats im Großherzogtum zurückgedrängt bzw. aufgehoben. Dieses streng laizistische Konzept wurde von konservativer Seite harsch kritisiert. Man dürfe den Kirchen nicht durch strikte Trennung sich selbst überantworten[1870]. Dies sei lediglich ein Versuch, die Kirche und die Religion zu zerstören. Man müsse zumindest den anerkannten Kirchen, namentlich der evangelisch-lutherischen, der reformierten und der römisch-katholischen Kirche, den öffentlich-rechtlichen Körperschaftsstatus, das Besteuerungsrecht und die Selbstverwaltung garantieren. Dieses Recht sollten auch Religionen erhalten, die eine Gewähr der Dauer boten, nicht jedoch die kleinen Sekten. Insofern finden sich die Grundsatzpositionierungen der Parteien auch im Landtag wieder[1871]. Das spärliche Bild, was die parlamentarischen Protokolle sowie die späteren Verfassungsnormen ergeben, lassen darauf schließen, dass der Kampf um das Staatskirchenrecht auf Reichsebene geschlagen wurde und man sich dem Ergebnis in Mecklenburg-Schwerin vielmehr anschließen wollte[1872].

1. Verfassungsrechtliche Bestimmungen

Die grundlegenden Normen bezüglich der Religionsfreiheit sowie des Verhältnisses von Staat und Kirche fanden sich in §§ 16 und 17 Meck.-Schw. Verf. Hierbei wird wiederum deutlich, dass die Verfassung von Mecklenburg-Schwerin nach Erlass der Reichsverfassung verabschiedet wurde. Hier zeigte der Landesverfassunggeber nämlich auffallende Konformität. Die

---

1870 Siehe zur folgenden grundsätzlichen Positionierung *Knebusch*, VVLTag I (Fn. 629), 4. Sitzung, Sp. 32 f. sowie *Reincke-Bloch*, ebda., 4. Sitzung, Sp. 40; die Garantie von Sonn- und Feiertagen sowie des Gottesdienstes hebt auch *Dettmann*, ebda., 5. Sitzung, Sp. 97 hervor.

1871 Siehe zu den Positionen insbesondere *Giese*, System (Fn. 1861), S. 27 ff.; E. R. Huber/W. Huber (Hrsg.), Staat und Kirche im 19. und 20. Jahrhundert, Bd. 4, 1988, S. 118 ff., 369 ff.

1872 Siehe zum Überblick über die Positionen in der Nationalversammlung die differenzierte Darstellung bei *F. Wittreck*, Bonn ist doch Weimar. Religionsfreiheit im Grundgesetz als Resultat von Konflikt und Kontroverse, in: A. Reuter/H. G. Kippenberg (Hrsg.), Religionskonflikte im Verfassungsstaat, 2010, S. 66 (72 ff.).

Regelungen im Freistaat waren meist wörtliche Übernahmen der Regelungen der Reichsverfassung, sodass sich eine eingehende Analyse als müßig darstellt, kann doch auf die umfassende Kommentarliteratur der Zwischenkriegszeit zugegriffen werden. Ferner kann auch teilweise die moderne Literatur zum Grundgesetz zurate gezogen werden, sofern die Normen über Art. 140 GG in dasselbe inkorporiert sind, wobei der Bedeutungswandel in der Auslegung im Kontext des Grundgesetzes berücksichtigt werden muss[1873]. Auch systematisch orientierte man sich offenbar an der Reichsverfassung. So gliederte man sämtliche Normen religionsrechtlichen Inhalts in den Abschnitt der Grundrechte ein, obwohl auch eine Verortung mancher Normen bzw. Absätze im Staatsorganisationsrecht nicht ferngelegen hätte. So hatte man jedoch sämtliche religionsverfassungsrechtliche Normen gebündelt.

a) Religions- und Gewissensfreiheit

§ 16 Abs. 1 Meck.-Schw. Verf. garantierte die Religionsfreiheit. Umfasst waren die Glaubens- und Gewissensfreiheit sowie die Religionsausübungsfreiheit, die sog. Kultusfreiheit. Diese stand unter der Schranke der allgemeinen Staatsgesetze. Dies war nach damaligem Verständnis jedoch selbstverständlich[1874]. Damit wurde wörtlich die Regelung des Art. 135 WRV übernommen. Diese Garantie beinhaltete auch nach damals herrschender Meinung den sog. *status negativus*[1875]. Eine tatsächliche Neuerung in Mecklenburg-Schwerin im Hinblick auf die quantitativ bedeutenden

1873 Siehe aus der zeitgenössischen Literatur insbesondere *Giese*, System (Fn. 1861), S. 1 ff.; *ders.*, Staat (Fn. 1851), S. 249 ff.; *Ebers* (Fn. 1865), Art. 137–141 S. 361 ff.; *ders.*, Staat (Fn. 1861), S. 119 ff.; *Anschütz*, Verfassung (Fn. 779), Art. 135 ff. (S. 618 ff.); aus der heutigen Literatur siehe insbesondere *Badura*, Staatskirchenrecht (Fn. 1856), S. 232 ff.; *Campenhausen/de Wall*, Staatskirchenrecht (Fn. 1852), S. 39 ff.; siehe aus der Fülle der Kommentarliteratur insbesondere *M. Morlok*, in: Dreier, GGK III (Fn. 1854), Art. 136 WRV und Art. 137 WRV m.w.N. Hierbei muss jedoch immer beachtet werden, dass die inkorporierten Artikel der Reichsverfassung im Lichte des Grundgesetzes ausgelegt werden, siehe BVerfGE 19, 226 (236); 102, 370 (387); siehe auch *K. Stern*, Das Staatsrecht der Bundesrepublik Deutschland, Bd. IV/2, 2011, § 118 S. 1144 ff.

1874 *Anschütz*, Verfassung (Fn. 779), Art. 135 Anm. 6 (S. 621).

1875 So zumindest *Anschütz*, Verfassung (Fn. 779), Art. 135 Anm. 4 (619) entgegen der nicht näher begründeten Ansicht von *C. Schmitt*, Inhalt und Bedeutung des zweiten Hauptteils der Reichsverfassung, in: Anschütz/Thoma, Handbuch II (Fn. 940), S. 572 (584).

Religionen lässt sich hier nicht erblicken, wurden doch selbst Juden nicht mehr von der Religionsausübung abgehalten[1876]. Insofern war nicht nur die Bildung des Glaubens, sog. *forum internum*, sondern auch die (öffentliche) Ausübung, sog. *formum externum*, schon vor der Novemberrevolution ermöglicht.

§ 16 Abs. 2 Meck.-Schw. Verf. deckte sich mit Art. 136 Abs. 4 und 3 WRV. Insofern korrespondierten der erste und zweite Satz mit der negativen Religionsfreiheit. Es bestand damit kein Zwang zur Teilnahme an religiösen Handlungen oder der Benutzung der religiösen Eidesformel. Die religiöse Überzeugung durfte vom Staat grundsätzlich nicht erfasst werden, soweit davon keine Rechte und Pflichten abhingen. Ferner war die staatliche Erfassung zur Erstellung einer gesetzlich angeordneten Statistik erlaubt.

Hier blieb der Landesverfassunggeber der generellen Linie treu, bei den einzelnen Grundrechtsgewährleistungen den Inhalt der Reichsverfassung mit geringen Abweichungen oder sogar wie hier modifikationslos zu übernehmen[1877].

b) Status und Statusrechte

§ 17 Meck.-Schw. Verf. enthielt grundsätzliche Regelungen zum Status der Religionsgemeinschaften. Diese waren fast wortlautidentisch zu Art. 137 WRV. Insbesondere wurde das Selbstverwaltungsrecht der Religionsgemeinschaften gemäß § 16 Abs. 3 Meck.-Schw. Verf. wörtlich aus dem Text der Reichsverfassung übernommen, sodass sich hier dieselben Auslegungsfragen und -lösungen anboten. Lediglich fanden sich in Art. 137 Abs. 6 und 8 WRV Regelungen zur Landeszuständigkeit, insbesondere zur Möglichkeit der Regelung der Steuererhebung. Insofern ergänzte § 17 Abs. 5 Meck.-Schw. Verf. nur die Vorschrift der Reichsverfassung, indem er eine einfach-gesetzliche Regelung ankündigte. § 17 Abs. 7 und 8 Meck.-Schw. Verf. fanden sich in Art. 138 Abs. 2 WRV sowie Art. 139 WRV wieder.

Eine marginale Abweichung vom Text der Reichsverfassung fand sich in § 16 Abs. 1 S. 2 Meck.-Schw. Verf. Hier wurde der Status der Religionsgesellschaften als Körperschaften des öffentlichen Rechts nicht pauschal

---

1876 Daneben war auch der Kirchenaustritt im Großherzogtum schon möglich, siehe dazu *Schlesinger*, Staats- und Verwaltungsrecht (Fn. 36), S. 336, 350 ff.

1877 Man passte sich bewusst dem Wortlaut der Reichsverfassung an, vgl. *Gladischefski*, VVLTag II (Fn. 1113), 83. Sitzung, Sp. 2474.

für die bisherigen Inhaber des Körperschaftstatus garantiert. Der Status als Körperschaft des öffentlichen Rechts wurde den größeren Religionsgesellschaften, namentlich der evangelisch-lutherischen, der evangelisch-reformierten, der römisch-katholischen Kirche sowie den israelitischen Gemeinden ausdrücklich zuerkannt. Dies waren die (relevanten) Religionsgemeinschaften im Land, bei denen auch im Großherzogtum eine staatliche Oberaufsicht im Rahmen der Kirchenhoheit bestand[1878]. Warum lediglich an dieser Stelle von dem Text der Reichsverfassung abgewichen wurde, ließ sich den parlamentarischen Akten nicht entnehmen. Es liegen jedoch zwei Vermutungen nahe. Zum einen war der Begriff der „Körperschaft des öffentlichen Rechts" für Religionsgesellschaften auf Reichsebene vor Erlass der Reichsverfassung nicht üblich[1879]. Das bewirkte, dass in der Nationalversammlung eine klare, allgemeingültige Definition nicht vorlag, wobei jedoch der Status für die christlichen Kirchen anerkannt war[1880]. Auch wenn der Körperschaftstatus für die christlichen Kirchen und die jüdischen Kultusgemeinden bestand[1881], dürfte ein einfacher Verweis auf den zuvor bestehenden Status bzw. Rechtszustand aufgrund der mittelalterlichen Verquickung von Staat und Kirche im Großherzogtum nicht für ausreichend Klarheit gesorgt haben[1882]. Somit erkannte die Landesverfassung den öffentlich-rechtlichen Körperschaftsstatus der Religionsgesellschaften an, die auch nach der zeitgenössischen Anschauung des Art. 137

1878 Siehe *Schlesinger*, Staats- und Verwaltungsrecht (Fn. 36), S. 331.

1879 *Penßel*, Religionsgemeinschaften (Fn. 657), S. 43 ff. m.w.N.

1880 *Penßel*, Religionsgemeinschaften (Fn. 657), S. 49 f.; *Anschütz* setzt für den Status der öffentlich-rechtlichen Körperschaft nach altem Recht und unter der Weimarer Reichsverfassung voraus, dass die Religionsgesellschaften mit öffentlicher Gewalt ausgestattet waren und zur Sicherung der bestimmungsgemäßen Ausübung unter staatlicher Aufsicht standen, siehe *dens.*, Verfassung (Fn. 779), Art. 137 Anm. 8 (S. 644 f); unter Art. 137 Abs. 5 S. 1 WRV fielen neben den christlichen Kirchen auch die Organisationen des Judentums, siehe *dens.*, ebda., Art. 137 Anm. 8 (S. 645 f.).

1881 Siehe *Schlesinger*, Staats- und Verwaltungsrecht (Fn. 36), S. 339; siehe speziell zu den jüdischen Kultusgemeinden *Penßel*, Religionsgemeinschaften (Fn. 657), S. 363 ff., 372.

1882 Zwar war die Klassifizierung der Kirchen als öffentliche Körperschaften schon im 19. Jahrhundert allgemein anerkannt, jedoch sah man aufgrund der landesherrlichen Kirchengewalt noch keine vom Staat gänzlich unabhängige Rechtspersönlichkeit der evangelischen Landeskirchen, siehe *D. Pirson*, Die geschichtlichen Wurzeln des deutschen Staatskirchenrechts, in: Listl/ders., HdbStKirchR I (Fn. 801), S. 3 (27 ff.); siehe zu den jüdischen Kultusgemeinden und der „Gesamtjudenschaft" in Mecklenburg-Schwerin *Penßel*, Religionsgemeinschaften (Fn. 657), S. 363 ff., 372.

Abs. 5 S. 1 WRV darunter fallen sollten[1883]. Die klare Regelung der Verhältnisse im Freistaat kann an dieser Stelle als gelungen angesehen werden, vermied man damit Auslegungsprobleme.

Im verfassunggebenden Landtag wurde erwogen, abgestufte Rechte anhand der Beitragspflicht explizit zu verbieten[1884]. Ein solches Verbot wurde insbesondere deshalb nicht aufgenommen, da aufgrund der Selbstschädigung der Kirche durch abgestufte Rechte keine tiefgehende Gefahr für eine solche kirchliche Regelung gesehen wurde.

Die Bedeutung der Grundsatznorm für das Land Mecklenburg-Schwerin wird jedoch nur im geschichtlichen Kontext deutlich. Gemäß § 17 Abs. 1 Meck.-Schw. Verf. bestand „keine Staatskirche“. Damit war das landesherrliche Kirchenregiment in Mecklenburg-Schwerin beseitigt, wodurch man dem Gesetzgebungsauftrag des Art. 137 Abs. 1 WRV genügte[1885]. Die Verquickung von Staat und (evangelischer Landes-)Kirche in dieser Form war beendet. Die Beendigung des Bündnisses von „Thron und Altar“ kann somit zurecht als epochal bezeichnet werden[1886]. Die folgenden Absätze modifizierten diesen Grundsatz. Dies erforderte jedoch eine einfach-gesetzliche Neuordnung der kirchlichen Angelegenheiten. Um diese Neuordnung zu ermöglichen, bestimmte Art. 18 EG, dass die Rechtsverhältnisse zwischen Kirche und Staat vorerst bestehen blieben und die Kirchenbehörden dem Staatsministerium unterstanden. Dies sollte allerdings nicht die inneren kirchlichen Angelegenheiten betreffen[1887]. Jedoch war es als bloße Notwendigkeit festgeschrieben, bis die Kirche ihre Angelegenheiten, insbesondere ihre Kirchenverfassung, selbst regeln konnte[1888]. Hier wollte der Landtag rasch die Voraussetzungen schaffen, um eine reibungslose und frühzeitige Trennung zu ermöglichen[1889].

1883 *Anschütz*, Verfassung (Fn. 779), Art. 137 Anm. 8 (S. 645 f.).

1884 Vgl. dazu *Gladischefski*, VVLTag II (Fn. 1113), 83. Sitzung, Sp. 2475.

1885 Die mangelnde derogative Wirkung des Art. 137 Abs. 1 WRV hebt *Anschütz*, Verfassung (Fn. 779), Art. 137 Anm. 1 (S. 631 f.) hervor.

1886 So *v. Campenhausen/de Wall*, Staatskirchenrecht (Fn. 1852), S. 32.

1887 Dies betont *Gladischefski*, VVLTag I (Fn. 629), 37. Sitzung, Sp. 1236 zur Klarstellung.

1888 So die Intention im Parlament, siehe *Bericht des Verfassungsausschusses*, VVLTag I (Fn. 629), 21. Sitzung, Sp. 716 f.; *Hillmann*, ebda., 21. Sitzung, Sp. 738.

1889 Der Eilbedürftigkeit war man sich im Verfassungsausschuss bewusst, vgl. Berichterstatter *Gladischefski*, VVLTag II (Fn. 1113), 62. Sitzung, Sp. 1925.

2. Einfachgesetzliche und vertragliche Regelungen der evangelisch-lutherischen Kirche

Die folgenden Erörterungen beziehen sich auf die evangelisch-lutherische Konfession, waren hier doch aufgrund der Stellung des ehemaligen Landesherrn die Einschnitte besonders bedeutend. Sie verlor durch die Staatsumwälzung ihren weltlichen und geistlichen Beschützer. Die Veränderungen bei den anderen Religionsgemeinschaften waren nicht in gleichem Maße bemerkenswert, wurde beispielsweise kein Konkordat zwischen Mecklenburg-Schwerin und der katholischen Kirche abgeschlossen[1890]. Dies verwundert nicht, war doch der Anteil der Katholiken und Reformierten zu vernachlässigen[1891].

a) Selbstverwaltung

In der Weimarer Republik war den Religionsgesellschaften ein Selbstverwaltungsrecht garantiert. Dazu zählte insbesondere das Recht, sich eine eigene kirchliche Verfassung zu geben, die Besetzung der kirchlichen Ämter zu regeln sowie das kirchliche Leben und die religiösen Aufgaben wahrzunehmen[1892]. Speziell die Besetzung der geistlichen Ämter ohne Mitwirkung des Staates war eine revolutionäre Neuerung[1893]. Lediglich in äußeren Angelegenheiten konnte der Staat innerhalb des für alle geltenden Gesetzes eingreifen[1894]. Hier besaßen die Länder nach herrschender

---

1890 Dies erfolgte lediglich in Baden, Bayern und Preußen, siehe *Willoweit/Schlinker*, Verfassungsgeschichte (Fn. 228), § 37 Rn. 25.

1891 Zur Zeit des Großherzogtums existierten in Schwerin und Ludwigslust je eine römisch-katholische Gemeinde; in Bützow bestand eine reformierte Gemeinde, siehe dazu *Rieker*, Stellung (Fn. 651), S. 420 sowie *Vitense*, Geschichte (Fn. 26), S. 292.

1892 *Huber*, Verfassungsgeschichte VI (Fn. 82), S. 874 f.; dazu zählten nach damals unstreitiger Ansicht die Glaubenslehre, die Liturgie, die Verfassung und Verwaltung der Religionsgesellschaft und der Unterverbände, die Rechte und Pflichten der Mitglieder, die Rechtsverhältnisse der Geistlichen sowie die Finanzverwaltung, siehe zeitgenössisch *Ebers*, Staat (Fn. 1861), S. 261 ff.; *Anschütz*, Verfassung (Fn. 779), Art. 137 Anm. 4 (S. 636).

1893 Im Großherzogtum erfolgte die Anstellung grundsätzlich durch den Landesherrn, siehe *Rieker*, Stellung (Fn. 651), S. 422.

1894 § 17 Abs. 3 S. 1 Meck.-Schw. Verf.; *Huber*, Verfassungsgeschichte VI (Fn. 82), S. 875 f.

Meinung im Bereich der äußeren Angelegenheiten (*iura circa sacra*) ein Eingriffs- und Aufsichtsrecht[1895].

Die Trennung von Staat und Kirche bedeutete auch eine grundlegende Staatsfreiheit der Kirche, sodass sie ihre Angelegenheiten grundsätzlich eigenständig zu regeln vermochten.

Im verfassunggebenden Landtag war man sich der Notwendigkeit der Schaffung einer Synode bewusst, damit die Kirche ihre inneren Angelegenheiten selbst regeln konnte[1896]. Daher wollte man sich bewusst von dem preußischen System abgrenzen und nicht das landesherrliche Kirchenregiment auf die Exekutive übertragen. Auch wollte man die Wahl zur Landessynode im Hinblick auf einen Verstoß gegen den geplanten Art. 137 Abs. 3 S. 1 WRV nicht regeln, sondern dies der Kirche selbst überlassen[1897]. Dies wurde auch nicht kontrovers diskutiert. Somit bestand ein Grundkonsens im verfassunggebenden Landtag, der Kirche weitgehende Freiheiten in ihren Angelegenheiten einzuräumen, auch wenn man aufgrund der Reichsverfassung keinen strengen Laizismus durchsetzen konnte.

Schon vor Verabschiedung der Verfassung wurde 1919 das „Gesetz, betreffend die Verfassung für die evangelisch-lutherische Kirche in Mecklenburg-Schwerin“[1898] verabschiedet. Darin wurde insbesondere geregelt, dass die Verfassung der Kirche durch eine Landessynode festgestellt werden sollte. Ferner wurde der Oberkirchenrat mit der Verwaltung der Angelegenheiten und der Vorbereitung der Wahl für die Übergangszeit betraut. Der Oberkirchenrat war im Großherzogtum eine Oberkirchenbehörde, welche dem Landesherrn als Verwaltungsorgan unmittelbar unterstellt war[1899]. Somit war dieser im Bereich des landesherrlichen Kirchenregi-

1895 Anschaulich aus der zeitgenössischen Literatur *Giese*, System (Fn. 1861), S. 12 ff.; siehe auch *Huber*, Verfassungsgeschichte VI (Fn. 82), S. 877 f. sowie *C. Link*, Staat und Kirchen, in: Jeserich/Pohl/v. Unruh, Verwaltungsgeschichte IV (Fn. 13), S. 450 (456 ff.) m.w.N.; zu den *iura circa sacra* und zur Entwicklung siehe auch *Pirson*, Wurzeln (Fn. 1882), S. 15 ff.

1896 Siehe zum Folgenden *Gladischefski*, VVLTag I (Fn. 629), 37. Sitzung, Sp. 1236.

1897 Hier grenzte man sich bewusst von problematischen Regelungen in Braunschweig ab, siehe *Gladischefski*, VVLTag II (Fn. 1113), 62. Sitzung, Sp. 1924.

1898 Gesetz, betreffend die Verfassung für die evangelisch-lutherische Kirche in Mecklenburg-Schwerin v. 12.12.1919, abgedruckt in: Wenzel, Verfassungs- und Verwaltungsgesetze (Fn. 1353), S. 633.

1899 *Rieker*, Stellung (Fn. 651), S. 421.

ments (*ius in sacra*) zuständig[1900]. Insofern war es konsequent, diesem die Vorbereitung der verfassunggebenden Landessynode zu übertragen, ging es nun um die Neuordnung der inneren kirchlichen Angelegenheiten. Jedoch handelte es sich (auch personell) um ein Relikt als dem Ständestaat, sodass diese Kirchenbehörde zunächst gemäß Art. 18 S. 2 EG dem Staatsministerium unterstand, um sich entsprechende Einflussrechte zu sichern[1901]. Zwar existierten schon im Großherzogtum einzelne Synoden, wobei es jedoch keine synodale Einrichtung für das gesamte Land gab[1902]. Nun bestand die Aufgabe der Landessynode in der Ausarbeitung der „Verfassung für die evangelisch-lutherische Kirche von Mecklenburg-Schwerin" vom 12. Mai 1921[1903].

Dieser Verfassung sowie der Wahlordnung der Kirchenältesten und der Mitglieder der Landessynode wurden von Seiten der Exekutive keine „Erinnerungen"[1904] entgegengestellt. Dabei handelte es sich um eine Mitwirkung des Staates nach Kenntnisnahme, was einer Beanstandung glich[1905]. Selbst nach einem engen Verständnis von Staatsaufsicht war jedoch die Aufsicht bei der kirchlichen Rechtssetzung zulässig, wenn dieses Kirchengesetz zugleich in Beziehung zu anderen Rechtssubjekten trat[1906]. Dies lag nach dem engen Verständnis insbesondere auch dann vor, wenn die Vertretung nach außen durch das Kirchengesetz geregelt wurde, da es Sache des Staates sei, die Sicherung des Rechtsverkehrs durch Einordnung

1900 Siehe dazu *Schlesinger*, Staats- und Verwaltungsrecht (Fn. 36), S. 332; die Notwendigkeit der Schaffung einer Verfassung aus der Kirche selbst heraus betont *Kahl*, Reichsgericht (Fn. 1861), S. 129.

1901 „Bei dem eigentümlichen Verhalten des Oberkirchenrates" wollte man sich der Kontrolle noch nicht berauben, so *Witte*, VVLTag I (Fn. 629), 26. Sitzung, Sp. 889; der Oberkirchenratspräsident habe geäußert, dass er das Staatsministerium nicht anerkenne, so *Wendorff*, ebda., 26. Sitzung, Sp. 891.

1902 Das Betätigungsfeld war jedoch primär auf rein theologisches Terrain beschränkt, siehe *Rieker*, Stellung (Fn. 651), S. 421 sowie *Schlesinger*, Staats- und Verwaltungsrecht (Fn. 36), S. 334; siehe zu evangelischen Synoden allgemein *K. Schlaich*, Art. Synode (in der ev. Kirche), in: R. Herzog/H. Kunst u.a. (Hrsg.), Evangelisches Staatslexikon, Bd. II, 3. Aufl. 1987, Sp. 3571 (3571 ff.).

1903 Abgedruckt in: Wenzel, Verfassungs- und Verwaltungsgesetze (Fn. 1353), S. 634 ff.; im Folgenden als eKirchVerf. abgekürzt; siehe zu den Verhandlungen zur Kirchenverfassung *Schmaltz*, Kirchengeschichte (Fn. 1866), S. 483 ff.

1904 Siehe Wenzel, Verfassungs- und Verwaltungsgesetze (Fn. 1353), S. 634 f. (dort Fn. 1).

1905 So *Ebers*, Staat (Fn. 1861), S. 335, 338.

1906 Siehe zur aufgegriffenen Meinung *Ebers*, Staat (Fn. 1861), S. 333 ff., siehe zu dessen Versuch der Widerlegung der h. M. *dens.*, ebda., S. 390 ff.; siehe zur h. M. auch *Forsthoff*, Körperschaft (Fn. 1861), S. 115 ff.

der Religionsgesellschaft in denselben vorzunehmen. Dabei sei die Grenze jedoch überschritten, wenn der Staat selbst Regelungen zur Bestellung der Organe erlassen würde. Der Landesbischof war gemäß § 45 Nr. 1 eKirchVerf. der Vertreter der Landeskirche nach außen. Somit war hier die Vertretung der Kirche normiert, sodass auch der Rechtskreis außerhalb der Religionsgesellschaft betroffen war. Folglich kam es auf die kontroverse Frage nach der Zulässigkeit eines Veto- oder Bestätigungsrechts durch die Länder in Mecklenburg-Schwerin nicht an[1907]. Durch die Möglichkeit der Erinnerung zeigte man deutlich, dass eine Einmischung nicht intendiert war[1908]. So war es noch Angelegenheit der Kirche, wie sie potentiell problematische Regelungen abändern wollte. Der Staat gab der Kirche die Möglichkeit der Nachbesserung, ohne diese selbst vorzunehmen.

§ 23 eKirchVerf. beinhaltet die wohl wichtigste revolutionäre Neuerung. Die Landessynode wurde zur obersten Trägerin der Kirchengewalt. Als solcher standen ihr das kirchliche Gesetzgebungsrecht sowie die Oberaufsicht über die Kirchenverwaltung zu. Somit trat in dieser Hinsicht die Landessynode an die Stelle des Landesherrn. Aus staatsrechtlicher Sicht war die Synode folglich mit legislativer Funktion ausgestattet. Die Landessynode stand damit gemäß § 3 eKirchVerf. an der Spitze der Landeskirche, ihr untergeordnet der Oberkirchenrat als oberste kirchliche Verwaltungsbehörde sowie der Oberbischof als oberster Geistlicher. Zwar existierten Oberkirchenrat und Oberbischof schon zur Zeit des Ständestaates, jedoch war nun eine klare Trennung von den staatlichen Exekutivorganen entstanden. Die Mitglieder der Landessynode wurden gemäß § 22 eKirchVerf. nach demokratischen Grundsätzen gewählt. Festgelegt war jedoch gemäß § 21 eKirchVerf., dass sich die Mitglieder der Synode aus einem Drittel im geistlichen Amte stehenden Personen und aus zwei Dritteln nicht im geistlichen Amt stehenden Personen, also Laien, zusammensetzen mussten. Der Landesbischof als oberster Geistlicher wurde gemäß § 43 eKirchVerf. von der Landessynode auf Lebenszeit gewählt. Insofern ersetzte er auch den Landesherrn[1909]. Der Landesbischof stand auch gemäß § 45 eKirchVerf. dem Oberkirchenrat, der obersten Kirchenverwaltungsbehörde, vor. Ferner wurde in der Kirchenverfassung unter anderem der Aufbau der evan-

---

1907 Beispielsweise sah Art. 82 Abs. 2 Preuß. Verf. „staatsgesetzlich bestätigte Kirchengesetze“ vor; siehe zu diesem Problem in anderen Ländern *Huber*, Verfassungsgeschichte VI (Fn. 82), S. 879, 883 m.w.N.

1908 Ähnlich *Ebers*, Staat (Fn. 1861), S. 338; in diese Richtung gingen auch die Debatten im Verfassungsausschuss, siehe dazu *Gladischefski*, VVLTag II (Fn. 1113), 62. Sitzung, Sp. 1924 ff.

1909 Siehe *bei der Wieden*, Abriss (Fn. 21), S. 18.

gelisch-lutherischen Gemeinden und derjenige ihrer Zusammenschlüsse getroffen.

Insgesamt gab sich nunmehr die evangelisch-lutherische Kirche selbst eine Verfassung, welche die grundlegenden Kompetenzen festlegte und die Geschicke der Leitung und Verwaltung in die Obhut der kirchlichen Organe gab, welche nun klar vom Staat getrennt waren. Vormalige Versuche für eine kirchliche Verfassung waren aufgrund des ständischen Systems gescheitert[1910]. Diese nun existierende Trennung war deutlicher ausgestaltet als in anderen Ländern. Ein staatliches Einspruchsrecht bei der Übertragung von Kirchenämtern war den staatlichen Stellen nicht vorbehalten, obwohl dies nach herrschender Meinung reichsrechtlich zulässig gewesen wäre[1911].

Nun war die Kirche zum ersten Mal in der Lage, ihre Ämterbesetzung selbstständig zu regeln[1912].

b) Finanzen

Das kirchliche Besteuerungsrecht war ein Hoheitsrecht, welches staatlich an die Kirche aufgrund des Status als Körperschaft des öffentlichen Rechts übertragen worden war, sodass hier ein umfassendes Aufsichtsrecht des Landes bezüglich der Steuererhebung bestand[1913]. Eine Besteuerung hatte es in Mecklenburg-Schwerin bisher nicht gegeben[1914]. Nach der Novemberrevolution war nunmehr auch in Mecklenburg-Schwerin die Möglichkeit eröffnet, erstmals Kirchensteuern zu erheben. Dies war auch nötig, war die finanzielle Sicherheit durch die Auflösung der Verflechtung mit dem Staat doch weggebrochen[1915].

Gemäß § 17 Abs. 5 Meck.-Schw. Verf., der nahezu wortlautidentisch zu Art. 137 Abs. 6 WRV war, konnten die Kirchen, welche Körperschaften

---

1910 Siehe den Entwurf einer Kirchenverfassung von 1908 bei *Schlesinger*, Staats- und Verwaltungsrecht (Fn. 36), S. 347 ff.

1911 *Anschütz*, Verfassung (Fn. 779), Art. 137 Anm. 6 (S. 640 f.) m.w.N.

1912 Siehe dazu „Kirchengesetz, betreffend die Besetzung der Pfarren und die Bestellung der Pröbste und Landessuperintendenten" v. 13. Mai 1922, abgedruckt in: Wenzel, Verfassungs- und Verwaltungsgesetze (Fn. 1353), S. 672 ff.

1913 *Ebers*, Staat (Fn. 1861), S. 407, 411 ff. mit weiteren Einzelheiten.

1914 *Schmaltz*, Kirchengeschichte (Fn. 1866), S. 485.

1915 *Frhr. v. Hammerstein*, Die Gestaltung der Kirchensteuern in Mecklenburg-Schwerin, in: Mecklenburgische Zeitschrift für Rechtspflege, Rechtswissenschaft, Verwaltung 45 (1929), Sp. 41 (42).

des öffentlichen Rechts waren, ihre Mitglieder auf Grundlage von bürgerlichen Steuerlisten besteuern. Die staatlichen Bestimmungen hierfür fielen in die Kompetenz der Länder. Lediglich war dem Landesgesetzgeber seitens des Reichs eine Untergrenze gesetzt, wenn die Lebensfähigkeit der Kirche durch eine Unterfinanzierung gefährdet worden wäre[1916]. Damit konnten die Steuern aufgrund der Ergebnisse der Veranlagung zu den Reichs-, Landes- oder Gemeindesteuern sowie auch unabhängig davon aufgrund selbstständiger Veranlagung erhoben werden[1917]. Angesichts dieser Befugnis der Kirchen zur Erhebung und Beitreibung der Steuern, auch durch hoheitliche Zwangsmittel, war dem Staat dadurch eine Kontrollbefugnis gegeben[1918]. Insofern bedurfte es bei der Erhebung der Kirchensteuer eines Zusammenwirkens von evangelisch-lutherischer Kirche und Staat.

Zur Regelung dieser Frage wurde das „Gesetz über das Steuerrecht der evangelisch-lutherischen Kirche“ vom 15. Dezember 1921 verabschiedet[1919]. Diesem folgte 1923 ein Gesetz über das Steuerrecht der römisch-katholischen Kirche, welches den gleichen Inhalt hatte[1920]. Das Kirchensteuergesetz stellte Grundsätze für die Erhebung und die Höhe der Kirchensteuer auf. Die Kirchensteuer stellte in Mecklenburg-Schwerin einen Zuschlag zur Reichseinkommensteuer dar, § 1 eKirchStG. Dies war nach der Revolution vornehmlich dem Umstand geschuldet, dass der Aufbau eines eigenen Steuersystems faktisch nicht möglich war[1921]. Die Ausübung dieses Zuschlagsrechts oblag gemäß § 2 eKirchStG der Kirche[1922] an sich oder konnte auf die jeweilige Gemeinde übertragen werden. Ferner wurde darin insbesondere gemäß § 3 eKirchStG ein Steuersatz von zehn Prozent des Betrags der Reichseinkommensteuer festgesetzt, in besonderen Fällen nach Genehmigung der Exekutive bis zu fünfzehn Prozent. Insofern war

---

1916 *v. Hammerstein*, Gestaltung (Fn. 1915), Sp. 42.

1917 *Anschütz*, Verfassung (Fn. 779), Art. 137 Anm. 6 (S. 649); a.A. *Ebers*, Staat (Fn. 1861), S. 409.

1918 *Huber*, Verfassungsgeschichte VI (Fn. 82), S. 896.

1919 Abgedruckt bei *Giese*, Staat (Fn. 1851), S. 324 ff.; im Folgenden abgekürzt als eKirchStG; dies blieb auch trotz Modifikationen Grundlage für die Besteuerung, sodass hierauf sich der Fokus richtet und nicht sämtliche Änderungen umfassend behandelt werden, siehe dazu ausführlicher *v. Hammerstein*, Gestaltung (Fn. 1915), Sp. 49.

1920 Siehe *Giese*, Staat (Fn. 1851), S. 324 (dort Fn. 1), wobei § 9 eKirchStG keine Entsprechung hatte.

1921 Durch den Rückgriff auf vorhandene Grundlagen führte dies auch zur Kostenersparnis, siehe dazu *v. Hammerstein*, Gestaltung (Fn. 1915), Sp. 42 f.

1922 Der Beschluss über die Kirchensteuer fiel gemäß § 24 Nr. 9 eKirchVerf. in die Kompetenz der Synode.

die Einkommenssteuer die alleinige Berechnungs- und Einflussfaktor für die Höhe der Kirchensteuer.

Die Verwaltung[1923] oblag gemäß § 6 eKirchStG grundsätzlich dem Oberkirchenrat. Dieser war gemäß § 45 eKirchVerf. oberste Verwaltungsbehörde. Die kirchlichen Steuergesetze durften gemäß § 8 eKirchStG erst verkündet werden, wenn keine „Erinnerungen" seitens des Ministeriums erhoben worden waren. Bei Ablehnung stand der Verwaltungsrechtsweg offen. Gemäß § 9 eKirchStG oblagen der Kirche vorläufig die Kosten der Verwaltung, bis dies endgültig durch Auseinandersetzung geregelt wurde.

Grundsätzlich war die Kirche in gewissen Grenzen frei, ihre benötigten Steuern zu erheben und die Kirchensteuern eigenständig zu verwalten. Dies war eine völlige Neuerung in Mecklenburg-Schwerin, hatten doch die Kirchen in anderen Ländern bereits Steuern erhoben[1924]. Durch den Wegfall des landesherrlichen Kirchenregiments konnte nun auch die evangelische Kirche die Vermögensverwaltung selbst übernehmen. Hier tritt erneut die augenfällige Rückständigkeit von Mecklenburg-Schwerin vor 1918 zu Tage.

Die Erhebung der Kirchensteuer als Zuschlag zur Einkommensteuer wurde jedoch aufgrund praktischer Probleme teilweise kritisiert, was auch zu entsprechenden Anpassungen seitens des Landes- und Kirchengesetzgebers geführt hat[1925]. Das Grundproblem der Kirchensteuer als Zuschlag zur Reichseinkommensteuer bestand darin, dass der Gesetzgeber durch verschiedene Anpassungen von unterschiedlichen Steuern flexibel reagieren konnte, jedoch die Kirche im Wesentlichen auf eine Steuer als Berechnungsgrundlage angewiesen blieb. Ferner waren bei der Reichseinkommensteuer eine starke Staffelung sowie gewisse Befreiungen bzw. Freibeträge vorgesehen, sodass es zu einer Perpetuierung der teilweise unglücklich verteilten Steuerlast kam. Dies wurde im Hinblick auf die Kirchensteuer teilweise als unbillig angesehen. Infolgedessen wurden unter anderem ein Sockelbetrag als Mindeststeuer eingeführt und die Möglichkeit eröffnet, die Kirchensteuer an der Vermögensteuer zu bemessen.

In der Landesverfassung von Mecklenburg-Schwerin wurde nicht die Ablösung der Staatsleistungen an die Religionsgesellschaften geregelt. Dies sollte gemäß Art. 138 Abs. 1 WRV nach Maßgabe von vom Reich aufzustellenden Grundsätzen durch Landesgesetz erfolgen. Bei diesen Staatsleis-

---

1923 Siehe zur Vermögensverwaltung allgemein *Ebers*, Staat (Fn. 1861), S. 359 ff.

1924 *Huber*, Verfassungsgeschichte VI (Fn. 82), S. 897.

1925 Siehe zu den im Folgenden aufgegriffenen kritischen Punkten detailliert *v. Hammerstein*, Gestaltung (Fn. 1915), Sp.43 ff.

tungen handelte es sich um finanzielle Hilfen zur Deckung kirchlichen Unterhalts[1926]. Dies waren „Sukzessiv-Leistungsverhältnisse“[1927]. Ohne ein solches Reichsablösungsgesetz blieb es gemäß Art. 173 WRV bei der bisherigen Regelung. Dies war eigentlich nur als Übergangsregelung gedacht. Ohne eine solche reichsrechtliche Regelung war die Ablösung für Vertreter der laizistischen Strömungen in der Nationalversammlung maximal ein „Pyrrhussieg“[1928], konnte ein Landesgesetz vor der Regelung durch das Reich doch nicht ergehen. Ablösung bedeutete dabei eine Aufhebung gegen Gewährung einer Entschädigung[1929]. Somit durften diese Staatsleistungen weder einseitig noch durch Vertrag eingestellt oder herabgesetzt werden[1930]. Hingegen konnten andere vertragliche Modifizierungen von Staatsleistungen geschlossen werden, welche keine Ablösung im vorgenannten Sinne enthielten, damit diese nicht der Nichtigkeit anheimfielen. Am 2. Mai 1930 schloss der Freistaat Mecklenburg-Schwerin einen Vertrag mit der evangelisch-lutherischen Landeskirche über einen Zuschuss zur Besoldung der Geistlichen[1931]. Dieser enthielt neben jährlichen Zuschüssen auch die Verpflichtung des Freistaates zur Erfüllung einer Darlehensverpflichtung der Kirche. Eine Ablösung anderer Staatsleistungen war darin nicht enthalten. Somit handelte es sich bei dem Vertrag lediglich um eine Modifikation der Staatsleistung, sodass dieser wirksam war[1932].

3. Zusammenfassung

Sowohl die Verfassunggeber, der einfache Gesetzgeber wie auch die Kirchen fanden ein mittelalterlich ausgestaltetes Staatskirchenrecht vor, in

---

1926 Siehe dazu allgemein *Ebers*, Staat (Fn. 1861), S. 218 ff.; *Huber*, Verfassungsgeschichte VI (Fn. 82), S. 890 ff.

1927 Siehe vertieft dazu *J. Isensee*, Staatsleistungen an die Kirchen und Religionsgemeinschaften, in: Listl/Pirson, HdbStKirchR I (Fn. 801), S. 1009 (1010 ff., 1019).

1928 *Isensee*, Staatsleistungen (Fn. 1927), S. 1015.

1929 *Anschütz*, Verfassung (Fn. 779), Art. 138 Anm. 3 (S. 651).

1930 *Huber*, Verfassungsgeschichte VI (Fn. 82), S. 893; a.A. *Ebers*, Staat (Fn. 1861), S. 250, der lediglich eine einseitige, nicht jedoch eine vertragliche Auflösung für unzulässig hält, da dieses Verbot lediglich dem Schutz der Kirchen diene.

1931 Abgedruckt in Huber/Huber, Staat (Fn. 1871), S. 704; siehe dazu auch *A. Hollerbach*, Verträge zwischen Staat und Kirche in der Bundesrepublik Deutschland, 1965, S. 18 f.; *Link*, Rechtsgeschichte (Fn. 1861), § 26 Rn. 19.

1932 Im Ergebnis für alle Länder *Link*, Rechtsgeschichte (Fn. 1861), § 26 Rn. 19 (dort Fn. 42).

dem es keine Trennung von Staat und Kirche gab[1933]. Landesherrliche Aufsichts-, Genehmigungs- und Einflussrechte waren umfassend. Insbesondere bei der evangelisch-lutherischen Kirche, bei der der ehemalige Landesherr gleichzeitig deren Oberbischof war, stellte sich der Einschnitt durch die Novemberrevolution noch deutlich radikaler dar. Diese überkommenen Strukturen galt es aufzulösen, ohne den Religionsgesellschaften die Existenzgrundlage zu entziehen. Hier wirkte die Reichsverfassung schon maßgeblich in den Regelungsspielraum der Länder hinein.

Die politischen Gräben über das künftige Verhältnis von Staat und Kirche fanden sich auch im Landtag von Mecklenburg-Schwerin wieder. Allerdings wurde die Debatte primär auf Reichsebene geführt, sodass man sich gänzlich an der Reichsverfassung orientierte, obwohl die Chance für eigene Akzentuierung bestanden hätte. Jedoch wurde der Wortlaut der Reichsverfassung fast identisch übernommen. Insgesamt ließ der staatliche Gesetzgeber den Kirchen mehr Freiheiten, als dies in anderen Staaten geschah und beschränkte sich auf ein Mindestmaß an staatlicher Einflussnahme.

In der praktischen Auswirkung waren die nunmehr vorhandene Selbstverwaltung und das Besteuerungsrecht vornehmlich für die evangelisch-lutherische Kirche eine revolutionäre Neuerung. Durch den Wegfall des Landesherrn als *summus episcopus* war die Kirche nunmehr eigenverantwortlich.

Für die Besteuerung ließ der Landesgesetzgeber den Kirchen weitgehenden Gestaltungsspielraum und passte auch die eigene Gesetzesgrundlage für die Erhebung von Kirchensteuern an, nachdem Probleme bei der Erhebung und den Grundlagen zutage getreten waren. Insofern scheint in Mecklenburg-Schwerin der Landesgesetzgeber zumindest keinen religionsfeindlichen Kurs verfolgt zu haben, obwohl ein Mindestmaß an Regelungstendenz sicherlich durch die Reichsverfassung schon entsprechend vorgegeben war[1934].

1933 Siehe dazu *Schlesinger*, Staats- und Verwaltungsrecht (Fn. 36), S. 331 ff.

1934 Siehe zu den Grundlinien, die der Landesgesetzgeber zu beachten hatte, *Ebers*, Staat (Fn. 1861), S. 409 ff.

V. Kommunale Selbstverwaltung

Die gemeindliche Selbstverwaltung ist das „Kernstück des Typs der deutschen Demokratie“[1935], sodass dessen Bedeutung kaum überschätzt werden kann. Dessen Bestand war in die Reichsverfassung durch Art. 127 WRV gesichert[1936]. Danach waren den Gemeinden und Gemeindeverbänden das Recht der Selbstverwaltung innerhalb der Schranken der Gesetze gewährleistet. Dies war unmittelbar geltendes Recht und nicht bloßer Programmsatz[1937]. Nach der sich durchsetzenden Lehre von der institutionellen Garantie durfte die Einrichtung der Selbstverwaltung an sich nicht vernichtet werden[1938], sodass ein Kern bestehen bleiben musste[1939]. Insofern war zwar eine Beschränkung durch Landesgesetz möglich, wobei das Recht

---

1935 *H. Peters*, Die Gemeinde in der Rechtsprechung des Bundesverfassungsgerichts und des Bundesverwaltungsgerichts, in: H. R. Külz/R. Naumann (Hrsg.), Staatsbürger und Staatsgewalt. Verwaltungsrecht und Verwaltungsgerichtsbarkeit in Geschichte und Gegenwart, Bd. II, 1963, S. 203 (203); „Die Gemeinde ist das Rückgrat des Staates“, siehe *Stelling*, VVLTag II (Fn. 1113), 63. Sitzung, Sp. 1950; in dieser Richtung auch schon *Wittmayer*, Reichsverfassung (Fn. 903), S. 74; siehe auch *O. Bühler*, Die Selbstverwaltungskörper (Überblick), in: Anschütz/Thoma, Handbuch I (Fn. 179), S. 697 (697 f.); siehe auch *R. Hendler*, Das Prinzip der Selbstverwaltung, in: Isensee/Kirchhof, Handbuch VI (Fn. 870), § 143 Rn. 47 ff.; siehe auch zum Überblick über die Lehrmeinungen bezüglich des Selbstverwaltungsrechts bei *H. Peters*, Die Grenzen der kommunalen Selbstverwaltung in Preußen, 1926, S. 5 ff. sowie *R. Brauweiler*, in: Nipperdey, Grundrechte II (Fn. 1109), Art. 127 S. 199 ff.; siehe auch *K. G. A. Jeserich*, Kommunalverwaltung und Kommunalpolitik, in: ders./Pohl/v. Unruh, Verwaltungsgeschichte IV (Fn. 13), S. 487 (489 ff.).

1936 *F. Glum* sieht den Grund für den relativen Mangel an umfassenden wissenschaftlichen Analysen des Art. 127 WRV darin, dass das kommunale Selbstverwaltungsrecht schon vor der Verabschiedung der Reichsverfassung meist im Landesrecht kodifiziert worden war, siehe *dens.*, Das Recht der Selbstverwaltung der Gemeinden und Gemeindeverbände nach Art. 127 der Reichsverfassung, in: AöR N.F. 17 (1929), S. 379 (380 f., 391 f.); siehe auch den Überblick der Rechtslehre zu Art. 127 WRV bei *F. Stier-Somlo*, Das Grundrecht der kommunalen Selbstverwaltung unter besonderer Berücksichtigung des Eingemeindungsrechts, in: AöR N.F. 17 (1929), S. 1 (5 ff.).

1937 H.-H. Lammers/W. Simons (Hrsg.), Die Rechtsprechung des Staatsgerichtshofs für das Deutsche Reich und des Reichsgerichts auf Grund Artikel 13 Absatz 2 der Reichsverfassung, Bd. II, 1929, S. 107; Adressaten waren jedoch aufgrund der Gesetzgebungszuständigkeit die Länder.

1938 Siehe dazu insbesondere auch *Schmitt*, Verfassungslehre (Fn. 252), S. 170 ff.; *Thoma*, Bedeutung (Fn. 1099), S. 21.

1939 *Klein*, Garantien (Fn. 1223), S. 56; so auch schon 1922 *Wittmayer*, Reichsverfassung (Fn. 903), S. 169, der ein „unbestimmtes Mindestmaß“ an Selbstverjedoch nicht so ausgehöhlt werden durfte, dass die Selbstverwaltung nur noch ein „Schattendasein"[1940] führen konnte. Ein konkreter Inhalt des Selbstverwaltungsrechts bzw. eine konkrete Aufgabenzuweisung war nach herrschender Meinung durch die Reichsverfassung nicht gewährleistet[1941]. Auch war durch die Reichsverfassung nicht der Bestand oder Umfang der einzelnen Gemeinde garantiert[1942]. Nach Art. 127 WRV war das Selbstverwaltungsrecht nur innerhalb der Schranken der Gesetze garantiert. Das drückte sowohl für die Gemeinden und Gemeindeverbänden als auch für den Staat und somit auch die Kommunalaufsicht den Grundsatz der Gesetzmäßigkeit der Verwaltung aus, sodass staatliche Eingriffe und Beschränkungen einer gesetzlichen Grundlage bedurften[1943].

Reichsrechtlich waren gemäß Art. 17 Abs. 2 WRV die Wahlrechtsgrundsätze auch für die Wahl zur Vertretungsversammlung der Ortsgemeinden festgeschrieben[1944]. Damit war ein demokratischer Unterbau auch auf

---

waltung durch die Reichsverfassung verbürgt sieht; siehe auch *Glum*, Recht (Fn. 1936), S. 395.

1940 Lammers/Simons, Rechtsprechung II (Fn. 1937), S. 100 (dort 4. Leitsatz), 107; siehe auch *Anschütz*, Verfassung (Fn. 779), Art. 127 Anm. 1 (S. 583).

1941 Siehe dazu die Ausführungen des Reichsgerichts bei Lammers/Simons, Rechtsprechung II (Fn. 1937), S. 107, welches auf fehlende Anhaltspunkte im Wortlaut und der Entstehungsgeschichte für eine reichsverfassungsrechtliche Festlegung des Umfangs des Selbstverwaltungsrechts hinweist; siehe auch *Anschütz*, Verfassung (Fn. 779), Art. 127 Anm. 2 (S. 583); a.A. *E. Tatarin-Tarnheyden*, Grundlegende Betrachtungen zur Flaggenfrage, in: AöR N.F. 13 (1927), S. 313 (329 f.), der jegliche lokale Verwaltungsangelegenheit dem Selbstverwaltungsrecht der Gemeinden zuordnet, solang der Staat die Angelegenheit nicht ausdrücklich entzieht; siehe auch zum Meinungsstand bezüglich des Wesens des Selbstverwaltungsrechts *ders.*, Das rechtliche Wesen der deutschen Selbstverwaltung und die mecklenburg-schwerinsche Verwaltungsreform, 1925, S. 9 ff.; *H.-E. Boneß*, Das Beanstandungsrecht im mecklenburg-schwerinschen Kommunalrecht, in: Mecklenburgische Zeitschrift für Rechtspflege, Rechtswissenschaft und Verwaltung 45 (1929), Sp. 25 (31 ff.); *Brauweiler* (Fn. 1935), Art. 127 S. 198 ff.; *M.-R. Pohlandt*, Reich, Länder und Selbstverwaltungskörper, 1931, S. 148 ff.

1942 Lammers/Simons, Rechtsprechung II (Fn. 1937), S. 107 f.; siehe auch *Glum*, Recht (Fn. 1936), S. 407 m.w.N.; *Anschütz*, Verfassung (Fn. 779), Art. 127 Anm. 3 (S. 583 f.); a.A. *Stier-Somlo*, Grundrecht (Fn. 1936), S. 19 ff.

1943 Insofern wurde Art. 127 WRV auch als „leerlaufender Grundrechtsartikel" charakterisiert, siehe *Anschütz*, Verfassung (Fn. 779), Art. 127 Anm. 1 (S. 582); siehe auch *Stier-Somlo*, Grundrecht (Fn. 1936), S. 18 f.

1944 *Nieding*, Prinzip (Fn. 869), S. 95 ff.; *Anschütz*, Verfassung (Fn. 779), Art. 17 Anm. 7 (S. 138).

kommunaler Ebene vorgesehen[1945], um so die Homogenität zwischen dem Reich und seinen Gliedern zu sichern[1946]. Eine gewisse Einflussnahme des Reichs zur Sicherung eines demokratischen Fundaments wurde als notwendig erachtet[1947]. Diese reichsrechtlichen Vorgaben zum Wahlrecht bezogen sich nur auf Gemeinden im engeren Sinn mit der Folge, dass Gemeindeverbände und Gebietskörperschaften hiervon nicht umfasst waren und den Ländern hier ein Gestaltungsspielraum verblieb[1948]. Darüber hinaus bestand ein weitgehender Regelungsspielraum des Landesverfassunggebers[1949]. Die genaue Ausgestaltung des Wahlrechts zur Gemeindevertretung, inklusive des Alters beim aktiven und passiven Wahlrecht, lag in der Kompetenz der Länder[1950]. Zulässig war zudem gemäß Art. 17 Abs. 2 S. 2 WRV eine landesrechtliche Beschränkung des Wahlrechts auf Personen, die eine gewisse Mindestzeit in der Gemeinde sesshaft waren. Die Grenze für diese mögliche Einschränkung durch den Landesgesetzgeber lag bei einem Jahr. Die Ratio war hier, dass so ein Mindestmaß an Kenntnis der lokalen Verhältnisse gewährleistet werden konnte[1951]. Welche Organe die Volkswahl bestimmte und welche weiteren Organe daneben bestehen konnten, war von der Reichsverfassung nicht vorgegeben[1952]. Möglich wäre ein System gewesen, wonach kein Dualismus der Gemeindeorgane hätte bestehen müssen, indem Gemeindevertretung und -vorstand zusammen gefallen wären[1953]. Ferner bestand reichsrechtlich keine Pflicht zur Einrichtung von Gemeindevertretungen, sodass die Aufgaben dann vom gesamten Gemeindewahlvolk hätte ausgeübt werden müssen[1954]. Auch war nicht determiniert, ob der oder die Bürgermeister, falls vorhanden, durch das Volk direkt oder aus der Gemeindevertretung heraus gewählt werden

---

1945 *Nieding*, Prinzip (Fn. 869), S. 95.

1946 *Wittmayer*, Reichsverfassung (Fn. 903), S. 168; *Wenzel*, Grundlagen (Fn. 870), S. 605.

1947 Siehe auch *Preuß*, Reich (Fn. 871), Art. 17 S. 137.

1948 *Preuß*, Reich (Fn. 871), Art. 17 S. 151; *Gebhard*, Handkommentar (Fn. 876), Art. 17 Anm. 10.a (S. 150); *Anschütz*, Verfassung (Fn. 779), Art. 17 Anm. 7 (S. 138); ein Antrag zur Einbeziehung aller Kommunalverbände wurde ausdrücklich abgelehnt, siehe *Nieding*, Prinzip (Fn. 869), S. 96.

1949 *Nieding*, Prinzip (Fn. 869), S. 95 f.

1950 *Nieding*, Prinzip (Fn. 869), S. 97 f.

1951 Siehe *Preuß*, Reich (Fn. 871), Art. 17 S. 144.

1952 *Gebhard*, Handkommentar (Fn. 876), Art. 17 Anm. 10.b (S. 150).

1953 *Anschütz*, Verfassung (Fn. 779), Art. 17 Anm. 8 (S. 138).

1954 So die allgemeine Meinung, siehe *Anschütz*, Verfassung (Fn. 779), Art. 17 Anm. 8 (S. 139); auch war das Fortbestehen der selbstständigen Gutbezirke reichsverfassungsrechtlich zulässig, siehe *dens.*, ebda., Art. 17 Anm. 8 (S. 139).

sollten[1955]. Die genaue Stellung und die Kompetenzen der Gemeindevertretung waren ebenfalls nicht durch Art. 17 Abs. 2 WRV vorgegeben, sodass sich hier ein echtes Betätigungsfeld des Landesverfassunggebers eröffnete[1956]. Insgesamt waren die Länder bei der Ausgestaltung der Gemeindegesetzgebung freier als in der eigenen Verfassungsautonomie[1957].

1. Das kommunale Selbstverwaltungsrecht in der Landesverfassung

Wie bereits aufgezeigt, waren die kommunalen Selbstverwaltungskompetenzen im Großherzogtum – falls vorhanden – recht eingeschränkt und uneinheitlich ausgeprägt[1958]. Insofern war man im verfassunggebenden Landtag bemüht, dem Volk eine weitgehende Mitwirkung an der Verwaltung der eigenen Angelegenheiten zu gewähren[1959]. Die kommunale Selbstverwaltung war in § 63 und § 64 Meck.-Schw. Verf. normiert. Die Regelungen waren jedoch relativ knapp gehalten, sodass es daher auch einer grundlegenden Betrachtung der einfachen Gesetzgebung bedarf. Diese kommunalen Gesetze ergingen quasi zeitgleich mit der Verfassunggebung. Aus systematischer Sicht lässt sich feststellen, dass die Regelung der kommunalen Selbstverwaltung nicht im Grundrechtsteil der Landesverfassung Niederschlag gefunden hatte. Ob dadurch eine Gegenposition zum Verständnis des Selbstverwaltungsrechts als Recht der Gemeinde gegen den Staat ausgedrückt werden sollte[1960], lässt sich weder positiv noch negativ aus den Gesetzgebungsmaterialien ermitteln.

1955 *Gebhard*, Handkommentar (Fn. 876), Art. 17 Anm. 10.b (S. 150); auch war das Wahlrecht nicht für diese Abstimmung von der Reichsverfassung vorgegeben, siehe *Nieding*, Prinzip (Fn. 869), S. 97.

1956 *Anschütz*, Verfassung (Fn. 779), Art. 17 Anm. 8 (S. 138).

1957 *Gebhard*, Handkommentar (Fn. 876), Art. 17 Anm. 12.a (S. 151).

1958 Siehe auch im Überblick *Wenzel*, Verfassungen (Fn. 17), S. 330; *E. Tatarin-Tarnheyden*, Die Rechtsstellung des Amtshauptmanns in Mecklenburg-Schwerin in verwaltungs- und staatspolitischer Beleuchtung, 1931, S. 10 ff.; *Klein*, Länder (Fn. 13), S. 617; siehe auch zur Entwicklung der kommunalen Selbstverwaltung *H. Preuß*, Die Entwicklung der kommunalen Selbstverwaltung in Deutschland, in: G. Anschütz/F. Berolzheimer u.a. (Hrsg.), Handbuch der Politik, 1. Bd., 3. Aufl. 1920, S. 266 (266 ff.), der auch die diesbezügliche Rückständigkeit der mecklenburgischen Staaten hervorhebt.

1959 So *Wendorff*, VVLTag I (Fn. 629), 3. Sitzung, Sp. 8.

1960 Auf diesen Aspekt weist *Stern* bezüglich Art. 28 Abs. 2 GG als Teil des Organisationsrechts hin, siehe *dens.*, Staatsrecht I (Fn. 124), § 12 S. 405; angedeutet bei

Zunächst wurde gemäß § 63 Meck.-Schw. Verf. dem einfachen Gesetzgeber zum Zwecke der Verwaltung eine Einteilung des Freistaates in Gemeinden und Gemeindeverbände aufgegeben[1961]. Dabei wollte man durch die Zusammenlegung von Gütern oder die Vereinigung von Gütern mit Gemeinden lebensfähige Selbstverwaltungskörper schaffen[1962]. Dies war auch mangels Verstoßes gegen Art. 127 WRV nicht nichtig, da durch die Reichsverfassung ein konkreter Bestand von Gemeinden und Gemeindeverbänden nicht gewährleistet wurde[1963].

Den Gemeinden und Gemeindeverbänden stand die freie Selbstverwaltung ihrer Angelegenheiten zu, § 64 Abs. 1 S. 1 Meck.-Schw. Verf. Insofern bestanden hier merkliche Unterschiede zum Wortlaut der Reichsverfassung. Zunächst hob die Landesverfassung hervor, dass es sich um eine „freie" Selbstverwaltung „ihrer" Angelegenheiten handelte. Insofern wurde von der Landesverfassung nach dem Gedanken des *pouvoir municipal*[1964] die Selbstverwaltung als eigene Angelegenheit anerkannt[1965]. Somit nahm § 64 Meck.-Schw. Verf. die Unterscheidung zwischen eigenem Wirkungskreis und übertragenen, staatlichen Aufgaben vor. Diese eigenen Angelegenheiten sollten grundsätzlich unabhängig vom Staat ausgeübt werden[1966]. Was zu diesen eigenen Angelegenheiten zählte, konkretisierte die Landesverfassung hingegen nicht und wurde auch nicht in der Verfassungsberatung erörtert[1967]. Ferner ergibt sich die Frage, wie sich das Feh-

---

Glum, Recht (Fn. 1936), S. 381; siehe auch *Jeserich*, Kommunalrecht (Fn. 1935), S. 490.

1961 Siehe Gesetz, betreffend Einteilung des Freistaates Mecklenburg-Schwerin in Aemter v. 3.12.1920 (abgedruckt in: Wenzel, Verfassungs- und Verwaltungsgesetze [Fn. 1353], S. 189).

1962 *Bericht des Verfassungsausschusses*, VVLTag I (Fn. 629), 21. Sitzung, Sp. 715.

1963 Lammers/Simons, Rechtsprechung II (Fn. 1937), S. 107; dies stützt auch der Befund, dass andere Länder dies explizit in ihre Verfassung aufgenommen haben, siehe beispielsweise § 20 Abs. 3 Bad. Verf.

1964 Siehe dazu *W. Weber*, Selbstverwaltung und Demokratie in den Gemeinden nach der Gebietsreform, 1982, S. 165 sowie *Stern*, Staatsrecht I (Fn. 124), § 12 S. 398 f. m.w.N.

1965 Siehe zu diesen folgenden Gedanken *Tatarin-Tarnheyden*, Wesen (Fn. 1941), S. 13; die Verfassung von Bayern drückte diesen Grundsatz in § 22 Abs. 1 S. 1, 2 Bay. Verf. sogar noch deutlicher aus, siehe auch *Ruf*, Verfassung (Fn. 1151), S. 342 m.w.N.

1966 *Tatarin-Tarnheyden*, Wesen (Fn. 1941), S. 14.

1967 Insofern war die Regelung in Mecklenburg-Schwerin noch unpräziser als der heutige Art. 28 Abs. 2 GG gefasst, siehe zu Art. 28 Abs. 2 GG *Stern*, Staatsrecht I (Fn. 124), § 12 S. 408, der den Vergleich zu Art. 127 WRV zieht; siehe auch len der „Schranken der Gesetze“[1968] in der Landesverfassung im Gegensatz zu Art. 127 WRV ausgewirkt hatte. Allerdings band nach zeitgenössisch herrschender Meinung Art. 127 WRV die Gesetzgebung der Länder dahingehend, dass eine institutionelle Garantie des Selbstverwaltungsrechts vorgegeben wurde, welches jedoch durch einfache (Landes-)Gesetze begrenzt bzw. ausgestaltet werden musste[1969]. Auch zeigen die (spärlichen) parlamentarischen Dokumente den eindeutigen Willen des Landesverfassunggebers, die genaue Ausgestaltung sowie Einschränkung der kommunalen Selbstverwaltung dem einfachen Landesgesetzgeber zu überantworten[1970]. Insofern lag im Fehlen einer ausdrücklichen Schrankenklausel kein materieller Unterschied zur Reichsverfassung, sodass dies höchstens als Redaktionsversehen bezeichnet werden kann. Daraus lässt sich ableiten, dass der einfache Landesgesetzgeber den sachlichen Umfang der Selbstverwaltungsaufgaben festlegen konnte[1971].

Gemäß § 63 Abs. 1 S. 2 Meck.-Schw. Verf. mussten die Vertretungskörperschaften der Gemeinden in allgemeiner, unmittelbarer, gleicher und geheimer Wahl nach den Grundsätzen des Landtagswahlrechts gewählt werden[1972]. Die Vorgabe der Landesverfassung wiederholte insofern, was

---

G. Püttner, Kommunale Selbstverwaltung, in: Isensee/Kirchhof, Handbuch VI (Fn. 870), § 144 Rn. 28 ff.

1968 Durch Gesetz des Staatsministeriums zur Vereinfachung und Verbilligung der Verwaltung v. 27.6.1933 (Rbl. für Mecklenburg-Schwerin 1933 Nr. 39 v. 28.6.1933, S. 209) erhielt § 64 Abs. 1 S. 1 Meck.-Schw. Verf. folgenden Wortlaut: „Den Gemeinden und Gemeindeverbänden steht die Selbstverwaltung ihrer Angelegenheiten nach Maßgabe der Gesetze zu.“; diese Frage wirft auch *Tatarin-Tarnheyden* auf, siehe *dens.*, Wesen (Fn. 1941), S. 14.

1969 Insofern waren die Länder in der grundsätzlichen Garantie nicht frei, was jedoch Raum für nähere Ausgestaltung ließ, siehe *Brauweiler* (Fn. 1935), Art. 127 S. 203 ff.; *Anschütz*, Verfassung (Fn. 779), Art. 127 Anm. 1 (S. 582 f.); siehe auch *Schmitt*, Verfassungslehre (Fn. 252), S. 170 f.; *F. Giese*, Die Verfassung des Deutschen Reiches vom 11. August 1919, 8. Aufl. 1931, Art. 127 Anm. 3 (S. 272); *Gebhard*, Handkommentar (Fn. 876), Art. 127 Anm. 3.b, 4.a (S. 484); so auch speziell zu § 64 Meck.-Schw. Verf. *Tatarin-Tarnheyden*, Wesen (Fn. 1941), S. 14.

1970 „Deshalb ist ihm [dem Volk] die Selbstverwaltung zugesagt worden, in der Voraussetzung natürlich, daß besondere Gesetze noch beschlossen werden, die diese Verhältnisse der Selbstverwaltung im einzelnen regeln.“, so *Wendorff*, VVLTag I (Fn. 629), 3. Sitzung Sp. 8; siehe auch *Bericht des Verfassungsausschusses*, ebda., 21. Sitzung, Sp. 716; siehe dazu auch die Analyse des Landesstaatsgerichtshofs bei H.-H. Lammers/W. Simons (Hrsg.), Die Rechtsprechung des Staatsgerichtshofs für das Deutsche Reich und des Reichsgerichts aufgrund Artikel 13 Abs. 2 der Reichsverfassung, Bd. III, 1931, S. 359 f.

1971 So auch *Tatarin-Tarnheyden*, Wesen (Fn. 1941), S. 14.

1972 Siehe dazu schon Kapitel D.II.1.b.

schon von Art. 17 Abs. 2 S. 1 WRV vorgegeben war. Die Vertretungskörperschaften der Gemeindeverbände sowie die Vorstände der Gemeinden und Gemeindeverbände konnten unmittelbar gewählt werden. Daneben bestand grundsätzlich auch die Möglichkeit die Vorstände durch Vertretungskörperschaften wählen zu lassen. Damit wurde lediglich eine Grundregelung bezüglich des aktiven Wahlrechts getroffen[1973]. Insofern achtete man die Grenzen, welche durch die Reichsverfassung gezogen worden waren, und gewährte gleichzeitig Gestaltungsspielräume für den einfachen Landesgesetzgeber.

Das staatliche Aufsichtsrecht über die kommunalen Selbstverwaltungskörperschaften war im Gegensatz zu anderen Landesverfassungen in Mecklenburg-Schwerin auf Verfassungsebene normiert. Im verfassunggebenden Landtag war man der Meinung, dass zumindest eine gewisse Staatsaufsicht notwendig sei[1974]. Weitere dokumentierte Hinweise zum intendierten Ausmaß des Aufsichtsrechts finden sich nicht in den Debatten zur Verfassunggebung[1975]. Die Aufsicht des Staates erstreckte sich gemäß § 64 Abs. 2 Meck.-Schw. Verf. auf die Gesetzmäßigkeit und Lauterkeit der Verwaltung sowie die Grundlagen der Finanzgebarung. Daher bestand jedenfalls eine uneingeschränkte Rechtmäßigkeitskontrolle[1976]. Eine unbeschränkte Zweckmäßigkeitskontrolle sah die Verfassung hingegen nicht vor[1977]. Andernfalls hätte dies im Wortlaut ausdrücklich benannt werden müssen. Auch widerspricht diese Auslegung dem Willen des Verfassunggebers, eine möglichst freie Selbstverwaltung zu gewährleisten[1978]. Lauterkeit war jedoch weiter gefasst als bloße Gesetzmäßigkeit[1979]. Vielmehr handelt

---

1973 Lammers/Simons, Rechtsprechung III (Fn. 1970), S. 359.

1974 *Bericht des Verfassungsausschusses*, VVLTag I (Fn. 629), 21. Sitzung, Sp. 716; Staatsaufsicht war auch nach damaligem Verständnis das „notwendige Korrelat“ zur Selbstverwaltung von Aufgaben, die zumindest vom Staat wahrgenommen werden könnten, so *Peters*, Grenzen (Fn. 1935), S. 216; siehe auch *Stern*, Staatsrecht I (Fn. 124), § 12 S. 402 m.w.N.; siehe auch allgemein zum Aufsichtsrecht *Pohlandt*, Reich (Fn. 1941), S. 166 ff.

1975 Auch im Rahmen der Debatte über die Städteordnung wurde lediglich auf den Wortlaut des Verfassungsentwurfs verwiesen, siehe *Wendorff*, VVLTag I (Fn. 629), 26. Sitzung, Sp. 927; *Bericht des Verfassungsausschusses die Städteordnung betreffend*, ebda., 35. Sitzung, Sp. 1157.

1976 Siehe dazu auch *Boneß*, Beanstandungsrecht (Fn. 1941), Sp. 179 ff.

1977 Im Ergebnis auch *Boneß*, Beanstandungsrecht (Fn. 1941), Sp. 256; vgl. auch kritisch zu einem ausufernden Aufsichtsrecht *Lüdemann*, VVLTag I (Fn. 629), 27. Sitzung, Sp. 932.

1978 Diese Intention formulierte schon *Wendorff*, VVLTag I (Fn. 629), 3. Sitzung, Sp. 8.

1979 So auch *Boneß*, Beanstandungsrecht (Fn. 1941), Sp. 256.

es sich bei Lauterkeit der Verwaltung und Grundlagen der Finanzverwaltung um unbestimmte Rechtsbegriffe, wodurch ein Einfallstor für ein Ermessen der Aufsichtsbehörde vorlag. Somit bestand bei dem Aufsichtsrecht über die Verwaltung eine Zweckmäßigkeitskontrolle, die jedoch auf Missbrauchsfälle bzw. unvertretbare Entscheidungen beschränkt gewesen sein dürfte[1980]. Es war das Aufsichtsrecht nur in sehr engen Grenzen zu gebrauchen[1981]. Auch die Aufsicht über die Grundlagen des Finanzgebarens eröffnete Auslegungsspielräume. Hier war der Wortlaut weiter gefasst, sodass eine (umfassendere) Zweckmäßigkeitskontrolle bestand[1982]. Sie bestand jedoch nur bezüglich der Grundlagen, wodurch eine umfassende (präventive) Kontrolle von Einzelposten ausgeschlossen war[1983]. Somit war das Aufsichtsrecht von der Landesverfassung enger gefasst, als dies von der Reichsverfassung notwendig gewesen wäre[1984].

Die Verfassung enthielt keine umfassenden Normierungen, welche jedoch vornehmlich durch die Städteordnung, die Landgemeindeordnung und die Amtsordnung ausgestaltet und ergänzt wurden.

1980 *Boneß* setzt „Lauterkeit" mit „Loyalität" gleich, ohne dabei Begriffsschärfe zu gewinnen, sodass dieser zum Ergebnis gelangt, dass die Aufsichtsbehörde „ungefähr in jedem erdenklichen Falle einschreiten" könne, vgl. *dens.*, Beanstandungsrecht (Fn. 1941), Sp. 257; eine Beschränkung der Aufsichtsmittel lag nicht vor, siehe *dens.*, ebda., Sp. 255 ff.

1981 In diese Richtung tendiert auch *H. Sawitz*, Die Städteordnung für den Freistaat Mecklenburg-Schwerin vom 18. Juli 1919, 1919, § 61 Anm. 1 (S. 139 f.); ferner wurde die Staatsaufsicht in der Staatspraxis nur milde ausgeübt, siehe *K. v. Stempel*, Die Organisation der Mecklenburg-Schwerinschen Aemter im Vergleich zu den Organisationen und Formen der anderen deutschen Landkreise unter Berücksichtigung der vom Sparkommissar in dieser Beziehung berührten Probleme, 1930, S. 13.

1982 So auch *E. Tatarin-Tarnheyden*, Kommunalisierung der Amtsverwaltung in Mecklenburg-Schwerin unter den Gesichtspunkten einer Reichsverwaltungsreform, in: Reichsverwaltungsblatt und preußisches Verwaltungsblatt 51 (1930), S. 763 (766); durch die Aufsicht wollte man die Leistungsfähigkeit der Selbstverwaltungskörperschaften sicherstellen, siehe *Wendorff*, VVLTag I (Fn. 629), 26. Sitzung, Sp. 927 f.; die Notwendigkeit eines umfassenden Aufsichtsrechts im Finanzwesen betont auch *A. Hensel*, Kommunalrecht und Kommunalpolitik in Deutschland, 1928, S. 37 f.

1983 *Boneß*, Beanstandungsrecht (Fn. 1941), Sp. 261 f.

1984 Siehe auch *Wittmayer*, Reichsverfassung (Fn. 903), S. 169; *Glum*, Recht (Fn. 1936), S. 404; siehe auch zu Preußen *A. Mellin*, Die Entwicklung der kommunalen Selbstverwaltung in Preußen seit dem 9. November 1918, 1928, S. 15 ff.; siehe zu den einzelnen möglichen Aufsichtsmitteln *Hensel*, Kommunalrecht (Fn. 1982), S. 45 ff.

2. Die gesetzliche Ausgestaltung des Selbstverwaltungsrechts

Die genaue Ausgestaltung des Selbstverwaltungsrechts wollte man vornehmlich auf einfachgesetzlichem Wege erreichen[1985]. Dies wurde als drängende Angelegenheit empfunden[1986], sodass es nicht verwundert, dass die grundsätzliche Regelung schon kurz nach oder bereits vor Erlass der Landesverfassung erfolgte[1987]. Dadurch war endgültig die Teilung der ständischen Verwaltung beseitigt[1988]. Insgesamt war eine gleiche Behandlung aller kommunalen Selbstverwaltungskörper ohne Gewährung von Sonderrechten, insbesondere im Hinblick auf die ehemaligen Privilegien der Seestädte, die leitende Intention im Parlament[1989]. Hier sollen die zum Verständnis des Staatsrechts von Mecklenburg-Schwerin notwendigen Grundzüge der landesgesetzlichen Regelungen dargestellt werden.

a) Die Städte

In den Städten existierten im Großherzogtum meist einzelne uneinheitliche Stadtverfassungen[1990]. Zur Vereinheitlichung wurde bereits 1919 die Städteordnung erlassen[1991]. Diese war kein „Homunkulus"[1992], sondern

---

1985 *Wendorff*, VVLTag I (Fn. 629), 3. Sitzung, Sp. 8.

1986 *Wendorff*, VVLTag I (Fn. 629), 3. Sitzung, Sp. 8; *Inachin*, Durchbruch (Fn. 60), S. 21; siehe zur Entstehungsgeschichte *Buchsteiner*, Städten (Fn. 603), S. 87 ff.

1987 StädteO v. 18. Juli 1919; Amtsordnung v. 20. Mai 1920 (Rbl. für Mecklenburg-Schwerin 1920 Nr. 93 v. 11.6.1920, S. 727), im Folgenden abgekürzt als AmtsO; Landgemeindeordnung v. 20. Mai 1920 (Rbl. für Mecklenburg-Schwerin 1920 Nr. 94 v. 11.6.1920, S. 743), im Folgenden abgekürzt als LandGO.

1988 *Koch*, Veränderungen (Fn. 60), S. 223; siehe zur verwaltungsrechtlichen Untergliederung des Landes *bei der Wieden*, Mecklenburg (Fn. 24), S. 179 ff.

1989 So zumindest die h.M. im Landtag, siehe *Vortrag des Berichterstatters*, VVLTag I (Fn. 629), 21. Sitzung, Sp. 727 ff.

1990 Siehe zum vorrevolutionären Zustand *Lüdemann*, VVLTag I (Fn. 629), 27. Sitzung, Sp. 931 f.; *Hamann*, Werden (Fn. 13), S. 140 ff. sowie Kapitel B.II.5.

1991 Siehe zur Städteordnung detailliert auch *Sawitz*, Städteordnung (Fn. 1981), S. 1 ff.; siehe im Überblick zu den nachfolgenden Ausführungen auch *P. Kretschmann*, Die neuen mecklenburgischen Städteordnungen in ihren Grundzügen, in: Mecklenburgische Zeitschrift für Rechtspflege und Rechtswissenschaft 38 (1921), S. 216 (217 ff.); *Wenzel*, Verfassungen (Fn. 17), S. 331 f.; *[E.] Schlesinger*, Art. Verwaltungsorganisation (Mecklenburg-Schwerin), in: J. Brix u.a. (Hrsg.), Handwörterbuch der Kommunalwissenschaften, 4. Bd., 1924, S. 366 (367); *Hamann*, Werden (Fn. 13), S. 184 ff.; *Klein*, Länder (Fn. 13), S. 618.

1992 *Wendorff*, VVLTag I (Fn. 629), 26. Sitzung, Sp. 924.

orientierte sich vornehmlich an dem preußischen Vorbild für die östlichen Provinzen[1993]. § 1 StädteO regelte das Selbstverwaltungsrecht, betonte die Eigenschaft als öffentlich-rechtliche Körperschaft und legte als Vertretungsorgane den Rat und die Stadtverordnetenversammlung fest[1994]. Die Städteordnung galt gemäß § 2 StädteO für alle bisherigen Städte sowie Gemeinden, für welche durch Gesetz diese in Kraft gesetzt werden konnte. Gesetz war hier als Gesetz im formellen Sinne zu verstehen[1995]. Eine Veränderung der Gemeindebezirke durch Eingemeindung, Ausgemeindung oder Umgemeindung erfolgte durch Beschluss des Landesverwaltungsrats, § 3 StädteO. Hierzu bedurfte es gemäß § 3 Abs. 2, 4 StädteO einer vorherigen Anhörung, wobei eine Veränderung gegen den Widerstand der betreffenden Städte nur erfolgen durfte, wenn es das öffentliche Interesse erforderte, sodass hier (beschränktes) Ermessen eingeräumt wurde[1996]. Der Landesverwaltungsrat bestand gemäß § 69 StädteO aus dem Vorstand des Ministeriums des Inneren und sechs vom Parlament gewählten Landtagsabgeordneten. Er war dem Innenministerium angegliedert[1997]. Die Neugliederung stellte keinen Verstoß gegen die Reichs- oder Landesverfassung dar, weil der konkrete Bestand der Einzelgemeinden nach zeitgenössisch herrschender Meinung nicht durch das Selbstverwaltungsrecht gewährleistet wurde[1998].

Die Städteordnung unterschied zwischen bloßen Gemeindeangehörigen und solchen, die das Bürgerrecht besaßen, siehe §§ 5 ff. StädteO. Der Un-

---

1993 *Wenzel*, Verfassungen (Fn. 17), S. 331; *Klein*, Länder (Fn. 13), S. 617.

1994 Siehe zum Selbstverwaltungsrecht und dem vorherigen Zustand *Sawitz*, Städteordnung (Fn. 1981), § 1 Anm. 3 (S. 5 ff.).

1995 *Sawitz*, Städteordnung (Fn. 1981), § 2 Anm. 3 (S. 8 f.).

1996 *Sawitz*, Städteordnung (Fn. 1981), § 3 Anm. 2.b (S. 11 f.).

1997 Dieser nahm vornehmlich einige staatliche (Aufsichts-)Aufgaben wahr, wobei er kein Entschließungsermessen besaß, sondern auf Anruf tätig wurde, siehe *Sawitz*, Städteordnung (Fn. 1981), § 69 Anm. 1 (S. 150 f.); siehe kritisch zur politischen Besetzung *H. Raspe*, Erfahrungen mit der mecklenburgischen Städteordnung, in: Zeitschrift für Kommunalwirtschaft 13. Jg. (1923), Sp. 521 (527, 544 f.); hingegen sieht *Tatarin-Tarnheyden* diesen als geeigneten Schiedsrichter zwischen Staat und Selbstverwaltung an, siehe *dens.*, Kommunalisierung (Fn. 1982), S. 766; differenziert dazu *Boneß*, Beanstandungsrecht (Fn. 1941), Sp. 340 ff.

1998 Siehe wiederum den Staatsgerichtshof für das Deutsche Reich zum Reichsrecht bei Lammers/Simons, Rechtsprechung II (Fn. 1937), S. 107 f.; auch das Landesverfassungsgericht Mecklenburg-Schwerins erkannte in der Neustrukturierung der kommunalen Einteilung keinen Verstoß gegen Reichs- oder Landesverfassungsrecht, siehe Lammers/Simons, Rechtsprechung III (Fn. 1970), S. 358 ff.

terschied lag dabei darin, dass das Bürgerrecht über die Gemeindeangehörigkeit hinaus die Vollendung des zwanzigsten Lebensjahrs sowie den mindestens dreimonatigen Wohnsitz oder dauerhaften Aufenthalt erforderte[1999]. Dieses befähigte zur Teilnahme an Wahlen und Abstimmungen sowie zur Übernahme von unbesoldeten Ämtern in den Städten[2000]. Somit hat Mecklenburg-Schwerin von der Möglichkeit des Art. 17 Abs. 2 S. 2 WRV Gebrauch gemacht, indem das Wahlrecht an eine geringe Mindestaufenthaltsdauer geknüpft wurde. So konnte ein Mindestmaß an Kenntnis der lokalen Gegebenheiten vorausgesetzt werden. Der entscheidende Fortschritt zu den vorherigen Verhältnissen lag insbesondere in der Abschaffung des Klassenwahlrechts für die Gemeindevertretung[2001].

Den Städten wurde gemäß § 12 StädteO die Möglichkeit eröffnet, durch Ortssatzung die Pflicht zur Übernahme von unbesoldeten kommunalen Ämtern oder Stellen für die Dauer von drei Jahren zu bestimmen. Die Zuständigkeit der Städte erstreckte sich gemäß § 13 StädteO auf den Erlass von Ortssatzungen bezüglich der Angelegenheiten der Stadtgemeinden sowie Rechte und Pflichten der Gemeindeangehörigen, sofern die Städteordnung eine Abweichungskompetenz ausdrücklich enthielt oder eine ausdrückliche Regelung fehlte. Insofern war damit eine Universalzuständigkeit für alle vom Gesetz zugelassenen, lokalen Angelegenheiten einfachgesetzlich normiert[2002]. Diese Ortssatzungen wurden von der Stadtverordnetenversammlung allein beschlossen und bedurften der Bestätigung des Landesverwaltungsrates. Bei der Bestätigung handelte es sich um einen

---

1999 Siehe dazu *Wendorff*, VVLTag I (Fn. 629), 26. Sitzung, Sp. 922; die geringe Zeitspanne wurde gewählt, um möglichst vielen Einwohnern das Bürgerrecht zu gewähren, siehe *Bericht des Verfassungsausschusses die Städteordnung betreffend*, VVLTag I (Fn. 629), 35. Sitzung, Sp. 1141; daneben war die Reichsangehörigkeit vorgeschrieben, eine Landesangehörigkeit, war somit keine Voraussetzung, siehe §§ 6, 8 StädteO; die Gemeindeangehörigen durften insbesondere öffentliche Einrichtungen und Anstalten benutzen und wurden am städtischen Vermögen und Lasten beteiligt; siehe dazu auch *Sawitz*, Städteordnung (Fn. 1981), § 6 Anm. 1 ff. (S. 17 ff.).

2000 Insofern beinhaltete das Bürgerrecht das aktive und passive Wahlrecht, siehe auch *Kretschmann*, Städteordnungen (Fn. 1991), S. 217.

2001 *Kretschmann*, Städteordnungen (Fn. 1991), S. 218.

2002 Neben der Autonomie in gemeindlichen Angelegenheiten wurden insbesondere auch durch die Gewerbeordnung den Gemeinden Regelungskompetenzen zugewiesen, siehe dazu auch *Sawitz*, Städteordnung (Fn. 1981), § 13 Anm. 1 ff. (S. 31 ff.) mit weiteren Einzelheiten; siehe auch *Boneß*, Beanstandungsrecht (Fn. 1941), Sp. 181 f.

Akt der Staatsaufsicht[2003]. Insofern war hier eine Rechtmäßigkeits- sowie eine Zweckmäßigkeitskontrolle eröffnet, wobei Letztere nach der Grundausrichtung der Städteordnung sowie der Landesverfassung nur sparsam ausgeübt werden sollte[2004].

Organe der Städte waren, wie bereits erwähnt, die Stadtverordnetenversammlung sowie der Rat. Die Stadtverordnetenversammlung, deren Größe gemäß § 14 StädteO grundsätzlich von der Einwohnerzahl abhing, wurde gemäß §§ 15 ff. StädteO nach den Grundsätzen des Landtagswahlrechts auf drei Jahre gewählt[2005]. Die Versammlung bestand aus einer ungeraden Anzahl an Stadtverordneten, um Mehrheitsbildungen zu erleichtern[2006]. Nach § 17 Abs. 2 StädteO bestand die Möglichkeit die Wahldauer auf Antrag eines Viertels der Wahlberechtigten durch Abstimmung der Bürger vorzeitig zu beenden[2007]. Dies sollte „Ventil"[2008] gegen Unzufriedenheit der Bürger sein.

Der Rat bestand gemäß § 19 StädteO aus dem Bürgermeister und einer durch Satzung festzulegenden Anzahl von besoldeten und unbesoldeten Stadträten[2009]. Der Rat wurde gemäß § 21 StädteO von der Stadtverordnetenversammlung gewählt, wobei die Wahl der besoldeten Mitglieder, inklusive des Bürgermeisters, grundsätzlich für zwölf Jahre und die der unbesoldeten Mitglieder auf sechs Jahre befristet war. Aufgrund der unterschiedlichen Wahlperioden von Rat und Versammlung konnte der

2003 So auch *Sawitz*, Städteordnung (Fn. 1981), § 13 Anm. 6 (S. 34); *Kretschmann*, Städteordnungen (Fn. 1991), S. 221.

2004 *Sawitz* geht davon aus, dass eine Versagung der Bestätigung nur aus ganz besonderen Zweckmäßigkeitserwägungen heraus erfolgen durfte, siehe *dens.*, Städteordnung (Fn. 1981), § 13 Anm. 6 (S. 33 f).

2005 Die Wahlprüfung, welche von jedem Wahlberechtigten initiiert werden konnte, oblag der Stadtverordnetenversammlung selbst, wobei jedoch der Verwaltungsrechtsweg gegen diese Entscheidung offenstand, § 18 StädteO; siehe auch *Sawitz*, Städteordnung (Fn. 1981), § 14 Anm. 1 ff. (S. 38 ff.).

2006 *Kretschmann*, Städteordnungen (Fn. 1991), S. 218.

2007 Siehe Gesetz zur Ausführung des § 17 Abs. 2 der Städteordnung vom 22. Oktober 1919; abgedruckt bei *Sawitz*, Städteordnung (Fn. 1981), Anhang I (S. 153); diese Möglichkeit wurde in den Anfangsjahren regelmäßig instrumentalisiert, siehe *Buchsteiner*, Städten (Fn. 603), S. 109.

2008 So *Gladischefski*, VVLTag I (Fn. 629), 35. Sitzung, Sp. 1971; siehe dazu *J. H. Witte*, Unmittelbare Gemeindedemokratie der Weimarer Republik, 1997, S. 104 ff. mit weiteren Einzelheiten und Anwendungsfällen.

2009 Durch Ortssatzung konnte festgelegt werden, dass dem Rat mehrere Bürgermeister angehörten; durch die Bestimmbarkeit der Anzahl der Ratsmitglieder konnte auf die lokalen Bedürfnisse und die Größe der Städte berücksichtigt werden, so auch *Sawitz*, Städteordnung (Fn. 1981), § 19 Anm. 5 (S. 53).

Rat eine andere politische Grundausrichtung als die amtierende Stadtverordnetenversammlung haben[2010]. Der Landesgesetzgeber entschied sich grundsätzlich gegen eine direkte Wahl des Bürgermeisters, wobei jedoch gemäß § 22 Abs. 3 StädteO durch Ortssatzung dessen Direktwahl festgelegt werden konnte[2011]. Umfangreiche Sonderrechte hatte der Bürgermeister nicht. Abgesehen von der Leitung des Rates und der Entscheidung bei Stimmengleichheit wurden die Beschlüsse gemäß § 44 Abs. 2 StädteO mit der Mehrheit der Stimmen gefasst[2012]. Ebenfalls besaß er nicht den Vorsitz in der Stadtverordnetenversammlung, vgl. § 26 StädteO. Hier war die Intention ähnlich wie bei der Regelung zum Staatsministerium, nämlich dem Ideal der Gleichheit, Gleichordnung und Demokratie in besonders ausgeprägter Weise zu entsprechen[2013]. Ein Exklusivitätsverhältnis zwischen Rats- und Stadtverordnetenversammlungsmitgliedschaft herrschte gemäß § 15 Abs. 2 StädteO nicht[2014].

Die Stadtverordnetenversammlung beschloss gemäß § 24 StädteO grundsätzlich allein über alle Gemeindeangelegenheiten, wobei jedoch bei finanziellen Angelegenheiten die Zustimmung des Rates erforderlich war[2015]. Wurde keine Einigung zwischen den Entscheidungsträgern erzielt, entschied auf Antrag ein Ausschuss, welcher paritätisch mit Ratsher-

2010 Hier diente die Stadt Schwerin als Vorbild, siehe *Wendorff*, VVLTag I (Fn. 629), 26. Sitzung Sp. 924; diese Regelung kritisiert *Raspe*, Erfahrungen (Fn. 1997), Sp. 531; bezüglich der unbesoldeten Stadträte wurde die Periode 1928 auf drei Jahre verkürzt, siehe *Buchsteiner*, Städten (Fn. 603), S. 111.

2011 Dies war auch reichsrechtlich nicht determiniert, siehe *Gebhard*, Handkommentar (Fn. 876), Art. 17 Anm. 10.b (S. 150).

2012 Insbesondere in polizeilichen Auftragsangelegenheiten wurde hier die kollegiale Ausrichtung des Rats kritisiert, da eine Einzelperson als Verwaltungsspitze die Kommunikation und somit Arbeit vereinfachen würde, so *Jeß*, Die Stellung des Bürgermeisters nach der Städteordnung für den Freistaat Mecklenburg-Schwerin vom 18. Juli 1919, in: Mecklenburgische Zeitschrift für Rechtspflege, Rechtswissenschaft und Verwaltung 43 (1927), Sp. 73 (74); siehe insgesamt kritisch zur Stellung des Bürgermeisters *dens.*, ebda., Sp. 74 ff.; siehe zu Reformvorschlägen *Raspe*, Erfahrungen (Fn. 1997), Sp. 538; durch Verordnung des Reichspräsidenten wurde die Kompetenz des Bürgermeisters 1931 in Finanzfragen ausgeweitet, siehe *Buchsteiner*, Städten (Fn. 603), S. 112.

2013 *Wilbrandt*, VVLTag I (Fn. 629), 27. Sitzung, Sp. 936; kritisch dazu *Reincke-Bloch*, VVLTag I (Fn. 629), 27. Sitzung, Sp. 940 f. sowie *Jeß*, Stellung (Fn. 2012), Sp. 73.

2014 Dabei kritisiert *Raspe*, dass ein Ratsherr nach einer Entscheidung diese in der Stadtverordnetenversammlung bekämpfen könne, sodass dies zu Zerwürfnissen im Rat führen könne, siehe *dens.*, Erfahrungen (Fn. 1997), Sp. 531.

2015 Grundsätzlich war dessen Kompetenz unbeschränkt, so *Wendorff*, VVLTag I (Fn. 629), 26. Sitzung, Sp. 923; siehe zur Kompetenz auch *Sawitz*, Städteordren und Stadtverordneten besetzt wurde[2016]. Ratsmitglieder hatten auch grundsätzlich ein Recht zur Teilnahme an den Sitzungen sowie ein entsprechendes Rederecht, § 26 StädteO[2017].

Die Versammlung war Kontrollorgan der Verwaltung und konnte entsprechende Informationen verlangen, §§ 25, 47 StädteO. Zum Verkauf von Anleihen bedurfte es gemäß § 39 Abs. 1 StädteO der Zustimmung des Landesverwaltungsrats. Dieser staatliche Eingriff in das Selbstverwaltungsrecht sollte ein stabiles Finanzgebaren der Städte sichern, welches die Leistungsfähigkeit der Städte angemessen berücksichtigte[2018].

Der Rat fungierte zunächst als Organ der Selbstverwaltungskörperschaft. Als solches war er für die laufende Verwaltung zuständig und vertrat die Gemeinde nach außen[2019]. Dazu führte er insbesondere die Entscheidungen der Stadtverordnetenversammlung gemäß §§ 24 Abs. 3, 40 StädteO aus. Rechtswidrigen Beschlüssen konnte dieser gemäß § 43 StädteO die Ausführung versagen, wobei die Gründe dargelegt werden mussten[2020]. Falls es zu keiner Verständigung kam, musste auf Antrag der Landesverwaltungsrat entscheiden[2021]. Der Stadtrat war vorgesetzte Behörde aller städtischen Angestellten und Beamten, § 45 Abs. 1 S. 1 StädteO[2022].

Daneben war der Rat auch gemäß § 41 StädteO Organ der Staatsverwaltung und hatte infolgedessen die übertragenen Aufgaben, wozu insbeson-

---

nung (Fn. 1981), § 24 Anm. 3 (S. 61 ff.); siehe *Raspe*, Erfahrungen (Fn. 1997), Sp. 528 mit Einzelfallbeispielen.

2016 Bei einer Pattsituation oblag die Entscheidung dem Landesverwaltungsrat, § 24 Abs. 2 StädteO; bei Verhinderung eines Mitglieds musste die Parität entsprechend künstlich hergestellt werden, siehe dazu *Raspe*, Erfahrungen (Fn. 1997), Sp. 527 f.

2017 Dies sollte der Effektivitätssteigerung und Vereinfachung dienen, siehe *Bericht des Verfassungsausschusses die Städteordnung betreffend*, VVLTag I (Fn. 629), 35. Sitzung, Sp. 1148.

2018 *Sawitz*, Städteordnung (Fn. 1981), § 39 Anm. 1, 3 (S. 90 f.).

2019 Siehe zu den Einzelheiten § 40 StädteO; siehe auch *Sawitz*, Städteordnung (Fn. 1981), § 24 Anm. 3.d (S. 63 ff.) sowie *dens.*, ebda., § 40 Anm. 6 (S. 99 ff.).

2020 Siehe dazu *Boneß*, Beanstandungsrecht (Fn. 1941), Sp. 111 ff. mit weiteren Einzelheiten.

2021 *Sawitz*, Städteordnung (Fn. 1981), § 43 Anm. 2 (S. 108 f.); bei sonstigen Bedenken gegen Entscheidungen, welche zur Alleinzuständigkeit der Stadtverordnetenversammlung gehörten, konnte der Rat lediglich nochmalige Beschlussfassung gemäß § 43 Abs. 2 StädteO beantragen, siehe auch *Sawitz*, Städteordnung (Fn. 1981), § 43 Anm. 3 (S. 109 f.).

2022 Siehe zu Einzelheiten bezüglich der städtischen Beamten §§ 48 ff. StädteO; siehe auch *Sawitz*, Städteordnung (Fn. 1981), § 45 Anm. 2 f. (S. 144 ff.).

dere die Geschäfte der Ortspolizei zählten, zu erledigen[2023]. Bei den Staatsaufgaben hatte die Stadtverordnetenversammlung lediglich bei Ausgaben und Ortsatzung, insbesondere den Polizeiverordnungen, gemäß § 41 StädteO ein Zustimmungsrecht. Zwar mutete diese Mitentscheidungsbefugnis zunächst als sehr begrenzt an. Dadurch war der Versammlung jedoch in entscheidenden Bereichen eine Einflussnahme gesichert[2024].

Der gemäß § 40 Abs. 1 Nr. 1 StädteO vom Rat zu entwerfende Haushaltsplan musste nach Beschlussfassung gemäß § 55 Abs. 2 StädteO dem Ministerium des Inneren vorgelegt werden.

In §§ 61 ff. StädteO war die Staatsaufsicht über die Selbstverwaltung geregelt. Die allgemeine Staatsaufsicht lag gemäß § 61 S. 2 StädteO beim Ministerium. Für bestimmte Entscheidungen war der Landesverwaltungsrat jedoch zuständig. Bezüglich des Umfangs der Aufsicht wiederholte die Städteordnung den Wortlaut des § 64 Abs. 2 Meck.-Schw. Verf., sodass sich diese auf die Gesetzmäßigkeit und Lauterbarkeit der Verwaltung sowie auf die Grundlagen der Finanzgebarung erstreckte[2025]. Somit beschränkte sich das allgemeine Aufsichtsrecht neben der Rechtmäßigkeitskontrolle auf Fälle der missbräuchlichen Verwaltung und durfte in Finanzbelangen lediglich Grundzüge und kein ausuferndes Einzelweisungsrecht umfassen[2026]. § 63 StädteO regelte noch die „Zwangsetatierung", die Aufnahme oder Genehmigung von gesetzlich verpflichtenden Ausgaben[2027]. Auffällig ist, dass die Staatsaufsicht sich beim Ministerium konzentrierte, ohne eine weitere Instanzenebene vorzusehen[2028]. Gegen eine Entscheidung des Ministeriums war bei diesem eine Vorstellung zu erheben. Die Letztentscheidungskompetenz besaß der Landesverwaltungsrat, sofern das Ministerium dem Ansinnen der Stadt nicht entsprach.

2023 Siehe zur Entstehungsgeschichte *Sawitz*, Städteordnung (Fn. 1981), § 41 Anm. 1 f. (S. 103 ff.).

2024 *Sawitz*, Städteordnung (Fn. 1981), § 41 Anm. 5 (S. 106).

2025 *Sawitz*, Städteordnung (Fn. 1981), § 61 Anm. 1 (S. 139 f.); siehe dazu schon die Ausführungen zu § 64 Abs. 2 Meck.-Schw. Verf.; siehe auch *Boneß*, Beanstandungsrecht (Fn. 1941), Sp. 330.

2026 *Raspe*, Erfahrungen (Fn. 1997), Sp. 543; *Buchsteiner*, Städten (Fn. 603), S. 89.

2027 Siehe *Sawitz*, Städteordnung (Fn. 1981), § 63 Anm. 1 ff. (S. 141 ff.).

2028 Dies betonen auch *Sawitz*, Städteordnung (Fn. 1981), § 61 Anm. 2 (S. 140) und *Klein*, Länder (Fn. 13), S. 614; gegen die Entscheidung der Aufsichtsbehörde war gemäß § 62 S. 1 StädteO die Vorstellung bei dieser zu erheben; folgte das Ministerium dem nicht, so bedurfte es gemäß § 62 S. 2 StädteO der Entscheidung des Landesverwaltungsrats; Beschwerde und Vorstellung wurden als Synonyme verwendet, siehe *Sawitz*, Städteordnung (Fn. 1981), § 62 Anm. 2 (S. 141).

In Mecklenburg-Schwerin entschied man sich für eine Städteordnung im Sinne der Magistratsverfassung[2029]. Insgesamt bestand eine umfassende Kompetenz der Stadtverordnetenversammlung bezüglich der Selbstverwaltungsangelegenheiten der Gemeinden, wobei dies durch maßgebliche Mitwirkungsrechte des Rates eingeschränkt wurde, sodass faktisch die Alleinentscheidungskompetenz der Stadtverordnetenversammlung eigentlich die Ausnahme bildete[2030]. Somit war die Städteordnung tatsächlich auf die Kooperation der beiden Organe angelegt, obwohl auf den ersten Blick ein Übergewicht des direkt gewählten Organs vorzuherrschen schien. Auch erscheinen die Abweichungskompetenzen, welche durch die einzelne Ortssatzung beschlossen werden konnten, eher als ein Kompromiss der politischen Strömungen als ein Ausdruck der freien Selbstverwaltung[2031].

b) Die Landgemeinden

Nachfolgend soll grundsätzlich nur noch auf die relevanten Unterschiede zwischen der Städteordnung und der Landgemeindeordnung eingegangen werden, waren diese doch ähnlich ausgestaltet[2032]. Die Landegemeindeordnung, welche am 20. Mai 1920 verkündet wurde, galt gemäß § 2 LandGO für alle ländlichen Gemeinden sowie gemäß § 3 LandGO nach Verfügung des Innenministeriums für neu gebildete Landgemeinden[2033]. Eine Unterscheidung zwischen Gemeindeangehörigen und Gemeindebürgern gab es gemäß § 9 LandGO ebenfalls[2034].

2029 Siehe dazu und den anderen Konzepten der Städteverfassungen *Bühler*, Selbstverwaltungskörper (Fn. 1935), S. 699 ff. sowie *Jeserich*, Kommunalrecht (Fn. 1935), S. 492 f.

2030 So kritisch *Raspe*, Erfahrungen (Fn. 1997), Sp. 524 f.; der Grundsatz der Alleinzuständigkeit war jedoch das Leitmotiv, so *Wendorff*, VVLTag I (Fn. 629), 26. Sitzung, Sp. 923.

2031 Siehe zusammenfassend zu den Debatten während des Gesetzgebungsverfahrens *Buchsteiner*, Städten (Fn. 603), S. 94 ff.

2032 So auch *Wenzel*, Verfassungen (Fn. 17), S. 332; siehe zu den Einzelheiten *G. Klien*, Die Landgemeindeordnung für den Freistaat Mecklenburg-Schwerin vom 20. Mai 1920, 1927, S. 1 ff.; siehe zur Entstehung der Landgemeindeordnung *Buchsteiner*, Städten (Fn. 603), S. 168 ff.

2033 Hier war man darauf bedacht, lebensfähige Gemeinden zu schaffen, so *Stelling*, VVLTag II (Fn. 1113), 63. Sitzung, Sp. 1950; siehe auch *Buchsteiner*, Städten (Fn. 603), S. 186 f.

2034 Siehe *Klien*, Landgemeindeordnung (Fn. 2032), § 6 Anm. 1 ff. (S. 6 ff.) sowie *dens.*, ebda., § 9 Anm. 1 f. (S. 10 f.).

Die Pflicht zur Übernahme von unbesoldeten Ämtern und Stellen für drei Jahre war in der Landgemeindeordnung schon per Gesetz vorgeschrieben, § 12 LandGO[2035].

§ 23 LandGO regelte die Zuständigkeit der Gemeindeverwaltung. Dazu zählten alle Angelegenheiten der Gemeinden sowie ihnen zugewiesene Aufgaben, was durch einen nicht abschließenden Katalog konkretisiert wurde[2036].

Als Organe fungierten die Gemeindeversammlung und der Gemeindevorstand. Die Gemeindeversammlung stellte die Vertretung der Bürgerschaft dar, welche gemäß §§ 14 ff. LandGO nach den Grundsätzen des Landtagswahlrechts für drei Jahre gewählt wurde[2037].

Der ehrenamtliche Gemeindevorstand bestand gemäß § 18 Abs. 1 S. 1 LandGO aus einem Schulzen und zwei Schöffen. Eine Erhöhung der Zahl war nicht möglich. Eine relevante Abweichung zur Städteordnung lag aber bei der Wahl des Gemeindevorstands vor. Dieser wurde gemäß § 20 Abs. 1 LandGO von der Gemeindeversammlung aus ihrer Mitte für die Wahlperiode gewählt, sodass der Gemeindevorstand stets auch in der Gemeindeversammlung vertreten war. Konsequenterweise bedurfte es nicht der expliziten Zustimmung des Vorstands zu Entscheidungen der Versammlung. Wiederum konnte durch Ortssatzung die Direktwahl des Schulzen festgelegt werden, § 20 Abs. 4 LandGO[2038]. Dieser hatte ebenfalls keine bemerkenswert herausgehobene Stellung innerhalb des Vorstands, vgl. § 34 LandGO.

§ 23 LandGO legte die Kompetenzen der Gemeindeverwaltung fest, wobei diese grundsätzliche Universalzuständigkeit durch eine nicht abschließende Benennung von konkreten Gegenständen ergänzt wurde[2039]. Insofern war die Landgemeindeordnung klarer als die Städteordnung formuliert.

2035 Man hielt einen gewissen Druck zur Übernahme von Ehrenämtern auf dem Land für notwendig, siehe *Buchsteiner*, Städten (Fn. 603), S. 180; ebenfalls war eine Pflicht zur Leistung von Spann- und Handdiensten in Notfällen normiert, siehe dazu § 47 LandGO; siehe *Klien*, Landgemeindeordnung (Fn. 2032), § 47 Anm. 1 ff. (S. 70 ff.) sowie *Buchsteiner*, Städten (Fn. 603), S. 226 ff.

2036 *Klien*, Landgemeindeordnung (Fn. 2032), § 23 Anm. 1 (S. 29); siehe auch *Boneß*, Beanstandungsrecht (Fn. 1941), Sp. 181 f. mit weiteren Einzelheiten.

2037 Auch hier war ein Gemeindebegehren zur Auflösung der Gemeindeversammlung gemäß § 16 Abs. 2 LandGO vorgesehen, siehe *Witte*, Gemeindedemokratie (Fn. 2008), S. 121 ff. mit weiteren Einzelheiten.

2038 Diese Möglichkeit der Direktwahl war zu dem Zeitpunkt einzigartig im Reich, siehe *Buchsteiner*, Städten (Fn. 603), S. 217.

2039 Siehe auch *Klien*, Landgemeindeordnung (Fn. 2032), § 23 Anm. 1 ff. (S. 29 ff.).

Die Gemeindeversammlung war gemäß § 33 LandGO grundsätzlich die alleinige Entscheidungsträgerin und überwachte insbesondere auch die Tätigkeit des Gemeindevorstands in der Funktion einer Gemeindebehörde[2040]. Allerdings bedurfte es für manche Entscheidungen der Bestätigung des Amtsausschusses, sodass dann eine Mitwirkung des Staates in Selbstverwaltungsangelegenheiten erforderlich war[2041].

Der Gemeindevorstand war, genau wie der Rat der Städte, zunächst Gemeindeverwaltungsbehörde und unterstand diesbezüglich der Aufsicht der Gemeindeversammlung, siehe §§ 36 f. LandGO[2042].

Daneben war er gemäß §§ 36, 38 LandGO auch staatliche Verwaltungsbehörde. In dieser Funktion war er an Aufträge der Staatsbehörden gebunden[2043]. Hier waren die Kompetenzen des Gemeindevorstands jedoch im Vergleich zum Rat sehr eingeschränkt[2044].

Die Landgemeinden konnten gemäß § 53 Abs. 1 LandGO für einzelne Gemeindeaufgaben einen Zweckverband bilden, der sich eine Satzung geben musste. Eine zwangsweise Vereinigung zu einem solchen Verband konnte auf Antrag des Amtsausschusses durch den Landesverwaltungsrat angeordnet werden, falls dies im öffentlichen Interesse war.

Die staatliche Aufsicht war in §§ 58 ff. LandGO normiert. Bezüglich des Umfangs wurde schlicht auf die Verfassung verwiesen. Zuständig waren der Amtshauptmann und die Ministerien[2045]. Allerdings sollte gemäß § 73 LandGO in den ersten sechs Jahren die dem Amtshauptmann überantworteten Geschäfte durch einen staatlich bestellten Beamten ausgeübt werden. Für Rechtsmittel gegen Aufsichtsentscheidungen des Amtshauptmanns

---

2040 Insofern war der Gemeindevorstand für die laufende Verwaltung zuständig, *Klien*, Landgemeindeordnung (Fn. 2032), § 33 Anm. 1 (S. 38 f.); siehe zur Zuständigkeit der Gemeindeversammlung *dens.*, ebda, § 33 Ziff. 1 ff. Anm. 1 ff. (S. 40 ff.).

2041 So beispielsweise für den Erlass von Ortssatzungen gemäß §§ 33 Abs. 1 Nr. 1, 45 Abs. 1 S. 5 LandGO; Entscheidungen finanzieller Natur, vgl. §§ 42, 44 LandGO; dies war keine allgemeine Staatsaufsicht, siehe *Klien*, Landgemeindeordnung (Fn. 2032), § 58 Anm. 1 (S. 81).

2042 Siehe auch *Klien*, Landgemeindeordnung (Fn. 2032), § 37 Ziff. 1 ff. Anm. 1 ff. (S. 51 ff.).

2043 *Klien*, Landgemeindeordnung (Fn. 2032), § 36 Anm. 4 (S. 48 f.); siehe auch *Tatarin-Tarnheyden*, Amtshauptmann (Fn. 1958), S. 32 f.

2044 Insbesondere auf dem Gebiet der Ortspolizei waren dic Kompetenzen nicht umfangreich, siehe *Klien*, Landgemeindeordnung (Fn. 2032), § 38 Anm. 1 ff. (S. 61) mit weiteren Einzelheiten.

2045 Probleme habe es aus dem Aufsichtsrecht des demokratisch gewählten Amtshauptmanns nicht ergeben, so *v. Stempel*, Organisation (Fn. 1981), S. 13.

war das Ministerium zuständig, sodass hier nicht zunächst eine Vorstellung bei der unteren Aufsichtsbehörde zulässig war[2046]. Bei Nichterfüllung der gesetzlich festgelegten Verpflichtungen konnte die Aufsichtsbehörde zunächst zur Erfüllung auffordern und nach Ablauf einer angemessenen Frist die Verfügungen und Maßnahmen selbst vornehmen. Diese Befugnis war somit nur bei Rechtsverletzungen und nicht aus Zweckmäßigkeitserwägungen zulässig[2047].

Daneben enthielt die Landgemeindeordnung noch Sonderregeln für einzelne Gemeinden, siehe §§ 60 ff. LandGO[2048]. Dabei waren insbesondere Abweichungen bezüglich des Vorstands und der Aufsicht durch den Landesverwaltungsrat enthalten[2049]. Diese Regelungen waren teilweise an die Städteordnung angelehnt.

c) Die Ämter

Als Gemeindeverbände für die Stadt- und Landgemeinden existierten in Mecklenburg-Schwerin die Ämter[2050], auf deren Besonderheiten im Folgenden eingegangen wird[2051]. Das Land wurde in siebzehn Ämter eingeteilt[2052]. Daneben standen gemäß § 1 Abs. 2 AmtsO noch vier selbstständige Städte, für welche die Städteordnung galt[2053]. Eine Veränderung der Grenzen und der jeweiligen Zugehörigkeit bedurfte eines (formellen) Gesetzes, vgl. § 2 AmtsO. Allerdings konnten Ämter gemäß § 41 AmtsO

2046 Gegen die entsprechende Entscheidung der Oberaufsichtsbehörde, des Ministeriums, war die Vorstellung beim Landesverwaltungsrat zulässig, siehe *Klien*, Landgemeindeordnung (Fn. 2032), § 58 Anm. 2 (S. 81).

2047 *Klien*, Landgemeindeordnung (Fn. 2032), § 59 Anm. 1 (S. 81).

2048 Siehe dazu *Buchsteiner*, Städten (Fn. 603), S. 187 f.

2049 Siehe *Wenzel*, Verfassungen (Fn. 17), S. 333.

2050 § 3 AmtsO; siehe auch *Brauweiler* (Fn. 1935) Art. 127 S. 198; hier orientierte man sich an dem preußischen Vorbild, wobei es jedoch maßgebliche Abweichungen gab, siehe *Hamann*, Werden (Fn. 13), S. 178.

2051 Siehe im Überblick auch *Wenzel*, Verfassungen (Fn. 17), S. 333 ff.; *Hamann*, Werden (Fn. 13), S. 178 ff.

2052 Die Verortung in ein Spezialgesetz nahm man vor, um nicht die Verabschiedung der Amtsordnung in Gänze zu gefährden, siehe *[E.] Schlesinger*, Einteilung des Freistaates in Aemter, in: Mecklenburgische Zeitschrift für Rechtspflege und Verwaltung 41 (1925), Sp. 17 (17 f.); diese Zahl wurde 1925 auf zehn verringert; siehe *[E.] Schlesinger*, Art. Verwaltungsorganisation. VIII. Mecklenburg-Schwerin, in: J. Brix u.a. (Hrsg.), Handwörterbuch der Kommunalwissenschaften, Ergänzungsband H-Z, 1927, Sp. 1380 (1381).

2053 *Hamann*, Werden (Fn. 13), S. 179.

durch Beschluss des Landesverwaltungsrats vereinigt werden. Sofern dies nicht durch gemeinsamen Antrag der Ämter erfolgte, konnte dies auch auf Antrag des Ministeriums erfolgen, wenn es im öffentlichen Interesse war[2054].

Amtsangehörigkeit und Wahlberechtigung waren gemäß §§ 4, 8 AmtsO wie in der Städte- und der Landgemeindeordnung ausgestaltet.

Die Amtsordnung bestimmte in § 5 AmtsO die Gegenstände des Selbstverwaltungsrechtsrechts[2055]. Diese Aufzählung war nicht abschließend[2056].

Organe der Ämter waren gemäß § 6 AmtsO die Amtsversammlung und der Amtsausschuss.

Die Amtsversammlung wurde gemäß §§ 8 ff. AmtsO nach denselben Prinzipien wie die kommunalen Vertretungsorgane für eine Periode von drei Jahren gewählt. Auch hier bestand die Möglichkeit, durch Plebiszit die Wahldauer vorzeitig zu beenden[2057].

Der Amtsausschuss, dessen Zusammensetzung in §§ 14 f. AmtsO geregelt war, bestand aus dem Amtshauptmann, einem Stellvertreter sowie drei weiteren Mitgliedern. Der Ausschuss wurde von der Amtsversammlung gewählt[2058]. Es gab für die Besetzung unterschiedliche Einschränkungen. Dem Ausschuss mussten mindestens zwei Mitglieder der Amtsversammlung angehören. Abgesehen von dem Amtshauptmann mussten alle Mitglieder das Bürgerrecht in den amtsangehörigen Gemeinden besitzen. Der Amtshauptmann sowie dessen Stellvertreter wurden grundsätzlich auf sechs, die anderen Mitglieder auf drei Jahre gewählt[2059]. Auch hier bestand die Möglichkeit, durch Satzung die Direktwahl des Amtshauptmanns festzulegen.

2054 Ferner bestand auch hier gemäß § 41 Abs. 5 AmtsO die Möglichkeit, Zweckverbände zu bilden.

2055 Dazu zählten die Vermögensverwaltung, Amtsabgaben, Armenpflege für nicht leistungsfähige Gemeinden, Aufbringen von Kosten für Zwangserziehung Minderjähriger, außerordentliche Beihilfen für leistungsschwache Gemeinden, Fürsorge für Schaffung und Förderung gemeinnütziger Anlagen und Einrichtungen, welche der Wohlfahrt eines größeren Teils der Amtsangehörigen dienten, sowie der Erlass der Amtsordnung.

2056 Siehe auch *Hamann*, Werden (Fn. 13), S. 180.

2057 Hier gab es einen Anwendungsfall, der auch erfolgreich verlief, siehe *Witte*, Gemeindedemokratie (Fn. 2008), S. 125.

2058 Hier wollte man einen „richtigen Selbstverwaltungskörper“, der auf freier Grundlage zu wählen war, so *Stelling*, VVLTag II (Fn. 1113), 69. Sitzung, Sp. 2075.

2059 Von der Verlängerung hatten auch einige Ämter Gebrauch gemacht, siehe *Tatarin-Tarnheyden*, Amtshauptmann (Fn. 1958), S. 24.

Die Amtsversammlung, deren Vorsitz der Amtshauptmann führte, war gemäß § 18 AmtsO für alle Selbstverwaltungsaufgaben allein zuständig, sofern keine andere Bestimmung getroffen war. Der Amtshauptmann war jedoch nicht zwingend (stimmberechtigtes) Mitglied der Amtsversammlung, vgl. § 22 Abs. 2 AmtsO. Alle Mitglieder des Amtsausschusses hatten gemäß § 23 AmtsO das Teilnahmerecht und hatten eine beratende Funktion. Für gewisse Beschlüsse war eine Zustimmung von zwei Dritteln der Mitglieder gemäß § 24 AmtsO oder die Genehmigung des Landesverwaltungsrats notwendig[2060].

Der Amtsausschuss fungierte zunächst als Organ der Selbstverwaltungskörperschaft. Als solches musste dieser gemäß § 26 AmtsO insbesondere das Amt nach außen vertreten, die Beschlüsse der Amtsversammlung vorbereiten und vollziehen, den Haushalt ausführen und die Selbstverwaltungsaufgaben erledigen[2061]. Dabei leitete der Amtshauptmann unter anderem die Geschäfte der Selbstverwaltung und war der Vorgesetze der Beamten und Angestellten des jeweiligen Amtes. Insofern hatte er trotz der kollegialen Organisation des Amtsausschusses eine herausgehobene Stellung.

Daneben fungierte der Amtshauptmann grundsätzlich auch als Staatsbehörde, wobei dies im Gegensatz zur Städte- und Landgemeindeordnung im Gesetzestext nicht explizit herausgestellt wurde. Als solche nahm er gemäß § 28 AmtsO Aufgaben der Ortspolizei und unteren Verwaltungsbehörden in den Landgemeinden wahr, sofern diese nicht schon dessen Organen oblag[2062]. Innerhalb der staatlichen Aufgabenzuweisung war der Amtshauptmann nur bei Ausgaben an die Zustimmung der Amtsversammlung gebunden[2063]. Polizeiverordnungen bedurften der Bestätigung des Ministeriums. Daneben unterstand er selbstverständlich in dieser Funktion der allgemeinen Dienstaufsicht und war weisungsgebun-

2060 Siehe *Wenzel*, Verfassungen (Fn. 17), S. 334; für Beschlüsse über Anleihen und Verteilung von Amtsabgaben bedurfte die Amtsverwaltung der Genehmigung des Landesverwaltungsrates, § 24 Abs. 2 AmtsO.

2061 Siehe zum Haushalt auch §§ 33 ff. AmtsO.

2062 Der Amtshauptmann war auch zuständig für die staatliche Aufsicht über die Landgemeinden, siehe § 58 Abs. 1 LandGO; dieser Aufgabenkreis wurde für Spezialgesetze erweitert, siehe *Tatarin-Tarnheyden*, Amtshauptmann (Fn. 1958), S. 20.

2063 Die Kostenlast für die Auftragsangelegenheiten oblagen dem Amt, siehe *Tatarin-Tarnheyden*, Amtshauptmann (Fn. 1958), S. 35.

den[2064]. Insofern fungierte auf Amtsebene im Gegensatz zu den Städten und Landgemeinden nur der Amtshauptmann allein als Organ der Staatsverwaltung[2065]. Folglich war der Amtshauptmann Beamter der Selbstverwaltungskörperschaft, der nebenamtlich staatliche Verwaltungsaufgaben wahrnahm[2066]. Damit unterschied sich der Amtshauptmann deutlich vom preußischen Landrat[2067].

Die Staatsaufsicht wurde gemäß § 38 AmtsO durch das Ministerium im verfassungsrechtlich festgelegten Umfang durchgeführt[2068]. Auch hier bestand die Möglichkeit der „Zwangsetatierung" gemäß § 40 AmtsO.

Von den dargestellten Verhältnissen gab es jedoch einige bemerkenswerte Abweichungen.

In der Amtsordnung befand sich eine herausstechende Übergangsbestimmung. Gemäß § 44 AmtsO sollten in den ersten sechs Jahren die Geschäfte im Sinne des § 28 AmtsO von einem vom Staatsministerium bestellten Beamten ausgeübt werden. Das bedeutete, dass die Aufgaben der Staatsverwaltung zunächst nicht durch den gewählten Amtshauptmann, sondern durch einen bestellten Staatsbeamten geführt werden sollten[2069]. Dazu wurde das Land zum Zwecke der Staatsverwaltung in Landdrosteien geteilt, die den Bezirken der Ämter entsprachen[2070]. Hintergrund war das Unbehagen, gewählten Amtshauptmännern mit sozialdemokratischer Ausrichtung die Verwaltung des Staatseigentums zu überlassen[2071]. Allerdings gab es auch einen anderen Hintergrund, nämlich dass man sich mit der Beibehaltung der Drosten auch eine juristische oder verwaltungsrechtliche

---

2064 Siehe *Tatarin-Tarnheyden*, Amtshauptmann (Fn. 1958), S. 20 f., 24 ff. mit weiteren Einzelheiten.

2065 Dies betont auch *Tatarin-Tarnheyden*, Amtshauptmann (Fn. 1958), S. 24.

2066 *Tatarin-Tarnheyden*, Kommunalisierung (Fn. 1982), S. 765.

2067 *Tatarin-Tarnheyden*, Amtshauptmann (Fn. 1958), S. 23.

2068 Gegen Aufsichtsentscheidung des Ministeriums konnten zunächst bei diesem „Vorstellungen" erhoben werden, wobei dem Landesverwaltungsrat die Entscheidungskompetenz zustand, sofern das Ministerium der Vorstellung nicht Folge leistete, § 39 AmtsO.

2069 Kritisch zum Dualismus *Tatarin-Tarnheyden*, Wesen (Fn. 1941), S. 5.

2070 Bekanntmachung vom 15. März 1921, betreffend Einteilung des Freistaates Mecklenburg-Schwerin in Landdrosteien für die Zwecke der staatlichen Verwaltung (Rbl. für Mecklenburg-Schwerin 1921 Nr. 47 v. 19.3.1921, S. 487); siehe auch *Wenzel*, Verfassungen (Fn. 17), S. 335; *Hamann*, Werden (Fn. 13), S. 179.

2071 *Knebusch* sprach sich für eine Übernahme der staatlichen Aufgaben durch einen Drosten auch in den Städten aus, siehe *dens.*, VVLTag II (Fn. 1113), 69. Sitzung, Sp. 2078; *Hamann*, Werden (Fn. 13), S. 178; *Inachin*, Durchbruch (Fn. 60), S. 29; siehe auch *Mrotzek*, Weg (Fn. 857), S. 98.

Vorbildung sichern wollte[2072]. Das führte dazu, dass in den Anfangsjahren eine kostspielige Doppelverwaltung auf Amtsebene existierte[2073]. Allerdings wurden die staatlichen Aufgaben zum Großteil schon recht früh den Amtshauptmännern übertragen[2074]. Somit oblag grundsätzlich den Kommunalbeamten ab diesem Zeitpunkt nebenbei die Erledigung der überwiesenen Staatsaufgaben[2075].

Vor diesem Hintergrund wurden 1925 gesetzliche Anforderungen an die Wählbarkeit des Amtshauptmanns eingeführt[2076]. Danach war nur wählbar, wer neben der Gewährleistung der Lauterbarkeit der Verwaltung die Befähigung zum Richteramt oder zum höheren Verwaltungsdienst besaß oder für vier Jahre in einer leitenden Stelle der kommunalen Selbstverwaltung tätig war. Dies wurde zur Sicherung der sachgerechten Erledigung der staatlichen Aufgaben festgelegt[2077]. Dies stellte keinen Verstoß gegen das in § 64 Meck.-Schw. Verf. und Art. 127 WRV gewährleistete kommunale Selbstverwaltungsrecht dar, weil dieses nach der Reichsverfassung und dem Willen des Landesverfassunggebers einem Gesetzesvorbehalt unterlag[2078]. Dies wurde jedoch 1928 bereits wieder aufgehoben[2079].

Schließlich wurden 1928 auch die Landdrosteien aufgehoben[2080]. Damit hatte allein der Freistaat Mecklenburg-Schwerin auf unterster Verwal-

---

2072 *Gladischefski*, VVLTag II (Fn. 1113), 69. Sitzung, Sp. 2080; ähnlich *Wendorff*, ebda., 88. Sitzung, Sp. 2673; insbesondere nach der Neuordnung des Staates und der Verwaltung benötige man erfahrene Staatsbeamte zur Erledigung der staatlichen Aufgaben, so *Knebusch*, ebda., 88. Sitzung, Sp. 2672.

2073 Siehe auch *Tatarin-Tarnheyden*, Wesen (Fn. 1941), S. 2.

2074 1922 wurde die staatliche Aufsicht über die gemeindliche Selbstverwaltung auf die Amtshauptmänner übertragen; 1924 wurden die in § 28 AmtsO vorgesehenen Aufgaben zum Großteil auf die Amtshauptmänner übertragen, siehe dazu *Tatarin-Tarnheyden*, Wesen (Fn. 1941), S. 4 sowie *Hamann*, Werden (Fn. 13), S. 180 mit weiteren Einzelheiten; kritisch zur Rechtmäßigkeit der exekutiven Übertragung der in § 28 AmtsO bezeichneten Angelegenheiten auf den Amtshauptmann *Tatarin-Tarnheyden*, Amtshauptmann (Fn. 1958), S. 14 ff.

2075 Die Einzigartigkeit betont auch *O. Bühler*, Die Organisation der Staatsbehörden (Überblick), in: Anschütz/Thoma, Handbuch I (Fn. 179), S. 688 (695 f.).

2076 Siehe zur im Folgenden aufgegriffenen Problematik die Ausführungen des Landesverfassungsgerichts bei Lammers/Simons, Rechtsprechung III (Fn. 1970), S. 357 ff.

2077 So schon *Wendorff*, VVLTag II (Fn. 1113), 88. Sitzung, Sp. 2671; *Tatarin-Tarnheyden*, Amtshauptmann (Fn. 1958), S. 57 f.

2078 Siehe schon Kapitel D.IV.1.

2079 Damit war die Wahl eine „absolut freie", siehe *Tatarin-Tarnheyden*, Kommunalisierung (Fn. 1982), S. 765.

2080 Gesetz über die Aufhebung der Landdrosteien v. 16.4.1928 (Rbl. für Mecklenburg-Schwerin 1928 Nr. 22 v. 17. April 1928, S. 139); *Hamann*, Werden tungsebene eine demokratisch gewählte Führung, an deren Besetzung die Staatsregierung nicht beteiligt war[2081].

3. Zusammenfassung

Die kommunale Selbstverwaltung in der Landesverfassung war im Vergleich zu anderen Regelungen insofern fortschrittlich, als hier die Staatsaufsicht deutlich begrenzt war. Damit brachte schon der Verfassunggeber zum Ausdruck, dass Aufsicht im Bereich des eigenen Wirkungskreises Ausnahmecharakter haben sollte bzw. von dem Aufsichtsrecht nur zurückhaltend Gebrauch zu machen war. Dennoch waren die Unterschiede hier nicht so markant, dass uneingeschränkt von einer zukunftsweisenden Verfassungsvorschrift gesprochen werden kann.

Anders sah es hingegen auf Ebene der Amtsverwaltung aus. Zwar orientierte man sich hier auch an anderen Ländern, wobei man jedoch über das preußische Vorbild merklich hinausging und insofern schon heute bestehende übliche Regelungen vorwegnahm[2082]. Mecklenburg-Schwerin besaß auf Verwaltungsebene nach der Aufhebung der Landdrosteien als einziges Land einen gewählten Beamten. Insofern verwirklichte man hier den Gedanken der demokratischen Verwaltung weiter gehend als in den anderen Ländern[2083]. Somit wurde im Freistaat der Anspruch an eine weitgehende Partizipation der Bevölkerung an der Lokalverwaltung umfassend verwirklicht. Auf dieser Ebene kann man die Regelung im Freistaat durchaus als zukunftsweisend bezeichnen. Darüber hinaus wurde der Gedanke

(Fn. 13), S. 180 f.; die bis dahin verbliebene Verwaltung des staatlichen Grundbesitzes wurde dem Domänenamt in Schwerin übertragen, siehe *Tatarin-Tarnheyden*, Amtshauptmann (Fn. 1958), S. 22.

2081 *Koch*, Einwirkung (Fn. 782), S. 16; *Klein*, Länder (Fn. 13), S. 618; *Inachin*, Durchbruch (Fn. 60), S. 31; siehe kritisch zum staatlich angestellten Landrat in Preußen *Tatarin-Tarnheyden*, Kommunalisierung (Fn. 1982), S. 763 f.; siehe dagegen kritisch zum mangelnden Einfluss des Staates bezüglich der Personalangelegenheiten *Hensel*, Kommunalrecht (Fn. 1982), S. 35 ff.

2082 So auch *Hamann*, Werden (Fn. 13), S. 167 f.

2083 Siehe zur demokratischen Grundausrichtung *Wilbrandt*, VVLTag I (Fn. 629), 27. Sitzung, Sp. 934 f.; man sei hier dem „demokratischen Ideal zweifellos nähergekommen“, siehe *Tatarin-Tarnheyden*, Kommunalisierung (Fn. 1982), S. 764; *v. Stempel*, Organisation (Fn. 1981), S. 1 ff.; siehe auch *Tatarin-Tarnheyden*, Amtshauptmann (Fn. 1958), S. 39 f.; siehe zur Kritik an der Schwächung der Staatsgewalt *dens.*, ebda. S. 43 ff.

der Demokratisierung der Verwaltung auch durch die Entscheidungskompetenzen und die Besetzung des Landesverwaltungsrats umgesetzt.

VI. Rechtspflege – insbesondere die (Verfassungs-)Gerichtsbarkeit

§ 23 Meck.-Schw. Verf. ordnete neben der Unabhängigkeit der Justiz zur Verwirklichung der Gewaltenteilung eine Gleichbehandlung nach einheitlichen Gesetzen an. Damit war der Rechtsprechung nach Lehns-, Stadt- oder Landrecht der Rücken gekehrt[2084]. Nun war in Mecklenburg-Schwerin insgesamt ein Wandel eingetreten. Allerdings wurden Richter in ihrer vormaligen Stellung belassen, sodass hier vielfach antidemokratische Kräfte Recht sprachen[2085].

Die Reichsverfassung stellte gemäß Art. 102 ff. WRV einige Grundsätze bezüglich der Rechtspflege auf. Die ordentliche Gerichtsbarkeit wurde gemäß Art. 103 WRV durch das Reichsgericht und die Gerichte der Länder ausgeübt. Insofern bestimmte diese Norm, dass der auf der höchsten Instanzenstufe ein reichseigenes Gericht stand und die darunterliegenden Instanzen Gerichte der Länder waren[2086]. Die wichtigsten materiellen Bereiche sowie der Gerichtsaufbau und die Prozessordnungen wurden durch Reichsrecht geregelt[2087], sodass die ordentliche Gerichtsbarkeit keiner näheren Betrachtung an dieser Stelle bedarf.

1. Verwaltungsgerichtsbarkeit

Eine klar von der ordentlichen Gerichtsbarkeit abgetrennte Verwaltungsgerichtsbarkeit existierte im ständischen System nicht. Es fehlte schon an den gesetzlich verankerten subjektiven öffentlichen Rechten des Einzelnen gegenüber den Behörden[2088]. Auch mangelte es aufgrund der verschiedenen Träger der öffentlichen Gewalt an der Einheit, um ein solches Ver-

---

2084 *Inachin*, Durchbruch (Fn. 60), S. 23.

2085 *Inachin*, Durchbruch (Fn. 60), S. 23 ff.

2086 Siehe auch *Anschütz*, Verfassung (Fn. 779), Art. 103 Anm. 2 (S. 480 f.).

2087 Siehe knapp *Wagner*, Landesstaatsrecht (Fn. 1104), S. 110 f.

2088 Siehe im Überblick dazu auch *W. März*, Geschichte der Verwaltungsgerichtsbarkeit in Mecklenburg-Schwerin und Mecklenburg-Strelitz, in: K.-P. Sommermann/B. Schaffarzik (Hrsg.), Handbuch der Geschichte der Verwaltungsgerichtsbarkeit in Deutschland und Europa, Bd. I, 2019, S. 785 (786 ff.).

fahren für das gesamte Großherzogtum zu schaffen. Das zeigt, dass nach modernem Staatsverständnis dringender Handlungsbedarf bestand.

a) Voraussetzungen für die Einführung

Eine klar von der ordentlichen Gerichtsbarkeit abgetrennte Verwaltungsgerichtsbarkeit existierte im Kaiserreich auch neben Mecklenburg-Schwerin nicht in allen Ländern, sodass insgesamt Handlungsbedarf in der Weimarer Republik gesehen wurde. Vor diesem Hintergrund bestand gemäß Art. 107 WRV nunmehr ein Auftrag auch an die Landesgesetzgebung[2089], zu einer Vereinheitlichung des Rechtsschutzes zu kommen. Danach mussten auch in den Ländern Verwaltungsgerichte zum Schutz der Einzelnen gegen Anordnungen und Verfügungen der Verwaltungsbehörden geschaffen werden. Hierzu musste zumindest ein nachträglicher verwaltungsgerichtlicher Schutz geschaffen werden, wenn dem Bürger eine Verbindlichkeit aufgeladen wurde, die ein objektives oder subjektives Recht des Einzelnen verletzte, oder wenn eine Verletzung eines subjektiven Rechts des Einzelnen ohne Belastung mit einer Verbindlichkeit vorlag[2090]. Reichsrechtlich waren Struktur, Organisation sowie Zuständigkeiten und Aufgaben den Ländern nicht vorgegeben[2091].

Man grenzte die Verwaltungsgerichtsbarkeit nach Form und Inhalt voneinander ab[2092]. Der Form nach handelte es sich um eine solche, wenn die Verwaltungsgerichte die Entscheidung trafen. Dem Inhalt nach handelte es sich um Verwaltungsgerichtsbarkeit, wenn der streitige Anspruch aus dem Gebiet des Verwaltungsrechts stammte, d.h. wenn mindestens ein Träger öffentlicher Gewalt beteiligt war.

Das Verständnis von Verwaltungsgerichtsbarkeit unterschied sich in der Zwischenkriegszeit jedoch noch erheblich von einem modernen Bild[2093]. So waren die Verwaltungsgerichte grundsätzlich dem Verwaltungsapparat

---

2089 Siehe auch zu Art. 107 WRV *G. Anschütz*, in: Nipperdey, Grundrechte I (Fn. 1099), Art. 107 S. 133 ff.

2090 *F. Genzmer*, Die Verwaltungsgerichtsbarkeit, in: Anschütz/Thoma, Handbuch II (Fn. 940), S. 506 (519).

2091 *Genzmer*, Verwaltungsgerichtsbarkeit (Fn. 2090), S. 518 ff.; *März*, Geschichte (Fn. 2088), S. 792.

2092 Die folgende Abgrenzung findet sich bei *Genzmer*, Verwaltungsgerichtsbarkeit (Fn. 2090), S. 508 ff. mit weiteren Einzelheiten.

2093 Siehe zur geschichtlichen Entwicklung der Verwaltungsgerichtsbarkeit im Überblick *Genzmer*, Verwaltungsgerichtsbarkeit (Fn. 2090), S. 506 ff.

deutlich näher als der Justiz oder sogar noch Teil des Verwaltungsapparats[2094]. Verwaltungsgerichte waren nach herrschender Meinung Behörden, die gerichtsähnlich gestaltet und, in einem dem ordentlichen Gerichtsverfahren nachgebildeten Verfahrensgang, unabhängig und unparteiisch nach dem Gesetz entschieden. Diese waren entweder der Verwaltung ein- bzw. angegliedert oder durch Art der Besetzung oder dem Anforderungsprofil der Richter der Verwaltung eher näher als der Gerichtsbarkeit. Als Klagearten waren Gestaltungs-, Feststellungs- und Leistungsklagen grundsätzlich bekannt[2095]. Es verbot sich nach herrschender Meinung die landesrechtliche Zuweisung des Verwaltungsrechtsschutzes zu den ordentlichen Gerichten[2096]. § 65 Meck.-Schw. Verf. forderte die Einführung eines speziellen Verwaltungsstreitverfahrens, sodass der Streit für Mecklenburg-Schwerin keine Bewandtnis hatte.

b) Umsetzung in Mecklenburg-Schwerin

In Mecklenburg-Schwerin wollte man durch die Einführung einer Verwaltungsgerichtsbarkeit das alte Beschwerderecht abschaffen, bei dem man gegen Erlasse des Ministeriums bei demselben Beschwerde einreichen musste[2097]. Ein Anspruch auf Korrektur von rechtswidrigen Akten der hoheitlichen Gewalt war damit jedoch auch nicht verbunden[2098]. Nunmehr wollte man das mittelalterliche Gewand abstreifen[2099]. Hier machte sich erneut die frappierende Rückständigkeit von Mecklenburg-Schwerin im Vergleich zu den anderen deutschen Ländern bemerkbar[2100]. Gemäß § 65 Meck.-Schw. Verf. musste ein Verwaltungsstreitverfahren eingeführt werden. Darüber hinaus schwieg die Verfassung zur Verwaltungsgerichtsbarkeit. Diesem Gesetzgebungsauftrag kam man 1922 durch das „Gesetz über

---

2094 *C. Gusy*, Weimar – die wehrlose Republik?, 1991, S. 329; siehe zum im Folgenden dargestellten Verständnis von Verwaltungsgerichtsbarkeit *Anschütz*, Verfassung (Fn. 779), Art. 107 Anm. 1 f. (S. 495 ff.) m.w.N.

2095 *Genzmer*, Verwaltungsgerichtsbarkeit (Fn. 2090), S. 511.

2096 Ablehnend *Anschütz*, Verfassung (Fn. 779), Art. 107 Anm. 1 f. (S. 495 ff.) m.w.N.

2097 *Wendorff*, VVLTag I (Fn. 629), 3. Sitzung, Sp. 8.

2098 *März*, Geschichte (Fn. 2088), S. 788.

2099 Vgl. *Wendorff*, VVLTag I (Fn. 629), 3. Sitzung, Sp. 8.

2100 Außer in Mecklenburg-Strelitz gab es lediglich in Waldeck und Schaumburg-Lippe keine Verwaltungsgerichtsbarkeit, siehe *Genzmer*, Verwaltungsgerichtsbarkeit (Fn. 2090), S. 507.

die Verwaltungsgerichtsbarkeit“[2101] nach. Darin wurden Einrichtung der Verwaltungsgerichte, Besetzung derselben sowie das Prozessrecht geregelt. Der Fokus des Normgebers lag auf dem Individualrechtsschutz[2102].

aa) Gerichtsstrukturen und Besetzung

In Mecklenburg-Schwerin existierten zwei Instanzenzüge. Gemäß § 1 VG bildeten die Amts- bzw. Stadtverwaltungsgerichte und das Landesverwaltungsgericht in Schwerin die beiden Instanzen. In jedem Amtsbezirk sowie jedem selbstständigen Stadtbezirk wurde gemäß § 2 VG ein erstinstanzliches Gericht geschaffen.

Der nach damaligem Verständnis erforderliche Zusammenhang der Verwaltungsgerichte mit den Behörden konnte sich zunächst daraus ergeben, dass eine Behörde gleichzeitig die verwaltungsgerichtliche Aufgabe übertragen bekam oder dass das Verwaltungsgericht bei einer Behörde gebildet wurde[2103].

Das Gesetz im Freistaat bestimmte nicht lediglich eine Behörde zur Erledigung der Verwaltungsstreitverfahren, sodass keine Identität mit einer Behörde vorlag. Ohne direkte behördliche Gerichtstätigkeit konnte das Erfordernis erfüllt sein, wenn die Art der Besetzung den entsprechenden Zusammenhang schaffte[2104]. § 3 VG normierte, dass der Vorsitzende auf sechs Jahre, jedoch nicht über die Dauer der Bekleidung des entsprechenden Amts im Staats- oder Gemeindedienst, vom Amtsausschuss bzw. Rat bestellt wurde. Somit war Voraussetzung für den Vorsitz des lokalen Verwaltungsgerichts eine Verwaltungstätigkeit. Der Vorsitzende und seine Stellvertreter mussten die Befähigung zum Richteramt besitzen, § 3 Abs. 1 S. 3 VG. Die anderen Mitglieder wurden von der Amts- bzw. Stadtverordnetenversammlung gewählt, § 4 Abs. 1 VG. Damit schuf das Besetzungsverfahren den nach zeitgenössischem Verständnis notwendigen Zusammenhang zur Behörde. Bei den Verwaltungsgerichten handelte es sich daher

---

2101 Gesetz über die Verwaltungsgerichtsbarkeit v. 3. März 1922 (Rbl. für Mecklenburg-Schwerin 1922 Nr. 36 v. 3.4.1922, S. 211); im Folgenden als VG abgekürzt.

2102 Siehe auch *E. Schlesinger*, Das mecklenburg-schwerinsche Gesetz vom 3. März 1922 über die Verwaltungsgerichtsbarkeit, in: Mecklenburgische Zeitschrift für Rechtspflege und Rechtswissenschaft 39 (1922), S. 82 (99); *März*, Geschichte (Fn. 2088), S. 794.

2103 *Genzmer*, Verwaltungsgerichtsbarkeit (Fn. 2090), S. 518.

2104 *Genzmer*, Verwaltungsgerichtsbarkeit (Fn. 2090), S. 518.

um „exekutive Widerspruchsausschüsse“[2105], die in ihrer Funktion als Gerichte mit Richtern gemäß § 3 Abs. 2 VG unabhängig und nur dem Gesetz unterworfen waren. Diese waren mit einem Berufsjuristen und zwei Laienrichtern besetzt. Neben dem Besetzungsverfahren vermittelte die Kostentragung der Ämter gemäß § 6 VG auch einen Hinweis auf die Nähe zur Verwaltung. Auch zeitgenössisch wurde kein Zweifel daran gelassen, dass die Verwaltungsgerichte „Organe der Verwaltung“[2106] waren. Somit handelte es bei der ersten Instanz um eine bürgernahe „Widerspruchsstelle“, welche vornehmlich mit Laien besetzt und deren enge Verknüpfung mit der Verwaltung evident war.

Das Landesverwaltungsgericht war mit dem Präsidenten und zwei beamteten Mitgliedern besetzt, wovon einer nur im Nebenamt ernannt wurde, vgl. dazu § 8 VG. Diese waren Berufsjuristen und wurden vom Staatsministerium auf Lebenszeit ernannt. Das Mitglied im Nebenamt war für sechs Jahre, höchstens aber für die Zeit der Bekleidung des aktuellen Amtes, bestellt. Die Laienrichter wurden gemäß § 10 VG vom Landesverwaltungsrat gewählt. Trotz einer gewissen Nähe zur Verwaltung entsprach das Bild eher bekannten Strukturen von Oberverwaltungsgerichten[2107]. Als Vorbild fungierte hier das Landgericht Schwerin[2108].

Trotz dieses nach heutiger Lesart befremdlichen Verständnisses von der Stellung der Verwaltungsgerichtsbarkeit wurde diese teilweise der Rechtspflege zugerechnet[2109], obwohl die Verwaltungsgerichte deutliche Gemeinsamkeiten mit einer verwaltungsinternen Widerspruchsstelle, die jedoch teilweise durch Wahl besetzt wurde, aufwiesen.

bb) Zuständigkeiten und Verfahren

Bezüglich des Prozessrechts waren den Ländern vom Reich keine Vorgaben gemacht[2110]. Reichsrechtlich waren sowohl die Enumerationsmethode sowie die Zuständigkeit nach einer Generalklausel zulässig[2111]. § 13 VG enthielt keine Allgemeinklausel für die Zuständigkeit in allen öffentlich-

2105 *März*, Geschichte (Fn. 2088), S. 795.

2106 *Schlesinger*, Gesetz (Fn. 2102), S. 89.

2107 *März*, Geschichte (Fn. 2088), S. 795; dies räumt auch *Schlesinger* ein, siehe *dens.*, Gesetz (Fn. 2102), S. 91.

2108 *Bericht des Verfassungsausschusses*, VVLTag I (Fn. 629), 21. Sitzung, Sp. 715.

2109 Siehe *Wenzel*, Verfassungen (Fn. 17), S. 341.

2110 *Genzmer*, Verwaltungsgerichtsbarkeit (Fn. 2090), S. 521.

2111 *Genzmer*, Verwaltungsgerichtsbarkeit (Fn. 2090), S. 520.

rechtlichen Streitigkeiten. Vielmehr wurden in §§ 14 ff. VG die sachlichen Zuständigkeiten benannt. Jedoch war diese Auflistung nicht abschließend, was durch die Formulierung „insbesondere" deutlich wird. Ferner eröffnete die Norm die Regelung von weiteren Zuständigkeiten in anderen Gesetzen. Damit sollte eine flexible Anpassung an die Veränderung der Verwaltungstätigkeit ermöglicht werden[2112]. Allerdings enthielt das Gesetz in § 33 VG eine allgemeine Zuständigkeit für polizeiliche Maßnahmen. So bestand eine Wahlmöglichkeit der Beschwerde oder der Klage, welche alternativ geltend gemacht werden konnten. Nur bei Verfügungen des Gemeindevorstands bedurfte es gemäß § 33 VG der Beschwerde beim Amtshauptmann vor Klageerhebung. Insofern war das Prozessrecht bemerkenswert verständlich, sodass sich auch die Bürger grundsätzlich ein klares Bild über die Zuständigkeit des Verwaltungsgerichts verschaffen konnten[2113]. Eine Kompetenz für Streitigkeiten bezüglich kommunalaufsichtsrechtlicher Maßnahmen oblag dem Verwaltungsgericht hingegen nicht[2114].

Das Verfahren war dem preußischen Vorbild entnommen. Als statthafte Klageart existierte lediglich die Anfechtungsklage[2115]. Hier entstanden, nach dem Gesetzgebungsauftrag jedoch konsequent, Rechtsschutzlücken. Das Verfahren hatte gemäß § 44 VG grundsätzlich aufschiebende Wirkung.

c) Zusammenfassung

Die die Regelungen in Mecklenburg-Schwerin blieben insofern hinter dem Anspruch an moderne Verwaltungsgerichtsbarkeit zurück, als der Fokus auf dem Individualrechtsschutz lag und keinerlei gerichtliche bzw. gerichtsähnliche Kontrolle der kommunalen Selbstverwaltungsrechte bestand[2116]. Jedoch kann dem Normgeber in der Umsetzung des Gesetzesauftrags kein Vorwurf gemacht werden. Hierbei war dieser ein Kind seiner Zeit. Das wird auch in der Struktur der Verwaltungsgerichtsbarkeit als Wi-

2112 *Schlesinger*, Gesetz (Fn. 2102), S. 93.

2113 Ähnlich *März*, Geschichte (Fn. 2088), S. 795 f.

2114 *März*, Geschichte (Fn. 2088), S. 793.

2115 *März*, Geschichte (Fn. 2088), S. 797; diese beschränkte sich auf eine Rechtmäßigkeitskontrolle, siehe § 33 Abs. 4 VG sowie *Schlesinger*, Gesetz (Fn. 2102), S. 87.

2116 *März*, Geschichte (Fn. 2088), S. 793 f., 797.

derspruchsbehörde deutlich[2117]. Allein die systematische Stellung des § 65 Meck.-Schw. Verf. im Abschnitt „Die Verwaltung und die Ministerien“ erscheint dem heutigen Betrachter im höchsten Maße befremdlich. Eine Reform zu einem neuzeitlicheren Ansatz unterblieb[2118]. Auch versäumte es der Gesetzgeber, über den Auftrag des Art. 107 WRV zur Schaffung von nachträglichem verwaltungsgerichtlichem Individualrechtsschutz hinaus weiteren Rechtsschutz zu schaffen.

Hier stellte Mecklenburg-Schwerin keinen Einzelfall dar. Auch auf Reichsebene scheiterte eine echte Verwaltungsgerichtsbarkeit im modernen Verständnis insbesondere auch daran, dass diese durch Behörden in einem gerichtsähnlichen Verfahren ausgeübt werden sollte[2119].

2. Verfassungsgerichtsbarkeit

Die Entstehung der Verfassungsgerichtsbarkeit in der Weimarer Republik war vornehmlich beeinflusst von der Kaiserzeit, in der eine solche lediglich mit föderaler Stoßrichtung existierte[2120]. Daraus ergab sich, dass es dem Wortlaut der Verfassung in diesem Bereich an Aussagekraft mangelte[2121]. Insofern herrschte keine Klarheit über manchen Begriff. Dies zeigt sich auch anhand der Verfassung von Mecklenburg-Schwerin. Der Staatsgerichtshof von Mecklenburg-Schwerin konnte über Verfassungsstreitigkeiten, Ministeranklagen und Abgeordnetenanklagen gemäß § 66 Abs. 1 Meck.-Schw. Verf. innerhalb des Freistaates entscheiden. Insofern ist zunächst das Verhältnis zwischen Art. 19 Abs. 1 WRV und § 66 Meck.-Schw. Verf. zu klären. Art. 19 Abs. 1 WRV bestimmte, dass die Zuständigkeit für Verfassungsstreitigkeiten gegeben war, sofern kein Gericht des Landes zu ihrer Erledigung bestand. Somit gestand die Reichsverfassung

---

2117 Die Verwaltungsgerichte seien Organe der allgemeinen Landesverwaltung, siehe *Schlesinger*, Gesetz (Fn. 2102), S. 88.

2118 Siehe knapp *März*, Geschichte (Fn. 2088), S. 805 zu den Reformvorschlägen von *Willibalt Apelt*.

2119 *Unruh*, Verfassungsbegriff (Fn. 1054), S. 293 m.w.N.; siehe auch allgemein zur Verwaltungsgerichtsbarkeit *W. Jellinek*, Der Schutz des öffentlichen Rechts durch ordentliche und durch Verwaltungsgerichte (Fortschritte, Rückschritte und Entwicklungstendenzen seit der Revolution), in: VVDStRL 2 (1925), S. 8 (8 ff.).

2120 *Unruh*, Verfassungsbegriff (Fn. 1054), S. 294.

2121 Ähnlich *W. Eiswaldt*, Die Staatsgerichtshöfe in den deutschen Ländern und Art. 19 der Reichsverfassung, 1927, S. 21; so auch *Unruh*, Verfassungsbegriff (Fn. 1054), S. 294.

den Ländern explizit eine eigenständige Verfassungsgerichtsbarkeit zu. Daraus könnte man folgern, dass aufgrund der Etablierung in Mecklenburg-Schwerin kein Raum für die Zuständigkeit des Staatsgerichtshofs des Reichs mehr vorhanden war. Jedoch bestand stets eine subsidiäre Zuständigkeit des Staatsgerichtshofs des Reichs, soweit die Unzulässigkeit der Verfassungsstreitigkeit im jeweiligen Land vorlag[2122]. Dies konnte insbesondere aufgrund des engen Kreises der Antragsberechtigten eintreten[2123]. Die Erweiterung der Kompetenz zur Überprüfung von verkündeten Gesetzen, ein Normenkontrollverfahren, wurde im Verfassungsausschuss angeregt[2124]. Dies ist jedoch ohne nähere Begründung verworfen worden.

a) Zusammensetzung und Organisation des Staatsgerichtshofs

Grundlegende Regelungen über die Zusammensetzung und Organisation fanden sich in der Landesverfassung. Gemäß § 67 1. Hs. Meck.-Schw. Verf. bestand der Staatsgerichtshof aus neun Mitgliedern. Diese Mitglieder setzten sich aus vier Berufsjuristen und fünf Abgeordneten des Landtags zusammen, § 67 2. Hs. Meck.-Schw. Verf. Um die genaue Besetzung wurde im verfassunggebenden Landtag debattiert[2125]. Zunächst war sogar geplant, dass, abgesehen von einem Berufsjuristen, alle weiteren Mitglieder

2122 *Emig*, Ist der Staatsgerichtshof für das Deutsche Reich zur Entscheidung über bayerische Verfassungsstreitigkeiten zuständig?, in: AöR N.F. 14 (1928), S. 68 (77); Lammers/Simons, Rechtsprechung I (Fn. 952), S. 352; *Thoma*, Staatsgerichtbarkeit (Fn. 953), S. 191; siehe allgemein zu den Zuständigkeiten des Staatsgerichtshofs bei *Mende*, in: Nipperdey, Grundrechte I (Fn. 1099), Art. 108 S. 152.

2123 Lammers/Simons, Rechtsprechung I (Fn. 952), S. 352; *Friesenhahn*, Staatsgerichtsbarkeit (Fn. 940), S. 533; siehe zu den Antragsberechtigten vor dem Staatsgerichtshof in Funktion eines Landesverfassungsgerichts H.-H. Lammers/W. Simons (Hrsg.), Die Rechtsprechung des Staatsgerichtshofs für das Deutsche Reich und des Reichsgerichts auf Grund Artikel 13 Absatz 2 der Reichsverfassung, Bd. IV, 1932, S. 183 f.; dort werden die Landesregierungen, die Volksvertretungen als solche, der preußische Staatsrat, die Landtagsfraktionen, die Landtagsminderheiten, die politischen Parteien, die Träger des verfassungsmäßigen Rechts auf Selbstgesetzgebung (der ehemalige Adel), Landeskirchen und Gemeinden (als Körperschaften des öffentlichen Rechts, die durch die Verfassung anerkannt und mit eigenen Rechten und gewisser Selbstständig ausgestattet sind) ausdrücklich genannt.

2124 *Bericht des Verfassungsausschusses*, VVLTag I (Fn. 629), 21. Sitzung, Sp. 710.

2125 Vgl. dazu *Hillmann*, VVLTag I (Fn. 629), 21. Sitzung, Sp. 735; siehe auch noch zum heute aktuellen Problem der Richterwahl, *H.-J. Graefen*, Probleme der vom Landtag gewählte Abgeordnete sein sollten[2126]. Hier sah man jedoch die Gefahr, dass die Urteile vornehmlich der politischen Einflussnahme anstatt juristischen Gesichtspunkten hätten unterworfen sein können[2127]. Dann wären Richter und Kläger identisch. Eine gewisse Beteiligung der Legislative bei der Besetzung von Verfassungsgerichten war jedoch auch schon damals üblich[2128]. Eine mögliche Einflussnahme auf konkrete Entscheidungen sollte durch die Wahl am Anfang der Legislaturperiode gewährleistet werden[2129]. Auch hier war die Intention der Garantie von sehr weitgehenden Rechten des Parlaments in der Debatte spürbar[2130]. Dieser Wahlmodus nach dem Grundsatz der Verhältniswahl war in § 68 Abs. 3 S. 1 Meck.-Schw. Verf. auch in der Verfassung festgeschrieben. Der Vorsitzende war gemäß § 68 Abs. 1 Meck.-Schw. Verf. der Präsident des Oberlandesgerichts. Die drei übrigen Juristenstellen setzten sich gemäß § 68 Abs. 2 Meck.-Schw. Verf. aus zwei Berufsrichtern und einem Rechtsanwalt zusammen. Durch die Verknüpfung mit dem Landtag waren die Abgeordneten für die Dauer der Legislaturperiode auch Richter am Landesverfassungsgericht. Jedoch bekleideten sie gemäß § 68 Abs. 3 S. 2 Meck.-Schw. Verf. bis zur Neuwahl über die Legislaturperiode hinweg das Amt. Daraus ergab sich jedoch nicht automatisch, ob es auch zum Wechsel der Besetzung während eines laufenden Verfahrens kommen konnte. Der Sinn der Wahl am Anfang der Legislaturperiode bestand darin, eine weitgehende Unabhängigkeit des Gerichts von der Tagespolitik zu schaffen[2131], sodass dies gegen den Wechsel der Besetzung während eines anhängigen

---

Richterwahl, in: H. H. v. Arnim (Hrsg.), Volkssouveränität, Wahlrecht und direkte Demokratie, 2014, S. 125 (133 ff.).

2126 Man wollte den größtmöglichen Einfluss des Landtags, siehe dazu *Wendorff*, VVLTag I (Fn. 629), 3. Sitzung, Sp. 7; auch wurde die Besetzung der Beisitzer zur Hälfte mit Juristen und Abgeordneten erwogen, siehe *Bericht des Verfassungsausschusses*, ebda., 21. Sitzung, Sp. 710.

2127 Siehe zur im Folgenden dargestellten Kritik *Reincke-Bloch*, VVLTag I (Fn. 629), 4. Sitzung, Sp. 37; auch im Verfassungsausschuss teilte man die Sorge um die Unabhängigkeit des Gerichts teilweise, siehe *Bericht des Verfassungsausschusses*, ebda., 21. Sitzung, Sp. 711.

2128 So auch *Löwenthal*, VVLTag I (Fn. 629), 5. Sitzung, Sp. 77; siehe auch zur Besetzung aufgrund der politischen Funktion des Staatsgerichtshof *R. Hoke*, Verfassungsgerichtsbarkeit in den deutschen Ländern in der Tradition der deutschen Staatsgerichtsbarkeit, in: C. Starck/K. Stern (Hrsg.), Landesverfassungsgerichtsbarkeit, Bd. I, 1983, S. 25 (89 f.).

2129 *Löwenthal*, VVLTag I (Fn. 629), 5. Sitzung, Sp. 77.

2130 Siehe insbesondere zum weitergehenden Regierungsentwurf *Wendorff*, VVLTag I (Fn. 629), 3. Sitzung, Sp. 7.

2131 *Löwenthal*, VVLTag I (Fn. 629), 5. Sitzung, Sp. 77.

Verfahrens spricht. Ferner war durch die Möglichkeit der Rücknahme der Klage den gewandelten politischen Verhältnissen bereits Rechnung getragen. Allerdings fand sich keine Regelung in der Verfassung[2132]. Dies spricht für einen Wechsel auch während des Verfahrens. Ferner blieben die Berufsjuristen weiterhin Mitglieder des Staatsgerichtshofs, da diese Besetzung nicht an die Legislaturperiode gekoppelt war. Somit kam es nicht zu einem vollständigen Wissensverlust des Gerichts. Ferner wird diese Auslegung dem parlamentarischen Grundcharakter des Gerichtshofs am ehesten gerecht. Der Sitz des Staatsgerichtshofs war gemäß § 66 Abs. 2 Meck.-Schw. Verf. auf den Sitz des Oberlandesgerichts von Mecklenburg-Schwerin festgelegt. Die Verhandlungen waren öffentlich und nur aufgrund der Staatswohlgefährdung konnte die Öffentlichkeit ausgeschlossen werden, § 71 Meck.-Schw. Verf. Insofern war durch diesen unbestimmten Rechtsbegriff dem Gericht eröffnet, in gewissen Fällen die Öffentlichkeit auszuschließen. Aufgrund des Erfordernisses der Gefährdung des Staatswohls war die Hürde hier jedoch nicht allzu gering. Mangels aussagekräftiger Rechtsprechung dazu kann keine nähere Aussage über die tatsächliche Gerichtspraxis getroffen werden.

b) Verfassungsstreitigkeiten

Wie bereits festgestellt, gestand die Reichsverfassung den Ländern eine eigene Landesverfassungsgerichtsbarkeit zu. Dabei bestand gemäß Art. 19 Abs. 1 WRV jedoch eine subsidiäre Zuständigkeit des Staatsgerichtshofs für das Deutsche Reich, soweit die Verfassungsstreitigkeit nach dem jeweiligen Landesrecht vor dem Landesverfassungsgericht unzulässig war[2133]. Somit bestand eine grundsätzliche Reservezuständigkeit des Staatsgerichtshofs. Diese Unzulässigkeit konnte insbesondere aufgrund des engen Kreises der Antragsberechtigten eintreten[2134]. Es sollte stets ein gerichtliches

---

2132 Siehe zur ähnlichen Argumentationsstruktur bei *Ruf*, Verfassung (Fn. 1151), S. 386.

2133 *Emig*, Staatsgerichtshof (Fn. 2122), S. 77; speziell zu Mecklenburg-Schwerin siehe Lammers/Simons, Rechtsprechung I (Fn. 952), S. 352; *Thoma*, Staatsgerichtbarkeit (Fn. 953), S. 191; siehe allgemein zu den Zuständigkeiten des Reichsstaatsgerichtshofs bei *Mende* (Fn. 2122), Art. 108 S. 152.

2134 Lammers/Simons, Rechtsprechung I (Fn. 952), S. 352; *Friesenhahn*, Staatsgerichtsbarkeit (Fn. 940), S. 533; siehe zu den Antragsberechtigten vor dem Staatsgerichtshof als Landesverfassungsgericht Fn. 2139.

Verfahren zur Klärung von Verfassungsstreitigkeiten bestehen[2135]. Der Landesgesetzgeber konnte logisch zwingend nur die Zuständigkeit des Landesverfassungsgerichts beschränken. Welche Verfahren unter „Verfassungsstreitigkeit“ zu subsumieren waren, musste einheitlich auf Landes- und Reichsebene beurteilt werden[2136]. Bei der Zuweisung von Verfassungsstreitigkeiten innerhalb des Landes ging es schließlich darum, die subsidiäre Zuständigkeit des Staatsgerichtshofs des Reichs auszuschließen und diese Streitigkeit der eigenen Gerichtsbarkeit zu überantworten[2137]. Insofern richtete sich die Auslegung nach dem Reichsrecht[2138], wodurch einheitliche Verfahrensarten bezüglich der Verfassungsstreitigkeiten existierten, die sich lediglich durch den Kreis der Antragsbefugnis unterschieden.

aa) Antragsberechtigung

Berechtigt zur Anrufung des Landesstaatsgerichtshofs waren gemäß § 70 Meck.-Schw. Verf. das Staatsministerium, der Landtag oder das Volk mittels Volksbegehrens. Insofern war der Kreis der Antragsberechtigten von der Landesverfassung deutlich enger gezogen, als dies bei Art. 19 Abs. 1 WRV nach der Rechtsprechung des Staatsgerichtshofs war[2139]. Dies war auch reichsrechtlich nicht zu beanstanden[2140]. Der Landtag konnte jedenfalls durch Mehrheitsbeschluss den Staatsgerichtshof anrufen und

2135 So der Staatsgerichtshof des Reichs zum Sinn des Art. 19 WRV, siehe Lammers/Simons, Rechtsprechung I (Fn. 952), S. 355.

2136 *Anschütz*, Verfassung (Fn. 779), Art. 19 Anm. 10 (S. 171 f.).

2137 Es gehe schließlich darum, die Zuständigkeit des Reichsstaatsgerichtshofs durch solch eine Norm wie dem § 66 Meck.-Schw. Verf. auszuschließen, sodass die Auslegung einheitlich vorgenommen werden müsse, siehe Lammers/Simons, Rechtsprechung I (Fn. 952), S. 352, 354; dies wird erneut vom Gericht deutlich herausgestellt in H. H. Lammers/W. Simons (Hrsg.), Die Rechtsprechung des Staatsgerichtshofs für das Deutsche Reich und des Reichsgerichts aufgrund Artikel 13 Abs. 2 der Reichsverfassung, Bd. II, 1930, S. 117; statt aller aus der Literatur *Anschütz*, Verfassung (Fn. 779), Art. 19 Anm. 10 (S. 171 f.).

2138 Lammers/Simons, Rechtsprechung I (Fn. 952), S. 352.

2139 Dazu zählten die Regierung, der Landtag, die politischen Parteien, die Fraktionen, die Gemeinden und Gemeindeverbände, die Religionsgesellschaften mit landesrechtlichem Körperschaftsstatus, sonstige Zusammenschlüsse der parlamentarischen Mehrheit oder Minderheit sowie Einzelpersonen, die Rechte aus der Wahl zur Volksvertretung ableiteten, siehe *Huber*, Verfassungsgeschichte VI (Fn. 82), S. 552 f.

2140 Lammers/Simons, Rechtsprechung I (Fn. 952), S. 352.

wurde von dem Vorsitzenden desselben vertreten[2141]. Dabei stellt sich jedoch die Frage, ob auch Landtagsminderheiten oder andere Teile des Parlaments antragsberechtigt waren. Der Wortlaut sprach nur vom Landtag. Dies legt den Schluss nahe, dass damit nur die entscheidungsbefugte Mehrheit antragsberechtigt sein sollte. *Eiswaldt* geht nach einem rechtsstaatlich wünschenswerten Standpunkt des Schutzes von Minderheiten davon aus, dass auch diese grundsätzlich antragsbefähigt sein sollten[2142]. Sinnvoll erscheint dies insbesondere vor dem Hintergrund der sehr weitreichenden Abhängigkeit der Regierung vom Parlament bzw. der Parlamentsmehrheit. Ein Streit zwischen Regierung und Parlamentsmehrheit über verfassungsmäßige Rechte war vor dem Hintergrund der jederzeitigen Abberufungsmöglichkeit des Parlaments in der Staatspraxis kaum wahrscheinlich. Eine Antragsberechtigung von Minderheiten oder Organteilen hätte womöglich zu einer umfassenderen Judikative des Landesverfassungsgerichts geführt. § 35 Abs. 1 S. 1 Meck.-Schw. Verf. besagte jedoch, dass die einfache Mehrheit der Stimmen erforderlich war, sofern die Verfassung keine abweichende Bestimmung vorsah. Einen Anhaltspunkt für eine abweichende Regelung ist im Abschnitt über den Staatsgerichtshof nicht zu erblicken. Auch ging man in der Verfassungswirklichkeit von der fehlenden Antragsberechtigung von Fraktionen aus[2143]. Somit waren auch andere Teile des Parlaments, insbesondere anders organisierte Parlamentsminderheiten nicht antragsberechtigt. Dies dürfte der Hauptgrund dafür gewesen sein, dass es in der Zwischenkriegszeit nur ein Verfahren vor dem Landesstaatsgerichtshof gab[2144]. Eine Beschränkung der Anrufung des Staatsgerichtshofs lediglich für Staatsanklagen per Volksbegehren war

2141 Siehe das Urteil bei Lammers/Simons, Rechtsprechung III (Fn. 1970), S. 358; mangels Sonderregel konnte dieser Antrag auf Anrufung des Staatsgerichtshofs gemäß § 11 lit. a) GO von drei Abgeordneten gestellt werden und unterlag der gewöhnlichen Beschlussfassung im Parlament.

2142 So auch *Eiswaldt*, Staatsgerichtshöfe (Fn. 2121), S. 26 f.; a.A. *Friesenhahn*, Staatsgerichtsbarkeit (Fn. 940), S. 531 (dort Fn. 32), der keine überzeugende Begründung in den Ausführungen von *Eiswaldt* erblickt; siehe zur h.M. *Anschütz*, Verfassung (Fn. 779), Art. 19 Anm. III. 8 (S. 167).

2143 Deshalb rief die Fraktion der Sozialdemokratischen Partei im Landtag von Mecklenburg-Schwerin den Staatsgerichtshof des Reichs an, siehe H.-H. Lammers/W. Simons (Hrsg.), Die Rechtsprechung des Staatsgerichtshofs für das Deutsche Reich und des Reichsgerichts auf Grund Artikel 13 Absatz 2 der Reichsverfassung, Bd. VI, 1939, S. 151.

2144 Die Verfassungsstreitigkeit, welche sich um das kommunale Selbstverwaltungsrecht drehte, ist abgedruckt in Lammers/Simons, Rechtsprechung III (Fn. 1970), S. 358 ff.

in §§ 45 Abs. 2, 70 Meck.-Schw. Verf. nicht vorgesehen. Somit musste dies auch für Verfassungsstreitigkeiten gelten[2145]. Auch in diesem Punkt wird die Eigentümlichkeit der Verfassung deutlich[2146]. Allerdings musste gemäß § 45 Abs. 3 Meck.-Schw. Verf. ein Volksbegehren von einem Sechstel der Stimmberechtigten unterzeichnet werden. Dies schob der Anrufung des Landesstaatsgerichtshofs einen faktischen Riegel vor[2147]. Insofern erscheint diese Möglichkeit als praxisfern. Daher überrascht es kaum, dass ein Verfahren zur Anrufung des Staatsgerichtshofs per Volksbegehren an der zahlenmäßigen Beteiligung scheiterte[2148]. Ferner stellt sich die Frage, ob der Landtag oder die Regierung im Falle der Auflösung noch antragsberechtigt sein sollten. Wenn es gerade um die (formelle) Rechtmäßigkeit der Auflösung ging, so scheint dies möglich und nötig[2149]. Andernfalls hätte eine Umgehung gedroht. Faktisch konnte dies jedoch aufgrund der umfassenden Rechte des Parlaments nur die Regierung betreffen. Einen praktischen Streitfall hat es nicht gegeben.

bb) Gegenstand und Wirkung der Verfassungsstreitigkeit

Zuständig für Verfassungsstreitigkeiten war der Staatsgerichtshof von Mecklenburg-Schwerin. Die Auslegung dessen musste, wie gezeigt, einheitlich im Reich vorgenommen werden[2150]. Zunächst musste es sich um eine Rechtsstreitigkeit handeln, was bedeutet, dass es stets um einen Streit über Anwendung und Auslegung der Verfassung gehen musste[2151]. Dabei musste es bei dem Verfahrensgegenstand stets um eine konkrete Rechtsbe-

---

2145 Ähnlich wohl auch *Friesenhahn*, Staatsgerichtsbarkeit (Fn. 940), S. 531.

2146 In keinem anderen Land konnte der Staatsgerichtshof per Volksbegehren angerufen werden, siehe *Friesenhahn*, Staatsgerichtsbarkeit (Fn. 940), S. 531; *Wittreck*, Einleitung (Fn. 2), S. 50.

2147 So auch der Reichsstaatsgerichtshof, siehe Lammers/Simons, Rechtsprechung I (Fn. 952), S. 355.

2148 Siehe Bekanntmachung vom 28. April 1928 über das Volksbegehren (Rbl. für Mecklenburg-Schwerin 1928 Nr. 27 v. 3.5.1928, S. 154); *Rux*, Demokratie (Fn. 1760), S. 181.

2149 *Eiswaldt*, Staatsgerichtshöfe (Fn. 2121), S. 27.

2150 Lammers/Simons, Rechtsprechung II (Fn. 1937), S. 117.

2151 Politische Streitigkeiten fielen explizit nicht darunter, siehe Lammers/Simons, Rechtsprechung II (Fn. 1937), S. 86; siehe zur Auslegung des Begriffs auch *F. Kühn*, Formen des verfassungsgerichtlichen Rechtsschutzes im deutschen Reichs- und Landesstaatsrecht, 1929, S. 42 ff.

ziehung handeln[2152]. Theoretische Fragen oder Meinungsverschiedenheiten reichten demnach nicht aus[2153]. Ferner war der taugliche Streitgegenstand stets ein bereits verkündetes Gesetz[2154]. Somit war vorbeugender Rechtsschutz nicht möglich. Konsequenterweise dürfte auch ein Verfahren im Sinn eines Fortsetzungsfeststellungsverfahrens nicht möglich gewesen sein[2155]. Verfassungsstreitigkeiten lagen nach der Auslegung des Reichsstaatsgerichtshofs zumindest bei allen Streitfällen aus Verfassungsrechtsverhältnissen zwischen Verfassungsfaktoren des Landes vor[2156]. Unproblematisch gehörten solche Streitigkeiten dazu, deren Ursprung in der Landesverfassung lagen[2157]. Allerdings bestanden Verfassungsstreitigkeiten innerhalb eines Landes auch, wenn es um die Auslegung und Anwendung von Normen der Reichsverfassung ging, die jedoch auf die Landesverfassung einwirkten und diese ergänzten[2158]. Somit konnte sich dieses Verfassungsrechtsverhältnis auch aus der Reichsverfassung selbst ergeben[2159]. Auslegungsbedürftig war ferner, aus welchen Verfassungsnormen sich das Streitverhältnis ergeben durfte. Der Streitgegenstand war bei Verfassungsstreitigkeiten nach der Rechtsprechung des Reichsstaatsgerichtshofs nicht lediglich auf die staatsorganisationsrechtlichen Verfassungsregelungen beschränkt, sondern umfasste auch die Grundrechte[2160]. Jedoch beinhaltete dies nicht die Anerkennung einer Individualverfassungsbeschwerde[2161]. In-

2152 *Eiswaldt*, Staatsgerichtshöfe (Fn. 2121), S. 21.

2153 Lammers/Simons, Rechtsprechung I (Fn. 952), S. 295; so auch *Triepel*, Streitigkeiten (Fn. 964), S. 15; siehe auch *Stier-Somlo*, Reichsgericht (Fn. 1032), S. 231.

2154 Lammers/Simons, Rechtsprechung II (Fn. 1937), S. 98.

2155 Ähnlich *Ruf*, Verfassung (Fn. 1151), S. 414.

2156 *Thoma* betont, dass es bei der Bestimmung des Art. 19 Abs. 1 WRV auf die streitenden Parteien ankomme, siehe *dens.*, Das richterliche Prüfungsrecht, in: AöR N.F. 4 (1922), S. 267 (282 f.); siehe auch *Huber*, Verfassungsgeschichte VI (Fn. 82), S. 551.

2157 Lammers/Simons, Rechtsprechung II (Fn. 1937), S. 85.

2158 Lammers/Simons, Rechtsprechung I (Fn. 952), S. 292; dazu zählten insbesondere die Wahlrechtsvorgaben der Reichsverfassung, siehe speziell zu Mecklenburg-Schwerin dies., ebda., 353 f.; *Wenzel*, Grundlagen (Fn. 870), S. 618.

2159 *Huber*, Verfassungsgeschichte VI (Fn. 82), S. 552; dies folgerte der Staatsgerichtshof aus der fehlenden Einschränkung im Wortlaut, siehe Lammers/Simons, Rechtsprechung I (Fn. 952), S. 295; diese Sichtweise entwickelte sich jedoch erst zur h.M., siehe *Anschütz*, Verfassung (Fn. 779), Art. 19 Anm. III.4 (S. 163).

2160 Lammers/Simons, Rechtsprechung II (Fn. 1937), S. 80, 85.

2161 So auch *Eiswaldt*, Staatsgerichtshöfe (Fn. 2121), S. 24; *Thoma*, Staatsgerichtsbarkeit (Fn. 953), S. 184; vgl. auch Lammers/Simons, Rechtsprechung II (Fn. 1937), S. 88 f.

sofern schieden schon aufgrund der Antragsfähigkeit die meisten Grundrechte als Gegenstand des Verfassungsstreits nach Art. 19 Abs. 1 WRV aus[2162]. In Mecklenburg-Schwerin war der Kreis der Antragsbefähigten noch enger gezogen, als dies nach der Rechtsprechung des Reichsstaatsgerichtshofs bei demselben in Funktion eines Landesverfassungsgerichts bestand. Somit fielen faktisch auch die Normen aus dem Grundrechtskatalog der Landesverfassung als Grundlage eines Verfassungsstreits aus. Insbesondere waren keine Körperschaften des öffentlichen Rechts antragsberechtigt[2163], sodass beispielsweise die Religionsgesellschaften mit Körperschaftsstatus auch keine Verfassungsstreitigkeit vor dem Landesverfassungsgericht führen konnten. Man konnte nur die Verletzung von eigenen verfassungsmäßigen Rechten geltend machen[2164]. Somit fiel unter den Begriff der Verfassungsstreitigkeit nach herrschender Meinung keine abstrakte Normenkontrolle[2165]. Ein Antrag auf Einführung einer Überprüfung der „Gültigkeit von Gesetzen“ wurde nicht in den Normtext aufgenommen[2166]. Insofern handelte es sich bei den Verfassungsstreitigkeiten im Endeffekt um ein Organ-Streitverfahren[2167]. Somit war die Möglichkeit der Anrufung des Staatsgerichtshofs aufgrund des konkreten Streitverhältnisses praktisch fast gänzlich auf Landtag und Regierung begrenzt.

Im Gegensatz zu den Staatsanklagen waren die Möglichkeiten der Tenorierung nicht in der Verfassung bestimmt, sodass auch hier auf die allgemeinen Grundsätze bezüglich Art. 19 Abs. 1 WRV zurückgegriffen werden musste. Die Entscheidung konnte bloß die Verfassungsrechtsla-

---

2162 So auch *Huber*, Bedeutungswandel (Fn. 1245), S. 95.

2163 Lammers/Simons, Rechtsprechung I (Fn. 952), S. 296.

2164 Lammers/Simons, Rechtsprechung I (Fn. 952), S. 295; *Friesenhahn* drückt dies etwas verklausuliert aus, man sei „zur Anstrengung des Verfassungsstreits befugt, wenn der Gegner seinen Rechtskreis verletzt“ habe, siehe *dens.*, Staatsgerichtsbarkeit (Fn. 940), S. 534; *Huber*, Verfassungsgeschichte VI (Fn. 82), S. 553.

2165 *Friesenhahn*, Staatsgerichtsbarkeit (Fn. 940), S. 540; kritisch zur Möglichkeit der Schaffung einer abstrakten Normenkontrolle, *C. Schmitt*, Das Reichsgericht als Hüter der Verfassung, in: Schreiber, Reichsgerichtspraxis I (Fn. 953), S. 154 (162 ff.). *Schmitt* meint in der abstrakten Normenkontrolle ein quasi-gesetzgeberisches Verfahren zu erblicken, da eine Subsumtion nicht möglich sei und die Entscheidungen lediglich politisch seien.

2166 Siehe *Bericht des Verfassungsausschusses*, VVLTag I (Fn. 629), 21. Sitzung, Sp. 710.

2167 So auch *Anschütz*, Verfassung (Fn. 779), Art. 19 Anm. III.8 (S. 168 f.); wobei dies in Mecklenburg-Schwerin aufgrund der ausdrücklichen Bestimmung der Antragsberechtigung im Normtext schon klar ausgestaltet war, siehe zu Art. 19 Abs. 1 WRV *Dreier*, Verfassungsgerichtsbarkeit (Fn. 897), S. 346 ff.

ge feststellen oder eine Leistungsentscheidung fällen[2168]. Somit führte es zur Klärung des Bestehens und des Umfangs des streitgegenständlichen Rechtsverhältnisses bzw. nach damaliger Diktion zur Konkretisierung des Umfangs des Rechtskreises. Insofern wirkte das Urteil nur mittelbar auf allgemeine Interpretationen von Verfassungsrecht ein[2169].

Insgesamt führte der enge Kreis der Antragsberechtigten zu einem Bedeutungsverlust der Verfassungsstreitigkeit. Bevor auf rechtlich geordnetem Weg eine Entscheidung zwischen den genannten Verfassungssubjekten gefällt werden konnte, wäre es grundsätzlich effektiver gewesen, die Klärung auf politischem bzw. parlamentarischem Weg in Kauf zu nehmen[2170]. Dies wird auch an der geringen Zahl der Verfahren unterstrichen. Insgesamt scheint die Verfassungsstreitigkeit in Mecklenburg-Schwerin so bedeutungslos gewesen zu sein, dass man sie fast hätte vernachlässigen können. Daraus ist auch erklärbar, dass keine näheren einfach-gesetzlichen Regelungen erlassen worden sind.

c) Staatsanklagen

Der Staatsgerichtshof war ferner gemäß §§ 66 Abs. 1 Meck.-Schw. Verf. für Ministeranklagen und Klagen gegen Abgeordnete zuständig. Hierbei handelte es sich jeweils um ein Verfahren gegen Einzelpersonen, welches der Verfassungstext auch unter dem Stichwort Staatsanklagen zusammenfasste. Hierfür sah die Verfassung regelmäßig einheitliche Regelungen vor.

aa) Verfahrensgang bei Staatsanklagen

Angerufen werden konnte der Staatsgerichtshof bei Staatsanklagen durch das Staatsministerium, den Landtag und durch Volksbegehren, §§ 39 Abs. 2 und 3, 45 Abs. 2, 62 Abs. 2 und 3, 70 Meck.-Schw. Verf. Bei diesen Verfahren mussten bis zur anderweitigen Regelung die Vorschriften aus dem Gerichtsverfassungsgesetz[2171] und der Strafprozessordnung[2172] ange-

2168 Siehe *Eiswaldt*, Staatsgerichtshöfe (Fn. 2121), S. 27, beispielsweise zur Herausgabe von Informationen.
2169 *Kühn*, Formen (Fn. 2151), S. 46.
2170 Ähnlich *Emig*, Staatsgerichtshof (Fn. 2122), S. 76.
2171 Gerichtsverfassungsgesetz v. 27.1. 1877 (RGBl. 1877 Nr. 4 v. 7.2.1877, S. 41).
2172 Strafprozeßordnung v. 1.2.1877 (RGBl. 1877 Nr. 8 v. 26.2.1877, S. 253).

wandt werden. Eine solche Verfahrensordnung ist in der Zwischenkriegszeit nicht implementiert worden[2173]. Einen praktischen Anwendungsfall vor dem Staatsgerichtshof von Mecklenburg-Schwerin hat es auch nicht gegeben. Das Verfahren der Staatsanklagen glich prozessual somit im Wesentlichen einem Strafverfahren. Für die Rolle des Staatsanwalts musste gemäß § 69 Abs. 1 Meck.-Schw. Verf. ein Vertreter bestellt werden. Insofern sollte dieser im Gegensatz zu den Mitgliedern des Staatsgerichtshofs stets für das konkrete Verfahren gewählt werden[2174]. In der Landesverfassung fand sich keine ausdrückliche Vorschrift darüber, ob das Verfahren auch nach Beendigung der Amtsdauer bzw. Legislaturperiode betrieben werden konnte. Die Ausschlussfrist des § 66 Abs. 1 S. 2 Meck.-Schw. Verf. spricht dafür, dass auch nach Ablauf der Periode eine Staatsanklage erhoben werden konnte. Aus systematischen Gründen hätte der Landesverfassunggeber diesen Ausschluss hier ausdrücklich geregelt, wäre dies seine Intention gewesen. Ferner konnte eine Staatsanklage nur innerhalb von drei Jahren erhoben werden. Die Legislaturperiode betrug gemäß § 30 Abs. 1 Meck.-Schw. Verf. ebenfalls drei Jahre. Die Frist hätte man somit nur bei Taten am Anfang der Legislaturperiode ausschöpfen können, was kaum im Sinne des Normgebers gewesen sein dürfte. Ferner hätte sonst eine Umgehung gedroht, sodass die Exekutive beispielsweise durch Niederlegung des Amtes sich dieser Verantwortung vor dem Staatsgerichtshof hätte entziehen können[2175]. Dies hätte aber dem Sinn der Ministeranklage, nämlich damit eine zusätzliche Verantwortlichkeit zu schaffen, widersprochen. Gleiches gilt für die Abgeordnetenklage. Der Parlamentarier hätte durch Niederlegung des Mandats sich leicht dem Verfahren entziehen können, sodass eine Umgehung möglich gewesen wäre. Auch scheint der Verfassunggeber davon ausgegangen zu sein, Klagen von ehemaligen Amtsträgern zuzulassen[2176]. Die Klage war gemäß § 66 Abs. 1 S. 2 Meck.-Schw. Verf. ausgeschlossen, sofern die Tat länger als drei Jahre zurücklag und dem Landtag länger als ein Jahr bekannt war. Jede Frist für sich allein

---

2173 Vgl. Lammers/Simons, Rechtsprechung III (Fn. 1970), S. 356 (dort Fn. 2); ein späterer Erlass lässt sich den Regierungsblättern nicht entnehmen.

2174 Diese Klarstellung hebt auch *Knebusch*, VVLTag II (Fn. 1113), 83. Sitzung, Sp. 2501 hervor.

2175 So zur Ministeranklage auch *Eiswaldt*, Staatsgerichtshöfe (Fn. 2121), S. 16.

2176 So *Hillmann*, VVLTag I (Fn. 629), 21. Sitzung, Sp. 735, der nur einen Ausschluss der Ministeranklage eines „früheren Ministers“ nach langer Zeit ausschließen wollte.

sollte zum Ausschluss der Staatsanklage führen[2177]. Die Verhandlungen waren gemäß § 71 Abs. 1 Meck.-Schw. Verf. öffentlich, wobei nach dem zweiten Absatz bei Staatswohlgefährdung die Öffentlichkeit ausgeschlossen werden konnte. Insofern war hier für den Staatsgerichtshof ein entsprechender Auslegungsspielraum durch den unbestimmten Rechtsbegriff eröffnet. Mangels eines tatsächlich durchgeführten Verfahrens kann nicht auf eine entsprechende Auslegung des Merkmals „Staatswohlgefährdung" durch das Landesverfassungsgericht verwiesen werden.

bb) Ministeranklage

Der Staatsgerichtshof war gemäß §§ 66 Abs. 1, 62 Abs. 2 Meck.-Schw. Verf. für eine Ministeranklage zuständig. Die Ministeranklage stammt aus dem altkonstitutionellen Staatsgedanken der Verwirklichung der parlamentarischen Verantwortlichkeit der Exekutive[2178]. Dies stammte jedoch aus der Überlegung, dass nur durch eine entsprechende Klage eine Verantwortlichkeit geschaffen werden konnte, da die Regierung bzw. die Minister vom Monarchen abhängig waren[2179]. Insofern trat diese in der Demokratie neben die politische Verantwortlichkeit im Parlament[2180]. Hier ging es dem Verfassunggeber vornehmlich um die Ausweitung der Rechte des Parlaments[2181]. Insofern war dies primär symbolischer Natur.

Die Ministeranklage konnte auf Grundlage von zwei Verfehlungen erhoben werden. Gemäß § 62 Abs. 2, 1. Var. Meck.-Schw. Verf. konnte dies auf die Verletzung der Verfassung oder der verfassungsmäßigen Rechte gestützt werden. Auf subjektiver Seite setzte der Tatbestand Vorsatz oder grobe Fahrlässigkeit voraus. Insofern waren die relevanten Normen enger gezogen als im Reich, wo auch schon die Verletzung eines einfachen

---

2177 Siehe *Hillmann*, VVLTag I (Fn. 629), 21. Sitzung, Sp. 735; *Knebusch*, ebda., 25. Sitzung, Sp. 871.

2178 *v. Bieberstein*, Verantwortlichkeit (Fn. 1642), S. 539; *Mende* (Fn. 2122), Art. 108 S. 149; siehe dazu detailliert *S. Steinbarth*, Das Institut der Präsidenten- und Ministeranklage in rechtshistorischer und rechtsvergleichender Perspektive, 2011, S. 72 ff.

2179 *Eiswaldt*, Staatsgerichtshöfe (Fn. 2121), S. 11.

2180 *v. Bieberstein*, Verantwortlichkeit (Fn. 1642), S. 539; siehe zur juristischen Natur des Verfahrens zusammenfassend *Eiswaldt*, Staatsgerichtshöfe (Fn. 2121), S. 12 f. m.w.N.; insofern schloss sie auch Strafverfahren nicht aus, siehe *Hatschek*, Staatsrecht (Fn. 1195), S. 686.

2181 So *Wendorff*, VVLTag I (Fn. 629), 3. Sitzung, Sp. 7.

Reichsgesetzes ausreichte[2182]. Daher konnte auch der Eingriff in verfassungsmäßige Rechte, unter anderem Grundrechte der Bürger, Grundlage der Ministerklage bilden[2183]. Somit handelte es sich hier um die Verantwortlichkeit aufgrund rechtswidrigen Verhaltens[2184]. Ferner konnte die Klage aufgrund von vorsätzlicher oder grob fahrlässiger Gefährdung der Sicherheit und Wohlfahrt des Staates erhoben werden[2185], § 62 Abs. 2, 2. Var. Meck.-Schw. Verf. Die zweite Variante barg einen deutlichen Auslegungsspielraum. Insofern konnte hier auch lediglich bei politisch fragwürdigem Verhalten Anklage erhoben werden[2186]. Damit war hier eine Zweckmäßigkeitskontrolle durch die Justiz eröffnet.

Das relevante Verhalten konnte auch im Unterlassen liegen[2187]. Herbeiführung bedeutet, dass ein Ursachenzusammenhang vorhanden sein muss. Somit forderte die Verfassung eine Kausalität. Daher scheint hier ein *sine-qua-non*-Zusammenhang ausgereicht zu haben. Dieser wurde durch das subjektive Element begrenzt. Jeweils waren Vorsatz oder grobe Fahrlässigkeit erforderlich, sodass hier die Grenzen enger als im Reich gezogen waren[2188]. Nach herrschender Meinung auf Reichsebene musste die relevante Handlung nicht in Ausführung des Amtes vorgelegen haben[2189]. § 56 Abs. 1 S. 2 Bay. Verf. stellte hingegen beispielsweise ausdrücklich dieses Erfordernis heraus. Das Fehlen dieses Merkmals in Mecklenburg-Schwerin spricht dafür, dass die Handlung oder das Unterlassen nicht in Ausführung des Amtes vorgenommen worden sein musste. Jedoch sprechen der Sinn, eine weitere Verantwortlichkeit neben der rein politischen Verantwortung zu schaffen sowie das Erfordernis der Verfassungsverletzung oder der Gefährdung des Staatswohls bzw. der Sicherheit dafür, dass die Handlung zumindest in einem engen Zusammenhang mit der

---

2182 Siehe auch im Überblick *Hoke*, Verfassungsgerichtsbarkeit (Fn. 2128), S. 87 ff.

2183 *Kühn*, Formen (Fn. 2151), S. 19.

2184 Siehe zu den theoretischen Besonderheiten der Ministerklage *Kühn*, Formen (Fn. 2151), S. 17 ff.

2185 Ein entsprechender Antrag bezüglich der Staatswohl- und Sicherheitsgefährdung durch Reichsbeamte oder die Reichswehr wurde auf Reichsebene verworfen, siehe *Hatschek*, Staatsrecht (Fn. 1195), S. 688.

2186 *Kühn*, Formen (Fn. 2151), S. 17.

2187 So bezogen auf die Gesetzesverletzung durch die Reichsexekutive, *A. Finger*, Der Staatsgerichtshof als Gericht über Anklagen des Reichstags gegen Reichspräsidenten, Reichskanzler, Reichsminister, in AöR N.F. 9 (1925), S. 289 (298).

2188 Dort reichte bereits *culpa levis*, siehe *Hatschek*, Staatsrecht (Fn. 1195), S. 688.

2189 *Hatschek*, Staatsrecht (Fn. 1195), S. 688; *Eiswaldt*, Staatsgerichtshöfe (Fn. 2121), S. 15 f.; a.A. *Kühn*, Formen (Fn. 2151), S. 17.

Amtsführung erfolgen musste[2190]. Eine Gefährdung des Staatswohls oder der Sicherheit dürfte regelmäßig nur im direkten Zusammenhang mit der Amtsführung möglich gewesen sein. Eine erfolgreiche Ministeranklage ist nicht erfolgt[2191]. Hier war es für das Parlament einfacher, dem einzelnen Minister das Vertrauen zu entziehen. Die Klageerhebung bedurfte nämlich eines entsprechenden Abstimmungsquorums im Landtag. Gemäß § 62 Abs. 3 Meck.-Schw. Verf. musste der Antrag von einem Viertel der gesetzlichen Zahl der Mitglieder des Landtags gestellt und von einer Zweidrittelmehrheit der anwesenden Abgeordneten beschlossen werden. Dieser Antrag musste mit einer Frist von drei Tagen auf der Tagesordnung erscheinen. Er konnte gemäß § 62 Abs. 3 S. 2, 2. Hs. Meck.-Schw. Verf. zurückgenommen werden. Eine Einschränkung nach Klageerhebung fand sich nicht in der Verfassung, sodass auch zu diesem Zeitpunkt die Rücknahme möglich war. In der permanenten Möglichkeit der Rücknahme wird auch die politische Funktion erneut deutlich. Bestand kein Interesse für den Landtag an einer weitergehenden Verfolgung, konnte die Klage ohne Begründung zurückgenommen werden. Insbesondere konnte das Interesse nach Ende der Amtszeit wegfallen. Schwerpunkt des Verfahrens der Ministerklage war die Festsetzung von Rechtsfolgen und nicht die Feststellung von rechtswidrigem bzw. deliktischem Verhalten[2192].

cc) Abgeordnetenanklage

Die Abgeordnetenanklage war zunächst nicht im ersten Verfassungsentwurf vorgesehen und wurde in der Fassung des § 39 Abs. 2, 3 Meck.-Schw. Verf. dann doch eingefügt, um so der Ausnutzung dieses Amtes zu begegnen[2193]. Insofern war dies als Mittel zur Verhinderung von Missbrauch aufgrund der nun erstmals vorhandenen Machtstellung der gewählten Landtagsabgeordneten intendiert. Der Tatbestand wegen „schwerer Verletzung des politischen Anstandes“[2194] wurde nicht in den Verfassungstext übernommen. Dieser unbestimmte Rechtsbegriff hätte sicherlich zu kaum

2190 So auch *Finger*, Staatsgerichtshof (Fn. 2187), S. 298; *Hoke*, Verfassungsgerichtsbarkeit (Fn. 2128), S. 88.

2191 Dies ergibt sich aus den Entscheidungssammlungen von Lammers/Simons; ebenso *Freitag*, Regierungssystem (Fn. 20), S. 84.

2192 Insofern war die Stoßrichtung deutlich anders gewichtet als im Reich, siehe *Kühn*, Formen (Fn. 2151), S. 20 f.

2193 *Bericht des Verfassungsausschusses*, VVLTag I (Fn. 629), 21. Sitzung, Sp. 706.

2194 *Bericht des Verfassungsausschusses*, VVLTag I (Fn. 629), 21. Sitzung, Sp. 711.

handhabbaren Auslegungsproblemen geführt und das Klageverfahren höchst politisch aufgeladen. Ebenfalls wurde keine von § 67 Meck.-Schw. Verf. abweichende Besetzung des Staatsgerichtshofs bei der Abgeordnetenanklage festgeschrieben[2195]. Die Abgeordnetenanklage konnte wegen Bestechlichkeit oder Verletzung der Schweigepflicht bei geheimen Sitzungen des Landtags erhoben werden, § 39 Abs. 2 Meck.-Schw. Verf. Man wollte zu einer Effektuierung der Schweigepflicht gelangen, indem man die Verletzung mit entsprechenden Konsequenzen bedachte[2196]. Der Tatbestand der Bestechlichkeit war recht weit gefasst, sodass teilweise aufgrund der Wortlautauslegung das Vorliegen nur bejaht wurde, wenn ein solcher Dauerzustand vorliege, dessen Nachweis kaum zu erbringen sei[2197]. Die Intention des Verfassunggebers war jedoch, dass man sich bei Ausnutzung des Amtes durch Bestechlichkeit des Ehrenamtes für unwürdig erwiesen hatte[2198]. Insofern war unter dem Tatbestand der Bestechlichkeit kein Dauerzustand zu verstehen. Vielmehr musste dies vorliegen, wenn der Abgeordnete einen wirtschaftlichen Vorteil für ein bestimmtes parlamentarisches Verhalten erhielt, forderte oder sich versprechen ließ[2199]. Nur durch diese Auslegung konnte man dem Willen des Gesetzgebers entsprechend Rechnung tragen. Nicht jede Annahme eines Vorteils durfte von der Ratio der Norm her schon verboten sein. Der Missbrauch des Mandats stand bei dem Fehlverhalten im Vordergrund. Eine weitergehende Gefährdung des Staatswohls oder weitergehendes Fehlverhalten musste sich aus der Bestechlichkeit nicht ergeben. Dies ergibt sich aus dem systematischen Vergleich mit der Ministerklage, die ausdrücklich ein rechtswidriges Verhalten oder die Staatswohlgefährdung erforderte. Der Antrag auf Klageerhebung musste gemäß § 39 Abs. 3 S. 1 Meck.-Schw. Verf. von einem Viertel der gesetzlichen Anzahl der Mitglieder des Landtags gestellt werden und drei Tage vorher auf der Tagesordnung erscheinen. Insofern wurde ein Überrumpelungseffekt ausgeschlossen. Die Entscheidung bedurfte ge-

2195 Es war der Gedanke aufgekommen, in diesem Verfahren den Spruchkörper nur mit Juristen zu besetzen, siehe *Bericht des Verfassungsausschusses*, VVLTag I (Fn. 629), 21. Sitzung, Sp. 710.

2196 *Hillmann*, VVLTag I (Fn. 629), 21. Sitzung, Sp. 733.

2197 So jedoch *H. v. Jan*, Aberkennung der Abgeordneteneigenschaften im bayrischen [sic] Landtag, in AöR N.F. 9 (1925), S. 314 (333), der insgesamt den wenig eindeutigen Wortlaut, speziell auch in Mecklenburg-Schwerin, kritisiert.

2198 *Hillmann*, VVLTag I (Fn. 629), 21. Sitzung, Sp. 733.

2199 Ähnlich *v. Jan*, Aberkennung (Fn. 2197), S. 333, der sich des Strafrechts bedient.

mäß des zweiten Satzes einer Zweidrittelmehrheit der anwesenden Parlamentarier.

dd) Entscheidung

Die Entscheidung bzw. der Tenor des Staatsgerichtshofs konnte nur den Angeklagten freisprechen, auf Missbilligung erkennen, diesen des Amtes entheben oder zeitweise oder dauerhaft die Befähigung zur Bekleidung öffentlicher Ämter aberkennen, § 72 Abs. 2 Meck.-Schw. Verf. Ferner konnte allein oder in Verbindung mit den Entscheidungsmöglichkeiten der Verlust der Rechte festgesetzt werden, die mit der öffentlichen Wahl zusammenhingen. Die Missbilligung enthielt lediglich ein Werturteil[2200] und hatte somit nur deklaratorischen Charakter. Das Urteil konnte die staatsrechtliche Stellung als Abgeordneter oder Minister beenden[2201]. Der Verlust von Rechten, die mit öffentlichen Wahlen verknüpft waren, betraf auch den Verlust des passiven Wahlrechts[2202]. Die Amtsenthebung war für Minister nicht sonderlich relevant, konnte ihnen doch effektiver aufgrund des § 62 Abs. 1 Meck.-Schw. Verf. das Vertrauen entzogen werden. Jedoch gingen die weiteren möglichen Urteilsfolgen deutlich darüber hinaus, sodass dies gravierende persönliche Konsequenzen haben konnte. Der Verlust der Fähigkeit zur Bekleidung öffentlicher Ämter stellte eine immens negative Konsequenz dar. Zu einer für den Betroffenen nachteiligen Entscheidung bedurfte es gemäß § 72 Abs. 1 Meck.-Schw. Verf. einer Zweidrittelmehrheit. Dies bezog sich systematisch auf die Entscheidung des Gerichts, sodass es einer Zweidrittelmehrheit der Kammer bedurfte. Hier bestand somit eine Sperrminorität der Berufsjuristen. Insofern konnte zwar flexibel je nach Schwere des Verstoßes der Urteilsspruch ausfallen. Jedoch bestand dadurch die Möglichkeit, dass paradoxerweise aufgrund der Sperrminorität keine nachteilige Entscheidung getroffen werden, jedoch mangels Mehrheitsbeschlusses auch kein Freispruch beschlossen werden konnte. Die Strafe konnte gemäß § 73 Meck.-Schw. Verf. nur auf Antrag des Landtags vom Staatsministerium gemildert oder erlassen wer-

---

2200 *Kühn*, Formen (Fn. 2151), S. 23.

2201 *Kühn*, Formen (Fn. 2151), S. 22, 24.

2202 Siehe *Tatarin-Tarnheyden*, Rechtstellung (Fn. 1485), S. 424, was durch Strafurteil erwirkt werden musste; siehe auch *Wagner*, Reichs- und Landesstaatsrecht (Fn. 1104), S. 56; somit bestand hier keine Kompetenz der Länder, siehe *v. Jan*, Aberkennung (Fn. 2197), S. 333 f.

den. Hier bedurfte es einer Abweichung von der Grundregel des § 57 Meck.-Schw. Verf. Andernfalls hätte das Staatsministerium die Kompetenz zur Begnadigung der Mitglieder desselben gehabt, sodass eine Umgehung der Rechtswirkung des Urteils gedroht hätte.

d) Zusammenfassung

Durch die Begrenzung der Antrags- bzw. Klageberechtigten ist den Verfahren vor dem Staatsgerichtshof die eigentliche Relevanz genommen worden. Insbesondere die Anrufung per Volksentscheid erscheint als bloßes Lippenbekenntnis, war doch die Hürde zur Anrufung des Staatsgerichtshofs hoch[2203]. Zwar war eine Hürde sinnvoll, um das ressourcenintensive Verfahren des Volksentscheids nur in entsprechenden Fällen von immensem öffentlichem Interesse zu initiieren, jedoch erscheint dieses Verfahren zur Anrufung des Staatsgerichtshofs sehr aufwendig, sodass auch bei Erlass der Norm die geringe praktische Wirkung augenfällig gewesen sein musste. Auch die klare Begrenzung der Antragsberechtigten hat zur Bedeutungslosigkeit des Verfassungsstreitverfahrens geführt. Hier wäre es sinnvoll gewesen, wenn wenigstens die Parlamentsminderheit mit einem entsprechenden Antragsrecht ausgestattet gewesen wäre, um sich so gegen die Allmacht der Parlamentsmehrheit effektiv durchsetzen zu können. Hier hätte die Chance bestanden, richtungsweisende Akzente zu setzen und nicht dem Primat der Mehrheitsherrschaft uneingeschränkt zur Geltung verholfen zu haben. In Mecklenburg-Schwerin konnten die Minister jederzeit abberufen werden. Zwar ging die Entscheidungswirkung etwas über die Möglichkeiten des Parlaments hinaus, jedoch war eine Abberufung deutlich effektiver. Allerdings hatte die Ministerklage durch die bloße Existenz derselben eher präventive Schutzwirkung[2204]. Ferner konnte so auch nach Ausscheiden aus dem Amt die Person noch zur Verantwortung gezogen werden[2205]. Insofern kam der Ministerklage zwar vornehmlich symbolische Funktion zu, aber sie erscheint nicht vollständig überflüssig. Mit der Etablierung der Abgeordnetenklage bewies der Verfas-

2203 Dies scheiterte 1928 an dem erforderlichen Quorum, siehe *Rux*, Demokratie (Fn. 1760), S. 181.

2204 *Eiswaldt*, Staatsgerichtshöfe (Fn. 2121), S. 10 f.

2205 Ähnlich *Huber*, Verfassungsgeschichte VI (Fn. 82), S. 554.

sunggeber begrenzte Eigentümlichkeit[2206]. Dieses Verfahren hatte das Potenzial, die Arbeitsfähigkeit des Parlaments gegen politischen Missbrauch zu sichern. So war gewährleistet, dass keine grobe Verletzung der Schweigepflicht in politisch turbulenten Zeiten hingenommen werden musste, ohne dass ernsthafte Konsequenzen drohten. Dies war insbesondere vor dem Hintergrund der qualitativ tiefen politischen Spaltung des Landes durch den völligen Staatsumbruch sicherlich ein sinnvolles Mittel[2207]. Eine solche Anklage stellte die einzige Möglichkeit dar, die Abgeordneten neben der Abwahl zur Verantwortung zu ziehen[2208]. Insgesamt waren die weitreichenden, nicht nur politischen Urteilsfolgen sicherlich zur Vorbeugung von Missbrauch der jeweiligen Stellung geeignet. Allerdings fehlte es zumindest an einem verfassungsgerichtlichen Normenkontrollverfahren zur Effektuierung der Wirksamkeit der Verfassungsbestimmungen. So traten insbesondere die Grundrechte durch den Vorspruch mit einem umfassenden Geltungsanspruch auf, den das restliche Verfassungswerk nicht zu verwirklichen vermochte. Hier wurde kein konsequent durchdachtes Gesamtwerk geschaffen, um den Grundrechtsschutz nicht der Bedeutungslosigkeit zu überantworten. So konnte den Grundrechten mangels effektiven gerichtlichen Schutzes vornehmlich symbolischer Wert beigemessen werden. Insgesamt fristete somit auch die Staatsgerichtsbarkeit von Mecklenburg-Schwerin ein bedauerliches Schattendasein[2209]. Eine umfassende Judikatur entwickelte sich konsequenterweise nicht.

VII. Finanzen

Das mittelalterliche Finanzsystem hatte eine fast undurchschaubare Finanzstruktur aus landesherrlichen, ständischen und landesherrlich-ständischen Finanzen hinterlassen[2210]. Dabei hatte das Volk durch die verschiedenen Kassen und Verwendungen bzw. deren Verwaltung keine Chance, einen Überblick über das Staatsbudget bzw. die Ausgaben zu erhalten[2211].

2206 Lediglich die Verfassungen von Bayern und Anhalt sahen ebenfalls eine Abgeordnetenklage vor, siehe *Hoke*, Verfassungsgerichtsbarkeit (Fn. 2128), S. 98.

2207 Siehe zu den Parteien *Schwabe*, Parteienspektrum (Fn. 764), S. 747 ff.

2208 *Hoke*, Verfassungsgerichtsbarkeit (Fn. 2128), S. 99.

2209 So insgesamt zur Verfassungsgerichtsbarkeit in den Ländern außer Bayern *Stern*, Staatsrecht II (Fn. 1703), § 44 S. 972 f.

2210 Siehe im Überblick auch *H. B. Becker*, Die Wandlung des Finanzausgleichs in Mecklenburg-Schwerin, 1929, S. 7 ff. sowie Kapitel B.II.8.

2211 So *Wendorff*, VVLTag I (Fn. 629), 3. Sitzung, Sp. 9.

Die verschiedenen gewachsenen Kassen der Stände und des Großherzogs mussten zusammengelegt werden, um so eine einheitliche Finanzwirtschaft zu ermöglichen. Das war notwendige Voraussetzung für den Übergang in die moderne Staatlichkeit[2212]. Dies wurde primär im Einführungsgesetz und in der vermögensrechtlichen Auseinandersetzungsvereinbarung geregelt. Grundtenor der Regelungswerke war, dass das gesamte Vermögen mitsamt den Lasten der Staatskasse zugeführt wurde, wobei einzelne Ausnahmen und Entschädigungen geregelt wurden. Diese Regelungen wurden durch die Landesverfassung bestätigt und vervollständigt. Durch § 74 Abs. 1 Meck.-Schw. Verf. wurde die bereits skizierte vermögensrechtliche Auseinandersetzung mit dem Großherzog mitsamt der großherzoglichen Familie sowie die Verzichts- und Anerkennungserklärungen für maßgeblich erklärt. Ferner wurde die Verordnung bezüglich der Steuerpflicht der großherzoglichen Familie sowie der Apanagen und Wittümer verfassungsrechtlich als geltendes Recht ausdrücklich bestätigt[2213]. Dies vervollständigte § 74 Abs. 2 Meck.-Schw. Verf. Das gesamte Landesvermögen, unabhängig davon, ob es ständisch, landesherrlich oder gemischt verwaltet worden war, ging mitsamt den darauf liegenden Schulden auf den Staat über. Dazu zählten auch das Ständehaus, das Landesarchiv- und Bibliotheksgebäude zu Rostock mit dem Landesarchiv und der Landesbibliothek. Insofern betonte die Verfassung hier lediglich die Regelungen aus dem Einführungsgesetz und der Auseinandersetzungsvereinbarung.

Ferner wurde das Verhältnis der säkularisierten Landesklöster Dobbertin, Malchow und Ribnitz sowie des Klosters zum Heiligen Kreuz in Rostock geregelt. Im Verfassungsausschuss und Plenum wurde engagiert über die Eigentumsrechte an den Klöstern bzw. deren Vermögen gestritten[2214]. Die vorherrschende Ansicht im Parlament ging dahin, dass diese durch die Säkularisation Eigentum des Staates geworden seien und die Verwaltung 1572 und 1586 lediglich den Ständen übertragen worden sei[2215]. Insofern habe kein Eigentumserwerb der Stände vorgelegen. Der Landesherr habe diese auch nicht in seiner Eigenschaft als Oberbischof für die evangelische Kirche erhalten. Auch das Rostocker Kloster zum

---

2212 So auch *Wendorff*, VVLTag I (Fn. 629), 3. Sitzung, Sp. 9.

2213 Siehe dazu auch *Wenzel*, Verfassungen (Fn. 17), S. 335 f.

2214 Siehe dazu *Wendorff*, VVLTag I (Fn. 629), 3. Sitzung, Sp. 11; Hillmann, ebda., 4. Sitzung, Sp. 69 ff.; *Bericht des Verfassungsausschusses*, ebda., 21. Sitzung, Sp. 712 f.; *Hillmann*, ebda., 21. Sitzung, Sp. 736; siehe auch *Löwenthal*, ebda., 25. Sitzung, Sp. 878 f.; zusammengefasst bei *Pettke*, Kloster (Fn. 627), S. 228 ff.

2215 So auch schon vor der Novemberrevolution *Büsing*, Staatsrecht (Fn. 25), S. 34 f.

Heiligen Kreuz gehöre zum Staatseigentum[2216]. Dieser Streitpunkt bzw. diese Unsicherheit wurden durch die Verfassung selbst gelöst. Man wollte die finanziellen Verhältnisse mit der Verabschiedung der Verfassung erschöpfend und endgültig regeln[2217]. Während Art. 6 Abs. 1 EG lediglich die Ansprüche der Stände auf Verwaltung und Verwendung des Vermögens der Klöster ausschloss, löste § 75 S. 1 Meck.-Schw. Verf. diese auf. Das Vermögen mitsamt den Schulden ging auf den Staat über. Zwar gelang es nicht, die Klosterfrage ohne folgenden Rechtsstreit zu regeln, jedoch wurde die Ansicht im verfassunggebenden Landtag auch in dem anschließenden Prozess höchstrichterlich bestätigt[2218]. Die Landesklöster sowie das Kloster zum Heiligen Kreuz waren nach modernem Verständnis vor der Novemberrevolution öffentlich-rechtliche Stiftungen, welche den Ständen als Teilträger der Staatshoheit zur Verwaltung überwiesen worden waren[2219]. Der Rechtszustand wurde vor der Novemberrevolution durch öffentlich-rechtlichen (Staats-) Vertrag zwischen dem Landesherrn und den Ständen geregelt. Somit stand es dem Land frei, diese aufzulösen. Insofern drückte § 75 Meck.-Schw. Verf. primär den bestehenden Rechtszustand aus, sodass dadurch bloß ein weiterer Schritt zur Abschaffung der Zersplitterung der Staatsfinanzen erfolgte.

An dieser Norm entzündete sich jedoch 1926 auch ein Streit mit dem Land Mecklenburg-Strelitz[2220]. Es hielt die Überführung der Landesklöster sowie der Gegenstände der Landstände, insbesondere den Landkasten, die Landesbibliothek und das Landesarchiv für rechtswidrig. Dies hätte aufgrund der Union der Landstände nicht ohne Zustimmung des Landes Mecklenburg-Strelitz in das Staatsvermögen von Mecklenburg-Schwerin überführt werden dürfen. Das Reichsgericht vertrat jedoch in ständiger Rechtsprechung, dass es nach einer Revolution auf die tatsächliche Aus-

---

2216 Trotz der privaten Stiftung des Klosters habe eine Sonderstellung nur aufgrund der Sonderrechte der Stadt Rostock vorgelegen, sodass es keinen substantiellen Unterschied gebe, siehe *Pettke*, Kloster (Fn. 627), S. 230, 249 f.

2217 *Löwenthal*, VVLTag I (Fn. 629), 25. Sitzung, Sp. 879.

2218 Siehe zum Folgenden ausführlich *Pettke*, Kloster (Fn. 627), S. 240 ff.

2219 So auch schon die Ansicht vor der Novemberrevolution, siehe *Büsing*, Staatsrecht (Fn. 25), S. 35.

2220 Siehe zum aufgegriffenen Rechtsstreit Lammers/Simons, Rechtsprechung I (Fn. 952), S. 250 ff.; im verfassunggebenden Landtag glaubte man, dass aufgrund der Verfassung von Mecklenburg-Strelitz, welche die ständische Verbindung zu Mecklenburg-Schwerin ausdrücklich auflöste, ein Rechtsstreit nicht zu befürchten sei, siehe *Bericht des Verfassungsausschusses*, VVLTag I (Fn. 629), 21. Sitzung, Sp. 713.

übung der Hoheitsgewalt ankommt[2221]. Aufgrund des hier in Rede stehenden Revolutionsrechts[2222] hatte Mecklenburg-Schwerin sein Recht wirksam gesetzt und durchgesetzt, sodass schon dadurch wirksames Recht geschaffen worden war. Insofern vertrat das Reichsgericht hier, verkürzt ausgedrückt, die Auffassung von der „normativen Kraft des Faktischen“[2223]. Dies galt bezüglich des durch eine Revolution geschaffenen Rechts in dem Umfang, soweit der Rechtskreis durch die Staatsumwälzung betroffen war. Hier waren in Folge der Revolution die Stände und folglich auch die Union der Stände beseitigt worden, sodass die Neuordnung der Vermögens- und Verwaltungsverhältnisse auch gegenüber dem Land Mecklenburg-Strelitz wirkte. Insofern waren diese Verfassungsbestimmungen wirksam. Auch das Kloster zum Heiligen Kreuz wurde schon vor Verkündung der Verfassung in gleicher Weise in die staatliche Verwaltung überführt[2224]. Somit war auch hier dieselbe rechtliche Beurteilung angebracht. Die unterschiedliche juristische Begründung der Rechtsprechung in den beiden Verfahren rührte daher, dass es sich im ersten Rechtsstreit nicht um ein staatsrechtliches Streitverfahren handelte. Im Zusammenhang mit der Beseitigung der ständischen Finanzstrukturen griff die Verfassung somit die Übergangsregelungen auf und ergänzte diese teilweise. Nunmehr war der Finanzzersplitterung ein Ende gesetzt, sodass ein echter einheitlicher Staatshaushalt geführt werden konnte.

1. Finanzausgleich und Besteuerungsrecht

Wie in den meisten Bundesstaaten, so eröffnete die Reichsverfassung den Ländern auch eine eigene Finanzhoheit, d. h. das Recht sich finanzielle

2221 So die zeitgenössisch herrschende Meinung, siehe dazu *Stolleis*, Geschichte III (Fn. 729), S. 91 ff. m.w.N.

2222 Siehe Bekanntmachung vom 18. November 1918, betreffend die Landesklöster (Rbl. für Mecklenburg-Schwerin 1918 Nr. 205 v. 22.11.1918, S. 1525), darin wurde die Neuordnung der Rechtsverhältnisse der Landesklöster angekündigt und die Verwaltung durch den Staat angeordnet; Verordnung vom 3. Dezember 1918, betreffend Aufhebung der Stände (Rbl. für Mecklenburg-Schwerin 1918 Nr. 215 v. 5.12.1918, S. 1581), wodurch die Stände als Körperschaft des öffentlichen Rechts aufgehoben worden waren.

2223 So die eindrückliche Formulierung bei *Jellinek*, Staatslehre (Fn. 112), S. 338; siehe dazu *dens.*, ebda., S. 337 ff.; siehe auch speziell für das nach der Novemberrevolution geschaffene Recht *Anschütz*, Verfassung (Fn. 779), Einleitung Anm. 2 (S. 3 ff., 6) m.w.N.

2224 *Pettke*, Kloster (Fn. 627), S. 220 f.

Mittel für eigene Zwecke selbst zu beschaffen[2225]. Dies war jedoch nicht unbeschränkt. Schon vor dem Weltkrieg bestand eine Entwicklung dahingehend, dass die Objekthoheit und die Ertragshoheit des Reichs erweitert wurden[2226]. Objekthoheit bedeutet, dass ein Objekt oder Vorgang mit einer Abgabe belegt wird, unabhängig davon, wem diese Mittel zukommen[2227]. Bei der Ertragshoheit hingegen geht es um die Regelung, welchem Haushalt die Mittel zufließen.

Nach der Staatsumwälzung bestand insbesondere für das Reich ein nicht zu überblickender Finanzbedarf, sodass es folgerichtig aus dessen Sicht war, die Kompetenzen hier noch auszubauen[2228]. Nach Art. 8 WRV hatte das Reich die Gesetzgebungskompetenz über Abgaben und sonstige Einnahmen, soweit diese für Reichszwecke verwendet wurden. Landesabgaben für Zwecke der Bestreitung des Finanzbedarfs der Länder sollten jedoch grundsätzlich den Ländern verbleiben[2229]. Dabei musste das Reich jedoch auf die Lebensfähigkeit der Länder Rücksicht nehmen. Daneben konnte es gemäß Art. 11 WRV Grundsätze über die Zulässigkeit und Erhebungsart von Landesabgaben erlassen[2230]. Hierbei musste das Reich den Ländern einen entsprechenden Gestaltungsspielraum unter Berücksichtigung der besonderen Verhältnisse belassen[2231]. Bei der Zuständigkeitsverteilung zwischen Reich und Ländern herrschte ein Mischsystem aus Trennung bei der Objekthoheit sowie einer Steuerquellengemeinschaft[2232]. Das Reich überließ den Ländern keinen immensen Spielraum zum Erlass eigener Steuern. So war reichsrechtlich grundsätzlich verboten, gleichartige

---

2225 Siehe dazu *A. Hensel*, Der Finanzausgleich im Bundesstaat in seiner staatsrechtlichen Bedeutung, 1922, S. 16 ff.; siehe näher dazu *R. Becker*, Der Reich-Länder-Finanzausgleich im Bismarckreich und in der Weimarer Republik, 1980, S. 18 ff.

2226 Siehe zum vorherigen Zustand, bei welchem ein Nebeneinander aus eigenen Einnahmen des Reichs durch Steuern sowie Matrikularbeiträgen bestand, *O. Bühler*, Die Zuständigkeitsverteilung auf dem Gebiet des Finanzwesens, in: Anschütz/Thoma, Handbuch I (Fn. 179), S. 323 (323 ff.) sowie *Huber*, Verfassungsgeschichte VI (Fn. 82), S. 487 ff.; siehe zum Begriff des Finanzausgleichs *Becker*, Wandlung (Fn. 2210), S. 1 sowie *S. Korioth*, Der Finanzausgleich zwischen Bund und Ländern, 1997, S. 21 ff.

2227 Siehe zu den Begriffen *Hensel*, Finanzausgleich (Fn. 2225), S. 20 sowie *Bühler*, Zuständigkeitsverteilung (Fn. 2226), S. 323.

2228 Siehe dazu zeitgenössisch *Bühler*, Zuständigkeitsverteilung (Fn. 2226), S. 323 ff. sowie aus heutiger Sicht *Korioth*, Finanzausgleich (Fn. 2226), S. 379 ff.

2229 Siehe dazu auch knapp *Anschütz*, Verfassung (Fn. 779), Art. 8 Anm. 1 (S. 83 f.).

2230 Siehe dazu *Anschütz*, Verfassung (Fn. 779), Art. 10, 11 Anm. 1 ff. (S. 88 ff.).

2231 *Anschütz*, Verfassung (Fn. 779), Art. 10, 11 Anm. 1 (S. 89).

2232 Siehe detailliert *Bühler*, Zuständigkeitsverteilung (Fn. 2226), S. 325 ff.

Gemeinde- und Landessteuern zu erheben sowie Steuern, welche geeignet waren, die Steuereinnahme des Reichs zu gefährden[2233]. Daneben gab es auch reichsrechtlich vorgeschriebene Steuern[2234]. Insgesamt bestand kein weitgehender Regelungsspielraum neben der Reichsgesetzgebung, sodass die Ausgestaltung der Kompetenzen bezüglich der Staatsfinanzen als fast erdrückend unitarisch bezeichnet werden kann. Dies war lediglich in der Reichsverfassung angelegt und durch die einfache Reichsgesetzgebung vollendet[2235]. *Korioth* bezeichnet das Finanzsystem somit zurecht als „Tiefpunkt autonomer Gestaltungsbefugnis der Länder“[2236]. Allerdings war durch eine teilweise bestehende Ertragshoheit der Länder und Gemeinden eine Teilhabe an gewissen Reichssteuern gesichert[2237].

Neben der Vielzahl von Kassen bestand auch kein einheitliches Steuersystem im Großherzogtum[2238]. Gemäß § 78 Meck.-Schw. Verf. hatte nur der Landtag die Kompetenz zum Beschluss über einheitliche Landessteuern, -abgaben und -gebühren. Die Regelungsbefugnis aufgrund des § 78 Meck.-Schw. Verf. wurde grundlegend durch das Landesabgabengesetz vom 9. Dezember 1920[2239] ausgestaltet und durch weitere Landessteuergesetze[2240] ergänzt. Darin wurde insbesondere auch das Recht der Gemeinden zur Steuererhebung sowie Erhebung von Beiträgen und Gebühren

---

2233 *Bühler*, Zuständigkeitsverteilung (Fn. 2226), S. 332 f. mit weiteren Einzelheiten.

2234 Dazu zählten die Gewerbesteuer, Hauszinssteuer, Vergnügungsteuer und Wertzuwachssteuer, siehe *Bühler*, Zuständigkeitsverteilung (Fn. 2226), S. 334 f.; siehe dazu die Steuergesetze für Mecklenburg-Schwerin, abgedruckt in: Wenzel, Verfassungs- und Verwaltungsgesetze (Fn. 1353), S. 512 ff.

2235 So auch *Korioth*, Finanzausgleich (Fn. 2226), S. 381 ff. mit weiteren Einzelheiten.

2236 *Korioth*, Finanzausgleich (Fn. 2226), S. 390.

2237 Wobei manche Verteilung nach Aufkommen und manche nach Einwohnerzahl bemessen wurde, siehe dazu *Becker*, Wandlung (Fn. 2210), S. 29 ff.; *Bühler*, Zuständigkeitsverteilung (Fn. 2226), S. 335 ff. mit genauer Angabe der Verteilungsschlüssel sowie *Korioth*, Finanzausgleich (Fn. 2226), S. 386 f.

2238 So auch *W. Keding*, Die Entwicklung des Steuerrechts in Mecklenburg-Schwerin, in: Mecklenburgische Zeitschrift für Rechtspflege und Verwaltung 41 (1925), Sp. 173 (173).

2239 Abgedruckt in: Wenzel, Verfassungs- und Verwaltungsgesetze (Fn. 1353), S. 512 ff.; siehe im Überblick auch *Wenzel*, Verfassungen (Fn. 17), S. 336 f.

2240 Siehe zu den einzelnen Landessteuergesetzen die Zusammenstellung in Wenzel, Verfassungs- und Verwaltungsgesetze (Fn. 1353), S. 532 ff.; siehe insgesamt zum Steuerrecht in Mecklenburg-Schwerin *Keding*, Entwicklung (Fn. 2238), Sp. 173 ff.

umfassend geregelt[2241]. Auch wurde dort die Ertragshoheit zwischen dem Land und den Gemeinden bezüglich der einzelnen Steuern geregelt[2242]. Die Steuergesetzgebung hatte dabei stets den Sinn, die Inflation zulasten der Staatskasse aufzufangen und gleichzeitig nicht die Steuerpflichtigen zu überlasten, sodass es gewisser Flexibilität bedurfte[2243].

2. Der Staatshaushalt

Auffällig ist insgesamt, dass die Verfassung nur vergleichsweise spärlich Einzelheiten zum Budgetrecht bzw. Staatshaushalt regelte. Der Landesgrundgesetzliche Erbvergleich enthielt hingegen in wesentlichen Teilen finanzielle Regelungen. Im Ständestaat war das Haushaltsrecht das zentrale Mittel zur Behauptung der Stände gegenüber der Landesherrschaft[2244]. Durch die Einführung des demokratischen Regierungssystems ist die Finanzhoheit als Machtmittel zurückgedrängt worden[2245]. Auch waren durch die veränderten und vereinfachten Finanzstrukturen keine umfassenden Regelungen in der Verfassung selbst nötig. Dennoch bestand aufgrund des parlamentarischen Systems in der Festlegung und Überwachung des Staatshaushalts eine der wichtigsten Aufgaben des Landtags[2246]. Durch die Machtstellung des Parlaments im Verhältnis zur Regierung bedurfte es nicht zwingend einer umfassenden verfassungsrechtlichen Absicherung der Rechte des Landtags. Insofern verwundert es kaum, dass die Landesver-

2241 Im Landesabgabengesetz wurden Regelungen zur Verteilung der Reichseinkommensteuer (§§ 12 ff.), Reichsgrunderwerbsteuer (§§ 18 ff.), (Landes-)Wertzuwachssteuer (§ 21), (Landes-)Grund- und Gewerbesteuer (§§ 22 ff.), (Landes-)Stempelsteuer (§ 27) sowie einzelnen Zuschlägen zu Steuern getroffen. Ferner wurde die Befugnis der Gemeinden zur Erhebung eigener Gemeindesteuern (Vergnügungsteuer, Hundesteuer und besondere indirekte Steuern) geregelt. Daneben regelte das Gesetz die Verwaltung und Veranlagung der Landessteuern; siehe dazu auch *Becker*, Wandlung (Fn. 2210), S. 35 ff.

2242 Siehe zum Finanzausgleich innerhalb des Landes *Becker*, Wandlung (Fn. 2210), S. 27 ff.

2243 *Keding*, Entwicklung (Fn. 2238), Sp. 176 f.

2244 Zur Machtrolle der Stände im Großherzogtum Mecklenburg-Schwerin siehe *Sachsse*, Verfassung (Fn. 14), S. 15; *Vitense*, Geschichte (Fn. 26), S. 226 f.; allgemein auf ständische Systeme bezogen siehe *W. Heun/A. Thiele*, in: Dreier, GGK III (Fn. 1854), Vorb. zu Art. 104a–115 Rn. 4.

2245 *Heun/Thiele* (Fn. 2244), Vorb. zu Art. 104a–115 Rn. 5.

2246 So auch *Wagner*, Reichs- und Landesstaatsrecht (Fn. 1104), S. 97; siehe zu den Haushaltsgrundsätzen *Hatschek*, Landesstaatsrecht (Fn. 1501), S. 384 ff.

fassung von Mecklenburg-Schwerin die Rechte der Verwaltung einigermaßen präzise formulierte.

Die Verfassung enthielt grundlegende Vorgaben für den Staatshaushalt bzw. die Budgetverabschiedung und wurde wesentlich durch das „Gesetz vom 1. Februar 1923 über die Staatshaushaltsordnung“[2247] ergänzt, welches auf Grundlage von § 81 Meck.-Schw. Verf. erlassen wurde. § 80 Meck.-Schw. Verf. traf eine Regelung zur Prüfung der Einhaltung des Etats. Grundsätzlich bedurfte es gemäß § 79 Meck.-Schw. Verf. eines Zusammenwirkens des Staatsministeriums und des Parlaments zur Festlegung des Staatshaushaltes.

Gemäß § 79 S. 1 Meck.-Schw. Verf. musste ein Voranschlag der Einnahmen und Ausgaben für jedes Rechnungsjahr, aufgegliedert nach Verwaltungszweigen, erstellt werden und vom Staatsministerium dem Landtag zwei Monate vor Beginn des jeweiligen Rechnungsjahrs vorgelegt werden. Insofern oblag der Exekutive das alleinige Initiativrecht für die Aufstellung des Budgets. Auch waren gemäß § 46 Meck.-Schw. Verf. Volksbegehren und Volksentscheid über den Staatshaushalt nicht zulässig. Die Behörden erstellten Kassenanschläge, reichten diese zur Prüfung und Änderung dem jeweiligen Fachministerium ein, welche sodann dem Finanzministerium vorgelegt wurden, §§ 3 ff. HaushaltsO. Nach entsprechenden potentiellen Einwänden des Finanzministeriums erstellte das Fachministerium einen Plan für den entsprechenden Geschäftsbereich. Das Finanzministerium konnte bei der Erstellung des Haushaltsvorschlags unbegründete Einnahme- oder Ausgabepositionen gemäß § 7 HaushaltsO unberücksichtigt lassen. Die Feststellung des Staatshaushalts oblag gemäß § 16 Abs. 1 HaushaltsO dem gesamten Staatsministerium. Waren Positionen vom Finanzministerium unberücksichtigt geblieben, konnte bei grundsätzlicher bzw. erheblicher Bedeutung ein Antrag des jeweiligen Fachministeriums auf Einfügung der Ansätze oder Vermerke gestellt werden. Stimmte das Staatsministerium dem zu, konnte das Finanzministerium Widerspruch erheben, der jedoch mit der Mehrheit der Stimmen der Staatsminister

---

2247 Gesetz vom 1. Februar 1923 über die Staatshaushaltsordnung (Rbl. für Mecklenburg-Schwerin 1920 Nr. 26 v. 12.2.1923, S. 157), im Folgenden abgekürzt als HaushaltsO; siehe zum Reich insbesondere *J. Heckel*, Die Budgetverabschiedung, insbesondere Rechte und Pflichten des Reichstags, in: Anschütz/Thoma, Handbuch II (Fn. 940), S. 392 (392 ff.); siehe allgemein zu den Haushaltsgesetzen der Länder *J. Heckel*, Die Haushaltsgesetze und „Finanzgesetze“ der deutschen Länder, ebda., S. 411 (412 ff.) sowie *Hatschek*, Landesstaatsrecht (Fn. 1501), S. 361 ff.

entkräftet werden konnte[2248]. Insofern hatte das Finanzministerium zwar entscheidenden Einfluss, aber konnte dabei überstimmt werden. Dies entsprach jedoch der grundsätzlichen Ausrichtung des Staatsministeriums als Kollegialorgan in der Landesverfassung. Diese Regelung wurde auch schon im Rahmen der Verfassunggebung diskutiert[2249]. Man erachtete zwar ein grundsätzliches Vetorecht des Finanzministers für sinnvoll, wollte diesem jedoch keine herausgehobene Stellung durch ein absolutes Vetorecht verleihen. Eine hervorgehobene Stellung habe nicht einmal der Ministerpräsident. Insofern hatte der Finanzminister zwar eine tragende Rolle, die Letztverantwortung für den Haushaltsplan, wie er dem Landtag vorgelegt wurde, trug aber das gesamte Staatsministerium. Der Vorschlag musste gemäß § 1 HaushaltsO in ordentliche und außerordentliche Einnahmen und Ausgaben gegliedert sein. Dabei waren ordentliche Einnahmen und Ausgaben gemäß § 9 Abs. 1 HaushaltsO regelmäßige Erträge sowie aus diesen zu deckende Kosten. Der Voranschlag sollte vollständig und umfassend sein[2250].

Die letzte Entscheidungskompetenz besaß der Landtag, wobei jedoch nicht zu vernachlässigende Einschränkungen bestanden. Der Landtag musste gemäß § 79 S. 1 Meck.-Schw. Verf. den Staatshaushalt feststellen. Insofern bedurfte es der Bewilligung. Eine Bewilligungspflicht für gesetzlich vorgeschriebene oder vertraglich vereinbarte Ausgaben gab es explizit in der Landesverfassung von Mecklenburg-Schwerin sowie den einfachgesetzlichen Regelungen nicht[2251]. Jedoch dürfte es zumindest bei gesetzlich vorgeschriebenen Ausgaben eine Bewilligungspflicht auch nach dem Gedanken des Verbots des *venire contra factum proprium* bestanden haben. Der Staatshaushalt musste gemäß § 79 S. 2 Meck.-Schw. Verf. in Gesetzesform ausgefertigt und verkündet werden[2252]. Erheblich einschränkt war das Parlament, indem dieses ohne Zustimmung des Staatsministeriums

---

2248 Siehe dazu § 16 Abs. 2 HaushaltsO; siehe auch zur Rolle des Finanzministeriums in anderen Ländern *Hatschek*, Landesstaatsrecht (Fn. 1501), S. 374 f.

2249 Siehe dazu *Reincke-Bloch*, VVLTag II (Fn. 1113), 86. Sitzung, Sp. 2578.

2250 *Hatschek*, Landesstaatsrecht (Fn. 1501), S. 372 f.

2251 So gab es dies beispielsweise jedoch in Bayern, siehe knapp *A. Vogels*, Grundriß des neues Landesstaatsrechts, 1922, S. 88; siehe zur Zustimmungspflicht ohne ausdrückliche Normierung in der Reichsverfassung *Heckel*, Budgetverabschiedung (Fn. 2247), S. 398 f.

2252 Dabei handelte es sich nach der herrschenden Lehre um einen Verwaltungsakt in Gesetzesform. Lediglich eine Minorität erkannt darin keinen Unterschied zu einem regulären Gesetz, siehe dazu *Hatschek*, Landesstaatsrecht (Fn. 1501), S. 352 f.

keine Ausgaben einsetzen oder erhöhen konnte. Insofern wirkte hier die Verfassung als limitierender Faktor des Landtags bei der Ausgabenmehrung, nicht jedoch bei deren Minderung gegenüber dem Voranschlag des Staatsministeriums. Der Wortlaut war hier eindeutig. Hätte der Verfassunggeber nur eine generelle Zustimmung oder Ablehnung des Voranschlags für zulässig erachtet, so wäre nicht lediglich die Ausgabenersetzung oder dessen Mehrung als Beschränkung festgeschrieben worden[2253]. Dies sollte verhindern, dass durch Wahlgeschenke die Ausgabenlast unangemessen erhöht werden konnte[2254]. Allerdings muss bei einer Beschränkung des Einflusses des Parlaments auch wieder das bereits behandelte generelle Verhältnis von Landtag und Regierung berücksichtigt werden. Bei einem tiefgreifenden Dissens zwischen Landtag und der Regierung bzw. Missbilligung des Voranschlags konnte das Parlament den bzw. die Staatsminister gemäß § 53 Abs. 1 S. 4 Meck.-Schw. Verf. abberufen. Insofern darf hier die Stellung des Staatsministeriums nicht überschätzt werden. Der Landtag hatte es hier jederzeit in der Hand, eine willfährige Regierung einzusetzen.

Der Haushalt wurde gemäß § 79 S. 1 Meck.-Schw. Verf. für ein Jahr erstellt. Änderungen waren jedoch auch möglich, vgl. § 19 HaushaltsO. Überschreitungen bedurften gemäß § 26 Abs. 1 HaushaltsO der vorherigen Genehmigung des Finanzministeriums. Außerplanmäßige Ausgaben[2255] bedurften gemäß § 27 HaushaltsO der Zustimmung des Finanzministeriums und des Landtags. Falls die Staatsinteressen es geboten, konnte das Staatsministerium die vorläufige Genehmigung aussprechen und um die Genehmigung des Landtags beim nächsten Nachtragsplan ersuchen[2256]. Von der Ratio der Regelungen durfte es sich somit nur um solch zeitlich dringende Umstände handeln, die eine vorherige Zustimmung des Landtags als unmöglich erscheinen ließen. Regelungen zu einem Dissens oder der Verweigerung der Genehmigung sah die Landesverfassung nicht vor.

2253 So wurde auch im Rahmen der Verfassunggebung nur bei der Ausgabeneinsetzung die Zustimmung des Staatsministeriums erwähnt, siehe *Reincke-Bloch*, VVLTag II (Fn. 1113), 86. Sitzung, Sp. 2578.

2254 *Hatschek*, Landesstaatsrecht (Fn. 1501), S. 379.

2255 Das waren gemäß § 27 HaushaltsO Ausgaben, die weder unter eine Zweckbestimmung des Haushaltsplans fielen noch bei den aus dem Vorjahr übernommenen Beständen zu verrechnen waren, sowie Maßnahmen, durch welche dem Staat Verbindlichkeiten entstehen konnten, für die im Haushaltsplan keine Mittel vorgesehen waren.

2256 Insofern existierte einfachgesetzlich geregelt ein Etatnotstand, siehe *Heckel*, Haushaltsgesetze (Fn. 2247), S. 416.

Hier war jedoch aufgrund der Machtfülle des Landtags klar, dass ein Konflikt zulasten der Regierung ausgehen musste.

Falls der Staatshaushalt noch nicht für das Rechnungsjahr bewilligt worden war, konnten gemäß § 79 S. 3 Meck.-Schw. Verf. die im vorherigen Haushalt bewilligten Einnahmen drei Monate über den Abschluss des Rechnungsjahres hinaus erhoben werden. Damit sollte ein Zustand verhindert werden, bei welchem die gesetzliche Grundlage zum Einzug der notwendigen Abgaben fehlte, die Regierungsgeschäfte jedoch fortgeführt werden mussten[2257]. Insofern ging es dabei darum, die für die staatliche Funktionsfähigkeit notwendigen Abgaben weiterhin erheben zu können, ohne gegen den Grundsatz der Gesetzmäßigkeit der Verwaltung zu verstoßen. Dabei erachtete man augenscheinlich eine Zeitspanne von fünf Monaten für ausreichend, eventuelle Haushaltsstreitigkeiten beizulegen und einen Haushaltsplan zu bewilligen.

Gemäß § 80 Meck.-Schw. Verf. musste spätestens achtzehn Monate nach Ende des Rechnungsjahrs eine Abrechnung mit Bemerkung der Prüfungsbehörde zur Entlastung vorgelegt werden. Diese Prüfbehörde, welche unabhängig war, kontrollierte dabei insbesondere die Übereinstimmung der Haushaltsführung mit der Beschlussfassung des Landtags[2258]. Ein längerer Zeitraum für die Vorlegung der Abrechnung wurde im Hinblick auf die ordnungsgemäße Überprüfung für nicht sinnvoll erachtet[2259]. Die Entlastung bewirkte den Verzicht auf das Recht der Ministeranklage[2260]. Die Versagung der Entlastung hatte grundsätzlich nur politische Bedeutung. Als einschneidende Sanktionen standen dem Landtag sodann die Möglichkeit der Ministeranklage im Sinne des § 62 Abs. 2 Meck.-Schw. Verf. sowie die Abberufung gemäß § 53 Abs. 1 S. 4 Meck.-Schw. Verf. zur Verfügung.

Die verfassungsrechtlichen Regelungen zum Staatshaushalt wiesen keine markanten Besonderheiten auf. Einzig kann hier das absolute Vetorecht des Staatsministeriums bei Erhöhung oder Einsetzung von Ausgaben als

---

2257 *Hillmann*, VVLTag I (Fn. 629), 21. Sitzung, Sp. 737; Ausgaben musste die Regierung somit auf eigene Verantwortung bewilligen, so allgemein bei einem etatlosen Zustand *Heckel*, Haushaltsgesetze (Fn. 2247), S. 416.

2258 Allgemein zu den Prüfbehörden der Länder *Vogels*, Grundriß (Fn. 2251), S. 91; siehe grundsätzlich zur Prüfung auf Reichsebene *F. E. M. Saemisch*, Das Kontrollwesen und die Entlastung, in: Anschütz/Thoma, Handbuch II (Fn. 940), S. 446 (450 ff.).

2259 *Gladischefski*, VVLTag II (Fn. 1113), 83. Sitzung, Sp. 2506.

2260 So für das Reich *Saemisch*, Kontrollwesen (Fn. 2258), S. 452, was in Mecklenburg-Schwerin keine andere rechtliche Bedeutung haben konnte.

auffällig bezeichnet werden. Auch bei der einfachgesetzlichen Ausgestaltung des Verfahrens beschritt man keine gänzlich ungewöhnlichen Wege.

3. Das Staatsvermögen

Flankiert wurde das Recht des Parlaments zur Entscheidung über den Staatshaushalt von Regelungen über das Staatsvermögen nach §§ 76 und 77 Meck.-Schw. Verf.[2261].

Gemäß § 76 Abs. 1 Meck.-Schw. Verf. durfte Staatsvermögen grundsätzlich ohne gesetzliche Normierung nur mit Zustimmung des Landtags belastet oder veräußert werden. Gleiches galt für die Aufnahme oder Gewährleistung von Anleihen. Das Staatsvermögen umfasste alle Sachwerte, welche dem Staat als Verfügungsberechtigten zugeordnet waren[2262]. Ausnahmen von diesem Grundsatz waren in Ziffer 1 und 2 des § 76 Abs. 1 Meck.-Schw. Verf. geregelt. Danach bedurfte es keiner Zustimmung des Landtags, wenn die Veräußerung aufgrund einer bestehenden Verpflichtung oder eines gerichtlichen Urteils erfolgte. Insofern sprach die Verfassung hier lediglich aus, was einer rechtlich bereits bestehenden Verpflichtung entsprach. Ferner bedurfte es keiner Zustimmung des Landtags, wenn es um die Allodifizierung[2263] von Lehngütern, die Umwandlung in unbelasteten Vollbesitz, ging. Insofern wollte man hier keine Beschränkungen bei der Auflösung aller mittelalterlichen Strukturen auferlegen, damit eine rasche Vergangenheitsbewältigung vonstattengehen konnte. Daneben war die Verwaltung berechtigt, ohne Zustimmung des Landtags Erbpachtrechte und Erbbaurechte zu bestellen sowie Grenzberichtigungen durchzuführen. Hier war die Intention, der Verwaltung bei weniger weitreichenden Entscheidungen bzw. bei notwendigen Entscheidungen freie Hand zu lassen[2264]. Eine ähnliche Absicht leitete den Verfassunggeber bei der generalklauselartigen Ausnahme, wonach Veräußerungen oder Belastungen, welche sich im Rahmen der ordnungsgemäßen Verwaltung hielten, keiner Zustimmung des Landtags bedurften. Hierbei waren ledig-

---

2261 Siehe zum Staatsvermögen allgemein *E. Tatarin-Tarnheyden*, Die Verfügung über das Staatsvermögen, in: Anschütz/Thoma, Handbuch II (Fn. 940), S. 417 (417 ff.).

2262 Siehe *Tatarin-Tarnheyden*, Verfügung (Fn. 2261), S. 419.

2263 Siehe dazu *O. Auge*, Art. Allod, Allodifikation, in: Cordes/Lück/Werkmüller, Handwörterbuch I (Fn. 1134), Sp. 180 (180 ff.).

2264 *Hillmann*, VVLTag I (Fn. 629), 21. Sitzung, Sp. 736.

lich „reine Verwaltungsmaßnahmen“[2265] gemeint. Darunter verstanden die Verfassunggeber vornehmlich Veräußerungen von Objekten mit geringem Wert[2266].

Ferner waren gemäß Ziffer 2 vorübergehende Anleihen ausgenommen, durch welche haushaltsmäßige Einnahmen zu haushaltsmäßigen Ausgaben vorweggenommen wurden. Diese wurden erst später ausgeführt und dann vom Landtag genehmigt[2267]. Insofern sah man hier aufgrund der nachträglichen Entscheidung keinerlei Gefahr, dass die Verwaltung gegen den Willen des Landtags handeln würde.

Insgesamt hatte der erste Absatz den Sinn, das Staatsvermögen als solches ohne ausdrückliche parlamentarische Zustimmung unbelastet zu erhalten. Von diesem Grundsatz bestanden dann Ausnahmen, sofern sich die Veräußerung oder Belastung in einem überschaubaren Rahmen ohne weitreichende bzw. dauerhafte Folgen hielt oder es sich um Vorgänge handelte, die rechtlich schon verpflichtend waren. Insofern war in Mecklenburg-Schwerin von dem sonst im Reich herrschenden Grundsatz der Verfügungsbefugnis der Verwaltung über das Staatsvermögen abgewichen worden[2268].

Gemäß § 76 Abs. 2 Meck.-Schw. Verf. konnte das Staatsministerium notwendige Maßnahmen treffen, wenn aufgrund unvorhergesehener Ereignisse ausnahmsweise sofortiges Handeln erforderlich und eine schleunige Einberufung des Landtags nicht möglich war. Dies wurde als notwendig angesehen[2269]. Nach der Systematik konnte sich dies nur auf Verfügungen über Staatsvermögen und Anleihen beziehen. Der Wortlaut war insofern wie eine Notstandsbefugnis ausgestaltet. Damit dürfte der praktische Nutzen als vernachlässigungswürdig einzustufen gewesen sein. Das Staatsministerium musste dem nächsten versammelten Landtag die Maßnahmen zur Prüfung und Billigung vorlegen. Ein praktischer Anwendungsfall ist nicht bekannt.

Gemäß § 77 Meck.-Schw. Verf. durften die Erlöse aus der Veräußerung von landwirtschaftlichen oder gewerblichen Grundstücken nur zu neuen

---

2265 *Hillmann*, VVLTag I (Fn. 629), 21. Sitzung, Sp. 736.

2266 Ursprünglich sollten darunter auch Veräußerungen an Gemeinden gefasst werden, was jedoch aufgrund der Änderung des Wortlauts offenbar nicht mehr generell darunter zu fassen war, siehe dazu *Asch*, VVLTag II (Fn. 1113), 83. Sitzung, Sp. 2504.

2267 So *Hillmann*, VVLTag I (Fn. 629), 21. Sitzung, Sp. 736.

2268 Siehe dazu *Tatarin-Tarnheyden*, Verfügung (Fn. 2261), S. 422, 424, 434.

2269 So insgesamt zu den Ausnahmen von der Zustimmungspflicht des Landtags *Hillmann*, VVLTag I (Fn. 629), 21. Sitzung, Sp. 736.

Erwerbungen oder zur Schuldentilgung verwandt werden. Im Übrigen sollten diese dem Kapitalvermögen zugeführt werden. Dieses durfte nur für eben jene Zwecke verwendet werden. Dabei handelte es sich um den ehemalige Domanialkapitalfonds[2270]. Die Verfassunggeber wollten damit erreichen, dass der Vermögensbestand grundsätzlich geschützt wurde, sodass kein „Ausverkauf" zur allgemeinen Staatsfinanzierung erfolgen konnte[2271].

Insgesamt waren die Regelungen über das Staatsvermögen von dem Grundgedanken getragen, dass das grundsätzliche Vermögen in seinem Bestand nicht angetastet werden bzw. zumindest in anderer Form erhalten bleiben sollte. Ob die Sorge vor dem Verfall der staatsrechtlichen Bedeutung des Landes durch Veräußerung von Immobiliarvermögen zu der umfassenden Regelung geführt hat[2272], kann nur vermutet werden. Dazu finden sich keine positiven Belege in den Verhandlungen des verfassunggebenden Landtags.

VIII. Schule und Bildung

Die Regelungen über Bildung und Schule haben auf Reichsebene zu massiven Auseinandersetzungen geführt, sodass dies fast zum Scheitern des gesamten Verfassungswerks geführt hätte[2273]. Die Verhandlungen führten zum berühmten Weimarer Schulkompromiss[2274].

2270 Siehe *Reincke-Bloch*, VVLTag II (Fn. 1113), 86. Sitzung, Sp. 2576; dieser enthielt die Einnahmen aus der Vererbpachtung, siehe dazu *Schlesinger*, Staat- und Verwaltungsrecht (Fn. 36), S. 215; der Domanialkapitelfonds wurde 1923 gänzlich aufgehoben und die Bestände dem allgemeinen Staatshaushalt zugeführt, § 2 Gesetz vom 23. Oktober 1923 über die Aufhebung des Statuts für die Verwaltung des Domanialkapitelfonds vom 27. März 1875 (Rbl. für Mecklenburg-Schwerin 1923 Nr. 148 v. 23.10.1923, S. 783).

2271 *Reincke-Bloch*, VVLTag II (Fn. 1113), 86. Sitzung, Sp. 2576.

2272 So zumindest zeitgenössisch *Tatarin-Tarnheyden*, Verfügung (Fn. 2261), S. 435.

2273 *Thoma*, Bedeutung (Fn. 1099), S. 6; siehe zu den einzelnen Entwürfen *W. Landé*, in: Nipperdey, Grundrechte III (Fn. 1109), Art. 143–146 S. 6 ff.; siehe auch *G. Kluchert*, Umbruch, Aufbruch, Abbruch, in: Recht der Jugend und des Bildungswesens 2012, S. 442 (444 ff.).

2274 Siehe dazu *Schmitt*, Verfassungslehre (Fn. 252), S. 34, der dies als Beispiel eines „dilatorischen Formelkompromisses" bezeichnet; *Landé* (Fn. 2273), Art. 143–146 S. 12 ff.; *A. Scharnagl*, Die Entstehung der Schulbestimmungen der Weimarer Verfassung, in: P. Westhoff (Hrsg.), Verfassungsrecht der deutschen Schule, 1932, S. 1 (33 ff.); siehe auch *L. Richter*, Kirche und Schule in den Beratungen der Weimarer Nationalversammlung, 1996, S. 205 ff., 654 ff.

Um das Bildungssystem bzw. den Regelungsspielraum der Länder zu erfassen, bedarf es einer knappen Darstellung des relevanten Reichsrechts und der reichsrechtlichen Beschränkungen. Die Weimarer Reichsverfassung ging vom Grundsatz der Zuständigkeit der Länder als Träger des Unterrichtswesens aus[2275], schränkte dies aber nicht unerheblich ein. Die Regelungen zum Bildungswesen in der Reichsverfassung fanden sich in den Art. 142 ff. WRW. Daneben bestand gemäß Art. 10 Nr. 2 WRV die Grundsatzgesetzgebungskompetenz[2276] des Reichs bezüglich des Schul- und Hochschulwesens. Eine umfassende Grundsatzgesetzgebung ist nicht erfolgt[2277]. Somit verblieb den Ländern gemäß Art. 12 Abs. 1 S. 1 WRV ein entsprechender Regelungsspielraum, sofern sich eine Beschränkung nicht aus anderen Normen ergab.

Zunächst postulierte Art. 143 Abs. 1 S. 1 WRV die Staatlichkeit des Schulwesens[2278]. Schon die systematische Stellung zeigt die Hervorhebung dieser Grundsatzentscheidung. Damit verfolgte man schon in der Reichsverfassung das Ziel, dass niemand auf Privatschulen angewiesen sein durfte[2279]. Als Programmsatz führte die Reichsverfassung die Mitwirkung des Reichs ein und ermöglichte grundsätzlich nach Maßgabe der Landesgesetze die Beteiligung der Gemeinden, sodass nunmehr das Reich als Faktor der Schulhoheit erstmals auftrat[2280].

Gemäß Art. 144 S. 1 WRV bestand eine staatliche Aufsicht über das Schulwesen[2281]. Jedoch bedeutete dies lediglich, dass schon reichsverfassungsrechtlich von anderer Seite eine entsprechende Aufsicht ausgeschlossen war, sodass insbesondere eine konfessionelle allgemeine Schulaufsicht

---

2275 Siehe *W. Landé*, Die staatsrechtlichen Grundlagen des deutschen Unterrichtswesens, in: Anschütz/Thoma, Handbuch II (Fn. 940), S. 690 (693) sowie *Gebhard*, Handkommentar (Fn. 876), Art. 143 Anm. 3.c (S. 521), der die grundsätzliche Trägerschaft der Länder bezüglich des Unterrichtswesens betont.

2276 Siehe dazu *Anschütz*, Verfassung (Fn. 779), Art. 10,11 Anm. 1 ff. (S. 88 ff.).

2277 *Landé* (Fn. 2273), Art. 143–146 S. 21; siehe zum Scheitern des Reichsschulgesetzes *Huber*, Verfassungsgeschichte VI (Fn. 82), S. 950 ff.

2278 *Gebhard*, Handkommentar (Fn. 876), Art. 143 Anm. 2.a (S. 521); *Anschütz*, Verfassung (Fn. 779), Art. 143 Anm. 1 (S. 667).

2279 *Anschütz*, Verfassung (Fn. 779), Art. 143 Anm. 1 (S. 667).

2280 *Anschütz*, Verfassung (Fn. 779), Art. 143 Anm. 2 (S. 667 f.).

2281 Siehe zu Art. 144 WRV *Landé*, der die Beschränkung des kirchlichen Einflusses auf Zulassung von Bekenntnisschulen und den Religionsunterricht betont, *ders.*, (Fn. 2273), Art. 143–146 S. 21 ff.; siehe grob zum Inhalt des Aufsichtsrechts *Anschütz*, Verfassung (Fn. 779), Art. 144 Anm. 1 (S. 671 f.); siehe auch *Huber*, Verfassungsgeschichte VI (Fn. 82), S. 942 f.

nicht bestehen durfte[2282]. Kompetenzmäßig verblieb es wie nach altem Recht bei der Aufsicht der Länder über das Schulwesen[2283]. Aufgrund der kontrollierenden, regulierenden und leitenden Funktion war der Staat nunmehr der „Herr im Hause"[2284]. Schulaufsicht war jedoch nicht inhaltlich im Sinne einer Aufsicht über Selbstverwaltungskörperschaft beschränkt, sondern erstreckte sich auf Überwachung, Leitung und unmittelbare Verwaltung, deren Ausübung den Gemeinden übertragen werden konnte[2285].

Eine Neuerung bestand auch in der Einführung der allgemeinen Schulpflicht gemäß Art. 145 WRV[2286]. Danach bestand gemäß Art. 145 S. 2 WRV eine Pflicht zum achtjährigen Besuch der öffentlichen Volksschule sowie des anschließenden Besuchs einer Fortbildungsschule bis zur Vollendung des achtzehnten Lebensjahrs. Die vorherige in den Ländern übliche Schulpflicht war dagegen eine Unterrichtspflicht, der durch verschiedene Möglichkeiten, beispielsweise durch Einzel- oder auch Vorschulunterricht, genügt werden konnte[2287]. Von dem Grundsatz der Pflicht zum Besuch der Volksschule konnte jedoch durch Reichs- oder Landesgesetz abgewichen werden, sodass eine Landeskompetenz bestand, sofern ein Reichsgesetz dies nicht ausschloss[2288].

Gemäß Art. 145 S. 3 WRV waren der Besuch und die Lernmittel der Volks- und Fortbildungsschule unentgeltlich.

Daran anknüpfend traf die Reichsverfassung ferner Regelungen über den Aufbau des Schulwesens. Dazu bestimmte zunächst grundsätzlich Art. 146 Abs. 1 S. 1 WRV, dass dieses als einheitlicher Organismus gestaltet werden musste, bei dem die verschiedenen Schulformen sich ergänzen bzw. ineinander greifen mussten[2289]. Als Unterbau diente die für alle zu besuchende Grundschule. Die Reichsverfassung gab dabei jedoch nicht vor, ob die gesamte Volksschule als Grundschule zu konzipieren

---

2282 *Huber*, Verfassungsgeschichte VI (Fn. 82), S. 942 f.

2283 *Gebhard*, Handkommentar (Fn. 876), Art. 144 Anm. 3.a (S. 523).

2284 *Anschütz*, Verfassung (Fn. 779), Art. 143 Anm. 2 (S. 668).

2285 *Anschütz*, Verfassung, (Fn. 779), Art. 144 Anm. 1 (S. 672); *Huber*, Verfassungsgeschichte VI (Fn. 82), S. 943.

2286 *Huber*, Verfassungsgeschichte VI (Fn. 82), S. 943 f.

2287 *Huber*, Verfassungsgeschichte VI (Fn. 82), S. 944; im Großherzogtum bestand eine Schulpflicht von Vollendung des sechsten Lebensjahrs bis zur Konfirmation im Domanium, siehe *Schlesinger*, Staats- und Verwaltungsrecht (Fn. 36), S. 355.

2288 *Anschütz*, Verfassung (Fn. 779), Art. 145 Anm. 1 (S. 674).

2289 *Poetzsch-Heffter*, Handkommentar (Fn. 986), Art. 146 Anm. 3 (S. 468); *Anschütz*, Verfassung (Fn. 779), Art. 146 Anm. 2 (S. 678).

war[2290]. Eine einfachgesetzliche Regelung zur Grundschule erfolgte durch das Reichsgrundschulgesetz vom 28. April 1920[2291], wonach die ersten vier Jahrgänge der Volksschule als eine für alle gemeinsam zu besuchende Grundschule einzurichten waren, deren Absolvierung verpflichtend war[2292]. Dies sollte zu gleichen Aufstiegschancen und einer elementaren Grundbildung führen, sodass hier die Idee der Einheitsschule auf Reichsebene umgesetzt wurde[2293]. Insofern wurde dies auch als „gesteigerte Schulpflicht" bezeichnet[2294]. Damit führte der Weg zu mittleren und höheren Schulen nur über den Besuch der gemeinsamen Grundschule[2295]. Dies sollte die soziale Segregation verhindern[2296]. Dieser Leitgedanke lag auch der Ausgestaltung des restlichen Schulwesens zugrunde, sodass lediglich nach Befähigung und Neigung ein entsprechender Aufstieg möglich sein sollte[2297]. Die gemeinschaftliche Schulform der Volksschule, dem der Gedanke der Einheitsschule zugrunde lag, bestand aus Schülern und Lehrern verschiedener Konfessionen, welche lediglich im gebotenen Umfang, namentlich dem Religionsunterricht, nach den Konfessionen getrennt wurden[2298]. Dies wurde jedoch durch Art. 146 Abs. 2 WRV durch-

---

2290 Siehe dazu *W. Landé*, Die Schule in der Reichsverfassung, 1929, S. 80 f.

2291 Gesetz, betreffend die Grundschulen und Aufhebung der Vorschulen v. 28.4.1920 (RGBl. 1920 Nr. 99 v. 7.5.1920, S. 851).

2292 Siehe *Huber*, Verfassungsgeschichte VI (Fn. 82), S. 944; wobei ausnahmsweise ein Privatunterricht noch möglich war; ab 1925 bestand die Möglichkeit für leistungsstarke Schüler, nach drei Jahren eine weiterführende Schule zu besuchen.

2293 Siehe *Huber*, Verfassungsgeschichte VI (Fn. 82), S. 944.

2294 *Landé*, Grundlagen (Fn. 2275), S. 722.

2295 *Landé*, Schule (Fn. 2290), S. 79 ff.; *Huber*, Verfassungsgeschichte VI (Fn. 82), S. 944.

2296 *Anschütz*, Verfassung (Fn. 779), Art. 146 Anm. 4 (S. 679).

2297 *Gebhard*, Handkommentar (Fn. 876), Art. 146 Anm. 2 (S. 526); *Anschütz*, Verfassung (Fn. 779), Art. 146 Anm. 4 (S. 679); Mittelschulen schlossen sich an die Grundschule an, erstreckten sich über fünf oder sechs Jahre, ohne als höhere Schule qualifiziert zu sein, siehe *Landé*, Schule (Fn. 2290), S. 87 f.

2298 *Poetzsch-Heffter*, Handkommentar (Fn. 986), Art. 146 Anm. 2 (S. 466); auch sollte die Konfession keinen Einfluss auf die Aufnahme in mittlere oder höhere Schule haben, siehe *dens.*, ebda., Art. 146 Anm. 4.g (S. 470); diese Gemeinschaftsschule wurde auch Simultanschule genannt, siehe *Anschütz*, Verfassung (Fn. 779), Art. 146 Anm. 4 (S. 679), der den Unterschied zu religionslosen und konfessionellen Schulen herausstellt; dabei handelte es sich faktisch (quasi ausschließlich) um christliche Konfessionen, siehe *Huber*, Verfassungsgeschichte VI (Fn. 82), S. 961; zumindest bei der Pflicht zur Anstellung von Lehrkräften verschiedener Konfessionen hielt man eine Beschränkung auf die christlichen Konfessionen aufgrund der aus dem Christentum erwachsenen Werte „der brochen[2299]. Danach waren gemäß Art. 146 Abs. 2 WRV Bekenntnisschulen, bei denen der Unterricht im Geist einer Konfession durchgeführt werden sollte oder Weltanschauungsschulen, bei denen das Fundament einer Weltanschauung mitprägend wirkte, auf Antrag von Erziehungsberechtigten einzurichten[2300]. Die Ausgestaltung dieses Systems überließ die Reichsverfassung jedoch gemäß Art. 146 Abs. 2 S. 3 WRV dem Landesgesetzgeber nach den Grundsätzen eines zu erlassenden Reichsgesetzes. Bis es zum Erlass eines solchen Reichsgesetzes kommen sollte, bestand gemäß Art. 174 S. 1 WRV die bestehende Rechtslage fort. Diese Interimsregelung bedeutete jedoch auch gleichzeitig ein Verbot von Landesgesetzen zur Veränderung des bestehenden Zustands[2301]. Ein solches Reichsgesetz wurde jedoch nicht erlassen, sodass Art. 174 S. 1 WRV den *status quo* bewahrte und damit nicht lediglich eine Übergangsvorschrift bildete, was der ursprüngliche Sinn der Norm war[2302]. Insofern verblieb es bei der bestehenden Rechtslage in den Ländern, dass diese Bekenntnisschulgebiete, Simultanschulgebiete oder gemischte Schulgebiete blieben[2303]. Die Gesetzgebungskompetenz für die Einrichtung von mittleren und höheren Schulen fiel den Ländern im Rahmen der Grundsätze des Art. 146 Abs. 1 und 3 WRV zu[2304]. Für Minderbemittelte waren vom Reich, den Ländern und

---

deutschen Volkskultur“ für gerechtfertigt, siehe *Gebhard*, Handkommentar (Fn. 876), Art. 146 Anm. 6.a (S. 527 f.).

2299 Den Ausnahmecharakter der Trennung bzw. Durchbrechung des Prinzips der Einheitsschule betont *Poetzsch-Heffter*, Handkommentar (Fn. 986), Art. 146 Anm. 2 (S. 466 f.).

2300 Eine Genehmigung der Anträge durfte nur erfolgen, sofern die Zahl der Erziehungsberechtigten solch eine Dimension hatte, dass dadurch keine Beeinträchtigung des Schulbetriebs entstehen konnte, siehe insgesamt dazu *Huber*, Verfassungsgeschichte VI (Fn. 82), S. 946; *Gebhard* gebraucht die Weltanschauungsschule und weltliche Schule als Synonyme, vgl. dazu und zur Ausrichtung der Schulen *dens.*, Handkommentar (Fn. 876), Art. 146 Anm. 6.a (S. 527); diese Gleichstellung ist jedoch verfehlt, stellte die Reichsverfassung Bekenntnis und Weltanschauung gleich, sodass es sich bei der Weltanschauungsschule nicht um eine weltliche Schule, eine Schule ohne religiöse und weltanschauliche Färbung, handelte, siehe dazu ausführlich *Landé*, Schule (Fn. 2290), S. 121 ff.

2301 Siehe *Anschütz*, Verfassung (Fn. 779), Art. 174 Anm. 1 f. (S. 757), der betont, dass die Sperrwirkung nicht bezüglich der Schulaufsicht, der Lehrerbildung oder des Religionsunterrichts in öffentlichen Schulen bestand.

2302 *Huber*, Verfassungsgeschichte VI (Fn. 82), S. 946; siehe auch *[G.] Lassar*, Ein Beschluß des Reichsgerichts auf Grund des Art. 13 Abs. 2 der Reichsverfassung, in: AöR N.F. 1 (1921), S. 98 (101 f.).

2303 *Huber*, Verfassungsgeschichte VI (Fn. 82), S. 945 ff.

2304 *Gebhard*, Handkommentar (Fn. 876), Art. 146 Anm. 4 (S. 526); siehe auch *Huber*, Verfassungsgeschichte VI (Fn. 82), S. 962 f.

Gemeinden gemäß Art. 146 Abs. 3 WRV öffentliche Mittel für den Zugang zu mittleren und höheren Schulen bereit zu stellen.

In Art. 147 WRV wurde ferner die Möglichkeit der Zulassung von Privatschulen als Ersatz von öffentlichen Schulen nach Maßgabe der Landesgesetze geregelt[2305].

Daneben beinhaltete Art. 148 WRV allgemeine Zielvorgaben für die Schulen[2306] und die Verpflichtung zur Förderung des Volksbildungswesens.

Auch war schon durch Art. 149 WRV den Ländern durch unmittelbar geltendes Recht vorgegeben, dass Religionsunterricht ein ordentliches Lehrfach darstellte[2307]. Insofern musste auf allen Schulen, abgesehen von den bekenntnisfreien Schulen, Religionsunterricht erteilt werden[2308].

1. Bildungssystem in der Landesverfassung

Das Bildungssystem im Großherzogtum Mecklenburg-Schwerin war uneinheitlich und teilweise sehr rückständig[2309]. Im verfassunggebenden Landtag wollte die Mehrheit das Schulwesen „der Junker und ihre[r] Gönner" restlos beseitigen[2310]. Schon 1919 wurden Schritte zur Verbesserung und Vereinheitlichung des Schulwesens unternommen[2311]. Dies zeigt

2305 Siehe zum nach Schularten differenzierten System der Reichsverfassung und dessen Grundgedanken *Landé*, Grundlagen (Fn. 2275), S. 704 ff.

2306 Siehe auch knapp *Stern*, Staatsrecht IV/2 (Fn. 1873), § 116 S. 402.

2307 So ausdrücklich *H. Rieder*, Die Rechtsstellung des Religionsunterrichts in den Schulen, in: Westhoff, Verfassungsrecht (Fn. 2274), S. 199 (202), der den Verstoß gegen die Reichsverfassung durch Sachsen betont.

2308 *Anschütz*, Verfassung (Fn. 779), Art. 149 Anm. 1 (S. 689).

2309 Auch die uneinheitliche Lehrerausbildung wurde kritisiert, siehe *Starosson*, VVLTag I (Fn. 629), 3. Sitzung, Sp. 19.

2310 *Starosson*, VVLTag I (Fn. 629), 3. Sitzung, Sp. 19 f.

2311 Siehe beispielsweise die ähnlich vorgegebenen Inhalte der Schulen im ehemals ständischen und landesherrlichen Gebiet, vgl. Bekanntmachung, betreffend Einführung eines neuen Lehrplans für die Landschulen Mecklenburg-Schwerins (Rbl. für Mecklenburg-Schwerin Nr. 74 v. 23.4.1919, S. 383), sowie Verordnung, betreffend Unterrichtszeit und Lehrplan in den domanialen Landschulen (Rbl. für Mecklenburg-Schwerin Nr. 87 v. 22.5.1919, S. 472) und Gesetz zur Abänderung der Verordnung vom 31. Januar 1912, betreffend den Unterricht in den ritter- und landschaftlichen Landschulen (Rbl. für Mecklenburg-Schwerin Nr. 109 v. 6.6.1919, S. 575); die einheitliche Schulpflicht wurde durch das Gesetz, betreffend Beginn und Beendigung der Schulpflicht (Rbl. für Mecklenburg-Schwerin Nr. 74 v. 24.4.1919, S. 379) eingeführt.

schon die Bedeutung des Bildungswesens, da ein Großteil der Gesetze aus der Anfangsphase der Parlamentsarbeit zur Stabilisierung der Wirtschaft und Regelung bezüglich der Nahrungsmittel erlassen wurden, insofern also Grundbedürfnisse sichern sollte. Im verfassunggebenden Landtag wurde im Vergleich zu anderen Grundrechtsbestimmungen über das Schulwesen umfassend diskutiert[2312].

§ 19 Abs. 1 Meck.-Schw. Verf. bestimmte zunächst wortlautidentisch zu Art. 143 Abs. 1 S. 1 WRV, dass die Bildung der Jugend durch öffentliche Anstalten zu besorgen war. Insofern war hier auch in der Landesverfassung ausgedrückt, dass niemand auf private Schulen angewiesen sein durfte[2313]. Daneben wurde, wie auch in der Reichsverfassung, die allgemeine Schulpflicht festgelegt[2314]. Insofern kann hier die Systematik als gelungen bezeichnet werden, stehen die Schulpflicht und die Verpflichtung zur Bildung durch öffentliche Anstalten in direktem Zusammenhang[2315]. Diese Schulpflicht musste durch einfachgesetzliche Regelung gemäß § 19 Abs. 2 S. 2 Meck.-Schw. Verf. ausgestaltet werden[2316]. Ferner bestimmte § 19 Abs. 2 S. 3 Meck.-Schw. Verf., dass die Schulpflicht nur durch staatliche bzw. staatlich anerkannte Schulen erfüllt werden konnte. Insofern stellte die Landesverfassung explizit heraus, dass staatlich nicht anerkannter Privat- oder Einzelunterricht dem nicht genügte[2317]. Allerdings konnte man der Schulpflicht durch den Besuch von staatlich anerkannten Schulen, Privatschulen im Sinne des Art. 147 WRV, genügen. Durch die Einbeziehung der staatlich anerkannten Schulen vermied man somit eine Kollision mit der Reichsverfassung[2318].

Gemäß § 20 Abs. 1 Meck.-Schw. Verf. sollte das Unterrichts- und Erziehungswesen einschließlich des Fortbildungswesens durch ein besonderes Gesetz nach den Grundsätzen der Einheitsschule erfolgen. Auf Reichsebene entschied man sich bewusst gegen die Terminologie der „Einheitsschu-

---

2312 Siehe auch *Inachin*, Durchbruch (Fn. 60), S. 28.

2313 *Gebhard*, Handkommentar (Fn. 876), Art. 143 Anm. 2.a (S. 521).

2314 Dies war ein wichtiges Anliegen der Sozialdemokratie, welche durch die Nationalliberalen unterstützt wurden, vgl. *Mrotzek*, Weg (Fn. 857), S. 98.

2315 *Gebhard*, Handkommentar (Fn. 876), Art. 143 Anm. 2.a (S. 521).

2316 Dies ist durch Schulpflichtgesetz v. 30. Januar 1930 (Rbl. für Mecklenburg-Schwerin 1930 Nr. 6 v. 7.2.1930, S. 17) erfolgt, wodurch das Gesetz, betreffend Beginn und Beendigung der Schulpflicht v. 24. April 1919 (Rbl. für Mecklenburg-Schwerin 1919 Nr. 24.4.1919, S. 379) ersetzt wurde.

2317 Siehe auch *Poetzsch-Heffter*, Handkommentar (Fn. 986), Art. 145 Anm. 2 (S. 462); Anschütz, Verfassung (Fn. 779), Art. 145 Anm. 1 (S. 674).

2318 Die unmittelbare Geltungskraft des Art. 147 WRV für die Landesgesetzgebung betont auch *Gebhard*, Handkommentar (Fn. 876), Art. 147 Anm. 2 f. (S. 530).

le“, um Unklarheiten nicht aufkommen zu lassen[2319]. Insofern stellt sich auch hier die Frage, was unter dem Begriff der Einheitsschule zu verstehen war. Auf Reichsebene[2320] verstand man darunter im weiteren Sinn das gesamte Schulwesen im Sinne des Art. 146 Abs. 1 WRV in Form eines einheitlichen Organismus. Im engeren Sinn verstand man unter dem Begriff der Einheitsschule nur den einheitlichen Unterbau in Form der für alle verpflichtenden Grundschule, welche die ersten vier Jahre der Volksschule ausmachte. In Mecklenburg-Schwerin verstand man unter Einheitsschule eine Schule, die keine Unterschiede der sozialen Herkunft zuließ[2321]. Die Verhinderung der sozialen Segregation war das wohl wichtigste bildungspolitische Anliegen im verfassunggebenden Landtag[2322]. Die Befähigung allein sollte über den Empfang der Ausbildung entscheiden[2323]. Die Einheitsschule schloss auch nach den Ideen im Rahmen der Verfassunggebung die Trennung nach Konfessionen aus[2324]. Andernfalls würde dies dazu führen, dass es eine Trennung der Kinder durch das System der Bekenntnisschulen geben würde[2325]. Mangels Grundsatzgesetzgebung des Reichs konnte im Land kein entsprechendes Landesgesetz erlassen werden. Aufgrund der *status-quo-Garantie* des Art. 174 S. 1 WRV blieb es in der Weimarer Republik bei dem bestehenden System, sodass in Mecklenburg-Schwerin das Volksschulwesen lediglich aus Bekenntnisschulen bestand[2326].

Ferner sollte das zu erlassende Gesetz gemäß § 20 Abs. 1 Meck.-Schw. Verf. die Unentgeltlichkeit des Unterrichts und der Lernmittel vorsehen. Auch dies stand im engen Zusammenhang mit dem System der Einheits-

---

2319 *Anschütz*, Verfassung (Fn. 779), Art. 146 Anm. 3 (S. 678); dieses Problem sah auch schon *Reincke-Bloch*, VVLTag I (Fn. 629), 4. Sitzung, Sp. 40; siehe zur Einheitsschule *J. Tews*, Die deutsche Einheitsschule, 4. Aufl. 1919, S. 9 ff.

2320 Siehe dazu *Poetzsch-Heffter*, Handkommentar (Fn. 986), S. 466; *Anschütz*, Verfassung (Fn. 779), Art. 146 Anm. 3 (S. 679).

2321 Siehe statt aller *Starosson*, VVLTag I (Fn. 629), 3. Sitzung Sp. 25; *Lüdemann*, ebda., 5. Sitzung, Sp. 84.

2322 *Reincke-Bloch*, VVLTag I (Fn. 629), 4. Sitzung, Sp. 40; *Kröger*, ebda., 4. Sitzung, Sp. 49; *Lüdemann*, ebda., 5. Sitzung, Sp. 84; *P. Meyer* (Dorfbund), ebda., 5. Sitzung, Sp. 100.

2323 *Reincke-Bloch*, VVLTag I (Fn. 629), 4. Sitzung, Sp. 40; *Lüdemann*, ebda., 5. Sitzung, Sp. 84.

2324 *Lüdemann*, VVLTag I (Fn. 629), 5. Sitzung, Sp. 84.

2325 *Lüdemann*, VVLTag I (Fn. 629), 5. Sitzung, Sp. 84.

2326 *Huber*, Verfassungsgeschichte VI (Fn. 82), S. 949; lediglich Preußen ging einen Sonderweg mit der Einrichtung bekenntnisfreier Sammelschulen für Schüler, die den Religionsunterricht ablehnten, siehe dazu knapp *dens.*, ebda., S. 948 ff.

schule. Bildung sollte nicht von der Finanzkraft des Elternhauses abhängen und jedem frei zugänglich sein[2327].

Gemäß § 20 Abs. 2 Meck.-Schw. Verf. stand das Schulwesen unter der Aufsicht des Staates. Das besagte jedoch auch schon Art. 144 S. 1 WRV. Dies war in Mecklenburg-Schwerin jedoch eine entscheidende Neuerung. Zuvor war die Kirche an der Schulaufsicht auf unterster Ebene stets beteiligt[2328]. So waren sowohl im Domanium als auch im Gebiet der Ritter- und Landschaft Prediger als Inspektoren bestellt, die den Unterricht überwachten und konkrete Anweisungen dazu erteilen konnten[2329]. Insofern war nunmehr durch die staatliche Aufsicht jede gänzlich andere Aufsicht ausgeschlossen[2330]. Einfachgesetzlich bestimmte § 31 Volksschulverwaltungsgesetz[2331], dass die oberste Aufsichtsbehörde das Ministerium für Unterricht als Landesschulbehörde und diesem untergeordnet der Schulrat mit einem Ratsmitglied in den Städten oder einem bestellten Verwaltungsbeamten in den Landgemeinden war[2332]. Somit gestaltete sich der Aufbau zweistufig. Damit war die Kirche an der allgemeinen Schulaufsicht gar nicht mehr beteiligt[2333].

2327 *Kröger*, VVLTag I (Fn. 629), 3. Sitzung, Sp. 49.

2328 So auch *Dieckmann*, VVLTag II (Fn. 1113), 83. Sitzung Sp. 2480; siehe auch *Wenzel*, Verfassungen (Fn. 17), S. 337 f.

2329 *Schlesinger*, Staats- und Verwaltungsrecht (Fn. 36), S. 360, 368, 372; die Schulaufsicht durch die Geistlichen wurde durch Gesetz vom 20. Mai 1920 betreffend, Aufhebung der Schulaufsicht durch die Geistlichen in den Volks- und Bürgerschulen des Freistaates Mecklenburg-Schwerin (Rbl. für Mecklenburg-Schwerin 1920 Nr. 112 v. 13.7.1920, S. 903) aufgehoben; die Schulkommission im ständischen Gebiet wurde durch Gesetz vom 8. Oktober, betreffend Aufhebung der Schulkommission (Rbl. Mecklenburg-Schwerin 1920 Nr. 166 v. 8.10.1920, S. 1210) aufgehoben; die Schulkommission zu Schwerin war eine Verwaltungsbehörde für die Landschulen, welche dem Schulministerium unterstellt war. Die Mitglieder wurden in Gänze vom Landesherrn ernannt, wobei jedoch die Mehrzahl aus ständischen Mitgliedern bestand, welche vom Engeren Ausschuss vorgeschlagen wurden.

2330 Dies betont auch *Landé*, Grundlagen (Fn. 2275), S. 702.

2331 Volksschulverwaltungsgesetz v. 7.7.1921 (Rbl. für Mecklenburg-Schwerin 1921 Nr. 89 v. 27.7.1921, S. 800).

2332 Bezüglich des inneren Schulbetriebs war der Schulrat allein unterste Schulaufsichtsbehörde, § 31 Nr. 1 Volksschulverwaltungsgesetz.

2333 Hier bestand ein Gegensatz zu anderen Ländern, bei denen die Kirchen durch vertragliche Regelungen die generelle Einwirkung kirchlicher Organe auf das Unterrichtswesen oder die Mitgliedschaft von Kirchenvertretern in der Schulverwaltung nicht unerheblichen Einfluss auf die Schulaufsicht hatten, siehe dazu *Landé*, Grundlagen (Fn. 2275), S. 713 f. m.w.N.

Aufgrund des übereinstimmenden Wortlauts von Reichs- und Landesverfassung kann von einem einheitlichen Verständnis von Staatsaufsicht ausgegangen werden. Danach umfasste die Schulaufsicht die Kontrolle der Schule sowie die Leitung und unmittelbare Verwaltung der Schulen[2334]. Somit war dem Land nicht lediglich eine Rechtmäßigkeitskontrolle, sondern eine umfassende Kontrolle zugestanden. Folglich bestand bei den staatlichen Schulen eine alleinige „Dienst- und Leistungsgewalt“ des Landes[2335].

In Mecklenburg-Schwerin existierten als öffentliche höhere Schulen Gymnasien, Realgymnasien, Oberrealschulen, eine Aufbauschule und Oberlyzeen[2336]. Diese waren konfessionelle Schulen[2337]. Die bisher städtischen höheren Schulen wurden 1923 verstaatlicht[2338].

2. Schule und Kirche

Auch das Verhältnis von Staat und Kirche in den Schulen musste nach der Novemberrevolution neugeordnet werden[2339]. Neben der Möglichkeit der Schaffung von Bekenntnisschulen waren in § 21 Abs. 1 Meck.-Schw. Verf. Regelungen über den Religionsunterricht getroffen. Nach § 21 Abs. 1 S. 1 Meck.-Schw. Verf. war dieser mit Ausnahme der weltlichen Schulen ordentliches Lehrfach. Dies bedeutete, dass Religionsunterricht verpflichtend auf dem Lehrplan aller öffentlichen und privaten Schulen, einschließ-

---

2334 Siehe *Landé*, Grundlagen (Fn. 2275), S. 701 ff.; *F. Osthelder*, Das öffentliche Schulwesen, die staatliche Schulaufsicht und die Schulverwaltung, in: Westhoff, Verfassungsrecht (Fn. 2274), S. 82 (94 ff.); *Anschütz*, Verfassung (Fn. 779), Art. 144 Anm. 1 (S. 672) m.w.N.; *P. Eggers*, Bildungswesen, in: Jeserich/Pohl/v. Unruh, Verwaltungsgeschichte IV (Fn. 13), S. 349 (355 f.).

2335 Siehe *Landé*, Grundlagen (Fn. 2275), S. 703 f. mit weiteren Einzelheiten.

2336 Siehe die Übersicht mit Zahlen aus den Jahren 1931 und 1932 bei *Huber*, Verfassungsgeschichte VI (Fn. 82), S. 966; siehe auch zur Ausrichtung der höheren Schulen *Eggers*, Bildungswesen (Fn. 2334), S. 316 f., 361 ff.; siehe zu den höheren Schulen im Großherzogtum *Schlesinger*, Staats- und Verwaltungsrecht (Fn. 36), S. 353 ff.

2337 *Landé*, Grundlagen (Fn. 2275), S. 718 (dort Fn. 176).

2338 Gesetz vom 5. April über die Verstaatlichung der anerkannten städtischen höheren Lehranstalten (Rbl. für Mecklenburg-Schwerin 1923 Nr. 51 v. 11.4.1923, S. 286); zunächst wollte man nicht, dass alle höheren Schulen Staatsschulen würden, Berichterstatter *Gladischefki*, VVLTag II (Fn. 1113), 83. Sitzung, Sp. 2478.

2339 Siehe dazu auch *O. Koellreutter*, Staat, Kirche und Schule im heutigen Deutschland, 1926, S. 5 ff.

lich der Fortbildungsschulen und höheren Schulen, erscheinen musste[2340]. Dies war wortlautidentisch auch schon durch die Reichsverfassung gemäß Art. 149 Abs. 1 S. 1 WRV vorgegeben[2341]. Mangels weltlicher Schulen in Mecklenburg-Schwerin war aufgrund der *Status-quo-Garantie* des Art. 174 WRV somit an allen (evangelischen) Bekenntnisschulen Religionsunterricht als ordentliches Lehrfach verpflichtend.

Gemäß § 21 Abs. 1 S. 2 Meck.-Schw. Verf. war die Erteilung des Religionsunterrichts in der Schulgesetzgebung zu regeln. Insofern war das grundsätzliche Bestimmungsrecht nicht den Religionsgesellschaften übertragen. Somit bestand für die didaktische Gestaltung und die Eingliederung in das Gesamtkonzept des Lehr- und Unterrichtsplans eine Kompetenz des Staates[2342].

Der Religionsunterricht musste gemäß § 21 Abs. 1 S. 3 Meck.-Schw. Verf. in Übereinstimmung mit den Grundsätzen der betreffenden Religionsgemeinschaft unbeschadet des staatlichen Aufsichtsrechts erteilt werden. Auch hier war diese Regelung wortlautidentisch mit der Reichsverfassung. Danach normierte man somit zunächst die positive Gebundenheit an die Lehrsätze der Religionsgesellschaften[2343]. Zur Einhaltung der kirchlichen Lehren konnten umfassende Rechte den Religionsgesellschaften übertragen werden, sofern der Staat das allgemeine Aufsichtsrecht behielt[2344]. Im Rahmen der Verfassunggebung war auch die genaue Ausgestaltung der Kontrolle durch die Kirchen nicht gänzlich klar. Teilweise wollte man die Kontrolle nicht durch Geistliche vornehmen lassen, da dies zu Spannungen hätte führen können[2345]. Letztlich erkannte man

2340 *Anschütz*, Verfassung (Fn. 779), Art. 149 Anm. 1 (S. 689); siehe zum Religionsunterricht auch *Rieder*, Rechtsstellung (Fn. 2307), S. 199 ff.; insofern konnte diese Schule nicht als religionslose Schule bezeichnet werden, siehe *Koellreutter*, Staat (Fn. 2339), S. 17.

2341 *Schneider*, Reichsverfassung (Fn. 5), § 5 Rn. 41; insofern waren alle Regelungen, auch solche vor Erlass der Reichsverfassung, gemäß Art. 13 Abs. 2 WRV reichsverfassungswidrig und nichtig, welche den Religionsunterricht für die Simultanschule bzw. gemeinsame Volksschule abschafften, siehe *Lassar*, Beschluß (Fn. 2302), S. 101 ff.

2342 *Ebers*, Staat (Fn. 1861), S. 283; *Anschütz*, Verfassung (Fn. 779), Art. 149 Anm. 3 (S. 691); siehe auch *Rieder*, Rechtsstellung (Fn. 2307), S. 204 f. der den Sinn des Art. 149 Abs. 1 S. 2 WRV als reine Kompetenznorm hervorhebt, sodass diese keinen Gesetzesvorbehalt beinhalte.

2343 *Landé*, Grundlagen (Fn. 2275), S. 715; *Anschütz*, Verfassung (Fn. 779), Art. 149 Anm. 4 (S. 691).

2344 *Anschütz*, Verfassung (Fn. 779), Art. 149 Anm. 4 (S. 691 f.).

2345 Berichterstatter *Gladischefski*, VVLTag II (Fn. 1113), 83. Sitzung, Sp. 2479.

mehrheitlich an, dass der Inhalt des Religionsunterrichts eine Angelegenheit der Kirchen und die Regelung über die Kontrolle der Lehrsätze von den Kirchen zu treffen sei[2346]. Insofern waren die Religionsgesellschaften bei der Aufstellung zu beteiligen. Nach § 24 Abs. 2 Nr. 4 eKirchVerf. bestimmte die Landessynode über die Grundsätze der Lehrverpflichtung der Geistlichen und Religionslehrer. Somit besaß sie maßgeblichen Einfluss auf die Inhalte des Religionsunterrichts. Bezüglich der Kontrolle wurde zunächst per Landesgesetz der Kirche die Teilnahme am Religionsunterricht und Befragung der Lehrer gestattet, wobei dies ausdrücklich kein Aufsichtsrecht darstellte[2347]. Dies war jedoch bloß eine Übergangsregelung bis zum Erlass einer Kirchenverfassung. Somit wurde der Kirche explizit das Recht eingeräumt, selbst über die Art der Kontrolle zu entscheiden. Gemäß § 18 Abs. 2 Nr. 4 eKirchVerf. war der Kirchengemeinderat dafür zuständig, durch geeignete Mittel die Interessen der Kirchengemeinde am Religionsunterricht wahrzunehmen, ohne jedoch ein unmittelbares Einwirkungsrecht zu haben. Weitere Regelungen wurden hier nicht erlassen. § 18 Abs. 2 Nr. 4 eKirchVerf. war somit unbestimmt und wurde auch nicht durch andere Normen konkretisiert. Damit dürfte keine Änderung der Kontrollmittel beabsichtigt worden sein, waren Einblicke in den Religionsunterricht durch die Organe der Religionsgesellschaften doch anerkannt und entsprachen daneben der vorläufigen Regelung[2348]. Bei Feststellung eines Mangels war die Kirche nach zeitgenössischem Verständnis gehalten, sich an die Schulaufsichtsbehörde mit der Bitte um Einwirkung und Abstellung der Mängel zu wenden[2349].

§ 21 Abs. 2 Meck.-Schw. Verf. begrenzte die Erteilung und die Teilnahme am Religionsunterricht. Dieser war quasi wortgleich mit Art. 149

2346 *Dettmann*, VVLTag II (Fn. 1113), 83. Sitzung, Sp. 2480 f.; vgl. auch *Lüdemann*, VVLTag I (Fn. 629), 5. Sitzung, Sp. 85; siehe auch *Rieder*, Rechtsstellung (Fn. 2307), S. 212 f.

2347 § 3 Gesetz vom 20. Mai 1920 betreffend, Aufhebung der Schulaufsicht durch die Geistlichen in den Volks- und Bürgerschulen des Freistaates Mecklenburg-Schwerin.

2348 Siehe dazu *Rieder*, Rechtsstellung (Fn. 2307), S. 217 f., der dies als Selbstverständlichkeit bezeichnet, über die kein Wort verloren werden müsse; so auch die engste Ansicht zum Einflussrecht der Kirche, siehe dazu *Osthelder*, Schulwesen (Fn. 2334), S. 96 m.w.N.; das Recht der Einsichtnahme durch Organe der Kirche in Mecklenburg-Schwerin zeigt auch *St. Gildemeister* auf, siehe *dens.*, Die Bekenntnisschule, in: Westhoff, Verfassungsrecht (Fn. 2274), S. 125 (131).

2349 Siehe *Rieder*, Rechtsstellung (Fn. 2307), S. 219, der den Unterschied zu einem echten Aufsichtsrecht betont.

Abs. 2 WRV. Danach waren die Erteilung des Religionsunterrichts und die Vornahme kirchlicher Handlungen der Willenserklärung der Lehrer überlassen. Insofern konnte der Lehrer ohne Nachteile jederzeit dies durch empfangsbedürftige Willenserklärung verweigern[2350]. In der Landesverfassung wurde der Begriff Handlung statt Verrichtung gewählt. Dass sich dadurch eine andere Auslegung ergab, ist nicht erkenntlich. Auch findet sich kein Hinweis diesbezüglich in den parlamentarischen Protokollen. Daneben standen die Teilnahme am Religionsunterricht und an kirchlichen Feiern und Handlungen in der Entscheidungshoheit desjenigen, der das Bestimmungsrecht über die religiöse Erziehung hatte. Auch diese Ausformung der negativen Religionsfreiheit war in Mecklenburg-Schwerin wortlautidentisch mit der Regelung in der Reichsverfassung[2351].

Auch schon durch die Reichsverfassung war der Fortbestand der theologischen Fakultäten gemäß Art. 149 Abs. 3 WRV gesichert. Dieselbe Garantie wiederholt § 21 Abs. 3 Meck.-Schw. Verf. Der Wortlaut war hier quasi identisch, wobei lediglich der Singular verwendet wurde, da es bloß in Rostock eine bestehende Universität gab[2352]. Damit war keinesfalls die Gründung von neuen theologischen Fakultäten ausgeschlossen[2353]. Auf Reichsebene war streitig, ob Art. 149 Abs. 3 WRV den konkreten Bestand für die Zukunft sichern sollte[2354], dieser lediglich grundsätzlich die Existenz von theologischen Fakultäten als institutionelle Garantie sichern sollte[2355] oder keinerlei Beschränkung der Auflösung von diesen Fakultäten beinhaltete[2356]. Neben der Singularformulierung in der Landesverfassung wurde auch explizit ein Bezug zur Landesuniversität im Wortlaut hergestellt, sodass dieser konkreter gefasst war als in der Reichsverfassung. Das deutet darauf hin, dass der Bestand der konkreten Fakultät gesichert werden sollte. Im verfassunggebenden Landtag wollte man explizit die Ab-

---

2350 *Anschütz*, Verfassung (Fn. 779), Art. 149 Anm. 2 (S. 690 f.).

2351 *Anschütz*, Verfassung (Fn. 779), Art. 149 Anm. 2 (S. 690 f.).

2352 *Huber*, Verfassungsgeschichte VI (Fn. 82), S. 978.

2353 Zur Verdeutlichung dessen wurde in der Reichsverfassung „bestehenden" explizit gestrichen, siehe *Anschütz*, Verfassung (Fn. 779), Art. 149 Anm. 5 (S. 692).

2354 So *Landé*, Schule (Fn. 2290), S. 92 f.; der die Zulässigkeit der Aufhebung der theologischen Fakultät nur bei Aufhebung der gesamten Universität als zulässig ansieht.

2355 *O. Koellreutter*, Schmitt, Carl: Freiheitsrechte und institutionelle Garantien der Reichsverfassung, in: AöR N.F. 22 (1932), S. 110 (114).

2356 So *Anschütz*, Verfassung (Fn. 779), Art. 149 Anm. 5 (S. 693 f.), der in der Norm lediglich die Erlaubnis der Berücksichtigung von kirchlichen Interessen erblickt.

schaffung der einzigen theologischen Fakultät verfassungsrechtlich verhindern, damit der Nährboden der Kirche nicht zerstört werden konnte[2357]. Somit lässt sich aus dem Wortlaut und dem Willen des Gesetzgebers entnehmen, dass auf Landesebene eine Garantie der konkreten theologischen Fakultät durch die Landesverfassung bestand.

3. Status und Ausbildung der Lehrer

Die Volksschullehrerbildung bestand vor der Novemberrevolution in einem dreijährigen Besuch einer Präparandenanstalt und dem anschließenden dreijährigen Besuch eines Lehrerseminars[2358]. Die Reichsverfassung machte auch Vorgaben bezüglich des Lehrerkörpers. Gemäß Art. 143 Abs. 2 WRV sollte die Lehrerbildung „nach den Grundsätzen, die für die höhere Bildung allgemein gelten" für das gesamte Reich einheitlich geregelt werden. Insofern handelte es sich dabei um einen Gesetzgebungsauftrag für das Reich[2359]. Damit war für das zu erlassende Reichsgesetz eine wissenschaftliche Bildung vorgeschrieben, wobei eine Differenzierung nach Schularten zulässig gewesen wäre[2360]. Insofern strebte die Reichsverfassung eine Akademisierung der Lehrerausbildung an[2361]. Damit stand diese Gesetzgebung im Spannungsverhältnis zwischen der Verfassungsvorgabe der Einheitlichkeit und einer gewissen Abstufung[2362]. Eine reichsgesetzliche Regelung der Lehrerbildung scheiterte am Widerstand der Länder primär aufgrund deren alleiniger Kostentragungslast[2363]. Bis zum Erlass eines solchen Gesetzes bestand somit eine Gesetzgebungskompetenz der Länder, wobei eine Orientierung an dem Grundsatz der „höheren Bildung" im Sinne des Art. 143 Abs. 2 WRV für die Landesgesetzgebung

---

2357 Dies stellt *Knebusch* explizit heraus, der den Wert der theologischen Fakultät als Lebensgrundlage der Landeskirche herausstellt, siehe *dens.*, VVLTag I (Fn. 629), 3. Sitzung, Sp. 33; dies wurde auch nicht von anderen Parlamentariern in Frage gestellt.

2358 *Schlesinger*, Staats- und Verwaltungsrecht (Fn. 36), S. 361; siehe allgemein dazu *Landé*, Schule (Fn. 2290), S. 215.

2359 Die Rechtspflicht zum Erlass eines Reichsgesetzes betont *Landé*, Grundlagen (Fn. 2275), S. 693.

2360 *Huber*, Verfassungsgeschichte VI (Fn. 82), S. 967.

2361 *A. Eckardt*, Der gegenwärtige Stand der neuen Lehrerbildung in den einzelnen Ländern Deutschlands und in außerdeutschen Staaten, 1927, S. 13.

2362 *Huber*, Verfassungsgeschichte VI (Fn. 82), S. 967.

2363 *Landé*, Grundlagen (Fn. 2275), S. 695; *Huber*, Verfassungsgeschichte VI (Fn. 82), S. 966 ff.

nicht verpflichtend war[2364]. Die Landesverfassung machte zur Lehrerbildung keine Vorgaben. In Mecklenburg-Schwerin, wie auch in anderen Ländern, behielt man eine nichthochschulmäßige Seminarausbildung für die Volksschullehrerausbildung bei[2365]. 1925 richtete das Land zur Ausbildung der Lehrer ein pädagogisches Institut in Rostock ein, welches eine Ausbildungszeit von zwei Jahren vorsah[2366]. Zulassungsvoraussetzung für den Besuch des Instituts war entweder die Hochschulreife oder der Besuch von fünf Klassen einer staatlichen Lehrerbildungsanstalt[2367]. Dies wurde teilweise als Verstoß gegen Art. 143 Abs. 2 WRV gesehen. Dieser richte sich auch an die Länder und gebiete eine einheitliche höhere Bildung. Der Reichsverfassunggeber habe jedenfalls die Hochschulreife als Voraussetzung für eine höhere Bildung erachtet. Dem ist die Rechtsprechung nicht gefolgt. Zum einen war Art. 143 Abs. 2 WRV lediglich an den Reichsgesetzgesetzgeber gerichtet, was sich schon aus dem Wortlaut ergab. Die Grundsätze waren für das Reich einheitlich zu regeln. Zum anderen sprach auch gegen die unmittelbare Geltungskraft die Unbestimmtheit der Norm. Was unter „höherer Bildung" zu verstehen war, musste erst durch die Reichsgesetzgebung konkretisiert werden. Insofern lag kein Verstoß gegen die Reichsverfassung vor. Insbesondere das Wortlautargument überzeugt, auch wenn im Hinblick auf eine möglicherweise zu erwartende Reichsgesetzgebung eine Orientierung an den Vorgaben der Reichsverfassung sinnvoll gewesen wäre. 1927 wurde die Volksschullehrerbildung dahingehend geändert, dass die Hochschulreife Zugangsvoraussetzung war[2368].

Die Streitfrage, ob Lehrer Staatsbeamte oder Gemeindebeamte waren, wurde durch die Reichsverfassung nicht entschieden, indem gemäß Art. 143 Abs. 3 WRV lediglich dieselben Rechte und Pflichten garantiert

---

2364 *Osthelder*, Schulwesen (Fn. 2334), S. 88; siehe auch *Huber*, Verfassungsgeschichte VI (Fn. 82), S. 970; dieser leitet entgegen der Meinung des Reichsgerichts eine Bindung an diesen Grundsatz aus dem Grundsatz der Bundestreue ab.

2365 Gesetz über die Neuordnung der Volksschullehrerbildung v. 27.6.1925 (Rbl. für Mecklenburg-Schwerin 1925 Nr. 41v. 6.7.1925, S. 208); ebenso hielten Bayern, Württemberg und Baden grundsätzlich an diesem System fest, siehe *Huber*, Verfassungsgeschichte VI (Fn. 82), S. 970 f.; eine seminaristische Ausbildung erhielten die Volksschullehrer im Domanium und im ständischen Gebiet, siehe Schlesinger, Staats- und Verwaltungsrecht (Fn. 36), S. 361, 369.

2366 *Osthelder*, Schulwesen (Fn. 2334), S. 89.

2367 Die nachfolgende Erörterung zur Lehrerausbildung sind der Entscheidung des Reichsgerichts (abgedruckt bei Lammers/Simons, Rechtsprechung I [Fn. 952], S. 511 ff.) sowie *Eckardt*, Stand (Fn. 2361), S. 49 f. entnommen.

2368 Siehe auch *Osthelder*, Schulwesen (Fn. 2334), S. 89.

wurden[2369]. Diese Regelung wurde wortlautidentisch durch § 20 Abs. 3 S. 1 Meck.-Schw. Verf. übernommen. Insofern war durch die Verfassung selbst dieser Status noch nicht verliehen[2370]. Auch aus systematischen Gesichtspunkten war durch den ersten Satz noch kein Beamtenstatus durch die Landesverfassung verliehen worden. Satz zwei besagte, dass diese durch besonderes Gesetz erst Staatsbeamte werden konnten. Auch der Wille des Gesetzgebers zeigte dies. Die Regelung, dass alle Lehrer Staatsbeamte seien, wurde ausdrücklich gestrichen[2371]. Man wollte insbesondere aus Kostengründen nicht alle Lehrkräfte, namentlich die Lehrer der höheren Schulen, direkt zu unmittelbaren Staatsbeamten machen[2372]. Insofern sollten lediglich die Volksschullehrer Staatsbeamte werden[2373]. Gemäß § 2 Nr. 2 Volksschullehrergesetz[2374] waren die Volksschullehrer Staatsbeamte in Mecklenburg-Schwerin. Konsequenterweise wurden die Personalkosten gemäß § 11 Volksschulunterhaltungsgesetz vom Land getragen[2375]. Die Lehrer an den höheren Schulen wurden erst 1923 grundsätzlich Staatsbedienstete, sodass das Land die Personalkosten zu tragen hatte[2376].

Die Neuordnung des Schulwesens konnte mangels Reichsgesetzgebung nur in sehr begrenztem Maße vollzogen werden. Dennoch war durch die Pflicht einer gemeinsam zu besuchende Grundschule ein Hauptanliegen der Parlamentarier, insbesondere der Sozialdemokraten, umgesetzt. Die soziale Trennung wurde insofern beseitigt. Die Einrichtung von Simultan-

---

2369 So die ganz herrschende Meinung, siehe statt aller *Osthelder*, Schulwesen (Fn. 2334), S. 92; *Huber*, Verfassungsgeschichte VI (Fn. 82), S. 960; a.A. *Landé*, Grundlagen (Fn. 2275), S. 709.

2370 A.A. *Landé*, Grundlagen (Fn. 2275), S. 709 (dort Fn. 116), der gänzlich den Wortlaut von § 20 Abs. 3 S. 2 Meck.-Schw. Verf. außer Acht lässt.

2371 Berichterstatter *Gladischwefski*, VVLTag II (Fn. 1113), 83. Sitzung, Sp. 2477 f.

2372 Berichterstatter *Gladischwefski*, VVLTag II (Fn. 1113), 83. Sitzung, Sp. 2477.

2373 Dies war schon bei Verabschiedung der Verfassung geplant, siehe Berichterstatter *Reincke-Bloch*, VVLTag II (Fn. 1113), 86. Sitzung, Sp. 2565.

2374 Volksschullehrergesetz vom 7. Juli 1920 (Rbl. für Mecklenburg-Schwerin 1920 Nr. 89 v. 27.7.1920, S. 791).

2375 Volksschulunterhaltungsgesetz vom 10. Dezember 1920 (abgedruckt in: Wenzel, Verfassungs- und Verwaltungsgesetze [Fn. 1353], S. 575); die sachlichen Kosten waren von den Gemeinden oder gemeindlichen Schulverbänden gemäß § 11 Abs. 1 Volksschulunterhaltungsgesetz zu tragen.

2376 §§ 4 f. Gesetz vom 5. April 1923 über die Verstaatlichung der anerkannten städtischen höheren Lehranstalten (Rbl. für Mecklenburg-Schwerin 1923 Nr. 51 v. 11.4.1923, S. 286); dem konnten die Lehrer jedoch widersprechen; bei den bestehenden höheren Schulen oblagen die gesamten Kosten dem Staat; bei neuen höheren Schulen oblagen dem Staat lediglich die Personalkosten, siehe dazu *Klein*, Länder (Fn. 13), S. 617.

schulen, anderen Bekenntnisschulen oder weltlichen Schulen scheiterte an den Problemen auf Reichsebene. Somit konnte eine Trennung von Schule und Kirche nur bezüglich des Aufsichtsrechts erfolgen. Der Kirche verblieb lediglich eine Mitwirkung bei Bestimmung und Kontrolle des Inhalts des Religionsunterrichts.

E. Gleichschaltung und Verlust der Eigenstaatlichkeit

Nachfolgend werden die bedeutenden Schritte zum Verlust der Eigenstaatlichkeit von Mecklenburg-Schwerin nachgezeichnet.

Nachdem die Nationalsozialisten 1929 noch annährend bedeutungslos waren und nur mit zwei Abgeordneten im Landtag vertreten waren, schafften diese 1932 den Durchbruch in Mecklenburg-Schwerin[2377]. Die Mitgliederzahl wuchs schon 1930 schneller als in anderen Gegenden des Reichs, wobei die Erfolge insbesondere in ländlichen Teilen des Landes erzielt wurden. Der Landtagswahlkampf wurde von Seiten der Parteiführung des Reichs bedeutend unterstützt. So waren unter anderem selbst *Adolf Hitler*, *Joseph Goebbels* und *Hermann Göring* am Landtagswahlkampf beteiligt. Auch schaffte es die NSDAP offenbar, viele Nichtwähler zu mobilisieren, lag die Wahlbeteiligung 1932 bei rund achtzig Prozent.

Am 5. Juni 1932 erreichte die NSDAP 49 Prozent der Stimmen und hatte damit die absolute Mehrheit knapp erreicht. Trotz Hinweisen auf Wahlmanipulationen lehnten die Nationalsozialisten eine Wahlprüfung jedoch ab[2378]. Insofern ist hier die Rechtmäßigkeit mehr als zweifelhaft. Das vom siebten ordentlichen Landtag gewählte Staatsministerium setzte sich ausschließlich aus Nationalsozialisten zusammen. Insofern bestand hier schon vor der Machtübernahme auf Reichsebene im Freistaat eine nationalsozialistische Führung, welche von einer entsprechenden Parlamentsmehrheit getragen war, sodass diese handlungsfähig war.

Durch die Reichsgesetzgebung erfolgte die Gleichschaltung der Länder mit dem Reich rasch nach der Machtübernahme der Nationalsozialisten und dem Erlass des Ermächtigungsgesetzes. Dies erfolgte durch die Reichsgesetzgebung im Wesentlichen durch drei Schritte[2379].

2377 Siehe zur hier nur knapp aufgegriffenen Entwicklung der NSDAP in Mecklenburg-Schwerin *Heck*, Geschichte (Fn. 25), S. 135 ff.; *Inachin*, Durchbruch (Fn. 60), S. 53 ff., 78 ff.; siehe ausführlich dazu *B. Behrens*, Mit Hitler zur Macht, 1998, S. 14 ff. sowie *M. Hempe*, Ländliche Gesellschaft in der Krise, 2002, S. 324 ff.

2378 Ein Prozent der Stimmen (circa 3400) waren für ungültig erklärt worden, siehe *Heck*, Geschichte (Fn. 25), S. 136.

2379 Diese Einteilung liegt *Pogge* zugrunde, vgl. *dens.*, Verhältnis (Fn. 938), S. 43 ff.

Mit dem Ermächtigungsgesetz[2380] war die Reichsregierung befugt, Gesetze neben dem verfassungsrechtlich vorgesehen Verfahren zu erlassen. Insofern waren hier schon die Möglichkeiten der Mitwirkung der Länder an der Reichsgesetzgebung im Reichsrat praktisch bedeutungslos geworden. Diese Gesetze durften auch grundsätzlich von der Reichsverfassung abweichen, wobei die Rechte des Reichspräsidenten nicht beschnitten, der Reichstag sowie der Reichsrat als solche nicht aufgelöst werden durften. Insofern blieben schon nach zeitgenössischer Bewertung lediglich der Name von Reichstag und -rat erhalten[2381].

Im Rahmen der Gleichschaltung wurde dann durch das vorläufige Gesetz zur Gleichschaltung der Länder mit dem Reich[2382] die Möglichkeit der Landesregierungen eröffnet, Gesetze gemäß § 1 GleichschaltungsG selbst zu erlassen. Somit bestand neben dem verfassungsmäßigen Verfahren eine Ermächtigung zum Erlass formeller Gesetze durch die Exekutive[2383]. Insofern handelte es sich hierbei um die Parallelregelung zum Ermächtigungsgesetz. Mangels anderweitiger Regelung verblieb es jedoch in Mecklenburg-Schwerin innerhalb des Staatsministeriums bei der Ausrichtung als Kollegialorgan. Da die Regierung während des siebten ordentlichen Landtags jedoch lediglich aus zwei Nationalsozialisten bestand[2384], hatte dies praktisch keine Auswirkungen. Diese „Exekutivgesetze" konnten gemäß § 2 GleichschaltungsG zur Neuordnung der Staatsverwaltung und kommunalen Verwaltung sowie zur Regelung der Zuständigkeiten von der Landesverfassung abweichen. Explizit herausgestellt wurde, dass die Gesetzgebungskörperschaften als solche nicht beseitigt werden durften. Ferner wurden die Landesparlamente und Vertretungen der kommunalen Selbstverwaltungskörperschaften, für die die Grundsätze des Art. 17 Abs. 2 WRV Anwendung fanden, aufgelöst und nach dem Verhältnis der Reichstagswahl mit Ausnahme der Kommunistischen Partei für eine Legislaturperiode von vier Jahren neugebildet. Dies umfasste jedoch grundsätz-

---

2380 Gesetz zur Behebung der Not von Volk und Reich v. 24. März 1933 (RGBl. 1933 Nr. 25 v. 24.3.1933, S. 141), abgekürzt als ErmächtigungsG; siehe zur Legalitätsthese statt aller *Gusy*, 100 Jahre (Fn. 1070), S. 289 ff. m.w.N.

2381 So mit auffallend positiver Konnotation schon 1934 *Pogge*, Verhältnis (Fn. 938), S. 44.

2382 Vorläufiges Gesetz zur Gleichschaltung der Länder mit dem Reich v. 31. März 1933 (RGBl. 1933 Nr. 29 v. 2.4.1933, S. 153), abgekürzt als GleichschaltungsG.

2383 Diese Gesetze wurden von Sympathisanten zeitgenössisch als „ordentliche Gesetze" im Gegensatz zu Notrecht betitelt, vgl. *C. Bilfinger*, Das Reichsstatthaltergesetz, in: AöR N.F. 24 (1934), S. 131 (135).

2384 *Inachin*, Durchbruch (Fn. 60), S. 56.

lich nur die Vertretungen der Ortsgemeinden[2385], sodass in Mecklenburg-Schwerin nur die Stadtverordneten- und Gemeindeversammlung betroffen gewesen wären. Allerdings benannte § 12 GleichschaltungsG im Klammerzusatz auch Amtsversammlungen, sodass nach dem Wortlaut auch eine Geltung für diese bestand. Da auch die Amtsversammlungen in Mecklenburg-Schwerin gemäß § 8 AmtsO nach demokratischen Grundsätzen von den Gemeindeangehörigen gewählt worden waren, wurden auch diese Bürgervertretungen nach der Intention des Normgebers, diese alle gleichzuschalten, ebenfalls von der Regelung umfasst. Durch die Neubildung nach dem Ergebnis der Reichstagswahl wurden damit erneute Wahlen vermieden und die Parlamentarier und Mitglieder der Kommunalvertretungen lediglich eingesetzt. Die Nationalsozialisten besaßen im Landtag von Mecklenburg-Schwerin wieder die absolute Mehrheit[2386]. Eine vorzeitige Auflösung der Länderparlamente war gemäß § 8 GleichschaltungsG unzulässig. Insofern war auch die plebiszitäre Auflösung des Landtags gemäß § 45 Abs. 2 Meck.-Schw. Verf. nicht mehr möglich. Eine parlamentarische Auflösung dürfte hier aufgrund der herrschenden Mehrheitsverhältnisse von vornherein kein realistisches Szenario gewesen sein, was natürlich dennoch ebenfalls ausgeschlossen war. Die Auflösung des Reichstags bewirkte jedoch gemäß § 11 GleichschaltungsG automatisch die Auflösung der Länderparlamente. Ein Verbot der Auflösung der kommunalen Vertretung war explizit nicht vorgesehen, vgl. § 15 GleichschaltungsG. In Mecklenburg-Schwerin war auch eine vorzeitige Beendigung der Wahlperiode der kommunalen Versammlungen per Plebiszit möglich[2387]. Zwar besteht eine Vermutung, dass auch hier der Reichsgesetzgeber nicht beabsichtigt hatte, dies zuzulassen, jedoch muss aufgrund des markanten Unterschieds zu § 8 GleichschaltungsG eine plebiszitäre Auflösung als zulässig angesehen werden.

Daneben wurde durch das zweite Gesetz zur Gleichschaltung der Länder mit dem Reich[2388] in jedem Land ein Reichsstatthalter auf Vorschlag

---

2385 *Anschütz*, Verfassung (Fn. 779), Art. 17 Anm. 7 (S. 137 f.).

2386 Das Parlament, welches 44 Abgeordnete umfasste, bestand aus 24 Nationalsozialisten, 8 Abgeordneten der „Kampffront Schwarz-Weiß-Rot“ und 12 Sozialdemokraten, siehe *Inachin*, Durchbruch (Fn. 60), S. 81.

2387 § 17 Abs. 2 StädteO; § 16 Abs. 2 LandgemeindeO; § 10 Abs. 2 AmtsO.

2388 Zweites Gesetz zur Gleichschaltung der Länder mit dem Reich v. 7. April 1933 (RGBl. 1933 Nr. 33 v. 7.4.1933, S. 173), im Folgenden als ReichsstatthalterG bezeichnet; Reichstatthalter für Mecklenburg-Schwerin, Mecklenburg-Strelitz und Lübeck wurde NSDAP-Gauleiter *Friedrich Hildebrandt*, siehe *Heck*, Geschichte (Fn. 25), S. 141; siehe dazu zeitgenössisch – mit gebotener Vorsicht des Reichskanzlers vom Reichspräsidenten eingesetzt. Insofern war der Reichskanzler *Adolf Hitler* der maßgebliche Faktor bei Bestimmung des Reichsstatthalters, stand diesem gemäß § 1 ReichsstatthalterG das unbedingte Vorschlagsrecht zu. Der Reichsstatthalter war zur Beobachtung der Befolgung der vom Reichskanzler aufgestellten politischen Richtlinien zuständig. Eine Eigenständigkeit der Landesregierungen war damit schon quasi ausgelöscht. Dies wurde von den weiteren Regelungen des Gesetzes noch maßlos verschärft. Der Reichsstatthalter konnte den Ministerpräsidenten ernennen und entlassen, sowie nach dessen Vorschlag die übrigen Minister berufen. Ein Misstrauensbeschluss des Parlaments war gemäß § 4 ReichsstatthalterG unzulässig. Insofern war § 53 Meck.-Schw. Verf. bedeutungslos. Ferner konnte der Statthalter den Landtag auflösen[2389] und Neuwahlen anordnen. Er hatte die Kompetenz und Pflicht zur Ausfertigung und Verkündung sämtlicher, auch den von der Regierung erlassener Gesetze, sofern diese verfassungsgemäß waren[2390]. Daneben übte dieser statt des Staatsministeriums entgegen § 57 Abs. 1 S. 1 Meck.-Schw. Verf. nunmehr Begnadigungsrecht aus. Das Niederschlagungsrecht sowie die Amnestie waren nach dem Wortlaut davon nicht umfasst. Ferner ernannte und entließ er auf Vorschlag der Landesregierung die Staatsbeamten und Richter. Insofern war damit der Grundstein für eine willfährige Justiz und ein maßgeblicher Einfluss auf den Beamtenapparat und die Verwaltung gelegt[2391]. Der Reichsstatthalter hatte „vizekönigliche Befugnisse“[2392] in den Ländern erhalten. Somit war insgesamt das parlamentarische System der Länder schon von Reichs wegen fast gänzlich zerstört. Die Regierung hatte maßgebliche Rechte eingebüßt. Das Parlament war eigentlich schon zu diesem Zeitpunkt maximal noch eine Hülle zur Aufrechterhaltung des

---

gegenüber dem ideologischen Einschlag – *Bilfinger*, Reichsstatthaltergesetz (Fn. 2383), S. 135 ff.

2389 Allerdings bestand gemäß § 8 GleichschaltungsG eine Sperrfrist von 4 Jahren, in der eine Auflösung unzulässig war.

2390 Siehe zu Art. 70 WRV, der sinngemäß anwendbar war, *Anschütz*, Verfassung (Fn. 779), Art. 70 Anm. 1 ff. (S. 367) mit weiteren Einzelheiten.

2391 Als weitere Maßnahme muss hier insbesondere noch auf das Gesetz zur Wiederherstellung des Berufsbeamtentums v. 7.4.1933 (RGBl. 1933 Nr. 34 v.7.4.1933, S. 175) hingewiesen werden; allerdings hat der Reichsstatthalter in Mecklenburg(-Schwerin) bei der allgemeinen Verwaltungsarbeit keine herausgehobenen Einflüsse ausgeübt, so *Hamann*, Werden (Fn. 13), S. 174; siehe zu den Einflüssen in den übrigen Ländern *D. Rebentisch*, Innere Verwaltung, in: Jeserich/Pohl/v. Unruh, Verwaltungsgeschichte IV (Fn. 13), S. 732 (750 ff.).

2392 *H. O. Meisner*, Staats- und Regierungsformen in Deutschland seit dem 16. Jahrhundert, in: AöR N.F. 38 (1951), S. 225 (263).

Scheins der parlamentarischen Demokratie[2393]. Die Normen der Landesverfassung waren formal noch nicht aufgehoben, jedoch waren wichtige Verfassungsbestimmungen jetzt schon sinnentleert.

Auf dieser Grundlage konnte das verfassungsmäßige System in Mecklenburg-Schwerin auch durch Landesgesetze weiter vernichtet werden.

Im Juni 1933 wurde in Mecklenburg-Schwerin das „Gesetz zur Behebung der Not von Land und Volk"[2394] erlassen. Dieses war noch vom Landtag beschlossen und sodann vom Reichsstatthalter ausgefertigt und verkündet worden. Darin wurde eine allgemeine Ermächtigung der Landesregierung zur Abweichung von der Landesverfassung normiert. Insofern war keine Beschränkung auf Verwaltungs- und Kompetenzangelegenheiten bei Erlass von Gesetzen auf Grundlage des Gleichschaltungsgesetzes mehr vorhanden. Damit war die Landesregierung zum *pouvoir constituant constitué* geworden. Ferner wurden die §§ 35 Abs. 1, 37, 44 und 45 Meck.-Schw. Verf. auf solche Gesetze nicht angewandt. Dies vervollständigte die Regelungen des Reichsgesetzes insofern, als dass das reguläre parlamentarische Verfahren explizit für Gesetze der Landesregierung nicht mehr für anwendbar erklärt wurde. Insofern wurde hier nur die logische Konsequenz aus dem § 1 GleichschaltungsG normiert. Daneben wurde das plebiszitäre Verfahren für solche Gesetze unzulässig. Insofern war insbesondere auch der Stichentscheid für solche Gesetze abgeschafft. Dies hatte aufgrund der absoluten Mehrheit der Nationalsozialisten im Parlament (und in der Regierung) jedoch keinerlei praktische Relevanz.

Ein weiterer Schritt zum Abbau der föderalen Strukturen wurde am 27. Juni 1933 durch das Gesetz des Staatsministeriums zur Vereinfachung und Verbilligung der Verwaltung[2395] getan.

Darin wurde das kommunale Selbstverwaltungsrecht gemäß § 64 S. 1 Meck.-Schw. Verf. geändert. Hierdurch wurde „frei" gestrichen und eine einfache Schrankenbestimmung eingefügt, sodass der Wortlaut nunmehr an den des Art. 127 WRV angeglichen worden war. Ferner wurde das Staatsministerium ermächtigt, die Amtsordnung entsprechend neuzufas-

---

2393 *Bilfinger* hebt die „Depossedierung der Landtage" hervor, vgl. *dens.*, Reichsstatthaltergesetz (Fn. 2383), S. 142; *Meisner* bezeichnet den Reichstag als bloßes „Dekorationsstück", siehe *dens.*, Staats- und Regierungsformen (Fn. 2392), S. 264.

2394 Gesetz zur Behebung der Not von Land und Volk v. 17.6.1933 (Rbl. für Mecklenburg-Schwerin 1933 Nr. 37 v. 23.6.1933, S. 201).

2395 Gesetz des Staatsministeriums zur Vereinfachung und Verbilligung der Verwaltung v. 27.6.1933 (Rbl. für Mecklenburg-Schwerin 1933 Nr. 39 v. 28.6.1933, S. 209).

sen. Darin wurden die Grundlagen für weiterreichende Eingriffe in die kommunale Selbstverwaltung gelegt. Durch die Änderung wurde die ausdrückliche Anerkennung eines eigenen Wirkungskreises der kommunalen Selbstverwaltungskörperschaften gestrichen, der nach der Grundkonzeption der Verfassung von 1920 unabhängig vom Staat ausgeübt werden sollte[2396]. Insofern ist hier eine zentralistische Grundtendenz zu erkennen, auch wenn diese lediglich nur sachte anklang. Die Einfügung der Schrankenklausel hatte jedoch keine direkte normative Auswirkung, galt doch der einfache Gesetzesvorbehalt der Reichsverfassung, wie bereits festgestellt, auch für den Landesgesetzgeber. Allerdings hatte dies damit Klarstellungsfunktion. Das Ministerium des Inneren wurde ermächtigt, die Amtsordnung zu ändern. Daran anknüpfend wurde die (kommunale) Verwaltung umstrukturiert[2397]. Die Entwicklungslinie ging auch hier in Richtung der Gleichschaltung und Zentralisierung. Die Staatsaufsicht wurde verschärft, die Möglichkeit der Entfernung von Amtshauptleuten geschaffen und die Selbstbestimmung minimiert. Die Amtshauptmänner wurden im Juni 1933 zu Staatsbeamten und trugen sodann die Bezeichnung „Landrat". Damit wurde nach der Übernahme der Macht durch die Nationalsozialisten die auffälligste Eigentümlichkeit der Lokalverwaltung in Mecklenburg-Schwerin beseitigt. Auch in den Städten und Landgemeinden wurde die Selbstverwaltung minimiert[2398]. Dies geschah durch den Erlass der Deutschen Gemeindeordnung[2399]. Der staatliche Einfluss wurde darin ausgebaut und die Stellung des Bürgermeisters bzw. Schul-

2396 Siehe dazu Kapitel C.VI.1.

2397 Siehe zu der im Folgenden aufgegriffenen Veränderung *Hamann*, Werden (Fn. 13), S. 181 f., 185 f., 187.

2398 Auch die Unterschiede zwischen Städten und Landgemeinden wurden beseitigt, siehe *Hamann*, Werden (Fn. 13), S. 185; siehe dazu zeitgenössisch – mit gebotener Vorsicht gegenüber dem ideologischen Einschlag – *E. Tatarin-Tarnheyden*, Grundlagen des Verwaltungsrechts im neuen Staat, in: AöR N.F. 24 (1934), S. 345 (349 ff.), der betont, dass nun „Staat und Gesellschaft Eins" seien, sodass auch „Staatsverwaltung und Selbstverwaltung Eins" seien; *Tatarin-Tarheydens* Sympathien für Nationalsozialisten schwingen auch in diesem Aufsatz mit.

2399 Die Deutsche Gemeindeordnung v. 30. Januar 1935 (RGBl. 1934 Nr. 6 v. 30.1.1934, S. 49), abgekürzt als DGO; siehe dazu auch *A. v. Mutius*, Kommunalverwaltung und Kommunalpolitik, in: Jeserich/Pohl/v. Unruh, Verwaltungsgeschichte IV (Fn. 13), S. 1055 (1070 ff.).

zen gestärkt[2400]. Insbesondere wurde dieser nunmehr berufen[2401]. Die Gemeinderäte waren vornehmlich dafür zuständig, die „dauernde Fühlung der Verwaltung der Gemeinde mit allen Schichten der Bürgerschaft zu sichern“, § 48 Abs. 1 DGO. Insgesamt wurden die kommunalen Strukturen zentralistisch umgestaltet und der Staat und die NSDAP zum umfassenden Einfluss- und Entscheidungsträger. Eine kommunale Selbstverwaltung im eigentlichen Sinn existierte nicht mehr[2402].

Auf Grundlage des Landesermächtigungsgesetzes wurde vom Staatsministerium im Oktober 1933 § 31 Abs. 2 Meck.-Schw. Verf. gestrichen[2403], sodass sich der Landtag nicht mehr am Sitz der Regierung versammelte. Danach versammelte sich der Landtag von Mecklenburg-Schwerin nur noch einmal im Ständehaus in Rostock und verabschiedete das Gesetz zur Vereinigung der beiden mecklenburgischen Staaten[2404]. Insofern diente dies der Inszenierung eines Bindeglieds zwischen alter, ständischer und neuer, nationalsozialistischer Ordnung. Diese Vereinigung bzw. der Anschluss von Mecklenburg-Strelitz an Mecklenburg-Schwerin als Schritt zur Zentralisierung des Reichs wurde zum 1. Januar 1934 wirksam[2405]. So wurde vollendet, was die eilige Verabschiedung des Landesgrundgesetzes

---

2400 Siehe näher dazu *Buchsteiner*, Städten (Fn. 603), S. 330 ff.; siehe auch § 32 Abs. 1 DGO; siehe auch *P. Löw*, Kommunalgesetzgebung im NS-Staat am Beispiel der Deutschen Gemeindeordnung 1935, 1992, S. 148 ff.

2401 Schon 1933 bestand in Mecklenburg-Schwerin ein Bestätigungsrecht für die Wahl des Rates, Gemeindevorstandes und Amtshauptmanns durch die Aufsichtsbehörde, was nach zweimaliger Ablehnung zur „Verwaltung der Stelle durch einen Beauftragten“ führte, §§ 6 f. Gesetz zur Behebung von Mißständen in der gemeindlichen Verwaltung v. 20.4.1933 (Rbl. für Mecklenburg-Schwerin 1933 Nr. 24 v. 22.4.1933, S. 150); nach Erlass der Gemeindeordnung 1935 wandelte sich dies zu einem Ernennungsrecht durch die NSDAP, § 6 Abs. 2 DGO; ebenso wurden die Gemeinderäte berufen, siehe §§ 44, 51 DGO; siehe dazu und speziell zu Mecklenburg-Schwerin auch *Tatarin-Tarnheyden*, Grundlagen (Fn. 2398), S. 351 f. (dort Fn. 3); siehe auch *Buchsteiner*, Städten (Fn. 603), S. 332.

2402 Siehe zu der ebenfalls nicht verwirklichten Selbstverwaltung im Sinne der nationalsozialistischen Anschauung durch die Gemeindeordnung *Löw*, Kommunalgesetzgebung (Fn. 2400), S. 222 ff.

2403 Gesetz des Staatsministeriums zur Änderung der Verfassung des Freistaates Mecklenburg-Schwerin v. 7. Oktober 1933 (Rbl. für Mecklenburg-Schwerin 1933 Nr. 56 v. 9.10.1933, S. 271).

2404 Siehe dazu *Heck*, Geschichte (Fn. 25), S. 144; *Freitag*, Regierungssystem (Fn. 20), S. 160.

2405 Gesetz über die Vereinigung von Mecklenburg-Strelitz mit Mecklenburg-Schwerin v. 24.10.1933 (Rbl. für Mecklenburg-Schwerin 1933 Nr. 60 v. 31.10.1933, S. 285); positiv bewertet durch *E. Tatarin-Tarnheyden*, Wiedervereivon Mecklenburg-Strelitz nach der Novemberrevolution zu verhindern versuchte[2406]. Nunmehr existierte nur noch das Land Mecklenburg, für welches die (geänderte) Verfassung von Mecklenburg-Schwerin formell weiter bestand[2407].

Am 30. Januar 1934 wurden die Länderparlamente durch das „Gesetz über den Neuaufbau des Reichs"[2408] aufgelöst sowie die Hoheitsrechte auf das Reich übertragen. Die Landesregierungen unterstanden danach der Reichsregierung und die Reichsstatthalter der Dienstaufsicht des Innenministeriums. Damit waren der unitarische Bundesstaat und das föderale System endgültig beseitigt worden. Die Länder besaßen nun aufgrund fehlender Hoheitsrechte keinen Staatscharakter mehr[2409]. Das Deutsche Reich war nunmehr ein Einheitsstaat[2410].

Nach dem Zusammenschluss der beiden Mecklenburgischen Länder bestand ab dem 22. Dezember 1934 auch nur noch eine Landesspitze in Form eines Ministers, der alle Ministerien auf sich vereinigte[2411]. Ferner verlor Mecklenburg einige Gebiete 1937 an Preußen[2412].

Von einer eigenständigen Bedeutung des Landes Mecklenburg(-Schwerin) konnte somit insgesamt seit 1933 nur sehr begrenzt und seit 1934 gar nicht mehr gesprochen werden.

---

nigung der beiden Mecklenburg, in: DJZ 1933, Sp. 1400 (1400 ff.); siehe auch *Heck*, Geschichte (Fn. 25), S. 144; *Inachin*, Durchbruch (Fn. 60), S. 84.

2406 *Mrotzek*, Weg (Fn. 857), S. 89 ff.

2407 *bei der Wieden*, Abriss (Fn. 21), S. 20.

2408 Gesetz über den Neuaufbau des Reichs v. 30.1.1934 (RGBl. 1934 Nr. 11 v. 30.1.1934, S. 75); siehe dazu zeitgenössisch – mit gebotener Vorsicht gegenüber dem ideologischen Einschlag – *A. Medicus*, Der Neuaufbau des Reichs nach dem Gesetz vom 30. Januar und der ersten Durchführungsverordnung vom 2. Februar 1934, in: AöR N.F. 25 (1934), S. 66 (70 ff.).

2409 So auch *Pogge*, Verhältnis (Fn. 938), S. 49 ff. mit weiteren Einzelheiten.

2410 Siehe auch *Stern*, Staatsrecht V (Fn. 10), § 130 S. 786 ff.

2411 Es gliederte sich in fünf Abteilungen auf: Staatsministerium; Inneres; Finanzen (mit Hochbau), Unterricht, Kunst, geistliche und Medizinalangelegenheiten; Landwirtschaft, Domänen und Forsten (mit Siedlungsamt); die Rechtspflege ging auf das Reich über; siehe dazu *Hamann*, Werden (Fn. 13), S. 173 f.; *Spuler*, Regenten (Fn. 1704), S. 375.

2412 *Hamann*, Werden (Fn. 13), S. 37.

F. Rezeption der Verfassung von Mecklenburg-Schwerin in der Nachkriegszeit

Nach dem zweiten Weltkrieg galt es, neue Verfassungen auszuarbeiten. Insofern lag die Rezeption von bekannten Normkonstrukten nahe. Insofern stellt sich die Frage, inwieweit ähnliche Regelungen in der Verfassung des Landes Mecklenburg vom 16. Januar 1947[2413] wiederzufinden waren. Bei dieser Untersuchung bedarf es hier jedoch gewisser Einschränkungen. Es soll keine umfassende und erschöpfende Vergleichung beider Werke vorgenommen werden. Dies bleibt künftiger rechtsgeschichtlicher Forschung überlassen. Insofern liegt der Fokus auf der ausdrücklichen Übernahme von Spezifika der Landesverfassung von Mecklenburg-Schwerin durch das Verfassungswerk von 1947. Dabei kann logischerweise nicht von einem speziellen Verfassungserbe der Landesverfassung von 1920 gesprochen werden, wenn diese selbst vornehmlich auf dem Text der Weimarer Reichsverfassung fußte. Ferner kann nicht auf umfassende parlamentarische Protokolle zurückgegriffen werden[2414], sodass hier die inhaltliche Bezugnahme anhand des Wortlauts herausgearbeitet wird und sich daher die Ergebnisse nicht mit absoluter Gewissheit feststellen lassen. Einschränkend muss dabei ferner berücksichtigt werden, dass für die Landesverfassungen in der Sowjetisch Besetzten Zone Musterentwürfe existierten, an welchen sich die Länder orientiert hatten[2415]. Daher wird im Folgenden auf solche Normen eingegangen, welche kein Pendant im Entwurf der Sozialistischen Einheitspartei Deutschlands (SED) hatten und eine Parallele zur Landesverfassung des Freistaates aufwiesen.

Die Landesverfassung von Mecklenburg-Schwerin zeichnete sich insbesondere durch eine zukunftsweisende Vorschrift aus, welche für den heutigen Betrachter aus dem Bonner Grundgesetz vertraut ist. Insofern stellt

---

2413 Verfassung des Landes Mecklenburg v. 16. Januar 1947 (Rbl. für Mecklenburg 1947 Nr. 1 v. 12.3.1947, S. 1); im Folgenden abgekürzt als Verf. Meck.; *bei der Wieden*, Abriss (Fn. 21), S. 22.

2414 Es kann nicht auf eine ausreichende Dokumentation der Verfassungsberatungen zu den einzelnen Artikeln zurückgegriffen werden. An dieser Stelle gilt mein Dank *Matthias Manke* für die Hilfestellung bei der Recherche im Bestand des Landeshauptarchivs Schwerin.

2415 Siehe auch *K. Schwabe*, Verfassungen in Mecklenburg zwischen Utopie und Wirklichkeit, 1996, S. 30.

sich die Frage, ob der Vorspruch zu den Grundrechten eine Schablone für verwandte Regelungen im Grundgesetz war.

I. Übernahme in der Verfassung von Mecklenburg 1947

Nach dem Ende des Kriegs entwickelten sich die Verhältnisse in den einzelnen Besatzungszonen sehr unterschiedlich[2416]. Durch die Sowjetische Militär-Administration wurde als Verwaltungsgebiet bzw. das Land Mecklenburg(-Vorpommern) geschaffen, indem das preußische Vorpommern ohne Stettin an Mecklenburg angegliedert wurde[2417]. Der Zusatz Vorpommern verschwand allerdings noch vor Verabschiedung der Verfassung. Parteien wurden rasch zugelassen und bildeten den Block antifaschistischer-demokratischer Parteien zur überparteilichen Zusammenarbeit. Schon bei den ersten Wahlen 1946 in der Sowjetisch Besetzten Zone dominierte die SED, wobei der Erfolg insbesondere auch auf der Bevorzugung der SED und der Behinderung anderer Parteien durch die Siegermacht beruhte[2418]. Das beste Ergebnis der SED bei den Landtagswahlen in der Sowjetisch Besetzten Zone konnte in Mecklenburg-Vorpommern mit einem Stimmanteil von 49,5 % erzielt werden, die sodann den Ministerpräsidenten *Wilhelm Höcker* stellte[2419]. Dieser Landtag sollte die Verfassung ausarbeiten[2420]. Entscheidende Weichenstellungen wurden jedoch durch die zentralen Blockgremien der Parteien getätigt, sodass dies zu einer Uniformität der Länderverfassungen in der sowjetischen Besatzungszone insgesamt führte[2421]. Grundlage für die Landesverfassungen in der gesamten Zone

---

2416 Siehe dazu *Stern*, Staatsrecht V (Fn. 10), § 131 S. 909 ff.; siehe zur Sowjetisch Besetzten Zone insgesamt aus ostdeutscher Perspektive *K. Schultes*, Der Aufbau der Länderverfassungen in der sowjetischen Besatzungszone, 1948, S. 5 ff. sowie aus westdeutscher Sichtweise *G. Braas*, Die Entstehung der Länderverfassungen in der Sowjetischen Besatzungszone Deutschlands 1946/47, 1987, S. 37 ff.

2417 *Stern*, Staatsrecht V (Fn. 10), § 131 S. 1032; siehe zur aufgegriffenen Entwicklung, insbesondere die strategische Besetzung der Verwaltung und die Gründung der Parteien, in Mecklenburg auch *Heck*, Geschichte (Fn. 25), S. 150 ff.

2418 *Stern*, Staatsrecht V (Fn. 10), § 131 S. 1024.

2419 *Stern*, Staatsrecht V (Fn. 10), § 131 S. 1039; siehe auch die genaue Aufschlüsselung der Wahlergebnisse bei *Braas*, Entstehung (Fn. 2416), S. 46 f.

2420 Siehe insgesamt zu den Verfassungsberatungen in der Sowjetisch Besetzten Zone *Braas*, Entstehung (Fn. 2416), S. 90 ff.

2421 *Stern*, Staatsrecht V (Fn. 10), § 131 S. 1064 m.w.N.

bildeten die zentralen Musterentwürfe der SED[2422]. Der zweite Entwurf der SED bildete auch die Grundlage für die Verfassunggebung in Mecklenburg[2423], sodass dieser auch den Ausgangspunkt der folgenden Erörterung bildet. Allerdings entwarf abweichend davon die Christlich Demokratische Union Deutschlands (CDU) eigenständige Verfassungsentwürfe für die Länder der Sowjetischen Besatzungszone[2424]. Daneben wurde speziell für das Land Mecklenburg-Vorpommern ein Verfassungsentwurf vorgelegt, der zeitlich vor den Zentralentwürfen der CDU ausgearbeitet war und diese beeinflusste[2425]. Allerdings sind die genauen Einflüsse auf den Zentralentwurf der CDU sowie der Diskussionsprozess innerhalb des Landes nicht hinreichend belegt[2426].

Das Verfassungswerk für Mecklenburg wurde am 16. Januar 1947 einstimmig verabschiedet[2427].

Die Verfassung von Mecklenburg gliederte sich zwölf Abschnitte: demokratischer Aufbau des Landes, Grundrechte und Grundpflichten, Landtag, Regierung, Gesetzgebung, Rechtspflege, Verwaltung, Wirtschaft, Finanzwesen, Religionsgesellschaften, Volksbildung sowie die Schlussbestimmungen.

Als Auffälligkeit erscheint dabei Art. 2 Abs. 2 Meck. Verf. Danach lag die Grenze der Staatsgewalt in der Anerkennung der demokratischen Staatsform und in den Grundrechten der Bürger. Diese Norm hatte kein Pendant im zentralen Entwurf der SED. Allerdings sah Art. 2 Abs. 1 CDU-EMV ebenfalls die Grenze der Staatsgewalt in den dort einzeln benannten Grundrechten sowie in der demokratischen Staatsform, sodass diese Ver-

---

2422 Siehe die Entwürfe der SED: Erster Landesverfassungsentwurf der SED – rekonstruierte Fassung der zentralen Mustervorlage (SED-LVE I.) sowie Zweiter Landesverfassungsentwurf der SED – zentrale Mustervorlage (SED-LVE II.), abgedruckt bei *Braas*, Entstehung (Fn. 2416), S. 427 ff., 436 ff.

2423 Siehe *Heck*, Geschichte (Fn. 25), S. 168 f.

2424 Siehe die Entwürfe der CDU: Landesverfassungsentwurf der CDU – vorläufiger Zentralentwurf sowie Landesverfassungsentwurf der CDU – endgültige Fassung des zentralen Musterentwurfs (CDU-ZME), abgedruckt bei *Braas*, Entstehung (Fn. 2416), S. 457 ff., 466 ff.

2425 So *Braas*, Entstehung (Fn. 2416), S. 75 ff., der die Beeinflussung insbesondere aufgrund von Aussagen über interne Abläufe der CDU-Verfassungsdiskussionen sowie personelle Verbindungen herleitet; vgl. auch den Entwurf der CDU für eine Verfassung des Landes Mecklenburg-Vorpommern (CDU-EMV), abgedruckt bci *dems.*, ebda., S. 448 ff.; siehe zum Vergleich der Entwürfe der CDU *dens.*, ebda., S. 78 ff.

2426 Siehe *Braas*, Entstehung (Fn. 2416), S. 75 f.

2427 Alle Landesverfassungen in Ostdeutschland wurden einstimmig verabschiedet, siehe *Braas*, Entstehung (Fn. 2416), S. 106.

fassungsnorm an den Entwurf der CDU des Landes offensichtlich angelehnt sein musste[2428]. Sie erinnert an den Vorspruch zu den Grundrechten. Dort waren die Grundrechte Schranke (und Richtschnur) für Gesetzgebung, Verwaltung und Verfassung. Ein materieller Unterschied zwischen Grenze und Schranke ist nicht zu erkennen. Zwar differenzierte der Wortlaut in Mecklenburg nicht nach den Gewalten, jedoch bezog sich dies aus systematischen Gesichtspunkten auf die durch das Volk ausgeübte Staatsgewalt. Bei allen Landesverfassungen war eine strenge Gewaltenteilung aufgehoben und durch das Prinzip der umfassenden Entscheidungsgewalt des Volks bzw. dessen Vertretungsorgans ersetzt, sodass dem Volkswillen auch gemäß Art. 2 Abs. 3 Meck. Verf. die Kontrolle und die Mitwirkung an der Verwaltung sowie die Beteiligung an der Rechtsprechung oblag[2429]. Damit war wohl eine Differenzierung hier auch nach herrschendem zeitgenössischem Verständnis nicht zwingend notwendig[2430]. Insofern dürfte Art. 2 Abs. 3 Meck. Verf. an den Vorspruch zu den Grundrechten angelehnt gewesen sein, indem eine Bindungsanordnung für die Grundrechte normiert wurde und diese um die Anerkennung der demokratisch-republikanischen Staatsform erweitert wurde. Diese These wird auch dadurch gestützt, dass der Entwurf der CDU-Landespartei entscheidende Einflüsse auf den Zentralentwurf der CDU hatte, welcher diese Bestimmung ebenfalls enthielt[2431]. Somit scheint hierin ein Verfassungserbe der Landesverfassung von Mecklenburg-Schwerin gelegen zu haben.

2428 Art. 2 Abs. 1 CDU-ZME bestimmte, dass die Grenze der Staatsgewalt in der Anerkennung der Freiheit der Person, der Glaubens- und Gewissensfreiheit, der Wahlfreiheit, der Vereins- und Versammlungsfreiheit, der Freiheit der Wohnung, der Freiheit der Meinungsäußerung und des Postgeheimnisses lagen; auch *Braas* kann keine nennenswerte Auseinandersetzung über diese Norm erblicken, vgl. *dens.*, Entstehung (Fn. 2416), S. 129 f., 135.

2429 Vgl. Art. 22 Abs. 2 Meck. Verf.; *Schultes*, Aufbau (Fn. 2416), S. 12; *Braas*, Entstehung (Fn. 2416), S. 50; *Stern*, Staatsrecht V (Fn. 10), S. § 131 S. 1086 f.

2430 Das Verständnis der mangelnden Gewaltenteilung dürfte zwar nicht dem Art. 2 Abs. 1 CDU-EMV zugrunde gelegen haben, war eine Aufhebung derselben von der CDU nicht beabsichtigt, allerdings muss bei der Auslegung der Verfassung die Systematik des damals gültigen Verfassungstextes beachtet werden. Im Übrigen bestimmte Art. 46 CDU-EMV, dass die Schranken des Art. 2 CDU-EMV auch für den Gesetzgeber galten; vgl. zu den Thesen der CDU bezüglich der Verfassungen in der sowjetischen Besatzungszone *Braas*, Entstehung (Fn. 2416), S. 72, 74.

2431 *Braas* betont, dass die SED durch Vorlage eines Entwurfs die CDU in Zugzwang gesetzt hat, sodass der Zentralentwurf der CDU innerhalb kürzester Frist fertiggestellt werden musste und offenbar aufgrund des Zeitdrucks auf

In einem engen inhaltlichen Zusammenhang stand die Schlussbestimmung des Art. 99 Meck. Verf. Auch diese Norm hatte keine entsprechende Vorlage in dem zentralen Mustervorschlag der SED. Allerdings enthielt auch Art. 2 Abs. 2 CDU-EMV eine inhaltsgleiche Regelung[2432]. Gemäß Art. 99 Meck. Verf. wurde jede Bestrebung, welche die Beseitigung oder Einschränkung der demokratischen Staatsform oder der Grundrechte beabsichtigte, für verfassungswidrig erklärt[2433]. Im zweiten Absatz wurde dies dadurch konkretisiert, dass auch von der Verfassung vorgesehene Verfahren nicht zu einer Verfassungskonformität geführt hätte bzw. es dadurch hätte rechtmäßig werden können. In der Landesverfassung von Mecklenburg-Schwerin wurde durch den Vorspruch zu den Grundrechten normiert, dass die Grundrechte Schranke (und Richtschnur) für die Verfassung waren, sodass damit eine Beschränkung für den verfassungsändernden Gesetzgeber aufgestellt wurde. Damit war eine Ewigkeitsgarantie für den gewährleisteten Grundrechtskatalog im entsprechenden Umfang normiert. Auch Art. 99 Meck. Verf. stellte die Grundrechte unter einen änderungsfesten Kernbestand der Verfassung und erweiterte dies um die Garantie der demokratischen Staatsform. Insbesondere zeigt der zweite Absatz, dass auch formal korrekte Verfahren nicht zu einer verfassungskonformen Änderung führen konnten, sofern diese Grundsatznormen beseitigt oder eingeschränkt worden wären. Dadurch wurde ein ausdrücklicher Bezug zum verfassungsändernden Gesetzgeber hergestellt und diesem im Hinblick auf die verbürgten Grundsätze eine Beschränkung auferlegt. Insofern bildete auch Art. 99 Meck. Verf. eine Ewigkeitsgarantie für die Grundrechte und die demokratische Staatsform[2434]. Ewigkeitsklauseln waren kein gänzliches Novum. Insbesondere beschäftigte sich die Rechtswissenschaft zum Ende der Weimarer Republik schon mit der Frage nach

dem mecklenburgischen Entwurf beruhte, siehe *dens.*, Entstehung (Fn. 2416), S. 76 f.

2432 Art. 2 Abs. 2 CDU-EMV: Alle Bestrebungen, die demokratische Staatsform und die Grundrechte der Staatsbürger zu beseitigen oder einzuschränken, sind verfassungswidrig und als ein Verbrechen gegen die Verfassung durch Erlaß eines besonderen Gesetzes zu bestrafen; auch der Versuch ist strafbar. Verfassungswidrige Bestrebungen werden auch nicht durch Anwendung von Formen, die diese Verfassung vorsieht, rechtmäßig; Art. 11 Abs. 3 CDU-ZME enthielt eine ähnliche Norm, welche die Beseitigung der demokratischen Staatsform, auch auf formal verfassungskonformer Weise, für verfassungswidrig erklärte.

2433 Ferner wurde dies als „Verbrechen gegen die Verfassung" qualifiziert, dessen Versuch selbst strafbar war, Art. 99 Abs. 1 Meck. Verf.

2434 So auch *Häberle*, Ewigkeitsklauseln (Fn. 1289), S. 89.

einem änderungsfesten Kernbestand von Verfassungsnormen, jedoch liegt die Vermutung nahe, dass die Vorgängerverfassung aufgrund dieser einzigartigen Regelung innerhalb der Weimarer Republik hier eine Vorbildfunktion erfüllt haben könnte. Auch hier entstammte die Abweichung vom Musterentwurf der SED der Feder der CDU des Landes Mecklenburg, was ebenfalls für eine Orientierung am Vorspruch bzw. der Landesverfassung des Freistaates spricht. Somit ist auch bei dieser Norm ein Verfassungserbe der Landesverfassung von 1920 denkbar[2435].

Die weiteren Normen der Verfassung von Mecklenburg wirken hingegen im Hinblick auf ein mögliches Verfassungserbe nicht sonderlich ergiebig, waren diese fast ausschließlich wörtliche Übernahmen des zweiten Musterentwurfs der SED.

Auch der Grundrechtskatalog der Verfassung von 1947 orientierte sich an dem zweiten Entwurf für die Landesverfassungen der SED, obwohl innerhalb der Sowjetischen Besatzungszone hier weniger Uniformität herrschte[2436]. Art. 8 Abs. 2 Meck. Verf. enthielt die Pflicht, bei Freiheitsentzug der Person spätestens am darauffolgenden Tag den Grund dessen und die anordnende Behörde zu nennen sowie das Recht, Einwendungen dagegen vorzubringen. Dies war auch in der Landesverfassung von Mecklenburg-Schwerin enthalten. Allerdings wurde dies auch durch Art. 114 Abs. 2 WRV normiert, sodass in diesem Fall nicht von einem spezifischen Verfassungserbe gesprochen werden kann.

Eine Abweichung vom Muster der SED bestand bei Art. 23 Abs. 2 Meck. Verf. Darin wurde zusätzlich normiert, dass die Abgeordneten nur ihrem Gewissen unterworfen und nicht an Weisungen gebunden waren[2437]. Dies entsprach auch dem Wortlaut von § 38 Meck.-Schw. Verf., was jedoch auch in Art. 21 S. 2 WRV zu finden war. Somit kann auch an dieser Stelle nicht von einem spezifischen Verfassungserbe gesprochen werden.

Art. 67 Abs. 3 Meck. Verf. normierte das Niederschlagungsrecht. Dieses Recht auf den Verzicht von Strafverfolgung war nicht vom zentralen Musterentwurf der SED vorgesehen. Allerdings befand sich ein Nieder-

2435 In Verfassungsdebatte in Sachsen nahm man in ähnlicher Absicht jedoch Bezug auf die Verfassung von Hessen, siehe *Braas*, Entstehung (Fn. 2416), S. 146 f.

2436 Insgesamt traten innerhalb der Sowjetisch Besetzten Zone im Rahmen der Grundrechtsgewährleistungen mangels eingehender Diskussionen im zentralen Blockgremium merkliche Unterschiede auf, so *Braas*, Entstehung (Fn. 2416), S. 147 f. sowie *Stern*, Staatsrecht V (Fn. 10), § 131 S. 1088 f.

2437 Dies entstammte ebenfalls den Bestrebungen der CDU, siehe *Braas*, Entstehung (Fn. 2416), S. 150.

schlagungsrecht bezüglich Personen bis zur Vollendung des achtzehnten Lebensjahrs in § 57 Abs. 1 S. 1 Meck.-Schw. Verf. sowie in Art. 12 EG für bestimmte Delikte. Insofern liegt hier eine inhaltliche Bezugnahme aus der Landesverfassung des Freistaates nahe. Eine Begrenzung des Anwendungsbereichs auf bestimmte Straftaten oder Personen war in Mecklenburg jedoch im Gegensatz dazu nicht vorgesehen. Ferner bestand hier die Kompetenz des Landtags. Dies war nach der Ratio der Verfassung auch folgerichtig, besaß dieser als Träger des Volkswillens umfassend Macht. Eine Gewaltenteilung war in der Landesverfassung von 1947 nicht verwirklicht. Daher verwundert es nicht, dass das Niederschlagungsrecht, welches eine klassische Exekutivkompetenz darstellte, nun der Volksvertretung zustand. Somit könnte hier eine Vorbildfunktion der Landesverfassung vorgelegen haben.

Abweichend vom Musterentwurf der SED bestimmte Art. 85 S. 2 Meck. Verf., dass die Abrechnung zur Entlastung der Regierung dem Rechnungshof zur Prüfung vorgelegt wurde[2438]. Eine Überprüfung durch den Rechnungshof war auch gemäß § 80 Meck.-Schw. Verf. vorgesehen. Jedoch war dies in der Weimarer Republik auch auf Reichsebene vorgesehen, sodass dies keine Besonderheit an sich darstellte[2439]. Insofern kann hier lediglich eine Abweichung vom Musterentwurf der SED, jedoch kein spezifisches Verfassungserbe festgestellt werden.

Insgesamt bewies der Landesverfassunggeber 1947 wenig Eigenständigkeit und übernahm fast gänzlich den zweiten Zentralentwurf der SED. Einzig der Vorspruch zu den Grundrechten von 1920 könnte für Art. 2 Abs. 3 sowie Art. 99 Meck. Verf. „Pate gestanden haben".

War die Geltungsdauer der Verfassung von 1920 schon vergleichsweise begrenzt, kann diese während der sowjetischen Besatzungszeit und der zweiten deutschen Diktatur als kaum existent bezeichnet werden. Am 23. Juli 1952 wurde das Land Mecklenburg aufgelöst und das Gebiet in die Verwaltungsbezirke Rostock, Schwerin und Neubrandenburg aufgeteilt[2440]. Die gänzliche Zerstörung der föderalen Gliederung der DDR wurde 1958 verfassungsrechtlich vollendet, indem die Länderkammer aufgehoben wurde[2441].

2438 Die Überprüfung durch den Landesrechnungshof, welcher nur dem Parlament gegenüber verantwortlich war, stellte ein Anliegen der CDU dar, so *Braas*, Entstehung (Fn. 2416), S. 226.

2439 Siehe auch *Anschütz*, Verfassung (Fn. 779), Art. 86 Anm. 2 (S. 440).

2440 *Krause*, Art. Mecklenburg (Fn. 32), Sp. 407.

2441 *Stern*, Staatsrecht V (Fn. 10), § 131 S. 1068.

II. Übernahme des Vorspruchs zu den Grundrechten durch das Grundgesetz

Das Grundgesetz ist vor dem Hintergrund des Scheiterns der ersten deutschen Demokratie entstanden. Insofern lag eine Orientierung an den Vorgängerverfassungen sowie eine bewusste Abkehr von vermeintlichen Konstruktionsfehlern[2442] nahe. Aufgrund der relativen Bedeutungslosigkeit des Kleinstaates mag hier eine Vorbildfunktion der Landesverfassung zwar fern liegen, jedoch beinhaltete der Normtext von 1920 als herausstechende Besonderheiten den Vorspruch zu den Grundrechten, welcher als Vorbild für heute bekannte Normen hätten dienen können.

Der Vorspruch zum Grundrechtekatalog des Freistaats Mecklenburg-Schwerin trug viele Züge, die auch in Art. 1 Abs. 3 GG enthalten sind, der als direkte Reaktion auf die vielfach beschworene Schwäche der Weimarer Reichsverfassung Eingang in das Grundgesetz gefunden hat[2443]. Durch Art. 1 Abs. 3 GG wird die unmittelbare Geltung der Grundrechte als bindendes Recht für die staatliche Gewalt normiert[2444]. Der Vorspruch sprach eine Gewährleistung der Grundrechte sowie eine Bindung der Verwaltung und Gesetzgebung aus. Insofern ähneln sich die Normen in der grundsätzlichen Konzeption. Jedoch lässt sich eine direkte Kausalkette zwischen den beiden Normen im Normgebungsprozess nicht entdecken[2445]. Vielmehr wird in der gängigen Kommentarliteratur auf Art. 130 FPV als historisches Vorbild bzw. auf die vorgrundgesetzlichen Landesverfassungen verwiesen[2446]. Grund dafür dürfte in der Vorgehensweise des

---

2442 Siehe statt aller *Stern*, Staatsrecht V (Fn. 10), S. 743 ff.

2443 Statt aller *C. Starck*, in: P. M. Huber/A. Voßkuhle (Hrsg.), v. Mangoldt/Klein/Starck Grundgesetz, Bd. 1, 7. Aufl. 2018, Art. 1 Rn. 151 sowie *Pieroth*, 100 Jahre (Fn. 977), S. 801.

2444 Siehe klassisch dazu *Stern*, Staatsrecht III/1 (Fn. 1187), S. 1191 ff. m.w.N.; siehe auch *Starck* (Fn. 2443), Art. 1 Rn. 151 ff. mit weiteren Einzelheiten und Nachweisen.

2445 Vgl. JöR N.F. 1 (1951), S. 48ff.; so auch *F. Wittreck*, Bedeutung einzelstaatlicher Grundrechte für die Grundrechtsentwicklung, in: D. Merten/H.-J. Papier (Hrsg.), Handbuch der Grundrechte in Deutschland und Europa, Bd. VIII, 2017, § 231 Rn. 86.

2446 Siehe *Stern*, Staatsrecht III/1 (Fn. 1187), § 72 S. 1191 f.; *Starck* (Fn. 2443), Art. 1 (dort: Vergleichbare Normen); *W. Höfling*, in: Sachs, Grundgesetz (Fn. 1142), Art. 1 Rn. 82; ein ausdrücklicher Hinweis auf den Vorspruch zu den Grundrechten finden sich hingegen bei *Dreier* (Fn. 1145), Art. 1 III Rn. 4 sowie *M. Herdegen*, in: Maunz/Dürig, Grundgesetz (Fn. 1129), Art. 1 III (2019), Rn. 7 (dort Fn. 8).

Verfassunggebers zu finden sein. Man orientierte sich primär am Grundrechtekatalog der Paulskirchenverfassung, der Weimarer Reichsverfassung sowie dem Entwurf einer allgemeinen Erklärung der Menschenrechte der Vereinten Nationen[2447]. Wie bereits gezeigt, blieb der Verfassunggeber in Mecklenburg-Schwerin hinter dem selbst gesetzten Anspruch zurück, sodass mangels verfassungsgerichtlicher Kontrolle der Vorspruch keinen praktischen Gewährleistungsvorsprung entfalten konnte[2448]. Dadurch ist dem Vorspruch keine entsprechende Aufmerksamkeit zuteil geworden, sodass eine Vorbildfunktion nur schwerlich erfüllt werden konnte. Daher kann kein spezifisches Verfassungserbe von Mecklenburg-Schwerin in Art. 1 Abs. 3 GG festgestellt werden.

Ohne Vorgängernorm im vorherigen Landes- oder Reichsrecht trat der Vorspruch im Hinblick auf die Grenzen der Verfassungsänderung auf. Der heutige Art. 79 Abs. 3 GG entzieht die abschließend aufgezählten Elemente dem Zugriff des verfassungsändernden Gesetzgebers, setzt diesem damit materielle Schranken, sodass diese Grundsatzelemente ohne den Bruch mit dem Grundgesetz nicht überwunden werden können[2449]. Auch der Vorspruch zu den Grundrechten von Mecklenburg-Schwerin normierte, dass die Grundrechte Richtschnur und Schranke für den verfassungsändernden Gesetzgeber waren. Insofern stellte dies eine revolutionäre Neuerung in der Weimarer Republik dar, welche ohne entsprechendes Vorbild auftrat[2450]. Im Rahmen der Normierung des Grundgesetzes hätte es zwar nahe gelegen, sich an dieser Präambel zum Grundrechtsteil der Landesverfassung zu orientieren. Jedoch ließen sich keine unmittelbaren Einflüsse auf den Normgebungsprozess von Art. 79 Abs. 3 GG durch den Vorspruch in der Landesverfassung ermitteln[2451]. Auch wird

---

2447 *Starck* (Fn. 2443), Art. 1 Rn. 148 m.w.N.

2448 In Danzig entwickelte sich auf Grundlage der vergleichbaren Vorschrift ein verfassungsgerichtliches Normenkontrollrecht, siehe dazu wiederum *Wittreck*, Anfänge (Fn. 1123), S. 427 ff.

2449 Siehe dazu *Dreier* (Fn. 1232), Art. 79 III Rn. 14 ff. mit weiteren Einzelheiten und Nachweisen.

2450 Die Diskussion um einen änderungsfesten Kern entflammte wahrnehmbar erst gegen Ende der Weimarer Republik, siehe dazu insgesamt Kapitel D.I.2.b.ee; als verfassungstheoretischer Anknüpfungspunkt stellt *O.-B. Bryde* die Debatte, welche maßgeblich von Carl Schmitt angestoßen worden war, heraus, siehe *dens.*, in: I. v. Münch/P. Kunig (Hrsg.), Grundgesetz. Kommentar, Bd. 2, 6. Aufl. 2012, Art. 79 Rn. 1.

2451 Vgl. JöR N.F. 1 (1951), S. 579 ff. (insbesondere S. 584 ff.); siehe zur Entstehungsgeschichte der Ewigkeitsgarantie des Grundgesetzes *Dreier* (Fn. 1232), Art. 79 III Rn. 4 ff. m.w.N.

nur sehr vereinzelt die Unantastbarkeitsgarantie durch den Vorspruch als Vorläufernorm des Art. 79 Abs. 3 GG überhaupt erwähnt, ohne jedoch eine Kausalkette in der Entstehungsgeschichte nachzuweisen[2452]. Häufiger wird von der Existenz des Vorspruchs zu den Grundrechten in Mecklenburg-Schwerin als Begrenzung für den verfassungsändernden Gesetzgeber keinerlei Notiz genommen[2453]. Dies lag sicherlich – neben der generell mäßigen Bedeutung des Landes innerhalb der Gliedstaaten der Weimarer Republik und der verhältnismäßig kurzen Geltungsdauer der Verfassung – auch an dem Wortlaut des Vorspruchs. Dieser stellte nicht explizit heraus, dass die Grundrechte dem verfassungsändernden Gesetzgeber entzogen sein sollten. Stattdessen musste, wie auch in dieser Arbeit, erst durch Auslegung der Sinngehalt ermittelt werden, sodass die Bedeutung nicht evident war[2454]. Mangels Kommentars zur Landesverfassung von Mecklenburg-Schwerin wäre somit eine tiefergehende Analyse des Landesverfassungsrechts zuvor notwendig gewesen. Insofern drängte sich eine Orientierung am Vorspruch der Verfassung von Mecklenburg-Schwerin nicht auf. Vielmehr war die „legale" Verfassungsbeseitigung durch die Nationalsozialisten für die Väter des Grundgesetzes der entscheidende Anknüpfungspunkt für die Ewigkeitsgarantie[2455], sodass sich eine Normierung einer solchen ohne Anknüpfungspunkt in der Landesverfassung auch anbot.

Insgesamt fehlte es an einer entsprechenden Kenntnisnahme dieser richtungsweisenden Norm. Hier hätte eine selbstbewusste Landesverfassungsgerichtsbarkeit, welche sich ein Normprüfungsrecht „angemaßt" hätte, oder eine bedeutende Landesuniversität mit entsprechendem Diskurs über das Landesverfassungsrecht sicherlich zu einer wahrnehmbaren Bedeutungssteigerung geführt, sodass der Rückgriff auf diese Norm sodann denklogisch gewesen wäre.

2452 So lediglich *Dreier* (Fn. 1232), Art. 79 III Rn. 2 (dort Fn. 7); siehe *K.-E. Hain*, in: Huber/Voßkuhle, v. Mangoldt/Klein/Starck Grundgesetz II (Fn. 609), Art. 79 Rn. 28 (dort Fn. 5) mit Verweis auf den Kommentar von *Dreier*; siehe zu den (vorgrundgesetzlichen) Ewigkeitsklauseln in den Landesverfassungen *Häberle*, Ewigkeitsklauseln (Fn. 1289), S. 84 ff.

2453 So beispielsweise *M. Sachs*, in: ders., Grundgesetz (Fn. 1142), Art. 79 Rn. 1; *M. Herdegen*, in: Maunz/Dürig, Grundgesetz (Fn. 1129), Art. 79 (2014), Rn. 64 ff.

2454 Insofern erklärt dies auch die Zurückhaltung von *Dreier* bei der Beurteilung des Vorspruchs der Grundrechte als Schranke für den verfassungsändernden Gesetzgeber und infolgedessen als Vorgängernorm, vgl. *dens.* (Fn. 1232), Art. 79 III Rn. 2 (dort Fn. 7).

2455 So auch *Bryde* (Fn. 2450), Art. 79 Rn. 1 m.w.N.

G. Fazit und Resümee

Nach alledem ist deutlich geworden, dass das Landesverfassungsrecht des Freistaates Mecklenburg-Schwerin nur im Zusammenhang mit der Reichsverfassung und vor dem historischen Hintergrund begreifbar ist. Die wichtigsten Ergebnisse der bisherigen Darstellung sollen hier zusammengeführt werden.

Zunächst muss an dieser Stelle noch einmal betont werden, dass in keinem anderen Land die Novemberrevolution solch einen Umsturz hervorgerufen hat wie in den beiden mecklenburgischen Ländern. Die Modernisierungsbemühungen in Mecklenburg-Schwerin scheiterten stets, sodass der verfassunggebende Landtag ein mittelalterliches Staatssystem vorfand, bei dem lediglich durch die Einflüsse des Reichsrechts während der Zeit des Norddeutschen Bundes und des Kaiserreichs ein Erosionsprozess eingeleitet worden war.

In dem Spannungsfeld zwischen dem Aufbrechen der mittelalterlichen Strukturen und der Bewahrung der Handlungsfähigkeit des Staates ist das Einführungsgesetz zu sehen. Sinnvollerweise wurden die Normen, welche bloß den Übergang der Staatssysteme regelten, im Lauf der Verfassungsberatungen aus dem eigentlichen Verfassungstext extrahiert und in dem Einführungsgesetz gebündelt, sodass die Beseitigung des Ständestaates nicht stets aus dem Normkonstrukt hervorstach. Dies hätte die Verfassung unnötig aufgebauscht und wäre der Verständlichkeit und Übersichtlichkeit abträglich gewesen.

Als Kernstück des Einführungsgesetzes wurde hier der Status der Stände als Körperschaften des öffentlichen Rechts aufgehoben. Die Rechte der Stände als eigenständiger Hoheitsträger und Verfassungsfaktor wurden eliminiert. Entsprechend wurden die ständischen Sonderrechte umfassend getilgt und das Vermögen auf den Staat übertragen. Allerdings blieben manche behördlichen Einrichtungen unter Führung des neuen Staates zunächst bei Bestand, damit das Land weiterhin handlungsfähig war. Im Verhältnis von Staat und Kirche wurde im Einführungsgesetz zunächst die Vermögensverwaltung auf die Kirche übertragen, fehlte es durch den Fortfall des *summus episcopus* doch an einer grundlegen Organisation der Kirche. Patronatsrechte blieben jedoch unberührt.

Insgesamt zeigt das Einführungsgesetz, dass man zwar gewillt war, moderne Staatlichkeit in Mecklenburg-Schwerin einziehen zu lassen, dass dies jedoch aufgrund struktureller Defizite erst schrittweise zu bewerkstelligen war.

Der Verfassungstext ist in Mecklenburg-Schwerin stets eingedenk der Beratungen in der Nationalversammlung und den Vorgaben der Reichsverfassung entstanden. Dies bewirkte einen augenfälligen Gleichklang zwischen Landes- und Reichsverfassung in vielen Bereichen. Zunächst muss festgehalten werden, dass die zeitgenössisch herrschende Auslegung von Art. 13 Abs. 1 WRV die Chancen für Originalität der Landesverfassungen in weiten Teilen minimierte. Im Bereich der Grundrechte bestand zwar ein umfangreicher Katalog, welcher jedoch weitgehend Art. 13 Abs. 1 WRV zum Opfer fiel. Der Landesverfassunggeber beschränkte sich primär darauf, die Grundrechte der Reichsverfassung mit marginalen Abweichungen aufzunehmen. Insofern bildeten diese vielmehr eine ansehnliche Fassade, wirkt doch (zumindest heute) eine Verfassung ohne Grundrechtsgewährleistung unvollständig. Insofern hätte der Vorschlag, lediglich auf die Reichsverfassung zu verweisen, diesen Zweck nicht in demselben Maße erfüllt.

Wirkliche Originalität bewies der Landesverfassunggeber durch den Vorspruch zu den Grundrechten. Diese Norm insgesamt trat ohne Pendant auf. Mit Blick auf den ersten Satz des Vorspruchs liegt die Vermutung nah, dass dieser sich an der Paulskirchenverfassung orientierte. Durch die Gewährleistung der Grundrechte bestand eine Pflicht zur Effektuierung derselben. Zwar war damit keine konkrete Festlegung auf spezielle Rechtsschutzmöglichkeiten verbunden, jedoch blieb der Gesetzgeber insgesamt hinter diesem Gewährleistungsanspruch zurück. Weder ein Normenkontrollverfahren noch eine Individualverfassungsbeschwerde wurden in Mecklenburg-Schwerin etabliert. Zwar wäre es möglich gewesen, durch den Anknüpfungspunkt der Zuständigkeit des Staatsgerichtshofs für „Verfassungsstreitigen“ eine Überprüfung von Grundrechtsverletzungen einzuführen, jedoch war durch den Kreis der Antragsberechtigten dies quasi ausgeschlossen. Das hätte auch dem ausdrücklichen Willen des Verfassunggebers widersprochen, war doch eine abstrakte Normenkontrolle im Verfassungsausschuss abgelehnt worden. Insofern verblasst der Wirkungsgrad des Vorspruchs im Gesamtkontext der Landesverfassung. Im Hinblick auf mangelnde Rechtsschutzmöglichkeiten war die Konstruktion nicht gelungen. Der Vorspruch trat mit einem Anspruch zur effektiven Grundrechtsgewährleistung auf, was jedoch durch weitere Verfassungsnormen nicht aufgenommen und mit entsprechenden Durchsetzungsmöglichkeiten umgesetzt wurde. Insofern entsprach der Vorspruch im systematischen Kontext nicht dem selbstgesetzten Anspruch.

Der zweite Satz des Vorspruchs war vermutlich an den geplanten Art. 107 WRV Entwurf angelehnt, ging jedoch über diesen hinaus. Die Bindung von Verwaltung und Gesetzgebung können im Hinblick auf die Anfangszeit der Weimarer Republik als überraschend innovativ bezeichnet werden. Hier wurde eine unmittelbare Bindung der beiden Gewalten sowie ein Kernbestand an Gewährleistung normiert, was sich erst nach mühsamen Auseinandersetzungen in der rechtswissenschaftlichen Lehre durchzusetzen begann. Insofern griff der Vorspruch in dieser Hinsicht der im Vordringen befindlichen Meinung gegen Ende der Weimarer Republik vor. Ob sich der Normgeber dieser Konsequenz bewusst war, kann aufgrund fehlender Hinweise in den parlamentarischen Akten nicht festgestellt werden. Fast schon unauffällig erscheint die Bindung der Verfassung. Damit wurde eine Ewigkeitsgarantie eines Kernbestands der jeweiligen Grundrechte festgeschrieben und dem Zugriff des verfassungsändernden Gesetzgebers entzogen. Zwar waren zeitgenössisch Ewigkeitsklauseln nicht unbekannt, jedoch bestand hier kein direktes Vorbild. Damit kann diese Norm als Vorläufer von Art. 79 Abs. 3 GG gelten, ohne jedoch einen Beleg auf die Vorbildfunktion liefern zu können. Insgesamt bewies der Normgeber hier revolutionäre Originalität, indem er bekannte Vorbilder aufgriff und sogar noch über diese hinausging. Somit ist der Vorspruch zu den Grundrechten ein Beleg für eine besondere Wertschätzung derselben durch den Verfassunggeber in Mecklenburg-Schwerin. Insofern ist es völlig unverständlich, dass sich sowohl die zeitgenössische sowie neuzeitliche Rechtswissenschaft mit dieser Norm nicht eingehend beschäftigt und kaum Notiz von deren Existenz genommen hat.

Im Bereich des Staatsorganisationsrechts wirkte die Reichsverfassung nicht als erdrückend limitierender Faktor auf das Landesverfassungsrecht von Mecklenburg-Schwerin, wurden die meisten Normen nicht im Hinblick auf einen zu vermeidenden Verstoß gegen Reichsrecht erlassen, sondern stellten autonome Entscheidungen des Landtags dar. Insbesondere beim Wahlrecht und im Bildungssystem waren die Einflüsse augenfällig. Beim Wahlrecht zum Landtag stellte in der Begrenzung auf einen dreimonatigen Wohnsitz oder dauernden Aufenthalt einen Verstoß gegen die Reichsverfassung dar, welcher jedoch schon 1921 ohne Gerichtsverfahren behoben wurde.

Im Verhältnis zwischen Exekutive und Parlament besaß das Parlament – auch im Vergleich zu anderen Ländern – umfassende Rechte und Kompetenzen.

Das Staatsministerium verfügte insgesamt die üblichen Exekutivrechte. Vor dem Hintergrund der Revolution erscheint jedoch das Begnadigungs-

und Niederschlagungsrecht als wichtige Kompetenz, wobei eine Amnestie allerdings der Zustimmung des Landtags bedurfte. Ein wichtiger Gestaltungsfaktor bestand im Hinblick auf den Haushalt. Ausgaben durften ohne Zustimmung des Staatsministeriums nicht erhöht oder gänzlich neu festgesetzt werden. Insofern konnte hier die Exekutive eine ordentliche Finanzwirtschaft sicherstellen. Innerhalb des Staatsministeriums war die Gleichordnung der Minister umfassend verwirklicht. Trotz des Ressortprinzips konnte das Staatsministerium die Entscheidungsgewalt an sich ziehen. Selbst der Ministerpräsident besaß, abgesehen von Vertretungsbefugnissen, keine hervorstechenden Alleinentscheidungskompetenzen.

Entscheidender Machtfaktor war das Parlament, dem kaum nennenswerte Schranken von der Verfassung auferlegt worden waren.

Das Parlament wählte alle Minister. Hier bestand nicht einmal ein Vorschlagsrecht des Ministerpräsidenten, der zuerst gewählt wurde, auch wenn die Frist zwischen den Wahlen auf eine beratende Tätigkeit des Ministerpräsidenten angelegt war. Entscheidender war jedoch die Kompetenz des Landtags zur jederzeitigen Abberufung der Minister. Hier sah die Verfassung Antragshürden vor, wobei jedoch kein Beteiligungsquorum oder sonstige Voraussetzungen festgelegt waren. Allerdings bediente man sich entgegen der Konzeption der Verfassung Misstrauensvoten, welche nämlich nicht im Verfassungstext vorgesehen waren. Dies führte in der Staatspraxis regelmäßig zum Rücktritt der Minister und bewirkte wechselnde Regierungen. Die Ursache für instabile Regierungsverhältnisse ist folglich nicht in einem vermeintlichen Konstruktionsfehler des Verfassungstextes zu suchen. Hier ist vielmehr die Parlamentspraxis zu kritisieren.

Problematischer war allerdings die Befugnis des Landtags zur Wahlprüfung. Die mit der Wahlprüfung einhergehende Entscheidung über die eigene Zusammensetzung kann nur bei einem idealisierenden Bild der Parlamentarier als nicht vollkommen nutzlos bewertet werden. Insofern wäre es auch schon zeitgenössisch erkennbar gewesen, dass dies in politisch brisanten Phasen keine wirkungsvolle Überprüfungsmöglichkeit darstellte. Ein Bewusstsein der antidemokratischen Einstellung mancher Abgeordneter war jedenfalls schon bei Erlass der Verfassung vorhanden. Insofern bestanden für die Parlamentsminderheit keine Mittel zur unabhängigen Überprüfung der Rechtmäßigkeit der Wahl. Dieses Problem wurde 1932 in Mecklenburg-Schwerin auch tatsächlich relevant. Die NSDAP lehnte eine Wahlprüfung trotz Hinweisen auf Unregelmäßigkeiten ab und behielt so eine knappe absolute Mehrheit.

Auch Ministerklagen konnten nicht von einer (qualifizierten) Minderheit der Parlamentarier initiiert werden, sodass auch dieses Instrument kein adäquates Minderheitenrecht darstellte. Zwar bestand in der Abgeordnetenklage eine Besonderheit von Mecklenburg-Schwerin, jedoch war dies ebenfalls kein Minderheitenrecht und war vom Anwendungsbereich sehr begrenzt.

Dies zeigt schon, dass dem Parlament eine fast schrankenlose Vormachtstellung zugedacht war.

Die Überlegungen, eine zweite Kammer oder einen vom Volk gewählten Staatspräsidenten, welcher außerhalb der Regierung gestanden hätte, zu etablieren, waren auch vom Gedanken der Begrenzung der Macht des Parlaments getragen. Hier mag jedoch auch eine gewisse Demokratieskepsis von Seiten der DNVP zumindest mitgeschwungen haben. Diese Vorschläge wurden insbesondere aus Ablehnung der Reminiszenz an die ständische bzw. großherzogliche Zeit und Machtvollkommenheit nicht umgesetzt.

Die Begrenzung des Parlamentsabsolutismus war jedoch in den Elementen direkter Demokratie angelegt. Neben der Möglichkeit der Landtagsauflösung durch Plebiszit und dem Volksbegehren mit dem Ziel einer Gesetzesverabschiedung wird dies am Instrument des Stichentscheids deutlich. Hier bestand theoretisch die Möglichkeit, dass das Staatsministerium gegen die Entscheidung des Parlaments ein Gesetz dem Volk zur Abstimmung vorlegte. Aufgrund der Abberufungsbefugnis des Landtags erscheint dies jedoch nicht als wirkungsvolles Instrument. Insofern herrschte auch dadurch keine Waffengleichheit. Auch dem Volksbegehren war durch das relativ hohe Unterschriftenquorum von einem Sechstel ein faktischer Riegel vorgeschoben.

Insgesamt bestanden kaum wirkungsvolle Begrenzungen der Allmacht des Parlaments bzw. der Majorität. Dies ist auch grundsätzlich in einer parlamentarischen Demokratie nicht zu beanstanden, wurde so lediglich der Primat der Volksvertretung umfassender realisiert, als dies zwingend vorgeschrieben war. Insofern ist das zum Großteil nicht zu kritisieren. Allerdings führten in der Parlamentspraxis – abgesehen von dem Konstruktionsfehler der Wahlprüfung – die politische Lage mitsamt der Parteienzersplitterung zu Minderheitsregierungen und instabilen Verhältnissen. Dies änderte sich erst mit den Wahlerfolgen der NSDAP und der Erosion des Landesverfassungsrechts durch die Reichsgesetzgebung.

Das Staatskirchenrecht war in Mecklenburg-Schwerin eng an die Reichsverfassung angelehnt, sodass hier vom Wortlaut keine herausstechenden Unterschiede zu verzeichnen waren. Jedoch bedeutete die Trennung von Staat und Kirche nach der Novemberrevolution für das Land an sich einen bahnbrechenden Wandel, bestand nunmehr ein umfassendes Selbstbestimmungsrecht der Kirchen, sodass sich die evangelisch-lutherische Kirche durch ein Synode zum ersten Mal eine Verfassung geben musste. Insofern waren die Regelungen nur im Hinblick den bisher existierenden Ständestaat bemerkenswert.

Die kommunale Selbstverwaltung in der Landesverfassung war durchaus innovativ. So begrenzte diese die Staatsaufsicht auf ein nach zeitgenössischem Verständnis unverzichtbares Mindestmaß und schuf so die Basis für ein fortschrittliches Kommunalrecht, bei dem die Gemeinden und Gemeindeverbände ihre Angelegenheiten frei zu regeln vermochten. Die staatliche Einwirkung sollte nach der Grundkonzeption der Verfassung die Ausnahme bilden. Hier sticht, fast noch mehr als die verfassungsrechtliche Basis, die Amtsordnung hervor, bei der ein demokratisch gewählter Amtshauptmann (mitunter) als staatliche Behörde fungierte. Insofern griff dies der heute üblichen Regelung vor.

Das Finanzverfassungsrecht wies insoweit Besonderheit auf, als dass es die vormalige Finanzzersplitterung schon weitgehend eliminierte. Daneben wurde die Auseinandersetzung mit dem Großherzog auf vertraglichem Wege erreicht, sodass sich daraus kein juristisches Nachspiel ergab, was durchaus als gelungen zu bezeichnen ist, belastete dies nicht als Hypothek für den jungen Freistaat.

Den Willen des Verfassunggebers, die Segregation im Schulsystem zu verhindern, zeigt das Bekenntnis zur Einheitsschule. Dies war insbesondere vor dem Hintergrund des rückständigen Bildungssystems, bei dem es extreme Unterschiede in den ständischen Gebieten gab, für das Land revolutionär. Jedoch wirkte das Reichsrecht als limitierender Faktor, sodass hier nur ein bedingter Fortschritt vollzogen wurde.

Insgesamt ist zu bemerken, dass das Verfassungswerk auffällige Beständigkeit aufwies. Bis zur Machtübernahme der Nationalsozialsten wurden lediglich zwei Mal einzelne Normen geändert. Insofern bestand keinerlei Bedürfnis nach einer erneuten Abstimmung über die Gesamtverfassung ohne Bindung an die Voraussetzungen der Verfassungsänderung, nachdem eine Erprobungsphase vollendet war[2456]. Auch war hier sicherlich ein Vorteil, dass man bis zur Verabschiedung der Reichsverfassung wartete, um das eigene Werk zu vollenden. So vermied man allzu häufige Normwidersprüche, sodass es entsprechender Änderungen bedurft hätte. Dies bewirkte jedoch auch, dass man sich in vielen Aspekten schlicht am Reichsrecht orientierte.

2456 So die Forderung von *Knebusch*, VVLTag I (Fn. 629), 4. Sitzung, Sp. 33.

Logischerweise stellte die Verfassung einen Kompromiss dar, bei dem die verschiedenen politischen Strömungen versuchten, ihre Positionen weitgehend zu verwirklichen. Die Ausrichtung der Regierungsparteien als maßgebliche Faktoren werden auch in der Landesverfassung deutlich. Hier bestand ein Grundkonsens, dem Volk bzw. dem Landtag als unmittelbar legitimiertes Organ die größtmögliche Machtfülle zuzuweisen. Nachdem Mecklenburg-Schwerin zuvor als Beispiel für frappierende Rückständigkeit gelten musste, war man in einigen Punkten, man denke hier insbesondere an den Vorspruch zu den Grundrechten, überraschend innovativ. Dies ist umso bemerkenswerter, konnte der Freistaat nämlich nicht auf eine entsprechende Verfassungstradition zurückblicken, die es lediglich zu modernisieren gegolten hätte. Die Plenardebatten zeigen jedoch, dass dies gerade Motor der Landtagsmehrheit war, um die Modernisierung und Demokratisierung des Landes zügig und umfassend zu verwirklichen[2457].

Insofern lässt sich festhalten, dass der Freistaat Mecklenburg-Schwerin durch seine Verfassung den direkten Sprung vom Spätmittelalter in die Moderne vollbracht hat.

2457 Als bemerkenswert progressiv bezeichnen auch *Hölscheidt/Fischer*, Geschichte (Fn. 362), S. 3; *K. Schwabe*, Zwischen Krone und Hakenkreuz. Die Tätigkeit der sozialdemokratischen Fraktion im Mecklenburg-Schwerinschen Landtag zwischen 1919–1932, 1994, S. 43 sowie *Mrotzek*, Weg (Fn. 857), S. 99 die Landesverfassung von Mecklenburg-Schwerin.

H. Literaturverzeichnis

Achterberg, Norbert: Parlamentsrecht, 1984.

Anschütz, Gerhard: Der deutsche Föderalismus in Vergangenheit, Gegenwart und Zukunft, in: Veröffentlichungen der Vereinigung der Deutschen Staatsrechtslehrer 1 (1924), S. 11–34.

Anschütz, Gerhard: Die kommende Reichsverfassung, in: Deutsche Juristen-Zeitung 24 (1919), Sp. 112–126.

Anschütz, Gerhard: Die Reichsaufsicht, in: ders./Richard Thoma (Hrsg.), Handbuch des Deutschen Staatsrechts, Bd. I, 1930, S. 363–377

Anschütz, Gerhard: Die Reichsexekution, ders./Richard Thoma (Hrsg.), Handbuch des Deutschen Staatsrechts, Bd. I, 1930, S. 377–381.

Anschütz, Gerhard: Die Verfassung des Deutschen Reichs vom 11. August 1919. Ein Kommentar für Wissenschaft und Praxis, 14. Aufl. 1933.

Anschütz, Gerhard: Rückblick auf ältere Entwicklungsstufen der Staatsbildung, in: ders./Richard Thoma (Hrsg.), Handbuch des deutschen Staatsrechts, 1930, Bd. I, S. 17–26.

Apelt, Willibalt: Geschichte der Weimarer Verfassung, 1946.

Arndt, Klaus Friedrich: Parlamentarische Geschäftsordnungsautonomie und autonomes Parlamentsrecht, 1966.

Auge, Oliver: Art. Allod, Allodifikation, in: Albrecht Cordes/Heiner Lück/Dieter Werkmüller (Hrsg.), Handwörterbuch zur deutschen Rechtsgeschichte, Bd. I, 2. Aufl. 2008, Sp. 180–182.

Auge, Oliver: Art. Lehnrecht, Lehnswesen, in: Albrecht Cordes/Peter Haferkamp u.a. (Hrsg.), Handwörterbuch zur deutschen Rechtsgeschichte, Bd. III, 2. Aufl. 2016, Sp. 717–736.

Badura, Peter: Das Staatskirchenrecht als Gegenstand des Verfassungsrechts. Die verfassungsrechtlichen Grundlagen des Staatskirchenrechts, in: Joseph Listl/Dietrich Pirson (Hrsg.), Handbuch des Staatskirchenrechts der Bundesrepublik Deutschland, Bd. 1, 2. Aufl. 1994, S. 211–251.

Badura, Peter: Staatsrecht. Systematische Erläuterung des Grundgesetzes, 7. Aufl. 2018.

Badura, Peter: Verfassungsänderung, Verfassungswandel, Verfassungsgewohnheitsrecht, in: Josef Isensee/Paul Kirchhof (Hrsg.), Handbuch des Staatsrechts der Bundesrepublik Deutschland, Bd. XII, 3. Aufl. 2014, § 270 (S. 591–611).

Ballerstaedt, Franz: Das Verhältnis von Landtag und Regierung in Mecklenburg-Schwerin. Ein Beitrag zur Frage des Länderparlamentarismus, 1933.

Bauer, Andreas: Art. Gnade, in: Albrecht Cordes/Hans-Peter Haferkamp u.a. (Hrsg.), Handwörterbuch zur deutschen Rechtsgeschichte, Bd. II, 2. Aufl. 2012, Sp. 424–430.

Bayer, Heinz-Dieter: Der Staatsrat des Freistaates Preußen, 1992.

Becker, Hans Bernhard: Die Wandlung des Finanzausgleichs in Mecklenburg-Schwerin, 1929.

Becker, Reinhard: Der Reich-Länder-Finanzausgleich im Bismarckreich und in der Weimarer Republik, 1980.

Beckermann, Benedikt: Verfassungsrechtliche Kontinuitäten im Land Oldenburg. Entstehung, Strukturen und politische Wirkung der Verfassung des Freistaats Oldenburg vom 17. Juni 1919, 2016.

Behrens, Beate: Mit Hitler zur Macht. Aufstieg des Nationalsozialismus in Mecklenburg und Lübeck 1922–1933, 1998.

bei der Wieden, Helge: Kurzer Abriss der mecklenburgischen Verfassungsgeschichte. Sechshundert Jahre mecklenburgische Verfassungen, 1994.

bei der Wieden, Helge: Mecklenburg, in: Walther Hubatsch (Hrsg.), Grundriß zur deutschen Verwaltungsgeschichte, Bd. 13, 1976.

von Below, Georg: Territorium und Stadt. Aufsätze zur Deutschen Verfassungs-, Verwaltungs- und Wirtschaftsgeschichte, 2. Aufl. 1923.

Bertholt, Lutz: Das konstruktive Misstrauensvotum und seine Ursprünge in der Weimarer Staatsrechtslehre, in: Der Staat 36 (1997), S. 81–94.

Bethge, Herbert: Grundrechtssicherung im föderativen Vergleich, in: Archiv des öffentlichen Rechts 110 (1985), S. 169–218.

von Bieberstein, Fritz Freiherr Marschall: Die Verantwortlichkeit der Reichsminister, in: Gerhard Anschütz/Richard Thoma (Hrsg.), Handbuch des Deutschen Staatsrechts, Bd. I, 1930, S. 520–544.

Bilfinger, Carl: Das Reichsstatthaltergesetz, in: Archiv des öffentlichen Rechts N.F. 24 (1934), S. 131–165.

Bilfinger, Carl: Verfassungsumgehung. Betrachtungen zur Auslegung der Weimarer Reichsverfassung, in: Archiv des öffentlichen Rechts N.F. 11 (1926), S. 163–191.

Bley, Hermannfried/Rakow, Reter-Joachim/Schütt, Hans-Heinz: Das revolutionäre Jahr 1918 in Mecklenburg. Novemberrevolution und Gründung der KPD in Dokumenten, 1968.

Blum, Peter: Leitungsorgane, in: Martin Morlok/Utz Schliesky/Dieter Wiefelspütz (Hrsg.), Parlamentsrecht, 2016, § 21 (S. 654–709).

Böckenförde, Ernst Wolfgang: Die Organisationsgewalt im Bereich der Regierung. Eine Untersuchung zum Staatsrecht der Bundesrepublik Deutschland, 2. Aufl. 1998.

Böckenförde, Ernst-Wolfgang: Geschichtliche Entwicklung und Bedeutungswandel der Verfassung, in: Arno Buschmann/Franz-Ludwig Knemeyer/Gerhard Otte/Werner Schubert (Hrsg.), Festschrift für Rudolf Gmür zum 70. Geburtstag am 28. Juli 1983, 1983, S. 7–19.

Böhlau, Hugo: Fiskus, landesherrliches und Landes-Vermögen im Großherzogtume Mecklenburg-Schwerin, 1877.

Böhlau, Hugo: Mecklenburgisches Landrecht. Das particulare Privatrecht des Großherzogtums Mecklenburg-Schwerin mit Ausschluss des Lehnrechts, 3. Bd. 1. Abt., 1880.

Boneß, Hans-Erich: Das Beanstandungsrecht im mecklenburg-schwerinschen Kommunalrecht, in: Mecklenburgische Zeitschrift für Rechtspflege, Rechtswissenschaft und Verwaltung 45 (1929), Sp. 25–40, 101–116, 177–190, 253–268, 329–342.

Bosl, Karl: Repräsentierte und Repräsentierende, in: ders. (Hrsg.), Der moderne Parlamentarismus und seine Grundlagen in der ständischen Repräsentation. Beiträge des Symposiums der Bayerischen Akademie der Wissenschaft und der International Commission for Representative and Parliamentary Institutions auf Schloß Reisensburg vom 20. bis 25. April 1975, 1977, S. 99–120.

Braas, Gerhard: Die Entstehung der Länderverfassungen in der Sowjetischen Besatzungszone Deutschlands 1946/47, 1987.

Brocker, Lars: Parlamentsverwaltung, in: Martin Morlok/Utz Schliesky/Dieter Wierfelspütz (Hrsg.), Parlamentsrecht, 2016, § 34 (S. 1043–1062).

Brückner, Gustav: Die mecklenburgische Verfassungsfrage seit 1913, in: Jahrbuch des öffentlichen Rechts 9 (1920), S. 218–225.

Bruhn, Friedrich: Die Reichsaufsicht über die Länder nach der Weimarer Reichsverfassung, 1930.

Buchsteiner, Martin: Von Städten, Gütern und Dörfern. kommunale Strukturen in Mecklenburg-Schwerin 1918–1945, 2013.

Buchsteiner, Martin: Zwischen staatlichen Dirigismus und freier Selbstverwaltung. Zur Entstehung und Transformation kommunaler Strukturen in Mecklenburg-Schwerin zwischen 1918 und 1945 unter besonderer Berücksichtigung der Landgemeinden, 2011.

Bühler, Ottmar: Die Organisation der Staatsbehörden (Überblick), in: Gerhard Anschütz/Richard Thoma (Hrsg.), Handbuch des Deutschen Staatsrechts, Bd. I, 1930, S. 688–696.

Bühler, Ottmar: Die Selbstverwaltungskörper (Überblick), in: Gerhard Anschütz/Richard Thoma (Hrsg.), Handbuch des Deutschen Staatsrechts, Bd. I, 1930, S. 697–706.

Bühler, Ottmar: Die Zuständigkeitsverteilung auf dem Gebiet des Finanzwesens, in: Gerhard Anschütz/Richard Thoma (Hrsg.), Handbuch des Deutschen Staatsrechts, Bd. I, 1930, S. 323–345.

Bühler, Theodor: Rechtserzeugung – Rechtserfragung – Legitimität der Rechtsquellen, 1985.

Büsing, Otto: Das Staatsrecht der Großherzogtümer Mecklenburg-Schwerin und Mecklenburg-Strelitz, in: Heinrich Marquardsen (Hrsg.), Handbuch des Öffentlichen Rechts der Gegenwart in Monographien, III. Bd. II. Halbbd. 1. Abtheilung, 1884, S. 6–69.

Bullinger, Martin: Vertrag und Verwaltungsakt. Zu den Handlungsformen und Handlungsprinzipien der öffentlichen Verwaltung nach deutschem und englischem Recht, 1962.

Busch, Michael: Machtstreben – Standesbewusstsein – Streitlust. Landesherrschaft und Stände in Mecklenburg von 1755 bis 1806, 2013.

Callies, Hermann: Die rechtliche Stellung der deutschen Länder zum Reich unter Berücksichtigung der geschichtlichen Entwicklung, 1922.

von Campenhausen, Axel Freiherr/de Wall, Heinrich: Staatskirchenrecht. Eine systematische Darstellung des Religionsverfassungsrechts in Deutschland und Europa, 4. Aufl. 2006.

Cancik, Pascale: Rechtsquellen des Parlamentsrechts, in: Martin Morlok/Utz Schliesky/Dieter Wiefelspütz (Hrsg.), Parlamentsrecht, 2016, § 9 (S. 365–393).

Collin, Peter: Besprechung von Fabian Wittreck (Hrsg.), Weimarer Landesverfassungen, in: Die Öffentliche Verwaltung 2006, S. 131–132.

Daffis, Eduart: Art. Patrimonialgerichtsbarkeit, in: Fritz Stier-Somlo/Alexander Elster (Hrsg.), Handwörterbuch der Rechtswissenschaft, Bd. IV, 1927, S. 425–426.

Danz, Stefan: Besprechung von Fabian Wittreck (Hrsg.), Weimarer Landesverfassungen, in: Zeitschrift der Savigny-Stiftung für Rechtsgeschichte (Germanistische Abteilung) 122 (2005), S. 892–894.

Dittmann, Armin: Verfassungshoheit der Länder, in: Josef Isensee/Paul Kirchhof (Hrsg.), Handbuch des Staatsrechts der Bundesrepublik Deutschland, Bd. VI, 3. Aufl. 2008, § 127 (S. 201–230).

Doehl, Gustav: Reichsrecht bricht Landrecht. (Art. 13[I] Reichsverfassung vom 11. August 1919), in: Archiv des öffentlichen Rechts N.F. (1927), S. 37–122.

von Doemming, Klaus-Berto/Füsslein, Rudolf Werner/Matz, Werner: Entstehungsgeschichte der Artikel des Grundgesetzes. Jahrbuch des öffentlichen Rechts N.F. 1 (1951), [abgekürzt als JöR N.F. 1 (1951)].

Dombert, Matthias: Landesverfassungen und Landesverfassungsgerichte in ihrer Bedeutung für den Föderalismus, in: Ines Härtel (Hrsg.), Handbuch Föderalismus, Bd. II, 2012, S. 19–37.

Dreier, Horst: Art. Verfassung, in: Hans Jörg Sandkühler (Hrsg.), Enzyklopädie Philosophie, Bd. 3 Q–Z, 2010, S. 2867–2875.

Dreier, Horst: Die Zwischenkriegszeit, in: Detlef Merten/Hans-Jürgen Papier (Hrsg.), Handbuch der Grundrechte in Deutschland und Europa, Bd. I, 2004, § 4 (S. 153–199).

Dreier, Horst: Gilt das Grundgesetz ewig? Fünf Kapitel zum modernen Verfassungsstaat, 2009.

Dreier, Horst: Grundrechtsschutz durch Landesverfassungsgerichte. Vortrag gehalten vor der Juristischen Gesellschaft zu Berlin am 8. September 1999, 2000.

Dreier, Horst: Grundrechtsrepublik Weimar, in: ders./ Christian Waldhoff (Hrsg.), Wagnis Demokratie. Eine Anatomie der Weimarer Reichsverfassung, 2. Aufl. 2018, S. 175–194.

Dreier, Horst (Hrsg.): Grundgesetz-Kommentar, Bd. I, 3. Aufl. 2013.

Dreier, Horst (Hrsg.): Grundgesetz-Kommentar, Bd. II, 3. Aufl. 2015.

Dreier, Horst (Hrsg.): Grundgesetz-Kommentar, Bd. III, 3. Aufl. 2018.

Dreier, Horst: Verfassungsgerichtsbarkeit in der Weimarer Republik, in: Thomas Simon/Johannes Kalwoda (Hrsg.), Schutz der Verfassung: Normen, Institutionen, Höchst- und Verfassungsgerichte (= Beihefte zu „Der Staat", Bd. 22), Berlin 2014, S. 317–372.

Druschel, Christoph: Die Verwaltungsaktbefugnis, 1999.

Ebers, Godehard Josef: Art. Patronat, in: Fritz Stier-Somlo/Alexander Elster (Hrsg.), Handwörterbuch der Rechtswissenschaft, Bd. IV, 1927, S. 426–430.

Ebers, Godehard Josef: Staat und Kirche im neuen Deutschland, 1930.

Ebert, Udo: Art. Amnestie, Albrecht Cordes/Heiner Lück/Dieter Werkmüller (Hrsg.), Handwörterbuch zur deutschen Rechtsgeschichte, Bd. I, 2. Aufl. 2008, Sp. 202–204.

Ebert, Ina: Art. Familienfideikommiss, in: Albrecht Cordes/Heiner Lück/Dieter Werkmüller (Hrsg.), Handwörterbuch zur deutschen Rechtsgeschichte, Bd. I, 2. Aufl. 2008, Sp. 1503–1504.

Eckardt, Alfred: Der gegenwärtige Stand der neuen Lehrerbildung in den einzelnen Ländern Deutschlands und in außerdeutschen Staaten, 1927.

Ehlers, Dirk/Pünder, Hermann (Hrsg.): Allgemeines Verwaltungsrecht, 15. Aufl. 2016.

Eggers, Philipp: Bildungswesen, in: Kurt G. A. Jeserich/Hans Pohl/Georg-Christoph Unruh (Hrsg.), Deutsche Verwaltungsgeschichte, Bd. IV, 1985, S. 349–373.

Ehrenzeller, Bernhard/Mastronardi, Philippe u.a. (Hrsg.): Die schweizerische Bundesverfassung, 2002.

Eiswaldt, Wolfgang: Die Staatsgerichtshöfe in den deutschen Ländern und Art. 19 der Reichsverfassung, 1927.

Elleser, Karl: Die Verfassungs-Autonomie der deutschen Länder und ihre reichsrechtlichen Beschränkungen, 1928.

Emig: Ist der Staatsgerichtshof für das Deutsche Reich zur Entscheidung über bayerische Verfassungsstreitigkeiten zuständig?, in: Archiv des öffentlichen Rechts N.F. 14 (1928), S. 68–78.

von Erdmann, Tobias: Die Verfassung Württembergs von 1919. Entstehung und Entwicklung eines freien Volksstaates, 2013.

Finger, August: Der Staatsgerichtshof als Gericht über Anklagen des Reichstags gegen Reichspräsidenten, Reichskanzler, Reichsminister, in Archiv des öffentlichen Rechts N.F. 9 (1925), S. 289–313.

Fleiner, Fritz/Lukas, Josef: Bundesstaatliche und gliedstaatliche Rechtsordnung in ihrem gegenseitigen Verhältnis im Rechte Deutschlands, Österreichs und der Schweiz, in: Veröffentlichungen der Vereinigung der Deutschen Staatsrechtslehrer 6 (1929), S. 2–56.

Forsthoff, Ernst: Die öffentliche Körperschaft im Bundesstaat. Eine Untersuchung über die Bedeutung der institutionellen Garantie in den Artikeln 127 und 137 der Weimarer Verfassung, 1931.

Freitag, Carina: Das parlamentarische Regierungssystem Mecklenburg-Schwerins unter der Weimarer Reichsverfassung, 2010.

von Freytagh-Loringhoven, Axel: Die Weimarer Verfassung in Lehre und Wirklichkeit, 1924.

Friedrichs, Karl: Art. Apanage, in: Fritz Stier-Somlo/Alexander Elster (Hrsg.), Handwörterbuch der Rechtswissenschaft, Bd. I, 1926, S. 250.

Friesenhahn, Ernst: Die Staatsgerichtsbarkeit, in: Gerhard Anschütz/Richard Thoma (Hrsg.), Handbuch des Deutschen Staatsrechts, Bd. II, 1932, S. 523–545.

Fröhlich, Walter: Die Ausgestaltung der Reichsaufsicht über die Länder nach der Weimarer Reichsverfassung, 1932.

Gebhard, Ludwig: Handkommentar zur Verfassung des Deutschen Reichs vom 11. August 1919, 1932.

Genzmer, Felix: Die Verwaltungsgerichtsbarkeit, in: Gerhard Anschütz/Richard Thoma (Hrsg.), Handbuch des Deutschen Staatsrechts, Bd. II, 1932, S. 506–622.

Giese, Friedrich: Das kirchenpolitische System der Weimarer Verfassung, in: Archiv des öffentlichen Rechts N.F. 7 (1924), S. 1–70.

Giese, Friedrich: Die Verfassung des Deutschen Reiches vom 11. August 1919, 8. Aufl. 1931.

Giese, Friedrich: Grundriß des Reichsstaatsrechts, 1930.

Giese, Friedrich: Staat und Kirche im neuen Deutschland. Systematische Uebersicht über die quellengeschichtliche Entwicklung des Verhältnisses zwischen Staat und Kirche in Reich und Ländern seit dem Umsturz im November 1918, in: Jahrbuch des öffentlichen Rechts 13 (1925), S. 249–357.

Gildemeister, [St.]: Die Bekenntnisschule, in: Paul Westhoff (Hrsg.), Verfassungsrecht der deutschen Schule, 1932, S. 125–136.

Glum, Friedrich: Das Recht der Selbstverwaltung der Gemeinden und Gemeindeverbände nach Art. 127 der Reichsverfassung, in: Archiv des öffentlichen Rechts N.F. 17 (1929), S. 379–415.

Gmelin, Hans: Das Staatsrecht der Einzelstaaten, in: Gerhard Anschütz/Richard Thoma (Hrsg.), Handbuch des deutschen Staatsrechts, 1930, Bd. I, S. 80–86.

Gmelin, Hans: Einführung in das Reichsverfassungsrecht, 1929.

Gönnenwein, Otto/Weizsäcker, Wilhelm: Art. Hebung, in: Heidelberger Akademie der Wissenschaften (Hrsg.), Deutsches Rechtswörterbuch, Bd. V, Handlegen bis Hufweizen, 1953-1960, S. 505.

Gräbener, Richard: Verfassungsinterpendenzen in der Republik Baden. Inhalt und Bedeutung der badischen Landeskonstitution von 1919 im Verfassungsgefüge des Weimarer Bundesstaates, 2014.

Graefen, Hans- Josef: Probleme der Richterwahl, in: Hans Herbert von Arnim (Hrsg.), Volkssouveränität, Wahlrecht und direkte Demokratie. Beiträge auf der 14. Speyerer Demokratietagung vom 6. bis 7. Dezember 2012 an der Deutschen Universität für Verwaltungswissenschaften Speyer, 2014, S. 125–139.

Grau, Richard: Die Diktaturgewalt des Reichspräsidenten, in: Gerhard Anschütz/Richard Thoma (Hrsg.), Handbuch des Deutschen Staatsrechts, Bd. II, 1932, S. 274–295.

Grawert, Rolf: Besprechung von Fabian Wittreck (Hrsg.), Weimarer Landesverfassungen, in: Der Staat 44 (2005), S. 311–312.

Grawert, Rolf: Staatsvolk und Staatsangehörigkeit, in: Josef Isensee/Paul Kirchhof (Hrsg.), Handbuch des Staatsrechts der Bundesrepublik Deutschland, Bd. II, 3. Aufl. 2004, § 16 (S. 107–141).

Grimm, Dieter: Das Öffentliche Recht vor der Frage nach seiner Identität, 2012.

Grimm, Dieter: Konstitution, Gesetz(e) von der Aufklärung bis zur Gegenwart, in: Heinz Mohnhaupt/ders. (Hrsg.), Verfassung. Zur Geschichte des Begriffs von der Antike bis zur Gegenwart, 2. Aufl. 2002, S. 100–141.

Grimm, Dieter: Ursprung und Wandel der Verfassung, in: Josef Isensee/Paul Kirchhof (Hrsg.), Handbuch des Staatsrechts der Bundesrepublik Deutschland, Bd. I, 3. Aufl. 2003, § 1 (S. 4–43).

Großherzogliches Statistisches Amt (Hrsg.): Großherzoglich Mecklenburg-Schwerinscher Staatskalender, 1918.

Grzeszick, Bernd: Der Gedanke des Föderalismus in Staats- und Verfassungslehre, in: Ines Härtel (Hrsg.), Handbuch Föderalismus, Bd. I, 2012, S. 57–100.

Gusy, Christoph: 100 Jahre Weimarer Verfassung. Eine gute Verfassung in einer schlechten Zeit, 2018.

Gusy, Christoph: Die Grundrechte in der Weimarer Republik, in: Zeitschrift für Neuere Rechtsgeschichte 15 (1993), S. 163–183.

Gusy, Christoph: Die Weimarer Reichsverfassung, 1997.

Gusy, Christoph: Das Demokratiekonzept der Weimarer Reichsverfassung, in: Jura 1995, S. 226–234.

Gusy, Christoph: Weimar – eine wehrlose Republik?, 1991.

Haagen, Kurt: Die Rechtsnatur der parlamentarischen Geschäftsordnung unter besonderer Berücksichtigung des preußischen Landtags und des Reichstags, 1929.

Häberle, Peter: Grundrechte und parlamentarische Gesetzgebung im Verfassungsstaat – das Beispiel des deutschen Grundgesetzes, in: Archiv des öffentlichen Rechts 114 (1989), S. 361–390.

Häberle, Peter: Präambeln im Text und Kontext von Verfassungen, in: Joseph Listl/Herbert Schambeck (Hrsg.), Demokratie in Anfechtung und Bewährung. Festschrift für Johannes Broermann, 1982, S. 211–249.

Häberle, Peter: Verfassungsrechtliche Ewigkeitsklauseln als verfassungsstaatliche Identitätsgarantien, in: Yvo Hangartner/Stefan Trechsel (Hrsg.), Völkerrecht im Dienste des Menschen. Festschrift für Hans Haug, 1986, S. 81–108.

Häberle, Peter: Verfassungstheorie ohne Naturrecht, in: Archiv des öffentlichen Rechts 99 (1974), S. 437–463.

Haff, Karl: Vom Ständestaat zum Freistaat in Mecklenburg-Schwerin. Ein Vortrag, 1919.

Hamann, Manfred: Das Staatliche Werden Mecklenburgs, 1962.

Freiherr von Hammerstein: Die Gestaltung der Kirchensteuern in Mecklenburg-Schwerin, in: Mecklenburgische Zeitschrift für Rechtspflege, Rechtswissenschaft, Verwaltung 45 (1929), Sp. 41–56.

Hatschek, Julius: Außerpreußisches Landesstaatsrecht (auf Grundlage des Allg. Staatsrechts), 1926.

Hatschek, Julius: Deutsches und preußisches Staatsrecht, Bd. I, 1922.

Heck, Uwe: Die Geschichte des Landtags in Mecklenburg. Ein Abriss, 1997.

Heckel, Johannes: Die Budgetverabschiedung, insbesondere Rechte und Pflichten des Reichstags, in: Gerhard Anschütz/Richard Thoma (Hrsg.), Handbuch des Deutschen Staatsrechts, Bd. II, 1932, S. 392–411.

Heckel, Johannes: Die Haushaltsgesetze und „Finanzgesetze" der deutschen Länder, in: Gerhard Anschütz/Richard Thoma (Hrsg.), Handbuch des Deutschen Staatsrechts, Bd. II, 1932, S. 411–416.

Heller, Hermann: Der Begriff des Gesetzes in der Reichsverfassung, in: Veröffentlichungen der Vereinigung der Deutschen Staatsrechtslehrer 4 (1928), S. 98–207.

Hempe, Mechthild: Ländliche Gesellschaft in der Krise. Mecklenburg in der Weimarer Republik, 2002.

Hendler, Reinhard: Das Prinzip der Selbstverwaltung, in: Josef Isensee/Paul Kirchhof (Hrsg.), Handbuch des Staatsrechts der Bundesrepublik Deutschland, Bd. VI, 3. Aufl. 2008, § 143 (S. 1103–1140).

Hensel, Albert: Der Finanzausgleich im Bundesstaat in seiner staatsrechtlichen Bedeutung, 1922.

Hensel, Albert: Die Rangordnung der Rechtsquellen insbesondere das Verhältnis von Reichs- und Landesgesetzgebung, in: Gerhard Anschütz/Richard Thoma (Hrsg.), Handbuch des Deutschen Staatsrechts, Bd. II, 1932, S. 313–329.

Hensel, Albert: Grundrechte und politische Weltanschauung, 1931.

Hensel, Albert: Grundrechte und Rechtsprechung, in: Otto Schreiber (Hrsg.), Die Reichsgerichtspraxis im deutschen Rechtsleben. Festgabe zum 50jährigen Bestehen des Reichsgerichts, Bd. I, 1929, S. 1–32.

Hensel, Albert: Kommunalrecht und Kommunalpolitik in Deutschland, 1928.

Henske, Doreen: Das Patronat der Hansestadt Rostock, 2013.

Heyland, Carl: Das Landesgesetz, in: Gerhard Anschütz/Richard Thoma (Hrsg.), Handbuch des Deutschen Staatsrechts, Bd. II, 1932, S. 189–204.

Hillgruber, Christian/Goos, Christoph: Verfassungsprozessrecht, 4. Aufl. 2015.

Hillmann, Franz: Die mecklenburgische Verfassungsfrage nach richtiger staatsrechtlicher Auffassung, 1911.

Hinrichs, Bernhard: Die Grenzen der Verfassungsautonomie der deutschen Länder, 1930.

von Hippe, Ernst: Der Umfang des Reichsgnadenrechts, in: Archiv des öffentlichen Rechts N.F. 15 (1928), S. 342–359.

Höffner, Volker: Die Großherzogtümer Mecklenburg-Schwerin und Mecklenburg-Strelitz im Prozeß der Herstellung der nationalen Einheit in Deutschland 1858-1871. Studien zur ökonomisch-sozialen und politisch-rechtlichen Integration, 1991.

Hölscheidt, Sven/Fischer, Ellen: Die Geschichte der Verfassungen von Mecklenburg und Vorpommern, in: Heimathefte für Mecklenburg-Vorpommern 35 (1993), S. 3–4.

Hofmann, Hasso: Zur Entstehung, Entwicklung und Krise des Verfassungsbegriffs, in: Alexander Blankenagel/Ingolf Pernice/Helmuth Schulze-Fielitz (Hrsg.), Verfassung im Diskurs der Welt. Liber Amicorum für Peter Häberle zum siebzigsten Geburtstag, 2004, S. 157–171.

Hoke, Rudolf: Verfassungsgerichtsbarkeit in den deutschen Ländern in der Tradition der deutschen Staatsgerichtsbarkeit, in: Christian Starck/Klaus Stern (Hrsg.), Landesverfassungsgerichtsbarkeit, Bd. I, 1983, S. 25–103.

Hollerbach, Alexander: Verträge zwischen Staat und Kirche in der Bundesrepublik Deutschland, 1965.

Holste, Heiko: Der deutsche Bundesstaat im Wandel (1867–1933), 2002.

Huber, Ernst Rudolf: Bedeutungswandel der Grundrechte, in: Archiv des öffentlichen Rechts N.F. 23 (1933), S. 1–98.

Huber, Ernst Rudolf: Deutsche Verfassungsgeschichte seit 1789, Bd. I, 2. Aufl. 1995.

Huber, Ernst Rudolf: Deutsche Verfassungsgeschichte seit 1789, Bd. V, 1978.

Huber, Ernst Rudolf: Deutsche Verfassungsgeschichte seit 1789, Bd. VI, 1981.

Huber, Ernst Rudolf/Huber, Wolfgang (Hrsg.): Staat und Kirche im 19. Und 20. Jahrhundert. Dokumente zur Geschichte des deutschen Staatskirchenrechts, Bd. 4, 1988.

Huber, Peter M./Voßkuhle Andreas (Hrsg.): v. Mangoldt/Klein/Starck Grundgesetz, Bd. 1, 7. Aufl. 2018.

Huber, Peter M./Voßkuhle Andreas (Hrsg.): v. Mangoldt/Klein/Starck, Grundgesetz, Bd. 2, 7. Aufl. 2018.

Huber, Peter M./Voßkuhle Andreas (Hrsg.): v. Mangoldt/Klein/Starck, Grundgesetz, Bd. 3, 7. Aufl. 2018.

Inachin, Kyra T.: Durchbruch zur demokratischen Moderne. Die Landtage in Mecklenburg-Schwerin, Mecklenburg-Strelitz und Pommern, 2004.

Ipsen, Jörn: Rechtsfolgen der Verfassungswidrigkeit von Norm und Einzelakt, 1980.

Ipsen, Jörn: Staatsrecht I – Staatsorganisationsrecht. 31. Aufl. 2019.

Isensee, Josef: Idee und Gestalt des Föderalismus im Grundgesetz, in: ders./Paul Kirchhof (Hrsg.), Handbuch des Staatsrechts der Bundesrepublik Deutschland, Bd. VI, 3. Aufl. 2008, § 126 (S. 3–199).

Isensee, Josef: Nemo iudex in causa sua – auch nicht das Parlament?, in: Dieter Dörr/Udo Fink/Christian Hillgruber u.a. (Hrsg.), Die Macht des Geistes. Festschrift für Hartmut Schiedermair, 2001, S. 181–210.

Isensee, Josef: Staat und Verfassung, in: ders./Paul Kirchhof (Hrsg.), Handbuch des Staatsrechts der Bundesrepublik Deutschland, Bd. II, 3. Aufl. 2004, § 15 (S. 3–106).

Isensee, Josef: Staatsleistungen an die Kirchen und Religionsgemeinschaften, in: Joseph Listl/Dietrich Pirson (Hrsg.), Handbuch des Staatskirchenrechts der Bundesrepublik Deutschland, 1. Bd., 2. Aufl. 1994, § 35 (S. 1001–1063).

Jacobi, Erwin: Reichsverfassungsänderung, in: Otto Schreiber (Hrsg.), Die Reichsgerichtspraxis im deutschen Rechtsleben. Festgabe zum 50jährigen Bestehen des Reichsgerichts, Bd. I, 1929, S. 233–277.

Jahrreiß, Hermann: Die staatsbürgerliche Gleichheit, in: Gerhard Anschütz/Richard Thoma (Hrsg.), Handbuch des Deutschen Staatsrechts, Bd. II, 1932, S. 624–637.

Jellinek, Georg: Allgemeine Staatslehre, 3. Aufl. 1914 (7. Nachdruck 1960).

Jellinek, Walter: Das verfassungsändernde Reichsgesetz, in: Gerhard Anschütz/Richard Thoma (Hrsg.), Handbuch des Deutschen Staatsrechts, Bd. II, 1932, S. 182–189.

Jellinek, Walter: Der Schutz des öffentlichen Rechts durch ordentliche und durch Verwaltungsgerichte (Fortschritte, Rückschritte und Entwicklungstendenzen seit der Revolution), in: Veröffentlichungen der Vereinigung der Deutschen Staatsrechtslehrer 2 (1925), S. 8–80.

Jellinek, Walter: Der Staatsgerichtshof für das Deutsche Reich und die Splitterparteien, in: Archiv des Öffentlichen Rechts N.F. 15 (1928), S. 99–139.

Jellinek, Walter: Die Rechtsformen des Staatsdienstes. Begriff und rechtliche Natur des Beamtenverhältnisses, in: Gerhard Anschütz/Richard Thoma (Hrsg.), Handbuch des Deutschen Staatsrechts, Bd. II, 1932, S. 20–33.

Jellinek, Walter: Die Zusammensetzung der Landesparlamente, insbesondere das Wahlrecht und die Wahlprüfung, in: Gerhard Anschütz/Richard Thoma (Hrsg.), Handbuch des Deutschen Staatsrechts, Bd. I, 1930, S. 620 –630.

Jellinek, Walter: Revolution und Reichsverfassung, in: Jahrbuch des öffentlichen Rechts 9 (1920), S. 1–128.

Jellinek, Walter: Verfassung und Verwaltung des Reichs und der Länder, 1927.

Jeserich, Kurt G. A.: Kommunalverwaltung und Kommunalpolitik, in: ders./Hans Pohl/Georg-Christoph Unruh (Hrsg.), Deutsche Verwaltungsgeschichte, Bd. IV, 1985, S. 487–524.

Jeß: Die Stellung des Bürgermeisters nach der Städteordnung für den Freistaat Mecklenburg-Schwerin vom 18. Juli 1919, in: Mecklenburgische Zeitschrift für Rechtspflege, Rechtswissenschaft und Verwaltung 43 (1927), Sp. 73–78.

John, Anke: Die Entwicklung der beiden mecklenburgischen Staaten im Spannungsfeld von Landesgrundgesetzlichem Erbvergleich und Bundes- bzw. Reichsverfassung vom Norddeutschen Bund bis zur Weimarer Republik, 1997.

Jung, Otmar: Das Finanztabu bei der Volksgesetzgebung, in: Der Staat 38 (1999), S. 41–68.

Junghans, Albert: System der parlamentarischen Abstimmungsregeln im Reich und in den Ländern, 1931.

Kästner, Karl-Hermann: Art. Jus reformandi, in: Albrecht Cordes/Hans-Peter Haferkamp u.a. (Hrsg.), Handwörterbuch zur deutschen Rechtsgeschichte, Bd. II, 2. Aufl. 2012, Sp. 1466–1449.

Kahl, Wilhelm: Das Reichsgericht und der braunschweigische Kirchenverfassungsstreit, in: Archiv des öffentlichen Rechts N.F. 4 (1922), S. 115–132.

Kahl, Wolfgang/Waldhoff, Christian/Walter, Christinan (Hrsg.): Bonner Kommentar zum Grundgesetz, 1950 ff. (Stand: 2019).

Kaisenberg, Georg: Insbesondere: Die formelle Ordnung des Volksbegehrens und des Volksentscheids in Reich und Ländern, in: Gerhard Anschütz/Richard Thoma (Hrsg.), Handbuch des Deutschen Staatsrechts, Bd. II, 1932, S. 204–220.

Kaufmann, Erich: Die Gleichheit vor dem Gesetz im Sinne des Art. 109 der Reichsverfassung, in: Veröffentlichungen der Vereinigung der Deutschen Staatsrechtslehrer 3 (1927), S. 1–24.

Keding, [W.]: Die Entwicklung des Steuerrechts in Mecklenburg-Schwerin, in: Mecklenburgische Zeitschrift für Rechtspflege und Verwaltung 41 (1925), Sp. 173–183.

Kelsen, Hans: Allgemeine Staatslehre, 1925.

Kern, Ernst: Moderner Staat und Staatsbegriff, 1949.

Kirchhof, Paul: Die Kirchen als Körperschaften des öffentlichen Rechts, in: Joseph Listl/Dietrich Pirson (Hrsg.), Handbuch des Staatskirchenrechts der Bundesrepublik Deutschland, 1. Bd., 2. Aufl. 1994, § 22 (S. 651–687).

Klein, Friedrich: Institutionelle Garantien und Rechtsinstitutsgarantien, 1934.

Klein, Hans Hugo/Krings, Günter: Fraktionen, in: Martin Morlok/Utz Schliesky/Dieter Wiefelspütz (Hrsg.), Parlamentsrecht, § 17 (S. 524–552).

Klein, Thomas: Sonstige Länder, in: Kurt Jeserich/Hans Pohl/Georg-Christoph von Unruh (Hrsg.), Deutsche Verwaltungsgeschichte, Bd. IV, 1985, S. 603–627.

Klein, Winfried: Die Domänenfrage im deutschen Verfassungsrecht des 19. Jahrhunderts, 2007.

Klien, Georg: Die Landgemeindeordnung für den Freistaat Mecklenburg-Schwerin vom 20. Mai 1920, 1927.

Kluchert Gerhard: Umbruch, Aufbruch, Abbruch. Schulrecht und Schulreform in der Weimarer Republik – eine Skizze, in: Recht der Jugend und des Bildungswesens 2012, S. 442–452.

Koch, Heinz: Der mecklenburg-schwerinsche verfassunggebende Landtag 1919/1920, in: Wissenschaftliche Zeitschrift der Wilhelm-Pieck-Universität Rostock 33 (1984), S. 50–53.

Koch, Heinz: Der Sturz der Monarchie in Mecklenburg-Schwerin durch die Novemberrevolution 1918, in: Wissenschaftliche Zeitschrift der Wilhelm-Pieck-Universität Rostock 32 (1983), S. 19–22.

Koch, Heinz: Die staatsrechtlichen Veränderungen in Mecklenburg-Schwerin unter der Einwirkung der Novemberrevolution Erweiterte Fassung des Vortrags auf dem akademischen Festakt der Wilhelm-Pieck-Universität Rostock am 26. November 1986, 1986.

Koch, Heinz: Die staatsrechtlichen Veränderungen in Mecklenburg-Schwerin durch die Novemberrevolution 1918 und die Verwaltung des Landes während der Weimarer Republik, in: Jahrbuch für Regionalgeschichte 15/II (1988), S. 219–229.

Koch, Heinz: Landständische Verfassung, Landesverwaltung und Großgrundbesitzer in Mecklenburg-Schwerin vor der Novemberrevolution 1918/19, in: Wissenschaftliche Zeitschrift der Wilhelm-Pieck-Universität Rostock 36 (1987), S. 54–62.

Koch, Heinz: Novemberrevolution und revolutionäre Nachkriegskrise in Mecklenburg-Schwerin 1917-1923, 1987.

Koch: Die Grundrechte in der Verfassung, in: Deutsche Juristen-Zeitung 24 (1919), Sp. 609–615.

Koellreutter Otto: Schmitt, Carl: Freiheitsrechte und institutionelle Garantien der Reichsverfassung, in: Archiv des öffentlichen Rechts N.F. 22 (1932), S. 110–116.

Koellreutter, Otto: Das parlamentarische System in den deutschen Landesverfassungen, 1921.

Koellreutter, Otto: Die neuen Landesverfassungen, in: Gerhard Anschütz/Richard Thoma (Hrsg.), Handbuch des deutschen Staatsrechts, Bd. I, 1930, S. 138–146

Koellreutter, Otto: Staat, Kirche und Schule im heutigen Deutschland, 1926.

Koellreutter, Otto: Die Staatsministerien und die Regierungssysteme in den Ländern mit Ministerialverfassung, in: Gerhard Anschütz/Richard Thoma (Hrsg.), Handbuch des deutschen Staatsrechts, Bd. I, 1930S. 667–679.

Kohnle, Armin: Art. itio in partes, in: Albrecht Cordes/Hans-Peter Haferkamp u.a. (Hrsg.), Handwörterbuch zur deutschen Rechtsgeschichte, Bd. II, 2. Aufl. 2012, Sp. 1329–1333.

Korioth Stefan: Der Finanzausgleich zwischen Bund und Ländern, 1997.

Koss, Claus/Koß, Uwe: Stiftung des kirchlichen Rechts, in: Rupert Graf Strachwitz/Florian Mercker (Hrsg.), Stiftungen in Theorie, Recht und Praxis – Handbuch für ein modernes Stiftungswesen, 2005, S. 351–355.

Krause, [H.]: Art. Mecklenburg, Adalbert Erler/Ekkehard Kaufmann/Dieter Werkmüller (Hrsg.), Handwörterbuch zur deutschen Rechtsgeschichte, Bd. III, 1. Aufl. 1984, Sp. 405–412.

Krause, Hermann: System der landständischen Verfassung Mecklenburgs in der zweiten Hälfte des 16. Jahrhunderts, 1927.

Kretschmann, Paul: Die neuen mecklenburgischen Städteordnungen in ihren Grundzügen, in: Mecklenburgische Zeitschrift für Rechtspflege und Rechtswissenschaft 38 (1921), S. 216–221.

Kühn, Friedrich: Formen des verfassungsgerichtlichen Rechtsschutzes im deutschen Reichs- und Landesstaatsrecht, 1929.

Kühne, Jörg-Detlef: Die Reichsverfassung der Paulskirche. Vorbild und Verwirklichung im späteren deutschen Rechtsleben, 2. Aufl. 1998.

Kühne, Jörg-Detlef: Die Entstehung der Weimarer Reichsverfassung. Grundlagen und anfängliche Geltung, 2018.

Kühne, Jörg-Detlef: Volksvertretungen im monarchischen Konstitutionalismus (1814–1918), in: Hans-Peter Schneider/Wolfgang Zeh (Hrsg.), Parlamentsrecht und Parlamentspraxis in der Bundesrepublik Deutschland, 1989, § 2 (S. 49–101).

Kühne, Jörg-Detlef: Zum Ringen um unmittelbare Grundrechtsgeltung in der Weimarer Nationalversammlung, in: Heike Jochum/Michael Elicker u.a. (Hrsg.) Freiheit, Gleichheit, Eigentum – Öffentliche Finanzen und Abgaben. Festschrift für Rudolf Wendt zum 70. Geburtstag, 2015, S. 237–253.

Laband, Paul: Das Staatsrecht des Deutschen Reichs, Bd. 1, 5. Aufl. 1911.

Lammers, Hans-Heinrich/Simons, Walter (Hrsg.): Die Rechtsprechung des Staatsgerichtshofs für das Deutsche Reich und des Reichsgerichts auf Grund Artikel 13 Absatz 2 der Reichsverfassung, Bd. I, 1929.

Lammers, Hans-Heinrich/Simons, Walter (Hrsg.): Die Rechtsprechung des Staatsgerichtshofs für das Deutsche Reich und des Reichsgerichts aufgrund Artikel 13 Abs. 2 der Reichsverfassung, Bd. II, 1930.

Lammers, Hans-Heinrich/Simons, Walter (Hrsg.): Die Rechtsprechung des Staatsgerichtshofs für das Deutsche Reich und des Reichsgerichts aufgrund Artikel 13 Abs. 2 der Reichsverfassung, Bd. III, 1931.

Lammers, Hans-Heinrich/Simons, Walter (Hrsg.): Die Rechtsprechung des Staatsgerichtshofs für das Deutsche Reich und des Reichsgerichts auf Grund Artikel 13 Absatz 2 der Reichsverfassung, Bd. IV, 1932.

Lammers, Hans-Heinrich/Simons, Walter (Hrsg.): Die Rechtsprechung des Staatsgerichtshofs für das Deutsche Reich und des Reichsgerichts auf Grund Artikel 13 Absatz 2 der Reichsverfassung, Bd. VI, 1939.

Landau, Peter: Art. Patronat, in: Gerhard Krause/Gerhard Müller u.a. (Hrsg.), Theologische Realenzyklopädie, Bd. 26, 2000, S. 106–114.

Landé, Walter: Die Schule in der Reichsverfassung, 1929.

Landé, Walter: Die staatsrechtlichen Grundlagen des deutschen Unterrichtswesens, in: Gerhard Anschütz/Richard Thoma (Hrsg.), Handbuch des Deutschen Staatsrechts, Bd. II, 1932, S. 690–724.

Langfeld, Adolf: Mein Leben. Erinnerungen des mecklenburg-schwerinschen Staatsministers i. R. D. Dr. Adolf Langfeld, 1930.

Larenz, Karl: Das Problem der Rechtsgeltung, 1929.

Lassar, [Gerhard]: Ein Beschluß des Reichsgerichts auf Grund des Art. 13 Abs. 2 der Reichsverfassung, in: Archiv des öffentlichen Rechts N.F. 1 (1921), S. 98–112.

Leibholz, Gerhard: Übersicht über die Zuständigkeit der Landesparlamente, in: Gerhard Anschütz/Richard Thoma (Hrsg.), Handbuch des Deutschen Staatsrechts, Bd. I, 1930, S. 630–642.

Liermann, Hans: Handbuch des Stiftungsrechts, I. Bd., 1963.

Link, Christoph: Kirchliche Rechtsgeschichte, 2. Aufl. 2010.

Link, Christoph: Staat und Kirchen, in: Kurt G. A. Jeserich/Hans Pohl/Georg-Christoph Unruh (Hrsg.), Deutsche Verwaltungsgeschichte, Bd. IV, 1985, S. 450–473.

Löw, Peter: Kommunalgesetzgebung im NS-Staat am Beispiel der Deutschen Gemeindeordnung 1935, 1992.

Löwer, Wolfgang/Tettinger, Peter J. (Hrsg.): Kommentar zur Verfassung des Landes Nordrhein-Westfalen, 2002.

März, Wolfgang: Geschichte der Verwaltungsgerichtsbarkeit in Mecklenburg-Schwerin und Mecklenburg-Strelitz, in: Karl-Peter Sommermann/Bert Schaffarzik (Hrsg.), Handbuch der Geschichte der Verwaltungsgerichtsbarkeit in Deutschland und Europa, Bd. I, 2019, S. 785–821.

Mager, Ute: Einrichtungsgarantien. Entstehung, Wurzeln, Wandlungen und grundgesetzmäßige Neubestimmung einer dogmatischen Figur des Verfassungsrechts, 2003.

Manke, Matthias/Münch, Ernst (Hrsg.): Verfassung und Lebenswirklichkeit. Der Landesgrundgesetzliche Erbvergleich von 1755 in seiner Zeit, 2006.

Martens, Erich: Volksbegehren und Volksentscheid nach der Reichsverfassung unter besonderer Berücksichtigung der schweizerischen Verfassungsverhältnisse, 1924.

Martini, Mario: Wenn das Volk (mit)entscheidet … Wechselbeziehung und Konfliktlinien zwischen direkter und indirekter Demokratie als Herausforderung für die Rechtsordnung, 2011.

Maunz, Theodor/Dürig, Günter (Hrsg.): Grundgesetz. Kommentar, 1962 ff. (Stand: 2019).

Maurer, Hartmut: Zur Organisationsgewalt im Bereich der Regierung, in: Paul Kirchhof/Moris Lehner/Andt Raupach/Michael Rodi (Hrsg.), Staaten und Steuern. Festschrift für Klaus Vogel zum 70. Geburtstag, 2000, S. 331–352.

Medicus, Albert: Der Neuaufbau des Reichs nach dem Gesetz vom 30. Januar und der ersten Durchführungsverordnung vom 2. Februar 1934, in: Archiv des öffentlichen Rechts N.F. 25 (1934), S. 66–82.

Meisner, Heinrich Otto: Staats- und Regierungsformen in Deutschland seit dem 16. Jahrhundert, in: Archiv des öffentlichen Rechts N.F. 38 (1951), S. 225–265.

Meißner, Otto: Das Staatsrecht des Reichs und seiner Länder, 2. Aufl. 1923.

Mellin, Albert: Die Entwicklung der kommunalen Selbstverwaltung in Preußen seit dem 9. November 1918, 1928.

Menzel, Jörg: Landesverfassungsrecht. Verfassungshoheit und Homogenität im grundgesetzlichen Verfassungsstaat, 2002.

Meuschel, Adelheid: Die Regierungsbildung im Deutschen Reich und seinen Ländern nach den Vorschriften der gegenwärtig gültigen Verfassungen, in: Archiv des öffentlichen Rechts N.F. 2 (1921), S. 1–52.

Mitterauer, Michael: Grundlagen politischer Berechtigung im mittelalterlichen Ständewesen, in: Karl Bosl (Hrsg.), Der moderne Parlamentarismus und seine Grundlagen in der ständischen Repräsentation. Beiträge des Symposiums der Bayerischen Akademie der Wissenschaft und der International Commission for Representative and Parliamentary Institutions auf Schloß Reisensburg vom 20. bis 25. April 1975, 1977, S. 11–41.

Mohnhaupt, Heinz: Konstitution, Status, Leges fundamentales von der Antike bis zur Aufklärung, in: ders./Dieter Grimm (Hrsg.), Verfassung. Zur Geschichte des Begriffs von der Antike bis zur Gegenwart, 2. Aufl. 2002, S. 1–99.

Mohnhaupt, Heinz: Von den „leges fundamentales" zur modernen Verfassung in Europa. Zum begriffs- und dogmengeschichtlichen Befund (16.–18. Jahrhundert), in: Ius Commune 25 (1998), S. 121–158.

Morlok, Martin: Volksvertretung als Grundaufgabe, in: ders./Utz Schliesky/Dieter Wiefelspütz (Hrsg.), Parlamentsrecht, 2016, § 3 (S. 143–186).

Mrotzek, Fred: Der schwere Weg der Demokratie, in: Werner Müller/ders./Johannes Köllner (Hrsg.), Die Geschichte der SPD in Mecklenburg und Vorpommern, 2002, S. 88–152.

Müller-Graff, Peter-Christian: Zur Geschichte der Formel „Im Namen des Volkes", in: Zeitschrift für Zivilprozeß 88 (1975), S. 442–450.

von Münch, Ingo/Kunig, Philip (Hrsg.): Grundgesetz. Kommentar, Bd. 2, 6. Aufl. 2012.

Munsonius, Hendrik: Evangelisches Kirchenrecht. Grundlagen und Grundzüge, 2015.

Murswiek, Dietrich: Zu den Grenzen der Abänderbarkeit von Grundrechten, in: Detlef Merten/Hans-Jürgen Papier (Hrsg.), Handbuch der Grundrechte in Deutschland und Europa, Bd. II, § 28 (S. 157–219).

von Mutius, Albert: Kommunalverwaltung und Kommunalpolitik, in: Kurt G. A. Jeserich/Hans Pohl/Georg-Christoph Unruh (Hrsg.), Deutsche Verwaltungsgeschichte, Bd. IV, 1985, S. 1055–1081.

N. N.: Änderung des Landtagswahlgesetzes, in: Mecklenburgische Zeitschrift für Rechtspflege, Rechtswissenschaft, Verwaltung 44 (1928), Sp. 591–594, 647, 660–662.

N.N. (Hrsg.): Bericht und Protokolle des Achten Ausschusses über den Entwurf einer Verfassung des Deutschen Reichs, 1920.

N.N. (Hrsg.): Verhandlungen der verfassunggebenden Deutschen Nationalversammlung. Stenographische Berichte, Bd. 328, 1920.

Nawiasky, Hans: Bayerisches Verfassungsrecht, 1923.

Nawiasky, Hans: Der Bundesstaat als Rechtsbegriff, 1920.

Nawiasky, Hans: Die Gleichheit vor dem Gesetz im Sinne des Art. 109 der Reichsverfassung, in: Veröffentlichungen der Vereinigung der Deutschen Staatsrechtslehrer 3 (1927), S. 25–43.

Nawiasky, Hans: Grundprobleme der Reichsverfassung, 1928.

Nawiasky, Hans: Wahlrechtsfragen im heutigen Deutschland, in: Archiv des Öffentlichen Rechts N.F. 20 (1931), S. 161–193.

Nesemann, Ulf: Notverordnungsrecht und -praxis in den Ländern der Weimarer Republik, 1973.

Nipperdey, Hans Carl (Hrsg.): Die Grundrechte und Grundpflichten der Reichsverfassung. Kommentar zum zweiten Teil der Reichsverfassung, 1. Bd., 1929.

Nipperdey, Hans Carl (Hrsg.): Die Grundrechte und Grundpflichten der Reichsverfassung. Kommentar zum zweiten Teil der Reichsverfassung, 2. Bd., 1930.

Nipperdey, Hans Carl (Hrsg.): Die Grundrechte und Grundpflichten der Reichsverfassung. Kommentar zum zweiten Teil der Reichsverfassung, 3. Bd., 1930.

Nieding, Kurt: Das Prinzip der Homogenität in den Verfassungen des Deutschen Reiches von 1849, 1871 und 1919 unter besonderer Berücksichtigung des Artikels 17 der geltenden Reichsverfassung, 1926.

Osthelder [F.]: Das öffentliche Schulwesen, die staatliche Schulaufsicht und die Schulverwaltung, in: Paul Westhoff (Hrsg.), Das Verfassungsrecht der deutschen Schule, 1932, S. 82–99.

Penßel, Renate: Jüdische Religionsgemeinschaften als Körperschaften des öffentlichen Rechts, 2014.

Perels, Kurt: Geschäftsgang, Geschäftsformen, Rechtsstellung der Mitglieder, in: Gerhard Anschütz/Richard Thoma (Hrsg.), Handbuch des Deutschen Staatsrechts, Bd. I, 1930, S. 642–651.

Perels, Kurt: Geschäftsgang und Geschäftsformen, in: Gerhard Anschütz/Richard Thoma (Hrsg.), Handbuch des Deutschen Staatsrechts, Bd. I, 1930, S. 449–466.

Pestalozza, Christian: Die Bedeutung gliedstaatlichen Verfassungsrechts in der Gegenwart, in: NVwZ 1987, S. 744–751.

Pestalozza, Christian: Verfassungsprozessrecht. Die Verfassungsgerichtsbarkeit des Bundes und der Länder mit einem Anhang zum Internationalen Rechtsschutz, 3. Aufl. 1991.

Peters, Hans: Die Gemeinde in der Rechtsprechung des Bundesverfassungsgerichts und des Bundesverwaltungsgerichts, in: Helmut R. Külz/Richard Naumann (Hrsg.), Staatsbürger und Staatsgewalt. Verwaltungsrecht und Verwaltungsgerichtsbarkeit in Geschichte und Gegenwart, Bd. II, 1963, S. 203–277.

Peters, Hans: Die Grenzen der kommunalen Selbstverwaltung in Preußen, 1926.

Peters, Hans: Die Satzungsgewalt innerstaatlicher Verbände, in: Gerhard Anschütz/Richard Thoma (Hrsg.), Das Handbuch des Deutschen Staatsrechts, Bd. II, 1932, S. 264–274.

Pettke, Sabine: Das Rostocker Kloster zum Heiligen Kreuze vom 16. bis zum 20. Jahrhundert, 1991.

Pieper, Stefan Ulrich: Gesetzgebungsverfahren, in: Martin Morlok/Utz Schliesky/Dieter Wiefelspütz (Hrsg.), Parlamentsrecht, 2016, § 40 (S. 1195–1281).

Pieroth, Bodo: 100 Jahre Weimarer Verfassung: Errungenschaften und Fehlentwicklungen, in: Jura 2019, S. 789–802.

Pirson, Dietrich: Die Geschichtlichen Wurzeln des deutschen Staatskirchenrechts, in: Joseph Listl/ders. (Hrsg.), Handbuch des Staatskirchenrechts der Bundesrepublik Deutschland, Bd. 1, 2. Aufl. 1994, S. 3–46.

Poetzsch, Fritz: Vom Staatsleben unter der Weimarer Verfassung, in: Jahrbuch des öffentlichen Rechts 13 (1925), S. 1–248.

Poetzsch, Fritz: Zwei Urteile des Staatsgerichtshofes über Untersuchungsausschüsse, in: Archiv des öffentlichen Rechts N.F. 4 (1922), S. 210–238.

Poetzsch-Heffter, Fritz: Handkommentar der Reichsverfassung, 3. Aufl. 1928.

Pogge, Ernst: Das Verhältnis Reich und Länder einst (nach der Weimarer Verfassung) und jetzt (nach den Gesetzen der nationalen Erhebung), 1934.

Pohl, Heinrich: Das Reichstagswahlrecht, in: Gerhard Anschütz/Richard Thoma (Hrsg.), Handbuch des Deutschen Staatsrechts, Bd. I, 1930, S. 386–400.

Pohl, Heinrich: Die Zuständigkeiten des Reichspräsidenten, in: Gerhard Anschütz/Richard Thoma (Hrsg.), Handbuch des Deutschen Staatsrechts, Bd. I, 1930, S. 482–502.

Pohlandt, Max-Rudolf: Reich, Länder und Selbstverwaltungskörper. Grundsätzliches zur deutschen Verfassungs- und Verwaltungsreform, 1931.

Preuß, Hugo, Die Entwicklung der kommunalen Selbstverwaltung in Deutschland, in: Gerhard Anschütz/Fritz Berolzheimer u.a. (Hrsg.), Handbuch der Politik, 1. Bd., 3. Aufl. 1920, S. 266–286.

Preuß, Hugo: Reich und Länder. Bruchstücke eines Kommentars zur Verfassung des Deutschen Reichs, 1928.

Püttner, Günter: Kommunale Selbstverwaltung, in: Josef Isensee/Paul Kirchhof (Hrsg.), Handbuch des Staatsrechts der Bundesrepublik Deutschland, Bd. VI, 3. Aufl. 2008, § 144 (S. 1141–1173).

Randelzhofer, Albrecht: Staatsgewalt und Souveränität, in: Josef Isensee/Paul Kirchhof (Hrsg.), Handbuch des Staatsrechts der Bundesrepublik Deutschland, Bd. II, 3. Aufl. 2004, § 17 (S. 143–162).

Raspe, [H.]: Erfahrungen mit der mecklenburgischen Städteordnung, in: Zeitschrift für Kommunalwirtschaft 13 (1923), Sp. 521–548.

Rasper, Marius: „... eine Art Ausführungsgesetz zur Reichsverfassung selbst“. Die Hessische Verfassung vom 12. Dezember 1919, 2020.

Rausch, Rainer: Geistliche Hebungen Wismar. Anmerkungen aus rechtlicher Sicht, in: Michael Brunners/Erhard Piersing (Hrsg.), Mecklenburgia Sacra. Jahrbuch für Mecklenburgische Kirchengeschichte 8 (2005), S. 106–160.

Rebentisch, Dieter: Innere Verwaltung, in: Kurt G. A. Jeserich/Hans Pohl/Georg-Christoph Unruh (Hrsg.), Deutsche Verwaltungsgeschichte, Bd. IV, 1985, S. 732–774.

Rees, Wilhelm: Patronatsrechte im Widerspruch zum Selbstbestimmungsrecht der Kirche und zur Religionsgemeinschaft? Entwicklung und Anmerkung aus kirchenrechtlicher Sicht, in: ders. (Hrsg.), Recht in Kirche und Staat. Joseph Listl zum 75. Geburtstag, 2004, S. 283–311.

Reineck, Karl-Michael: Allgemeine Staatslehre und Deutsches Staatsrecht, 15. Aufl. 2007.

Reißfelder, Manfred: Verfassungsautonomie und Verfassungshomogenität der deutschen Einzelstaaten in den Verfassungssystemen seit 1815, 1959.

Richter, Ludwig: Reichspräsident und Ausnahmezustand: Die Genese des Artikel 48 in den Beratungen der Weimarer Nationalversammlung, in: Der Staat 37 (1998), S. 221–247.

Richter, Ludwig: Kirche und Schule in den Beratungen der Weimarer Nationalversammlung, 1996.

Rieder, [H.]: Die Rechtsstellung des Religionsunterrichts in den Schulen, in: Paul Westhoff (Hrsg.), Verfassungsrecht der deutschen Schule, 1932, S. 199–235.

Rieker, Karl: Die rechtliche Stellung der evangelischen Kirche Deutschlands in ihrer geschichtlichen Entwicklung bis zur Gegenwart, 1893.

Roellecke, Gerd: Konstruktionsfehler der Weimarer Reichsverfassung, in: Der Staat 35 (1996), S. 599–613.

Roll, Hans-Achim: Geschäftsordnung des Deutschen Bundestages. Kommentar, 2001.

Rosenberger, Gerald: Finanzen und Finanzverfassung in den beiden Großherzogtümern Mecklenburg von 1850 bis 1914, Bd. 1, 1. Teilbd., 1999.

Rosenbusch, Ute: Der Weg zum Frauenwahlrecht in Deutschland, 1998.

Roßner, Sebastian: Verfahren der Mehrheitsbestimmung: Wahl- und Abstimmungsverfahren, in: Martin Morlok/Utz Schliesky/Dieter Wiefelspütz (Hrsg.), Parlamentsrecht, 2016, § 41 (S. 1283–1322).

Rothenbücher, Karl: Das Recht der freien Meinungsäußerung, in: Veröffentlichungen der Vereinigung der deutschen Staatsrechtslehrer 4 (1928), S. 6–43.

Rüfner, Wolfgang: Grundrechtsadressaten, in: Josef Isensee/Paul Kirchhof (Hrsg.), Handbuch des Staatsrechts der Bundesrepublik Deutschland, Bd. IX, 3. Aufl. 2011, § 197 (S. 793–842).

Ruf, Christian Georg: Die Bayerische Verfassung vom 14. August 1919, 2015.

Rux, Johannes: Direkte Demokratie in Deutschland. Rechtsgrundlagen und Rechtswirklichkeit der unmittelbaren Demokratie in der Bundesrepublik Deutschland und ihren Ländern, 2008.

Michael Sachs (Hrsg.), Grundgesetz. Kommentar, 8. Aufl. 2018.

Sachsse, Hugo: Die landständische Verfassung Mecklenburgs. Vier Vorträge nebst den Regierungsvorlagen von 1872 u. 1874, 1907.

Sachsse, Hugo (Hrsg.): Mecklenburgische Urkunden und Daten. Quellen vornehmlich für Staatsgeschichte und Staatsrecht Mecklenburgs, 1900.

Säcker, Franz Jürgen/Rixecker, Roland/Oetker, Hartmut/Limperg, Bettina (Hrsg.): Münchener Kommentar zum Bürgerlichen Gesetzbuch, Bd. I, 7. Aufl. 2015.

Saemisch, Friedrich Enrst Moritz: Das Kontrollwesen und die Entlastung, in: Gerhard Anschütz/Richard Thoma (Hrsg.), Handbuch des Deutschen Staatsrechts, Bd. II, 1932, S. 446–453.

Sartorius, Carl: Die Entwicklung des öffentlichen Rechts in Württemberg in den Jahren 1920–1924, in: Jahrbuch des öffentlichen Rechts 13 (1925), S. 375–403.

Sawitz, Hugo: Die Städteordnung für den Freistaat Mecklenburg-Schwerin vom 18. Juli 1919, 1919.

Schanberger, Eberhart: Parlamentarische Wahlen und Wahlsystem in der Weimarer Republik. Wahlgesetzgebung und Wahlreform im Reich und in den Ländern, 1981.

Scharnagl, [A.]: Die Entstehung der Schulbestimmungen der Weimarer Verfassung, in: Paul Westhoff (Hrsg.), Verfassungsrecht der deutschen Schule, 1932, S. 1–45.

Schelcher, Walter: Das parlamentarische System, in: Archiv des öffentlichen Rechts N.F. 2 (1921), S. 257–363.

Schild, Hans-Hermann: Die Größe der Wahlkreise unter dem Grundsatz der gleichen Wahl, in: NVwZ 1983, S. 597–599.

Schlaich, Klaus: Art. Synode (in der ev. Kirche), in: Roman Herzog/Hermann Kunst u.a. (Hrsg.), Evangelisches Staatslexikon, Bd. II, 3. Aufl. 1987, Sp. 3571–3575.

Schlesinger, [E.]: Art. Verwaltungsorganisation (Mecklenburg-Schwerin), in: Josef Brix u.a. (Hrsg.), Handwörterbuch der Kommunalwissenschaften, 4. Bd., 1924, S. 366–368.

Schlesinger, [E.]: Art. Verwaltungsorganisation. VIII. Mecklenburg-Schwerin, in: Josef Brix u.a. (Hrsg.), Handwörterbuch der Kommunalwissenschaften, Ergänzungsband H-Z, 1927, Sp. 1380–1381.

Schlesinger, Erich: Das mecklenburg-schwerinsche Gesetz vom 3. März 1922 über die Verwaltungsgerichtsbarkeit, in: Mecklenburgische Zeitschrift für Rechtspflege und Rechtswissenschaft 39 (1922), S. 82–122.

Schlesinger, [Erich]: Einteilung des Freistaates in Aemter, in: Mecklenburgische Zeitschrift für Rechtspflege und Verwaltung 41 (1925), Sp. 17–23.

Schlesinger, Erich: Staats- und Verwaltungsrecht des Großherzogtums Mecklenburg-Schwerin, 1908.

Schliesky, Utz: Parlamentsfunktionen, in: Martin Morlok/ders./Dieter Wiefelspütz (Hrsg.), Parlamentsrecht, 2016, § 5 (S. 204–278).

Schlüter, Andreas/Stolte, Andreas: Stiftungsrecht: Erscheinungsformen und Errichtung der Stiftung, Stiftungsaufsicht, Verwaltung des Stiftungsvermögens, Besteuerung von Stiftung und Stifter, Internationales Stiftungsrecht, mit Mustern, 2007.

Schmaltz, Karl: Kirchengeschichte Mecklenburgs, 3. Bd., 1952.

Schmidt, Eberhard: Begnadigung und Amnestie, in: Gerhard Anschütz/Richard Thoma (Hrsg.), Das Handbuch des Deutschen Staatsrechts, Bd. II, 1932, S. 563–571.

Schmitt, Carl: Das Reichsgericht als Hüter der Verfassung, in: Otto Schreiber (Hrsg.), Die Reichsgerichtspraxis im deutschen Rechtsleben. Festgabe der juristischen Fakultät zum 50jährigen Bestehen des Reichsgerichts, Bd. 1, 1929, S. 154–178.

Schmitt, Carl: Inhalt und Bedeutung des zweiten Hauptteils der Reichsverfassung, in: Gerhard Anschütz/Richard Thoma (Hrsg.), Handbuch des Deutschen Staatsrechts, Bd. II, 1932, S. 572–606.

Schmitt, Carl: Verfassungslehre, 1928.

Schmitt, Carl: Volksentscheid und Volksbegehren. Ein Beitrag zur Auslegung der Weimarer Verfassung und zur Lehre der unmittelbaren Demokratie, 1927.

Schmitt, [J.]: Die Selbstverwaltung der Religionsgesellschaften nach Art. 137 Abs. 3 der neuen Reichsverfassung, in: Archiv des öffentlichen Rechts N.F. 3 (1922), S. 1–49.

Schneider, Hans: Die Reichsverfassung vom 11. August 1911, in: Josef Isensee/Paul Kirchhof (Hrsg.), Handbuch des Staatsrechts der Bundesrepublik Deutschland, Bd. I, 3. Aufl. 2003, § 3 (S. 177–234).

Schnelle, [S.]: Art. Mecklenburg (Zweiter Artikel.), in: Carl von Rotteck/Carl Welcker (Hrsg.), Das Staats-Lexikon. Enzyklopädie der sämmtlichen Staatswissenschaften für alle Stände, Bd. 8, 1847, S. 742–765.

Schöbener, Burkhard/Knauff, Matthias: Allgemeine Staatslehre, 3. Aufl. 2016.

Schönberger, Christoph: Das Parlament: Geschichte einer europäischen Erfindung, in: Martin Morlok/Utz Schliesky/Dieter Wiefelspütz (Hrsg.), Parlamentsrecht, 2016, § 1 (S. 61–104).

Schoenborn, Walter: Die Notverordnungen, in: Gerhard Anschütz/Richard Thoma (Hrsg.), Handbuch des Deutschen Staatsrechts, Bd. II, S. 300–310.

Schröder, Franz Wilhelm Ferdinand: Betrachtungen über die Mecklenburg-Schwerinsche Gemeinde-Ordnung vom 31. Julius 1865, 1866.

Schröder, Meinhard: Bildung, Bestand und parlamentarische Kontrolle der Bundesregierung, in: Josef Isensee/Paul Kirchhof (Hrsg.), Handbuch des Staatsrechts der Bundesrepublik Deutschland, Bd. III, 3. Aufl. 2005, § 65 (S. 1133–1157).

Schröder, Stephan: Das parlamentarische Untersuchungsrecht der Weimarer Reichsverfassung im Spiegel der zeitgenössischen Staatsrechtslehre und Rechtsprechung. Damals wie heute: „Es wimmelt von Streitfragen...“, in: Zeitschrift für Parlamentsfragen 30 (1999), S. 715–738.

Schürmann, Thomas: Plenardebatte, in: Morlok/Utz Schliesky/Dieter Wiefelspütz (Hrsg.), Parlamentsrecht, 2016, § 20 (S. 609–653).

Schultes Karl: Der Aufbau der Länderverfassungen in der sowjetischen Besatzungszone, 1948

Schulze, Reiner: Art. Wittum, in: Adalbert Erler/Ekkehard Kaufmann/Dieter Werkmüller (Hrsg.), Handwörterbuch zur deutschen Rechtsgeschichte, Bd. V, 1. Aufl. 1998, Sp. 1469–1472.

Schumacher, Martin: Wahlen und Abstimmungen 1918–1933, 1976.

Schwabe, Klaus: Das Parteienspektrum in den Landtagen von Mecklenburg-Schwerin und Mecklenburg-Strelitz 1918–1933, in: Michael Heinrichs/Klaus Lüders (Hrsg.), Modernisierung und Freiheit. Beiträge zur Demokratiegeschichte in Mecklenburg-Vorpommern, 1995, S. 744–759.

Schwabe, Klaus: Verfassungen in Mecklenburg zwischen Utopie und Wirklichkeit, 1996.

Schwabe, Klaus: Zwischen Krone und Hakenkreuz. Die Tätigkeit der sozialdemokratischen Fraktion im Mecklenburg-Schwerinschen Landtag zwischen 1919–1932, 1994.

Schwieger, Christopher: Volksgesetzgebung in Deutschland. Der wissenschaftliche Umgang mit plebiszitärer Gesetzgebung auf Reichs- und Bundesebene in Weimarer Republik, Drittem Reich und Bundesrepublik Deutschland (1919–2002), 2005.

Seemann, Margret: Zu den schulpolitischen Auseinandersetzungen im Mecklenburg-Schwerinschen Landtag über das höhere Schulwesen und dessen Entwicklung während der Weimarer Republik, 1990.

Sellmann, Martin: Der Weg zur neuzeitlichen Verwaltungsgerichtsbarkeit – Ihre Vorstufen und dogmatischen Grundlagen, in: Helmut R. Külz/Richard Naumann (Hrsg.), Staatsbürger und Staatsgewalt. Verwaltungsrecht und Verwaltungsgerichtsbarkeit in Geschichte und Gegenwart, Bd. I, 1963, S. 25–86.

Simonis, Hans Ludwig: Volksentscheid und Volksbegehren nach der Reichsverfassung und der Mecklenburg-Schwerinschen Verfassung. Auszug aus der Rostocker Inaugural-Disseration von Referendar Hans Ludwig Simonis, 1923.

Spuler, Bertold: Regenten und Regierungen der Welt, Bd. 4, 2. Aufl. 1966.

Starck, Christian: Idee und Struktur des Föderalismus im Lichte der Allgemeinen Staatslehre, in: Ines Härtel (Hrsg.), Handbuch Föderalismus, Bd. I, 2009, § 1 (S. 41–55).

Steinbarth, Sebastian: Das Institut der Präsidenten- und Ministeranklage in rechtshistorischer und rechtsvergleichender Perspektive, 2011.

Steiner, Udo: Öffentliche Verwaltung durch Private, 1975.

von Stempel, Kurt: Die Organisation der Mecklenburg-Schwerinschen Aemter im Vergleich zu den Organisationen und Formen der anderen deutschen Landkreise unter Berücksichtigung der vom Sparkommissar in dieser Beziehung berührten Probleme, 1930.

Stenographisches Bureau des Landtages (Hrsg.): Verhandlungen des Mecklenburg-Schwerinschen Landtags. Verfassunggebenden Landtags. Vom 21. Februar 1919 bis 28. Mai 1920, Bd. I, 1920.

Stenographisches Bureau des Landtages (Hrsg.): Verhandlungen des Mecklenburg-Schwerinschen Landtags. Verfassunggebenden Landtags. Vom 21. Februar 1919 bis 28. Mai 1920, Bd. II, 1920.

Stern, Klaus: Das Staatsrecht der Bundesrepublik Deutschland, Bd. I: Grundrechte und Grundlagen des Staatsrechts, Strukturprinzipien der Verfassung, 2. Aufl. 1984.

Stern Klaus: Das Staatsrecht des Bundesrepublik Deutschland, Bd. II: Staatsorgane, Staatsfunktionen, Finanz- und Haushaltsverfassung, Notstandsverfassung, 1980.

Stern, Klaus: Das Staatsrecht der Bundesrepublik Deutschland, Bd. III/1: Allgemeine Lehren der Grundrechte, 1988.

Stern, Klaus: Das Staatsrecht der Bundesrepublik Deutschland, Bd. III/2: Allgemeine Lehren der Grundrechte, 1994.

Stern, Klaus: Das Staatsrecht der Bundesrepublik Deutschland, Bd. IV/2: Die einzelnen Grundrechte, 2011.

Stern, Klaus: Das Staatsrecht der Bundesrepublik Deutschland, Bd. V: Die geschichtlichen Grundlagen des deutschen Staatsrechts, 2000.

Stier-Somlo, Fritz: Das Grundrecht der kommunalen Selbstverwaltung unter besonderer Berücksichtigung des Eingemeindungsrechts, in: Archiv des öffentlichen Rechts N.F. 17 (1929), S. 1–93.

Stier-Somlo, Fritz: Das Reichsgericht und der Verfassungsabschnitt „Reich und Länder“, in: Otto Schreiber (Hrsg.), Die Reichsgerichtspraxis im deutschen Rechtsleben. Festgabe der juristischen Fakultät zum 50jährigen Bestehen des Reichsgerichts, Bd. I, 1929, S. 201–232.

Stier-Somlo, Fritz: Der preußische Staatsrat, in: Gerhard Anschütz/Richard Thoma (Hrsg.), Handbuch des Deutschen Staatsrechts, Bd. I, 1930, S. 652–666.

Stier-Somlo, Fritz: Deutsches Reichs- und Landesstaatsrecht, Bd. 1, 1924.

Stier-Somlo, Fritz: Die Verfassung des Deutschen Reichs vom 11. August 1919, 3. Aufl. 1925.

Stier-Somlo, Fritz: Geschäftsministerium, laufende Geschäfte, ständiger Ausschuß und Notverordnungen nach preußischem Verfassungsrecht, in: Archiv des öffentlichen Rechts N.F. 9 (1925), S. 211–224.

Stolleis, Michael: Geschichte des öffentlichen Rechts in Deutschland, Bd. II, 1992.

Stolleis, Michael: Geschichte des öffentlichen Rechts in Deutschland, Bd. III, 1999.

Stolleis, Michael: Öffentliches Recht und Privatrecht im Prozess der Entstehung des modernen Staates, in: Wolfgang Hoffmann-Riem/Eberhard Schmidt-Aßmann (Hrsg.), Öffentliches Recht und Privatrecht als wechselseitige Auffangordnung, 1996, S. 41–61.

Stuckmann, Nikolaus: Die Grenzen der Verfassungsautonomie der deutschen Länder, 1930.

Tatarin-Tarnheyden, Edgar: Das rechtliche Wesen der deutschen Selbstverwaltung und die mecklenburg-schwerinsche Verwaltungsreform, 1925.

Tatarin-Tarnheyden, Edgar: Das rechtliche Wesen der deutschen Selbstverwaltung und die mecklenburg-schwerinsche Verwaltungsreform. Eine juristische Studie zum Entwurf der Deutschvölkischen Freiheitspartei, 1925.

Tatarin-Tarnheyden, Edgar: Die Rechtstellung der Abgeordneten; ihre Pflichten und Rechte, in: Gerhard Anschütz/Richard Thoma (Hrsg.), Handbuch des Deutschen Staatsrechts, Bd. I, 1930, S. 413–439.

Tatarin-Tarnheyden, Edgar: Die Rechtsstellung des Amtshauptmanns in Mecklenburg-Schwerin in verwaltungs- und staatspolitischer Beleuchtung. Zugleich ein Beitrag zum Problem einer Reichsverwaltungsreform, 1931.

Tatarin-Tarnheyden, Edgar: Die Verfügung über das Staatsvermögen, in: Gerhard Anschütz/Richard Thoma (Hrsg.), Handbuch des Deutschen Staatsrechts, Bd. II, 1932, S. 417–435.

Tatarin-Tarnheyden, Edgar: Grundlagen des Verwaltungsrechts im neuen Staat, in: Archiv des öffentlichen Rechts N.F. 24 (1934), S. 345–358.

Tatarin-Tarnheyden, Edgar: Grundlegende Betrachtungen zur Flaggenfrage, in: Archiv des öffentlichen Rechts N.F. 13 (1927), S. 313–380.

Tatarin-Tarnheyden, Edgar: Kommunalisierung der Amtsverwaltung in Mecklenburg-Schwerin unter den Gesichtspunkten einer Reichsverwaltungsreform, in: Reichsverwaltungsblatt und preußisches Verwaltungsblatt 51 (1930), S. 763–767.

Tatarin-Tarnheyden, Edgar: Wiedervereinigung der beiden Mecklenburg, in: DJZ 1933, Sp. 1400–1402.

Tecklenburg, Adolf: Die Landtagsabberufung durch Volksabstimmung, in: Archiv des öffentlichen Rechts N.F. 22 (1932), S. 74–81.

Tews, Johannes: Die deutsche Einheitsschule. Freie Bahn dem Tüchtigen, 4. Aufl. 1919.

Thoma, Richard: Das Reich als Bundesstaat, in: Gerhard Anschütz/ders. (Hrsg.), Handbuch des Deutschen Staatsrechts, Bd. I, 1930, S. 169–186.

Thoma, Richard: Das richterliche Prüfungsrecht, in: Archiv des öffentlichen Rechts N.F. 4 (1922), S. 267–286.

Thoma, Richard: Die juristische Bedeutung der grundrechtlichen Sätze der Deutschen Reichsverfassung im allgemeinen, in: Hans Carl Nipperdey (Hrsg.), Die Grundrechte und Grundpflichten der Reichsverfassung, 1. Bd., 1929, S. 1–53.

Thoma, Richard: Die Staatsgerichtsbarkeit des Deutschen Reichs, in: Otto Schreiber (Hrsg.), Die Reichsgerichtspraxis im deutschen Rechtsleben. Festgabe der juristischen Fakultät zum 50jährigen Bestehen des Reichsgerichts (1. Oktober 1929), Bd. I, 1929, S. 179–200.

Thoma, Richard: Grundbegriffe und Grundsätze, in: Gerhard Anschütz/ders. (Hrsg.), Handbuch des Deutschen Staatsrechts, Bd. II, 1932, S. 108–159.

Thoma, Richard: Rechtsstaatsidee und Verwaltungsrechtswissenschaft, in: Jahrbuch des öffentlichen Rechts 4 (1910), S. 196–218.

Tischner, Carl-Gottfried: Verantwortlichkeit und Gegenzeichnung bei Hoheitsakten des Staatsoberhauptes, 1938.

Triepel, Heinrich: Streitigkeiten zwischen Reich und Ländern. Beiträge zur Auslegung des Artikels 19 der Weimarer Reichsverfassung, in: Festgabe der Berliner Juristischen Fakultät für Wilhelm Kahl zum Doktorjubiläum am 19. April 1923, 1923, II, S. 1–118.

von Trott zu Solz, Thilo: Erbrechtslose Sondervermögen. Über die Möglichkeit fideikommißähnlicher Vermögensbildung, 1999.

Ule, Carl-Hermann: Über die Auslegung der Grundrechte, in: Archiv des öffentlichen Rechts N.F. 21 (1932), S. 37–123.

Umbach, Dieter C.: Parlamentsauflösung in Deutschland. Verfassungsgeschichte und Verfassungsprozeß, 1989.

v. Ungern-Sternberg, Antje: Die Weimarer Suche nach dem richtigen Wahlsystem – zwischen Verfassung und Rechtspolitik, in: Ulrich Jan Schröder/dies. (Hrsg.), Zur Aktualität der Weimarer Staatsrechtslehre, 2011, S. 189–210.

Unruh, Peter: Der Verfassungsbegriff des Grundgesetzes. Eine verfassungstheoretische Rekonstruktion, 2002.

Venator, Hans: Volksentscheid und Volksbegehren im Reich und den Ländern, in: Archiv des öffentlichen Rechts N.F. 4 (1922), S. 40–102.

Vitense, Otto: Geschichte von Mecklenburg, 1920.

Graf Vitzthum, Wolfgang: Die Bedeutung des gliedstaatlichen Verfassungsrechts in der Gegenwart, in: Veröffentlichungen der Vereinigung der Deutschen Staatsrechtslehrer 46 (1988), S. 7–56.

Vogels, Alois: Grundriß des neues Landesstaatsrechts, 1922.

Volkmann, Uwe: Parlamentarische Demokratie und politische Parteien, in: Martin Morlok/Utz Schliesky/Dieter Wiefelspütz (Hrsg.), Parlamentsrecht, 2016, § 4 (S. 187–203).

Wagner, Erich: Deutsches Reichs- und Landesstaatsrecht, Bd. II, 1931.

Waldecker, Ludwig: Vereins- und Versammlungsfreiheit, in: Gerhard Anschütz/Richard Thoma (Hrsg.), Handbuch des deutschen Staatsrechts, Bd. II, 1932, S. 637–651.

Weber, Hermann: Grundrechtsbindung der Kirchen und Religionsgemeinschaften, in: Joseph Listl/Dietrich Pirson (Hrsg.), Handbuch des Staatskirchenrechts der Bundesrepublik Deutschland, 1. Bd., 2. Aufl. 1994, § 19 (S. 573–587).

Weber, Klaus (Hrsg.): Creifelds Rechtswörterbuch, 22. Edition 2017.

Weber, Wolf: Selbstverwaltung und Demokratie in den Gemeinden nach der Gebietsreform, 1982.

Wenzel, Max: Der Streit zwischen Lübeck und Mecklenburg-Schwerin über die Hoheitsrechte in der Lübecker Bucht, in: Mecklenburgische Zeitschrift für Rechtspflege Rechtswissenschaft, Verwaltung 42 (1926), Sp. 385–398, 451–460, 497–510, 563–576, 625–642.

Wenzel, Max: Die neuen Mecklenburgischen Verfassungen, in: Jahrbuch des öffentlichen Rechts 10 (1921), S. 321–352.

Wenzel, Max: Die reichsrechtlichen Grundlagen des Landesverfassungsrechtes, in: Gerhard Anschütz/Richard Thoma (Hrsg.), Handbuch des deutschen Staatsrechts, Bd. I, 1930, S. 604–619.

Wenzel, Max (Hrsg.): Mecklenburg-Schwerinsche Verfassungs- und Verwaltungsgesetze nebst Kirchengrundgesetzen, 1923.

Werthmann, Sabine: Vom Ende der Patrimonialgerichtsbarkeit. Ein Beitrag zur deutschen Justizgeschichte des 19. Jahrhunderts, 1995.

Wiefelspütz, Dieter: Entschädigungsanspruch und Versorgung des Abgeordneten, in: Martin Morlok/Utz Schliesky/Dieter Wiefelspütz (Hrsg.), Parlamentsrecht, 2016, § 15 (S. 492–507).

Wiggers, Julius/Wiggers, Moritz: Geschichte der drei Mecklenburgischen Landesklöster Dobbertin, Malchow und Ribnitz, 1848.

Willoweit, Dietmar/Schlinker, Steffen: Deutsche Verfassungsgeschichte, 9. Aufl. 2018.

Willoweit, Dietmar, Art. Patrimonialstaat, in: Adalbert Erler/Ekkehard Kaufmann/Dieter Werkmüller (Hrsg.), Handwörterbuch zur deutschen Rechtsgeschichte, Bd. III, 1. Aufl. 1984, Sp. 1549–1551.

Winkelmann, Helmut: Parlamentarische Ausschussarbeit, in: Martin Morlok/Utz Schliesky/Dieter Wiefelspütz (Hrsg.), Parlamentsrecht, 2016, § 23 (S. 754–795).

Witte, Jan H.: Unmittelbare Gemeindedemokratie der Weimarer Republik. Verfahren und Anwendungsausmaß in den norddeutschen Ländern, 1997.

Wittmayer, Leo: Die Weimarer Reichsverfassung, 1922.

Wittreck, Fabian: Die Todesstrafe in den deutschen Landesverfassungen, in: Jahrbuch des öffentlichen Rechts 49 (2001), S. 157–214.

Wittreck, Fabian: Direkte Demokratie in den Ländern – Kontingenter Prozeß oder List der Vernunft?, in: Lars P. Feld/Peter M. Huber/Otmar Jung/Hans-Joachim Lauth/ders. (Hrsg.), Jahrbuch für direkte Demokratie 2012, 2013, S. 41–64.

Wittreck, Fabian: Genese und Entwicklung des deutschen Parlamentarismus, in: Martin Morlok/Utz Schliesky/Dieter Wiefelspütz (Hrsg.), Parlamentsrecht, 2016, § 2 (S. 105–142).

Wittreck, Fabian: Art. Gewohnheitsrecht, in: Görres-Gesellschaft (Hrsg.), Staatslexikon, Bd. II, 8. Aufl. 2018, Sp. 1362–1365.

Wittreck, Fabian: Bedeutung einzelstaatlicher Grundrechte für die Grundrechtsentwicklung, in: Detlef Merten/Hans-Jürgen Papier (Hrsg.), Handbuch der Grundrechte in Deutschland und Europa, Bd. VIII, § 231 (S. 3–112).

Wittreck, Fabian: Bonn ist doch Weimar. Religionsfreiheit im Grundgesetz als Resultat von Konflikt und Kontroverse, in: Astrid Reuter/Hans G. Kippenberg (Hrsg.), Religionskonflikte im Verfassungsstaat, 2010, S. 66–92.

Wittreck, Fabian: Die Anfänge der verfassungsgerichtlichen Normenkontrolle in Deutschland. Das Danziger Obergericht als Normenprüfungsinstanz 1923–1939, in: Zeitschrift der Savigny-Stiftung für Rechtsgeschichte: Germanistische Abteilung 121 (2004), S. 415–470.

Wittreck, Fabian: Direkte Demokratie und Verfassungsgerichtsbarkeit, in: Jahrbuch des öffentlichen Rechts 53 (2005), S. 111–185.

Wittreck, Fabian: Vom Eigen-Sinn der Bayerischen Verfassung. Die Bamberger Verfassung im Konzert der übrigen Landesverfassungen der Zwischenkriegszeit, in: Horst Gehringer/Hans-Joachim Hecker/Hans-Georg Hermann (Hrsg.), Demokratie in Bayern, 2019, S. 83–111.

Wittreck, Fabian: Zur Einleitung: Verfassungsentwicklung zwischen Novemberrevolution und Gleichschaltung, in: ders. (Hrsg.) Weimarer Landesverfassungen. Die Verfassungsurkunden der deutschen Freistaaten 1918–1933, 2004, S. 1–55.

Wurm, Johann Peter: Die geistlichen Hebungen Wismar. Ein historischer Abriß, in: Michael Brunners/Erhard Piersing (Hrsg.), Mecklenburgia Sacra. Jahrbuch für Mecklenburgische Kirchengeschichte 8 (2005), S. 69–105.

Zais, Dietrich: Rechtsnatur und Rechtsgehalt der Präambel des Grundgesetzes für die Bundesrepublik Deutschland vom 23. Mai 1949, 1973.

Zschucke, Otto Th. L. (Hrsg.): Die Geschäftsordnungen der deutschen Parlamente, 1928.

I. Anhang

I. Verfassung des Freistaates Mecklenburg-Schwerin

Vom 17. Mai 1920 (Regierungs-Blatt für Mecklenburg-Schwerin 1920 Nr. 92 v. 10. Juni 1920, S. 653-671).

Der verfassunggebende Landtag des Freistaates Mecklenburg-Schwerin hat folgende Verfassung des Freistaates Mecklenburg-Schwerin beschlossen, die hiermit verkündet wird:

Verfassung des Freistaates Mecklenburg-Schwerin.

Erster Abschnitt.
Der Freistaat und das Staatsgebiet.

§ 1. (1) Mecklenburg-Schwerin ist Freistaat.

(2) Er bildet ein Glied des Deutschen Reichs.

§ 2. Der Freistaat umfaßt das Gebiet des bisherigen Großherzogtums Mecklenburg-Schwerin. Sitz der Regierung ist Schwerin. Die Landesfarben sind blau-gelb-rot.

§ 3. (1) Über Erwerb und Verlust der Staatsangehörigkeit entscheiden die Reichsgesetze.

(2) Die Angehörigen der anderen deutschen Freistaaten haben die gleichen Rechte und Pflichten wie die eigenen Staatsangehörigen.

Zweiter Abschnitt.
Die Grundrechte.

Dem mecklenburgischen Volke werden durch die Verfassung die nachstehenden Grundrechte gewährleistet. Sie bilden Richtschnur und Schranke für Verfassung, Gesetzgebung und Verwaltung.

§ 4. Alle Mecklenburger sind vor dem Gesetze gleich.

§ 5. Vor dem Gesetze gilt kein Unterschied der Geburt, des Geschlechts, des Standes, der Religion. Die Frauen haben staatsbürgerliche Rechte und Pflichten gleich den Männern.

§ 6. Die öffentlichen Ämter sind allen dazu Befähigten gleich zugänglich. Das religiöse oder politische Bekenntnis darf auf ihre Besetzung im Staat oder in der Selbstverwaltung keinen Einfluß haben. Politische Erwägungen sind nur bei Besetzung politisch leitender Aemter zulässig.

§ 7. Die öffentlichen Pflichten werden von allen Staatsbürgern gleichmäßig getragen. Zu den Staatslasten muß ein Jeder seinen Mitteln gemäß nach Bestimmung der Gesetze beitragen.

§ 8. (1) Unverletzlich ist die Freiheit der Person. Niemand darf anders als auf Grund der Gesetze und in gesetzlicher Form verhaftet werden.

(2) Jedem Verhafteten ist innerhalb 24 Stunden mitzuteilen, von welcher Behörde und aus welchen Gründen die Entziehung der Freiheit angeordnet ist. Unverzüglich ist ihm Gelegenheit zu geben, Einwendungen gegen seine Freiheitsentziehung vorzubringen.

(3) Niemand darf seinem gesetzlichen Richter entzogen werden.

§ 9. Unverletzlich ist die Wohnung. Das Eindringen in die Wohnung sowie Haussuchungen sind nur auf Grund der Gesetze zulässig.

§ 10. (1) Unverletzlich ist das Eigentum.

(2) Dem Staate steht das Enteignungsrecht am Grund und Boden und den Bodenschätzen, sowie an privaten Rechten zum Wohle der Allgemeinheit gegen Entschädigung zu.

(3) Familien-Fideikommisse dürfen nicht errichtet werden.

§ 11. Frei ist die Meinungsäußerung durch Wort, Schrift, Druck oder Bild innerhalb der Schranken der Gesetze.

§ 12. Frei ist das Recht aller Staatsbürger, sich ohne besondere Erlaubnis friedlich und ohne Waffen zu versammeln. Versammlungen unter freiem Himmel können bei unmittelbarer Gefahr für die öffentliche Sicherheit verboten werden.

§ 13. Frei ist das Recht aller Staatsbürger, sich zur Wahrung ihrer Rechte zu vereinigen und innerhalb der Schranken der Gesetze Vereine zu bilden.

§ 14. Frei ist das Recht staatsbürgerlicher Betätigung für alle Beamten, Angestellten und Arbeiter in Staat oder Selbstverwaltung. Unverletzlich sind die Rechte der Beamten auf Unkündbarkeit, Einkommen, Ruhegehalt und Hinterbliebenenversorgung. Ihre Stellung und das Beamtenrecht werden durch besonderes Gesetz geregelt.

§ 15. Frei sind Arbeit und Erwerb. Nur das Gesetz darf sie beschränken.

§ 16. (1) Alle Bewohner des Landes genießen volle Glaubens- und Gewissensfreiheit. Die ungestörte Religionsübung wird durch die Verfassung gewährleistet und steht unter staatlichem Schutz. Die allgemeinen Staatsgesetze bleiben hiervon unberührt.

(2) Niemand darf zu einer kirchlichen Handlung oder Feierlichkeit oder zur Teilnahme an religiösen Übungen oder zur Benutzung einer religiösen Eidesform gezwungen werden. Niemand ist verpflichtet, seine religiöse Überzeugung zu offenbaren. Die Behörden haben nur soweit das Recht, nach der Zugehörigkeit zu einer Religionsgesellschaft zu fragen, als davon Rechte und Pflichten abhängen oder eine gesetzlich angeordnete statistische Erhebung dies erfordert.

§ 17. (1) Es besteht keine Staatskirche.

(2) Die Freiheit der Vereinigung zu Religionsgesellschaften wird gewährleistet. Der Zusammenschluß von Religionsgesellschaften innerhalb des Landesgebiets unterliegt keinen Beschränkungen.

(3) Jede Religionsgesellschaft ordnet und verwaltet ihre Angelegenheiten selbständig innerhalb der Schranken des für alle geltenden Gesetzes. Sie verleiht ihre Ämter ohne Mitwirkung des Staates oder der bürgerlichen Gemeinde.

(4) Religionsgesellschaften erwerben die Rechtsfähigkeit nach den allgemeinen Vorschriften des bürgerlichen Rechtes. Die evangelisch-lutherische, die evangelisch-reformierte und die römisch-katholische Kirche und ihre Gemeinden, sowie die israelitischen Gemeinden sind Körperschaften des öffentlichen Rechtes. Anderen Religionsgesellschaften sind auf ihren Antrag gleiche Rechte zu gewähren, wenn sie durch ihre Verfassung und die Zahl ihrer Mitglieder die Gewähr der Dauer bieten. Schließen sich mehrere derartige öffentlichrechtliche Religionsgesellschaften zu einem Verbande zusammen, so ist auch dieser Verband eine öffentlichrechtliche Körperschaft.

(5) Die Religionsgesellschaften, die Körperschaften des öffentlichen Rechts sind, sind berechtigt, auf Grund der bürgerlichen Steuerlisten nach Maßgabe eines zu erlassenden Gesetzes Steuern zu erheben.

(6) Den Religionsgesellschaften werden die Vereinigungen gleichgestellt, die sich die gemeinschaftliche Pflege einer Weltanschauung zur Aufgabe machen.

(7) Das Eigentum und andere Rechte der Religionsgesellschaften und religiösen Vereine an ihren für Kultus-, Unterrichts- und Wohltätigkeitszwecke bestimmten Anstalten, Stiftungen und sonstigen Vermögen werden gewährleistet.

(8) Der Sonntag und die staatlich anerkannten Feiertage bleiben als Tage der Arbeitsruhe und der seelischen Erhebung gesetzlich geschützt.

§ 18. Frei sind Kunst, Wissenschaft und ihre Lehre. Der Staat gewährt ihnen Schutz und nimmt an ihrer Pflege teil.

§ 19. (1) Für die Bildung der Jugend wird durch öffentliche Anstalten gesorgt.

(2) Es besteht allgemeine Schulpflicht. Umfang und Dauer der Pflicht bestimmt das Gesetz. Sie wird nur in staatlichen oder staatlich anerkannten Schulen erfüllt.

§ 20. (1) Das Unterrichts- und Erziehungswesen einschließlich des Fortbildungsschulwesens soll durch ein besonderes Gesetz nach den Grundsätzen der Einheitsschule sowie der Unentgeltlichkeit des Unterrichts und der Lernmittel geregelt werden.

(2) Das gesamte Schulwesen steht unter der Aufsicht des Staates.

(3) Die Lehrer an den öffentlichen Schulen haben die Rechte und Pflichten der Staatsbeamten. Durch besonderes Gesetz können sie Staatsbeamte werden.

§ 21. (1) Der Religionsunterricht ist ordentliches Lehrfach der Schulen mit Ausnahme der bekenntnisfreien (weltlichen) Schulen. Seine Erteilung wird im Rahmen der Schulgesetzgebung geregelt. Der Religionsunterricht wird in Übereinstimmung mit den Grundsätzen der betreffenden Religionsgesellschaft unbeschadet des Aufsichtsrechtes des Staates erteilt.

(2) Die Erteilung religiösen Unterrichts und die Vornahme kirchlicher Handlungen bleibt der Willenserklärung der Lehrer, die Teilnahme an religiösen Unterrichtsfächern und an kirchlichen Feiern und Handlungen der Willenserklärung desjenigen überlassen, der über die religiöse Erziehung des Kindes zu bestimmen hat.

(3) Die theologische Fakultät der Landesuniversität bleibt erhalten.

§ 22. Jeder Staatsbürger hat das Recht, Bitten und Beschwerden bei den zuständigen Behörden und dem Landtage schriftlich vorzutragen.

§ 23. Die Gerichte sind unabhängig. Sie sprechen im Namen des Volkes nach den Gesetzen Recht.

Dritter Abschnitt.
Die Staatsgewalt.

§ 24. (1) Die Staatsgewalt liegt beim Volke.

(2) Das Volk übt sie unmittelbar durch Wahlen und Abstimmungen, mittelbar durch die in der Verfassung bestimmten Organe aus.

§ 25. Stimmberechtigt sind alle Reichsangehörigen, Männer und Frauen, die an dem Wahl- oder Abstimmungstage das zwanzigste Lebensjahr vollendet und in Mecklenburg-Schwerin drei Monate ihren Wohnsitz oder dauernden Aufenthalt haben. Das Stimmrecht ist gleich, es wird geheim und unmittelbar ausgeübt. Das Nähere bestimmt das Landtagswahlgesetz.

Vierter Abschnitt.
Der Landtag, die Volksabstimmung und die Gesetzgebung.

§ 26. Die Gesetzgebung steht dem Landtage zu, soweit sie nicht vom Volke unmittelbar geübt wird oder in der Verfassung anderen Organen übertragen ist.

§ 27. Die Abgeordneten werden auf Grund des Landtagswahlgesetzes nach dem Grundsatze der Verhältniswahl mit gebundenen Listen unter Ausschluß der Listenverbindung gewählt. Wählbar ist jeder Wahlberechtigte.

§ 28. (1) Im Staats- und Gemeindedienst Beschäftigte und Militärpersonen bedürfen keines Urlaubs zum Eintritt in den Landtag.

(2) Zur Vorbereitung ihrer Wahl ist ihnen ein angemessener Urlaub zu gewähren.

§ 29. (1) Die Verhandlungen des Landtags sind öffentlich.

(2) Durch Beschluß einer Mehrheit von drei Vierteln der anwesenden Abgeordneten kann die Öffentlichkeit ausgeschlossen werden, wenn es das Wohl des Landes dringend erfordert. Der Beschluß ist nur zulässig, wenn der Antrag auf Ausschluß der Öffentlichkeit mindestens einen Tag vorher auf die Tagesordnung gesetzt ist. Der Antrag muß von dem Staatsministerium oder von mindestens einem Sechstel der gesetzlichen Zahl der Abgeordneten gestellt werden. Die Beratung und Beschlußfassung erfolgt in geheimer Sitzung. Über den Inhalt der geheimen Sitzung haben die Abgeordneten Verschwiegenheit zu beobachten, sofern der Landtag diese Verpflichtung nicht im Einzelfalle durch Beschluß aufhebt.

(3) Die Schweigepflicht erstreckt sich auch auf Verhandlungen der Ausschüsse, für die der Ausschuß mit Drei-Viertel-Mehrheit Vertraulichkeit beschlossen hat.

§ 30. (1) Der Landtag wird auf drei Jahre gewählt. Die Frist beginnt mit dem Wahltage. Der neue Landtag muß vor Ablauf der Wahldauer des alten Landtags gewählt werden.

(2) Seine Wahldauer kann vorzeitig beendet werden durch Volksabstimmung oder durch den eigenen Beschluß von zwei Dritteln der anwesenden Landtags-Mitglieder. Der Antrag hierauf muß drei Tage vorher auf die Tagesordnung gesetzt werden. Die Neuwahl muß innerhalb 60 Tage, der Zusammentritt des neuen Landtags innerhalb 90 Tage nach Beendigung des alten stattfinden.

§ 31. (1) Der Landtag wird durch das Staatsministerium berufen. Die Berufung muß wenigstens alljährlich erfolgen. Sie muß auf Verlangen eines Drittels der gesetzlichen Zahl der Mitglieder innerhalb vierzehn Tage geschehen.

(2) Die Versammlung des Landtags findet am Sitze der Regierung statt.

§ 32. Der Landtag beschließt über seine Vertagung und die Schließung des Sitzungsabschnitts. Im Falle der Vertagung bestimmt der Landtag die Art seines Wiederzusammentritts.

§ 33. Der Landtag prüft die Gültigkeit der Wahl seiner Mitglieder und entscheidet darüber. Er gibt sich eine Geschäftsordnung und wählt seinen Vorsitzenden, dessen Stellvertreter und die Schriftführer.

§ 34. Dem Vorsitzenden untersteht die Hausverwaltung. Er übt das Hausrecht und die Polizeigewalt im Landtagshause aus. Er verfügt über die Einnahmen und Ausgaben des Hauses nach Maßgabe des Haushaltsvoranschlags und vertritt den Freistaat in allen diese Verwaltung betreffenden Rechtsgeschäften und Rechtsstreitigkeiten. Zwischen zwei Sitzungs- oder zwei Wahlabschnitten werden die Verwaltungsgeschäfte von dem letzten Vorsitzenden weitergeführt.

§ 35. (1) Der Landtag beschließt mit einfacher Stimmenmehrheit, soweit nicht durch die Verfassung etwas anderes bestimmt ist. Zur Gültigkeit eines Beschlusses ist die Anwesenheit der Mehrheit der gesetzlichen Zahl der Mitglieder erforderlich, jedoch sind alle Beschlüsse gültig, welche gefaßt sind, ohne daß die Beschlußfähigkeit vor der Abstimmung angezweifelt ist.

(2) Für die vom Landtage vorzunehmenden Wahlen kann die Geschäftsordnung Ausnahmen zulassen.

§ 36. (1) Die Mitglieder des Staatsministeriums und ihre Beauftragten sind berechtigt, in den Vollsitzungen und Ausschüssen des Landtags jederzeit das Wort zu ergreifen. Sie unterstehen der Geschäftsordnung des Landtags ebenso wie die Abgeordneten.

(2) Auf Verlangen müssen die Mitglieder des Staatsministeriums vor dem Landtage und seinen Ausschüssen erscheinen.

§ 37. (1) Gesetze werden, soweit sie nicht vom Landtage selbst eingebracht werden, vom Staatsministerium vorbereitet und dem Landtage zur Beschlußfassung vorgelegt.

(2) Sie unterliegen einer dreimaligen Beratung und Beschlußfassung (Lesung). Die dritte Lesung darf frühestens am Tage nach Beendigung der Beschlußfassung zweiter Lesung beginnen. Die Frist kann auf Vorschlag des Staatsministeriums gemäß den Bestimmungen der Geschäftsordnung gekürzt werden.

§ 38. Die Abgeordneten sind Vertreter des gesamten Volkes, nur ihrem Gewissen unterworfen und an Aufträge nicht gebunden.

§ 39. (1) Kein Abgeordneter darf zu irgend einer Zeit wegen seiner Abstimmung oder wegen der in Ausübung seines Berufs gemachten Äußerungen gerichtlich oder dienstlich verfolgt oder sonst außerhalb der Versammlung zur Verantwortung gezogen werden.

(2) Gegen Abgeordnete des Landtags kann wegen Bestechlichkeit und wegen schwerer Verletzung der Schweigepflicht über Tatsachen, die in geheimer Sitzung des Landtags mitgeteilt sind, auf Antrag des Landtags Anklage erhoben werden.

(3) Der Antrag auf Erhebung der Anklage muß von mindestens einem Viertel der gesetzlichen Zahl der Abgeordneten gestellt und wenigstens drei Tage vor der Beratung auf die Tagesordnung gesetzt werden. Die Erhebung der Anklage kann nur von einer Mehrheit von zwei Dritteln der anwesenden Abgeordneten beschlossen werden.

§ 40. (1) Kein Abgeordneter kann ohne die Genehmigung des Landtags während des Sitzungsabschnitts wegen einer mit Strafe bedrohten Handlung zur Untersuchung gezogen oder verhaftet werden, es sei denn, daß er bei Ausübung der Tat oder spätestens im Laufe des folgenden Tages ergriffen wird.

(2) Die gleiche Genehmigung ist bei jeder anderen Beschränkung der persönlichen Freiheit erforderlich, welche die Ausübung des Abgeordnetenberufs beeinträchtigt.

(3) Jedes Strafverfahren gegen einen Abgeordneten und jede Haft oder sonstige Beschränkung seiner persönlichen Freiheit wird auf Verlangen des Landtags für die Dauer des Sitzungsabschnitts aufgehoben.

§ 41. (1) Die Mitglieder des Landtags sind berechtigt, über Personen, die ihnen in ihrer Eigenschaft als Abgeordneten Tatsachen anvertraut haben oder denen sie in Ausübung ihres Abgeordneten-Berufes Tatsachen anvertraut haben, und über diese Tatsachen selbst ihr Zeugnis zu verweigern.

(2) Auch in Beziehung auf Beschlagnahme von Schriftstücken und Durchsuchungen stehen sie den Personen gleich, welche ein gesetzliches Zeugnisverweigerungsrecht haben.

§ 42. Wahrheitsgetreue Berichte über Verhandlungen in den öffentlichen Sitzungen des Landtags oder seiner Ausschüsse bleiben von jeder Verantwortlichkeit frei.

§ 43. (1) Die Abgeordneten erhalten eine Aufwandsentschädigung, deren Höhe durch Gesetz bestimmt wird. Ein Verzicht auf die Aufwandsentschädigung ist unzulässig.

(2) Den Abgeordneten steht freie Fahrt in jeder Wagenklasse auf allen in Mecklenburg-Schwerin befindlichen Eisenbahnen während der gesamten Wahldauer des Landtags zu.

§ 44. (1) Die vom Landtage beschlossenen Gesetze werden dem Staatsministerium zugestellt. Sie sind vom Staatsministerium auszufertigen und zu verkünden.

(2) Das Staatsministerium kann jedoch innerhalb einer Frist von einem Monat nach der Zustellung des Gesetzes jedes vom Landtag beschlossene Gesetz im ganzen oder in einzelnen Teilen dem Volke zur Annahme oder Ablehnung vorlegen.

(3) Das Staatsministerium ist ferner berechtigt, innerhalb einer Frist von vierzehn Tagen nach der Zustellung des Gesetzes den Landtag um wiederholte Beratung des Gesetzes zu ersuchen. Dieses Ersuchen kann bis zum Abschlusse der erneuten ersten Lesung des Gesetzes zurückgenommen werden. Das vom Landtage wiederum, wenn auch mit Änderungen, in dreimaliger Beratung in demselben oder im folgenden Sitzungsabschnitt beschlossene Gesetz kann vom Staatsministerium entweder verkündet oder innerhalb vierzehn Tage nach der Zustellung im ganzen oder in einzelnen Teilen einer Volksabstimmung unterbreitet werden. Das in dieser Abstimmung mit einfacher Mehrheit der Abstimmenden angenommene Gesetz ist vom Staatsministerium zu verkünden.

(4) Die Bestimmungen der vorstehenden Absätze finden sinngemäße Anwendung, wenn der Landtag einen vom Staatsministerium eingebrachten Gesetzentwurf ablehnt.

§ 45. (1) Eine Volksabstimmung – Volksentscheid – kann begehrt werden über die Vorlage eines Gesetzentwurfes an den Landtag. Dem Begehren muß ein ausgearbeiteter Gesetzentwurf zugrunde liegen. Er ist vom Staatsministerium unter Darlegung seiner Stellungnahme dem Landtage zu unterbreiten. Der Volksentscheid findet nicht statt, wenn der begehrte Gesetzentwurf im Landtag unverändert angenommen worden ist.

(2) Ein Volksentscheid kann ferner über die Anrufung des Staatsgerichtshofes und die vorzeitige Beendigung der Wahldauer des Landtages begehrt werden.

(3) Das Volksbegehren muß schriftlich beim Staatsministerium oder Landtag von einem Sechstel der bei der letzten Wahl oder Volksabstimmung Stimmberechtigten gestellt werden. Bezweckt das Volksbegehren eine Verfassungsänderung, so ist ein Drittel aller Stimmberechtigten erforderlich.

§ 46. Staatshaushalt, Abgabengesetze und Besoldungsordnungen unterliegen dem Volksbegehren und Volksentscheid nicht.

§ 47. Das Verfahren beim Volksentscheid und Volksbegehren wird durch Gesetz geregelt.

§ 48. (1) Die Ausfertigungen der Gesetze müssen von mindestens der Hälfte der im Amte befindlichen Staatsminister unterschrieben werden.

(2) Die Gesetze erhalten ihre verbindliche Kraft durch Verkündung im Regierungsblatte. Sie treten, wenn nicht in dem Gesetze selbst etwas anderes bestimmt ist, mit dem vierzehnten Tage nach dem Ablaufe des Tages in Kraft, an dem das Regierungsblatt in Schwerin ausgegeben ist.

§ 49. (1) Staatsverträge werden vom Staatsministerium abgeschlossen. Sie bedürfen zu ihrer Gültigkeit der Genehmigung des Landtages und sind wie Gesetze auszufertigen und zu verkünden.

(2) Die §§ 44, 45 finden sinngemäße Anwendung.

Fünfter Abschnitt.
Die Verwaltung und die Ministerien.

§ 50. (1) Der Landtag hat das Recht, die gesamte Staatsverwaltung zu überwachen und vom Staatsministerium Auskunft über alle Einzelheiten der Verwaltung zu fordern.

(2) Der Landtag hat das Recht und auf Antrag eines Drittels seiner Mitglieder die Verpflichtung, Untersuchungsausschüsse einzusetzen. Diese Ausschüsse erheben in öffentlicher Verhandlung die Beweise, die sie oder die Antragsteller für erforderlich erachten. Der Ausschluß der Öffentlichkeit ist zulässig, wenn er von dem Untersuchungsausschuß mit Zwei-Drittel-Mehrheit beschlossen wird. Die Geschäftsordnung regelt das Verfahren und bestimmt die Zahl der Mitglieder des Ausschusses. Alle Gerichte und Verwaltungsbehörden sind verpflichtet, dem Ersuchen dieser Ausschüsse um Beweiserhebungen Folge zu leisten. Alle Akten sind ihnen auf Verlangen vorzulegen.

(3) Auf die Erhebungen der Ausschüsse und der von ihnen ersuchten Behörden finden die Vorschriften der Strafprozeßordnung sinngemäße Anwendung.

§ 51. Die Verwaltung, insbesondere die Ausführung der Gesetze, der Erlaß der dazu erforderlichen Anordnungen und die Vertretung des Staats im Rechtsverkehr ist Sache des Staatsministeriums und der Fachministerien.

§ 52. Das Staatsministerium besteht aus einer durch Gesetz zu bestimmenden Zahl von Staatsministern. Der Vorsitzende führt die Amtsbezeichnung: Ministerpräsident.

§ 53. (1) Die Staatsminister werden vom Landtage gewählt. Zwischen der Wahl des Ministerpräsidenten und der Wahl der übrigen Mitglieder des Staatsministeriums liegt eine Frist von zwei Tagen. Diese Frist kann auf Beschluß des Landtages verkürzt werden. Die Staatsminister können Abgeordnete sein und verlieren durch die Wahl nicht ihren Sitz im Landtage. Sie bedürfen des Vertrauens des Landtages und können jederzeit vom Landtag abberufen werden und jederzeit ihre Entlassung nehmen, führen aber ihr Amt bis zum Amtsantritt ihres Nachfolgers weiter.

(2) Der Antrag auf Abberufung muß von einem Viertel der Abgeordneten gestellt und wenigstens drei Tage vor der Beratung auf die Tagesordnung gesetzt werden.

(3) Die Erklärung der Staatsminister, daß sie ihre Entlassung nehmen, ist dem Staatsministerium gegenüber abzugeben und von diesem dem Landtage mitzuteilen.

(4) Die Mitglieder des Staatsministeriums dürfen nicht gleichzeitig Abgeordnete eines anderen Landtages sein.

§ 54. (1) Das Staatsministerium gliedert sich in eine durch Gesetz zu bestimmende Zahl von Fachministerien, denen ein Mitglied des Staatsministeriums vorsteht.

(2) Das Staatsministerium bestimmt die Vorstände der Fachministerien. Nicht alle Mitglieder des Staatsministeriums brauchen einem Fachministerium vorzustehen.

(3) Der Geschäftskreis der Ministerien wird durch Verordnung des Staatsministeriums bestimmt.

(4) In den Fachministerien können für wichtigere Verwaltungszweige besondere Abteilungen gebildet werden.

(5) Die Fachministerien sind innerhalb ihres Geschäftskreises selbständig. Das Staatsministerium ist aber berechtigt, auch über Angelegenheiten, die zum Geschäftskreis eines Fachministeriums gehören, zu beraten und zu beschließen.

§ 55. (1) Der Vorsitzende des Staatsministeriums vertritt den Staat nach außen, soweit nicht die Angelegenheit zum Geschäftskreis eines Fachministeriums gehört. Er führt den Vorsitz im Staatsministerium und gibt bei Stimmengleichheit den Ausschlag.

(2) Die Verfügungen des Staatsministeriums zeichnet der Vorsitzende oder bei seiner Behinderung ein anderer Staatsminister, die der Fachministerien ihr Vorstand oder in seinem Auftrage und unter seiner Verantwortung ein ihm unterstehender Beamter.

(3) Für Behinderungsfälle regelt das Staatsministerium die Vertretung seiner Mitglieder. Ein Mitglied, dem die Vertretung eines anderen übertragen ist, hat im Staatsministerium nur eine Stimme.

(4) Im übrigen regelt das Staatsministerium seine Geschäftsordnung selbst. Die Regelung kann auch durch Gesetz erfolgen.

§ 56. Die Mitglieder des Staatsministeriums erhalten für die Dauer ihres Amtes die vom Landtage festzustellenden Bezüge. Solange sie diese Bezüge erhalten, dürfen sie einen Beruf oder eine gewerbsmäßige Tätigkeit nicht ausüben. Ansprüche auf Wartegeld und Hinterbliebenenversorgung werden durch ein Gesetz geregelt.

§ 57. (1) Das Staatsministerium kann jede von der öffentlichen Gewalt im gerichtlichen oder nichtgerichtlichen Verfahren verhängte Strafe im Gnadenwege mildern, umwandeln oder erlassen, auch vor Verhängung der Strafe das Verfahren gegen Personen, welche das achtzehnte Lebensjahr zur Zeit der Tat nicht vollendet haben, niederschlagen. Eine allgemeine Begnadigung bedarf der Zustimmung des Landtags.

(2) Staatsoberhaupt im Sinne des § 485 der Strafprozeßordnung ist das Staatsministerium.

(3) Das Staatsministerium kann die Befugnis des Absatz 1 Satz 1 zur Begnadigung oder Niederschlagung den Fachministerien überlassen. Begnadigungen bedürfen jedoch der Zustimmung des Staatsministeriums, sofern auf Todesstrafe erkannt ist oder die zu erlassende Strafe mehr als 8 Monate Freiheits- oder 1500 Mark Geldstrafe beträgt.

§ 58. Den Ministerien steht die Bestätigung der Satzungen juristischer Personen des öffentlichen und des bürgerlichen Rechts und die Verleihung der Rechtsfähigkeit an diese zu.

§ 59. (1) Die Ministerien sind zur Verleihung von Titeln, welche nicht zur Amtsbezeichnung dienen, nicht befugt.

(2) Orden werden nicht verliehen. Die Verleihung der Rettungsmedaille bleibt zulässig.

(3) Die Staatsangehörigkeit des Freistaats Mecklenburg-Schwerin schließt die Annahme von Titeln, Adelsbezeichnungen und Orden anderer Staaten aus.

(4) Bereits verliehene Auszeichnungen dürfen weitergeführt werden.

§ 60. Die Staatsbeamten werden vom Staatsministerium ernannt, soweit das Gesetz nichts anderes bestimmt.

§ 61. (1) Das Staatsministerium ist befugt, wenn der Landtag nicht versammelt ist, in dringenden Fällen Polizeigesetze und Ausführungsgesetze zu Reichsgesetzen zu erlassen. Sie sind dem Landtage, sobald er wieder zusammentritt, zur Genehmigung vorzulegen und vom Staatsministerium aufzuheben, wenn die Genehmigung versagt wird.

(2) Das Staatsministerium kann Entfreiung von Vorschriften der Landesgesetze, welche bei dem Inkrafttreten der Verfassung bereits erlassen sind, in einzelnen Fällen besonderer Art erteilen.

(3) Dasselbe gilt von Vorschriften der Satzungen der Gemeinden, Gemeindeverbände und der sonstigen juristischen Personen des öffentlichen Rechts, wenn ein übereinstimmender Antrag der Vertretungskörperschaften oder der Vertretungsorgane der juristischen Personen vorliegt.

(4) Das Staatsministerium kann diese Befugnisse den Fachministerien übertragen.

§ 62. (1) Die Mitglieder des Staatsministeriums sind für ihre Amtsführung dem Landtage verantwortlich.

(2) Der Landtag hat das Recht, sie wegen vorsätzlich oder aus grober Fahrlässigkeit begangener Verletzung der Verfassung oder verfassungsmäßiger Rechte oder wegen vorsätzlich oder grobfahrlässig herbeigeführter Gefährdung der Sicherheit und Wohlfahrt des Staats förmlich anzuklagen.

(3) Der Antrag auf Erhebung der Anklage muß von mindestens einem Viertel der gesetzlichen Zahl der Abgeordneten gestellt und wenigstens drei Tage vor der Beratung auf die Tagesordnung gesetzt werden. Die Anklage kann nur von einer Mehrheit von zwei Dritteln der anwesenden Abgeordneten beschlossen werden; sie kann jederzeit vom Landtag mit einfacher Mehrheit zurückgenommen werden.

§ 63. Für die Zwecke der Verwaltung wird das Land in Gemeinden und Gemeindeverbände eingeteilt.

§ 64. (1) Den Gemeinden und Gemeindeverbänden steht die freie Selbstverwaltung ihrer Angelegenheiten zu. Die Vertretungskörperschaften der Gemeinden werden in allgemeiner, unmittelbarer, gleicher und geheimer Wahl nach den Grundsätzen des Landtagswahlrechts gewählt. Die Vertretungskörperschaften der Gemeindeverbände und die Vorstände der Gemeinden und Gemeindeverbände werden entweder unmittelbar oder durch Vertretungskörperschaften gewählt[2458].

2458 Durch Ziffer I des Gesetzes vom 27. Juni 1933 (Rbl. S. 209) erhielt § 64 Absatz 1 den folgenden Wortlaut:
„Den Gemeinden und Gemeindeverbänden steht die Selbstverwaltung ihrer Angelegenheiten nach Maßgabe der Gesetze zu. Die Vertretungskörperschaften der Gemeinden werden in allgemeiner, unmittelbarer, gleicher und geheimer Wahl nach den Grundsätzen des Landtagswahlrechts gewählt. Die Vertretungskörperschaften der Gemeindeverbände und die Vorstände der Ge-

(2) Die Aufsicht des Staates erstreckt sich auf die Gesetzmäßigkeit und Lauterkeit der Verwaltung und die Grundlagen der Finanzgebarung.

§ 65. Für alle Zweige der Verwaltung ist ein Verwaltungsstreitverfahren einzuführen.

Sechster Abschnitt.
Der Staatsgerichtshof.

§ 66. (1) Der Staatsgerichtshof entscheidet über Verfassungsstreitigkeiten und über Anklagen gegen Minister und Abgeordnete. Die Anklage kann nur erhoben werden, wenn der Tatbestand nicht länger als drei Jahre zurückliegt und dem Landtage nicht länger als ein Jahr bekannt ist.

(2) Der Staatsgerichtshof tritt am Sitze des mecklenburgischen Oberlandesgerichts zusammen.

§ 67. Der Staatsgerichtshof setzt sich zusammen aus neun Mitgliedern; und zwar aus einem Richter als Vorsitzenden und drei nicht dem Landtage angehörenden berufsmäßigen Juristen und fünf Abgeordneten des Landtags als Beisitzern.

§ 68. (1) Vorsitzender Richter ist der Präsident des mecklenburgischen Oberlandesgerichts. Bei Behinderung des Oberlandesgerichtspräsidenten treten die Senatspräsidenten, bei deren Behinderung Oberlandesgerichtsräte nach dem Dienstalter an dessen Stelle.

(2) Die drei nicht dem Landtag angehörenden berufsmäßigen Juristen sind die zwei dienstältesten Landgerichtspräsidenten und ein vom Vorstande der Anwaltskammer zu bestellender Rechtsanwalt. Bei Behinderung der beiden Landgerichtspräsidenten treten an ihre Stelle der dritte Landgerichtspräsident und die Landgerichtsdirektoren nach dem Dienstalter, an die Stelle des Rechtsanwalts ein vom Vorstande der Anwaltskammer allgemein zu bestellender Vertreter.

---

meinden werden entweder unmittelbar oder durch Vertretungskörperschaften gewählt.“

(3) Die Landtagsabgeordneten werden vom Landtag in dem ersten Sitzungsabschnitt nach den Grundsätzen der Verhältniswahl gewählt. Die auf der Vorschlagsliste benannten Abgeordneten gelten, soweit sie nicht gewählt sind, der Reihenfolge nach als Vertreter. Die Abgeordneten und ihre Vertreter bleiben im Amte, bis in dem ersten Sitzungsabschnitt eine Neuwahl erfolgt.

§ 69. (1) Das Amt des Staatsanwalts übt ein vom Landtage bestellter Vertreter aus.

(2) Für das Verfahren über Anklagen finden bis zur Ordnung durch Gesetz die Bestimmungen des Gerichtsverfassungsgesetzes und der Strafprozeßordnung entsprechende Anwendung.

§ 70. Angerufen werden kann der Staatsgerichtshof durch das Staatsministerium, den Landtag und durch Volksbegehren.

§ 71. Die Verhandlungen des Staatsgerichtshofes sind öffentlich. Die Öffentlichkeit kann nur wegen Gefährdung des Staatswohls ausgeschlossen werden.

§ 72. (1) Bei Staatsanklagen ist zu jeder dem Angeklagten nachteiligen Entscheidung Zwei-Drittel-Mehrheit erforderlich.

(2) Der Staatsgerichtshof kann nur auf Freisprechung, auf Mißbilligung, auf Amtsentlassung oder auf zeitweise oder dauernde Unfähigkeit zur Bekleidung öffentlicher Ämter erkennen. Außerdem kann allein oder in Verbindung mit ihnen auf Verlust der Rechte erkannt werden, die auf öffentlichen Wahlen in Mecklenburg-Schwerin beruhen.

§ 73. Die erkannte Strafe kann nur auf Antrag des Landtags vom Staatsministerium im Gnadenwege gemildert oder erlassen werden.

Siebter Abschnitt.
Vom Staatsvermögen und von der Finanzwirtschaft.

§ 74. (1) Maßgebend für die vermögensrechtliche Auseinandersetzung mit dem früheren Landesherrn und den Mitgliedern der ehemals landesherrlichen Familie sind der hierüber mit Zustimmung des Landtags am 17. Dezember 1919 zwischen dem Staate und dem früheren Landesherrn geschlossene Vertrag und die von ihm und den Mitgliedern der vormals landesherrlichen Familie abgegebenen Verzichts- und Anerkennungserklärungen. Der Rechtsbestand der Verordnung vom 30. Dezember 1918, betreffend die Steuerpflicht der Mitglieder des bisherigen Großherzoglichen Hauses und den Fortfall der Wittümer und Apanagen derselben, bleibt unberührt.

(2) Das gesamte bisherige Landesvermögen, mag es unter der Verwaltung des Landesherrn, der Stände oder unter gemeinschafllicher Verwaltung des Landesherrn und der Stände gestanden haben, ist mit den darauf ruhenden Schulden auf den Staat übergegangen. Dazu gehören auch das Ständehaus und das Landesarchiv- und Bibliotheks-Gebäude zu Rostock mit dem Landesarchiv und der Landesbibliothek.

§ 75. Die Landesklöster Dobbertin, Malchow und Ribnitz, sowie das Kloster zum Heiligen Kreuz in Rostock werden aufgehoben. Ihr Vermögen geht mit den darauf ruhenden Schulden auf den Staat über.

§ 76. (1) Staatsvermögen darf, soweit das Gesetz nichts anderes bestimmt, nur mit Zustimmung des Landtags veräußert oder belastet werden. Das gleiche gilt für die Aufnahme von Anleihen und die Gewährleistung für solche. Ausgenommen sind

1. Veräußerungen zur Erfüllung bestehender Verpflichtungen oder auf Grund gerichtlichen Urteils, die Allodifizierung von Lehngütern, die Bestellung von Erbpachtrechten und Erbbaurechten sowie Grenzberichtigungen und Veräußerungen oder Belastungen, welche sich in den Grenzen einer ordnungsmäßigen Verwaltung halten,
2. vorübergehende Anleihen, durch welche nur haushaltsmäßige Einnahmen zu haushaltsmäßigen Ausgaben vorweggenommen werden.

(2) Wenn unvorhergesehene Ereignisse ausnahmsweise sofortiges Handeln erfordern und eine schleunige Einberufung des Landtags nicht möglich ist, so kann das Staatsministerium die notwendigen Maßnahmen treffen, hat sie aber dem nächsten Landtage zur Prüfung und Billigung vorzulegen.

§ 77. Der Erlös veräußerter landwirtschaftlicher und gewerblicher Grundstücke muß zu neuen Erwerbungen oder zur Schuldentilgung verwandt oder dem Kapitalvermögen zugeführt werden. Die Bestände des Kapitalvermögens dürfen nur zu den vorbezeichneten Zwecken verwandt werden.

§ 78. Landessteuern, Landesabgaben und Landesgebühren können nur vom Landtage beschlossen werden.

§ 79. Der Voranschlag der Einnahmen und Ausgaben des Staates für jedes Rechnungsjahr, nach Verwaltungszweigen getrennt aufgestellt, wird spätestens zwei Monate vor Beginn des Rechnungsjahres vom Staatsministerium dem Landtage vorgelegt und von diesem festgestellt. Der Staatshaushalt wird in Form eines Gesetzes ausgefertigt und verkündet. Die für ein Jahr bewilligten Einnahmen können nach dessen Ablauf noch für drei Monate erhoben werden, wenn der Staatshaushalt nicht rechtzeitig vom Landtage festgestellt ist. Der Landtag kann im Entwurf des Voranschlags ohne Zustimmung des Staatsministeriums Ausgaben nicht einsetzen oder erhöhen.

§ 80. Die Abrechnungen der Staatskasse sind bis spätestens 18 Monate nach Abschluß des Rechnungsjahres mit den Bemerkungen der Prüfungsbehörde vom Staatsministerium dem Landtage zur Entlastung vorzulegen.

§ 81. Die Grundsätze für die Aufstellung des Voranschlags sowie für die Finanzverwaltung und deren Überwachung sollen durch Gesetz festgestellt werden.

Schlußbestimmung.

§ 82. (1) Die Verfassung kann durch Gesetz geändert werden. Das Gesetz bedarf der Zustimmung von zwei Dritteln der gesetzlichen Zahl der Landtagsmitglieder.

(2) Bei einer Volksabstimmung ist eine Mehrheit von zwei Dritteln aller bei der Volksabstimmung abgegebenen gültigen Stimmen erforderlich.

Schwerin, den 17. Mai 1920.

Mecklenburg-Schwerinsches Staatsministerium.

Dr. *Wendorff. Asch. Henck. Sivkovich. Stelling.*

II. Gesetz über die Einführung der Mecklenburg-Schwerinschen Verfassung mit Übergangsbestimmungen

Vom 17. Mai 1920 (Regierungs-Blatt für Mecklenburg-Schwerin 1920 Nr. 92 v. 10.06.1920, S. 671-679).

Der verfassunggebende Landtag des Freistaates Mecklenburg-Schwerin hat folgendes Gesetz beschlossen, das hiermit verkündet wird:

Gesetz über Einführung der Mecklenburg-Schwerinschen Verfassung mit Übergangsbestimmungen

Artikel 1. (1) Die Verfassung und dieses Gesetz sind durch das Staatsministerium im Regierungsblatt für Mecklenburg-Schwerin zu verkünden.

(2) Sie treten mit der Verkündung in Kraft.

Artikel 2. (1) Die Landstände und ständischen Korporationen sind als Körperschaften des öffentlichen Rechts aufgehoben.

(2) Bezüglich ihres Fortbestandes als Privatkörperschaften verbleibt es bei den Bestimmungen der Verordnung des Staatsministeriums vom 3. Dezember 1918 (Rbl. Nr. 215).

(3) Als ihr privates Vermögen, welches somit keinen Teil des Landesvermögens bildete, und daher vom Übergang auf den Staat ausgeschlossen ist, gilt ausschließlich das im Folgenden Aufgeführte:

1. Das den Vertretern der früheren Ritterschaft am 1. Juli 1919 ausgehändigte Vermögen aus der Landkastenbalance F. 1.
2. Das Vermögen der ritterschaftlichen Ämter.
3. Der landschaftliche Klosterfonds. Er verbleibt der bisherigen Landschaft mit den darauf ruhenden Verpflichtungen.
4. Das Vermögen der Steuererhöhungskasse. Es verbleibt der bisherigen Landschaft. Die Kasse wird vom 1. April 1920 ab von Zahlungen an den Staat befreit, dagegen fällt die nach Artikel 9 Absatz 3 der Steuervereinbarung vom 29./30. Juli 1870 an die Landschaft zu leistende jährliche Zahlung von 2500 Thalern Courant vom 1. April 1920 ab fort.
5. Der Bestand der Nezessarienkasse. Er verbleibt der bisherigen Landschaft. Die nach Artikel 9 Absatz 2 der Steuervereinbarung vom 29./30. Juli 1870 an die Landschaft zu leistende jährliche Zahlung von 2400 Thalern M. W. kommt vom 1. April ab in Fortfall.

Artikel 3. Die den Eigentümern und Nutzeigentümern der ritterschaftlichen Landgüter einschließlich der Rostocker Distriktsgüter, der Güter Bergrade, Wisch und Zarnekow zustehenden ortsobrigkeitlichen Rechte werden aufgehoben. Bis zur anderweitigen gesetzlichen Regelung sind jedoch die Eigentümer und Nutzeigentümer dieser Güter verpflichtet, auf ihre Kosten die obrigkeitlichen Befugnisse weiter wahrzunehmen, sofern nicht das zuständige Ministerium andere Anordnung trifft. Auch bleiben die ritterschaftlichen Polizeiämter bis auf weiteres von Bestand. Das Ministerium des Innern ist befugt, schon vor Erlaß eines entsprechenden Gesetzes alle oder einzelne Polizeiämter aufzuheben und andere Einrichtungen zu treffen.

Artikel 4. Die Klosterämter bleiben bis zu anderweitiger gesetzlicher Regelung als Staatsbehörden bei Bestand.

Artikel 5. Die Klosteramtsgerichte und Hofstaatsgerichte werden aufgehoben. Desgleichen wird die Zuständigkeit der Gutsherren in Vormundschafts- und Nachlaßsachen aufgehoben. Die zur Überleitung erforderlichen Anordnungen werden durch das Justizministerium gegeben.

Artikel 6. (1) Alle vermeintlichen Ansprüche auf Verwaltung und Genuß des Vermögens der Landesklöster Dobbertin, Malchow und Ribnitz und des Klosters zum Heiligen Kreuz in Rostock sind ausgeschlossen.

(2) Entschädigung wegen Entziehung solcher Ansprüche wird nicht gewährt.

(3) Bei Bestand bleiben nur die Hebungen der Jungfrauen, in deren Genuß sie bereits eingetreten sind oder eingetreten wären, wenn sie nicht verzichtet hätten. Ein Aufrücken in die höheren Hebungen findet nicht statt.

(4) Den zur halben Geldhebung berechtigten landschaftlichen Jungfrauen, welchen von der Landschaft eine Zulage in Höhe der halben Geldhebung gewährt wird, verbleibt diese Zusage unter Vorbehalt des Widerrufs, bis ihre Hebungsberechtigung erlischt.

(5) Die den 16 landschaftlichen Exspektantinnen von der Landschaft gewährte Jahreszahlung in Höhe einer halben Geldhebung wird nicht weiter gewährt.

(6) Den Jungfrauen, welchen noch nicht erloschene Anwartschaften (Exspektanzen) erteilt sind und die noch nicht in den Genuß einer Hebung eingetreten sind, werden die für sie an die Klosterverwaltungen eingezahlten Einschreibgelder mit seit der Einzahlung laufenden Zinsen und Zinseszinsen zu fünf vom Hundert jährlich zurückgezahlt.

(7) Die Ablösung der Naturalhebungen durch Gesetz bleibt vorbehalten.

(8) Um Härten auszugleichen, wird ein Landtagsausschuß gebildet, der in Gemeinschaft mit dem Staatsministerium seine Verfügungen trifft. Der Ausschuß wird nach den Grundsätzen der Verhältniswahl gewählt.

Artikel 7. Die den Magistraten und den aus den Magistraten verordneten Waisengerichten und Deputationen für das in § 22 der Verordnung vom 9. April 1899 zur Ausführung des Gesetzes über die Angelegenheiten der freiwilligen Gerichtsbarkeit (Rbl. Nr. 18) bezeichnete Gebiet zugewiesene freiwillige Gerichtsbarkeit und die Zuständigkeit der städtischen Grundbuchämter nach § 65 der Verordnung vom 9. April 1899 zur Ausführung des Bürgerlichen Gesetzbuches (Rbl. Nr. 13) bleiben bis zur anderweitigen gesetzlichen Regelung von Bestand. Die Städte sind berechtigt, durch stadtverfassungsmäßigen Beschluß auf die Zuständigkeit in Sachen der freiwilligen Gerichtsbarkeit und die Zuständigkeit der städtischen Grundbuchämter allgemein und einheitlich durch eine dem Justizministerium gegenüber abzugebende Erklärung zu verzichten. In diesem Falle wird das örtlich zuständige Amtsgericht von dem Zeitpunkte an sachlich zuständig, in welchem der Verzicht von dem Justizministerium bekannt gemacht wird. Die zur Überleitung erforderlichen Anordnungen werden durch das Justizministerium erlassen.

Artikel 8. (1) Die den Städten Rostock und Wismar zustehenden, dem Gebiete des öffentlichen Rechts angehörenden Sonderrechte einschließlich der der Stadt Rostock auf Grund des § 272 des Erbvertrages vom 13. Mai 1788 und dessen späterer Abänderungen sowie des Vertrages vom 13./14. Dezember 1904 zustehenden Rechte auf Erträge der Lotterie und der Zahlungen an die Städte Rostock und Wismar nach der Steuervereinbarung vom 29./30. Juli 1870 Artikel 10 und den Verträgen vom 19./20. und 16./20. Juli 1870 (Beilage zum Rbl. Nr. 68) von jährlich 75000 *M* an Rostock und 30000 *M* an Wismar werden aufgehoben. Die vom Staatsministerium ausgesprochene Freigabe der Besteuerung der sog. Eximierten an die Städte Rostock und Wismar wird bestätigt. Dagegen fällt der von der Stadt Rostock zu den Kosten des Landgerichts Rostock zu zahlende Zuschuß von 25000 *M* jährlich fort.

(2) Bis zur anderweitigen gesetzlichen Regelung bleiben in Kraft: Die in den Verordnungen vom 28. April 1908, betreffend die Dienstverhältnisse der Lehrer an ritter- und landschaftlichen Schulen (Rbl. Nr. 17) Abschnitt IV, vom 28. April 1908, betreffend die Dienstverhältnisse der seminaristisch gebildeten Lehrer und der Lehrerinnen an den Volks- und Bürgerschulen der Städte und der ritterschaftlichen Flecken (Rbl. Nr. 18) Abschnitt VI, und vom 28. April 1908, betreffend die Verwaltung und Beaufsichtigung des Volksschulwesens in den Städten und ritterschaftlichen Flecken (Rbl. Nr. 18), § 11 enthaltenen besonderen Vorschriften für die Städte Rostock und Wismar.

(3) Die Rechtsverhältnisse der Stadt Rostock zu den Hospitalien zum St. Georg und Heiligen Geist und der Stadt Wismar zu den Geistlichen Hebungen bleiben unberührt.

(4) Die auf kirchlichen Gebieten liegenden Sonderrechte sind bis zur anderweitigen gesetzlichen Regelung von der Aufhebung ausgeschlossen.

Artikel 9. (1) Der Lehnverband ist aufzuheben. Die Bedingungen werden durch Gesetz bestimmt.

(2) Bis zur Aufhebung stehen die lehnsherrlichen Rechte dem Staate zu und werden durch das Justizministerium ausgeübt.

(3) Die Ableistung des Lehneides und des Homagialeides soll nicht weiter gefordert werden.

Artikel 10. (1) Die bestehenden Familienfideikommisse sind aufzuheben. Die Bedingungen der Aufhebung werden durch Gesetz bestimmt.

(2) Bestätigte, aber noch nicht eröffnete Familienfideikommisse treten nicht mehr in Kraft; sie gelten als nicht errichtet.

Artikel 11. Bis zur anderweitigen Regelung bleiben, soweit die Verfassung und dieses Gesetz nichts anderes bestimmen, die bestehenden Behörden und die für sie geltenden Bestimmungen von Bestand.

Artikel 12. Bis auf weiteres kann

1. bei dem Verbrechen des Hochverrats und des Landesverrats,
2. bei Widerstand gegen die Staatsgewalt,
3. bei Verbrechen oder Vergehen gegen die öffenlitche [sic] Ordnung und Sicherheit

die Niederschlagung des Verfahrens auch gegen solche Personen, die das achtzehnte Lebensjahr zur Zeit der Tat bereits vollendet haben, mit Zustimmung des Beschuldigten und mit Zustimmung des Landtages vom Staatsministerium verfügt werden.

Artikel 13. (1) Für die gerichtliche Vertretung der Staatsbehörden findet die Verordnung vom 23. Mai 1879, betreffend die gerichtliche Vertretung der landesherrlichen Behörden, entsprechende Anwendung.

(2) Sie kann bis auf weiteres durch Verordnung des Staatsministeriums ergänzt und abgeändert werden.

Artikel 14. (1) Der § 1 Absatz 2 der Verordnung vom 9. April 1899 zur Ausführung des Bürgerlichen Gesetzbuchs (Rbl. Nr. 13) findet auf die durch die Ministerien erfolgenden Bestätigungen keine Anwendung. Änderungen der dort bezeichneten landesherrlich bestätigten Bestimmungen erfolgen durch Bestätigung des zuständigen Ministeriums.

(2) Die in den §§ 13, 16, 26, 129, 131, 134, 137, 171, 189, 223 der erwähnten Verordnung, im § 6 der Verordnung vom 9. April 1899 zur Ausführung des Handelsgesetzbuchs (Rbl. Nr. 22) und im § 2 der Verordnung vom 24. Mai 1898, betreffend die Vermehrung des mittleren und kleineren Grundbesitzes auf dem platten Lande (Rbl. Nr. 20), dem Landesherrn oder der landesherrlichen Verordnung zugewiesenen Bestimmungen werden durch die zuständigen Ministerien erlassen.

(3) Der vorstehende Absatz gilt entsprechend für ähnliche Verhältnisse des öffentlichen und des Privatrechts.

Artikel 15. Die Veränderung des Umfangs der Amtsgerichtsbezirke sowie die Bestimmung der Grundsätze, nach denen der Reinertrag eines Landgutes auf Grund des § 254 der Verordnung vom 9. April zur Ausführung des Bürgerlichen Gesetzbuchs festzustellen ist, erfolgt durch Gesetz.

Artikel 16. (1) Der Landtag tritt an die Stelle der Ritter- und Landschaft für die nachstehenden Angelegenheiten:

1. für Einziehung von Privatchausseen zur Verwaltung aus Landesmitteln nach § 4 Absatz 3 der Verordnung vom 12. Februar 1877, betreffend die Erhaltung von Privatchausseen (Rbl. Nr. 6);
2. für die Wahl von Mitgliedern der Schuldentilgungskommission.

(2) Soweit in anderen Angelegenheiten der Ritter- und Landschaft oder dem Engeren Ausschuß von Ritter- und Landschaft ein Vorschlags- oder ein Präsentationsrecht oder eine sonstige Mitwirkung zustand, erfolgt die Ernennung allein durch das zuständige Ministerium ohne Beschränkung desselben auf bestimmte Personenkreise; die Angelegenheiten, in welchen eine Mitwirkung stattfand, werden von dem zuständigen Ministerium allein erledigt.

(3) Die Wahl des zweiten landwirtschaftlichen Mitgliedes des Landeskulturamts auf Grund des § 2 Absatz 4 der Verordnung vom 24. März 1914 zur Förderung der Landeskultur (Rbl. Nr. 20) erfolgt durch die Landwirtschaftskammer.

Artikel 17. Die Mitglieder von Kommissionen, die unter Mitwirkung von Ritterschaft und Landschaft oder ihres Engeren Ausschusses ernannt und zur Zeit des Inkrafttretens der Verfassung noch im Amte sind, verbleiben darin für die Dauer ihrer Ernennung bis zu anderweitiger Regelung.

Artikel 18. Bis zur anderweitigen gesetzlichen Regelung des Verhältnisses zwischen Staat und Kirche bleibt es bei dem bisherigen Rechte. Die vorläufigen Kirchenbehörden unterstehen dem Staatsministerium.

Artikel 19. (1) Die Verwaltung der nach § 17 der Verordnung vom 19. Januar 1912 zur Ausführung des Reichsviehseuchengesetzes vom 26. Juni 1909 (Rbl. Nr. 7) und der auf Grund des § 13 Absatz 6 der Verordnung vom 19. Juni 1896, betreffend die Abwehr und Unterdrückung der Faulbrut unter den Bienen (Rbl. Nr. 22), gebildeten Kassen geht auf die Hauptstaatskasse über.

(2) Die gerichtliche Vertretung der Hauptstaatskasse für die vorbezeichneten Angelegenheiten steht dem Ministerium für Kunst, Unterricht, geistliche und Medizinalangelegenheiten zu.

Artikel 20. Die Landessteuerkommission wird aufgehoben.

Artikel 21. (1) Die Verwaltung des Landarmenwesens und die Leitung des Landarbeitshauses mit den Nebenbetrieben wird [sic] einem von dem Ministerium des Innern ernannten Beamten übertragen.

(2) Aufsichtsbehörde ist ein Ausschuß von 3 Mitgliedern. Der Vorsitzende wird von dem Ministerium des Innern ernannt. Die beiden anderen Mitglieder und zwei Ersatzmitglieder werden vom Landtag auf je 3 Jahre gewählt.

Artikel 22. Die Führung des Hufenkatasters für ritterschaftliche Landgüter soll einer durch Gesetz zu bestimmenden Behörde übertragen werden.

Artikel 23. Das bisher von staatlichen Behörden oder Beamten verwaltete Vermögen von Kirchen, Religionsgesellschaften, kirchlichen oder religiösen Stiftungen oder Anstalten soll den Organen der in Frage kommenden Kirchen usw., vorbehaltlich der bestehenden Patronatsrechte, überwiesen werden.

Artikel 24. (1) Die Verhältnisse der Beamten sollen durch Gesetz geregelt werden.

(2) Den Staatsbeamten und ihren Hinterbliebenen werden ihre bisherigen Rechte gewährleistet.

(3) Staatsbeamte und städtische Beamte, deren Amt durch die Neuordnung der Verfassung oder die sich anschließende Gesetzgebung aufgehoben wird, sind verpflichtet, eine Stellung von gleichem Range und Gehalte, wie die aufgehobene, anzunehmen. Diese Beamten haben aber, sofern sie über 60 Jahre alt sind, ein Recht auf Versetzung in den Ruhestand.

Artikel 25. (1) Der Adel bildet keine Einrichtung des öffentlichen Rechtes.

(2) Der § 11 der Verordnung vom 9. April 1899 zur Ausführung des Bürgerlichen Gesetzbuchs (Rbl. Nr. 13) wird aufgehoben. Adelsbezeichnungen gelten nur als Teile des Namens.

Artikel 26. Auszeichnungen für Kriegsverdienste können bis auf weiteres verliehen werden.

Artikel 27. Steuern und Abgaben aller Art bleiben bis auf weiteres von Bestand.

Artikel 28. Aufgehoben sind:

1. der § 19 der Verordnung vom 15. Dezember 1885, betreffend die Abänderung der vier ersten Abschnitte der Verordnung vom 17. Mai 1879 zur Ausführung des Gerichtsverfassungsgesetzes (Rbl. Nr. 35).
2. die Verordnung vom 22. Dezember 1899 zur Ausführung des Artikels 57 des Einführungsgesetzes zum Bürgerlichen Gesetzbuch und des § 189 des Gesetzes über die Angelegenheiten der freiwilligen Gerichtsbarkeit vom 17. Mai 1898 (Rbl. Nr. 64).
3. die Verordnung vom 24. August 1904 zur Ausführung der Einführungsgesetze zum Gerichtsverfassungsgesetz § 5, zur Zivilprozeßordnung § 5, zum Gesetz über die Zwangsversteigerung und Zwangsverwaltung § 2 Absatz 1, zur Konkursordnung § 7 und zur Strafprozeßordnung § 4 (Rbl. Nr. 33).

Artikel 29. (1) Alle Rechtsnormen, die mit der Verfassung oder diesem Gesetz in Widerspruch stehen, treten außer Kraft, alle anderen bleiben von Bestand.

(2) Insbesondere bleiben die Gesetze, durch welche die Vertretung des Staates im Rechtsverkehr anderen Behörden als den Ministerien übertragen wird, in Geltung.

(3) An die Stelle der bisherigen Landesherrschaft tritt, soweit die Verfassung oder dieses Gesetz nichts anderes bestimmen, der Freistaat.

Artikel 30. Der verfassunggebende Landtag hat bis zur Wahl des ordentlichen Landtags dessen Befugnisse auszuüben. Auf die Beendigung seiner Wahldauer und die Neuwahl finden die Bestimmungen des § 31 der Verfassung sinngemäße Anwendung.

Schwerin, den 17. Mai 1920.

Mecklenburg-Schwerinsches Staatsministerium.

Dr. *Wendorff. Asch. Henck. Sivkovich. Stelling.*

FSC
www.fsc.org
MIX
Papier | Fördert
gute Waldnutzung
FSC® C083411

Kolibri 360 GmbH
Ferdinand-Jühlke-Straße 7
99095 Erfurt, Deutschland
produktsicherheit@kolibri360.de